KB042299

公法
記錄型

제5판
공법기록형
공법소송실무

정형근 지음

박영사

제5판을 내면서

헌법재판과 행정쟁송에 관한 사건기록을 다루는 공법기록형이 로스쿨의 출범과 함께 도입되어 이제는 독립 교과목으로서의 내용과 형태를 갖추게 되었다. 이는 기존의 민사와 형사사건 중심의 법조인 양성 시스템과 차별화된 교육의 일환이기도 하다. 이로 인하여 기본권 침해에 대한 위헌법률심판제청이나 헌법소원심판청구가 일상화되는 환경이 조성되었다. 더 나아가 행정심판청구는 물론 행정소송의 제기를 통한 법치행정의 감시역할도 충실히 할 수 있는 역량을 갖춘 법조인들이 배출되고 있다.

광야와 같은 환경에서 본서를 처음 출간한 이래 독자 여러분의 호응을 얻어 제5판을 출간하기에 이르렀다. 이번 개정 작업에서는 분량이 증가하지 않도록 하기 위하여 새로운 기록의 추가는 하지 않았다. 대신 기존의 내용을 세심하게 살펴 수정하는 작업을 하였다. 특히 집행정지신청서의 내용을 전면 보완하여 실제 실무에서도 모델로 삼을 수 있도록 했다. 행정소송의 소송요건인 제소기간에 관하여는 행정법 교과서 수준으로 상술하였다. 행정처분의 절차상 위법과 관련하여 청문절차가 진행되었지만 청문이 행하여지지 않은 경우와 같은 실질적 하자가 있는 경우에는 위법한 것이라는 판례도 추가했다. 그리고 헌법소원심판청구서 중 적법요건도 보완하여 변호사시험에도 대비할 수 있도록 했다.

어려운 출판환경 속에서도 제5판을 낼 수 있게 된 것을 감사하게 생각하고 있다. 늘 평안한 마음으로 연구에 매진할 수 있도록 힘이 되어준 가족들에게 고마움의 인사를 전한다. 이번 개정 작업에서도 수고해 주신 편집부의 배우리 선생님과 박영사 관계자 여러분에게 감사드린다. 이 책을 읽고 연구하는 분들의 앞날에 행운이 함께하기를 기원한다.

2016. 6. 1.

저자 정 형 근 씀

제 4 판을 내면서

이번 개정작업에서는 헌법재판 기록을 추가하여 헌법재판실무 부분을 보완하였다. 그리고 기존의 행정소송 기록 몇 건을 삭제하게 되었다. 사건기록을 만드는 일이 대단히 어려운 일이고, 실무에서 자주 접하게 되는 사건임에도 책의 분량을 줄일 목적으로 없애는 것은 아쉬운 일이다. 그렇지만 짧은 기간 내에 많은 과목을 이수해야 하는 수험생의 입장을 고려하여 과감하게 결단을 내려야만 했다. 그 결과 책의 지면이 대폭 줄어들어 공법기록형에 대한 학습 부담이 덜어진 셈이다. 아울러 법원의 재판예규의 개정으로 변경된 당사자 표기의 변화도 반영하였다. 해를 거듭함에 따라 변호사시험의 합격률은 낮아지고 있으며, 법조계에서는 로스쿨의 실무교육 강화를 요구하고 있다. 이와 같은 사정을 고려하여 본서가 공법기록형의 실무서로 부족함이 없도록 노력하였다. 이 책을 읽는 여러분의 앞날에 큰 행운이 함께 하기를 기원한다. 이번 개정 작업을 잘 마무리할 수 있도록 수고해 주신 편집부 배우리 선생님과 박영사 관계자 여러분에게 감사드린다.

2015. 1. 5.

저자 정 형 근 씀

제3판을 내면서

초록이 짙어오는 초여름을 앞두고 개정 3판을 내게 되었다. 공법기록형 교재를 만들 때는 기록의 모델이 되는 재판기록이 있어야 한다. 그 재판기록은 법학전문대학원의 교육에 적합한 법률상 쟁점이 담겨 있어야 한다. 그 때문에 늘 헌법재판소의 최근 결정을 검색하며 관심을 기울이게 된다. 그리고 법원의 주요사건의 판결도 유심히 살펴보면서 교육기록의 모범이 될 법리가 있는 판결을 찾는다. 헌법재판소나 법원의 판결을 검색하는 것은 어렵지 않지만, 그 판결을 기초로 변호사시험에 적합한 기록의 분량과 수준에 맞는 기록을 만드는 것은 어려운 작업이다. 법학전문대학원 출범과 동시에 강의교재로 준비하여 왔던 기록을 이 책으로 출간한 후에도 새로운 기록을 만드는 일을 계속하고 있다.

이번 개정판에서는 서신개봉제출에 관한 헌법소원심판청구에 관한 헌법재판기록을 추가하였다. 이제 헌법재판청구는 특별한 경우에만 문제되는 것이 아니라, 민사·행정재판의 청구와 같이 일상화되고 있으므로, 변호사의 기본적인 송무 영역이라고 할 수 있다. 그 때문에 변호사시험에서도 이 점을 평가하고 있다. 아울러 행정소송 역시 그 중요성이 커지고 있다. 특히 행정소송법이 개정되면 처분으로 인한 국민의 권리구제의 폭이 넓어질 것으로 예상되고 있다. 그 결과 행정소송의 건수도 많아질 것으로 보인다. 그리하여 이번 개정판에 개인택시운송사업면허취소처분에 관한 새로운 기록을 추가하여 다양한 행정소송의 유형을 경험토록 하였다. 이번에 추가한 헌법소원심판청구 기록과 행정처분취소사건 기록은 저자가 재직중인 법학전문대학원의 3학년 1학기 중간고사와 기말고사로 출제하였던 문제이기도 하다.

제2회 변호사시험 합격자 발표를 보면서 법률가로의 입문이 쉽지 않음을 확인하게 된다. 특히 국가시험은 회를 거듭할수록 문제의 난이도가 높아지게 된다. 공법기록형 역시 그럴 것으로 보인다. 비교적 무난하게 출제된 기출문제 수준에 맞춰 공부하지 않기를 바란다. 변호사시험에 합격한 변호사는 곧바로 소송실무를 감당할 수 있는 능력을 구비해야 한다. 때문에 그 능력은 법학전문대학원의 교육을 통해서 완성되어야 한다. 저자는 이런 관점에서 이 책을 다듬어 가고 있다. 실무에서는 복잡하고 어려운 쟁점의 기록도 많다. 그 때문에 언제든지 그런 유형의 문제를 출제하여 실무능력을 검증할 수 있도록 하고 있다.

　　이번 개정작업에서는 지면의 제약으로 기존의 기록을 삭제하기도 하였다. 그리고 쟁점해설 부분의 기본이론 설명도 과감하게 생략하기도 하였다. 개정작업에 도움을 준 경희대 법학전문대학원 1기 졸업생 정기종(법무관), 2기 졸업생 김선국(재판연구원), 이용정(검사), 사공대(법무법인(유) 화우), 한권탁(삼성) 변호사의 도움을 받았다. 이들이 앞으로 훌륭한 법조인으로 성장해 가기를 기원한다. 새로운 책을 다시 내도록 배려해 주신 박영사 안종만 회장님께 감사의 인사를 드리면서, 개정작업이 순적하게 잘 진행되도록 여러 도움을 주신 김중용 부장님과 강상희 대리님, 그리고 편집과 교정으로 수고해 주신 엄주양 대리님께도 감사의 마음을 전하고 싶다. 기록형 저서는 각종 서식의 작성 등 세심하게 신경 써야 될 부분이 많은데도, 이를 잘 감당해 주신 박영사의 관계자 여러분 모두에게 고맙다는 말씀을 드린다.

2013. 6. 3.

경희대학교 법학전문대학원 연구실에서

저자 정 형 근 씀

제 2 판을 내면서

변호사시험과 현직 변호사의 헌법·행정재판실무를 위하여 출간된 이 책의 제 2 판을 내게 된 것을 기쁘게 생각한다. 제 1 회 변호사시험 공법기록형 시험준비에도 도움이 되었다는 주변의 호평에 감사하는 마음으로 다시 개정작업을 하게 되었다. 법학전문대학원에서 공법소송실무를 개설하고, 변호사시험에서 공법기록형을 둔 것은 국가행정작용에 대한 법치주의적 통제를 강화하는 역할을 하게 될 것으로 기대된다.

제 2 판에서는 새로운 사건기록을 추가하였다. 먼저, 행정심판위원회에 심판청구를 하는 사건기록과 헌법소원심판청구에 관한 기록을 추가하였다. 개별 법률에서 일부 사건에 한하여 필요적 행정심판전치주의를 채택하고 있어 행정심판에 대한 관심이 적을 수도 있다. 그러나 행정심판제도는 처분의 위법은 물론 부당의 점까지도 고려하기 때문에 권리구제의 폭이 행정소송에 비하여 훨씬 크다고 할 수 있으며, 처분의 일부 감경도 가능하기 때문에 행정심판에 관한 실무지식이 필요하다는 측면에서 행정심판기록을 추가하게 되었다. 뿐만 아니라 공권력의 행사로 기본권을 침해받은 경우 곧바로 헌법재판소에 헌법소원심판청구의 필요성도 높아지고 있는 점을 감안하여 위헌결정이 난 사건기록을 만들게 되었다.

아울러 항고소송 중 취소판결을 구하는 소장뿐만 아니라 무효확인의 소송사건에 관한 공매처분무효확인 기록도 만들어 평소에 변호사시험 출제수준보다 난이도 있는 기록을 검토해 볼 수 있는 기회를 갖게 하였다. 그리고 금년에 처음 실시된 제 1 회 변호사시험 공법기록형 기출문제를 수록하고 그 해답을 제시하고 상세한 해설도 첨가하여 답안작성의 이해를 돕고자 하였다.

공법기록은 헌법재판과 행정쟁송에 관한 것으로 그 사건의 종류가 헤아릴 수 없이 다양하다. 그러나 법학전문대학원의 학업기간과 많은 과목을 익혀야 하는 학생들의 부담감을 고려하여 가장 전형적인 사건기록을 제시하는 것에 만족할 수밖에 없다. 또한 교재의 분량이 많아지는 것을 피하기 위하여 처분의 근거법령을 해답과 해설 부분에 기재하던 것을 생략하기도 하였다. 그리고 실무교재인 점을 고려하여 교과서에 나오는 기본적인 이론은 가급적 언급하지 않았다. 반면 해당 사건기록의 쟁점과 관련된 필수적인 판례는 충실하게 반영하려고 노력하였다.

새로운 저서를 내는 일은 늘 많은 시간과 노력을 요하는 어려운 작업이다. 그럼에도 미개척지를 열어가고자 도전하는 자세와 안주하지 아니하고 새로운 지경을 향하여 달려갈 수 있도록 지혜와 새로운 마음을 주시는 하나님께 감사를 드린다. 법조인 양성 시스템의 변화로 직면하게 된 어려운 출판여건 속에서도 법조실무 교육의 근간이 되는 저서를 계속적으로 출판하도록 배려하신 박영사의 안종만 회장님께도 감사를 드린다. 아울러 개정판이 나오기까지 관련 서무업무를 총괄해 주신 조성호 부장님과 새롭게 추가하는 여러 기록들의 서식을 잘 편집하여 배치하고, 기록의 구체적인 내용까지 세심하게 검토하여 좋은 내용으로 완성시켜 주는 일로 크게 수고하신 편집부의 엄주양 대리님에게도 감사의 인사를 전한다.

2012. 5. 31.

저자 정 형 근 씀

새 책을 내면서

이 책은 법률사무에 종사하는 현직 법조인과 법학전문대학원의 예비법조인을 위하여 저술하였다. 이 책은 먼저 사건기록을 그대로 제시한 특징이 있다. 실제 기록은 분량이 많고 쟁점도 복잡할 수 있다. 그러나 여기서는 중요 사실(증거)자료만을 편철하여 분량을 조절하였다. 사안의 쟁점 역시 중요하면서도 기본적인 법리를 적용하였다. 그리하여 공법소송 중에서 행정소송과 헌법재판을 위한 각종 서면작성의 예를 제시하였다. 사건을 수임한 변호사 입장에서 기록에 제시된 자료를 중심으로 의뢰인에게 가장 유리한 권리구제방안을 도모하도록 한 것이다. 구체적으로는 행정심판청구서, 처분의 취소등을 구하는 소장, 답변서, 집행정지신청서, 항소장을 작성하였다. 헌법상 쟁점이 있는 사건에서는 위헌법률심판제청서, 헌법소원심판청구서와 권한쟁의심판청구서의 작성례를 제시하였다. 그리고 사건기록에서 문제되는 쟁점에 대한 기본이론과 판례를 심도있게 검토하였다. 이를 통하여 행정심판과 행정소송 및 헌법재판의 수행에 필요한 변호사로서의 실무능력을 기를 수 있도록 하였다. 법조인은 정당하고 적법한 권리와 이익을 옹호하는 전문직업인으로 뛰어난 직무수행능력이 필수적이다. 이 책이 각자의 소명을 좇아 살아가는 유능한 법조인으로 도약하는데 큰 도움이 되기를 바라는 마음 간절하다.

돌이켜 보면, 변호사로 근무하다가 법학전문대학원 교수로 옮겨 온 지 서너 해가 되었다. 지난 2009년에는 박윤흔 은사님의 「최신 행정법강의」(상), (하) 개정작업에 공저자로 참여하게 되었으며, 2010년에는 법조윤리 분야를 새롭게 연구하여 「법조윤리강의」를 출간하게 되었다. 2011년 7월에는 초판의 미흡한 부분을 보완한 「법조윤리강의」 개정판을 마련하였다. 또한 '공법변호사실무'라는 과목을 맡아 헌법재판과 행정소송 실무를 강의하면서 마련한 자료로 2011년 2학기 개강을 앞두고 이 책을 내게 되었다. 법학전문대학원 개원 초기에 재직중인 실무 교수로서 탁월한 법률가 양성에 대한 무거운 책임감이 연구실을 벗어나지 못하게 하였다.

이 책을 쓰는데 많은 분들의 도움이 있었다. 연구년 동안에도 출판을 위하여 도움을 주신 박균성 선생님에게 감사의 말씀을 드린다. 그리고 사랑하는 부모님과 형님, 누님과 매형, 여동생 부부는 지난 삶 속에서 큰 힘이 되어 주었다. 항상 하나님 앞에서 살아가도록 기도하는 아내와 자녀들과 이 기쁨을 함께 나누기를 원한다. 경희대학교 대학원 손은영 조교와 법학전문대학원에 재학중인 한석진 학생은 다양한 사건기록의 양식을 그리며, 타이핑하는 수고를 감당하였다.

새로운 출판 환경 속에서도 이 책의 출간을 흔쾌히 승낙해 주신 박영사 안종만 회장님과 출간일정 조정 등 여러 서무관련 업무를 처리해 주신 조성호 부장님, 기존 저서들과 달리 특별한 손길이 필요한 이 책의 편집과 교정작업으로 수고해 주신 강상희 선생님께 감사를 드리며, 조판 등의 업무로 수고해 주신 관계자 여러분에게도 감사의 인사말씀을 전한다.

2011. 8. 10.

경희대학교 법학전문대학원 연구실에서

저자 정 형 근 씀

차   례

일러두기

1. 이 책에 기재된 원고와 피고 등 사건 당사자의 인적사항(성명, 주소, 주민등록번호, 등록기준지 등)이나 소송대리인의 이름과 주소(변호사의 성명과 법인명칭 및 그 주소 등 연락처), 대부분의 행정청 명칭이나 그 주소 및 직무수행 관련 공무원의 직급이나 성명, 부동산의 지번이나 지목 등은 설명의 편의를 위하여 교육적인 차원에서 가공한 것이며, 사건의 실제적인 당사자나 이해관계인이 아니다.

2. 이 책의 모의기록은 작성요강부터 [참고자료(관계법령)]까지이다. 기록의 [해답]은 그 다음 면에 배치하였고, 그 해답에 관한 구체적인 설명은 [쟁점해설]에 있다. 모의기록과 관련되는 판결은 그 다음에 배치하였다.

3. 기록에 나타난 사실관계만을 기초로 하고, 그것이 사실임을 전제로 한다.

4. 각종 서류 등에 필요한 서명과 날인 또는 무인과 간인은 모두 갖추어진 것으로 본다.

5. 기록 중 일부 생략된 것이 있을 수 있고, 오기나 탈자 등이 있을 수 있다.

6. 작성일과 제출일이 일치하는 것으로 하고 불변기간에 유의한다.

7. 참고자료에 수록된 법률, 같은 법 시행령, 같은 법 시행규칙 이외의 법률은 제공된 법전 내의 법령이 서면작성 시점에 시행되고 있는 것으로 본다.

8. 서술어는 실무 관행상 경어를 사용한다.

■ 본서에 제시된 문제해결을 돕기 위해 첨부합니다.

2013년 1월

일	월	화	수	목	금	토
		1	2	3	4	5
6	7	8	9	10	11	12
13	14	15	16	17	18	19
20	21	22	23	24	25	26
27	28	29	30	31		

2013년 2월

일	월	화	수	목	금	토
					1	2
3	4	5	6	7	8	9
10	11	12	13	14	15	16
17	18	19	20	21	22	23
24	25	26	27	28		

2013년 3월

일	월	화	수	목	금	토
					1	2
3	4	5	6	7	8	9
10	11	12	13	14	15	16
17	18	19	20	21	22	23
24/31	25	26	27	28	29	30

2013년 4월

일	월	화	수	목	금	토
	1	2	3	4	5	6
7	8	9	10	11	12	13
14	15	16	17	18	19	20
21	22	23	24	25	26	27
28	29	30				

2013년 5월

일	월	화	수	목	금	토
			1	2	3	4
5	6	7	8	9	10	11
12	13	14	15	16	17	18
19	20	21	22	23	24	25
26	27	28	29	30	31	

2013년 6월

일	월	화	수	목	금	토
						1
2	3	4	5	6	7	8
9	10	11	12	13	14	15
16	17	18	19	20	21	22
23/30	24	25	26	27	28	29

2013년 7월

일	월	화	수	목	금	토
	1	2	3	4	5	6
7	8	9	10	11	12	13
14	15	16	17	18	19	20
21	22	23	24	25	26	27
28	29	30	31			

2013년 8월

일	월	화	수	목	금	토
				1	2	3
4	5	6	7	8	9	10
11	12	13	14	15	16	17
18	19	20	21	22	23	24
25	26	27	28	29	30	31

2013년 9월

일	월	화	수	목	금	토
1	2	3	4	5	6	7
8	9	10	11	12	13	14
15	16	17	18	19	20	21
22	23	24	25	26	27	28
29	30					

2013년 10월

일	월	화	수	목	금	토
		1	2	3	4	5
6	7	8	9	10	11	12
13	14	15	16	17	18	19
20	21	22	23	24	25	26
27	28	29	30	31		

2013년 11월

일	월	화	수	목	금	토
					1	2
3	4	5	6	7	8	9
10	11	12	13	14	15	16
17	18	19	20	21	22	23
24	25	26	27	28	29	30

2013년 12월

일	월	화	수	목	금	토
1	2	3	4	5	6	7
8	9	10	11	12	13	14
15	16	17	18	19	20	21
22	23	24	25	26	27	28
29	30	31				

2012년 1월

일	월	화	수	목	금	토
1	2	3	4	5	6	7
8	9	10	11	12	13	14
15	16	17	18	19	20	21
22	23	24	25	26	27	28
29	30	31				

2012년 2월

일	월	화	수	목	금	토
			1	2	3	4
5	6	7	8	9	10	11
12	13	14	15	16	17	18
19	20	21	22	23	24	25
26	27	28	29			

2012년 3월

일	월	화	수	목	금	토
				1	2	3
4	5	6	7	8	9	10
11	12	13	14	15	16	17
18	19	20	21	22	23	24
25	26	27	28	29	30	31

2012년 4월

일	월	화	수	목	금	토
1	2	3	4	5	6	7
8	9	10	11	12	13	14
15	16	17	18	19	20	21
22	23	24	25	26	27	28
29	30					

2012년 5월

일	월	화	수	목	금	토
		1	2	3	4	5
6	7	8	9	10	11	12
13	14	15	16	17	18	19
20	21	22	23	24	25	26
27	28	29	30	31		

2012년 6월

일	월	화	수	목	금	토
					1	2
3	4	5	6	7	8	9
10	11	12	13	14	15	16
17	18	19	20	21	22	23
24	25	26	27	28	29	30

2012년 7월

일	월	화	수	목	금	토
1	2	3	4	5	6	7
8	9	10	11	12	13	14
15	16	17	18	19	20	21
22	23	24	25	26	27	28
29	30	31				

2012년 8월

일	월	화	수	목	금	토
			1	2	3	4
5	6	7	8	9	10	11
12	13	14	15	16	17	18
19	20	21	22	23	24	25
26	27	28	29	30	31	

2012년 9월

일	월	화	수	목	금	토
						1
2	3	4	5	6	7	8
9	10	11	12	13	14	15
16	17	18	19	20	21	22
23/30	24	25	26	27	28	29

2012년 10월

일	월	화	수	목	금	토
	1	2	3	4	5	6
7	8	9	10	11	12	13
14	15	16	17	18	19	20
21	22	23	24	25	26	27
28	29	30	31			

2012년 11월

일	월	화	수	목	금	토
				1	2	3
4	5	6	7	8	9	10
11	12	13	14	15	16	17
18	19	20	21	22	23	24
25	26	27	28	29	30	

2012년 12월

일	월	화	수	목	금	토
						1
2	3	4	5	6	7	8
9	10	11	12	13	14	15
16	17	18	19	20	21	22
23/30	24/31	25	26	27	28	29

2011년 1월

일	월	화	수	목	금	토
						1
2	3	4	5	6	7	8
9	10	11	12	13	14	15
16	17	18	19	20	21	22
23/30	24/31	25	26	27	28	29

2011년 2월

일	월	화	수	목	금	토
		1	2	3	4	5
6	7	8	9	10	11	12
13	14	15	16	17	18	19
20	21	22	23	24	25	26
27	28					

2011년 3월

일	월	화	수	목	금	토
		1	2	3	4	5
6	7	8	9	10	11	12
13	14	15	16	17	18	19
20	21	22	23	24	25	26
27	28	29	30	31		

2011년 4월

일	월	화	수	목	금	토
					1	2
3	4	5	6	7	8	9
10	11	12	13	14	15	16
17	18	19	20	21	22	23
24	25	26	27	28	29	30

2011년 5월

일	월	화	수	목	금	토
1	2	3	4	5	6	7
8	9	10	11	12	13	14
15	16	17	18	19	20	21
22	23	24	25	26	27	28
29	30	31				

2011년 6월

일	월	화	수	목	금	토
			1	2	3	4
5	6	7	8	9	10	11
12	13	14	15	16	17	18
19	20	21	22	23	24	25
26	27	28	29	30		

2011년 7월

일	월	화	수	목	금	토
					1	2
3	4	5	6	7	8	9
10	11	12	13	14	15	16
17	18	19	20	21	22	23
24/31	25	26	27	28	29	30

2011년 8월

일	월	화	수	목	금	토
	1	2	3	4	5	6
7	8	9	10	11	12	13
14	15	16	17	18	19	20
21	22	23	24	25	26	27
28	29	30	31			

2011년 9월

일	월	화	수	목	금	토
				1	2	3
4	5	6	7	8	9	10
11	12	13	14	15	16	17
18	19	20	21	22	23	24
25	26	27	28	29	30	

2011년 10월

일	월	화	수	목	금	토
						1
2	3	4	5	6	7	8
9	10	11	12	13	14	15
16	17	18	19	20	21	22
23/30	24/31	25	26	27	28	29

2011년 11월

일	월	화	수	목	금	토
		1	2	3	4	5
6	7	8	9	10	11	12
13	14	15	16	17	18	19
20	21	22	23	24	25	26
27	28	29	30			

2011년 12월

일	월	화	수	목	금	토
				1	2	3
4	5	6	7	8	9	10
11	12	13	14	15	16	17
18	19	20	21	22	23	24
25	26	27	28	29	30	31

2010년 1월

일	월	화	수	목	금	토
					1	2
3	4	5	6	7	8	9
10	11	12	13	14	15	16
17	18	19	20	21	22	23
24/31	25	26	27	28	29	30

2010년 2월

일	월	화	수	목	금	토
	1	2	3	4	5	6
7	8	9	10	11	12	13
14	15	16	17	18	19	20
21	22	23	24	25	26	27
28						

2010년 3월

일	월	화	수	목	금	토
	1	2	3	4	5	6
7	8	9	10	11	12	13
14	15	16	17	18	19	20
21	22	23	24	25	26	27
28	29	30	31			

2010년 4월

일	월	화	수	목	금	토
				1	2	3
4	5	6	7	8	9	10
11	12	13	14	15	16	17
18	19	20	21	22	23	24
25	26	27	28	29	30	

2010년 5월

일	월	화	수	목	금	토
						1
2	3	4	5	6	7	8
9	10	11	12	13	14	15
16	17	18	19	20	21	22
23/30	24/31	25	26	27	28	29

2010년 6월

일	월	화	수	목	금	토
		1	2	3	4	5
6	7	8	9	10	11	12
13	14	15	16	17	18	19
20	21	22	23	24	25	26
27	28	29	30			

2010년 7월

일	월	화	수	목	금	토
				1	2	3
4	5	6	7	8	9	10
11	12	13	14	15	16	17
18	19	20	21	22	23	24
25	26	27	28	29	30	31

2010년 8월

일	월	화	수	목	금	토
1	2	3	4	5	6	7
8	9	10	11	12	13	14
15	16	17	18	19	20	21
22	23	24	25	26	27	28
29	30	31				

2010년 9월

일	월	화	수	목	금	토
			1	2	3	4
5	6	7	8	9	10	11
12	13	14	15	16	17	18
19	20	21	22	23	24	25
26	27	28	29	30		

2010년 10월

일	월	화	수	목	금	토
					1	2
3	4	5	6	7	8	9
10	11	12	13	14	15	16
17	18	19	20	21	22	23
24/31	25	26	27	28	29	30

2010년 11월

일	월	화	수	목	금	토
	1	2	3	4	5	6
7	8	9	10	11	12	13
14	15	16	17	18	19	20
21	22	23	24	25	26	27
28	29	30				

2010년 12월

일	월	화	수	목	금	토
			1	2	3	4
5	6	7	8	9	10	11
12	13	14	15	16	17	18
19	20	21	22	23	24	25
26	27	28	29	30	31	

PUBLIC LAW
PROCEDURE
PRACTICUM&LEGAL
WRITING

제 **1** 장

음식점영업정지

[공·법·기·록·형 공·법·소·송·실·무]

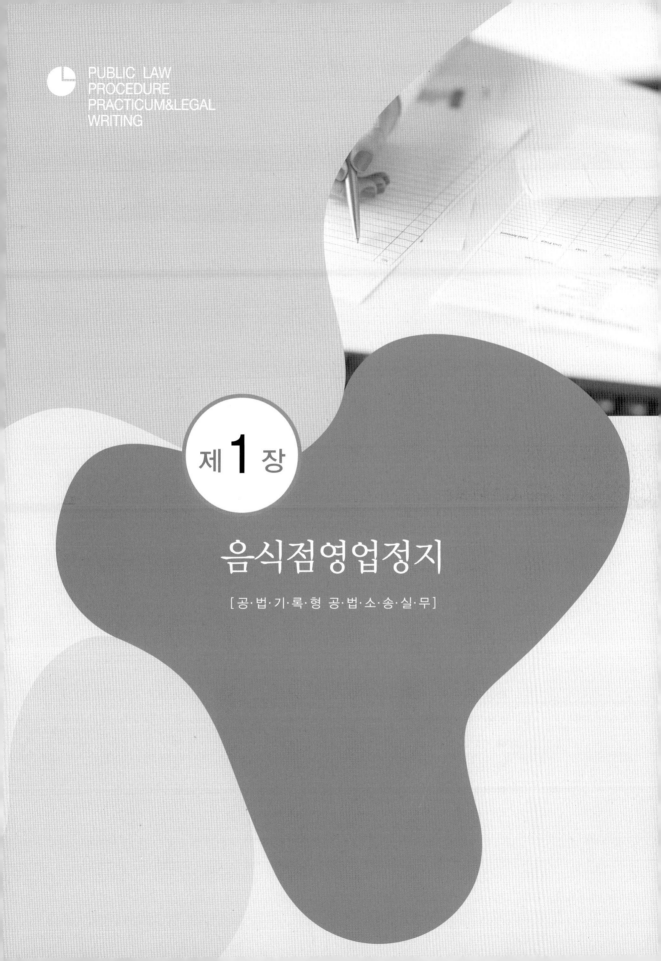

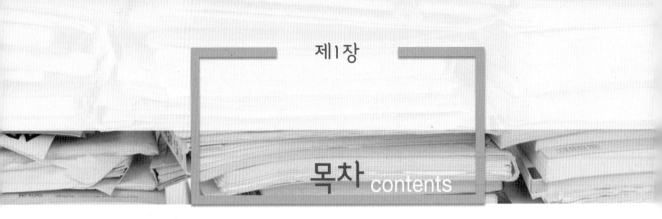

제1장

목차 contents

작 성 요 강

사건의 설명

1. 의뢰인 김경화는 2013. 2. 22. 서류를 가지고 법무법인 경희 변호사 박승소사무소 (서울시 서초구 서초동 강호빌딩 1002호)를 방문하였다. 김경화는 그가 운영하던 일반음식점이 구청의 영업정지처분으로 영업을 할 수 없는 상황에 놓였는데, 그는 구청의 영업정지처분에 대하여 불복하고자 한다.

2. 박승소 변호사는 김경화가 가져온 서류를 검토하고 김경화와 상담한 결과, 김경화의 업소에 대한 영업정지처분이 위법하다는 결론을 내리고 가능한 모든 법적 절차를 취하기로 하고 김경화와 소송위임 계약을 체결하였다.

3. 박승소 변호사가 작성하였을 것으로 예상되는 서류를 설문에 따라 작성하도록 한다.

설 문 [1]

○ 박승소 변호사는 2013. 2. 19. 영업정지처분 통지를 받은 김경화가 음식점을 계속적으로 영업을 할 수 있는 쟁송방법을 고려하고 있다. 변호사 입장에서 소장을 작성하되, 소장 내용 중 '이 사건 소의 적법성'에서는 ① 피고적격, ② 만약 김경화가 영업정지처분 통지를 받은 후 그 처분내용대로 영업을 1개월 정지하여 그 처분의 효력이 소멸한 경우를 가정해 볼 때 그 처분을 다툴 이익이 있는지 여부, ③ 제소기간을 작성하시오.

※ 현행법이 허용하는 쟁송형식에 한하며, 작성일은 2013. 3. 4.이고, 같은 날 접수하는 것으로 함

※ 답안의 시작은 선택한 쟁송형식에 부합하는 '서면종류'를 기재하는 것으로 하고, 그 끝은 '서류를 제출할 기관'을 기재하는 것으로 함

※ 처분의 위법사유로는 사실관계와 현행법 및 기존 판례 입장에 비추어 볼 때 받아들여질 수 있는 주장만 할 것

강 남 구

수신자   서울특별시 강남구 논현동 112-51 지하1층(업소 : 하얀풍차) 김경화 귀하

제 목   식품위생법 위반업소 처분사전통지(업소명 : 하얀풍차)

---

1. 서울강남경찰서 생활안전과-329(2013. 1. 21)호와 관련입니다.
2. 귀 업소는 아래와 같이 식품위생법을 위반하였기에 행정절차법 제21조 및 제22조의 규정에 의거 처분의 사전통지 및 의견제출의 기회를 부여하오니 기한내에 참석하여 의견을 제출하시기 바랍니다.

   가. 위반업소 처분내역

처분 번호	업 종	업소명 (신고번호)	업주명	소재지	위반내용	예 정 된 처분내용	의 견 제출기한
대외 184	일반 음식점	하얀풍차 (24389)	김경화	논현동 112-51 지하 1층	일반음식점영업자가 유흥접객원으로 유흥접 객행위를 하게 하거나 종업원의 이러한 행위 를 조장, 묵인한 행위	영업정지 1월	2013년 2월 4일限

   나. 청문기한 : 2013. 2. 8.까지(매주 화, 목 14 : 00-17 : 00)

   다. 청문장소 : 강남구청 2층 소회의실(청문실)

   라. 청문시 준비물 : 신분증 및 의견서 기타 유리한 소명자료

   마. 안내사항 : 청문기한내 준비물을 지참하여 청문에 응하시기 바라며 정당한 사유없이 청문기일내 출석치 않거나 의견서를 제출치 않을 경우 행정절차법 제35조에 의거 의견 진술 및 증거제출의 기회를 포기한 것으로 간주하여 처리됩니다.

붙임. 1. 처분사전통지서(하얀풍차)

     2. 의견제출서. 끝.

강 남 구 청 장 <kbd>강남구
청장인</kbd>

[별지 제12호 서식]

처 분 사 전 통 지 서

담 당 자	김 갑 을
연 락 처	1231-2456

문서번호 보건위생과: 2013-12
시 행 일 2013. 1. 23.
수   신 강남구 논현동 112-51 지하1층 (업소명 : 하얀풍차) 김경화 귀하
　　　　　행정절차법 제21조 제 2 항의 규정에 의하여 우리기관이 하고자 하는 처분의 내용
　　　　　을 통지하오니 의견을 제출하여 주시기 바랍니다.

연 변	대외184		업 종	일반음식점	신고번호	24389
1. 예정된 처분의 제목			식품위생법 위반업소 행정처분			
2. 당사자	성명 / 명칭		김경화 / 상호 : 하얀풍차			
	주 소		강남구 논현동 112-51 지하1층			
3. 처분의 원인이 되는 사실			일반음식점영업자가 유흥접객원으로 유흥접객행위를 하게 하거나 종업원의 이러한 행위를 조장, 묵인한 행위			
4. 처분하고자 하는 내용			영업정지 1월			
5. 법 적 근 거			식품위생법 제44조 위반, 제75조 적용			
6. 의 견 제 출		기관명	강남구청	부서명	보건위생과	
		주 소	강남구 삼성동 66 강남구청 2층 소회의설			
		기 한	2013년 2월 4일			
		장 소	보건위생과			
		주재자	소 속	강남구청 지정 청문주재관		
			성 명			

[청문시 유의사항]
1. 귀하는 청문일에 출석하여 의견을 진술하고 증거를 제출할 수 있으며, 참고인·감정인 등에 대하여 질문 할 수 있습니다. 만일, 청문일에 출석하지 아니하는 경우에는 미리 의견서를 제출 할 수 있습니다.
2. 귀하께서 정당한 사유없이 청문일에 출석하지 아니하거나 별지 제11호 서식에 의한 의견서를 제출하지 아니한 경우에는 청문을 마칠 수 있습니다. 다만, 정당한 사유로 출석하지 못하거나 의견서를 제출하지 못한 경우에는 행정청에 그 사유를 소명하여야 합니다.
3. 귀하는 청문이 끝날 때까지 행정절차법 제37조의 규정에 의하여 당해 처분의 조사결과에 관한 문서 기 타 당해 처분과 관련되는 문서의 열람 또는 복사를 요청할 수 있습니다.
4. 기타 궁금한 사항이 있으시면 청문실시기관으로 문의하시기 바랍니다.

강 남 구 청 장 [강남구 청장인]

강 남 구

수신자   서울특별시 강남구 논현동 112-51 지하1층 (업소 : 하얀풍차) 김경화 귀하

제 목   식품위생법 위반업소 (업소명 : 하얀풍차) 행정처분 알림

---

1. 귀하께서는 식품위생법을 위반하여 동법 제75조의 규정에 의하여 다음과 같이 행정처분하오니 앞으로는 이 사건과 같은 일이 일어나지 않도록 주의하여 주시기를 바랍니다.

2. 만약 이 처분에 불복이 있는 경우 처분이 있음을 안 날로부터 90일 이내에 행정소송 또는 행정 심판을 청구할 수 있음을 알려드립니다.

□ 위반업소 처분내역

처분 번호	업 종	업소명 (신고번호)	업주명	소재지	위반내용	처분내역	
						적용법규	처분내용
대외 184	일반 음식점	하얀풍차 (24389)	김경화	논현동 112-51 지하1층	일반음식점영업자가 유흥접객원으로 유흥 접객행위를 하게 하 거나 종업원의 이러 한 행위를 조장, 묵 인한 행위	제75조	영업정지 1월 (2013. 3. 11.~ 2013. 4. 9.)

붙임 : 행정처분명령서 (하얀풍차)

강 남 구 청 장 [강남구 청장인]

담당 김갑을   담당주사 현철우 과장   전결01/09 박경훈

시행 보건위생과-520 (2013. 2. 15.)   접수 ( )
우 234-567 / 서울시 강남구 삼성동 98
전화 3251-2415   전송 02)873-2474 / law3487@naver.com / 부분공개

행 정 처 분 명 령 서

담 당 자	김 갑 을
연 락 처	1234-5678

영업소의 소재지	논현동 112-51 지하1층		
영업소의 명칭	하얀풍차		
영업자의 성명	김경화	주민등록번호	751205-2015551
위 반 사 항	일반음식점영업자가 유흥접객원으로 유흥접객행위를 하게 하거나 종업원의 이러한 행위를 조장, 묵인한 행위		
행정처분 내역	영업정지 1월 (2013. 3. 11.~2013. 4. 9.)		
지시(안내)사항	○ 향후 1년 이내 동일 내용으로 다시 적발될 경우 가중 처벌됩니다. ○ 이 처분에 대하여 이의가 있으면 행정심판법 및 행정소송법에 의하여 처분이 있음을 안 날로부터 90일 이내, 행정심판의 청구는 서울특별시장 소속하에 있는 행정심판위원회에 할 수 있으며, 또는 행정소송의 제기는 관할 행정법원에 할 수 있음을 알려드립니다.		

귀 업소는 위 위반사항으로 적발되어 식품위생법 제75조에 의거 위와 같이 행정처분 합니다.

2013년 2월 15일

강 남 구 청 장 [강남구 청장인]

서울중앙 지방검찰정	사건과장	2013. 1. 18. 수리	주임검사	부장검사	차장검사	검사장
		2013년 형제 4105 호				

서울강남경찰서

제 2013-169 호   2013. 1. 18.

수   신 : 서울중앙지방검찰청장

제   목 : 사 건 송 치

      다음 사건을 송치합니다.

피 의 자	지문원지작성번호	구속영장 청구번호	피의자 원표번호	통신사실 청구번호
불구속 김 경 화 (金 京 化) 여 **불구속** 임 정 임 (任 貞 姙) 여				

죄 명	식품위생법위반	
발각원인	현행범인	수리전산입력
접 수	2013년 1월 9일 (제519호)	
구 속	2013년 월 일 ( )	
석 방	2013년 월 일 ( )	
의 견	모두 기소	
증 거 품		
비 고		

서울강남경찰서

                        사법경찰관 총경 김 한 강   강남
경찰

의 견 서

1) **김 경 화** (金 京 化) 일반음식점 업주

    주 민 번 호 : 7*****-2******   여(010-5142-8763)

    주   소 : 서울시 서초구 서초동 청암아파트 112동 1002호

    등록기준지 : 서울 서초구 잠원동 32-9번지

2) **임 정 임** (任 貞 姙) 일반음식점 종업원

    주 민 번 호 : 730815-2000001   여(010-749-2149)

    주   소 : 서울 서초구 서초동 12-6

    등록기준지 : 서울 서초구 반포동 21-7번지

1. 범죄경력자료 및 수사경력자료

    피의자 1)은,

    해당사실 없고,

    같은 2)는,

    07. 01. 22 춘천지법   도로교통법(무면허운전)   벌금 250만원

                      교특법

1. 범죄사실

  누구든지 영리를 목적으로 일반음식점 내에서 손님으로 온 사람과 동석하여 술을 먹고 노래나 춤으로 손님의 유흥을 돋구는 접객행위를 하거나 알선을 하면 안되는 정을 알면서도,

피의자1) 김경화는,

2013. 1. 9. 22 : 00경 서울 강남구 논현동 112-51 지하1층 소재 "하얀풍차"라는 일반음식점 내에서 손님으로 온 사건외 강상칠, 김갑열등 3명에게 맥주와 양주, 과일안주등 도합 450,000원 상당의 술을 판매하면서 종업원인 피의자 임정임을 동석시켜 술을 따르게 하고 노래를 하는 등으로 유흥을 돋우게 하고,

같은 2) 임정임은,

위 상피자 김경화가 운영하는 위 "하얀풍차"라는 일반음식점 내에서 종업원으로 고용되어 위와 같이 위반행위를 한 것이다.

  위 피의자들의 행위를 식품위생법 제75조 제 1 항, 동법 제44조 제 1 항, 동법 시행령 제21조 제 8 호에 해당하는 범죄로 인정 수사한 결과,

피의자1) 김경희, 피의자2) 임정임은,

평소 잘 알고 지내온 언니라고 부르는 피의자 임정임을 홀서빙하는 아가씨를 구하는 동안에만 근무해 달라고 부탁하여 이 사건 당일까지 근무하면서 성명불상의 다수의 손님들에게 술과 안주를 제공하는 등으로 매상을 올릴 수 있도록 한 것은 사실이지만, 함께 춤을 추는 등의 행위는 없었다고 변소하나,

피의자2) 임정임도 금일 손님으로 온 사건 외 강상칠, 김갑열 등 3명의 손님과 같이 술을 마시는 자리에 동석하고 있었던 것은 사실이라고 진술하고,

본건 손님인 강상칠의 진술조서, 김갑열의 자필진술서, 일반음식점 신고증, 각 피의자신문조서 등으로 보아 범죄 인정되어 **기소의견임**.

진술조서

성   명 : 강 상 칠

주민등록번호 : 65****-1******   만 45세

직   업 : 부동산 중개사

주   거 : 서울 서초구 서초동 756 한신아파트 102동 203호

등 록 기 준 지 : 전북 군산시 염신동 37

직 장 주 소 : 서울 서초구 서초동 23-1 한라빌딩 1층

연   락   처 : (자택전화) 796-8542   (휴대전화) 010-3444-8933

            (직장전화) 568-3217   (전자우편) 없음

　위의 사람은 피의자 김경화에 대한 식품위생법위반 피의사건에 관하여 2010. 1. 9. 강남경찰서에 임의 출석하여 다음과 같이 진술하다.

1. 피의자와의 관계

　아무런 관계가 없습니다.

1. 피의사실과의 관계

　저는 피의사실과 관련하여 참고인 자격으로서 출석하였습니다.

이 때 사법경찰관은 진술인 강상칠을 상대로 다음과 같이 문답을 하다.

문   진술인은 2013년 1월 9일 하얀풍차라는 곳에 간 사실이 있는가요.

답   예. 있습니다.

문   하얀풍차에 들어간 시각은 언제인가요.

답   저녁 10시쯤 들어갔습니다.

문   하얀풍차에 들어가게 된 경위를 말하시오.

답   오랜만에 친구 김갑열, 한상운과 만나 저녁을 먹게 되었습니다. 저녁을 먹으면서 술을 조금 마셨는데, 그냥 헤어지는게 너무 아쉬워 2차로 하얀풍차에 들어가게 된 것입니다.

문   가게에 들어가 무엇을 주문하였나요.

답   조니워커 양주 1병과 맥주 몇 병, 과일 안주 등 45만원 정도를 시켰습니다.

문   종업원이 자리에 합석하게 된 경위는 어떠한가요.

답　저희가 비싼 양주를 주문하니까 가게 여종업원이 양주를 가지고 와서는 갑자기 자리에 앉아 자기도 한 잔만 달라고 하였습니다.

문　진술인이나 일행이 자리에 앉으라고 강요한 것은 아닌가요.

답　아닙니다. 저희가 자리에 앉으라고 강요한 사실은 없습니다. 저희가 비싼 양주도 시키고 돈도 있어 보이니까 잘 보이려고 옆에 앉았던 것 같습니다.

문　종업원도 같이 술을 마셨나요.

답　예. 계속 옆에 앉아서 저희와 농담도 하면서 몇 잔 같이 마셨습니다.

문　당시 가게 안에 손님이 몇 명이나 있었나요.

답　몇 명 있었던 것 같은데, 잘 기억이 나지 않습니다.

문　진술인은 그 전에도 하얀풍차에서 술을 마신 적이 있는가요.

답　예. 몇 번 간 적이 있습니다.

문　그렇다면 그 전에도 종업원과 술을 마신 사실이 있는가요.

답　제가 종업원을 부른 것도 아닌데, 종업원이 스스로 제 옆자리에 앉아 몇 번 같이 술을 마신 적이 있습니다.

문　이상의 진술은 모두 사실인가요.

답　예. 사실입니다.

문　더 할 말이 있는가요.

답　**제가 종업원에게 술을 같이 먹자고 한 사실은 없습니다. 잘못이 없는 사람을 또 부르지 말았으면 좋겠습니다.**

　위의 조서를 진술자에게 열람하게 하였던바, 진술한 대로 오기나 증감·변경할 것이 전혀 없다고 말하므로 간인한 후 서명 무인하게 하다.

진술자　**강 상 칠**　(무인)

2013.　1.　9.

강남경찰서

사법경찰관　경위　**김 갑 동**　(인)

피의자신문조서

피 의 자 : 김경화

   위의 사람에 대한 식품위생법위반 피의사건에 관하여 2013. 1. 10. 강남경찰서 수사과 경제팀 사무실에서 사법경찰관 경위 김갑동은 사법경찰리 경장 김을동을 참여하게 하고, 아래와 같이 피의자임에 틀림없음을 확인하다.

문   피의자의 성명, 주민등록번호, 직업, 주거, 등록기준지 등을 말하십시오.

답   **성명**은   김경화(金京化)

      주민등록번호는   75****-2******

      직업은   술집 사장

      주거는   서울 서초구 서초동 청암아파트 112-1002호

      등록기준지는   서울 서초구 잠원동 32-9

      직장주소는   서울 강남구 논현동 112-51 지하1층

      연락처는   **자택전화** 02-753-8763   **휴대전화** 010-5142-8763

                 직장전화 02-531-1024   **전자우편** (생략)

      입니다.

사법 경찰관은 피의사건의 요지를 설명하고 사법경찰관의 신문에 대하여 형사소송법 제244조의3에 따라 진술을 거부할 수 있는 권리 및 변호인의 참여 등 조력을 받을 권리가 있음을 피의자에게 알려주고 이를 행사할 것인지 그 의사를 확인하다.

진술거부권 및 변호인 조력권 고지 등 확인

---

1. 귀하는 일체의 진술을 하지 아니하거나 개개의 질문에 대하여 진술을 하지 아니할 수 있습니다.
2. 귀하가 진술을 하지 아니하더라도 불이익을 받지 아니합니다.
3. 귀하가 진술을 거부할 권리를 포기하고 행한 진술은 법정에서 유죄의 증거로 사용될 수 있습니다.
4. 귀하가 신문을 받을 때에는 변호인을 참여하게 하는 등 변호인의 조력을 받을 수 있습니다.

문   피의자는 위와 같은 권리들이 있음을 고지받았는가요.

답   네.

문   피의자는 진술거부권을 행사할 것인가요.

답   아니오. 사실대로 진술하겠습니다.

문   피의자는 변호인의 조력을 받을 권리를 행사할 것인가요.

답   아니오.

　　이에 사법경찰관은 피의사실에 관하여 다음과 같이 피의자를 신문하다.

문   범죄전력이 있나요.

답   없습니다.

문   군대는 갔다 왔나요.

답   여자라서 상관없습니다.

문   학력은 어떠한가요.

답   고교 졸업입니다.

문   사회경력은 어떠한가요.

답   상업에 종사하였습니다.

문   가족관계는 어떠한가요.

답 미혼입니다.

문 재산이나 월수입은 어떠한가요.

답 빚이 약 1억원 정도 있고, 월 수입은 300만원 정도 됩니다.

문 정당이나 사회단체에 가입한 사실이 있나요.

답 없습니다.

문 피의자는 현재 무슨 일을 하고 있는가요.

답 2012년 10월 말부터 '하얀풍차'라는 술집을 운영하고 있습니다. 제가 가게를 내기 위하여 보증금 1억 5천만원을 지급했고, 월세는 400만원, 권리금 4천만원을 주고 인수했습니다.

문 '하얀풍차'의 종업원은 몇 명이나 되는가요.

답 주방에 2명, 홀에 2명 총 4명이 일하고 있습니다.

문 '하얀풍차'는 어떤 형태의 영업을 하는 곳인가요.

답 네. 주간에는 커피와 차, 식사류를 판매하고, 밤에는 주류를 팔고 있습니다.

문 피의자는 임정임을 알고 있나요.

답 예. 10년 전부터 친자매처럼 친하게 지내온 언니입니다.

문 임정임이 피의자의 가게에서 일을 한 사실이 있는가요.

답 예. 지난해 12월 초부터 저희 가게에서 일을 하였습니다.

문 임정임이 하얀풍차에서 무슨 일을 하였나요.

답 홀에서 서빙을 하였습니다. 손님들의 주문을 받아서 술과 음식을 날라다 준 것 뿐입니다.

문 피의자는 임정임으로 하여금 손님들과 함께 술을 마시거나 흥을 돋우도록 한 사실이 있는가요.

답 그런 사실은 전혀 없습니다.

문 피의자는 임정임이 2013. 1. 9. 밤에 손님들과 함께 술을 마시면서 동석하였던 사실을 알고 있는가요.

답 손님들이랑 함께 있었던 것은 맞지만, 손님이 억지로 오라고 해서 앉아 있었고, 그것도 단 몇 분에 불과하였다고 전해 들었습니다.

문 그 자리에 손님으로 있었던 강상칠은 자신들은 앉으라는 얘기도 하지 않았는데 임정임이 자기들 옆자리에 앉아 술을 한 잔 달라고 하였다는데 아닌가요.

답 강상칠이 무슨 이유인지는 모르겠지만, 거짓말을 하고 있는 것이 분명합니다. 언니가 그렇게 손님들과 같이 앉아 술을 마실 사람이 아닙니다. 그리고, 제가 손님 테이블에 앉으면 안 된다고 항상 주의를 주었기 때문에 임정임이 먼저 손님 테이블에 앉았다는 것은 믿기 어렵습니다.

문 임정임이 손님들과 함께 자리에 앉아있었던 사실은 인정하는가요.

답   예. 그것은 인정합니다. 하지만, 손님들이 억지로 자리에 앉힌 것이라고 합니다.

문   2013. 1. 9. 이 사건 당시 피의자도 가게에 있었나요.

답   아닙니다. 저는 개인적인 일로 다른 곳에 있었습니다.

문   임정임은 '하얀풍차'에서 일하기 전에는 무슨 일을 하였나요.

답   다른 유흥업소에서 일한 것으로 알고 있습니다.

문   피의자가 가게에 없는 사이에 임정임이 잠시 손님과 술을 마실 수도 있는 것 아닌가요.

답   그럴 수도 있지만 ….

문   피의자는 일반음식점에서 유흥접객원을 두고 영업을 하면 안되는 것을 알고 있지요.

답   예, 알고 있습니다. 하지만, 임정임은 유흥접객원이 아닙니다. 손님이 억지로 불러대니까
       마지못하여 잠시 앉아 있다가 경찰관 눈에 띈 것이지요.

문   피의자는 이 사건에 대하여 더 할 말이 있는가요.

답   **억울하지 않게 선처해 주세요. 남들한테 돈을 빌려서 어렵사리 마련한 가게인데, 반년도 못되
       어 문 닫으면 어떡하겠어요.**

   위의 조서를 진술자에게 열람하게 하였던바, 진술한 대로 오기나 증감·변경할 것이 전혀 없다
고 하므로 간인한 후 서명 무인하게 하다.

진술자 **김 경 화** (무인)

2013.   1.   10.

강남경찰서

사법경찰관   경위 **김 갑 동** (인)

사법경찰리   경장 **김 을 동** (인)

수사과정확인서

구　분	내　용
1. 조사 장소의 도착 시각	2013. 1. 10. 10 : 05
2. 조사 시작 시각 및 종료 시각	☐ 시작시각 : 2013. 1. 10. 10 : 10 ☐ 종료시각 : 2013. 1. 10. 11 : 15
3. 조서 열람 시작 시각 및 종료 시각	☐ 시작시각 : 2013. 1. 10. 11 : 20 ☐ 종료시각 : 2013. 1. 10. 11 : 28
4. 그 밖에 조사과정 진행 경과 확인에 필요한 사항	없　음
5. 조사과정 기재사항에 대한 이의제기나 의견진술 여부 및 그 내용	없　음

2013.　1.　10.

사법경찰관 김갑동은 김경화를 조사한 후, 위와 같은 사항에 대해 김경화로부터 확인받음.

확 인 자 : **김 경 화** (인)
사법경찰관 : 경위　**김 갑 동**　(인)

피의자신문조서

피 의 자 : 임정임

  위의 사람에 대한 식품위생법위반 피의사건에 관하여 2013. 1. 10. 강남경찰서 수사과 경제팀 사무실에서 사법경찰관 경위 김갑동은 사법경찰리 경장 김을동을 참여하게 하고, 아래와 같이 피의자임에 틀림없음을 확인하다.

문   피의자의 성명, 주민등록번호, 직업, 주거, 등록기준지 등을 말하십시오.

답   **성명**은   임정임(任貞姙)

      주민등록번호는   73****-2******

      직업은   종업원

      주거는   서울 서초구 서초동 12-6호

      등록기준지는   경기도 남양주시 별내면 화접리 122-1

      직장주소는   서울 강남구 논현동 112-51 지하1층

      연락처는   **자택전화** 02-753-1085   **휴대전화** 010-749-2149

             직장전화 02-531-1024   **전자우편** (생략)

      입니다.

사법경찰관은 피의사건의 요지를 설명하고 사법경찰관의 신문에 대하여 형사소송법 제244조의3에 따라 진술을 거부할 수 있는 권리 및 변호인의 참여 등 조력을 받을 권리가 있음을 피의자에게 알려주고 이를 행사할 것인지 그 의사를 확인하다.

진술거부권 및 변호인 조력권 고지 등 확인

1. 귀하는 일체의 진술을 하지 아니하거나 개개의 질문에 대하여 진술을 하지 아니할 수 있습니다.
2. 귀하가 진술을 하지 아니하더라도 불이익을 받지 아니합니다.
3. 귀하가 진술을 거부할 권리를 포기하고 행한 진술은 법정에서 유죄의 증거로 사용될 수 있습니다.
4. 귀하가 신문을 받을 때에는 변호인을 참여하게 하는 등 변호인의 조력을 받을 수 있습니다.

문   피의자는 위와 같은 권리들이 있음을 고지받았는가요.
답   네.
문   피의자는 진술거부권을 행사할 것인가요.
답   아니오. 사실대로 진술하겠습니다.
문   피의자는 변호인의 조력을 받을 권리를 행사할 것인가요.
답   아니오.

이에 사법경찰관은 피의사실에 관하여 다음과 같이 피의자를 신문하다.

문   피의자는 현재 무슨 일을 하고 있는가요.
답   2012년 12월 10일부터 '하얀풍차'에서 서빙을 하고 있습니다.
문   피의자는 '하얀풍차'에서 일하기 전에는 무슨 일을 하였나요.
답   압구정동에 있는 '무지개'라는 유흥업소에서 일을 하였습니다.
문   피의자가 '하얀풍차'에서 일하게 된 경위는 어떤가요.
답   2012년 10월 말 경 김경화가 논현동에 가게를 열었다는 소식을 듣고 친구들과 술 한 잔하려고 찾아간 적이 있습니다. 당시 '무지개'업소가 청소년을 종업원으로 고용한 일로 영업정지를 당해 문을 닫는 바람에 할 일이 없었기 때문에 경화에게 혹시 사람이 필요하면 저에게 연락해 달라고 부탁을 하였습니다. 그런데 며칠 뒤인 2012년 12월 초에 경화가 저에게 전화하여 서빙하던 아가씨가 아무 연락도 없이 나오지 않는다고 하여 그 다음날부터 제가 '하얀풍차'에 출근하게 된 것입니다.

문   '하얀풍차'에서는 무슨 일을 하였나요.

답   홀에서 서빙을 하였습니다.

문   피의자는 '하얀풍차'에 온 손님들과 함께 술을 마시거나 유흥을 돋우는 일을 하였나요.

답   아니오. 비록 제가 그 전에 유흥업소에서 일을 하기는 하였지만, 더 이상 그런 일이 하기 싫었고, '하얀풍차'는 유흥업소도 아니어서 손님들과 술을 마실 이유는 전혀 없습니다.

문   피의자는 강상칠을 아는가요.

답   예. 저희 가게 손님으로 왔던 사람입니다.

문   강상칠이 '하얀풍차'에 갔을 때 그 테이블에 같이 앉은 사실이 있는가요.

답   예. 있습니다. 하지만, 강상칠과 그 일행이 자꾸 제 손을 잡으면서 잠깐만 앉아서 같이 얘기하자고 하여 앉게 된 것입니다.

문   '하얀풍차'에 온 손님들은 주로 무엇을 주문하는가요.

답   주로 소주 아니면 맥주를 주문합니다.

문   강상칠 일행은 무엇을 주문하였나요.

답   양주와 맥주, 그리고 과일안주를 시켰던 것으로 기억합니다.

문   양주를 주문하는 손님이 많은가요.

답   양주를 주문하는 손님은 한 달에 한두 명 정도 있습니다.

문   피의자는 강상칠 일행이 비싼 양주를 주문하자 그 일행에게 잘 보이기 위해 옆에 앉아 같이 얘기하거나 술을 마신 것이 아닌가요.

답   전혀 아닙니다. 제가 그 가게 사장도 아닌데, 손님에게 잘 보일 이유가 뭐가 있겠습니까.

문   그렇다면 강상칠 일행 옆에 앉게 된 경위는 어떤가요.

답   그 날 밤 10시 무렵에 강상칠 일행 3명이 술에 취해 저희 가게로 들어왔습니다. 1차로 술을 많이 마시고 온 듯 하였습니다. 저는 테이블을 안내하고 주문을 받은 후 양주 등을 가져다 준 후 다른 손님들의 주문을 받고 있었습니다. 그런데 강상칠이 자꾸 저를 부르면서 와서 한잔 따르라고 하였습니다. 그러나, 저는 강상칠에게 저희 가게는 그런 곳이 아니라고 말하며 거절하였고, 곧 다른 테이블에서 주문을 받았습니다. 그 날은 경화가 다른 일로 가게에 나오지 않아 더 바빴습니다. 그런데도 강상칠이 자꾸만 부르면서 잠깐만 와서 앉으라고 언성을 높여 다른 손님들에게 피해를 줄까봐 마지못해 옆에 앉게 된 것입니다.

문   계속 진술하시오.

답   딱 5분만 앉아 있다가 일어서야겠다고 생각하고 있던 중에 때마침 경찰 두 분이 단속을 나왔다며 가게에 들어왔습니다. 그리고, 아주 기분나쁘게 저를 마치 술시중 드는 여자로 취급하면서 무슨 법을 위반하였다고 말하였습니다. 제가 경찰관들에게 손님들의 강요로 마지못해 그 자리에 앉아 있었던 것이라고 말했지만, 경찰관들은 막무가내였습니다. 제가 그 손님들에게 술을 따르거나 한 사실도 전혀 없는데 너무 억울합니다.

문   강상칠 일행과 같이 앉아 있었던 것은 사실이지요.

답   예. 경찰관들이 단속을 나왔을 때 같이 앉아 있었던 것은 사실입니다.

문   단속 당시에 그 자리에 술잔이 몇 개였나요.

답   술잔은 4개가 있었습니다.

문   강상칠 일행이 3명인데 술잔이 어떻게 4개가 되는가요.

답   그 손님들이 제 술도 따라 제 앞에 가져다 놓았습니다.

문   단속 당시에 손님들과 얘기하고 있었던 것은 사실인가요.

답   예. 그 손님들이 저에게 뭐라고 얘기했지만, 저는 일어날 생각만 하고 있어서 무슨 얘기를 했는지는 잘 기억이 나지 않습니다.

문   피의자는 일반음식점에서 유흥접객원을 두고 영업을 하면 안되는 것을 알고 있지요.

답   예, 알고 있습니다. 하지만, 저는 유흥접객원이 아닙니다.

문   피의자는 이 사건에 대하여 더 할 말이 있는가요.

답   제가 전에 유흥업소에서 일했다는 사실만으로 제 말은 전혀 믿어주지 않는 것 같아 너무 억울합니다. 진실이 밝혀졌으면 좋겠습니다.

위의 조서를 진술자에게 열람하게 하였던바, 진술한 대로 오기나 증감·변경할 것이 전혀 없다고 하므로 간인한 후 서명 무인하게 하다.

진술자 **임 정 임** (무인)

2013.   1.   10.

강남경찰서

사법경찰관   경위 **김 갑 동** (인)
사법경찰리   경장 **김 을 동** (인)

식품접객업 영업허가(신고) 관리대장

업종	일반음식점		영업의 형태	경양식		허가(신고)번호	24389		허가(신고)년월일	2012/10/28		담당	과장
업소명	시작일자	종료일자							전화번호	010-6310-9427		
	2012/10/28	-										
영업소재지	시작일자	종료일자	주소	서울특별시 강남구 논현동 112-51 지하1층								
	2012/10/28	-										
영업자	시작일자	종료일자	성명	주민번호	법인명	법인번호	전화번호		주소			
	2012/10/28	-	김경희	75*****-2*******					서울시 서초구 서초동 청암아파트 112동 1002호			
							( ) -					
							( ) -					
영업장주변	기타				등급	자율			도시계획	주거지역		
종사자	여자	0			여자	0			계	0		
행정처분사항	처분일자		위반사항		처분및처분내용			처분명및처분내용		처분변경일자	처분변경내용	취급자

서울강남경찰서

수신자   생활안전과장

제 목   행정처분의뢰

---

1. 아래 위반업소에 대하어 행정처분을 의뢰하오니 통보하여 주시기 바랍니다.
2. 피의자 인적사항

   김 경 화 (75****-25*****)

   서울 강남구 논현동 112-51 지하1층
3. 위반업소 및 신고사항

   업소명 : 하얀풍차

   업 주 : 김 경 화 (75****-25*****)

   소재지 : 서울 논현동 논현동 112-51 지하1층
4. 위반내용

   유흥주점 영업(일반음식점내 접대부고용)
5. 조치

   2013. 1. 18. 기소의견 송치
6. 취급자

   서울강남경찰서 수사과 경제팀 경위 김갑동(010-953-1082)　　끝.

서울강남경찰서　[강남 경찰]

수신자

　　★경위　　**김갑동**　　　　경위　　**백두산**　　　　경감　　**한라산**

협조자

시행 수사과-4970 (2013. 01. 21.)
우 135-844 서울특별시 강남구 대치동 998번지(무동도길 59)
전화 02-561-0342　　　　　　전송

(별지 제8호 서식)

<table>
<tr><td colspan="3" align="center">의 견 제 출 서</td></tr>
<tr><td colspan="2">1. 예정된 처분의 제목</td><td>영업정지 1월</td></tr>
<tr><td rowspan="2">2. 당사자</td><td>성 명</td><td>김경화</td></tr>
<tr><td>주 소</td><td>서울특별시 강남구 논현동 112-51 지하1층 (업소 : 하얀풍차)</td></tr>
<tr><td colspan="2">3. 의   견</td><td>저는 유흥접대부를 쓴 적이 없어 억울합니다. 많은 돈을 빌려서 차린 가게를 문 닫는다는 것은 상상도 못할 일입니다.</td></tr>
<tr><td colspan="2">4. 기   타</td><td></td></tr>
<tr><td colspan="3">

행정절차법 제27조 제 1 항(제31조 제 3 항)의 규정에 의하여 위와 같이 의견을 제출합니다.

2013년 1월   28일

의견제출인 주소 : 서울시 서초구 서초동 청암아파트 112동 1002호

(전화:)

성명   김 경 화   (인)

강 남 구 청 장 귀하

</td></tr>
<tr><td rowspan="2">비

고</td><td colspan="2">1. 기재란이 부족한 경우에는 별지를 사용하실 수 있습니다.

2. 증거자료 등을 첨부하실 수 있습니다.

3. 위 의견제출과 관련하여 문서를 받으신 경우에는 문서번호와 일자를 제 1 호에 함께
   기재해 주시기 바랍니다.</td></tr>
</table>

청문(의견진술)조서

1. 제 목	영업정지 1월에 관한 청문				
2. 청문주재자	소 속	변호사			
	성 명	김 변 론			
3. 당사자등 (대표자,대리인)	성 명	김 경 화	업소명	출석여부	불출석사유
	주 소		하얀풍차	출석함	
	핸드폰번호				
4. 참석한 행정청직원	직 위	행정주사보			
	성 명	최 공 정			
5. 청문의 일시 및 장소	2013. 2. 8. 15 : 00				
6. 청문공개	공개여부				
	이 유				
7. 당사자등의 진술내용	요 지	영업정지 처분을 당할 만한 잘못을 저지른 적이 없으므로 선처를 구한다는 취지의 진술을 하다.			
	제출된증거				
8. 증거조사 (청문시)	요 지				
	제출된증거				
9. 청문주재자 의견	예정대로 처분				
10. 기 타					
2013년 2월 8일 청문(의견진술)주재자 김 변 론 서명 또는 인					
비 고					

청 문 진 술 서

1. 귀하께서 운영하시는 업소명은 무엇인가요?   **하얀풍차**입니다.

2. 귀 업소의 영업주 성명과 주민등록번호는 어떻게 되시나요?
   김경화(75****-2******)

3. 청문오신 분과 영업주가 같으신가요?   ☑ 예   □ 아니요
   ※ 다른 경우에는 위임자임을 확인할 수 있는 서류(   )

4. 귀 업소의 위반행위를 적발한 기관은 어디입니까?
   ☑ 경찰   □ 식품의약 안전청 등 정부기관   □ 서울시   □ 강남구보건소

5. 귀 업소는 어떠한 사유로 적출되었나요? (적발사유 모두 □하세요)
   □ 객실에 반주 노래시설 설치   □ 반주시설을 갖추고 노래허용
   □ 청소년에게 주류제공   ☑ 유흥접객원 고용 유흥접객행위
   □ 성매매 알선   □ 영업장 확장 등 면적변경 미신고
   □ 종업원 명부 미비치   □ 종업원 등 건강진단 미이행
   □ 신고된 상호와 업종혼돈표기   □ 유통기한 지난 조리품 판매목적 보관
   □ 영업정지기간중 영업   □ 위생불량등 기타(   )

6. 위 적출사항에 대해 위반사실을 인정하시나요?
   □ 예   ☑ 아니오

7. 기타 청문(의견제출)에서 하시고 싶으신 말씀이 있다면 하십시오.
   저는 경찰에서 말하는 유흥접객원을 쓴 적이 없습니다.

8. 귀 업소의 위반행위는 식품위생법에 위반되었기에 다음의 행정처분이 예상됨을 고지합니다.
   ☑ 영업정지처분 __1월__   □ 과징금 부과
   □ 시설개수명령, 시정명령   □ 과태료부과
   □ 영업소폐쇄   □ 기타(   )

　　위 사항을 2013. 2. 8. (15 : 00) 강남구 청문변호사 앞에서 영업자가 자유로이 진술하였기 청문진술서를 작성하다.

　　　　　　　　　　　　피 청문자 : **김 경 화**　　　(서명 또는 날인)
　　　　　　　　　　　　청문변호사 : **김 변 론**　　　(서명 또는 날인)

진술조서(2회)

성   명 : 강 상 칠

주민등록번호 : 65****-1******   만 45세

직   업 : 부동산 중개사

주   거 : 서울 서초구 서초동 756 한신아파트 102동 203호

등 록 기 준 지 : 전북 군산시 염신동 37

직 장 주 소 : 서울 서초구 서초동 23-1 한라빌딩 1층

연   락   처 : (자택전화)   796-8542   (휴대전화) 010-3444-8933

                   (직장전화)   568-3217   (전자우편) 없음

　　위의 사람은 피의자 김경화에 대한 식품위생법위반 피의사건에 관하여 2013. 2. 18. 서울중앙지방검찰청에 임의 출석하여 다음과 같이 진술하다.

문　　참고인이 경찰에서 진술한 내용은 모두 사실인가요.

답　　예. 사실입니다.

문　　참고인은 임정임을 아는가요.

답　　예. '하얀풍차'에서 일하는 종업원으로 2013년 1월 9일에 저희 테이블에 같이 앉아 있던 사람입니다.

문　　임정임이 참고인 일행의 테이블에 앉게 된 경위는 어떤가요.

답　　전에도 말씀 드렸듯이, 저희가 비싼 양주와 맥주 등을 시키니까 저희에게 잘 보여서 매상을 올리려고 옆에 와 앉은 것 같습니다.

문　　참고인이 임정임에게 앉으라고 강요한 사실은 없는가요.

답　　예. 전혀 없습니다.

문　　임정임은 참고인이 자신에게 와서 술 한잔 따르라며 자꾸 소리를 질러 어쩔 수 없이 앉게 되었다고 하는데 어떤가요.

답　　제가 소리를 지른 사실은 없습니다.

문　　당시 참고인이 소리를 크게 지르는 바람에 다른 손님에게도 피해가 갈 정도였다는데 어떤가요.

답　　그런 기억은 없습니다.

문　　그렇다면 다른 손님과 대질신문을 하여도 괜찮은가요.

답　　(잠시 머뭇거리며)죄송합니다. 제가 거짓말을 하였습니다. 사실대로 진술하겠습니다.

문   임정임이 참고인 일행의 테이블에 앉게 된 경위는 어떤가요.

답   제가 오랜만에 친구들을 만나게 되어 저녁과 함께 술을 마신 후 금방 헤어지는 게 아쉬워 '하얀풍차'에 가게 되었습니다. 그리고, 양주 등을 주문하였는데 친구들에게 아가씨가 술을 한 잔 따라주면 좋겠다는 생각이 들어 임정임에게 와서 술 한 잔 따라보라고 시켰습니다.

문   임정임이 순순히 술을 따르던가요.

답   처음에는 와서 거절을 하고 갔는데, 제가 자꾸 부르면서 한 번만 와서 앉아보라고 하자 어쩔 수 없이 앉게 되었습니다.

문   임정임이 참고인 일행에게 술을 따라 주었나요.

답   아닙니다. 제가 먼저 임정임에게 술을 한 잔 주었는데, 그것도 테이블에 그냥 내려놓고 가만히 있었습니다. 저희에게 술을 따라 주지도 않았습니다.

문   임정임이 앉아 있던 시간은 얼마나 되었나요.

답   몇 분 안 되었습니다. 자리에 앉자마자 경찰관들이 들어왔습니다.

문   참고인은 왜 거짓말을 하였나요.

답   제가 종업원을 억지로 저희 테이블에 앉게 하고, 종업원에게 술을 따르라고 강요한 것 때문에 처벌받을까봐 두려워서 그랬습니다. 죄송합니다.

문   이상의 진술은 모두 사실인가요.

답   예. 사실입니다.

문   더 이상 할 말이 있는가요.

답   **저 때문에 가게 사장과 종업원이 곤란하게 된 것 같아 죄송합니다.**

위의 조서를 진술자에게 열람하게 하였던바, 진술한 대로 오기나 증감·변경할 것이 전혀 없다고 말하므로 간인한 후 서명 무인하게 하다.

진술자   **강 상 칠**   (무인)

2013.   2.   18.

서 울 중 앙 지 방 검 찰 청

검   사   **정 영 화**   (인)

검찰주사보   **강 상 륜**   (인)

참 고 자 료(관 계 법 령)

▣ 식품위생법[시행 2012. 2. 5.] [법률 제11000호, 2011. 8. 4, 일부개정]

제44조(영업자 등의 준수사항)

① 식품접객영업자 등 대통령령으로 정하는 영업자와 그 종업원은 영업의 위생관리와 질서유지, 국민의 보건위생 증진을 위하여 총리령으로 정하는 사항을 지켜야 한다.

③ 누구든지 영리를 목적으로 제36조 제 1 항 제 3 호의 식품접객업을 하는 장소(유흥종사자를 둘 수 있도록 대통령령으로 정하는 영업을 하는 장소는 제외한다)에서 손님과 함께 술을 마시거나 노래 또는 춤으로 손님의 유흥을 돋우는 접객행위(공연을 목적으로 하는 가수, 악사, 댄서, 무용수 등이 하는 행위는 제외한다)를 하거나 다른 사람에게 그 행위를 알선하여서는 아니 된다.

제75조(허가취소 등)

① 식품의약품안전처장 또는 특별자치도지사·시장·군수·구청장은 영업자가 다음 각 호의 어느 하나에 해당하는 경우에는 대통령령으로 정하는 바에 따라 영업허가 또는 등록을 취소하거나 6개월 이내의 기간을 정하여 그 영업의 전부 또는 일부를 정지하거나 영업소 폐쇄(제37조 제 4 항에 따라 신고한 영업만 해당한다. 이하 이 조에서 같다)를 명할 수 있다.

13. 제44조 제 1 항·제 2 항 및 제 4 항을 위반한 경우

▣ 식품위생법 시행령

제21조(영업의 종류)

법 제36조 제 2 항에 따른 영업의 세부 종류와 그 범위는 다음 각 호와 같다.

8. 식품접객업

　나. 일반음식점영업: 음식류를 조리·판매하는 영업으로서 식사와 함께 부수적으로 음주행위가 허용되는 영업

　다. 단란주점영업: 주로 주류를 조리·판매하는 영업으로서 손님이 노래를 부르는 행위가 허용되는 영업

　라. 유흥주점영업: 주로 주류를 조리·판매하는 영업으로서 유흥종사자를 두거나 유흥시설을 설치할 수 있고 손님이 노래를 부르거나 춤을 추는 행위가 허용되는 영업

▣ 식품위생법 시행규칙

제57조(식품접객영업자 등의 준수사항 등)

법 제44조 제1항에 따라 식품접객영업자 등이 지켜야 할 준수사항은 별표 17과 같다.

제89조(행정처분의 기준)

법 제71조, 법 제72조, 법 제74조부터 법 제76조까지 및 법 제80조에 따른 행정처분의 기준은 별표 23과 같다.

[별표 17] 식품접객영업자 등의 준수사항(제57조 관련)

6. 식품접객업자(위탁급식영업자는 제외한다)의 준수사항

타. 허가를 받거나 신고한 영업 외의 다른 영업시설을 설치하거나 다음에 해당하는 영업행위를 하여서는 아니 된다.

1) 휴게음식점영업자·일반음식점영업자 또는 단란주점영업자가 유흥접객원을 고용하여 유흥접객행위를 하게 하거나 종업원의 이러한 행위를 조장하거나 묵인하는 행위

2) 휴게음식점영업자·일반음식점영업자가 음향 및 반주시설을 갖추고 손님이 노래를 부르도록 허용하는 행위. 다만, 연회석을 보유한 일반음식점에서 회갑연, 칠순연 등 가정의 의례로서 행하는 경우에는 그러하지 아니하다.

[별표 23] 행정처분의 기준(제89조 관련)

Ⅱ. 개별기준

3. 식품접객업

영 제21조 제8호의 식품접객업을 말한다.

위반 사항	근거 법령	행정처분기준		
		1차 위반	2차 위반	3차 위반
10. 법 제44조 제1항을 위반한 경우 가. 식품접객업자의 준수사항의 위반으로서	법 제71조 및 법 제75조			
1) 별표 17 제6호 타목1)을 위반한 경우1)		영업정지 1개월	영업정지 2개월	영업허가 취소 또는 영업소폐쇄
3) 별표 17 제6호 타목2)·거목 또는 서목을 위반한 경우		영업정지 1개월	영업정지 2개월	영업허가 취소 또는 영업소폐쇄

---

1) 휴게음식점영업자·일반음식점영업자 또는 단란주점영업자가 유흥접객원을 고용하여 유흥접객행위를 하게 하거나 종업원의 이러한 행위를 조장하거나 묵인하는 행위.

Memo

설문 1.
해 답

소   장

원   고   김경화
　　　　　서울 서초구 서초동 청암아파트 112동 1002호

　　　　　소송대리인 법무법인 경희
　　　　　담당변호사 박승소
　　　　　서울 서초구 서초동 강호빌딩 1002호

피   고   서울특별시 강남구청장

영업정지처분취소 청구의 소

청 구 취 지

1. 피고가 2013. 2. 15. 원고에 대하여 한 영업정지처분을 취소한다.
2. 소송비용은 피고가 부담한다.
라는 판결을 구합니다.

청 구 원 인

1. 이 사건 처분의 경위

　　원고는 서울 강남구 논현동 112-51 지하 1층에서 '하얀풍차'(이하 '이 사건 음식점'이라
한다)라는 상호로 일반음식점업을 운영하고 있으며, 피고는 2013. 2. 15. 원고에 대하여
유흥접객원을 고용하여 영업을 하였다는 사유로 영업정지 1월(기간 : 2013. 3. 11. ~ 같은 해
4. 9.)의 처분(이하 '이 사건 처분'이라 한다)을 한 행정청입니다.

2. 원고가 유흥접객원을 고용하여 유흥접객행위를 하였는지 여부

가. 원고의 이 사건 음식점 개업 및 임정임의 고용경위

⑴ 원고는 2012. 10. 28.부터 이 사건 음식점 영업을 시작하였습니다. 이 사건 음식점은 주간에는 커피와 차, 다과, 오므라이스, 스테이크 등 식사를 판매하고, 저녁에는 소주, 맥주 등의 주류를 판매하기도 하였습니다.

⑵ 이 사건 음식점은 주방에서 음식을 조리하는 2명의 종업원과 홀에서 음식을 배달하는 남녀 직원 1명씩을 두어 4명의 직원이 근무하고 있습니다. 그런데 이 사건 단속이 있기 며칠 전에 홀에서 음식을 나르는 일을 하던 여직원 1명이 갑자기 그만두었고, 그리하여 원고는 새로 직원을 구하게 되었습니다.

⑶ 원고는 2012. 11. 말경 평소 언니라고 부르며 친하게 지내던 임정임에게 새로 직원을 구할 때까지 잠시 동안 이 사건 음식점에 나와서 일을 해 달라고 부탁하게 되었습니다. 그리하여 임정임은 2012. 12. 10.부터 이 사건 단속이 있었던 2013. 1. 9.경까지 매달 150만원의 급여를 받으면서 일을 하게 되었습니다.

나. 임정임이 손님의 좌석에 앉게 된 경위

⑴ 임정임은 이 사건 음식점에서 손님으로부터 주문을 받아 그 손님 테이블에 음식을 제공하는 일을 하였습니다. 원고는 이 사건 음식점과 같은 종류의 영업을 여러 해 동안 해본 경험이 있고, 유흥접객원을 고용하여 손님들과 술을 마시거나 노래를 부르는 등의 유흥을 돋우어 매상을 올리는 방법의 영업행위는 법령에 위반되는 것이고, 그러한 행위로 한번 단속을 당하면 영업정지 등의 막대한 불이익처분을 받는 점을 알고 있었기 때문에 평소에도 식품위생법령을 위반하지 않고자 각별히 주의를 하여 왔습니다. 그 때문에 원고는 임정임이 이 사건 음식점에서 일하기 시작할 때부터 손님 테이블에 앉는 등의 행위로 단속 당할 우려가 있는 일체의 행위를 금하도록 교육을 하였으며, 실제로 이 사건 단속이 있기 전에는 손님들과 술을 마시는 일도 전혀 없었습니다.

⑵ 그런데 이 사건 단속이 있었던 시간에 원고는 거래처에 볼 일이 있어 음식점에 나오지 못하게 되었습니다. 그 당시 임정임은 예전에 한두 번 들렀던 손님들에

게 주문한 술과 안주를 배달하고 홀에 있게 되었습니다. 그런데 그 손님 중 한 명이 임정임에게 그들의 테이블로 와서 술을 한잔 따르라고 하였지만, 임정임은 그 요구에 응하지 않고 있었습니다. 그렇지만 술에 상당히 취한 상태인 그 손님(나중에 알기로는 강상칠이라고 함)이 여러 차례 임정임을 부르는 바람에 마지못하여 그 손님들의 테이블에 앉게 되었습니다. 바로 그 순간 강남경찰서 소속 경찰관들이 이 사건 음식점에 단속을 나와 임정임이 손님들과 같은 테이블에 앉아 있는 것을 목격하게 되었습니다.

⑶ 원고는 이 사건 단속이 있은 후에 임정임으로부터 손님들 테이블에 앉아 있게 된 경위에 관하여 묻게 되었는데, 임정임은 그 날 감기 몸살 증세로 기침도 나오고 하여 원고가 출근을 하면 곧바로 집에 들어가 쉴 생각을 하고 있었다고 합니다. 그런데 손님 한 명이 술에 취하여 여러 차례 동석할 것을 요구하는 바람에 어쩔 수 없이 동석을 하고 있던 중에 경찰관에게 적발되게 되었다고 하였습니다.

다. 소   결

따라서 임정임이 이 사건 음식점에서 유흥접객행위를 한 사실이 없습니다. 그러므로 원고는 임정임을 유흥접객원으로 고용하여 유흥접객행위를 하도록 한 사실이 없으며, 임정임으로 하여금 유흥접객원으로서의 행위를 하도록 지시하거나 그러한 행위를 묵인한 사실도 없습니다.

3. 이 사건 소의 적법성

가. 피고적격

⑴ 행정소송법 제13조 제1항은 '취소소송은 다른 법률에 특별한 규정이 없는 한 그 처분 등을 행한 행정청을 피고로 한다'고 규정하고 있습니다.

⑵ 항고소송은 원칙적으로 소송의 대상인 행정처분 등을 외부적으로 그의 명의로 행한 행정청을 피고로 하여야 하는 것으로서, 그 행정처분을 하게 된 연유가 상급행정청이나 타행정청의 지시나 통보에 의한 것이라 하여 다르지 않고, 권한의 위임이나 위탁을 받아 수임행정청이 자신의 명의로 한 처분에 관하여도 마찬가지입니다(대법원 2013. 2. 28. 선고 2012두22904 판결).

⑶ 따라서 서울특별시 강남구청장은 그의 명의로 원고에게 이 사건 처분을 하였으므로 피고적격이 있습니다.

나. 소의 이익

⑴ 행정소송법 제12조는 '취소소송은 처분등의 취소를 구할 법률상 이익이 있는 자가 제기할 수 있다. 처분등의 효과가 기간의 경과, 처분등의 집행 그 밖의 사유로 인하여 소멸된 뒤에도 그 처분등의 취소로 인하여 회복되는 법률상 이익이 있는 자의 경우에는 또한 같다'고 규정하고 있습니다.

⑵ 판례는 제재적 행정처분이 그 처분에서 정한 제재기간의 경과로 인하여 그 효과가 소멸되었으나, 부령인 시행규칙 또는 지방자치단체의 규칙의 형식으로 정한 처분기준에서 제재적 행정처분을 받은 것을 가중사유나 전제요건으로 삼아 장래의 제재적 행정처분을 하도록 정하고 있는 경우, 선행처분인 제재적 행정처분을 받은 상대방이 그 처분에서 정한 제재기간이 경과하였다 하더라도 그 처분의 취소를 구할 법률상 이익이 있다고 합니다(대법원 2006. 6. 22. 선고 2003두1684 전원합의체 판결).

⑶ 따라서 원고가 비록 피고의 이 사건 처분대로 영업을 1개월 정지하여 그 처분의 효력이 소멸되었다고 할지라도 이 사건 처분근거인 식품위생법 시행규칙의 처분기준에는 영업정지 1개월의 처분받은 것을 가중사유로 삼아 장래의 제재적 행정처분을 하도록 하고 있기 때문에 이미 소멸한 이 사건 처분의 취소를 구할 소의 이익을 인정할 수 있습니다.

다. 제소기간

⑴ 행정소송법 제20조 제 1 항은 '취소소송은 처분 등이 있음을 안 날부터 90일 이내에 제기하여야 한다', 같은 조 제 2 항은 '처분 등이 있은 날부터 1년을 경과하면 이를 제기하지 못한다'고 규정하고 있습니다.

⑵ 여기서 '처분 등이 있음을 안 날'이란 통지·공고 기타의 방법에 의하여 당해 처분이 있는 것을 현실적·구체적으로 안 날을 말하고, 추상적으로 알 수 있었던 날을 말하는 것은 아닙니다. 판례 역시 행정처분이 있는 것을 알았다는 뜻은 행정처분의 구체적 내용을 알았다는 취지가 아니고 어떤 종류의 행정처분이 있었

다는 사실을 안 것으로 족하다(대법원 1964. 3. 31. 선고 63누158 판결)라고 합니다. 그리고 '처분이 있음을 안 날'이란 통지, 공고 기타의 방법에 의하여 당해 처분이 있었다는 사실을 현실적으로 안 날을 의미하고 구체적으로 그 행정처분의 위법 여부를 판단한 날을 가리키는 것은 아니다(대법원 1991. 6. 28. 선고 90누6521 판결)라고 판시하고 있습니다.

(3) 따라서 원고는 피고의 이 사건 처분을 2013. 2. 19. 통지를 받게 되어 처분사실을 알게 되었으며, 그로부터 90일 이내인 2013. 3. 4. 제기한 이 사건 소는 적법한 제소기간을 준수하였습니다.

4. 이 사건 처분의 근거

피고는 이 사건 처분의 근거로 일반음식점영업자인 원고가 유흥접객원 임정임을 고용하여 유흥접객행위를 하게 하거나 종업원의 이러한 행위를 조장 · 묵인하는 행위를 한 것은 식품위생법 제44조와 제75조 위반이라고 합니다.

※ 관계법령

○ **식품위생법 제44조**(영업자 등의 준수사항)

① 식품접객영업자 등 대통령령으로 정하는 영업자와 그 종업원은 영업의 위생관리와 질서유지, 국민의 보건위생 증진을 위하여 보건복지가족부령으로 정하는 사항을 지켜야 한다.

○ **같은 법 시행령 제21조 제8호 : 식품접객업**

나. 일반음식점영업: 음식류를 조리 · 판매하는 영업으로서 식사와 함께 부수적으로 음주행위가 허용되는 영업

○ **식품위생법 제75조**(허가취소 등)

① 식품의약품안전청장 또는 특별자치도지사 · 시장 · 군수 · 구청장은 영업자가 다음 각 호의 어느 하나에 해당하는 경우에는 대통령령으로 정하는 바에 따라 영업허가를 취소하거나 6개월 이내의 기간을 정하여 그 영업의 전부 또는 일부를 정지하거나 영업소 폐쇄(제37조 제4항에 따라 신고한 영업만 해당한다. 이하 이 조에서 같다)를 명할 수 있다.

○ 같은 법 시행규칙 제89조(행정처분의 기준)

법 제71조, 법 제72조, 법 제74조부터 법 제76조까지 및 법 제80조에 따른 행정처분의 기준은 [별표 23]과 같다.

[별표 23] 행정처분의 기준(제89조 관련)

Ⅱ. 개별기준

3. 식품접객업

영 제21조 제8호의 식품접객업을 말한다.

위반 사항	근거 법령	행정처분기준		
		1차 위반	2차 위반	3차 위반
10. 법 제44조 제1항을 위반한 경우 가. 식품접객업자의 준수사항의 위반으로서	법 제71조 및 법 제75조			
1) 별표 17 제6호 타목1)을 위반한 경우		영업정지 1개월	영업정지 2개월	영업허가취소 또는 영업소폐쇄

5. 이 사건 처분의 위법성

가. 유흥접객원의 개념

"유흥종사자"란 손님과 함께 술을 마시거나 노래 또는 춤으로 손님의 유흥을 돋우는 부녀자인 유흥접객원을 말합니다(식품위생법 시행령 22①). 대법원은 식품위생법상의 "유흥종사자"에 대하여 「주로 주류를 조리, 판매하는 영업으로서, 유흥종사자 즉 손님과 함께 술을 마시거나 노래 또는 춤으로 손님의 유흥을 돋구는 부녀자(이를 위 시행령에서는 '유흥접객원'이라 한다)를 두는 것이 허용되는 유흥주점 영업을 하기 위하여는 관할 관청의 영업허가를 받도록 되어 있는바, 여기의 유흥종사자란 반드시 고용기간과 임금, 근로시간 등을 명시한 고용계약에 의하여 취업한 여자종업원에 한정된다고는 할 수 없지만, 적어도 하나의 직업으로 특정업소에서 손님과 함께 술을 마시거나 노래 또는 춤으로 손님의 유흥을 돋구어 주고 주인으로부터 보수를 받거나 손님으로부터 팁을 받는 부녀자를 가리키는 것으로 해석되고, 따라서 단순히 놀러오거나 손님으로 왔다가 다른 남자손님과 합석하여 술을 마신 부녀자는 이에 포함되지 아니한다」(대법원 2001. 12. 24. 선고 2001도5837 판결【식품위생법위반】)고 판시하고 있습니다.

나. 피고의 사실오인

⑴ 그런데 임정임은 판례가 제시하는 유흥접객원의 요건에 해당되는 손님과 함께 술을 마시거나 노래 또는 춤으로 손님의 유흥을 돋구어 주고 주인으로부터 보수를 받거나 손님으로부터 팁을 받은 사실이 전혀 없습니다. 따라서 임정임은 식품위생법 시행령 소정의 유흥접객원이 아닙니다.

⑵ 그러함에도 피고는 임정임이 이 사건 단속 당시 손님들의 좌석에 앉아 있있다는 사실만으로 원고가 유흥접객원을 고용하여 영업을 하도록 하였거나 이를 묵인하였을 것으로 인정하고 이 사건 처분을 하였지만, 이는 명백히 사실을 오인한 것에 해당됩니다.

⑶ 임정임이 손님들의 좌석에 앉게 된 경위도 손님으로 왔던 강상칠이 술을 주문한 다음 임정임을 불러 자리에 앉도록 한 다음 억지로 술을 따르도록 강요하였습니다. 임정임은 그 당시 마지못하여 강상칠 일행의 좌석에 앉게 되었지만, 술을 따라 주는 행위를 한 사실도 없었습니다. 강상칠이 강남경찰서에서 이 사건으로 조사를 받으면서 처음에는 임정임이 유흥접객행위를 하였다고 거짓 진술을 한 것으로 들었습니다. 강남경찰서는 강상칠의 진술을 듣고 원고와 임정임을 식품위생법위반 혐의로 입건을 하고 검찰에 송치하였으며, 피고 역시 경찰 수사결과를 기초로 원고에 대하여 이 사건 처분을 하게 된 것입니다. 그렇지만 강상칠은 검찰조사 과정에서 그의 경찰에서의 진술을 번복하여 임정임이 유흥접객행위를 한 사실이 없다고 진술한 바 있습니다.

⑷ 원고는 임정임을 유흥접객원으로 고용하여 영업을 하였다는 이유로 식품위생법위반으로 경찰서에서 조사를 받았고, 현재는 이 사건이 검찰에 송치되어 조사중이므로 실체적 진실이 규명되어 원고와 임정임에 대하여 무혐의 처분이 내려질 것으로 기대하고 있습니다. 그렇게 되면 피고의 원고에 대한 이 사건 처분도 마땅히 취소될 수밖에 없을 것입니다.

다. 피고의 비례원칙의 위반

(1) 설령 임정임이 평소 아는 손님의 술자리에 잠시 함께 앉아 있었던 것이 식품위생법 시행령 또는 시행규칙에 위반한 것으로 인정된다고 하더라도, 이 사건 처분은 비례의 원칙에 반하여 지나치게 무겁습니다.

(2) 원고는 이 사건 음식점을 보증금 1억 5천만원, 월 차임 400만원, 권리금 4천만원을 주고 인수한 바 있으며, 개업을 위하여 새롭게 인테리어를 하는 등으로 막대한 비용이 들어갔습니다. 원고는 이러한 돈을 주변의 지인들과 금융기관 대출 등으로 어렵게 마련하게 되었습니다. 원고는 아직 미혼이며, 이 사건 음식점의 직원들도 영업이 정지되면 생업이 어려워질 상황에 놓여 있습니다.

(3) 원고는 이 사건 전에는 단 한번도 식품위생법위반 등으로 처벌받거나 영업정지를 당하는 등의 행정처분을 받은 사실도 없이 성실하게 생활하여 왔습니다.

(4) 피고의 원고에 대한 이 사건 처분과 같은 제재적 행정처분이 사회통념상 재량권의 범위를 일탈하였거나 남용하였는지 여부는 처분사유인 위반행위의 내용과 당해 처분행위에 의하여 달성하려는 공익목적 및 이에 따르는 제반 사정 등을 객관적으로 심리하여 공익 침해의 정도와 그 처분으로 인하여 개인이 입게 될 불이익을 비교·형량하여 판단하여야 한다(대법원 2007. 9. 20. 선고 2007두6946 판결【과징금부과처분취소】)는 것이 대법원의 기본 입장입니다.

(5) 따라서 원고가 이 사건 음식점을 개업하기까지 소요된 비용과 이 사건 단속 당일 임정임이 우연히 알고 있던 손님의 강권에 의하여 자리에 잠시 동석하였던 경위, 그 동안 원고가 단 한 차례도 형사처벌을 받은 전력없이 성실하게 살아온 점, 요즘 같은 불황기에 특별한 위법행위 없이 어렵사리 영업을 해왔던 점, 영업정지를 당하면 신용 훼손은 물론 대출금 이자, 월세, 직원들 급여, 생활비 등의 막대한 금전적인 손해를 받게 된다는 점 등을 고려해 보면, 영업정지를 통하여 달성하려는 공익목적보다 원고가 입게 될 불이익이 현저하게 크다고 하지 않을 수 없습니다. 그러함에도 피고가 원고의 이러한 종합적인 사정을 참작하여 과징금 부과 등의 처분을 하지 않고 식품위생법 시행규칙에 따른 내부적 사무처리 기준에 따라 기계적으로 영업정지 1월의 처분을 한 것은 비례의 원칙에 반하여

결국 재량권을 일탈·남용한 위법을 면할 수 없다 할 것입니다.

6. 결   론

그러므로 피고의 원고에 대한 이 사건 처분은 사실을 오해하였거나 비례의 원칙에 위반하는 재량권의 일탈·남용에 해당되는 위법한 처분이므로 취소되어야 합니다.

입 증 방 법

1. 갑 제 1 호증의 1	처분 사전통지	1부
2. 갑 제 1 호증의 2	처분사전통지서	1부
3. 갑 제 2 호증의 1	행정처분 알림	1부
4. 갑 제 2 호증의 2	행정처분명령서	1부
5. 갑 제 3 호증	식품접객업 영업허가(신고)관리대장	1부

첨 부 서 류

1. 위 입증방법	각 1부2)
1. 소장부본	1부
1. 소송위임장	1부

2013.   3.   4.

원고 소송대리인
법무법인 경희
담당변호사 박 승 소

서 울 행 정 법 원   귀 중

---

2) 일반적으로 소장·답변서·준비서면·서증을 제출할 때는 '상대방의 수만큼의 부본'을 원본과 함께 제출
하여야 한다.

쟁 점 해 설

1. 처분의 경위

가. 원고는 2012. 10. 28. 일반음식점으로 영업신고를 한 후 서울 강남구 논현동 112-51 지하1층에서 '하얀풍차'라는 상호로 영업을 하여 왔다.

나. 피고는, 원고가 2012. 11. 말경부터 2013. 1. 9. 23 : 00경까지 임정임(여, 37세)을 유흥접객원으로 고용하여 유흥접객행위를 하게 하거나, 임정임으로 하여금 이러한 행위를 하도록 조장하거나 묵인하였다는 이유로 2013. 2. 15. 원고에 대하여 영업정지 1월(2013. 3. 11. ~ 2013. 4. 9.)의 처분을 하였다.

2. 이 사건 소의 적법성

가. 원고적격

(1) 행정소송법 제12조

취소소송은 처분등의 취소를 구할 법률상 이익이 있는 자가 제기할 수 있다.

(2) 판   례

(가) 행정처분의 직접 상대방

행정소송은 행정청의 당해 처분이 취소됨으로 인하여 법률상 직접적이고 구체적인 이익을 얻게 되는 사람만이 제기할 이익이 있고, 사실상이나 간접적인 관계만을 가지는 데 지나지 않는 사람은 이를 제기할 이익이 없다(대법원 2003. 9. 23. 선고 2002두1267 판결【종합소득세환급경정청구거부처분취소】).

(나) 행정처분의 직접 상대방이 아닌 제 3 자

행정소송법 제12조에서 말하는 '법률상 이익'이란 당해 행정처분의 근거 법률에 의하여 보호되는 직접적이고 구체적인 이익을 말하고, 당해 행정처분과 관련하여 간접적이거나 사실적·경제적 이해관계를 가지는 데 불과한 경우는 여기에 포함되지 않으나, 행정처분의 직접 상대방이 아닌 제3자라고 하더라도 당해 행정처분으로 인하여 법률상 보호되는 이익을 침해당한 경우에는 취소소송을 제기하여 그 당부의 판단을 받을 자격이 있다(대법원 2010. 5. 13. 선고 2009두19168 판결【분양전환승인의취소】).

(3) 이 사건의 경우

㈎ 원고는 영업의 자유를 가지므로 이 사건 처분의 취소를 구할 법률상 이익이 있다. 따라서 원고적격이 인정된다.

㈏ 소장에는 당사자와 법정대리인을 적어야 한다(민사소송법 249). 행정소송의 당사자 표기는 대법원의 「재판서 양식에 관한 예규」에 따라 당사자 등의 성명과 주소를 기재한다. 종전에는 행정소송의 원고를 표기함에 있어 성명과 주민등록번호를 기재하였으나, 대법원 2014. 8. 13 재판예규 제1477호로 개정된 「재판서 양식에 관한 예규」(재일 2003-12) 제9조 제1항에서 행정소송의 판결에서 주민등록번호의 기재를 원칙적으로 요구하지 않게 됨에 따라 소장에서도 그 기재를 생략하여도 될 것이다.[3]

㈐ 주소 등의 표시방법으로는 특별시, 광역시, 도는 "서울," "부산," "경기," "강원" 등으로 표시하고, 시는 도 표시를 하지 아니한다. 읍, 면에는 소속 시, 군을 기재한다. 번지에는 "번지"를 생략하고, 가지번호는 " - (하이픈)"로 표시한다(재판서 양식에 관한 예규 10).

나. 소의 이익(권리보호의 필요성)

(1) 행정소송법 제12조 후단

처분등의 효과가 기간의 경과, 처분등의 집행 그 밖의 사유로 인하여 소멸된 뒤에도 그 처분등의 취소로 인하여 회복되는 법률상 이익이 있는 자의 경우에는 또한 같다.

(2) 불리한 처분사실이 장래의 제재적 처분의 가중요건인 경우

㈎ 가중요건이 '법적 구속력이 있는 법령'으로 규정된 경우

행정처분에 그 효력기간이 정하여져 있는 경우 그 기간의 경과로 그 행정처분의 효

---

3) 이하 이 책에 수록한 여러 기록의 해답으로 소장을 작성하던 당시에는 성명과 함께 주민등록번호를 표시하여 왔지만, 앞으로는 주민등록번호를 표시하지 않게 됨에 따라 원고의 성명만을 기재하고 주민등록번호는 삭제하기로 한다.

력은 상실되는 것이므로 그 기간경과 후에는 그 처분이 외형상 잔존함으로 인하여 어떠한 법률상의 이익이 침해되고 있다고 볼 만한 별다른 사정이 없는 한 그 처분의 취소 또는 무효확인을 구할 법률상의 이익이 없다고 하겠으나, 위와 같은 행정처분의 전력이 장래에 불이익하게 취급되는 것으로 법에 규정되어 있어 법정의 가중요건으로 되어 있고, 이후 그 법정가중요건에 따라 새로운 제재적인 행정처분이 가해지고 있다면, 선행행정처분의 효력기간이 경과하였다 하더라도 선행행정처분의 잔존으로 인하여 법률상의 이익이 침해되고 있다고 볼 만한 특별한 사정이 있는 경우에 해당한다(대법원 2005. 3. 25. 선고 2004두14106 판결【의사면허자격정지처분취소】).

㈏ 가중요건이 '부령형식의 행정규칙'으로 규정된 경우

제재적 행정처분이 그 처분에서 정한 제재기간의 경과로 인하여 그 효과가 소멸되었으나, **부령인 시행규칙 또는 지방자치단체의 규칙(이하 이들을 '규칙'이라고 한다)의 형식으로 정한 처분기준**에서 제재적 행정처분(이하 '선행처분'이라고 한다)을 받은 것을 가중사유나 전제요건으로 삼아 장래의 제재적 행정처분(이하 '후행처분'이라고 한다)을 하도록 정하고 있는 경우, 제재적 행정처분의 가중사유나 전제요건에 관한 규정이 법령이 아니라 규칙의 형식으로 되어 있다고 하더라도, 그러한 규칙이 법령에 근거를 두고 있는 이상 그 법적 성질이 대외적·일반적 구속력을 갖는 법규명령인지 여부와는 상관없이, 관할 행정청이나 담당공무원은 이를 준수할 의무가 있으므로 이들이 그 규칙에 정해진 바에 따라 행정작용을 할 것이 당연히 예견되고, 그 결과 행정작용의 상대방인 국민으로서는 그 규칙의 영향을 받을 수밖에 없다. 따라서 그러한 규칙이 정한 바에 따라 선행처분을 받은 상대방이 그 처분의 존재로 인하여 장래에 받을 불이익, 즉 후행처분의 위험은 구체적이고 현실적인 것이므로, 상대방에게는 선행처분의 취소소송을 통하여 그 불이익을 제거할 필요가 있다. 또한, 나중에 후행처분에 대한 취소소송에서 선행처분의 사실관계나 위법 등을 다툴 수 있는 여지가 남아 있다고 하더라도, 이러한 사정은 후행처분이 이루어지기 전에 이를 방지하기 위하여 직접 선행처분의 위법을 다투는 취소소송을 제기할 필요성을 부정할 이유가 되지 못한다. 그러한 쟁송방법을 막는 것은 여러 가지 불합리한 결과를 초래하여 권리구제의 실효성을 저해할 수 있기 때문이다. 오히려 앞서 본 바와 같이 행정청으로서는 선행처분이 적법함을 전제로 후행처분을 할 것이 당연히 예견되므로, 이러한 선행처분으로 인한 불이익을 선행처분 자체에 대한 소송에서 사전에 제거할 수 있도록 해 주는 것이 상대방의 법률상 지위에 대한 불안을 해소하는 데 가장 유효적절한 수단이 된다고 할 것이고, 또한 그 소송을 통하여 선행처분의 사실관계 및 위법 여부가 조속히 확정됨으로써 이와 관련된 장래의 행정작용의 적법성을 보장함과 동시에 국민생활의 안정을 도모할 수 있다. 이상의 여러 사정과 아울러, 국민의 재판청구권을 보장한 헌법 제27조 제1항의 취지와 행정처분으로 인한 권익침해를 효과적으로 구제하려는 행정소송법의 목적 등에 비추어 행정처분의 존재로 인하여 국민의 권익이 실제로 침해되고 있는 경우는 물론이고 권익침해의 구체적·현실적 위험이 있는 경우에도 이를 구제하는 소송이 허용되어야 한다는 요청을 고려하면, 규칙이 정한 바에 따라 선행처분을 가중사유 또는 전제요건으로 하는 후행처분을 받을 우려가 현실적으로 존재하는 경우에는, 선행처분을 받은 상대방은 비록 그 처분에서 정한 제재기간이 경과하였다 하더라도 그 처분의 취소소송을 통하여 그러한 불이익을 제거할 권리보호의 필요성이 충분히 인정된다고 할 것이므로, 선행처분의 취소를 구할 법률상 이익이 있다고 보아야 한다(대법원 2006. 6. 22. 선고 2003두1684 전원합의체 판결【영업정지처분취소】).

(3) **이 사건의 경우**

(가) 원고는 피고의 처분대로 스스로 영업을 1개월 정지하여 피고의 처분은 소멸되었다.

(나) 원고에 대한 처분근거는 부령형식인 식품위생법 시행규칙에 규정되어 있고, 장래에 동일한 위반행위를 할 때는 이미 소멸한 처분이 가중적인 제재사유로 되어 있다.

(다) 따라서 원고는 이 사건 처분이 이미 소멸하였다고 할지라도 그 처분의 취소소송을 통하여 장래의 불이익을 제거할 권리보호의 필요성이 인정되므로 소멸한 처분의 취소를 구할 법률상 이익이 있다.

다. 피고적격

(1) **행정소송법 제13조**

취소소송은 다른 법률에 특별한 규정이 없는 한 그 처분등을 행한 행정청을 피고로 한다. 다만, 처분등이 있은 뒤에 그 처분등에 관계되는 권한이 다른 행정청에 승계된 때에는 이를 승계한 행정청을 피고로 한다.

(2) **판 례**

(가) 행정처분의 취소 또는 무효확인을 구하는 행정소송은 원칙적으로 소송의 대상인 행정처분 등을 외부적으로 그의 명의로 행한 행정청을 피고로 하여야 한다(대법

원 1995. 3. 14. 선고 94누9962 판결【담장설치신고서반려처분취소】).

㈏ 경상북도지사의 위임에 의하여 대구시장이 한 식품접객업소 영업정지처분의 취소를 구하는 행정소송은 대구시장을 피고로 하여야 하고 대구시 동구청장은 피고적격이 없다(대법원 1981. 4. 14. 선고 80누608 판결【식품접객업소영업정지처분취소】).

㈐ 행정처분의 취소 또는 무효확인을 구하는 행정소송은 다른 법률에 특별한 규정이 없는 한 소송의 대상인 행정처분 등을 외부적으로 그의 명의로 행한 행정청을 피고로 하여야 하는 것으로서 그 행정처분을 하게 된 연유가 상급행정청이나 타행정청의 지시나 통보에 의한 것이라 하여 다르지 않다고 할 것이며, 권한의 위임이나 위탁을 받아 수임행정청이 정당한 권한에 기하여 그 명의로 한 처분에 대하여는 말할 것도 없고, 내부위임이나 대리권을 수여받은 데 불과하여 원행정청 명의나 대리관계를 밝히지 아니하고는 그의 명의로 처분 등을 할 권한이 없는 행정청이 권한 없이 그의 명의로 한 처분에 대하여도 처분명의자인 행정청이 피고가 되어야 할 것이다(대법원 1995. 12. 22. 선고 95누14688 판결【농지조성비등부과처분취소】).

⑶ 피고의 경정

㈎ **권한청의 변경으로 인한 피고경정**

처분등이 있은 뒤에 그 처분등에 관계되는 권한이 다른 행정청에 승계된 때에는 이를 승계한 행정청을 피고로 한다(행정소송법 13① 단서). 제 1 항의 규정에 의한 행정청이 없게 된 때에는 그 처분등에 관한 사무가 귀속되는 국가 또는 공공단체를 피고로 한다(행정소송법 13②). 취소소송이 제기된 후에 제13조 제 1 항 단서 또는 제13조 제 2 항에 해당하는 사유가 생긴 때에는 법원은 당사자의 신청 또는 직권에 의하여 피고를 경정한다(행정소송법 14⑥).

㈏ **잘못 지정한 피고의 경정**

원고가 피고를 잘못 지정한 때에는 법원은 원고의 신청에 의하여 결정으로써 피고의 경정을 허가할 수 있다(행정소송법 14①). 잘못 지정된 피고를 경정할 때는 사실심에 계속중이어야 한다. 피고의 잘못 지정이 원고의 고의·과실이 없을 것을 요하지 아니한다. 그리고 신·구 피고의 동의를 얻어야 하는 것은 아니다.

제 1 항의 규정에 의한 결정이 있은 때에는 새로운 피고에 대한 소송은 처음에 소를

제기한 때에 제기된 것으로 본다(행정소송법 14④). 제1항의 규정에 의한 결정이 있은 때에는 종전의 피고에 대한 소송은 취하된 것으로 본다(행정소송법 14⑤).

(4) 이 사건의 경우

(가) 서울특별시 강남구청장은 그의 명의로 원고에게 이 사건 처분을 하였으므로 피고적격이 있다. 처분청인 '강남구청장' 앞에 '서울특별시'를 기재하여 그 소속을 밝혀야 한다.

(나) 당사자가 국가, 지방자치단체일 때에는 대표자의 자격과 성명만을 표시하고, 당사자나 대표자의 주소는 표시하지 않는 것이 일반적이나 송달의 편의를 위하여 당사자의 주소를 기재하기도 한다.

라. 제소기간

(1) 행정소송법 제20조

① 취소소송은 처분등이 있음을 안 날부터 90일 이내에 제기하여야 한다. 다만, 제18조 제1항 단서에 규정한 경우와 그 밖에 행정심판청구를 할 수 있는 경우 또는 행정청이 행정심판청구를 할 수 있다고 잘못 알린 경우에 행정심판청구가 있은 때의 기간은 재결서의 정본을 송달받은 날부터 기산한다.

② 취소소송은 처분등이 있은 날부터 1년(제1항 단서의 경우는 재결이 있은 날부터 1년)을 경과하면 이를 제기하지 못한다. 다만, 정당한 사유가 있는 때에는 그러하지 아니하다.

③ 제1항의 규정에 의한 기간은 불변기간으로 한다.

(2) 행정심판을 제기하지 않은 경우

(가) 처분이 있음을 안 경우

처분 등이 있음을 안 날로부터 90일 이내에 제기하여야 한다(행정소송법 20①).[4] ① 상대방이 있는 행정처분의 경우 특별한 규정이 없는 한 의사표시의 일반적 법리에 따라 그 행정처분이 상대방에게 고지되어야 효력이 발생한다(대법원 2012. 11. 15. 2011두31635). ② 제소기간의 기산점인 '처분 등이 있음을 안 날'이란 통지, 공고 기타의 방법에 의하여 당해 처분 등이 있었다는 사실을 현실적으로 안 날을 의미한다. 독점규제 및 공정거래에 관한 법률에서는 '처분의 통지를 받은 날'로 정의하고 있으며(독점규제 및 공정거래에

---

4) 정형근, 행정법 제4판, 567면 이하.

관한 법률 63①),⁵⁾ 국세기본법에서는 '처분이 있음을 안 날'을 '처분의 통지를 받은 때에는 그 받은 날'로 보다 명료하게 정의하고 있다(국세기본법 61①).⁶⁾

상대방이 있는 행정처분의 경우에는 특별한 규정이 없는 한 의사표시의 일반적 법리에 따라 행정처분이 상대방에게 고지되어야 효력이 발생하게 되므로, 행정처분이 상대방에게 고지되어 상대방이 이러한 사실을 인식함으로써 행정처분이 있다는 사실을 현실적으로 알았을 때 행정소송법 제20조 제1항이 정한 제소기간이 진행한다고 보아야 한다(대법원 2014. 9. 25. 2014두8254 고엽제후유증전환재심신체검사무변동처분취소).⁷⁾ ③ 행정절차법은 (특정인에 대한 처분을 함에 있어) 송달받을 자의 주소 등을 통상적인 방법으로 확인할 수 없는 경우, 송달이 불가능한 경우에는 송달받을 자가 알기 쉽도록 관보·공보·게시판·일간신문 중 하나 이상에 공고하고 인터넷에도 공고하도록 한다(행정절차법 14④). 이 경우 다른 법령 등에 특별한 규정이 있는 경우를 제외하고는 공고일로부터 14일이 지난 때에 그 효력이 발생한다(행정절차법 15③). 14일 경과로 송달의 효력(처분의 효력)은 발생하지만 처분 상대방이 그 날에 처분을 알았다고 의제되지는 않는다. 특정인에 대한 행정처분을 주소불명 등의 이유로 송달할 수 없어 관보 등에 공고한 경우에는 상대방이 그 처분이 있음을 현실적으로 안 날을 기준으로 제소기간을 산정한다(대법원 2006. 4. 28. 2005두14851).⁸⁾

---

5) 독점규제 및 공정거래에 관한 법률 제54조(소의 제기) ① 이 법에 의한 공정거래위원회의 처분에 대하여 불복의 소를 제기하고자 할 때에는 처분의 통지를 받은 날 또는 이의신청에 대한 재결서의 정본을 송달받은 날부터 30일 이내에 이를 제기하여야 한다.

6) 국세기본법 제61조(청구기간) ① 심사청구는 해당 처분이 있음을 안 날(**처분의 통지를 받은 때에는 그 받은 날**)부터 90일 이내에 제기하여야 한다.

7) 지방보훈청장이 허혈성심장질환이 있는 甲에게 재심 서면판정 신체검사를 실시한 다음 종전과 동일하게 전(공)상군경 7급 국가유공자로 판정하는 '고엽제후유증전환재심신체검사 무변동처분'통보서를 송달하자 甲이 위 처분의 취소를 구한 사안에서, 위 처분이 甲에게 고지되어 처분이 있다는 사실을 현실적으로 알았을 때 행정소송법 제20조 제1항에서 정한 제소기간이 진행한다고 보아야 함에도, **甲이 통보서를 송달받기 전에 자신의 의무기록에 관한 정보공개를 청구하여 위 처분을 하는 내용의 통보서를 비롯한 일체의 서류를 교부받은 날부터 제소기간을 기산하여 위 소는 90일이 지난 후 제기한 것으로서 부적법하다고 본 원심판결에 법리를 오해한 위법**이 있다고 한 사례(대법원 2014. 9. 25. 2014두8254 고엽제후유증전환재심신체검사무변동처분취소).

8) 원심은, 피고가 2004. 3. 12. 원고의 주민등록사항을 직권으로 말소하는 이 사건 처분을 하고 이를 우편으로 원고에게 통지하였으나 수취인 미거주로 반송되자 위 처분내용을 공고한 이 사건에 있어서, **위 공고의 효력이 발생한 날에 원고가 그 처분이 있음을 알았다고 볼 수 없고**, 채택 증거에 의하여 **원고가 그 처분사실을 현실적으로 알았다고 인정되는 2004. 6. 28.에 그 처분사실을 알았다고 보아야 하므로**, 그로부터 90일이 경과되지 아니한 2004. 9. 21. 원고가 이 사건 소를 제기한 것은 적법하다고 판단하였는바, 원심의 위와 같은 판단은 앞서 본 법리에 따른 것으로서 정당하고, 거기에 상고이유로 주장하는 바와 같이 행정소송의 제소기간에 관한 법리를 오해하는 등의 위법이 있다고 할 수 없다(대법원 2006. 4. 28. 2005두14851 주민등록직권말소처분무효확인).

(나) 불특정 다수인에 대한 처분을 관보 등에 고시한 경우

불특정 다수인에 대한 처분은 송달의 방법으로 처분을 통지할 수 없고, 관보나 신문에 고시 또는 게시판에 공고하는 방법으로 의사를 표시하여 그 효력을 발생하게 한다. 이때는 고시 등이 있었음을 현실로 알았는지를 기준으로 제소기간을 기산할 수는 없고, 근거법규가 정한 처분의 효력발생일에 처분이 있음을 알았다고 보고 그 때부터 제소기간을 산정한다.[9] 근거법규에서 효력발생일을 특정하지 않는 경우에는 고시 등의 공고 후 5일이 경과한 날에 처분이 있음을 알았다고 보고 제소기간을 기산한다(행정업무의 효율적 운영에 관한 규정 6③).

(3) 행정심판을 거친 경우

① 예외적으로 다른 법률에서 행정심판의 필요적 전치주의를 채택한 경우와, ② 그 밖에 행정심판청구를 할 수 있는 경우 또는 ③ 행정청이 행정심판청구를 할 수 있다고 잘못 알린 경우에, 행정심판청구가 있은 때의 제소기간은 재결서의 정본을 송달받은 날로부터 기산하여 90일 이내에 제기하여야 한다(행정소송법 20① 단서). 위 규정의 취지는 불가쟁력이 발생하지 않아 적법하게 불복청구를 할 수 있었던 처분 상대방에 대하여 행정청이 법령상 행정심판청구가 허용되지 않음에도 행정심판청구를 할 수 있다고 잘못 알린 경우에, 잘못된 안내를 신뢰하여 부적법한 행정심판을 거치느라 본래 제소기간 내에 취소소송을 제기하지 못한 자를 구제하려는 데에 있다(대법원 2012. 9. 27. 2011두27247 부당이득금부과처분취소).[10] 여기서 말하는 '행정심판'은 행정심판법에 따른 일반행정심판과 이에 대한 특례로서 다른 법률에서 사안의 전문성과 특수성을 살리기 위하여 특히 필요하여 일반행정심판을 갈음하는 특별한 행정불복절차를 정한 경우의 특별행정심판을 뜻한다(대법원 2014. 4. 24. 2013두10809).

(4) 처분이 있은 날부터 1년

(가) 취소소송은 처분이 있은 날로부터 1년(행정심판을 거쳐 제기하는 경우에는 재결이

---

9) 국토계획 및 이용에 관한 법률 제31조(도시·군관리계획 결정의 효력) ① 도시·군관리계획 결정의 효력은 제32조 제4항에 따라 지형도면을 고시한 날부터 발생한다.

10) 이와 달리 **이미 제소기간이 지남으로써 불가쟁력이 발생하여 불복청구를 할 수 없었던 경우라면** 그 이후에 행정청이 행정심판청구를 할 수 있다고 잘못 알렸다고 하더라도 그 때문에 처분 상대방이 적법한 제소기간 내에 취소소송을 제기할 수 있는 기회를 상실하게 된 것은 아니므로 이러한 경우에 잘못된 안내에 따라 청구된 행정심판 재결서 정본을 송달받은 날부터 다시 취소소송의 제소기간이 기산되는 것은 아니다. 불가쟁력이 발생하여 더 이상 불복청구를 할 수 없는 처분에 대하여 행정청의 잘못된 안내가 있었다고 하여 처분 상대방의 불복청구 권리가 새로이 생겨나거나 부활한다고 볼 수는 없기 때문이다(대법원 2012. 9. 27. 2011두27247 부당이득금부과처분취소).

있는 날로부터 1년)을 경과하면 이를 제기할 수 없다. 다만, 정당한 사유가 있는 경우에는 그러하지 아니하다(행정소송법 20②).

(나) 여기서 '처분이 있은 날'이란 상대방이 있는 행정처분의 경우는 특별한 규정이 없는 한 의사표시의 일반적 법리에 따라 그 행정처분이 상대방에게 고지되어 효력이 발생한 날을 말한다(대법원 1990. 7. 13. 90누2284). 단순히 행정기관 내부적으로 처분을 결정한 것만으로는 부족하고(이는 '행정행위의 부존재'이다), 외부에 표시되어 상대방 있는 처분의 경우에는 상대방에게 도달됨을 요한다. 복효적 행정행위에서 제3자는 처분이 있음을 알지 못할 수 있다. 그때 제3자가 취소소송을 제기하려는 경우에는 1년 이내에 제기하여야 한다.

(나) 제3자가 어떤 경위로든 행정처분이 있음을 알았거나 쉽게 알 수 있는 등으로 행정소송의 제기가 가능하였다고 볼 수 있는 사정이 있는 때는 그 때부터 90일 이내에 소를 제기하여야 한다.[11] 이때는 제소기간 1년의 정당한 사유가 있는지 여부는 문제되지 않는다. 따라서 90일 내에 제소하지 않으면 정당한 사유가 있더라도 적법한 제소로 판단될 수 없다.

(라) 그리고 '정당한 사유'란 당사자가 그 소송행위를 하기 위하여 일반적으로 하여야 할 주의를 다하였음에도 불구하고 그 기간을 준수할 수 없었던 사유를 말한다(대법원 2001. 5. 8. 2000두6916). 그러므로 정당한 사유는 불확정 개념으로서 행정심판법 제27조 제2항 소정의 "천재, 지변, 전쟁, 사변 그 밖에 불가항력"보다는 넓은 개념이다. 그리고 '안 날'로부터 90일과 '있은 날'로부터 1년은 서로 선택적인 것이 아니다. 그중 어느 하나의 기간이 도과되면 제소기간이 만료된다.

---

11) 행정처분의 상대방이 아닌 제3자는 일반적으로 처분이 있는 것을 바로 알 수 있는 처지에 있지 아니하므로 처분이 있은 날로부터 180일이 경과하더라도 특별한 사유가 없는 한 구 행정심판법(1995. 12. 6. 법률 제5000호로 개정되기 전의 것) 제18조 제3항 단서 소정의 정당한 사유가 있는 것으로 보아 심판청구가 가능하다고 할 것이나, **그 제3자가 어떤 경위로든 행정처분이 있음을 알았거나 쉽게 알 수 있는 등 행정심판법 제18조 제1항 소정의 심판청구기간 내에 심판청구가 가능하였다는 사정이 있는 경우에는 그 때로부터 60일 이내에 행정심판을 청구하여야 한다.**

　　기록에 의하면 소외 사천시장의 이 사건 원처분일은 1995. 1. 9.이고, **원처분에 대한 심판청구인 조명규 스스로가 1995. 1. 23. 원처분이 있음을 알았다고 자인하고 있으며**(갑 제7호증), 조명규는 그 때로부터 60일이 훨씬 지났음이 역수상 명백한 1995. 6. 13.에 이르러 비로소 원처분의 취소를 구하는 행정심판을 제기하였으므로 이는 행정심판법 제18조 제1항 소정의 행정심판 청구기간을 도과한 것으로서 부적법하다고 할 것이고, 따라서 이를 간과하고 한 피고의 이 사건 재결은 그 자체에 고유한 위법이 있는 것이라고 할 것이다(대법원 1997. 9. 12. 96누14661 공장설립변경신고수리취소처분취소).

　　이는 행정심판의 청구에 관한 판례이지만, 제3자가 행정소송을 제기하려는 경우에도 처분을 어떤 경위로든 알았거나 쉽게 알 수 있는 등의 사정이 있는 경우에는 90일 이내에 제소하여야 한다.

(5) 불변기간

제소기간 90일은 불변기간이다(행정소송법 20③). 불변기간은 '불변기간으로 한다'라고 정해놓고 있으며, 그 밖의 기간은 통상기간이다.[12] 법원은 직권으로 불변기간을 신축할 수 없다(민사소송법 172① 단서). 다만, 법원은 불변기간에 대하여 주소 또는 거소가 멀리 떨어진 곳에 있는 사람을 위하여 부가기간을 정할 수 있다(민사소송법 172②). 그리고 당사자가 책임질 수 없는 사유로 말미암아 불변기간을 시킬 수 없었던 경우에는 그 사유가 없어진 날부터 2주 이내에 게을리한 소송행위를 보완할 수 있다(민사소송법 173①). 행정심판법은 청구인이 천재지변, 전쟁, 사변, 그 밖의 불가항력으로 인하여 심판청구를 할 수 없었을 때에는 그 사유가 소멸한 날부터 14일 이내에 행정심판을 청구할 수 있다(제27조 제2항)고 명시하고 있다. 국외에서의 추완기간은 14일에서 30일로 한다(행정소송법 5). 불변기간의 경과여부는 법원의 직권조사사항이다. 기간의 계산은 행정소송법에 특별한 규정이 없으므로 초일은 산입하지 않는다(행정소송법 8②, 민법 157).

(6) 제소기간에 대한 특칙

다른 법률에서 많은 특칙을 정하고 있다. 공익사업시행자, 토지소유자 또는 관계인은 토지수용위원회의 재결에 불복할 때에는 재결서를 받은 날부터 60일 이내에, 이의신청을 거쳤을 때에는 이의신청에 대한 재결서를 받은 날부터 30일 이내에 각각 행정소송을 제기할 수 있다(토지보상법 85①). 공정거래위원회의 처분에 대하여 불복의 소를 제기하고자 할 때에는 처분의 통지를 받은 날 또는 이의신청에 대한 재결서의 정본을 송달받은 날부터 30일 이내에 이를 제기하여야 한다(독점규제 및 공정거래에 관한 법률 54①).

(7) 이 사건의 경우

원고는, 피고의 2013. 2. 15.자 이 사건 처분(처분의 '시행일'이 처분일이다)을 같은 달 19. 통지를 받게 되어 처분사실을 알게 되었다. 원고는 2013. 2. 22. 변호사를 찾아가 불복절차를 상담하고 2013. 3. 3. 이 사건 소를 제기하였으므로 적법한 제소기간을 준수하였다.

그런데 원고의 이 사건 소를 제소기간의 마지막 날에 제소하는 것으로 상정할 수도 있다. 행정소송법에는 기간의 계산에 관한 특별한 규정이 없으므로, 초일을 산입하지 않는 민법의 규정(행정소송법 8②, 민법 157)에 따라 처분이 있음을 알게 된 날 다음 날부터 기산하여 90일이 되는 2013. 5. 20.에 제소하여야만 적법한 제소기간을 준수한 것이 된다.[13]

---

12) 이시윤, 신민사소송법, 419면.
13) 2월, 9일 + 3월, 31일 + 4월, 30일 + 5월, 20일 = 90일.

3. 이 사건 처분의 근거

실무에서는 소장 기재와 같이 관계법령을 기재하지만, 변호사시험에서는 관계법령의 명칭과 조문을 기재하는 것으로 충분할 것이다(예; 식품위생법 제44조, 제75조, 같은 법 시행령 제21조 제8호, 같은 법 시행규칙 제89조 [별표 23]).

4. 이 사건 처분의 적법 여부

가. 원고의 주장

(1) 사실오인

종업원인 임정임을 유흥접객원으로 고용하여 유흥접객행위를 하도록 하거나, 그러한 행위를 하도록 조장하거나 묵인한 사실이 없다.

(2) 비례의 원칙위반

단 1회의 식품위생법위반을 이유로 영업정지 1월의 처분은 원고가 이 사건 업소를 운영하기 위하여 투자한 비용과 영업정지로 인한 손해를 고려할 때 원고에게 지나치게 가혹하다.

(3) 소   결

따라서 피고의 원고에 대한 이 사건 처분은 사실오인 및 비례의 원칙에 위반하여 재량권의 일탈·남용한 것으로서 위법하여 취소되어야 한다.

나. 검   토

(1) 재량행위의 취소

(가) **행정소송법 제27조**

행정청의 재량에 속하는 처분이라도 재량권의 한계를 넘거나 그 남용이 있는 때에는 법원은 이를 취소할 수 있다.

(나) **판   례**

재량행위에 대한 법원의 사법심사는 당해 행위가 사실오인, 비례·평등의 원칙 위배, 당해 행위의 목적 위반이나 부정한 동기 등에 근거하여 이루어짐으로써 재량권의 일탈·남용이 있는지 여부만을 심사하게 되는 것이나, 법원의 심사결과 행정청의 재량

행위가 사실오인 등에 근거한 것이라고 인정되는 경우에는 이는 재량권을 일탈·남용
한 것으로서 위법하여 그 취소를 면치 못한다 할 것이다(대법원 2001. 7. 27. 선고 99두8589
판결【온천조성사업시행허가처분취소】).

(2) 사실오인의 점

㈎ 피고는 2013. 1. 21. 강남경찰서장으로부터 원고가 이 사건 업소에서 임정임을 유
흥접객원으로 고용하여 유흥접객행위를 하여 식품위생법을 위반하였다는 취지
의 행정처분통보를 받았다.

㈏ 그리하여 피고는 2013. 2. 15. 원고에 대하여 강남경찰서장의 수사결과에 따라 식
품위생법 제75조, 같은 법 시행규칙 제89조, 별표 23 Ⅱ. 기준에 의하여 이 사건
처분을 하였다.14)

㈐ 그러나 원고가 이 사건 업소에서 유흥접객행위를 하였다는 증거는 이 사건 당일
손님으로 왔던 강상칠의 경찰에서의 진술이 유일하다.

㈑ 그런데 강상칠은 서울중앙지방검찰청에서 조사를 받으면서 경찰에서의 종전 진
술을 번복하여 임정임은 그의 강권에 의하여 마지못하여 좌석에 앉아 있었을 뿐
이고 술을 따르거나 마신 사실도 없다고 진술하고 있다.

㈒ '유흥접객원'은 반드시 고용기간과 임금, 근로시간 등을 명시한 고용계약에 의하
여 취업한 여자종업원에 한정된다고는 할 수 없지만, 적어도 하나의 직업으로
특정업소에서 손님과 함께 술을 마시거나 노래 또는 춤으로 손님의 유흥을 돋우
어 주고 주인으로부터 보수를 받거나 손님으로부터 팁을 받는 부녀자를 가리킨
다고 할 것(대법원 2009. 3. 12. 선고 2008도9647 판결【식품위생법위반】)이므로, 임정임
의 행위는 이 요건에 해당하지 않는다.

㈓ 따라서 원고가 이 사건 업소에서 이 사건 당일에 피고가 이 사건 처분의 사유로
삼은 식품위생법위반 사실을 인정할 만한 증거가 없다.

(3) 비례의 원칙 위반의 점

㈎ **이 사건 처분으로 인한 원고의 불이익**

원고는 예비적으로, 이 사건 처분은 단 1회의 법령위반에 대하여 지나치게 가혹하

---

14) 영업정지 1개월은 30일을 기준으로 한다[식품위생법 시행규칙(시행 2011. 8. 19.) 별표 23 행정처분기준
제18호].

여 위반사실과 그 처분 사이에 균형을 잃었다고 한다.

원고는 이 사건 업소의 임대차보증금 1억 5천만원, 권리금 4천만원을 투자한 바 있고, 내부 수리를 위하여 인테리어 비용 등이 들어갔으며, 월차임으로 매달 400만원과 임대차보증금 등을 마련하기 위한 금융기관 대출이자를 지급해야 하는 등의 경제적인 어려움이 있다고 한다.

(나) **식품위생법 위반을 이유로 한 영업정지처분시 교량해야 할 제이익**

식품위생법상의 영업정지사유가 발생하였다 하더라도 영업정지처분을 함에 있어서는 그 사유를 영업정지사유로 한 법취지를 검토하여 그에 의하여 달성하려는 식품위생법상의 공익목적과 영업정지처분에 의하여 개인이 입게 될 불이익을 비교 교량하여야 한다(대법원 1982. 9. 28. 선고 82누2 판결【영업정지처분취소·행정처분취소】).

(다) **식품위생법 제75조 제1항에 의한 영업정지 등 행정처분의 적법 여부를 판단하는 기준**

식품위생법에 의한 영업정지 등 행정처분의 적법 여부를 판단하는 기준에 관하여 판례는 행정처분으로 달성하려는 공익상의 필요와 그로 인하여 상대방이 받는 불이익을 비교·형량하여 판단한다. 식품위생법 제58조 제1항에 의한 영업정지 등 행정처분의 적법 여부는 법 시행규칙(2008. 6. 20. 보건복지가족부령 제22호로 개정되기 전의 것) 제53조 [별표 15]의 행정처분기준에 적합한 것인가의 여부에 따라 판단할 것이 아니라 법의 규정 및 그 취지에 적합한 것인가의 여부에 따라 판단하여야 하는 것이고, 행정처분으로 인하여 달성하려는 공익상의 필요와 이로 인하여 상대방이 받는 불이익을 비교·형량하여 그 처분으로 인하여 공익상 필요보다 상대방이 받게 되는 불이익 등이 막대한 경우에는 재량권의 한계를 일탈한 것으로서 위법하다(대법원 2010. 4. 8. 선고 2009두22997 판결【영업정지처분취소】).

(라) **식품위생법 시행규칙 제89조 [별표 23]에 규정된 행정처분기준의 법적성격**

식품위생법 시행규칙 제89조 [별표 23]에 규정된 행정처분의 기준의 형식은 부령으로 되어 있으나, 그 성질은 행정기관 내부의 사무처리준칙을 규정한 것에 불과하다. 이는 장관이 관계행정기관 및 직원에 대하여 직무권한행사의 지침을 정하여 주기 위하여 발한 행정명령의 성질을 가지는 것이고, 식품위생법 제75조 제1항의 규정에 의하여 보장된 재량권을 기속하는 것이라고 할 수 없고, 대외적으로 국민이나 법원을 기속하는 힘이 있는 것은 아니다(대법원 1993. 6. 29. 선고 93누5635 판결【대중음식점업영업정지처분취소】).

　따라서 처분청이 위 기준에 따른 처분을 하였을지라도 법원은 행정기관 내부의 사무처리준칙인 재량준칙에 구속되지 않는다. 원고에 대한 이 사건 처분사유와 같이 1회 위반시에 반드시 1월의 영업정지처분을 하여야 하는 것은 아니므로, 그 처분이 무겁다고 판단할 수 있다.

　㈐ **판례는 취소되는 처분이 조세부과처분, 국유재산 사용료·변상금부과처분, 개발부담금 부과처분 등과 같은 기속행위일 때에는 일부취소를 인정하며, 영업정지처분, 징계처분, 과징금부과처분과 같은 재량처분일 때에는 일부취소판결**(변경판결)**을 부정한다.**

　ⓐ 과세처분취소소송의 처분의 적법 여부는 과세액이 정당한 세액을 초과하느냐의 여부에 따라 판단되는 것으로서 당사자는 사실심 변론종결시까지 객관적인 조세채무액을 뒷받침하는 주장과 자료를 제출할 수 있고 이러한 자료에 의하여 적법하게 부과될 정당한 세액이 산출되는 때에는 그 정당한 세액을 초과하는 부분만 취소하여야 할 것이고 전부를 취소할 것이 아니다(대법원 2000. 6. 13. 선고 98두5811 판결【양도소득세부과처분취소】). 반면, 상속재산 일부에 대하여도 적법한 가액평가의 자료가 없어서 정당한 상속세액을 산출할 수 없는 경우에는 과세처분 전부를 취소할 수밖에 없다(대법원 1992. 7. 24. 선고 92누4840 판결【상속세등부과처분취소】).

　ⓑ 행정청이 영업정지처분을 함에 있어서 그 정지기간을 어느 정도로 할 것인지는 행정청의 재량권에 속하는 사항인 것이며, 다만 그것이 공익의 원칙이나 평등의 원칙 또는 비례의 원칙 등에 위반하여 재량권의 한계를 벗어난 재량권 남용에 해당하는 경우에만 위법한 처분으로서 사법심사의 대상이 되는 것이나, 법원으로서는 영업정지처분이 재량권 남용이라고 판단될 때에는 위법한 처분으로서 그 처분의 취소를 명할 수 있을 뿐이고, 재량권의 한계 내에서 어느 정도가 적정한 영업정지 기간인지를 가리는 일은 사법심사의 범위를 벗어난다(대법원 1982. 9. 28. 선고 82누2 판결【영업정지처분취소·행정처분취소】).

　ⓒ 자동차운수사업면허조건 등을 위반한 사업자에 대하여 행정청이 행정제재수단으로 사업 정지를 명할 것인지, 과징금을 부과할 것인지, 과징금을 부과키로 한다면 그 금액은 얼마로 할 것인지에 관하여 재량권이 부여되었다 할 것이므로 과징금부과처분이 법이 정한 한도액을 초과하여 위법할 경우 법원으로서는 그 전부를 취소할 수밖에 없고, 그 한도액을 초과한 부분이나 법원이 적정하다고 인정되

는 부분을 초과한 부분만을 취소할 수 없다(금 1,000,000원을 부과한 당해 처분 중 금 100,000원을 초과하는 부분은 재량권 일탈·남용으로 위법하다며 그 일부분만을 취소한 원심판결을 파기한 사례)(대법원 1998. 4. 10. 선고 98두2270 판결【과징금부과처분취소】).

(4) **처분의 처분서에 기재할 처분사유의 기재 정도**

㈎ 행정청은 처분을 할 때에는 다음 각 호(① 신청 내용을 모두 그대로 인정하는 처분인 경우, ② 단순·반복적인 처분 또는 경미한 처분으로서 당사자가 그 이유를 명백히 알 수 있는 경우, ③ 긴급히 처분을 할 필요가 있는 경우)의 어느 하나에 해당하는 경우를 제외하고는 당사자에게 그 근거와 이유를 제시하여야 한다(행정절차법 23①). 행정청은 제1항 제2호 및 제3호의 경우에 처분 후 당사자가 요청하는 경우에는 그 근거와 이유를 제시하여야 한다(행정절차법 23②).

㈏ 허가의 취소처분에는 그 근거가 되는 법령과 처분을 받은 자가 어떠한 위반사실에 대하여 당해 처분이 있었는지를 알 수 있을 정도의 위 법령에 해당하는 사실의 적시를 요한다고 할 것이고 이러한 사실의 적시를 흠결한 하자는 그 처분 후 적시되어도 이에 의하여 치유될 수는 없다(대법원 1984. 7. 10. 선고 82누551 판결【복합비료생산업허가취소처분취소】).

㈐ 면허의 취소처분에는 그 근거가 되는 법령이나 취소권 유보의 부관 등을 명시하여야 함은 물론 처분을 받은 자가 어떠한 위반사실에 대하여 당해 처분이 있었는지를 알 수 있을 정도로 사실을 적시할 것을 요하며, 이와 같은 취소처분의 근거와 위반사실의 적시를 빠뜨린 하자는 피처분자가 처분 당시 그 취지를 알고 있었다거나 그후 알게 되었다 하여도 치유될 수 없다고 할 것인바, 세무서장인 피고가 주류도매업자인 원고에 대하여 한 이 사건 일반주류도매업면허취소통지에 "상기 주류도매장은 무면허 주류판매업자에게 주류를 판매하여 주세법 제11조 및 국세법사무처리규정 제26조에 의거 지정조건위반으로 주류판매면허를 취소합니다"라고만 되어 있어서 원고의 영업기간과 거래상대방 등에 비추어 원고가 어떠한 거래행위로 인하여 이 사건 처분을 받았는지 알 수 없게 되어 있다면 이 사건 면허취소처분은 위법하다(대법원 1990. 9. 11. 선고 90누1786 판결【일반주류도매업면허취소처분취소】).

㈑ 이 사건 처분의 경우 피고는 일반음식점영업자인 원고가 유흥접객원으로 유흥접

객행위를 하게 하거나 종업원의 이러한 행위를 조장, 묵인한 행위로 식품위생법 제75조를 위반하였다는 사실을 적시하여 이에 관한 하자는 없다.

(5) 소   결

(가) 이 사건은 원고가 유흥접객원을 고용하여 유흥접객행위를 하였다는 점에 관한 증거가 없는 사안이므로, 비례의 원칙에 위반되는지 여부에 관한 판단까지는 들어가지 않을 것으로 보인다.

(나) 다만, 원고의 소송대리인의 입장에서 원고가 식품위생법위반 사실이 없다는 입증도 해야 하지만, 그러한 입증이 성공하지 못할 경우를 대비하여 예비적인 주장으로 비례의 원칙도 주장할 필요가 있다.

5. 위법성 판단의 기준시

가. 처 분 시

항고소송에 있어서 행정처분의 위법 여부를 판단하는 기준 시점에 대하여 판결시가 아니라 처분시라고 하는 의미는 행정처분이 있을 때의 법령과 사실상태를 기준으로 하여 위법 여부를 판단할 것이며 처분 후 법령의 개폐나 사실상태의 변동에 영향을 받지 않는다는 뜻이고 처분 당시 존재하였던 자료나 행정청에 제출되었던 자료만으로 위법 여부를 판단한다는 의미는 아니므로, 처분 당시의 사실상태 등에 대한 입증은 사실심 변론종결 당시까지 할 수 있고, 법원은 행정처분 당시 행정청이 알고 있었던 자료뿐만 아니라 사실심 변론종결 당시까지 제출된 모든 자료를 종합하여 처분 당시 존재하였던 객관적 사실을 확정하고 그 사실에 기초하여 처분의 위법 여부를 판단할 수 있다(대법원 1993. 5. 27. 선고 92누19033 판결【개인택시운송사업면허제외처분취소】).

나. 위반행위시와 처분시에 법령의 변경이 있는 경우

(가) 법령이 변경된 경우 신 법령이 피적용자에게 유리하여 이를 적용하도록 하는 경과규정을 두는 등의 특별한 규정이 없는 한 헌법 제13조 등의 규정에 비추어 볼 때 그 변경 전에 발생한 사항에 대하여는 변경 후의 신 법령이 아니라 변경 전의 구 법령이 적용되어야 한다(대법원 2002. 12. 10. 선고 2001두3228 판결【과징금부과처분취소】).

㈏ 법령이 변경된 경우 명문의 다른 규정이나 특별한 사정이 없는 한 그 변경 전에 발생한 사항에 대하여는 변경 후의 신 법령이 아니라 변경 전의 구 법령이 적용되므로, 건설업자인 원고가 1973. 12. 31. 소외인에게 면허수첩을 대여한 것이 그 당시 시행된 건설업법 제38조 제 1 항 제 8 호 소정의 건설업면허 취소사유에 해당된다면 그 후 동법시행령 제3조 제 1 항이 개정되어 건설업면허 취소사유에 해당하지 아니하게 되었다 하더라도 건설부장관은 동 면허수첩 대여행위 당시 시행된 건설업법 제38조 제 1 항 제 8 호를 적용하여 원고의 건설업면허를 취소하여야 할 것이다(대법원 1982. 12. 28. 선고 82누1 판결【건설업면허취소처분취소】).

다. 이 사건의 경우

피고의 원고에 대한 이 사건 처분시점인 2013. 2. 15.에 시행중인 법령을 기준으로 위법여부를 판단하게 된다. 따라서 원고가 처분의 취소를 구하는 소를 제기하면서 기재하는 청구취지에도 처분서에 기재된 날짜(시행일) '2013. 2. 15.'에 행하여진 영업정지처분의 취소를 구한다고 하여야 한다. 처분의 취소를 구하는 청구취지에서 처분통지에 관한 '송달일'을 기재하는 것은 아니다.

6. 원고의 주장ㆍ입증책임

가. 행정소송법 제26조

법원은 필요하다고 인정할 때에는 직권으로 증거조사를 할 수 있고, 당사자가 주장하지 아니한 사실에 대하여도 판단할 수 있다.

나. 판   례

㈎ 처분의 위법사유는 원고가, 처분의 적법사유는 처분청인 피고가 입증하여야 한다.

㈏ 민사소송법의 규정이 준용되는 행정소송에 있어서 입증책임은 원칙적으로 민사소송의 일반원칙에 따라 당사자간에 분배되고 항고소송의 경우에는 그 특성에 따라 당해 처분의 적법을 주장하는 피고에게 그 적법사유에 대한 입증책임이 있다 할 것인바 피고가 주장하는 당해 처분의 적법성이 합리적으로 수긍할 수 있는 일응의 입증이 있는 경우에는 그 처분은 정당하다 할 것이며 이와 상반되는 주장과 입증은 그 상대방인 원고에게 그 책임이 돌아간다고 할 것이다(대법원

1984. 7. 24. 선고 84누124 판결【법인세부과처분취소】).

다. 입증방법

(1) 기본이론

(가) 소장의 기재사항

ⓐ 소장에는 당사자와 법정대리인, 청구의 취지와 원인을 적어야 한다. 소장에는 준비서면에 관한 규정은 준용한다(민사소송법 249, 행정소송법 8②).

ⓑ 준비서면에는 ① 당사자의 성명·명칭 또는 상호와 주소, ② 대리인의 성명과 주소, ③ 사건의 표시, ④ 공격 또는 방어의 방법, ⑤ 상대방의 청구와 공격 또는 방어의 방법에 대한 진술, ⑥ 덧붙인 서류의 표시, ⑦ 작성한 날짜, ⑧ 법원의 표시에 관한 사항을 적고, 당사자 또는 대리인이 기명날인 또는 서명한다. 제1항 제4호(공격 또는 방어의 방법) 및 제5호(상대방의 청구와 공격 또는 방어의 방법에 대한 진술)의 사항에 대하여는 사실상 주장을 증명하기 위한 증거방법과 상대방의 증거방법에 대한 의견을 함께 적어야 한다(민사소송법 274②, ③).

ⓒ 소장의 청구원인에는 ① 청구를 뒷받침하는 구체적 사실, ② 피고가 주장할 것이 명백한 방어방법에 대한 구체적인 진술, ③ 입증이 필요한 사실에 대한 증거방법의 사항을 적어야 한다(민사소송규칙 62).

ⓓ 답변서 역시 준비서면에 관한 규정을 준용한다(민사소송법 256④). 따라서 답변서에 기재할 사항 역시 민사소송법 제274조 제2항이 적용된다.

(나) 문서를 제출하는 방식

서증을 제출하는 때에는 상대방의 수에 1을 더한 수의 사본을 함께 제출하여야 한다. 다만, 상당한 이유가 있는 때에는 법원은 기간을 정하여 사본을 제출하게 할 수 있다(민사소송규칙 105②).

(다) 서증 사본의 작성방법

ⓐ 서증 사본에는 다음 각호의 구분에 따른 부호와 서증의 제출순서에 따른 번호를 붙여야 한다(민사소송규칙 107②).

1. 원고가 제출하는 것은 "갑"
2. 피고가 제출하는 것은 "을"
3. 독립당사자참가인이 제출하는 것은 "병"

(b) 재판장은 같은 부호를 사용할 당사자가 여러 사람인 때에는 제2항의 부호 다음
에 "가" "나" "다" 등의 가지부호를 붙여서 사용하게 할 수 있다(민사소송규칙 107
③). 예컨대 피고가 2명이면 피고 1이 제출하는 서증은 '을가 제○호증'으로, 피고
2가 제출하는 서증은 '을나 제○호증'으로 표시할 수 있다.

(2) 이 사건의 경우

ⓐ 원고는 서울중앙지방검찰청에서 원고와 임정임에 대한 식품위생법위반사건의
수사가 종결된 경우에는 그 수사기록에 대하여 재판부에 송부촉탁신청을 하여
증거로 제출하여야 한다.

ⓑ 강남경찰서장은 기소의견으로 검찰에 송치하였지만, 검찰에서는 강상칠의 진술
번복으로 원고와 임정임에 대한 혐의가 인정되지 않는다고 판단할 때는 무혐의
결정을 내릴 것으로 예상된다. 만약 그렇지 않고 기소를 한 경우에는 무죄판결
을 받아야 한다.

ⓒ 기록에 있는 자료 중에서 당사자 본인에게 불리한 자료를 입증방법으로 표기하
지 않아야 한다.

7. 청구취지 기재방법

가. 형성의 소에서의 청구취지

청구취지는 원고의 청구가 인용될 경우에 판결의 주문에 해당하는 것으로서 청구
원인에 기한 청구의 결론부분이다. 취소소송은 형성의 소이므로 이행의 소에서와 같이
"… 하라"로 표시하여서는 아니된다.

나. 이행판결·형성판결을 구하는 소송

현행 행정소송법상 행정청으로 하여금 일정한 행정처분을 하도록 명하는 이행판결
을 구하는 소송이나, 법원으로 하여금 행정청이 일정한 행정처분을 행한 것과 같은 효
과가 있는 행정처분을 직접 행하도록 하는 형성판결을 구하는 소송은 허용되지 아니한
다(대법원 1997. 9. 30. 선고 97누3200 판결【공동어업권면허면적조정신청서반려처분취소】).

다. 이 사건의 경우

원고가 법원에 이 사건 처분의 취소를 구하는 청구취지는 "피고가 2010. 2. 15. 원고에 대하여 한 영업정지처분을 취소한다"라고 하여야 하고, "영업정지처분을 취소하라"는 표시는 옳지 않다.

8. 행정심판전치주의

가. 행정심판전치주의의 적용대상인 행정소송

취소소송은 법령의 규정에 의하여 당해 처분에 대한 행정심판을 제기할 수 있는 경우에도 이를 거치지 아니하고 제기할 수 있다. 다만, 다른 법률에 당해 처분에 대한 행정심판의 재결을 거치지 아니하면 취소소송을 제기할 수 없다는 규정이 있는 때에는 그러하지 아니하다(행정소송법 18①).

나. 행정심판전치주의의 취지

행정청의 위법한 처분의 취소, 변경, 기타 공법상의 권리관계에 관한 소송인 행정소송에 있어서 실질적으로 초심적 기능을 하고 있는 행정심판전치주의는 행정행위의 특수성, 전문성 등에 비추어 처분행정청으로 하여금 스스로 재고, 시정할 수 있는 기회를 부여함에 그 뜻이 있는 것이다(대법원 1994. 11. 22. 선고 93누11050 판결【현역병입영처분취소】).

다. 예외적 행정심판전치주의

행정소송법 제18조 제 1 항 단서의 "다른 법률에 당해 처분에 대한 행정심판의 재결을 거치지 아니하면 취소소송을 제기할 수 없다는 규정"이 있는 법률로는 공무원의 인사사건 관련사건(국가공무원법 16, 지방공무원법 20의2, 군무원인사법 35의2, 교육공무원법 53), 조세관계사건(국세기본법 56, 관세법 120, 지방자치법 140),[15] [16] 전문기술성 관계사건(선박안

---

15) [이의신청 및 심사청구를 거치지 아니하고서는 지방세 부과처분에 대하여 행정소송을 제기할 수 없도록 한 지방세법 제78조 제 2 항이, 행정심판에 사법절차를 준용하도록 한 헌법 제107조 제 3 항 및 재판청구권을 보장하는 헌법 제27조에 위반되는지 여부(적극)] 지방세 부과처분에 대한 이의신청 및 심사청구의 심의・의결기관인 지방세심의위원회는 그 구성과 운영에 있어서 심의・의결의 독립성과 공정성을 객관적으로 신뢰할 수 있는 토대를 충분히 갖추고 있다고 보기 어려운 점, 이의신청 및 심사청구의 심리절차에 사법절차적 요소가 매우 미흡하고 당사자의 절차적 권리보장의 본질적 요소가 결여되어 있다는 점에서 지

전법 72, 특허법 186①, 실용신안법 31, 상표법 86②, 광업법 95), 도로교통법위반으로 인한 처분(도로교통법 142)[17] 그리고 각 개별법에서 원처분주의에 대한 예외로서 재결주의를 채택하고 있는 경우 등이다.

라. 이 사건의 경우

식품위생법위반으로 인한 처분은 행정심판을 거치지 아니하고 취소소송을 제기할 수 있다. 그러나 이 사건과 같은 사안에서는 행정심판청구를 하여도 인용될 가능성이 크므로, 시간의 단축과 비용부담의 경감을 위해서는 행정심판을 제기할 실익이 있다. 이와 같은 이유로 임의적 행정심판전치주의에 해당하는 사건도 행정심판을 제기하는 사례가 많다.

9. 관   할

가. 행정소송법 제 9 조

① 취소소송의 제 1 심 관할법원은 피고의 소재지를 관할하는 행정법원으로 한다.

② 제 1 항에도 불구하고 ㉠ 중앙행정기관, 중앙행정기관의 부속기관과 합의제행정기관 또는 그 장, ㉡ 국가의 사무를 위임 또는 위탁받은 공공단체 또는 그 장에 해당하는 피고에 대하여 취소소송을 제기하는 경우에는 대법원소재지를 관할하는 행정법원에 제기할 수 있다. 〈신설 2014. 5. 20.〉

③ 토지의 수용 기타 부동산 또는 특정의 장소에 관계되는 처분등에 대한 취소소송

방세법상의 이의신청·심사청구제도는 헌법 제107조 제 3 항에서 요구하는 "사법절차 준용"의 요청을 외면하고 있다고 할 것인데, 지방세법 제78조 제 2 항은 이러한 이의신청 및 심사청구라는 2중의 행정심판을 거치지 아니하고서는 행정소송을 제기하지 못하도록 하고 있으므로 위 헌법조항에 위반될 뿐만 아니라, 재판청구권을 보장하고 있는 헌법 제27조 제 3 항에도 위반된다 할 것이며, 나아가 필요적 행정심판전치주의의 예외사유를 규정한 행정소송법 제18조 제 2 항, 제 3 항에 해당하는 사유가 있어 행정심판제도의 본래의 취지를 살릴 수 없는 경우에까지 그러한 전심절차를 거치도록 강요한다는 점에서도 국민의 재판청구권을 침해한다 할 것이다(헌법재판소 2001. 6. 28. 선고 2000헌바30 결정【구지방세법제74조제 1 항등위헌소원】).

16) 헌법재판소가 2001. 6. 28. 2000헌바30 결정으로 행정심판의 필요적 전치주의에 관하여 규정한 구 지방세법(1998. 12. 31. 법률 제5615호로 개정되기 전의 것) 제78조 제 2 항이 헌법에 위반된다고 선언함에 따라 동 규정은 효력을 상실하게 되었고, 위 규정을 제외한 같은 법 제72조 제 1 항, 제73조, 제74조 규정들에 의하면, 지방세법에 의한 처분에 대하여는 이의신청 및 심사청구를 할 수 있되 다만 심사청구를 하고자 할 때에는 이의신청을 거쳐 그에 대한 결정의 통지를 받은 날부터 소정의 기간 내에 심사청구를 하여야 한다고 되어 있을 뿐이어서, 행정소송법 제18조 제 1 항 본문에 따라 지방세법상의 이의신청 및 심사청구를 거치지 아니하고도 바로 지방세법에 의한 처분에 대한 취소소송을 제기할 수 있게 되었다(대법원 2003. 8. 22. 선고 2001두3525 판결【종합토지세부과처분취소】).

17) 도로교통법 제142조(행정소송과의 관계) 이 법에 의한 처분으로서 해당 처분에 대한 행정소송은 행정심판의 재결을 거치지 아니하면 이를 제기할 수 없다.

은 그 부동산 또는 장소의 소재지를 관할하는 행정법원에 이를 제기할 수 있다.

나. 행정소송에 있어 토지관할의 성질

행정소송의 토지관할은 전속관할이 아니므로 당사자의 합의에 의한 합의관할이 가능하고, 관할의 합의는 제소 전은 물론이고 제소 후도 가능하다(부산고법 1998. 4. 20.자 98루2 결정【소송이송】).

다. 행정법원의 사물관할

행정법원은 행정소송법에서 정한 행정사건과 다른 법률에 의하여 행정법원의 권한에 속하는 사건을 제 1 심으로 심판한다(법원조직법 40조의4). 행정법원은 서울특별시를 관할구역으로 한다(각급 법원의 설치와 관할구역에 관한 법률 4).

라. 행정법원이 설치되지 않은 지역의 관할

행정법원이 설치되지 않은 지역에 있어서의 행정법원의 권한에 속하는 사건은 행정법원이 설치될 때까지 해당 지방법원본원이 관할한다(법률 제4765호 법원조직법 개정법률 부칙 2). 그러므로 행정법원이 설치된 서울을 제외하고는 피고의 소재지를 관할하는 지방법원본원이 항고소송의 제 1 심 관할법원이 된다. 만약 처분청이 '경기도 평택시장'이라면, 그 관할법원은 '수원지방법원 평택지원'이 아니라 '수원지방법원'이 된다. 다만, 춘천지방법원 강릉지원에서는 행정사건을 심판하게 된다(각급 법원의 설치 및 관할구역에 관한 법률 4(7)).

마. 행정소송의 3심제에 대한 예외

행정소송은 3심제가 원칙이지만, 다른 법률에 특별한 규정이 있는 경우에는 그 예외를 인정할 수 있다(행정소송법 8①). 행정소송에 관하여 2심제 또는 단심제를 채택하고 있는 법률로는 ① 공직선거법 제222조 제 1 항의 대통령선거 및 국회의원선거에 있어서 선거의 효력에 관한 선거소송은 대법원, 동조 제 2 항의 지방의회의원 및 지방자치단체의 장의 선거소송은 대법원, 지역구시·도의원선거, 자치구·시·군의원선거 및 자치구·시·군의장 선거소송은 고등법원, ② 지방자치법 제169조 제 2 항의 지방자치단체의 장의 자치사무에 관한 명령이나 처분의 취소 또는 정지에 대한 소는 대법원, 동법 제170조 제 3 항의 지방자치단체의 장에 대한 직무이행명령에 대한 소는 대법원, 동법 제172조의 지방의회의 의결에 대한 제소는 대법원, ③ 지방교육자치에 관한 법률에 따라 제기되는 기관소송은 대법원, ④ 형사소송법 제260조의 재정신청은 고등법원, ⑤ 해양사고의 조사 및 심판에 관한 법률 제74조의 중앙심판원의 재결에 대한 소송은 대법원, ⑥ 특허법 제186조의 심결 등에 대한 소는 특허법원, ⑦ 독점규제 및 공정거래에 관한 법률 제55조의 불복의 소는 서울고등법원, ⑧ 약관규제에 관한 법률 제30조의2의 불복의 소는 서울고등법원, ⑨ 표시·광고의 공정화에 관한 법률 제16조 제 1 항의 불복의 소는 서울고등법원 등이 있다.

바. 사건의 이송

⑺ 관할위반으로 인한 이송

행정소송에도 민사소송법 제34조 제 1 항 '관할위반에 따른 이송'이 준용되므로(행정소송법 8②), 법원은 소송의 전부 또는 일부에 대하여 관할권이 없다고 인정하는 경우에는 결정으로 이를 관할법원에 이송한다. 그런데 행정소송법 제 7 조는 사건의 이송요건으로 '민사소송법 제34조 제 1 항의 규정은 원고의 고의 또는 중대한 과실없이 행정소송이 심급을 달리하는 법원에 잘못 제기된 경우에도 적용한다'는 특별규정을 두고 있다. 이는 관할 위반의 소를 부적법하다고 하여 각하하는 것보다 관할 법원에 이송하는 것이 당사자의 권리구제나 소송경제의 측면에서 바람직하기 때문이다.

원고가 고의 또는 중대한 과실 없이 행정소송으로 제기하여야 할 사건을 민사소송으로 잘못 제기한 경우, 수소법원으로서는 만약 그 행정소송에 대한 관할도 동시에 가지고 있다면 이를 행정소송으로 심리·판단하여야 하고, 그 행정소송에 대한 관할을 가지고 있지 아니하다면 당해 소송이 이미 행정소송으로서의 전심절차 및 제소기간을 도과하였거나 행정소송의 대상이 되는 처분 등이 존재하지도 아니한 상태에 있는 등 행정소송으로서의 소송요건을 결하고 있음이 명백하여 행정소송으로 제기되었더라도 어차피 부적법하게 되는 경우가 아닌 이상 이를 부적법한 소라고 하여 각하할 것이 아니라 관할 법원에 이송하여야 한다(대법원 1997. 5. 30. 선고 95다28960 판결【석탄가격안정지원금의 지급】).

항고소송으로 제기하였어야 할 소를 민사소송으로 제기하였다 하더라도 그 항소심 법원이 항고소송에 대한 관할을 동시에 가지고 있다면, 당사자 권리구제나 소송경제의 측면에서 항고소송에 대한 제 1 심 법원으로서 사건을 심리·판단하였어야 옳았을 것인데도 이에 나아가지 아니하고 곧바로 이 사건 소를 각하한 원심의 조치는 잘못이라고 하지 아니할 수 없다(대법원 1996. 2. 15. 선고 94다31235 전원합의체 판결【수분양권존재확인등】).

⒩ **편의에 의한 이송**

행정소송에도 민사소송법 제35조 '손해나 지연을 피하기 위한 이송' 규정을 준용하여 심판의 편의를 위한 이송을 할 수 있다. '법원은 소송에 대하여 관할권이 있는 경우라도 현저한 손해 또는 지연을 피하기 위하여 필요하면 직권 또는 당사자의 신청에 따른 결정으로 소송의 전부 또는 일부를 다른 관할법원에 이송할 수 있다. 다만, 전속관할이 정하여진 소의 경우에는 그러하지 아니하다'(민사소송법 35).

사. 이 사건의 관할

피고는 서울특별시 강남구청장이므로 서울행정법원에 제소하여야 한다.

작 성 요 강

☐ 사건의 설명

1. 서울특별시 강남구청은 원고 김경화가 2013. 3. 4. 영업정지처분취소의 청구의 소를 제기한 소장을 수령한 후 법무법인 대양 소속 변호사 강현재를 찾아와 위 사건의 소송대리를 요청하여 소송위임계약을 체결하였다.

2. 강현재 변호사가 김경화의 소장을 검토한 다음 강남구청의 처분이 적법하다는 것을 전제로 하여 필요한 대응을 하기로 하였다.

3. 수험생은 강현재 변호사가 작성하였을 것으로 예상되는 서류를 설문에 따라 작성하도록 한다.

☐ 설   문[2]

강현재 변호사는 김경화의 영업정지처분취소의 청구의 소에 대한 피고 소송대리인의 지위에서 가장 먼저 취할 수 있는 법적 대응방안을 고려하고 있는데, 이에 필요한 서면을 작성하시오.

※ 현행법이 허용하는 쟁송형식에 한하며, 작성일은 소송위임계약 체결일이 경과한 2013. 4. 9.이고, 같은 날 접수하는 것으로 함

※ 답안의 시작은 선택한 쟁송형식에 부합하는 '서면종류'를 기재하는 것으로 하고, 그 끝은 '서류를 제출할 기관'을 기재하는 것으로 함

※ 피고 소송대리인의 입장에서 답변서 작성 시점에서는 사건의 실체를 전부 파악할 수 없는 점을 고려하여 원고의 소장에 기재된 주장을 반박하는 내용으로 작성하도록 할 것

서 울 행 정 법 원
제 1 부
소송진행 안내문(일반행정사건)

사   건 : 2013구합285

우리 재판부는 행정사건을 심리하는 전문법원으로서 신속·공정한 재판을 위하여 원고가 소장을 제출하면, 이후 답변서나 준비서면의 상호 교환을 통하여 법정 외에서 미리 사건의 쟁점을 정리하고, 그 다음 가급적 1~2회의 기일에 증인 등 필요한 증거조사를 일괄·집중적으로 시행함으로써 심리를 종결하려고 합니다. 그러므로 신속·공정한 재판을 위하여 다음의 안내에 따라 주시기 바랍니다.

1. 답변서 제출

가. 소장을 읽은 다음 **소장부본**을 받은 날로부터 30일 **이내**에 답변서와 소송수행자 지정서를 제출하여야 합니다(소송수행자는 되도록 3인 이내로 지정하여 주시고, 전담 수행자가 있으면 소송수행자 지정서에 이를 표시해 주십시오. 그리고 답변서를 비롯하여 향후 법원에 제출하는 서류에는 전화번호, 팩스번호, 이메일 주소 등과 같은 연락처를 기재하여 주시고, 만약 소송진행 중 주소나 연락처가 변경된 경우에는 지체 없이 법원에 신고해 주십시오).

나. 답변서를 작성, 제출함에 있어서는 아래의 각 사항을 유념하시기 바랍니다.

⑴ 원고가 행정심판절차를 거치면서 전치기간을 도과하는 등 이 사건 소에 부적법한 하자가 있을 때에는 이를 지적하기 바랍니다.

⑵ 행정처분의 적법성에 대한 주장·입증책임은 원칙적으로 행정청에 있으므로, 처분의 존재만 인정하고 나머지는 부인하는 등의 형식적인 답변은 피하고, ① 처분의 경위(처분일, 처분사유 등), ② 처분의 근거법령(법률, 시행령, 시행규칙 또는 조례, 지침, 법령이 개정된 경우에는 개정 전후의 법령을 정확히 구분, 기재), ③ 원고가 주장하는 처분의 위법성에 대한 답변, ④ 원고의 증거에 대한 의견 등을 구체적·개별적으로 주장하여야 합니다.

2. 주장과 입증

가. 개별적·구체적인 주장

준비서면에는 자신의 주장 요지와 이를 뒷받침할 만한 증거가 무엇인지를 적고, 상대방의 주장 및 증거자료에 대한 구체적 의견을 밝혀야 합니다.

나. 증거의 사전·일괄제출

필요한 증거는 다음 요령에 따라 법정에서 기일이 열리기 전에 미리 일괄하여 제출·신청하여야 합니다. 증인신청서 등 각종 증거신청서 양식은 대법원 홈페이지(www.scourt.go.kr)에서 다운받을 수 있습니다.

① 서증 : 아래 각 서류의 사본 및 이에 대한 설명서 제출(이미 원고가 제출하였던 서증이 <u>중복 제출되지 않도록</u> 유의하여 주시기 바랍니다).

    ㈀ 기본적인 서증

        ㉠ 행정처분 통보서

        ㉡ 거부처분취소사건의 경우 원고의 신청서와 그 부속서류

        ㉢ 원고가 전치절차를 거쳤을 경우 그 결정서

        ㉣ 법령에서 행정처분의 사전절차를 규정하고 있는 경우, 그 사전절차에 관한 서류(예 : 심의위원회의 심의를 거치도록 하는 경우 심의관련서류 등)

    ㈁ 기　타

형사사건과 관련된 경우, 형사사건기록 중 처분의 적법성을 뒷받침할 수 있다고 판단되는 자료 등(필요한 경우에는 형사기록인증등본 등 문서송부촉탁신청절차를 밟아 소송절차가 지연되는 일 이 없도록 하시기 바랍니다).

② **증인 신청 : 반드시 기일 전에** 증명할 사항 및 그 사항과 증인과의 관련성 등을 기재한 **증인** 신청서 제출(한편 증인신문사항은 질문은 짧고 대답은 충분하게 할 수 있도록 작성하여 주시고, 유도신문·중복신문·불필요한 신문·추측이나 의견을 묻는 신문·증인을 곤혹스럽게 하는 신문 등은 배제하여 주시기 바랍니다).

③ 검증·감정·사실조회·문서송부촉탁 신청 등 : 입증취지를 구체적으로 기재한 신청서 제출

다. 제출기한의 준수

준비서면의 제출이나 증거신청은 **반드시 법원에서 정한 기한 내에** 하여야 합니다. 만약 주장과 증거신청을 늦게 하여 소송을 지연시키는 것으로 인정되는 경우에는 각하되는 불이익을 받을 수 있습니다(행정소송법 제 8 조 제 2 항, 민사소송법 제149조 참조).

3. 기타 유의사항

답변서나 준비서면을 제출할 때에는 **상대방 수만큼**의 **부본**을 원본과 함께 제출하여야 합니다. 그리고 서증을 제출할 때에도 마찬가지입니다(만약 소송수행자가 준비서면 등을 법원에 제출하기 에 앞서 그 부본을 상대방에게 송달한 경우라면, 그 수령 사실을 증명하는 영수인 등을 받아 법원 에 제출하시기 바랍니다. 이 경우에는 상대방 수만큼의 부본과 사본을 제출할 필요가 없습니다).

재 판 장 판 사 　 김 ○ ○

법원 소재지	서울 서초구 서초동 1701의 1	담당 직원	재판실무관 강산희	전화 번호	3459-3148 3459-3146	FAX	3479-3350

답 변 서

사   건   2013구합285   영업정지처분취소

원   고   김 경 화

피   고   서울특별시 강남구청장

위 사건에 관하여 피고 소송대리인은 다음과 같이 답변합니다.

청구취지에 대한 답변

1. 원고의 청구를 기각한다.
2. 소송비용은 원고가 부담한다.

라는 판결을 구합니다.

청구원인에 대한 답변

1. 다툼없는 사실

피고가 2013. 2. 15. 원고가 유흥접객원을 고용하여 영업을 하였다는 사유로 영업정지 1월의 처분을 한 사실은 다툼이 없습니다.

2. 이 사건 처분의 적법성

가. 사건의 경위

원고는 2013. 1. 9. 유흥접객원으로 근무하던 소외 임정임으로 하여금 원고 운영의

'하얀풍차'라는 경양식 음식점에 손님으로 온 강상칠 등에게 양주와 맥주 등의 술을 마시는 자리에 앉아 술을 따르게 하는 등 유흥을 돋구는 방법으로 영업을 하게 하여 식품위생법과 그 시행령 및 시행규칙을 위반한 사실로 영업정지 1월의 처분을 당하게 되었습니다.

나. 처분의 적법성 검토

원고는 이 사건 처분이 사실오인 및 비례원칙에 위반하는 재량권의 일탈·남용의 하자로 인하여 위법하므로 취소되어야 한다고 주장합니다.

(1) 사실오인의 주장에 대한 비판

㈎ 원고는 이 사건 처분의 원인이 된 소외 임정임의 행위가 유흥접객원의 행위에 해당되지 않는다고 합니다. 그러나 경찰서에서의 소외 임정임의 피의자신문조서를 보면, 임정임은 손님의 요청에 의하여 동석하게 되었다고 합니다. 유흥접객행위는 손님의 요청에 의하든 유흥접객원의 자의에 의하든 불문하고 그 행위 자체를 금하고 있습니다.

㈏ 임정임은 원고 운영의 하얀풍차에 오기 전에도 압구정동에 있는 '무지개'라는 술집에서 종업원으로 있었으며, 그 업소가 청소년을 종업원으로 고용하였다는 이유로 영업소폐쇄 처분을 당하여 놀고 있던 중에 원고 운영의 술집으로 옮겨 오게 되었던 점을 알 수 있습니다. 원고로서도 이러한 임정임의 직업을 사전에 알고 있던 상태에서 원고의 술집에서 일하도록 한 것은 결국 임정임으로 하여금 유흥접객원으로서의 역할을 기대하였으며, 이 사건 단속을 당하던 날에도 손님들과 동석하여 술을 마시고 있었던 점을 고려하면 임정임의 유흥접객원으로서의 지위를 충분히 인정할 수 있습니다.

㈐ 뿐만 아니라 서울강남경찰서의 원고에 대한 피의자신문조서 및 손님이었던 강상칠의 진술조서 내용과 임정임의 피의자신문조서의 내용을 종합해 보면, 원고가 임정임을 고용하여 유흥접객원으로 일하는 것을 지시하였거나 묵인하여 왔음을 엿볼 수 있습니다.

㈑ 비록 강상칠이 검찰 조사를 받는 과정에서 경찰에서의 진술을 번복하여 임정임이 자신의 강권에 의하여 마지못하여 앉게 되었다고 하여 원고와 임정임의 혐의

를 부인하는 취지의 진술을 하였을지라도 이는 신뢰할 수 없는 진술에 불과하며, 그가 무슨 이유로 진술을 번복하게 되었는지 여부를 이 사건 법정에서 증인으로 신문하여 확인해 보아야 할 필요성이 있습니다.

㈐ 강상칠은 이 사건 당일 그의 친구 김갑열, 한상운과 이 사건 장소에 들러 원고가 고용한 유흥접객원인 임정임이 착석한 가운데 술을 마셨습니다. 임정임이 강상칠 일행의 좌석에 앉아 술을 마신 경위에 대하여는 강상칠의 진술에만 의존할 것이 아니라 그의 동료들인 김갑열, 한상운을 증인으로 불러 확인해 볼 필요가 있습니다.

㈑ 원고 주장처럼 소외 임정임이 유흥접객원의 지위에 있지 않으려면, 당시 술에 취한 손님들이 테이블에 앉아 자신에게 술을 강권하므로 그들의 비위를 맞춰주기 위해서 어쩔 수 없이 술을 받아 두었다거나, 평소 손님들과 어울려 술을 마시거나 그러한 일로 원고로부터 보수 외의 금원을 받거나 손님으로부터 팁을 받은 사실이 전혀 없다거나, 평소에도 테이블에서 손님들을 상대로 술시중을 들면서 손님들과 함께 술을 마신 적이 전혀 없고, 또 그런 방식으로 음식점을 운영하였다고 의심할 만한 다른 사정이 없는 경우와 같은 사정이 있어야만 될 것입니다. 그러나 앞서 언급한 바와 같이 임정임은 평소와 같이 손님들과 함께 앉아 술을 나눠 마시고 있었던 것으로 보이고, 그러한 임정임의 행위는 원고에게도 이익이 되는 행위에 해당되며, 원고는 단 한 번도 임정임의 그러한 영업방식을 저지하거나 주의를 주었다는 사실이 없는 점을 보더라도 원고에게 임정임의 그러한 행위를 종용하였거나 묵인하였다고 볼 수 있는 충분한 사정이 있는 것입니다.

(2) 비례원칙의 위반주장에 대한 비판

원고는 이 사건 음식점을 오픈하기 위하여 주변 지인들로부터 차용한 돈으로 임대차보증금 1억 5천만원, 월 차임 4백만원, 권리금 4천만원을 지급하고 음식점을 인수하여 영업을 시작한 지 불과 몇 달 만에 영업정지를 당하게 되면 생업에 막대한 타격을 받게 되므로, 피고의 처분으로 달성하려는 공익목적보다 원고가 받게 되는 손해가 중대하여 비례원칙에도 반한다고 주장합니다.

㈎ 그렇지만 원고가 이 사건 음식점을 영원히 할 수 없는 것이 아닙니다. 다만, 1

개월 동안 영업을 할 수 없게 될 뿐입니다. 영업정지를 당함으로 원고가 입게 되는 손해는 충분히 예상되는 바이지만, 이는 자신의 과오로 인한 것으로 식품위생법이 정하는 접객업소에서의 건전한 영업질서 확립으로 인한 공공의 이익 역시 무시하지 못할 정도로 막대하다 할 것이므로, 원고에게 한 이 사건 처분이 그 과오에 비하여 지나치게 무겁다고 할 수도 없어 비례원칙에도 부합한 것입니다.

(나) 피고가 원고에게 행한 이 사건 처분의 근거는 식품위생법 시행규칙 제89조 [별표 23]으로 식품위생법 제75조에 따른 행정처분의 기준을 따른 것입니다. 이 처분기준의 형식은 부령으로 되어 있으나 성질은 행정기관 내부의 사무처리준칙을 정한 것에 불과한 것으로, 보건복지부 장관이 관계 행정기관 및 직원에 대하여 직무권한 행사의 지침을 정하여 주기 위하여 발한 행정명령의 성질을 가지는 것이지만, 같은 법 제75조 제1항의 규정에 보장된 재량권을 기속하는 것이라고 할 수 없고 대외적으로 국민이나 법원을 기속하는 힘이 있는 것은 아니므로, 같은 법 제75조 제1항에 의한 처분의 적법 여부는 같은법 시행규칙에 적합한 것인가의 여부에 따라 판단할 것이 아니라 같은 법 규정 및 그 취지에 적합한 것인가의 여부에 따라 판단하여야 할 것(대법원 1994. 10. 14. 선고 94누4370 판결【대중음식점업영업정지처분취소】)이라는 것이 판례의 태도입니다. 피고는 식품위생법 시행규칙이 정하는 바에 따라 처분을 하였고, 이러한 처분기준은 원고를 비롯한 모든 영업자에게도 동일하게 적용하여 온 재량준칙에 해당하므로, 원고에게만 특히 불이익한 처분을 한 것이 아님을 분명히 밝혀 둡니다.

(다) 원고는 이 사건 처분의 영업정지 기간이 지나치게 장기간이라는 취지의 주장도 하는 것으로 보입니다. 그렇지만 위에서 살펴 본 원고의 위반행위와 같은 처분은 예외없이 영업정지 1월로 규정되어 있으며, 이는 피고 강남구청뿐만 아니라 다른 서울특별시 소속 자치구청은 물론 전국 대도시에서도 예외없이 적용되는 기준이라고 할 것이므로, 영업정지기간이 장기간이라는 취지의 주장도 이유가 없습니다.

다. 처분절차의 적법성

피고는 이 사건 처분에 앞서 원고에게 행정절차법 제21조 및 제22조 규정에 따른 처분의 사전통지 및 의견제출의 기회를 제공하였습니다. 또한 피고는 원고에게 청문의 기회를 주어 원고의 의견을 충분히 청취한 가운데 이 사건 처분을 하였으므로, 행정절차법이 정하는 처분절차에도 적합합니다.

3. 결   론

따라서 피고의 이 사건 처분은 적법하고, 원고의 청구는 이유가 없으므로 기각하여 주시기 바랍니다.

입 증 방 법

1. 을제1호증 피의자신문조서(강상칠)   1부
2. 나머지는 소송진행 중 제출하겠습니다.

첨 부 서 류

1. 위 입증방법   1부
2. 답변서 부본   1부
3. 위임장, 담당변호사지정서   각 1부

2013.   4.   9.

피고 소송대리인
법무법인   대양
담당변호사 강 현 재

서 울 행 정 법 원   귀 중

소 송 위 임 장

원　　　고 : 김 경 화
피　　　고 : 강남구청장

위 당사자 사이의 서울행정법원 2013구합285 **영업정지처분취소** 사건에 관하여 서울특별시 서초구 서초동 법조빌딩 302호『법무법인 대양』에게 피고의 소송대리를 위임하고 아래 권한을 수여함.

이 사건 소송을 수행하기 위한 일체의 소송행위
- 1심 소송종료시까지의 항소제기,
- 반소의 제기 및 응소,
- 원고와 협의하에 재판상의 화해와 조정,
- 목적물의 수령,
- 공탁, 공탁물의 납부,
- 담보권행사 최고신청, 이 신청에 대한 동의,
- 담보 취소결정 정본의 수령, 동 취소결정에 대한 항고권 포기 등,

위와 같은 권한을 부여하면서 위 소송을 위임합니다.

2013년 4월 5일

위 임 인 : 서울특별시 강남구청장
주　　　소 : 서울특별시 강남구 삼성동 16-1 번지

강남구
청장인

담당변호사지정서

사   건   2013구합285 영업정지처분취소
원   고   김 경 화
피   고   강남구청장

   위 사건에 관하여 『법무법인 대양』은 피고 소송대리인으로서 변호사법 제50조 제 1 항
에 의거하여 그 업무를 담당할 변호사를 아래와 같이 지정합니다.

담당변호사: 강 현 재
홍 길 동
최 길 수

2013년 4월 9일

법 무 법 인   대 양

서울특별시 서초구 서초동 법조빌딩 302호
(TEL: (02)453-1133(代) FAX: (02)521-4488)

代表辯護士 최 재 판

작 성 요 강

□ 설   문 [3]

　　박승소 변호사는 영업정지처분취소청구의 소를 제기한 원고가 영업정지를 하지 않고 음식점을 계속적으로 운영할 수 있는 쟁송방법을 고려하고 있다. 원고 변호사 입장에서 작성할 수 있는 가장 유효, 적절한 권리구제방법을 선택하여 그 서면을 작성하시오.

　　※ 현행법이 허용하는 쟁송형식에 한하며, 작성일은 2013. 3. 8.이고 같은 날 접수하는 것으로 함

　　※ 답안의 시작은 선택한 쟁송형식에 부합하는 '서면종류'를 기재하는 것으로 하고, 그 끝은 '서류를 제출할 기관'을 기재하는 것으로 함

　　※ 처분의 위법사유로는 사실관계와 현행법 및 기존 판례 입장에 비추어 볼 때 받아들여질 수 있는 주장만 할 것

Memo

집 행 정 지 신 청

신 청 인   김 경 화

피신청인   서울특별시 강남구청장

집행정지신청사건

신 청 취 지

피신청인이 2013. 2. 15. 신청인에 대하여 한 영업정지 1월(2013. 3. 11.~같은 해 4. 9.)의 처분은 이 법원 2013구합285호 사건 판결 선고시까지 집행을 정지한다.
라는 결정을 구합니다.

신 청 이 유

1. 당사자의 지위 및 처분사유

신청인은 서울 강남구 논현동 112-51 지하 1층에서 '하얀풍차'라는 상호로 일반음식점 영업을 하고 있으며, 피신청인은 2013. 2. 15. 신청인에 대하여 영업정지 1월(기간: 2013. 3. 11.~같은 해 4. 9.)의 처분을 한 행정청입니다.

신청인은 2012. 10. 28.부터 이 사건 음식점에서 영업을 개시하였고 2012. 11. 말경 평소 언니라고 부르며 친하게 지내던 임정임에게 새로운 직원을 구할 때까지 도와달라고 부탁하였습니다. 임정임은 같은 해 12. 10.부터 신청인의 음식점에서 일을 하기 시작하였는데, 이 사건 단속 당일인 2013. 1. 9. 22 : 00경 임정임이 아는 지인과 그 일행이 술을 마시는 자리에 합석하게 되었습니다.

그리하여 피신청인은 신청인이 임정임으로 하여금 손님들의 좌석에 앉게 하여 술을 마시는 등의 행위가 '일반음식점영업자가 유흥접객원을 고용하여 유흥접객행위를 하게 하거나 종업원의 이러한 행위를 조장·묵인하는 행위'에 해당한다는 사유로 식품위생법 제44조, 제75조에 따라 이 사건 처분을 하기에 이르렀습니다.

2. 이 사건 처분의 위법성

신청인이 이미 이 사건 처분의 취소를 구하는 소장에 상세히 기재한 바와 같이, 피신청인의 이 사건 처분은 다음과 같은 이유로 재량권의 일탈·남용으로 위법하여 취소되어야 합니다.

가. 사실오인

임정임은 유흥접객원으로 일한 사실이 없습니다. 신청인은 새로 직원을 구하는 중에 언니처럼 따르며 잘 알고 지내던 임정임에게 잠시 손님들의 주문을 받아 음식 등을 제공하는 일을 맡아 달라고 부탁하였습니다. 또한 임정임은 이 사건 단속 당시 평소 알고 지내던 손님이 주문한 주류를 제공하고 잠깐 그 자리에 앉아 이야기를 나누고 있었을 뿐이고, 손님들의 유흥을 북돋워 주는 유흥접객원으로서의 행위를 한 사실이 없습니다. 다만, 임정임이 손님들 좌석에 앉아 있었던 것은 사실이지만, 이는 술에 상당히 취한 손님의 강권에 의하여 어쩔 수 없는 종업원으로서의 예의로 마지못하여 그렇게 한 것일 뿐입니다. 그럼에도 단속 경찰관은 임정임이 손님과 잠시 동석한 장면만을 주목하여 식품위생법위반 혐의로 입건을 하여 수사를 하고, 피신청인 구청장에게 처분통지까지 하는 바람에 신청인은 이 사건 처분을 당하게 되었습니다. 그러므로 피신청인의 이 사건 처분은 임정임이 유흥접객원으로서의 행위를 하였다는 사실에 기초한 것이지만, 앞서 본 바와 같이 임정임이 그러한 행위를 한 바 없으므로 이는 명백한 사실오인에 의한 것이라 하겠습니다.

나. 비례원칙 위반

신청인은 이사건 음식점을 보증금 1억 5천만원, 월차임 400만원으로 임대차계약을 하였으며, 권리금 4천만원을 주고 신청외인으로부터 인수하였습니다. 그리고 개업을 위하여 인테리어를 하고, 비품을 구입하는 등으로 많은 돈을 지출하였습니다. 신청인은 미혼인 상태에서 이 많은 돈을 주변의 지인들과 금융기관 대출금으로 마련하여 매달 그 이자만 해도 신청인의 이 사건 음식점 영업수입으로는 감당하기가 어려운 상태에 놓여 있습니다. 특별히 지난 해부터 몰아닥친 금융위기 여파로 매출이 급격하게 줄어서 직원들 급여 주기도 힘든 상황입니다. 또한 신청인이 부양하는 연로하신 부모님의 생활비 조달도 어려운 가운데 있습니다. 뿐만 아니라 이 사건 음식점 직원 4명도 가정이 있는 터라 이 사건 처분으로 영업이 중단되면, 그 가족의 생계 역시 위협받게 될 지경에 놓여 있습니다.

비록 임정임이 손님들의 좌석에 동석한 행위가 유흥접객원으로 인정할 수 있는 여지가 있을지라도 그곳에 있게 된 것이 손님들의 강권에 의하여 어쩔 수 없는 가운데 불가피하게 행하여진 일이며, 신청인이 이 사건 음식점을 개업하기까지 들어간 막대한 돈과 신청인이 그 동안 영업을 해오면서도 형사상으로 처벌받은 전과가 없을 뿐만 아니라 행정처분을 받은 사실도 없었던 점, 영업정지를 당하게 되면 신용훼손을 물론 막대한 금선적 손해를 입게 된다는 점을 고려하면, 영업정지를 통해 달성하려는 식품위생법 소정의 공익목적보다 원고가 입게 될 불이익 역시 현저히 크다고 하지 않을 수 없어 비례의 원칙에도 반하는 측면이 큽니다. 따라서 피신청인이 신청인의 이 같은 사정을 깊이 고려한다면 과징금의 부과로 공익 목적을 달성할 수 있음에도 그러한 조치를 고려하지 아니하고 관련 법령에 따라 기계적으로 영업정지 1월의 처분을 한 것은 재량권의 일탈·남용의 위법이 있다 하겠습니다.

3. 이 사건 처분의 집행정지 필요성

행정소송법 제23조의 집행정지결정을 하기 위하여 적극적으로 존재할 것이 요구되는 요건으로 ① 정지대상인 처분 등이 존재하여야 하고, ② 본안소송이 계속중이라야 하며, ③ 회복하기 어려운 손해발생의 우려가 있어야 하고, ④ 긴급한 필요가 있어야 합니다. 그리고 소극적 요건으로는 공공복리에 중대한 영향을 미칠 우려가 없어야 합니다.

가. 처분등의 존재

집행정지는 이미 존재한 처분등의 효력정지, 집행정지, 절차의 속행정지를 포함합니다. 피신청인은 신청인에게 2013. 3. 11.부터 같은 해 4. 9.까지로 하는 내용의 영업정지 1월의 처분을 하였습니다. 따라서 이 처분의 집행력을 박탈하여 영업정지처분의 내용을 실현하는 행위를 금지할 필요가 있습니다.

나. 본안소송이 적법하게 계속 중임

신청인은 2013. 3. 4. 이 법원 2013구합285호로 피신청인의 처분을 취소청구하는 소를 이 법원에 제기하여 현재 적법하게 계속 중입니다.

다. 본안청구가 이유 없음이 명백하지 않음

집행정지사건 자체에 의하여도 신청인의 본안 청구가 이유 없음이 명백하지 않아야 한다는 것도 효력정지나 집행정지의 요건에 포함됩니다(대법원 1999. 11. 26. 99부3 집행정지). 신청인이 제기한 본안청구는 피신청인이 사실오인과 비례의 원칙을 위반한 재량권의 일탈·남용에 해당하는 위법한 처분으로 취소될 가능성이 크기에 본안청구는 이유 있음이 명백합니다.

라. 그 밖의 요건

(1) 회복하기 어려운 손해발생의 우려

집행정지는 회복하기 어려운 손해를 예방하기 위하여 필요한 경우에 인정됩니다. 회복하기 어려운 손해는 사회통념상 금전배상이나 원상회복이 어렵다고 인정되는 손해를 가리킨다고 할 것입니다. 신청인이 이 사건 영업정지처분으로 장차 입게 될 손해는 영업정지기간인 1개월 동안의 영업상 매출에 그치는 것이 아닙니다. 신청인이 2012. 10. 말경 영업을 개시하여 이 사건 영업정지처분의 효력이 발생하는 2013. 3. 11.까지 겨우 4개월 정도 영업을 한 것에 불과하여 이 사건 음식점을 열기 위하여 투자한 돈과 그 이자를 충당하기도 어려운 상태였습니다. 그런 형편에서 1개월 동안 문을 닫게 되면, 월차임 400만원과 대출금 이자 및 직원들 급여, 신청인과 부모님의 생활비 등 말할 수 없는 손실을 보게 됩니다.

다행히 영업을 개시한 지 석 달여 지나자 주변에 좋은 소문이 나서 단골손님도 생기고, 매상도 차츰 오르기 시작하였는데, 금융위기로 인한 매출감소의 여파와 영업정지를 당한 업소라는 불명예스런 소문이 퍼지게 되면 손님들의 감소도 불 보듯 뻔하게 되어 영업정지 후에 다시 새롭게 영업을 하더라도 재기하기가 쉽지 않게 됩니다. 신청인의 이와 같은 여러 사정은 금전적 배상으로도 회복될 수 없는 중대한 손해라고 하지 않을 수 없습니다.

(2) 긴급한 필요의 존재

집행정지는 손해발생가능성이 절박하여 본안판결을 기다릴 만한 시간적 여유가 없는 경우에 허용됩니다. 신청인은 영업정지처분의 취소청구의 소를 제기한 바 있지만, 영업정지가 시작되는 2013. 3. 11.까지는 본안판결이 선고될 가능성이 없어 집행정지를 할 긴급한 필요도 있습니다.

또한 신청인에 대한 식품위생법위반 피의사건에 대한 수사가 진행 중에 있어 머지 않아 무혐의 처분을 받게 될 가능성이 있으며, 그렇지 않고 기소가 될지라도 형사재판 결과 무죄판결을 받는 등 신청인에게 유리한 결과를 받게 될 가능성도 배제할 수 없으 므로, 이 사건 처분의 집행을 정지할 긴급한 필요성도 존재합니다.

(3) 공공복리에 중대한 영향을 미칠 우려가 없음

집행정지가 공공복리에 중대한 영향을 미칠 우려가 있고, 그것이 신청인이 입을 우려가 있는 손해를 희생시켜서라도 옹호할 만한 것이라고 인정되는 것인 때에는 집행정지는 할 수 없습니다. 그러나 신청인에 대한 이 사건 집행정지결정을 하더라도 오로지 그 효과는 신청인의 영업소에 국한될 뿐이라 식품위생법 관련 업무에 관한 공공복리에 중대한 영향을 미칠 우려가 전혀 없습니다.

4. 결   론

그러므로 신청인은 이와 같은 이유로 신청취지와 같은 결정을 구하기 위하여 이 청구에 이르게 되었습니다.

소 명 방 법

1. 소 갑 제 1 호증의 1   행정처분 알림   1부
2. 소 갑 제 1 호증의 2   행정처분명령서   1부
3. (업소)임대차계약서   1부
4. (직원들)탄원서   1부

첨 부 서 류

1. 위 소명방법   각 1부
2. 위임장   1부

2013.   3.   8.

신청인   소송대리인
법무법인   경희
담당변호사   박 승 소

서 울 행 정 법 원   귀 중

서 울 행 정 법 원
제 1 부
결   정

사   건   2013아○○○   집행정지

신 청 인   김경화

              대리인 법무법인 경희

              담당변호사 박승소

피 신 청 인   서울특별시 강남구청장

주   문

피신청인이 2013. 2. 15. 신청인에 대하여 한 1월(2013. 3. 11.부터 2013. 4. 9.까지)의 영업정지처분은 2013. 3. 8.부터 신청인과 피신청인 사이의 이 법원 2013구합285 사건의 판결 선고시까지 그 집행을 정지한다.

신 청 취 지

주문과 같다.

이   유

이 사건 신청은 이유 있으므로 주문과 같이 결정한다.

2013.   3.   15.

              재판장   판사 ○○○

                        판사 ○○○

                        판사 ○○○

정 본 입 니 다.

2013. 3. 15.

서 울 행 정 법 원

법원주사 최 법 주

결정에 불복할 경우에는
이 정본을 송달받은 날부터 7일
이내에 즉시항고를 할 수 있습니다.

쟁 점 해 설

Ⅰ. 행정심판법에 의한 가구제

1. 집행부정지의 원칙

가. 행정심판법 제30조

행정처분이 위법·부당하여 행정심판이 제기되어도 원칙적으로 처분의 효력이나 그 집행 또는 절차의 속행을 정지시키는 효력은 없다.

나. 개정 행정심판법의 가구제 확대

종전 행정심판법하에서 집행정지결정은 잠정적 조치임에도 행정심판위원회는 법원과 달리 청구내용 자체가 이유 있다고 인정되는 경우가 아니면 집행정지결정을 하지 않으려는 경향이 있어 행정소송으로 권리구제를 얻으려 하였다. 그리하여 2010. 1. 15. 개정되어 2010. 7. 26. 시행된 행정심판법은 집행정지의 요건을 완화하고 보다 직접적으로 가구제를 할 수 있는 임시처분제도를 신설하였다.[18]

2. 집행정지의 요건 완화

가. 중대한 손해가 생기는 것을 예방할 필요성

위원회는 처분, 처분의 집행 또는 절차의 속행 때문에 중대한 손해가 생기는 것을 예방할 필요성이 긴급하다고 인정할 때에는 직권으로 또는 당사자의 신청에 의하여 처분의 효력, 처분의 집행 또는 절차의 속행의 전부 또는 일부의 정지(이하 "집행정지"라 한다)를 결정할 수 있다. 다만, 처분의 효력정지는 처분의 집행 또는 절차의 속행을 정지함

---

18) 정형근, "개정 행정심판법의 주요쟁점에 관한 검토," 행정법연구 제27호(2010. 8), p. 142 이하.

으로써 그 목적을 달성할 수 있을 때에는 허용되지 아니한다(행정심판법 30②).

나. 종전의 '회복하기 어려운 손해를 예방하기 위하여 긴급한 필요'

(1) 종전의 행정심판법은 집행정지결정을 위해서는 처분이나 그 집행 또는 절차의 속행으로 인하여 생길 회복하기 어려운 손해를 예방하기 위하여 긴급한 필요가 있다고 인정되어야 했다(구 행정심판법 21②).

(2) 현행 행정소송법 제23조 제 2 항 역시 '회복하기 어려운 손해를 예방하기 위하여 긴급한 필요가 인정할 때'를 집행정지의 요건으로 하고 있다.

다. '회복하기 어려운 손해'의 의미

행정소송법 제23조 제 2 항에서 정하고 있는 집행정지 요건인 '회복하기 어려운 손해'란 특별한 사정이 없는 한 금전으로 보상할 수 없는 손해로서 이는 금전보상이 불능인 경우 내지는 금전보상으로는 사회관념상 행정처분을 받은 당사자가 참고 견딜 수 없거나 또는 참고 견디기가 현저히 곤란한 경우의 유형, 무형의 손해를 일컫는다 할 것이다(대법원 2010. 5. 14.자 2010무48 결정【집행정지】).

3. 임시처분제도의 신설

가. 행정심판법 제31조

행정심판위원회는 처분 또는 부작위가 위법·부당하다고 상당히 의심되는 경우로서 처분 또는 부작위 때문에 당사자가 받을 우려가 있는 중대한 불이익이나 당사자에게 생길 급박한 위험을 막기 위하여 임시지위를 정하여야 할 필요가 있는 경우에는 직권으로 또는 당사자의 신청에 의하여 임시처분을 결정할 수 있다(행정심판법 31①).

나. 임시처분의 대상

임시처분의 대상은 처분 또는 부작위이다. 그러므로 임시처분에는 거부처분은 물론 부작위도 포함된다. 이 점에서 집행정지결정에서 거부처분이나 부작위는 그 대상이 아니라고 하는 것과 차이가 있다.

다. 위법·부당한 처분이나 부작위

처분이나 부작위가 위법·부당하다고 상당히 의심되는 경우여야 한다. 처분이나 부작위가 행정심판의 제기와 심리단계에서 제출된 자료에 비추어 볼 때, 위법하거나 부당하다고 상당히 의심되는 경우를 말한다.

라. 중대한 불이익, 급박한 위험발생의 우려

(1) 당사자에게 중대한 불이익이나 급박한 위험이 생길 우려가 있어야 한다. '중대한 불이익' 또는 '급박한 위험'의 존재가 임시처분의 주요 요건에 해당된다. 심판청구인에게 임시의 지위가 인정되지 아니함으로 인하여 나중에 심판청구의 인용재결을 받더라도 그 손해가 회복되기 어렵거나 실익이 없는 경우를 말한다. 예컨대 강제퇴거명령을 받은 자가 출국된 후 퇴거명령처분의 취소재결을 받더라도 인용재결의 실익이 없게 된다.

(2) '중대한 불이익'은 사후에 금전적인 배상으로도 충분히 회복될 수 없는 기회의 상실과 같은 유형의 손해를 의미한다. 집행정지결정 대상인 '중대한 손해'와 임시처분에서의 '중대한 불이익'은 같은 개념으로 이해할 수 있다. 그러므로 집행정지와 임시처분의 요건에는 이 부분에서 중복되는 면도 있어 당사자가 집행정지를 신청할 것인지, 임시처분을 신청할 것인지 혼동할 수도 있다. 그 때 행정심판위원회는 당사자의 신청서에 문구에 구애되지 말고 청구인에게 보정을 명하거나 직권으로 보정하여야 할 것이다(행정심판법 32①). 그리고 '급박한 위험'은 처분이나 부작위로 야기된 생명·신체·재산의 위험으로부터 보호하기 위한 요건이다.

마. 임시지위를 정할 필요성

임시지위를 정하여야 할 필요가 있어야 한다. 중대한 불이익이나 급박한 위험을 피하기 위한 제반조치를 말한다. 예컨대 수익적 행정행위의 거부처분에 있어서 잠정적으로 임시의 행정행위를 하도록 행정청에게 명하거나, 침해적 행정행위가 확실히 행해질 것으로 예상되는 경우에는 당해 행정행위를 금지하는 것을 말한다. 한약사 국가시험에 응시한 청구인들이 한약관련과목의 이수가 부족하다는 이유로 원서접수가 반려된 사건에서, 그 반려처분의 효력정지를 명하면서 청구인들에게 응시기회를 부여한 사례가 있다.[19]

---

19) 서울행정법원 2000. 2. 18.자 2000아120 결정.

바. 공공복리에 중대한 영향이 없을 것

공공복리에 중대한 영향을 미칠 우려가 없어야 한다. 행정심판법 제30조 제 3 항이 준용되므로 임시처분으로 당사자의 임시지위를 정하는 것이 공공복리에 중대한 영향을 미칠 우려가 있을 때에는 허용되지 아니한다(행정심판법 31②).

사. 임시처분의 취소

행정심판위원회는 임시처분을 결정한 후에 임시처분이 공공복리에 중대한 영향을 미치거나 그 정지사유가 없어진 경우에는 직권으로 또는 당사자의 신청에 의하여 임시처분 결정을 취소할 수 있다(행정심판법 30④).

아. 임시처분의 보충성

임시처분은 집행정지로 목적을 달성할 수 있는 경우에는 허용되지 아니한다(행정심판법 31③).

Ⅱ. 행정소송법상의 집행정지

1. 행정소송법 제23조

취소소송이 제기된 경우에 처분 등이나 그 집행 또는 절차의 속행으로 인하여 발생하는 회복하기 어려운 손해를 예방하기 위하여 긴급한 필요가 있다고 인정할 때에는 법원은 직권 또는 당사자의 신청에 의하여 처분의 집행정지결정을 할 수 있다.

2. 집행정지의 법적 성격

집행정지는 처분 등의 효력이나 그 집행 또는 절차의 속행의 정지라고 하는 소극적 형성을 내용으로 하며, 오직 침해적 행정활동에 대한 보전처분으로서의 기능을 가진다.

행정처분의 효력이나 집행 혹은 절차속행 등의 정지를 구하는 신청은 행정소송법상 집행정지신청의 방법으로서만 가능할 뿐 민사소송법상 가처분의 방법으로는 허용될 수 없다(대법원 2009. 11. 2.자 2009마596 결정【가처분이의】).

3. 집행정지의 요건

가. 적극적 요건

(1) 정지대상인 처분 등의 존재

(가) 행정소송법 제23조 제 2 항

집행정지의 대상은 처분 등의 효력, 집행 또는 절차의 속행이다. 집행의 정지, 절차의 속행의 정지 등 다른 정지방법에 의하여 그 목적을 달성할 수 있는 경우에는 구태여 효력까지 정지시킬 필요는 없다 할 것이므로, 처분의 효력정지는 허용되지 않는다. 이 사건에서 집행정지 신청인은 영업정지 1월의 처분을 받았으므로 이 요건을 충족한다.

(나) 효력정지, 집행정지, 절차의 속행정지의 개념

'효력정지'란 처분의 효력이 존속하지 않는 상태에 놓는 것으로 별도의 집행정지가 필요 없이 의사표시만으로 완성되는 처분, 즉 영업의 취소나 공무원면직처분 등에 대하여 하는 집행정지를 말하고, '집행정지'란 처분의 집행력을 박탈하여 그 내용을 실현하는 행위를 금지하는 것으로 대집행이나 출국 강제집행 등에 할 수 있으며, '절차의 속행정지'란 처분이 유효함을 전제로 법률관계가 진전되어 다른 처분이 행하여지는 경우에 있어서 그 기초가 되는 처분의 효력을 박탈하여 절차의 속행, 법률관계의 진전을 금지하는 것으로서 체납처분의 속행정지가 그 예이다. 현재의 실무례에 있어서는 이를 구분하지 않고 "집행을 정지한다"는 문구를 사용하고 있다.[20]

(다) 적용범위

집행정지가 허용될 수 있는 본안소송은 취소소송과 무효등확인소송이며, 부작위위법확인소송은 제외된다.

(2) 거부처분의 효력정지를 구할 이익이 있는지 여부

(가) 판례는 부정

신청에 대한 거부처분의 효력을 정지하더라도 거부처분이 없었던 것과 같은 상태, 즉 거부처분이 있기 전의 신청시의 상태로 되돌아가는 데에 불과하고 행정청에게 신청에 따른 처분을 하여야 할 의무가 생기는 것이 아니므로, 거부처분의 효력정지는 그 거부처분으로 인하여 신청인에게 생길 손해를 방지하는 데 아무런 보탬이 되지 아니하여 그 효력

---

[20] 법원행정처, 전정증보 법원실무제요(행정), p. 226.

정지를 구할 이익이 없다(대법원 1995. 6. 21.자 95두26 결정【점검필증교부거부처분효력정지】).

(나) **문 제 점**

거부처분에 대한 효력정지를 인정하지 않는 것은 집행정지제도의 한계로 지적된다. 인·허가갱신신청 거부처분의 경우, 가구제가 없어 본안판결시까지는 종전의 영업을 중단하여야 하는 문제가 있다. 서울행정법원은 응시자격이 없다는 이유로 한약사 국가시험응시원서를 반려한 처분(거부처분)의 취소소송에서 집행정지결정을 한 바 있다. 본안에서 반려처분의 적법성이 부정될 개연성을 배제할 수 없는 데, 반려처분의 효력이 시험시행시까지 유지된다면 신청인들의 응시기회가 부당하게 박탈될 수 있으므로 반려처분의 효력을 정지한 것이다(서울행정법원 2000. 2. 18.자 2000아120 결정).

(3) **본안소송의 계속**

(가) **본안소송의 제기와 계속 중**

집행정지는, 민사소송법상의 가처분이 본안소송제기 전에 보전수단으로서 신청될 수 있는 것과는 달리, 본안소송이 법원에 계속되어 있을 것을 요건으로 한다.

이 사건은 서울행정법원 2010구합285호 영업정지처분취소청구의 소로 소송계속 중에 있다.

집행정지신청시에 본안소송이 제기되어 있지 않았더라도 집행정지결정시까지 본안소송이 제기되면 정지신청은 적법한 것으로 보아야 할 것이다.

(나) **본안소송의 취하가 집행정지결정에 미치는 영향**

행정처분의 집행정지는 행정처분집행 부정지의 원칙에 대한 예외로서 인정되는 일시적인 응급처분이라 할 것이므로 집행정지결정을 하려면 이에 대한 본안소송이 법원에 제기되어 계속중임을 요건으로 하는 것이므로 집행정지결정을 한 후에라도 본안소송이 취하되어 소송이 계속하지 아니한 것으로 되면 집행정지결정은 당연히 그 효력이 소멸되는 것이고 별도의 취소조치를 필요로 하는 것이 아니다(대법원 1975. 11. 11. 선고 75누97 판결【영업정지처분취소】).

(4) **회복하기 어려운 손해발생의 우려**

(가) 행정소송법 제23조 제 2 항에 정하고 있는 행정처분 등의 집행정지 요건인 '회복하기 어려운 손해'라 함은 특별한 사정이 없는 한 금전으로 보상할 수 없는 손해로서 이는 금전보상이 불능인 경우 내지는 금전보상으로는 사회관념상 행정처

분을 받은 당사자가 참고 견딜 수 없거나 또는 참고 견디기가 곤란한 경우의 유
형, 무형의 손해를 일컫는다(대법원 2003. 4. 25.자 2003무2 결정【집행정지】).[21) 22)]

(나) 원고의 이 사건 처분으로 영업정지처분이 집행되면 이 사건 업소를 개업하기 위
하여 투자한 금전적 손해와 함께 단골손님들에게 미치는 신뢰의 상실로 인한 불
이익은 회복하기 어려운 손해의 범주에 해당될 수 있다. 최근 개정된 행정심판법
에서 '회복하기 어려운 손해발생의 우려'를 '중대한 손해가 생기는 것을 예방할 필
요성'으로 그 요건을 완화하였으므로, 행정소송법상의 위 요건도 완화하여 해석할
필요성이 있다.

(5) 긴급한 필요의 존재

(가) 손해발생가능성이 절박하여 본안판결을 기다릴 만한 시간적 여유가 없는 경우여
야 한다. 신청인에 대한 식품위생법위반 피의사건에 대한 수사가 검찰에서 진행
되고 있어 무혐의 처분을 받는 등 신청인에게 유리한 결과를 받게 될 가능성도
배제할 수 없으므로, 이 사건 처분의 집행을 정지할 긴급한 필요성도 존재한다.

(나) "처분으로 인하여 생길 회복하기 어려운 손해를 예방하기 위하여 긴급한 필요"가
있는지 여부는 당해 처분의 성질과 태양 및 내용, 처분상대방이 입는 손해의 성
질·내용 및 정도, 원상회복·금전배상의 방법 및 난이, 본안청구의 승소가능성
의 정도 등을 종합적으로 고려하여 구체적·개별적으로 판단하여야 한다(대법원
2008. 12. 29.자 2008무107 결정【집행정지】).

---

21) 판례상 회복하기 어렵다고 판시한 사례 : ① 과징금납부명령의 처분은 사업자의 자금사정이나 경영 전
반에 미치는 파급효과가 매우 중대한 경우(대법원 2001. 10. 10.자 2001무29 결정【효력정지】), ② 토석채
취허가취소처분의 효력이 정지되지 아니한 채 본안소송이 진행됨으로써 막대한 자본 등을 투자하고도
거래선으로부터의 납품계약해제, 신용실추 등으로 입게 될 손해(대법원 1994. 10. 11. 선고 94두35 판결【토
석채취허가취소처분효력정지】), ③ 상고심에 계속중인 형사피고인을 안양교도소로부터 진주교도소로 이
송함으로써 받은 손해(대법원 1992. 8. 7. 선고 92두30 판결【이송처분효력정지】), ④ 현역병입영영처분으로 특
례보충역으로 방위산업체에 종사하던 신청인이 입영하여 다시 현역병으로 복무하지 않을 수 없어 병역
의무를 중복하여 이행하게 되는 경우(대법원 1992. 4. 29. 선고 92두7 판결【현역병입영처분집행정지】).
22) 회복하기 어려운 손해에 해당되지 않는다는 사례 : ① 건설업면허취소처분으로 회사가 이미 수주받아
시공 중인 공사들을 중단하고 그에 따른 손해배상책임까지 부담하게 되는 등 그 존립조차 위태로울 정
도로 막대한 재산상 손실을 입게 됨은 물론 대외적인 신용 내지 명예도 실추된다는 사정(대법원 1995.
3. 30. 선고 94두57 판결【건설업면허취소처분효력정지】), ② 자동차운송사업면허 취소처분으로 운송사
업자의 경영정상화 노력이 수포로 돌아가게 되고, 대외적인 신용의 하락 및 사업면허의 반납으로 보유
하여 온 차량들을 헐값에 처분하거나 폐차할 수밖에 없어 근로자나 그 가족들의 생계까지 위협받게 되
는 결과가 초래될 수 있는 경우(대법원 1994. 9. 24. 선고 94두42 판결【자동차운송사업면허취소처분효력
정지】).

나. 소극적 요건

(1) 공공복리에 중대한 영향을 미칠 우려가 없을 때

(가) '공공복리에 중대한 영향을 미칠 우려가 없을 것'을 규정하고 있는 취지는, 집행 정지 여부를 결정하는 경우 신청인의 손해뿐만 아니라 공공복리에 미칠 영향을 아울러 고려하여야 한다는데 있고, 따라서 공공복리에 미칠 영향이 중대한지의 여부는 절대적 기준에 의하여 판단할 것이 아니라, 신청인의 '회복하기 어려운 손해'와 '공공복리' 양자를 비교·교량하여, 전자를 희생하더라도 후자를 옹호하여야 할 필요가 있는지 여부에 따라 상대적·개별적으로 판단하여야 한다(대법원 2010. 5. 14.자 2010무48 결정【집행정지】).

(나) 집행정지의 장애사유로서의 '공공복리에 중대한 영향을 미칠 우려'라 함은 일반 적·추상적인 공익에 대한 침해의 가능성이 아니라 당해 처분의 집행과 관련된 구체적·개별적인 공익에 중대한 해를 입힐 개연성을 말하는 것으로서, 이러한 집행정지의 소극적 요건에 대한 주장·소명책임은 행정청에게 있다(대법원 2004. 5. 17.자 2004무6 결정【집행정지】).

(다) 신청인에 대하여 이 사건 처분의 집행정지를 하더라도 공공복리에 중대한 영향을 미칠 우려는 없다.

(2) 신청인의 본안 청구가 이유 없음이 명백하지 않아야 한다는 것이 효력정지나 집행정지의 요건인지 여부(적극)

(가) 행정처분의 효력정지나 집행정지제도는 신청인이 본안 소송에서 승소판결을 받을 때까지 그 지위를 보호함과 동시에 후에 받을 승소판결을 무의미하게 하는 것을 방지하려는 것이어서 본안 소송에서 처분의 취소가능성이 없음에도 처분의 효력이나 집행의 정지를 인정한다는 것은 제도의 취지에 반하므로 효력정지나 집행정지사건 자체에 의하여도 신청인의 본안 청구가 이유 없음이 명백하지 않아야 한다는 것도 효력정지나 집행정지의 요건에 포함시켜야 한다(대법원 2008. 5. 6.자 2007무147 결정【집행정지】).

(나) 본안에서 원고가 승소할 수 있는 가능성을 전제로 한 권리보호수단이라는 점에 비추어 보면 집행정지사건 자체에 의하여도 신청인의 본안청구가 적법한 것이어야 한다는 것을 집행정지의 요건에 포함시켜야 한다(대법원 1999. 11. 26.자 99부3 결정【집행정지】).

㈐ 신청인에 대한 이 사건 처분은 이 사건 업소의 손님 강상칠의 진술에 의존한 것
으로 여겨지는데, 그가 검찰에서 임정임이 유흥접객원으로서의 행위를 한 사실
이 없다고 진술하는 등으로 전후 일관되지 못한 진술로 그 신빙성이 의심되어
신청인이 식품위생법위반 혐의에 대하여 무혐의 결정을 받을 가능성이 크며, 그
결과 이 사건 처분 역시 본안에서 승소판결을 받을 가능성이 크다. 그러므로 신
청인의 본안청구는 적법한 것이어야 한다는 요건을 충족하고 있다.

4. 집행정지의 절차

가. 당사자의 신청 또는 직권

당사자의 신청 또는 직권에 의하되 결정의 재판에 의한다(행정소송법 23②). 신청인
은 그 신청의 이유에 대하여 소명하여야 한다(행정소송법 23④).

나. 직권에 의한 집행정지 사례

(1) 집행정지 판결의 주문23)

1. 피고가 2008. 1. 2. 원고에 대하여 한 영업정지처분을 취소한다.
2. 소송비용은 피고가 부담한다.
3. 제 1 항 기재 처분은 이 판결 확정시까지 그 집행을 정지한다.

(2) 효력정지 판결의 주문24)

1. 피고가 원고에 대하여 한 2005. 3. 17.자 일반게임장업등록 취소처분을 취소한다.
2. 소송비용은 각자의 부담으로 한다.
3. 제 1 항 기재 처분은 이 사건 판결 확정시까지 그 효력을 정지한다.

5. 집행정지의 효력

가. 형 성 력

구 행정소송법(1951. 8. 24. 법률 제213호) 제10조의 "처분의 집행정지"라 함은 본안판결
이 있을 때까지 잠정적으로 행정처분이 없었던 것과 동일한 상태에 두는 것이다(대법원

---

23) 부산지법 2008. 9. 3. 선고 2008구단116 판결【영업정지처분취소】.
24) 수원지법 2007. 2. 9. 선고 2005구단4070 판결【일반게임장업등록취소처분취소】.

1961. 11. 23. 선고 4294행상3 판결).

집행정지결정이 고지되면 별도의 절차가 없더라도 본안판결이 있을 때까지 잠정적으로 행정처분이 없었던 것과 동일한 상태로 된다. 즉, 소극적인 형성력이 발생한다.

나. 대인적 효력

집행정지결정의 효력은 판결의 효력에 준하여 당사자인 행정청과 그 밖의 관계 행정청을 기속한다(행정소송법 23⑥, 30①).

다. 시간적 효력

(1) 집행정지의 시기와 종기의 결정

집행정지의 기간에 관하여는 법원이 집행정지의 시기와 종기를 자유롭게 정할 수 있다. 종기에 대하여는 본안판결선고시, 확정시 또는 결정시로부터 7일간 등 임의로 정할 수 있다. 실무례는 정지결정을 한 후 본안에서 원고청구기각판결이 선고될 경우 신청인이 남상소할 우려가 있다 하여 본안판결선고시까지를 가장 많이 이용하고 있다.[25]

집행정지결정에서 효력발생시기를 정하고 있는 경우에는 그 시기에 효력이 발생하나, 이를 정하고 있지 아니한 경우에는 결정이 고지된 때로부터 장래에 향하여 발생한다. 정지결정의 효력은 장래에 향하여 작용할 뿐이지 소급효를 갖지 않는다.

(2) 본안계속 중에 처분의 집행 종료(상소심 계속 중에 영업정지처분의 집행이 종료된 경우)

본안에서 원고승소판결을 선고하면서도 직권에 의한 집행정지결정을 간과하여 상소심에 이심되어 상소심에서 본안에 대하여 심리할 당시에는 처분의 집행이 종료되어 버리거나, 영업정지처분에서 정지기간이 도과한 경우에, 과거에는 소의 이익이 없게 되어 결국 상소심은 본안에 대하여 판단할 수조차 없게 됨으로써 원고의 권리보호에 심각한 차질을 가져오는 경우로 이해되었다.

그렇지만 이미 영업정지처분이 집행되었을지라도 원고로서는 불리한 처분을 받았다는 사실이 장래에 동일한 위반사실로 처분을 받게 될 경우에는 가중요건으로 작용하게 된다. 이 사건 처분과 같이 식품위생법 시행규칙 제89조 [별표 23]은 위반횟수에 따라 가중된 처분을 받게 되므로, 집행이 종료된 처분이라도 그 취소를 구할 실익이 있다.

---

25) 법원행정처, 전정증보 법원실무제요(행정), p. 227.

(3) 집행정지결정의 효력시한

집행정지결정의 효력은 결정 주문에서 정한 시기까지 존속하며, 그 시기의 도래와 동시에 효력이 당연히 소멸한다(대법원 2007. 11. 30.자 2006무14 결정【행정처분효력정지】).

행정소송법 제23조에 의한 집행정지결정의 효력은 결정주문에서 정한 시기까지 존속하며 그 시기의 도래와 동시에 효력이 당연히 소멸하는 것이므로, 일정기간 동안 영업을 정지할 것을 명한 행정청의 영업정지처분에 대하여 법원이 집행정지결정을 하면서 주문에서 당해 법원에 계속중인 본안소송의 판결선고시까지 처분의 효력을 정지한다고 선언하였을 경우에는 처분에서 정한 영업정지기간의 진행은 그 때까지 저지되는 것이고 본안소송의 판결선고에 의하여 당해 정지결정의 효력은 소멸하고 이와 동시에 당초의 영업정지처분의 효력이 당연히 부활되어 처분에서 정하였던 정지기간(정지결정 낭시 이미 일부 진행되었다면 나머지 기간)은 이 때부터 다시 진행한다(대법원 1999. 2. 23. 선고 98두 14471 판결【영업정지처분취소】).

6. 집행정지결정에 대한 불복

집행정지결정 또는 기각결정에 대하여는 즉시항고를 할 수 있다. 집행정지결정에 대한 즉시항고에는 결정의 집행을 정지하는 효력이 없다(행정소송법 23⑤).

7. 집행정지결정의 취소

가. 행정소송법 제24조

집행정지의 결정이 확정된 후 집행정지가 공공복리에 중대한 영향을 미치거나 그 정지사유가 없어진 때에는 당사자의 신청 또는 직권에 의하여 결정으로써 집행정지의 결정을 취소할 수 있다. 집행정지결정의 취소결정에 대하여도 즉시항고를 할 수 있다.

나. 집행정지결정 취소사유의 발생시기

집행정지 결정의 취소사유는 특별한 사정이 없는 한 집행정지 결정이 확정된 이후에 발생한 것이어야 한다(대법원 2005. 7. 15.자 2005무16 결정【집행정지취소】).

제 **2** 장

법학전문대학원 설치·운영에
관한 법률 등 위헌확인

[공·법·기·록·형 공·법·소·송·실·무]

제2장

목차 contents

작 성 요 강

☐ 문 제

1. 교육과학기술부장관은 청구인의 이 사건 헌법소원심판청구 사건의 내용을 반박하는
   서면을 작성하여 제출하려고 한다. 교육과학기술부장관의 대리인 지위에서 그 서면
   을 작성하시오.

☐ 작성요령 및 주의사항

1. 참고자료로 제시된 법령에 근거하여 작성할 것. 이와 다른 내용의 현행 법령이 있다
   면, 제시된 법령이 현행 법령에 우선하는 것으로 할 것.
2. 기록에 나타난 사실관계만을 기초로 하고, 그것이 사실임을 전제로 할 것.
3. 기록 내의 각종 서류에는 필요한 서명, 날인, 무인, 간인, 정정인이 있는 것으로 볼 것.
4. 서면의 작성일과 제출일은 2011. 3. 25.로 할 것.

헌 법 소 원 심 판 청 구 서

청구인   장 갑 을
서울 광진구 중곡동 12-3

국선대리인   변호사   서 길 우
서울 서초구 서초동 20-5 번성빌딩 5층(우: 137-074)
전화: 555-3300, FAX: 555-3301

청 구 취 지

"법학전문대학원 설치·운영에 관한 법률(2007. 7. 27. 법률 제8544호로 제정된 것) 제 8 조 제 1 항, 제18조 제 3 항 및 변호사시험법(2009. 5. 28. 법률 제9747호로 제정된 것) 제 5 조 제 1 항 본문 및 부칙 제 4 조 제 1 항은 헌법에 위반된다."라는 결정을 구합니다.

침해된 기본권

헌법 제11조 평등권, 제15조 직업선택의 자유, 제22조 학문의 자유, 제25조 공무담임권, 제31조 제 1 항 교육을 받을 권리

침해의 원인

법학전문대학원 설치·운영에 관한 법률(2007. 7. 27. 법률 제8544호로 제정된 것) 제 8 조 제 1 항, 제18조 제 3 항 및 변호사시험법(2009. 5. 28. 법률 제9747호로 제정된 것) 제 5 조 제 1 항 본문 및 부칙 제 4 조 제 1 항

청 구 이 유

1. 사건의 개요

가. 청구인은 법과대학을 졸업한 후 일반대학원 법학과에 진학하여 2000. 2.경 행정법 석사학위를 취득하였으며, 2009년 현새는 사법시험을 준비하고 있습니다. 그리고 사법시험을 합격한 후에는 박사과정에 진학하여 행정법학을 연구하려는 계획을 가지고 있습니다.

나. 그런데 현재 시행중인 법학전문대학원 설치·운영에 관한 법률(2007. 7. 27. 법률 제8544호로 제정된 것, 이하 '법학전문대학원법'이라 합니다) 제8조 제1항, 같은 법 제18조 제3항 및 현재 시행 중인 변호사시험법(2009. 5. 28. 법률 제9747호로 제정된 것, 이하 '변호사시험법'이라 합니다) 제5조 제1항에 따라, 법학전문대학원을 인가 받은 25개 대학교는 2009년 3월부터 법학사 학위과정을 폐지함으로써 법학교육이 법학전문대학원 중심의 실무교육 위주로 전환이 되어 일반대학원은 사실상 형해화되었기 때문에 이미 석사과정을 마치고 머지않은 장래에 박사과정에 진학하여 학문으로서 법학교육을 이수하고자 하는 청구인이 제대로 된 박사과정을 이수하려면 외국대학으로 나갈 수밖에 없도록 선택을 강요당함으로써 우리 법공동체에 뿌리내리고 우리 사회현실을 반영한 법학을 연구하고자 하는 청구인의 학문의 자유가 침해될 것이 예상됩니다.

다. 또한 변호사시험법 부칙 제4조 제1항에서 사법시험을 2017년까지만 존치하도록 규정함에 따라, 전문법조인 양성을 위한 법학전문대학원제도와 현행 사법시험제도가 양립할 수 없는 제도가 아님에도 불구하고 대학에서 법학사 학위과정을 폐지하거나 전문직업 교육기관으로 활로를 모색하게 하여 대학원 박사과정에 진학하려는 청구인의 학문의 자유에 대한 본질적인 내용이 침해될 우려가 있습니다.

라. 그 때문에 청구인은 변호사시험 응시자격이 없어 해마다 합격하기 어려워져 가는 사법시험에 응시할 수밖에 없어 변호사시험 응시자격이 있는 자에 비하여 불합리한 차별을 받게 되어 결국 평등권의 침해도 예상됩니다.

2. 심판의 대상조항

▣ 법학전문대학원 설치·운영에 관한 법률(2007. 7. 27. 법률 제8544호로 제정된 것)

제 8 조(학사학위과정의 폐지)

 ① 법학전문대학원을 두는 대학은 법학에 관한 학사학위과정을 둘 수 없다.

제18조(학위과정 및 수업연한)

 ③ 제 1 항에 따른 학위과정을 이수한 자에 대하여는 대통령령으로 정하는 해당 학위를 수여한다.

▣ 변호사시험법(2009. 5. 28. 법률 제9747호로 제정된 것)

제 5 조(응시자격)

 ① 시험에 응시하려는 사람은 「법학전문대학원 설치·운영에 관한 법률」 제18조 제 1 항에 따른 법학전문대학원의 석사학위를 취득하여야 한다. (단서 생략)

부칙 제 4 조(사법시험과의 병행실시)

 ① 이 법에 따른 시험과 별도로 「사법시험법」에 따른 사법시험을 2017년까지 실시한다. 다만, 2017년에는 2016년에 실시한 제 1 차 시험에 합격한 사람 중 2016년에 제 3 차 시험까지 합격하지 못한 사람을 대상으로 제 2 차 시험 또는 제 3 차 시험을 실시한다.

3. 이 사건 헌법소원의 적법요건

가. 공권력행사의 존재

 입법작용 역시 공권력행사의 일종이므로, 이 사건 법률조항들은 헌법소원의 대상이 됩니다.

나. 자기관련성, 직접성, 현재성

 청구인은 이 사건 법률조항들에 따라 법학전문대학원을 인가 받은 25개 대학교 중 1개교에 진학하여 박사학위를 취득하려고 하나, 위 25개 대학교는 법학전문대학원 중심의 실무교육 위주로 전환되어 일반대학원은 사실상 형해화 될 가능성이 있기 때문에 이미 석사과정을 마치고 머지않은 장래에 박사과정에 진학하여 학문으로서 법학교육을 이수하고자 하는 청구인이 제대로 된 박사과정을 이수하려면 외국대학으로 나갈 수밖에 없도록 선택을 강요당함으로써 우리 법공동체에 뿌리내리고 우리 사회현실을 반영한 법학을 연구하고자 하는 청구인의 학문의 자유가 침해될 것이 예상되므로, 청구인에 대하여 자기관련성과 기본권 침해의 현재성, 직접성이 모두 인정됩니다.

다. 보 충 성

시행중인 법률의 위헌 여부를 다툴 수 있는 구제수단은 일반적으로 존재하지 아니하므로 이 사건 법률조항들은 보충성의 예외에 해당합니다.

라. 권리보호이익

이 사건 법률조항들에 대하여 위헌선언을 한다면 청구인은 법학전문대학원이 신설되기 전에 시행되던 대학원 박사학위과정을 이수할 수 있는 이익도 존재하므로 권리보호이익 역시 인정할 수 있습니다.

마. 청구기간

변호사시험법 부칙 제4조 제1항에 따라 청구인의 학문의 자유가 침해되는 것은 청구인이 대학원 박사과정에 진학할 때 비로소 현실적으로 일어나게 될 것이고, 현재로서는 그 침해가 확실히 예상되는 경우이므로 청구인의 기본권 침해가 아직 발생하지 않았더라도 청구기간은 준수되었다고 할 수 있습니다.[1]

4. 위헌이라고 해석되는 이유

가. 법학전문대학원법 제8조 제1항의 위헌성

(1) 법학전문대학원법 제8조 제1항에 따라 법학전문대학원을 두는 대학이 법학사 학위과정을 폐지함에 따라 법학교육이 변호사를 양성하는 실무교육 중심으로 전환되어 그런 대학이 운영하는 일반대학원은 종전과 같은 심오한 학문을 연구하는 곳이 아니라 법학전문대학원의 부속기관으로 전락되어 진정한 학문을 하고자 하는 청구인은 물론 학문후속세대의 학문의 자유를 침해하는 기능을 하게

---

[1] 헌법재판소는 '지방자치단체장의 임기제한규정에 의한 기본권 침해' 사건에서 '행정자치부장관은 이 사건 법률조항은 1994. 12. 20.경부터 시행되었으므로 이 사건 심판청구는 청구기간을 도과하여 부적법하다고 주장한다. 그러나 이 사건 법률조항은 이 사건 법률의 시행과 동시에 청구인들의 기본권을 침해하는 것이 아니다. 법률시행 후 청구인 자치단체장들이 3기 초과 연임을 하고자 하는 경우에 비로소 기본권 침해가 구체적으로 현실화되므로 청구기간을 도과하였다고 볼 수 없다'(헌재 2006. 2. 23. 2005헌마403)고 판시한 바 있습니다.

됩니다.

⑵ 법학전문대학원법 제18조 제 3 항은 법학전문대학원의 석사학위과정을 이수한
자에 대하여 석사학위를 수여한다고 규정함에 따라 법학사학위가 없는 입학자
(법학전문대학원법 제26조 제 2 호에 따라 비법학사학위자가 입학자의 3분의 1이상을 차
지해야 함)가 법학지식에 대한 평가 없이 법조인이 될 수 있는 자질을 측정하기
위한 적성시험(leet)의 결과(같은 법 제23조 제 2 항)만으로도 3년의 수업연한(같은
법 제18조 제 2 항)을 채우면 법학석사학위를 취득할 수 있습니다. 이는 4년의 법
학학사 학위과정과 2년의 법학석사 학위과정을 마치고서야 법학석사 학위를 받
은 청구인과 비교하면, 3년의 단기학위과정과 6년의 학위과정이 본질적으로 다
름에도 같게 취급한 결과가 되므로 청구인의 석사학위 취득이 오히려 역차별을
당한 결과가 되어 청구인의 평등권을 침해합니다.

나. 법학전문대학원법 제18조 제 3 항의 위헌성

⑴ 법학전문대학원법 제18조 제 3 항은 법학전문대학원의 학위과정을 이수한 자에
대하여 대통령령으로 정하는 해당 학위를 수여하도록 규정하고 있습니다. 그러
므로 법학전문대학원에서 법학지식의 평가 없이 법학석사과정에 입학한 자는 석
사학위과정 3년을 이수한 비법학사 역시 석사학위를 취득할 수 있습니다. 이 같
은 규정은 법학과를 졸업하고서 대학원 법학과에 진학하여 행정법 석사학위를
취득한 바 있는 청구인을 합리적 이유없이 차별취급하는 것으로서 평등권의 침
해에 해당됩니다.

⑵ 청구인은 4년의 법학교육을 이수하고 법학사 학위를 취득하였습니다. 그런데 법
학지식에 대한 아무런 평가 없이 비법학사로 법학전문대학원에 입학하여 3년의
단기 법학과정을 마친 자는 곧바로 법학석사 학위를 취득하는 것은 4년제 법학
사 학위과정을 마치고 학사학위를 받는 청구인을 비롯한 법과대학 졸업자들을
차별하는 것이라 할 수 있어 평등권의 침해라고 할 수 있습니다.

다. 변호사시험법 제 5 조 제 1 항 본문의 위헌성

⑴ 변호사시험법 제 5 조 제 1 항 본문은 법학전문대학원의 석사학위를 취득한 자만
이 변호사시험 응시자격을 인정하고 있습니다. 그런데 법학전문대학원을 마치려

면 고액의 학비와 생활비 및 기회비용 등의 상당한 금액이 있어야 합니다. 그러나 청구인은 이런 여건을 구비할 수 없어 결국 위 변호사시험법 조항은 청구인의 평등권, 직업선택의 자유, 공무담임권, 능력에 따라 교육을 받을 권리 등을 침해하고 있습니다.

(2) 우리나라 법체계상 법학교육을 반드시 대학원과정에 설치할 필연적인 이유가 없습니다. 우리나라는 대륙법 체계에 속하였음에도 다른 나라와 달리 이례적인 법조인 양성제도를 채택한 정책을 뒷받침하기 위하여 제정된 이 사건 법률조항으로 인하여 법조인이 되기 위해서 부담하지 않아도 될 많은 비용을 추가로 부담할 수밖에 없는 실정입니다.

(3) 이 같은 경제적 제약은 일반 국민이 법률가라는 직업을 선택하는데 커다란 장애가 되게 합니다. 이는 법규정상 '주관적 사유에 의한 제한'으로 보이지만, 경제력이 부족한 사람에게는 '객관적 사유에 의한 제한'과 같은 중대한 제한에 해당됩니다. 그리고 공무원인 법관이나 검사가 되려고 하면 반드시 법학전문대학원 석사학위를 취득한 다음 변호사시험을 합격해야 하는데, 이는 청구인과 같이 법학전문대학원을 다니지 아니한 자들의 공무담임권(헌법 제25조)을 침해하는 결과를 초래하고 있습니다. 또한 경제적 능력 여부에 따라 교육받을 기회도 박탈하고 있기 때문에 교육을 받을 권리(헌법 제31조 제1항)도 침해하고 있습니다.

라. 변호사시험법 부칙 제4조 제1항의 위헌성

(1) 청구인이 대학원 박사과정에 진학할 시점인 머지 않은 장래에도 제도상으로는 대학원 박사과정은 존치되고 있을 것입니다. 그러나 청구인이 박사과정에 진학할 시점을 기준으로 보더라도 제도상으로는 일반대학원 석사과정이나 박사과정이 유지되고 있다고 하더라도, 이미 학부에서 법학교육이 이뤄지지 않거나 직업전문교육만이 이루어지는 점을 감안하면 내용상으로는 지금처럼 대학원생들이 몇 년 간 법학교육을 받았다는 것을 전제로 할 때와 같은 깊이 있는 교육이나 연구활동이 이뤄질 수 없을 것으로 예상됩니다. 따라서 그런 대학원 과정은 현재와 같은 일반대학원 수준의 교육이 이뤄지는 것이라고는 할 수 없기 때문에 청구인의 학문의 자유가 침해되는 것은 충분히 예상할 수 있습니다.

(2) 이처럼 청구인의 학문의 자유가 침해되는 원인은 기존에 법과대학의 학사학위과

정을 둔 대학들이 법학전문대학원 설치인가를 받을 것인지, 그대로 법과대학을 유지할 것인지 선택할 수 있는 것처럼 보이지만 우리나라의 주요 법과대학 대부분이 법학전문대학원 설치인가를 신청하기 때문에 모든 법과대학은 인가신청을 할 수밖에 없었습니다. 그러나 원치 않게 설립인가를 받지 못한 대학에서 법과대학을 졸업한 자나 청구인처럼 법과대학을 이미 졸업한 자는 향후 사법시험이 폐지된 후에는 법학전문대학원에 입학하여 석사학위를 취득하여야 하는 장애가 있습니다.

⑶ 청구인처럼 향후 법률가가 되기를 원하는 자들을 위하여 변호사시험과 사법시험이 병존한다면 법학전문대학원 설치인가를 신청하였지만 인가를 받지 못한 대학들도 법학사 학위과정을 충실하게 유지시킬 수 있습니다. 그럼에도 법학전문대학원제도와 사법시험제도가 병존할 수 있음에도 불구하고 변호사시험법 부칙 제4조 제1항은 사법시험을 2017년까지만 존치하도록 규정하고 있는 것은 가까운 장래에 헌법 제22조 학문의 자유가 침해될 것이 현재 시점에서도 충분하게 예상된다 하겠습니다.

5. 결   론

따라서 이 사건 심판대상 법률조항은 헌법에 위반되므로 청구취지와 같은 결정을 내려 주시기를 바랍니다.

첨 부 서 류

1. 보도자료   1부

2009.   12.   24.

청구인의 국선대리인
변호사 서 길 우

헌 법 재 판 소   귀 중

로스쿨 관련 보도자료

[1] 로스쿨 정원, 인가 등 로스쿨 도입 문제를 둘러싸고 법조계, 법학계의 첨예한 논란이 있는 가운데, 대한변호사협회(협회장 천기흥)는 '로스쿨 제도 도입에 관한 대한변협의 견해'를 확정·발표했다.

변협은 '로스쿨 제도 도입에 관한 대한변협의 견해'에서 "대학교육의 황폐화 및 법학교육의 부실화 문제 해결, 국가경쟁력 제고 등을 위해 로스쿨 제도를 도입한다고 하지만, 이들 문제는 법조계 선호 경향, 이공계 정책의 부재, 법률수요에 대한 양·질적 변화, 법률시장 개방의 정도 등 사회 전반적인 상황과 맞물려 있는 것으로, 미국식 로스쿨 제도의 도입만으로 해결되는 것은 결코 아니며, 막대한 비용만 낭비하게 되므로, 이는 고스란히 국민의 부담으로 전가된다"고 우려를 표하면서도 "로스쿨 제도 도입이 결정된 이상, 현 시점에서는 잘못된 진단과 처방에 기인한 제도 개혁이 가져올 국가적 손실을 예방하고, 개혁의 방향과 제도의 시행 목적을 올바로 하고, 적절한 대안을 제시하는 것이 필요한 때"라고 밝혔다.

지금까지 로스쿨 도입에 있어서 강력한 반대를 천명해 오던 변협은 18일 확정한 변협 의견을 통해, 10여 년 동안 사법개혁을 추진한 끝에 내린 국가의 결론을 존중하는 의미에서 로스쿨 도입을 기정 사실로 받아들이되, 성공적인 로스쿨 정착을 위해 로스쿨 정원, 인가 등에 있어서 물러설 수 없는 방안을 제시했다.[2]

[2] 로스쿨이 도입되면 대법원 사법개혁위원회(사개위)가 목표로 한 양질의 법적 서비스 제공과 국제경쟁력을 갖춘 법조인 양성이 이뤄질 것인가. 그러나 현실은 알려진 것과는 달리 많은 문제점이 잠재돼 있다.[3]

첫째, 가난한 자는 로스쿨에 입학하기 어렵다. 로스쿨은 많은 전임교수 확보와 법학전문도서관, 모의법정 등 물적 시설의 구축 및 유지에 막대한 비용이 든다.

둘째, 질 높은 교육을 기대하기 어렵다. 로스쿨 3년은 법률이론을 공부하기에도 부족하다. 실무까지 익힌다는 것은 무리다. 게다가 사법연수원까지 없애면 법과대학 4년의 이론교육과 사법연수원 2년의 실무교육을 합친 6년 교육을 로스쿨 3년 동안 마쳐야 한다. 이렇게 되면 로스쿨은 이론과 실무 어느 쪽도 제대로 익히지 못하는, 질 낮은 법

---

2) 대한변협신문 2005. 5. 13.자.
3) 중앙일보 2005. 4. 11.자 시론.

조인만 양산하는 교육기관으로 전락하게 된다.

셋째, 국제경쟁력 강화와는 거리가 멀다. 이론을 익히기에도 부족한 3년의 로스쿨에서 국제경쟁력을 갖춘 법조인은 기대하기 어렵다.

넷째, 변호사 수의 대량 증가는 국민의 법률 비용 부담 증가를 초래한다. 사법연수원 수료자(연간 1,000명)를 수용하기도 힘든 상태에서 변호사를 대량 배출한다면 법률시장은 과도한 공급상태가 된다. 공급의 확대는 결국 새로운 수요를 만들어내게 된다.

다섯째, 대학교육의 정상화도 기대하기 힘들다. 로스쿨이 시행된다면 학부 학생들은 로스쿨 입학을 위해 학문은 외면한 채 학점에만 매달리는 과도한 경쟁을 할 것이다. 필시 대학의 '로스쿨 학원화' 현상이 나타날 것이다.

[3] 법학전문대학원(로스쿨) 수업이 본격적으로 진행되면서 기존 법과대학 학부생들의 불만이 점차 고조되고 있다. 각종 교육시설과 편의시설이 로스쿨 중심으로 배정되고 교수들이 로스쿨강의에 집중하면서 학부생들의 교육여건이 악화되고 있기 때문이다.[4]

법대생들의 불만은 사소한 사물함 배정부터 강의개설에까지 다양하다. 서울 S대의 경우 법대생들이 이용하던 도서관열람실의 사물함을 일방적으로 로스쿨생들에게 배정해 잡음이 생겼다. 대학측이 350개의 사물함 중 150개를 로스쿨생들에게 배정하면서 학부생 1,000여명이 사물함 200개를 나눠쓰게 되자 갈등의 골이 깊어졌다.

서울지역의 또다른 대학은 법학관에 있는 300석 규모의 열람실 중 50개를 로스쿨생 지정석으로 바꾸면서 문제가 일어났다. 이 열람실은 원래 법대생들이 학교에서 자체적으로 시행해 오던 모의고사 성적순으로 지정받았던 곳이었다. 자리에서 밀려난 학부생들은 "로스쿨을 지원하려면 별도의 시설을 신설해 지원하는 것이 옳지 않느냐"며 분통을 터뜨렸다.

교수들이 로스쿨수업에 집중하면서 학부강의가 부실해지고 있다는 불만도 나오고 있다. 대구의 한 로스쿨은 올해 전공강의수를 지난해보다 10개 이상 줄었다. 주로 중국법, 언론관계법 등 실무과목들이 사라졌다. 수업이 줄다보니 수강신청도 힘들게 됐다. 이 대학 법대의 한 학생은 "강의수가 줄어들다보니 인기강의를 수강신청하는 것은 하늘의 별따기"라며 "그나마 신청에 성공한 강의는 서서 수업을 들어야 할 만큼 붐빈다"며 어려움을 호소했다.

---

4) 법률신문 2009. 4. 25.자.

국선대리인 선임신청서

사　　건　　2009헌마754 국선대리인선임신청
신 청 인　　(성　명)　장갑을
　　　　　　　　(주　소)　서울 광진구 중곡동 12-3
　　　　　　　　(전　화)

　신청인은 변호사를 대리인으로 선임할 자력이 없으므로 아래와 같이 국선대리인익 선임을 신청
합니다.

1. 무자력 내역(해당란에 V표 하십시오)
   ■ 월 평균수입이 150만원 미만인 자
   □ 국민기초생활보장법에 의한 수급자
   □ 국가유공자 등 예우 및 지원에 관한 법률에 의한 국가유공자와 그 유족 또는 가족
   ■ 위 각호에는 해당하지 아니하나, 청구인이나 그 가족의 경제능력 등 제반사정에 비추어 보
   아 변호사를 대리인으로 선임하는 것을 기대하기 어려운 경우

2. 소명자료(해당란에 V표 하고 소명자료를 신청서에 첨부하십시오. 해당란이 없는 경우에는 '기
   타'에 V표 하신 뒤 소명자료의 명칭을 기재하고 소명자료를 신청서에 첨부하십시오)
   ■ 봉급액확인서, 근로소득원천징수영수증 등
   □ 수급자증명서(국민기초생활보장법시행규칙 제40조)
   □ 국가유공자와 그 유족 또는 가족증명서
   □ 기타(지방세 세목별 과세증명서 등); 수용증명서

3. 국선대리인 선정 희망지(해당란에 V표 하십시오)
   ■ 서울　□ 부산　□ 대구　□ 인천　□ 광주　□ 대전　□ 울산　□ 전주　□ 의정부
   □ 수원　□ 춘천　□ 청주　□ 창원

4. 헌법소원심판청구사유(헌법재판소법 제71조에 규정된 침해된 권리, 침해의 원인이 되는 권력의 행사 또는 불행사, 청구이유 및 기타 필요한 사항을 간단 명료하게 별지에 기재하여 신청서에 첨부하십시오. 다만, 이 사건과 관련하여 이미 헌법소원심판청구를 한 경우에는 첨부하지 아니 하여도 무방합니다.)

2009.   10.   1.

신청인   장 갑 을   (인)

헌법재판소   귀중

헌 법 재 판 소
제 2 지정재판부

결 정

사 건   2009헌마754 국선대리인선임신청
신 청 인   장갑을
　　　　 서울 광진구 중곡동 12-3

주 문

신청인이 청구하고자 하는 헌법소원심판사건에 관하여 변호사 서길우를 신청인의 국선대리인으로 선정한다.

이 유

신청인의 국선대리인 선임신청은 헌법재판소법 제70조 제 1 항에서 정한 국선대리인 선임요건에 해당되므로 주문과 같이 결정한다.

2009.   10.   27.

재판장   재판관   ○○○   (인)
　　　　 재판관   ○○○   (인)
　　　　 재판관   ○○○   (인)

위 임 장

사   건   2009헌마754 법학전문대학원 설치·운영에 관한 법률 등
위헌확인

청 구 인   장갑을

이해관계인   교육과학기술부장관

    위 사건에 관하여 이해관계인은 다음 수임인을 대리인으로 선임하고, 다음의 권한을 위임합니다.

- 다 음 -

수 임 인 : 변호사 강 현 교

주   소 : 서울 서초구 방배동 21-7 동운타워 3층

수권사항 :

⑴ 위 사건에 관련된 일체의 소송행위 ⑵ 반소의 제기 및 응소 ⑶ 재판상의 화해 ⑷ 목적물의 수령 ⑸ 공탁, 공탁물의 납부, 공탁물 및 이자의 반환청구와 수령 ⑹ 복대리인의 선임 ⑺ 기타 재판상 필요한 행위

2011년   3월   17일

위 임 인: 교육과학기술부장관 [인]

헌법재판소 귀중

심 판 청 구 취 지 변 경(추가)서

사　　건　　2009헌마754　법학전문대학원 설치·운영에 관한 법률 등 위헌확인
청 구 인　　장갑을

위 사건에 관하여 청구인의 대리인은 심판청구취지를 아래와 같이 추가합니다.

변경(추가)한　청구취지

1. 변호사시험관리위원회가 2010. 12. 7. 변호사시험 합격정원(합격률)을 법학전문대학원 입학정원의 75%로 하기로 심의·의결한 것은 헌법에 위반된다.

침해된 기본권

헌법 제11조 평등권, 제15조 직업선택의 자유

침해의 원인

변호사시험 합격정원(합격률)을 법학전문대학원 입학정원의 75%로 정한 변호사시험관리위원회의 2010. 12. 7.자 심의·의결

청 구 이 유

1. 이 사건 의결의 위헌성

변호사시험관리위원회가 2010. 12. 7. 변호사시험 합격정원(합격률)을 법학전문대학원

입학정원의 75%로 하기로 심의·의결한 것(이하 '이 사건 의결'이라 합니다)으로 인하여 법조인으로서 충분한 교육을 받지 못한 법학전문대학원 졸업예정자 약 1,500명이 변호사자격을 취득하게 됨에 따라 청구인의 직업의 자유 및 평등권이 침해된다고 할 수 있습니다.

(1) 직업선택의 자유 침해

(가) 목적의 정당성

법학전문대학원을 설치함으로써 인력배분의 효율성, 질 높은 법학 교육의 담보, 양질의 법률서비스제공에 의한 사회적 비용의 절감, 법조직역에 대한 국민의 신뢰회복 요청 등에 대한 입법목적은 인정할 수 있습니다.

(나) 수단의 적합성

현재의 법학교육과정상 수업 최소연한인 4년의 대학법학교육과 2년의 사법연수원 실무교육이 반으로 줄어들어 법학전문대학원 3년 과정으로 됨에 따라 수업시간의 절대 부족으로 인하여 부실교육이 이뤄질 우려가 큽니다. 또한 높은 변호사시험의 합격률은 통과의례가 되어 법학전문대학원 졸업장이 결국 변호사자격증이 되면 국민들에게 제대로 된 법률서비스를 해줄 수 없게 됩니다. 그 결과 기존의 사법시험 출신의 법률가는 물론 모든 법률가 집단에 대한 국민들의 신뢰는 상실되어 갈 수밖에 없습니다. 따라서 법학전문대학원은 공익달성을 위한 정책수단으로서 적합성에 부합된다고 할 수 없습니다.

(다) 침해의 최소성

변호사시험관리위원회는 변호사시험 합격정원(합격률)을 법학전문대학원 입학정원의 75%로 심의·의결한 바 있습니다. 이에 따라 약 1,500명 정도의 변호사가 변호사시험을 통해 법조인으로 충원됨에 따라 변호사시험 응시자격을 획득할 여건이 안 되는 청구인이 사법시험을 통해 법조인이 될 수 있는 가능성은 사법시험을 통한 법조인선발 정원이 줄어드는 만큼 줄어들 수밖에 없습니다. 따라서 위 위원회의 심의·의결은 사법시험을 통한 법조인선발 인원을 줄어들게 한 직접적인 원인을 제공하고 있다고 할 수 있어 청구인의 직업의 자유를 침해하는 원인이 된다는 점에서 침해의 최소성 요건에 위반하였다고 할 수 있습니다.

(라) 법익의 균형성

법학전문대학원을 통한 법률가 양성을 위한 처음 의도한 공익목적의 달성이 어려울 뿐만 아니라 오히려 법과대학 교육 후 사법시험을 통한 신규 법률가 양성제도와 비교할 때 사법시험을 폐지하게 되어 청구인이 겪게 되는 불이익(사익)을 고려하면 법익의 균형도 기하지 못하고 있습니다.

(2) 평등권의 침해

이 사건 심의·의결은 신규 법률가의 대부분을 변호사시험을 통해 충원하는 결과를 가져오기 때문에 청구인과 같이 법조인으로서 직업의 자유를 누리고자 하면서 변호사시험 응시자격을 갖출 수 있는 사람들과 비교할 때, 변호사시험 응시자격을 갖출 여건이 되지 않아 사법시험에 응시할 수밖에 없는 청구인의 직업선택의 자유를 침해하게 되어 평등권 침해여부 심사에서 엄격한 심사를 할 수밖에 없습니다. 그러므로 법학전문대학원 설치를 통해 청구인의 직업의 자유를 제한하는 목적의 정당성에도 불구하고 정책수단의 적합성이나 합리성이 인정되지 않으며, 직업선택의 자유의 침해 정도는 위원회의 심의·의결에 따라 그 중대한 침해가 구체화되었고 그 공익목적달성을 위해 채택한 수단이 오히려 공익을 침해하는 결과를 가져오므로 법익의 균형성은 검토할 필요조차 없기 때문에, 이 사건 심의·의결은 청구인의 평등권도 침해하고 있습니다.

2011.   3.   7.

청구인의 국선대리인

변호사   서 길 우

헌법재판소   귀중

참 고 자 료(관 계 법 령)

■ 법학전문대학원 설치·운영에 관한 법률[시행 2008. 2. 29.] [법률 제8852호, 2008. 2. 29., 타법개정]

제 2 조(교육이념)

법학전문대학원의 교육이념은 국민의 다양한 기대와 요청에 부응하는 양질의 법률서비스를 제공하기 위하여 풍부한 교양, 인간 및 사회에 대한 깊은 이해와 자유·평등·정의를 지향하는 가치관을 바탕으로 건전한 직업윤리관과 복잡다기한 법적 분쟁을 전문적·효율적으로 해결할 수 있는 지식 및 능력을 갖춘 법조인의 양성에 있다.

제 5 조(설치인가 등)

① 법학전문대학원을 두고자 하는 대학의 설립·경영자는 제16조부터 제20조까지의 규정에 따른 교원·시설 및 교육과정 등 법학전문대학원의 설치기준을 갖추어야 한다.

② 공립 또는 사립대학의 설립·경영자가 법학전문대학원을 두고자 하는 경우에는 교육과학기술부장관의 인가를 받아야 한다. 인가받은 법학전문대학원을 폐지하거나 인가받은 사항 중 대통령령으로 정하는 중요 사항을 변경하는 때에도 또한 같다.

③ 교육과학기술부장관은 제 2 항에 따른 설치인가 및 폐지·변경인가를 하고자 하는 경우에는 미리 제10조에 따른 법학교육위원회(이하 "법학교육위원회"라 한다)의 심의를 거쳐야 한다.

④ 국가가 법학전문대학원을 두고자 하는 경우에는 법학교육위원회의 심의를 거쳐야 한다. 법학전문대학원을 폐지하거나 대통령령으로 정하는 중요 사항을 변경하는 때에도 또한 같다.

⑤ 제 2 항에 따른 설치인가 및 폐지·변경인가의 절차 등에 관하여 필요한 사항은 대통령령으로 정한다.

■ 법학전문대학원 설치·운영에 관한 법률[시행 2007. 9. 28.] [법률 제8544호, 2007.7.27., 제정]

제 8 조(학사학위과정의 폐지)

① 법학전문대학원을 두는 대학은 법학에 관한 학사학위과정을 둘 수 없다.

②~③ 생략

제18조(학위과정 및 수업연한)

①~② 생략

③ 제 1 항에 따른 학위과정을 이수한 자에 대하여는 대통령령으로 정하는 해당 학위를 수여한다.

④~⑤ 생략

■ 법학전문대학원 설치·운영에 관한 법률 시행령[시행 2007. 9. 28.] [대통령령 제20302호, 2007. 9. 28., 제정]

제11조(학위)

법 제18조 제 1 항에 따른 석사학위 및 박사학위는 전문학위로 한다. 다만, 박사학위의 경우 학칙이 정하는 바에 따라 학술학위를 수여할 수 있다.

■ 변호사시험법(2009. 5. 28. 법률 제9747호로 제정된 것)

제 1 조(목적)

이 법은 변호사에게 필요한 직업윤리와 법률지식 등 법률사무를 수행할 수 있는 능력을 검정하기 위한 변호사시험에 관하여 규정함을 목적으로 한다.

제 2 조(변호사시험 시행의 기본원칙)

변호사시험(이하 "시험"이라 한다)은 「법학전문대학원 설치·운영에 관한 법률」에 따른 법학전문대학원(이하 "법학전문대학원"이라 한다)의 교육과정과 유기적으로 연계하여 시행되어야 한다.

제 3 조(시험실시기관)

시험은 법무부장관이 관장·실시한다.

제 5 조(응시자격)

① 시험에 응시하려는 사람은 「법학전문대학원 설치·운영에 관한 법률」 제18조 제 1 항에 따른 법학전문대학원의 석사학위를 취득하여야 한다. (단서 생략)

②~③ 생략

제10조(시험의 합격 결정)

① 시험의 합격은 법학전문대학원의 도입 취지를 충분히 고려하여 결정되어야 한다.

② 시험의 합격은 선택형 필기시험과 논술형 필기시험의 점수를 일정한 비율로 환산하여 합산한 총득점으로 결정한다. 다만, 각 과목 중 어느 하나라도 합격최저점수 이상을 취득하지 못한 경우에는 불합격으로 한다.

③ 법조윤리시험은 합격 여부만을 결정하고, 그 성적은 제 2 항의 총득점에 산입하지 아니한다.

④ 선택형 필기시험과 논술형 필기시험 간의 환산비율, 선택형 및 논술형 필기시험 내에서의 각 과목별 배점비율, 각 과목별 필기시험의 합격최저점수, 법조윤리시험의 합격에 필요한 점수, 성

적의 세부산출방법, 그 밖에 시험의 합격 결정방법은 대통령령으로 정한다.

제11조(합격자 공고 및 합격증서 발급)

법무부장관은 합격자가 결정되면 즉시 이를 공고하고, 합격자에게 합격증서를 발급하여야 한다.

제14조(변호사시험 관리위원회의 설치 및 구성)

① 시험을 실시하기 위하여 법무부에 변호사시험 관리위원회(이하 "위원회"라 한다)를 둔다.

② 위원회는 위원장 1명과 부위원장 1명을 포함한 15명의 위원으로 구성하되, 위원장과 부위원장은 위원 중에서 법무부장관이 지명하는 사람으로 한다.

③ 위원은 다음 각 호의 사람으로 한다.

1. 법무부차관

2. 다음 각 목의 어느 하나에 해당하는 사람 중 법무부장관이 위촉하는 사람

　가. 법학교수(부교수 이상의 직위에 있는 사람을 말한다. 이하 같다) 5명

　나. 법원행정처장이 추천하는 10년 이상의 경력을 가진 판사 2명

　다. 10년 이상의 경력을 가진 검사 2명

　라. 대한변호사협회장이 추천하는 10년 이상의 경력을 가진 변호사 3명

　마. 그 밖에 학식과 덕망이 있는 사람 등 대통령령으로 정하는 사람 2명(법학을 가르치는 전임강사 이상의 직위에 있는 사람 및 변호사 자격을 가진 사람은 제외한다)

④ 위원의 임기는 2년으로 한다. 다만, 법학교수, 판사, 검사의 직위에 있는 사람임을 자격요건으로 하여 위원으로 위촉된 사람은 그 직위를 사임하는 경우에는 임기가 만료되기 전이라도 해촉된 것으로 본다.

⑤ 위원장은 위원회를 대표하고, 위원회의 업무를 총괄한다.

⑥ 위원장이 부득이한 사유로 직무를 수행할 수 없을 때에는 부위원장이 위원장의 직무를 대행한다.

제15조(위원회의 소관 사무)

위원회는 다음 각 호의 사항을 심의한다.

1. 시험문제의 출제 방향 및 기준에 관한 사항

2. 채점기준에 관한 사항

3. 시험합격자의 결정에 관한 사항

4. 시험방법 및 시험시행방법 등의 개선에 관한 사항

5. 그 밖에 시험에 관하여 법무부장관이 회의에 부치는 사항

부   칙

제 1 조(시행일)

이 법은 공포 후 3개월이 경과한 날부터 시행한다. 다만, 부칙 제 4 조 및 부칙 제 6 조는 공포한 날부터 시행하며, 부칙 제 2 조는 2017년 12월 31일부터 시행한다.

제 2 조(다른 법률의 폐지)

사법시험법은 폐지한다.

제 4 조(사법시험과의 병행실시)

① 이 법에 따른 시험과 별도로 「사법시험법」에 따른 사법시험을 2017년까지 실시한다. 다만, 2017년에는 2016년에 실시한 제 1 차 시험에 합격한 사람 중 2016년에 제 3 차 시험까지 합격하지 못한 사람을 대상으로 제 2 차 시험 또는 제 3 차 시험을 실시한다.

② ~ ③ 생략

Memo

의 견 서

해 답

사　　건　　2009헌마754 법학전문대학원 설치·운영에 관한 법률 등 위헌확인

청　구　인　　장 갑 을

위 사건에 관하여 교육과학기술부장관의 대리인은 다음과 같이 의견서를 제출합니다.

다　　음

1. 청구인의 주장 요지

청구인은,

가. 법학전문대학원 설치·운영에 관한 법률(2007. 7. 27. 법률 제8544호로 제정된 것, 이하 '법학전문대학원법'이라 합니다) 제 8 조 제 1 항은 법학전문대학원을 두는 대학에 법학에 관한 학사학위과정을 둘 수 없게 함으로써 학부 차원의 법학교육을 전제로 하여 대학원 차원에서 심화된 법학연구를 하고자 하는 청구인의 학문의 자유를 침해한다.

나. 법학전문대학원법 제 8 조 제 1 항, 제18조 제 3 항은 학부 단계에서 법학을 전공하지도 않은 자도 3년의 법학전문대학원 과정을 이수하는 것만으로 법학석사 학위를 취득할 수 있게 하므로, 학부 단계에서 4년간 법학을 전공하고 법학사 학위를 받은 자 또는 법학사 학위 취득 후 다시 2년의 법학전공과정을 거쳐 법학석사 학위를 취득하게 된 자의 평등권을 침해한다.

다. 변호사시험법(2009. 5. 28. 법률 제9747호로 제정된 것, 이하 '변호사시험법'이라 합니다) 제 5 조 제 1 항 본문은 법학전문대학원을 졸업한 사람만이 변호사시험에 의한 시험에 응시할 수 있도록 규정하고 있는데, 경제력을 갖추지 못한 사람들은 비

싼 학비 때문에 법학전문대학원에 입학하기 어려우므로 경제적 약자의 평등권을 침해하고, 법학전문대학원을 졸업하지 못한 사람은 변호사 자격을 취득하지 못할 뿐만 아니라 판사 또는 검사로 활동할 수 없게 되므로 청구인의 직업선택의 자유 및 공무담임권을 침해한다.

라. 변호사시험법 부칙 제 4 조 제 1 항은 2017년까지만 사법시험을 시행하도록 하므로 사실상 주요 대학들로 하여금 법학전문대학원 실치인가를 신청할 수밖에 없게 강제하고, 이에 따라 주요 대학들이 법학에 관한 학사학위과정을 폐지하게 되므로, 학부 차원의 법학교육을 전제로 하여 대학원 차원에서 심화된 법학연구를 하고자 하는 청구인의 학문의 자유가 침해된다.

라는 것입니다.

2. 이 사건 심판청구의 적법성 검토

가. 법학전문대학원법 제 8 조 제 1 항(자기관련성 결여)

법학전문대학원법 제 8 조 제 1 항은 법학전문대학원을 두는 대학은 법학에 관한 학사학위과정을 둘 수 없도록 하는 내용으로, 그 직접 수범자는 '대학'입니다. 나아가 법학전문대학원을 두는지 여부와 관계없이 각 대학은 법학에 관한 학술 석·박사학위 과정을 둘 수 있고, 법학전문대학원 내에도 학술 박사학위 과정을 둘 수 있습니다(법학전문대학원법 시행령 제11조 단서). 따라서 청구인이 위 조항으로 인하여 법학에 관한 학술 박사학위과정에서 심화된 법학연구를 할 수 없게 되더라도, 이는 단순한 간접적·사실적 불이익에 불과합니다. 나아가 법학전문대학원 과정을 이수한 자에게 석사학위를 수여하게 되는 것은 법학전문대학원법 제18조 제 3 항 및 법학전문대학원법 시행령의 내용에 따른 결과일 뿐이어서, 법학전문대학원법 제 8 조 제 1 항에 의하여 청구인의 평등권이 침해될 여지도 없습니다. 따라서 이 부분 심판청구는 자기관련성을 결여하여 부적법합니다.

나. 법학전문대학원법 제18조 제 3 항(심판청구기간 도과)

법령 자체에 의하여 기본권이 침해되었다고 주장하는 이른바 법령소원에 있어서의 청구기간은, 그 법령의 시행과 동시에 기본권 침해를 당한 경우에는 그 법령이 시행된

사실을 안 날로부터 90일 이내, 그 법령이 시행된 날로부터 1년 이내로, 법령이 시행된
후에 비로소 그 법령에 해당하는 사유가 발생하여 기본권의 침해를 받게 된 경우에는
그 사유가 발생하였음을 안 날로부터 90일 이내, 그 사유가 발생한 날로부터 1년 이내로
각 해석된다 함이 헌법재판소의 확립된 판례입니다(헌재 2008. 5. 29. 2006헌마1402).

　　법학전문대학원법 제18조 제3항은 법학전문대학원의 학위과정을 이수한 자에 대
하여 대통령령으로 정하는 해당학위를 수여하도록 하는 조항인바, 청구인은 위 조항으
로 인하여 그 시행 이전에 이미 법학사 학위와 법학석사 학위를 취득한 자신의 평등권
이 침해받는다고 주장하므로, 위 조항의 시행과 동시에 기본권 침해를 당한 경우에 해
당합니다.

　　그런데 위 조항은 2007. 9. 28.에 시행되었고, 청구인은 2009. 10. 1. 국선대리인 선임
신정을 하였으므로 국선대리인 선임신청시점을 기준으로 청구기간 준수여부를 보더라
도(헌법재판소법 제70조 제1항 제2문) 그 시점이 위 조항이 시행된 날로부터 1년이 도과
하였음이 역수상 명백합니다. 따라서 이 부분 심판청구는 청구기간을 도과하여 부적법
합니다.

다. 변호사시험법 부칙 제4조 제1항(기본권 침해 가능성 없음)

　　청구인은 위 조항으로 인하여 사법시험이 폐지되기 때문에 각 대학들이 법학전문대
학원을 설치할 수밖에 없게 되며, 그 결과 법학학사 학위과정에 진학하여 심화된 법학
연구를 하고자 하는 자신의 학문의 자유가 침해된다고 주장합니다. 그러나 사법시험법
을 폐지도록 규정하는 것은 변호사시험법 부칙 제1조, 제2조이고, 변호사시험법 부칙
제4조 제1항은 사법시험법 폐지에 따른 경과조치를 규정한 것에 불과합니다. 또한 사
법시험법이 폐지됨으로 인하여 각 대학들이 법학전문대학원을 설치할 수밖에 없고 그
결과 청구인이 법학에 관한 학술 박사학위과정에서 심화된 법학연구를 할 수 없게 되더
라도 이는 단순한 간접적·사실적 불이익에 불과합니다. 따라서 변호사시험법 부칙 제4
조 제1항 본문에 의해 청구인의 기본권이 침해될 가능성이 없으므로 이 부분 심판청구
는 부적법합니다.

라. 이 사건 의결(공권력 행사로 볼 수 없음)

　　변호사시험 관리위원회는 변호사시험을 실시하기 위하여 법무부에 설치된 합의체
행정기관으로(변호사시험법 제14조), 시험문제의 출제 방향 및 기준에 관한 사항, 채점기

준에 관한 사항, 시험합격자의 결정에 관한 사항, 시험방법 및 시험시행 방법 등의 개선에 관한 사항, 그 밖에 시험에 관하여 법무부장관이 회의에 부치는 사항을 심의합니다(변호사시험법 제15조).

한편, 변호사시험의 관장·실시권한은 법무부장관에게 있고(변호사시험법 제 3 조), 변호사시험의 합격은 법학전문대학원의 도입취지를 충분히 고려하여 결정하되(변호사시험법 제10조 제 1 항), 세부적인 시험 합격 결정방법은 대통령령 및 법무부령으로 정하도록 되어 있으며(변호사시험법 제10조 제 4 항, 변호사시험법 시행령 제 8 조 제 4 항), 법무부장관은 합격자가 결정되면 즉시 이를 공고하고 합격증서를 발급합니다(변호사시험법 제11조).

위와 같은 변호사시험법의 관계규정을 종합하여 보면, 변호사시험의 관장·실시권자인 법무부장관은 변호사시험 합격률 등 세부적인 시험 합격 결정방법에 관하여 법학전문대학원의 도입취지를 충분히 고려하여 결정할 폭넓은 재량을 가지고 있습니다. 변호사시험 관리위원회는 변호사시험에 관한 법무부장관의 의사결정을 보좌하기 위하여 법무부에 설치된 자문위원회로서, 일정한 심의사항에 관하여 의결절차를 거쳐 위원회의 의사를 표명하더라도 그것은 단순히 법무부장관에 대한 권고에 불과하여 그 자체로서는 법적 구속력이나 외부효과가 발생하지 않는 의견진술 정도의 의미를 가지는 데 지나지 않습니다. 따라서 이 사건 의결은 헌법소원의 대상이 되는 공권력 행사로 볼 수 없으므로 이 부분 심판청구는 부적법합니다.

마. 소   결

그렇다면 이 사건 심판청구 중 법학전문대학원법 제 8 조 제 1 항, 제18조 제 3 항, 변호사시험법 부칙 제 4 조 제 1 항, 이 사건 의결에 대한 심판청구는 모두 부적법합니다.

3. 본안에 관한 검토(변호사시험법 제 5 조 제 1 항 본문)

가. 제한되는 기본권

변호사시험법 제 5 조 제 1 항 본문(이하 '이 사건 법률조항'이라 합니다)은 법학전문대학원의 석사학위 취득자에게만 변호사시험 응시자격을 부여하고 있으므로 이로 인해 변호사시험에 응시하지 못하게 된 청구인은 직업선택의 자유 및 평등권을 제한받게 됩니다. 한편, 자격시험이자 공무원 임용시험으로서의 성격을 가지는 사법시험과는 달리(헌재 2001. 9. 27. 2000헌마159), 변호사시험은 '변호사에게 필요한 직업윤리와 법률지식 등 법률

사무를 수행할 수 있는 능력을 검정하기 위한'(변호사시험법 제1조) 순수한 변호사 자격시험입니다. 따라서 다른 법령에서 변호사 자격을 판사·검사의 임용 조건으로 정하고 있더라도 이 사건 법률조항과 공무담임권과의 관련성은 간접적인 것에 불과하므로, 이 사건 법률조항으로 바로 청구인의 공무담임권이 제한되는 것은 아닙니다.

나. 이 사건 법률조항의 위헌 여부

(1) 직업선택의 자유 침해 여부

(가) 직업선택의 자유의 제한과 그 심사기준

(a) 헌법 제15조에 의한 직업선택의 자유는 자신이 원하는 직업을 자유롭게 선택하는 좁은 의미의 직업선택의 자유와 그가 선택한 직업을 자기가 원하는 방식으로 자유롭게 수행할 수 있는 직업수행의 자유를 포함하는 직업의 자유를 뜻합니다.

(b) 법학전문대학원의 석사학위를 취득하기 위해서는 그 입학시험을 비롯하여 학점 취득, 졸업 사정 전반을 통하여 법조인으로서의 능력이 인정되어야 하는 것이므로 이 사건 법률조항이 변호사 시험 응시 요건으로 법학전문대학원의 석사학위 취득을 요구하는 것은 기본권 주체의 능력과 자질에 대한 제한으로서 청구인의 직업선택의 자유를 제한하는 것입니다.

(c) 이러한 직업선택의 자유에 대한 제한은 헌법 제37조 제2항에서 도출되는 과잉금지의 원칙에 따라, 반드시 법률로써 하여야 할 뿐 아니라 국가안전보장·질서유지 또는 공공복리라는 공공의 목적을 달성하기 위하여 필요하고 적정한 수단·방법에 의하여서만 가능합니다(헌재 1989. 11. 20. 89헌가102). 그런데, 입법부가 일정한 전문분야에 관한 자격제도를 마련함에 있어서는 그 제도를 마련한 목적을 고려하여 정책적인 판단에 관한 자격제도를 마련함에 있어서는 그 제도를 마련한 목적을 고려하여 정책적인 판단에 따라 자격제도의 내용을 정함에 있어서 그 내용이 명백히 불합리하고 불공정하지 아니하는 한 원칙적으로 입법부에게 광범위한 형성의 자유가 인정됩니다(헌재 2007. 4. 26. 2003헌마947). 따라서 변호사라는 전문분야의 자격에 관한 이 사건 법률조항의 위헌성을 판단함에 있어서는 위와 같은 입법재량을 감안하여 헌법 제37조 제2항의 요구가 다소 완화된다고 할 것입니다(헌재 2009. 2. 26. 2008헌마370).

(d) 한편, 입법자가 공익상의 필요에 의하여 자격시험의 요건을 달리 정하는 등 자격제도를 변경함에 있어서는 기존 지원자들의 신뢰를 보호하는 것이 헌법상 법

치국가 원리로부터 요청되고, 그들에 대한 신뢰보호가 충분히 이루어졌는지 여부도 과잉금지원칙의 위반 여부를 판단하는 기준의 하나가 됩니다(헌재 2002. 7. 18. 99헌마574).

(나) **과잉금지의 원칙 위배 여부**

(a) **목적의 정당성**

변호사시험법은 이 사건 법률조항에서 변호사시험 응시자격을 법학전문대학원 석사학위 취득자로 제한하는 것 외에도, 변호사시험이 법학전문대학원의 교육과정과 유기적으로 연계하여 시행되어야 하며(제2조), 변호사시험의 합격은 법학전문대학원의 도입 취지를 충분히 고려하여 결정되어야 한다고 규정하고 있는바(제10조 제1항), 변호사시험 제도는 법학전문대학원 제도의 도입 취지와 불가분의 관계로 연계되어 있다고 할 것입니다.

따라서 이 사건 법률조항의 입법목적은, 양질의 법률서비스를 제공하기 위하여 다양한 학문적 배경을 가진 전문법조인을 법률이론과 실무교육을 통해 양성하고, 법학교육을 정상화하며, 과다한 응시생이 장기간 사법시험에 빠져 있음으로 인한 국가인력의 극심한 낭비와 비효율성을 막기 위한 취지에서 도입된 법학전문대학원 제도의 지향목표(헌재 2009. 2. 26. 2008헌마370)를 변호사시험 제도와의 연계를 통하여 효과적으로 달성하는 데 있으므로, 그 목적의 정당성이 인정됩니다.

(b) **수단의 적합성**

아울러 법학전문대학원의 석사학위 취득자에게만 변호사시험 응시자격을 부여하는 것은 위와 같은 교육을 통한 법조인 양성이라는 입법목적의 달성에 적합한 수단이라 할 것입니다.

(c) **침해의 최소성**

입법자에게는 전문직 자격제도에 관한 형성의 자유가 인정되고, 변호사시험에 있어서도 어떠한 제도를 선택할 것인지에 관하여 형성의 여지가 인정됩니다. 따라서 이 사건 법률조항에 있어서 침해의 최소성 판단은 가장 덜 제약적인 방법인지가 아니라, 완화된 기준으로 입법목적을 달성하기 위한 필요한 범위 내의 것인지를 심사하는 방법에 의하여야 할 것입니다.

이 사건 법률조항은 법학전문대학원 제도를 정착시키기 위해서는 법학전문대학원의 석사학위 취득자에게만 변호사시험에 응시할 기회를 부여할 필요가 있다는 판단에 근거한 것으로, 이러한 입법자의 판단은 합리적인 것입니다. 한편, 사법시험을 계속해서

변호사시험과 병행실시 하는 방법(이하 '사법시험 병행제도'라 합니다)과, 법과대학에서 학
사학위를 취득한 자 또는 비인가 법학전문대학원을 졸업한 자 등 일정한 법학교육을 받
은 자에게 시험에 응시할 수 있는 자격을 부여하고, 이에 합격한 자들에게 다시 변호사
시험 응시자격을 부여하는 방법(이하 '예비시험제도'라고 합니다)을 통해서 이 사건 법률조
항의 입법목적을 보다 효과적으로 달성할 수 있음에도 이러한 제도를 채택하지 않은 것
이 침해의 최소성 원칙에 반하는 것은 아닌지 의문이 있을 수 있습니다.

그러나, 사법시험 병행제도 하에서는 일정 수준의 외국어 구사능력(영어대체시험제
도)을 갖추고 법학과목 35학점을 이수(법학과목이수제도)하기만 하면 사법시험에 응시하
여, 변호사 자격을 취득할 수 있으며, '학점인정등에 관한 법률'에 따라 대학교 이외의
교육기관에서의 학습과정에서도 법학과목 학점을 취득할 수 있고, 독학사 제도 등에 의
한 학점인정도 가능하기 때문에 법조인 선발·양성과정과 법과대학에서의 법학교육이
제도적으로 연계되어 있지 않아(헌재 2009. 2. 26. 2008헌마370), 이와 같은 제도로는 이 사
건 법률조항의 입법목적을 달성하기 어렵다고 할 것입니다.

그리고 법학전문대학원 제도는 법조인의 전문성과 인문학적 소양을 강화하고 전반
적인 대학교육의 정상화를 도모하기 위하여 다양한 전공지식을 학부 단계에서 습득하였
음을 전제로 대학원 단계에서의 법학교육을 시행하는 것이기 때문에, 법학전문대학원의
과정을 거치지 않은 채 시험을 통하여 일정한 지식을 검증받게 하는 예비시험 제도만으
로는 법학전문대학원의 도입 목적을 달성하는 것이 어렵습니다.

그리고 인가 법학전문대학원은 교육과정, 교육인력, 물적 시설의 측면에서 일정한
요건을 갖출 것을 요구하고 있으므로 그러한 요건을 갖추지 못한 법과대학 등에서의 교
육과 예비시험 제도만으로는 법학전문대학원에서의 교육과 동일한 수준의 교육을 담보
하기 어렵습니다.

한편, 법학전문대학원법은 법학전문대학원들로 하여금 경제적 여건이 열악한 계층
을 대상으로 학생을 선발하는 전형인 특별전형제도(제23조 제1항) 및 장학금제도 및 학
자금대출제도와 같은 학생에 대한 경제적 지원방안을 마련하도록 하여(제17조 제2항),
충분한 경제적 자력이 없는 사람들에게도 법학전문대학원 과정을 이수할 기회를 부여할
제도를 마련하고 있습니다.

나아가 입법자는 사법시험 준비자들의 신뢰를 보호하기 위하여, 최근의 사법시험
평균합격연령을 고려하여 법학전문대학원 제도의 도입이 확정된 2007년에 대학에 입학
한 학생들이 만 28세가 되는 2017년까지는 사법시험을 변호사시험과 병행하여 실시하도

록 하고 있습니다(변호사시험법 부칙 제3조 제1항).

기존 사법시험 준비자들로서는 법학전문대학원 제도의 도입이 확정된 2007년부터 10년 후이자, 이 사건 법률조항이 시행된 때부터 8년 후인 2017년까지는 사법시험에 응시하거나 법학전문대학원에 진학하는 등의 선택권을 행사할 수 있으며, 위 기간이 변화된 법적 상황에 적응하기에 부족한 시간이라고 단정하기도 어렵습니다. 따라서 이 사건 법률조항은 사법시험 준비자들의 신뢰이익을 침해하지 않는 범위에서 변호사 자격을 취득하고자 하는 자들의 직업선택의 자유를 제한하는 방법을 제한하는 방법을 택하였다고 할 것입니다.

위와 같은 내용을 종합하여 볼 때, 이 사건 법률조항은 침해의 최소성 원칙에 위배되지 아니합니다.

⒟ 법익의 균형성

이 사건 법률조항으로 인하여 청구인이 받게 되는 불이익보다는, 법학전문대학원 제도를 전제로 한 변호사 시험 제도의 도입을 통하여 특정 대학에 치우치지 않고 다양하고 전문적인 전공 실력을 가진 우수한 법조인을 많이 양성함으로써 국민에 대한 법률 서비스의 질을 향상시키고, 장기간 과다한 사법시험 응시로 인하여 국가의 인력이 낭비되는 폐해를 줄이고자 하는 이 사건 법률조항이 추구하는 공익이 더 크다고 할 것이어서 이 사건 법률조항은 법익의 균형성 원칙에도 위배되지 아니합니다.

㈐ 소   결

따라서 이 사건 법률조항은 과잉금지의 원칙에 위배하여 청구인의 직업선택의 자유를 침해한다고 보기 어렵습니다.

⑵ 평등권 침해 여부

청구인은 이 사건 법률조항이 법학전문대학원에 진학할 경제적 능력이 있는 자들과 그렇지 못한 자들을 차별하고 있다고 주장합니다. 그러나 변호사시험법이나 법학전문대학원법은 법학전문대학원의 등록금과 수업료에 대하여 전혀 규정하는 바가 없고, 그 금액은 법학전문대학원을 설치한 대학이 개별적으로 정할 뿐입니다. 또 교재비·생활비 등의 부대비용과 기회비용 또한 법학전문대학원의 석사학위를 취득하는 데 소요되는 비용이라 할 것인데, 이는 개인의 선택과 경제적 여건 등에 따라서 달라질 수 있습니다.

그러므로 법학전문대학원의 석사학위라는 변호사시험 응시 자격의 취득에 있어서 경제력에 따른 사실상의 차별이 존재하는 것은 별론으로 하고, 경제력에 따른 규범적인 차별은 존재하지 아니하므로, 이 사건 법률조항은 청구인의 평등권을 침해하지 아니합니다.

4. 결   론

그러므로 이 사건 심판청구 중 '법학전문대학원의 설치·운영에 관한 법률' 제 8 조 제 1 항, 제18조 제 3 항, 변호사시험법 부칙 제 4 조 제 1 항, 변호사시험 관리위원회가 2010. 12. 7. 변호사시험 합격정원을 법학전문대학원 입학정원의 75%로 정한 심의·의결에 대한 부분은 모두 각하되어야 하며, 변호사시험법 제 5 조 제 1 항 본문에 대한 부분은 이를 기각하여 주시기를 바랍니다.

첨 부 서 류

위임장   1부

2011.   3.   25.

교육과학기술부장관 대리인
변호사   강 현 교

헌 법 재 판 소   귀 중

쟁 점 해 설

1. 헌법재판소법 제68조 제 1 항에 의한 이 사건 헌법소원의 적법요건[5]

가. 청구권자

(1) 헌법재판소법 제68조 제 1 항에 의한 헌법소원심판의 청구인은 "공권력의 행사 또는 불행사로 인하여 헌법상 보장된 기본권을 침해받은 자"이다. 따라서, 기본권의 주체가 될 수 있는 자, 즉 기본권능력이 있는 자만이 헌법소원을 청구할 수 있는 청구인이 될 수 있다. 누가 헌법소원을 청구할 수 있느냐의 문제는 구체적 사안에서 관련된 기본권들의 인적 적용범위(보호영역)에 의하여 좌우된다.

(2) 대한민국 국적을 가진 모든 자연인은 기본권의 주체가 되며, 따라서 대한민국 국적을 가진 모든 국민이 헌법소원을 청구할 수 있다(헌재 1994. 12. 29. 93헌마120). 이 사건 헌법소원심판 청구인은 대한민국 국적을 가진 자연인이므로 기본권의 주체가 되고, 헌법소원을 청구할 수 있다.

나. 공권력의 행사 또는 불행사의 존재

(1) 헌법재판소법 제68조 제 1 항의 규정에 의하면 "공권력의 행사 또는 불행사로 인하여" 헌법상 보장된 기본권을 침해받은 자는 헌법소원심판을 청구할 수 있다. 법 제68조 제 1 항에 의하여 헌법소원의 대상이 되는 행위는 국가기관의 공권력 작용에 속하여야 한다. 여기서의 국가기관은 입법·행정·사법 등의 모든 기관을 포함하며(헌재 1990. 10. 15. 89헌마178), 간접적인 국가행정, 예를 들어 공법상의 사단·재단 등의 공법인, 국립대학교(서울대학교입시요강 사건. 헌재 1992. 10. 1. 92헌마68등)와 같은 영조물 등의 작용도 헌법소원의 대상이 된다.

---

5) 헌법재판소, 제 1 개정증보판 헌법재판실무제요, p. 228 이하 참조.

(2) 공권력의 불행사에 대한 헌법소원은 공권력의 주체에게 헌법에서 유래하는 작위의무가 특별히 구체적으로 규정되어 이에 의거하여 기본권의 주체가 공권력의 행사를 청구할 수 있음에도 공권력의 주체가 그 의무를 해태하는 경우에 허용되는 것이므로 작위의무가 없는 공권력의 불행사에 대한 헌법소원은 부적법하다(헌재 1994. 6. 30. 93헌마161).

(3) 이 사건 심판청구 중 "변호사시험 관리위원회기 2010. 12. 7. 변호사시험 합격정원을 법학전문대학원 입학정원의 75%로 정한 심의·의결(이하 '이 사건 의결'이라 한다)"에 관하여 보면, 변호사시험 관리위원회는 변호사시험에 관한 법무부장관의 의사결정을 보좌하기 위하여 법무부에 설치된 자문위원회로서, 일정한 심의사항에 관하여 의결절차를 거쳐 위원회의 의사를 표명하더라도 그것은 단순히 법무부장관에 대한 권고에 불과하여 그 자체로서는 법적 구속력이나 외부효과가 발생하지 않는 의견진술 정도의 의미를 가지는 데 지나지 않으므로, 이 사건 의결은 헌법소원의 대상이 되는 공권력 행사로 볼 수 없다.

다. 기본권침해 가능성

(1) 헌법재판소법 제68조 제 1 항 본문은 "공권력의 행사 또는 불행사로 인하여 헌법상 보장된 기본권을 침해받은 자는 …… 헌법재판소에 헌법소원심판을 청구할 수 있다"고 규정하고 있는바, 이는 공권력의 행사 또는 불행사로 인하여 헌법상 보장된 자신의 기본권을 현재 직접적으로 침해당한 자만이 헌법소원심판을 청구할 수 있다는 뜻이므로, 공권력의 행사로 인하여 헌법소원을 청구하고자 하는 자의 법적 지위에 아무런 영향이 미치지 않는다면 애당초 기본권침해의 가능성이나 위험성이 없으므로 그 공권력의 행사를 대상으로 헌법소원을 청구하는 것은 허용되지 아니한다(헌재 1999. 5. 27. 97헌마368; 헌재 1999. 6. 24. 97헌마315).

(2) 이 사건 심판청구 중 변호사시험법 부칙 제 4 조 제 1 항에 관한 부분에 관하여 보면, 사법시험법을 폐지하도록 규정하는 것은 변호사시험법 부칙 제 1 조, 제 2 조이고, 변호사시험법 부칙 제 4 조 제 1 항은 사법시험법 폐지에 따른 경과조치를 규정한 것에 불과하고, 또한 사법시험법이 폐지됨으로 인하여 각 대학들이 법학전문대학원을 설치할 수밖에 없고 그 결과 청구인이 법학에 관한 학술 박사 학위과정에서 심화된 법학연구를 할 수 없게 되더라도 이는 단순한 간접적·사

실적 불이익에 불과하므로, 변호사시험법 부칙 제 4 조 제 1 항 본문에 의하여 청구인의 기본권이 침해될 가능성이 없다.

라. 법적 관련성

⑴ 헌법소원 청구인은 원칙적으로 자신의 기본권이, 현재 그리고 직접 침해당한 경우라야 헌법소원을 제기할 수 있다(자기관련성, 현재성, 직접성).

⑵ 청구인은 공권력작용에 대하여 자신이 스스로 법적으로 관련되어야 한다. 원칙적으로 기본권을 침해당하고 있는 자만이 헌법소원을 제기할 수 있다고 할 것이고, 제 3 자는 특별한 사정이 없는 한 기본권침해에 직접 관련되었다고 볼 수 없다(헌재 1997. 3. 27. 94헌마277). 공권력작용이 단지 간접적, 사실적 또는 경제적인 이해관계로만 관련되어 있는 제 3 자, 나아가 반사적으로 불이익을 받은 자에게는 자기관련성이 인정되지 않는다(헌재 1993. 3. 11. 91헌마233; 헌재 1995. 5. 25. 94헌마100).

⑶ 이 사건 심판청구 중 법학전문대학원법 제 8 조 제 1 항에 관한 부분은, 법학전문대학원법 제 8 조 제 1 항은 법학전문대학원을 두는 대학은 법학에 관한 학사학위과정을 둘 수 없도록 하는 내용으로, 그 직접 수범자는 '대학'이고, 청구인이 위 조항으로 인하여 법학에 관한 학술 박사학위과정에서 심화된 법학연구를 할 수 없게 되더라도, 이는 단순한 간접적·사실적 불이익에 불과하므로, 자기관련성을 결여하여 부적법하다.

마. 보충성

⑴ 헌법소원은 다른 법률에 구제절차가 있는 경우에는 그 절차를 모두 거친 후에 심판청구를 하여야 한다(헌법재판소법 68①). 다만, 사전에 구제절차를 거칠 것을 기대하기 곤란한 경우이거나 법률상 구제절차가 없는 경우에는 곧바로 헌법소원을 제기할 수 있다.

⑵ 법령 자체에 의한 직접적인 기본권침해가 문제될 때에는 그 법령 자체의 효력을 직접 다투는 것을 소송물로 하여 일반법원에 소송을 제기하는 길이 없어(대법원 1994. 4. 26.자 93부32 결정), 구제절차가 있는 경우가 아니므로 바로 헌법소원을 청구할 수 있다(헌재 1996. 10. 4. 94헌마68등).

⑶ 또한 권리구제절차가 허용되는지 여부가 객관적으로 불확실하여 전심절차 이행의 기대가능성이 없을 때에는 보충성의 예외로 바로 헌법소원을 제기할 수 있으므로(헌재 1995. 12. 28. 91헌마80), 이 사건 의결의 경우 행정소송 등 다른 구제절차가 허용되는지 여부가 객관적으로 불확실하여 청구인에게 사전에 다른 권리구제절차를 거칠 것을 기대하기가 곤란하므로 보충성원칙의 예외가 인정된다.

바. 청구기간

⑴ 헌법재판소법 제68조 제1항의 규정에 의한 헌법소원의 심판은 그 사유가 있음을 안 날부터 90일 이내에, 그 사유가 있은 날부터 1년 이내에 청구하여야 한다. 다만, 다른 법률에 의한 구제절차를 거친 헌법소원의 심판은 그 최종결정을 통지받은 날로부터 30일 이내에 청구하여야 한다(헌법재판소법 69①).

⑵ 법령에 대한 헌법소원심판의 경우, 그 법률의 시행과 동시에 기본권의 침해를 받게 되는 경우에는 그 법률이 시행된 사실을 안 날부터 90일 이내에, 법률이 시행된 날부터 1년 이내에 헌법소원을 청구하여야 하고(헌재 1999. 4. 29. 96헌마352 등), 법률이 시행된 뒤에 비로소 그 법률에 해당되는 사유가 발생하여 기본권의 침해를 받게 되는 경우에는 그 사유가 발생하였음을 안 날부터 90일 이내에(헌재 1996. 8. 29. 94헌마113), 그 사유가 발생한 날부터 1년 이내에(헌재 1998. 7. 16. 95헌바19등) 헌법소원을 청구하여야 한다.

⑶ 이 사건 법률조항 중 법학전문대학원법 제18조 제3항은 2007. 9. 28.에 시행되었고, 청구인은 2009. 10. 1. 국선대리인 선임신청을 하였으므로, 국선대리인 선임신청시점을 기준으로 청구기간 준수여부를 보더라도(헌법재판소법 70① 제2문6)) 그 시점이 위 조항이 시행된 날로부터 1년이 도과하였음이 역수상 명백하므로 이 부분 심판청구는 청구기간을 도과하여 부적법하다.

사. 권리보호이익

⑴ 헌법소원제도는 국민의 기본권침해를 구제해 주는 제도이므로 그 제도의 목적상 권리보호의 이익이 있는 경우에 비로소 이를 제기할 수 있고, 권리보호의 이익

---

6) 헌법소원심판을 청구하려는 자가 변호사를 대리인으로 선임할 자력이 없는 경우에는 헌법재판소에 국선대리인을 선임하여 줄 것을 신청할 수 있다. 이 경우 제69조에 따른 청구기간은 국선대리인의 선임신청이 있는 날을 기준으로 정한다(헌법재판소법 제70조 제1항).

이 없는 헌법소원심판청구는 부적법하여 각하를 면할 수 없다(헌재 1997. 1. 16. 90 헌마110).

(2) 이 사건 심판청구의 경우 기본권침해의 원인이 된 공권력의 행사가 취소되거나 새로운 공권력의 행사 등 사정변경으로 말미암아 기본권침해행위가 배제되어 청구인이 더 이상 기본권을 침해받고 있지 아니하게 된 경우 등에 해당하지 아니하므로 권리보호이익이 인정된다.

아. 변호사 강제주의

각종 심판절차에 있어서 당사자인 사인은 변호사를 대리인으로 선임하지 아니하면 심판청구를 하거나 심판수행을 하지 못한다(헌법재판소법 25③). 청구인은 국선대리인을 선임하였으므로 변호사 강제주의 요건을 충족하였다.

자. 소　　결

결국, 이 사건 심판청구 중 법학전문대학원법 제 8 조 제 1 항, 제18조 제 3 항, 변호사시험법 부칙 제 4 조 제 1 항, 이 사건 의결에 대한 심판청구는 부적법하다.

[참고자료]

법학전문대학원 설치·운영에 관한 법률 제8조 제1항 등 위헌확인

(헌법재판소 2012. 3. 29. 선고 2009헌마754 결정)

【판시사항】

1. 법학에 관한 학술 박사학위과정에 진학하고자 하는 청구인이 법학전문대학원을 두는 대학은 법학에 관한 학사학위과정을 둘 수 없도록 규정하는 '법학전문대학원의 설치·운영에 관한 법률'(2007. 7. 27. 법률 제8544호로 제정된 것, 이하 '법학전문대학원법'이라 한다) 제8조 제1항에 대한 자기관련성이 있는지 여부(소극)

2. 기본권 침해 사유가 발생한 날로부터 1년이 지난 후에 제기되어 청구기간이 도과된 청구로서 부적법하다고 한 사례

3. 사법시험법 폐지에 관한 경과조치를 규정한 변호사시험법(2009. 5. 28. 법률 제9747호로 제정된 것, 이하 '변호사시험법'이라 한다) 부칙 제4조 제1항에 의한 기본권 침해의 가능성이 있는지 여부(소극)

4. 변호사시험 관리위원회의 심의·의결이 헌법소원의 대상인 공권력의 행사인지 여부(소극)

5. 변호사시험법 제5조 제1항 본문이 과잉금지원칙을 위반하여 청구인의 직업선택의 자유를 침해하는지 여부(소극)

6. 변호사시험법 제5조 제1항 본문이 청구인의 평등권을 침해하는지 여부(소극)

【결정요지】

1. 법학전문대학원법 제8조 제1항은 법학전문대학원을 두는 대학은 법학에 관한 학사학위과정을 둘 수 없도록 하는 내용으로, 그 직접 수범자는 '대학'이다. 나아가 법학전문대학원을 두는지 여부와 관계없이 각 대학은 법학에 관한 학술 석·박사학위과정을 둘 수 있고, 법학전문대학원 내에도 학술 박사학위과정을 둘 수 있다. 따라서 법학사로서 장래 법학박사과정에 진학하고자 하는 자연인인 청구인이 위 조항으로 인하여 법학에 관한 학술 박사학위과정에서 심화된 법학연구를 할 수 없게 되더라도, 이는 단순한 간접적·사실적 불이익에 불과하여 자기관련성이 없다.

2. 법학전문대학원법 제18조 제3항은 법학전문대학원의 학위과정을 이수한 자에 대하여 대통령령으로 정하는 해당학위를 수여하도록 하는 조항인바, 청구인은 위 조항으로 인하여 그 시행 이전에 이미 법학사학위와 법학석사학위를 취득한 자신의 평등권이 침해받는다고 주장하므로, 위 조항의 시행과 동시에 기본권 침해를 당한 경우에 해당한다. 그런데 위 조항은 2007. 9. 28.

에 시행되었고, 청구인은 그로부터 1년이 도과한 2009. 10. 1. 국선대리인 선임신청을 하였으므로, 이 부분 심판청구는 청구기간을 도과하여 부적법하다.

3. 사법시험법을 폐지하도록 규정하는 것은 변호사시험법 부칙 제 1 조, 제 2 조이고, 변호사시험법 부칙 제 4 조 제 1 항은 사법시험법 폐지에 따른 경과조치를 규정한 것에 불과하며, 사법시험법이 폐지됨으로 인하여 각 대학들이 법학전문대학원을 설치할 수밖에 없고 그 결과 청구인이 법학에 관한 학술 박사학위과정에서 심화된 법학연구를 할 수 없게 되더라도, 이는 단순한 간접적·사실적 불이익에 불과하므로, 변호사시험법 부칙 제 4 조 제 1 항 본문에 의해 청구인의 기본권이 침해될 가능성이 없다.

4. 변호사시험 관리위원회는 변호사시험에 관한 법무부장관의 의사결정을 보좌하기 위하여 법무부에 설치된 자문위원회로서, 일정한 심의사항에 관하여 의결절차를 거쳐 위원회의 의사를 표명하더라도 그것은 단순히 법무부장관에 대한 권고에 불과하여 그 자체로서는 법적 구속력이나 외부효과가 발생하지 않는 의견신술 정도의 의미를 가지는 데 지나지 않으므로, 변호사시험 관리위원회의 의결은 헌법소원의 대상이 되는 공권력 행사로 볼 수 없다.

5. 변호사시험법 제 5 조 제 1 항 본문은, 양질의 법률서비스를 제공하기 위하여 다양한 학문적 배경을 가진 전문법조인을 법률이론과 실무교육을 통해 양성하고, 법학교육을 정상화하며, 과다한 응시생이 장기간 사법시험에 빠져 있음으로 인한 국가인력의 극심한 낭비와 비효율성을 막기 위한 취지에서 도입된 법학전문대학원 제도의 목적을 변호사 시험 제도와의 연계를 통하여 효과적으로 달성하기 위한 것이므로, 그 목적의 정당성과 수단의 적합성이 인정된다. 사법시험 병행제도 및 예비시험 제도는 위와 같은 입법목적을 달성하기에 부족한 것으로 보이는 반면, 법학전문대학원법은 특별전형제도, 장학금제도 등을 통해 경제적 자력이 없는 사람들에게도 법학전문대학원 과정을 이수할 기회를 부여하였고, 변호사시험법은 사법시험을 2017년까지 병행 실시하도록 하여 기존 사법시험 준비자들의 신뢰를 보호하였으므로, 위 법률조항은 침해의 최소성 원칙에도 위배되지 않는다. 또한, 위 법률조항으로 인하여 청구인이 받게 되는 불이익보다는 그것이 추구하는 공익이 더 크다고 할 것이므로 변호사시험법 제 5 조 제 1 항 본문은 과잉금지원칙을 위반하여 청구인의 직업선택의 자유를 침해한다고 보기 어렵다.

6. 법학전문대학원의 석사학위라는 변호사시험 응시자격의 취득에 있어서 경제력에 따른 사실상의 차별이 존재하는 것은 별론으로 하고, 경제력에 따른 규범적인 차별은 존재하지 아니하므로, 변호사시험법 제 5 조 제 1 항 본문은 청구인의 평등권을 침해하지 아니한다.

【주 문】

이 사건 심판청구 중 '법학전문대학원의 설치·운영에 관한 법률' 제 8 조 제 1 항, 제18조 제 3 항, 변호사시험법 부칙 제 4 조 제 1 항, 변호사시험 관리위원회가 2010. 12. 7. 변호사시험 합격정원을 법학전문대학원 입학정원의 75%로 정한 심의·의결에 대한 부분은 이를 모두 각하하고, 변호사시험법 제 5 조 제 1 항 본문에 대한 부분은 이를 기각한다.

제 **3** 장

청소년보호법 제54조

[공·법·기·록·형 공·법·소·송·실·무]

제3장

목차 contents

작 성 요 강

　　의뢰인 한잔해, 김원고는 2007. 8. 30. 법무법인 태성 변호사 박승소를 찾아와 현재 수사 중인 형사 사건이 기소되면 장차 무죄 판결을 받고 싶다며 법적 절차를 밟아 줄 것을 요청하였다. 박승소 변호사는 의뢰인들이 가져온 서류를 검토하고 면담한 결과, 이 사건 청소년보호법 제54조가 위헌 가능성이 있다는 결론을 내리고 가능한 모든 법적 절차를 취하기로 하였다.

☐ 설　　문[1]

　　박승소 변호사 입장에서 의뢰인 한잔해를 위하여 작성할 수 있는 소장, 헌법소원심판청구서 중(집행정지신청은 제외) 유효, 적절한 서면을 선택하여 작성하시오. 불복제기 기간의 제한이 있는 경우 언제까지 제출하여야 하는지 기한의 마지막 날도 특정해 보시오.

　　○ ※ 현행법이 허용하는 쟁송형식에 한하며, 작성일은 적법한 제소기간 내로 하고 같은 날 접수하는 것으로 함

　　　 ※ 답안의 시작은 선택한 쟁송형식에 부합하는 '서면종류'를 기재하는 것으로 하고, 그 끝은 '서류를 제출할 기관'을 기재하는 것으로 함

　　　 ※ 처분의 위법사유로는 사실관계와 현행법 및 판례 입장에 비추어 볼 때 받아들여질 수 있는 주장만 할 것

☐ 설　　문[2]

　　박승소 변호사는 청소년보호법위반으로 기소되어 재판을 받고 있는 피고인 김원고에 대한 공소사실의 적용법조가 위헌이라고 판단하고 있다. 박승소 변호사가 작성하여 재판부에 제출하였을 것으로 생각되는 서면을 작성하시오(다만, 변론요지서는 제외).

○ ※ 현행법이 허용하는 쟁송형식에 한하며, 작성일은 2008. 2. 20.이고 같은 날 접수하는 것으로 함

　※ 답안의 시작은 선택한 쟁송형식에 부합하는 '서면종류'를 기재하는 것으로 하고, 그 끝은 '서류를 제출할 기관'을 기재하는 것으로 함

　※ 처분의 위법사유로는 사실관계와 현행법 및 판례 입장에 비추어 볼 때 받아들여질 수 있는 주장만 할 것

상 담 일 지

○ 의뢰인 한잔해, 김원고 사무실 내왕

○ 자신들은 가게를 운영하면서 청소년에게 술을 판매하다 경찰관에게 단속되어 현재 서울중앙지방검찰청에서 수사중이라고 함

○ 자신들이 직접 청소년에게 술을 판매한 것은 아니고 그들이 고용한 종업원들이 실수로 청소년의 나이를 확인하지 않고 술을 판매한 것이라고 함

법무법인 태성

서울특별시 서초구 서초동 246-7 한려빌딩 13층

(TEL: (02)543-5588(代)   FAX: (02)534-5566)

피의자신문조서

피 의 자 : 한잔해

위의 사람에 대한 청소년보호법위반 피의사건에 관하여 2007. 8. 22. 종로경찰서 수사과 사무실에서 사법경찰관 경위 박화정은 사법경찰리 경장 김도성을 참여하게 하고, 아래와 같이 피의자임에 틀림없음을 확인하다.

문   피의자의 성명, 주민등록번호, 직업, 주거, 등록기준지 등을 말하십시오.

답   **성명**은   한잔해(韓剗該)

주민등록번호는   721128-1******

직업은   술집 주인

주거는   서울 도봉구 쌍문동 298-31

등록기준지는   경기도 수원시 팔당구 권선동 444-31

직장주소는   서울 종로구 명륜동 361 지하1층

연락처는   **자택전화** 02-987-41820   **휴대전화** 011-9610-9876

                 직장전화 02-789-5382   **전자우편** (생략)

입니다.

사법 경찰관은 피의사건의 요지를 설명하고 사법경찰관의 신문에 대하여 형사소송법 제244조의3에 따라 진술을 거부할 수 있는 권리 및 변호인의 참여 등 조력을 받을 권리가 있음을 피의자에게 알려주고 이를 행사할 것인지 그 의사를 확인하다.

진술거부권 및 변호인 조력권 고지 등 확인

1. 귀하는 일체의 진술을 하지 아니하거나 개개의 질문에 대하여 진술을 하지 아니할 수 있습니다.
2. 귀하가 진술을 하지 아니하더라도 불이익을 받지 아니합니다.
3. 귀하가 진술을 거부할 권리를 포기하고 행한 진술은 법정에서 유죄의 증거로 사용될 수 있습니다.
4. 귀하가 신문을 받을 때에는 변호인을 참여하게 하는 등 변호인의 조력을 받을 수 있습니다.

문　　피의자는 위와 같은 권리들이 있음을 고지받았는가요.

답　　네.

문　　피의자는 진술거부권을 행사할 것인가요.

답　　아니오. 사실대로 진술하겠습니다.

문　　피의자는 변호인의 조력을 받을 권리를 행사할 것인가요.

답　　아니오.

이에 사법경찰관은 피의사실에 관하여 다음과 같이 피의자를 신문하다.

문　　피의자는 범죄전력이 있나요.

답　　없습니다.

문　　군대는 갔다 왔나요.

답　　육군 병장 제대하였습니다.

문　　학력은 어떠한가요.

답　　고등학교를 졸업하였습니다.

문　　사회경력은 어떠한가요.

답　　고등학교 졸업 후 상업에 종사해 왔습니다.

문　　가족관계는 어떠한가요.

답   처, 딸 1명(10세)입니다.

문   재산이나 월수입은 어떠한가요.

답   월 수입은 350만 원 정도 됩니다.

문   정당이나 사회단체에 가입한 사실이 있나요.

답   없습니다.

문   건강상태는 어떠한가요.

답   좋습니다.

문   피의자는 언제부터 음식점을 운영하였나요.

답   작년 5월 중순부터 객잔 초이스라는 이름으로 술집을 운영하고 있습니다.

문   음식점의 영업시간은 어떠한가요.

답   저녁 5시부터 다음날 새벽 7시까지입니다.

분   주로 무엇을 판매하나요.

답   술과 안주를 판매하고 있습니다.

문   유흥종사자를 고용한 사실은 없는가요.

답   예. 호프식 술집이기 때문에 유흥종사자를 고용할 이유가 없습니다.

문   음식점의 구조는 어떠한가요.

답   홀에 20여개의 테이블이 있고, 화장실과 주방이 따로 있습니다.

문   종업원은 몇 명 정도 되는가요.

답   주방에 3명, 홀에서 3명이 일합니다.

문   피의자는 음식점을 운영하면서 청소년에게 술을 판매한 사실이 있는가요.

답   예. 종업원이 술을 판매하려고 한 사실이 있습니다.

문   술을 판매하게 된 경위를 자세하게 진술하시오.

답   새벽 1시 10분 전 쯤 어느 남자 손님 한 분이 들어와 저희 가게 종업원인 김시중에게 맥주
      와 안주를 시켰습니다. 나중에 듣기로 그 손님 이름이 김미성이었는데, 저희 가게는 주문을
      받고 선불로 계산하기 때문에 김시중이 김미성으로부터 카드를 받아와 제가 계산을 하려고
      했는데 한도초과로 결제가 되지 않는 것이었습니다.

문   계속 진술하시오.

답   제가 직접 김미성에게 가서 카드가 결제되지 않는다고 말하며 얼굴을 보니 미성년자 같다
      는 생각이 들었습니다. 그래서 김미성에게 신분증을 보여달라고 하자 신분증을 가지고 있
      지 않다고 하여 김미성을 데리고 자리에서 일어나 밝은 곳으로 나가 확인 좀 하자고 하며
      가게 밖으로 나왔습니다. 김미성과 가게 밖으로 나오는 도중에 경찰관들이 가게로 들어왔
      습니다.

문   그러면 김미성은 주문한 술을 마시지 않았나요.

답   예. 술과 안주를 주문대로 제공하기는 하였지만, 미성년자인 것 같아 확인하기 위해 바로 데리고 나왔기 때문에 술이나 안주를 먹지 못하였습니다.

문   그래도 술집을 운영하는 사람이면 손님이 주문을 하기 전에 청소년인지 확인해야할 의무가 있는 것 아닌가요.

답   그 점은 제가 종업원들을 제대로 교육시키지 못한 잘못입니다. 죄송합니다.

문   김미성이 청소년인지 확인을 하지 않고 주문을 받고 술과 안주를 내어 간 것은 사실이지요.

답   (고개를 숙이며)예. 사실입니다.

문   피의자는 이 사건에 대하여 더 할 말이 있는가요?

답   죄송합니다. 앞으로 종업원 교육을 철저히 시키겠습니다. 한 번만 선처해 주시기 바랍니다.

   위의 조서를 진술자에게 열람하게 하였던바, 진술한 대로 오기나 증감·변경할 것이 전혀 없다고 하므로 간인한 후 서명 무인하게 하다.

진술자   한 잔 해   (인)

2007.   8.   22.

종로경찰서

사법경찰관 경위 박 화 경 (인)

사법경찰리 경장 김 도 성 (인)

진 술 서

1. 진술자 인적사항

성 명	김미성	주민등록번호	891209-1012345	직책	
주 소	서울시 동대문구 계기동 하늘새길 45				
전화번호	02-1641-5678		휴대전화	010-7531-7777	

2. 진술내용

일 시	2007. 8. 22. 오전 10 : 30경
장 소	서울시 종로구 종로경찰서 수사과

저는 고등학교를 다니다가 가출을 하여 주유소, 술집, PC방에서 알바를 하면서 지내왔습니다. 오늘 새벽 1시전에 아르바이트를 끝내고 근처에 있는 '객잔 초이스'라는 술집에 혼자 들어가 하이투 맥주 2병을 시켜 마시려고 했습니다. 그런데 얼마 후에 그 술집에 단속을 나온 경찰들이 저를 보고 청소년이 아니냐며 신분증을 검사한 사실이 있습니다. 경찰관이 단속을 하기 전까지 종업원이 저에게 청소년이 아니냐고 묻거나 신분증을 보여달라고 요구한 적은 없습니다. 제 키가 크고 체격도 좋아서 실제 나이보다 많이 보기도 합니다. 이 사건이 있기 며칠 전인 지난 8월 17일에도 '하모니'라는 술집에 들어가 소주를 시켜 마신 사실이 있습니다. '하모니'에는 여종업원만이 있었던 것으로 기억하는데 그 종업원도 저에게 나이를 묻거나 신분증을 보여달라고 요구한 적은 없습니다.

위 진술인   김 미 성   (인)

피의자신문조서

피 의 자 : 김원고

위의 사람에 대한 청소년보호법위반 피의사건에 관하여 2007. 8. 22. 종로경찰서 수사과 사무실에서 사법경찰관 경위 박화정은 사법경찰리 경장 김도성을 참여하게 하고, 아래와 같이 피의자임에 틀림없음을 확인하다.

문   피의자의 성명, 주민등록번호, 직업, 주거, 등록기준지 등을 말하십시오.

답   **성명**은   김원고(金原告)

주민등록번호는   651011-1******

직업은   음식점 주인

주거는   서울 서초구 서초동 312-2

등록기준지는   서울 서초구 잠원동 16-3

직장주소는   서울 종로구 명륜동 12-3 지상3층

연락처는   **자택전화** 02-555-4680   **휴대전화** 011-050-1119

직장전화 02-789-6547   **전자우편** (생략)

입니다.

사법경찰관은 피의사건의 요지를 설명하고 사법경찰관의 신문에 대하여 형사소송법 제244조의3에 따라 진술을 거부할 수 있는 권리 및 변호인의 참여 등 조력을 받을 권리가 있음을 피의자에게 알려주고 이를 행사할 것인지 그 의사를 확인하다.

진술거부권 및 변호인 조력권 고지 등 확인

---

1. 귀하는 일체의 진술을 하지 아니하거나 개개의 질문에 대하여 진술을 하지 아니할 수 있습니다.
2. 귀하가 진술을 하지 아니하더라도 불이익을 받지 아니합니다.
3. 귀하가 진술을 거부할 권리를 포기하고 행한 진술은 법정에서 유죄의 증거로 사용될 수 있습니다.
4. 귀하가 신문을 받을 때에는 변호인을 참여하게 하는 등 변호인의 조력을 받을 수 있습니다.

문 피의자는 위와 같은 권리들이 있음을 고지받았는가요.

답 네.

문 피의자는 진술거부권을 행사할 것인가요.

답 아니오. 사실대로 진술하겠습니다.

문 피의자는 변호인의 조력을 받을 권리를 행사할 것인가요.

답 아니오.

이에 사법경찰관은 피의사실에 관하여 다음과 같이 피의자를 신문하다.

문 피의자는 범죄전력이 있나요.

답 없습니다.

문 군대는 갔다 왔나요.

답 육군 병장 제대하였습니다.

문 학력은 어떠한가요.

답 대학에서 경영학을 전공하였습니다.

문 사회경력은 어떠한가요.

답 특별한 것은 없습니다. 주로 상업에 종사해 왔습니다.

문 가족관계는 어떠한가요.

답 처, 아들 2명(22세, 19세)입니다.

문 재산이나 월수입은 어떠한가요.

답 8억 정도의 집이 있으며, 월 수입은 500만 원 정도 됩니다.

문 정당이나 사회단체에 가입한 사실이 있나요.

답 없습니다.

문 건강상태는 어떠한가요.

답 좋습니다.

문 피의자는 언제부터 음식점을 운영하였나요.

답 금년 초 1월부터 하모니라는 이름으로 음식점을 운영하고 있습니다.

문 피의자의 업소의 구조는 어떻게 되어 있는가요?

답 주방이 있고 홀에는 테이블이 12개 정도 되고 카운터와 화장실이 있습니다.

문 하모니 음식점의 영업시간은 어떠한가요.

답 개업 초기에는 오전 10시부터 오후 9시까지 영업을 하였는데, 이후 장사가 잘 되지 않아 작년부터는 저녁에 술도 판매하면서 영업시간을 연장하여 오전 10시부터 새벽 5시까지 영업을 하고 있습니다.

문 하모니 음식점에서는 무엇을 주로 판매하는가요.

답 초기에는 스테이크, 돈가스 등의 식사 위주로 장사를 하였는데 주변에 음식점들이 많이 생겨 작년부터는 저녁 손님들을 대상으로 주로 술을 판매하고 있습니다.

문 피의자는 음식점을 운영하면서 청소년에게 술을 판매한 사실이 있는가요.

답 예. 2007년 8월 17일에 종업원인 최경안이 손님으로 온 청소년에게 소주를 판매하였다고 들었습니다.

문 최경안이 어떤 경위로 청소년에게 술을 판매하게 되었는가요.

답 예. 그 날 새벽 무렵 손님으로 온 그 사람의 주문을 받아 소주를 제공하였는데, 때마침 키가 크고 나이도 있어 보여 아무런 의심없이 술을 가져다 주었다고 들었습니다.

문 피의자는 청소년에게 술을 판매해서는 안 된다는 것을 알고 있었지요.

답 그렇습니다. 제가 늘 종업원들에게 미성년자 같이 의심되는 나이어린 손님에게는 술은 판매해서는 안된다고 교육을 해왔습니다.

문 최경안이 청소년에게 술을 판매할 때 피의자는 어디에 있었나요.

답 예. 평소 밤 12시가 넘으면 퇴근을 하기 때문에 그 날도 퇴근하여 집에 있었습니다.

문 피의자는 이 사건에 대하여 더 할 말이 있는가요?

답 요즘 아이들은 체격도 크고 하여 나이 구분이 어렵기 때문에 늘 조심하라고 종업원들에게 교육해 왔습니다. 제가 퇴근하여 가게에 없는 사이에 벌어진 일이라 당황스럽습니다. 한번만 선처를 부탁드립니다.

위의 조서를 진술자에게 열람하게 하였던바, 진술한 대로 오기나 증감·변경할 것이 전혀 없다고 하므로 간인한 후 서명 무인하게 하다.

진술자   김 원 고   (인)

2007.   8.   22.

송로경찰서

사법경찰관   경위   박 화 경   (인)

사법경찰리   경장   김 도 성   (인)

진술조서

성   명 : 최 경 안
주민등록번호 : 860509-2345678   만 21세
직   업 : 음식점 종업원
주   거 : 서울 종로구 수송동 120-57
등 록 기 준 지 : 서울시 서초구 잠원동 116-23
직 장 주 소 : 서울 종로구 명륜동 12-3 지상3층(하모니)
연   락   처 : (자택전화) 없음   (휴대전화) 010-5678-0987

　　위의 사람은 피의자 김원고에 대한 청소년보호법위반 피의사건에 관하여 2007. 8. 23. 종로경
찰서에 임의 출석하여 다음과 같이 진술하다.

1. 피의자와의 관계
　　제가 근무하는 하모니 업소의 사장입니다.

1. 피의사실과의 관계
　　저는 피의사실과 관련하여 참고인 자격으로서 출석하였습니다.

　　이 때 사법경찰관은 진술인을 상대로 다음과 같이 문답을 하다.

문　　진술인은 피의자가 운영하는 하모니라는 곳에서 근무한 사실이 있는가요.
답　　네, 근무하고 있습니다.
문　　언제부터 일하게 되었나요.
답　　개업할 당시부터 같이 일했습니다.
문　　진술인이 그곳에서 하는 일은 무엇이었나요.
답　　홀에서 손님들의 주문을 받아 음식과 술을 나르는 일을 하고 있습니다.
문　　하모니의 운영시간은 어떠한가요.
답　　오후 2시경부터 새벽 5시까지 영업을 하고 있습니다.
문　　진술인이 청소년인 김미성에게 소주를 판매하였나요.
답　　예. 새벽 1시 20분경 대학생으로 보이는 남자가 와서 소주 1병을 시켜 마셨습니다.

문   김미성이 청소년인지 몰랐는가요.

답   술을 주문받고 소주를 가져다 주면서 얼굴을 보니까 상당히 어려 보여 고등학생 같다는 생
     각도 들었습니다.

문   고등학생 같다는 생각이 들었으면 나이를 확인해 보아야 하는 것이 아닌가요.

답   손님이 별로 없는 새벽시간이라 별 문제 없을 것으로 생각했습니다.

문   하모니의 사장이 청소년에게도 술을 판매하라고 하였나요.

답   그렇지는 않습니다.

문   지금까지 진술이 사실인가요.

답   예, 그대로 말씀드렸습니다.

문   더 할 말이 있는가요.

답   **별일 없을 것으로 생각하고 그냥 주문대로 술을 팔았는데, 사장님에게 폐를 끼쳐드려 죄송합
     니다.**

     위의 조서를 진술자에게 열람하게 하였던바, 진술한 대로 오기나 증감·변경할 것이 전혀 없
다고 말하므로 간인한 후 서명 무인하게 하다.

                              진술자   **최 경 안**   (인)

                    2007.   8.   23.

                    종로경찰서

                    사법경찰관   **경위   박 화 정**   (인)

서울종로경찰서

수신자   생활안전과장
제 목   행정통보의뢰

_____

1. 아래 위반업소에 대하여 행정처분을 의뢰하오니 통보하여 주시기 바랍니다.

2. 피의자 인적사항
   (1) 한잔해(721128-1817284), 35세
       직업 술집사장, 011-9610-9876
       주거 서울 도봉구 쌍문동 298-31
       등록기준지 경기도 수원시 팔당구 권선동 444-31
   (2) 김원고(65****-1******), 41세
       직업 일반음식점, 011-050-1119
       주거 서울 서초구 서초동 312-2
       등록기준지   서울 서초구 잠원동 16-3

3. 위반업소 및 신고사항
   (1) 업주 : 한잔해
       업소주소 : 서울 종로구 명륜동 361 지하1층
       업소명 : 객잔 초이스
   (2) 업주 : 김원고
       업소주소 : 서울 종로구 명륜동 12-3 지상3층
       업소명 : 하모니

4. 위반내용
   청소년에게 청소년유해약물인 주류를 판매

5. 조치
   기소의견 송치

6. 취급자
   서울종로경찰서 수사과 경위 박화정(010-4565-4321)   끝.

서울종로경찰서장   [종로경 찰서장 印]

수신자 : 종로구청
시 행 : 2007. 9. 20.

종 로 구

수신자   서울특별시 종로구 명륜동 361 지하1층(객잔 초이스) 한잔해 귀하

제 목   식품위생법 위반업소 (업소명 : 객잔 초이스) 행정처분 알림

---

1. 귀하께서는 식품위생법을 위반하여 동법 제58조의 규정에 의하여 다음과 같이 행정처분하오니 앞으로는 이 사건과 같은 일이 일어나지 않도록 주의하여 주시기를 바랍니다.
2. 만약 이 처분에 불복이 있는 경우 처분이 있음을 안 날로부터 90일 이내에 행정소송 또는 행정심판을 청구할 수 있음을 알려드립니다.

□ 위반업소 처분내역

처분번호	업종	업소명 (신고번호)	업주명	소재지	위반내용	처분내역	
						적용법규	처분내용
대외 542	일반 음식점	객잔 초이스 (054321)	한잔해	명륜동 361 지하 1층	청소년에게 청소년유해약물인 주류제공	제58조	영업정지 1월

붙임: 행정처분명령서 (객잔 초이스)

종 로 구 청 장 [종로구 청장인]

담당   김갑을   담당주사 현철우 과장   전결   박경훈

행 정 처 분 명 령 서

담 당 자	박민병
연 락 처	1234-5678

영업소의 소재지	명륜동 361 지하1층		
영업소의 명칭	객잔 초이스		
영업자의 성명	한잔해	주민등록번호	7*****-1******
위 반 사 항	**청소년에게 청소년유해약물인 주류 제공**		
행정처분 내역	**영업정지 1월 (2008. 3. 1.~2008. 3. 30.)**		
지시(안내)사항	○ 향후 1년 이내 동일 내용으로 다시 적발될 경우 가중 처벌됩니다. ○ 이 처분에 대하여 이의가 있으면 행정심판법 및 행정소송법에 의하여 처분이 있음을 안 날로부터 90일 이내, 행정심판의 청구는 서울특별시장 소속하에 있는 행정심판위원회에 할 수 있으며, 또는 행정소송의 제기는 관할 행정법원에 할 수 있음을 알려드립니다.		

귀 업소는 위 위반사항으로 적발되어 식품위생법 제58조에 의거 위와 같이 행정처분 합니다.

2007년 11월 26일

종 로 구 청 장 [종로구 청장인]

서 울 중 앙 지 방 검 찰 청

2007.   12.   17.

사건번호   2007년 형제1234호
수 신 자   서울중앙지방법원
제   목   공 소 장

검사 지승후는 아래와 같이 공소를 제기합니다.

I. 피고인 관련사항

피고인   1. 한잔해(721128-1817284), 35세
               직업   술집사장, 011-9610-9876
               주거   서울 도봉구 쌍문동 298-31
               등록기준지   경기도 수원시 팔당구 권선동 444-31
           2. 김원고(65****-1******), 41세
               직업   일반음식점, 011-050-1119
               주거   서울 서초구 서초동 312-2
               등록기준지   서울 서초구 잠원동 16-3

죄   명   청소년보호법위반

적용법조   청소년보호법 제54조, 제51조 제 8 호, 제26조 제 1 항

구속여부   불구속

변 호 인   법무법인 태성 변호사 박승소

II. 공소사실

1. 피고인 한잔해는 2007. 8. 22. 00 : 50경 서울특별시 종로구 명륜동 361 지하1층 '객잔 초이스'라는 가게에서 피고인의 종업원인 김시중이 피고인의 업무에 관하여 손님으로 찾아온 청소년인 김미성(18세)에게 청소년유해약물인 화이투 맥주 2병 시가 8,000원 상당을 판매하였다.

2. 피고인 김원고는 2007. 8. 17. 01 : 20경 서울특별시 종로구 명륜동 12-3 지상3층 '하모니'라는 일반 음식점에서 피고인의 종업원인 최경안이 피고인의 업무에 관하여 손님으로 찾아온 청소년인 김미성(18세)에게 청소년유해약물인 진로 참이슬 소주 1병 시가 3,000원 상당을 판매하였다.

III. 첨부서류

1. 변호인선임서   2통

검사   지 승 후 (인)

의 견 서

사 건 : 2007고합1122
피고인 : 김원고

　　이 의견서는 피고인의 진술권 보장과 공판절차의 원활한 진행을 위하여 제출하도록 하는 것입니다. 피고인은 다음 사항을 기재하여 이 양식을 송부받은 날로부터 7일 이내에 반드시 법원에 제출하기시 바랍니다. 진술을 거부하는 경우에는 진술을 거부한다는 내용을 기재하여 제출할 수 있습니다.

1. 공소사실에 대한 의견

가. 공소사실의 인정여부

⑴ 공소사실을 모두 인정함 (　　)

⑵ 세부적으로 약간 다른 부분은 있지만 전체적으로 잘못을 인정함 (　　　)

⑶ 여러 개의 공소사실 중 일부만 인정함 (　　　)

⑷ 공소사실을 인정할 수 없음 (　0　)

⑸ 진술을 거부함 (　　)

나. 공소사실을 인정하지 않거나(1의 가. ⑶, ⑷ 중 어느 하나를 선택한 경우), 사실과 다른 부분이 있다고 하는 경우(1의 가. ⑵를 선택한 경우), 그 이유를 구체적으로 밝혀 주시기 바랍니다.

　　저는 청소년들에게는 술을 판매해서는 안된다고 매번 교육하였으며, 이 사건 때도 제가 가게에 없을 때 일어난 일입니다.

2. 절차진행에 대한 의견

가. 이 사건 이외에 현재 재판진행 중이거나 수사 중인 다른 사건이 있다면, 해당 수사기관이나 법원과 그 사건명, 당사자 명을 기재하여 주시기 바랍니다.

나. 이 사건 재판을 진행하기 전에 법원에 이야기하고 싶은 특별한 사정이 있습니까?

　　종업원의 잘못에 대하여 가게 사장이 무조건 처벌을 받아야 하는 것은 잘못이라고 생각합니다.

다. 이 사건 재판의 절차 진행에 있어, 법원에서 참작해 주기를 바라는 사항이 있으면, 구체적으로 밝혀 주시기 바랍니다.

저는 이 사건 공소사실과 적용법률에 대하여 동의할 수 없습니다.

3. 성행 및 환경에 관한 의견

가. 가족관계

⑴ 가족사항(사실상의 부부나 자녀도 기재하며, 중한 질병 또는 장애가 있는 등 특별한 사정은 비고란에 기재)

관 계	성 명	나 이	학 력	직 업	동거여부	비 고
처	강준희	40	대졸	상업	동거	
아들	김영우	20	대학1학년	학생	동거	
아들	김영화	18	고 2학년	학생	동거	

⑵ 주거상황

자가 소유(시가 :   원), 전세 (보증금 :   원),

월세 (보증금 :   원, 월세 :   원), 기타 (여인숙, 노숙 등)

⑶ 가족의 수입

가게운영 수입으로 월 500만원, 처 월급 250만원

나. 피고인의 학력·직업 및 경력

⑴ 피고인의 학력

대학에서 경영학 전공하였습니다.

⑵ 과거의 직업, 경력

대학 졸업 후 잠시 회사생활하였습니다. 그 후 상업에 종사하여 왔습니다.

⑶ 현재의 직업 및 월수입, 생계유지의 방법

하모니 업소를 운영하여 그 수입으로 생활하고 있습니다.

⑷ 향후 취직을 하거나 직업을 바꿀 계획 유무 및 그 내용, 자격증 등 소지 여부

다. 성장과정 및 생활환경(부모나 형제와의 관계, 본인의 결혼생활, 학교생활, 교우관계, 성장환경, 취미, 특기, 과거의 선행 등을 기재)

라. 피고인 자신이 생각하는 자기의 성격과 장·단점

4. 정상에 관한 의견[공소사실을 인정하지 않는 경우 기재하지 않아도 됨]
   가. 범행을 한 이유

   나. 피해자와의 관계

   다. 합의 여부(미합의인 경우 합의 전망, 합의를 위한 노력 및 진행상황)

   라. 범행후 피고인의 생활

   마. 현재 질병이나 신체장애 여부

   바. 억울하다고 생각되는 사정이나 애로사항
      종업원에게 평소 교육을 잘해 왔는데, 억울합니다.

   사. 그 외 형을 정함에 있어서 고려할 사항
      저에게 억울함이 없도록 배려해 주십시오.

                        2008.   1.   5.

                   피고인   김 원 고   (인)

서울중앙지방법원 귀중

---

* 각 사항은 사실대로 구체적으로 기재하여야 하며, 기억나지 않는 부분은 기재하지 않아도 됩니다.
* 변호인이나 가족의 도움을 받아 작성할 수 있습니다.
* 진술을 거부하는 경우에는 그 뜻을 기재하여 제출할 수 있습니다.
* 지면이 부족하면 별도의 종이에 적어 첨부할 수 있으며, 참고할 만한 자료가 있으면 함께 제출하시기 바랍니다.

서 울 중 앙 지 방 법 원

공 판 조 서

제 2 회

사 건	2007고합1122 청소년보호법위반				

재판장 판사 최운성   기   일 :   2008. 1. 15.   14 : 00
       판사 정세연   장   소 :   제 510 호 법정
       판사 황영주   공개여부 :   공개
법원 사무관 이시형

고지된
다음기일 :   2008. 1. 29.   14 : 00

피 고 인	1. 한잔해	출석
	2. 김원고	출석
검 사	지승후	출석
변 호 인	법무법인 태성 담당변호사 박승소(피고인들을 위하여)	출석
증 인	김미성	출석

재판장

    전회 공판심리에 관한 주요사항의 요지를 공판조서에 의하여 고지

소송관계인

    변경할 점이나 이의할 점이 없다고 진술

재판장

    피고인 한잔해의 청소년보호법 제54조에 대한 위헌법률심판제청신청을 각하한다고 결정 고지

    출석한 증인 김미성을 별지 조서와 같이 각 신문

증거관계 별지와 같음(검사, 변호인)

변호인

    피고인 한잔해는 2007. 12. 1. 영업정지처분 통지를 받았다.

재판장

    변론속행

법원 사무관   **이시형** (인)

재판장 판사   **최운성** (인)

참 고 자 료(관 계 법 령)

■ 헌   법

제10조

모든 국민은 인간으로서의 존엄과 가치를 가진다. 국가는 개인이 가치는 불가침의 기본적 인권을 확인하고 이를 보장할 의무를 진다.

■ 청소년보호법[2004. 1. 29. 법률 제7161호로 개정된 것]

제54조(양벌규정)

법인·단체의 대표자, 법인·단체 또는 개인의 대리인, 사용인 기타 종업원이 그 법인·단체 또는 개인의 업무에 관하여 제49조의2 내지 제49조의4 및 제50조 내지 제53조의 죄를 범한 때에는 행위자를 벌하는 외에 그 법인·단체 또는 개인에 대하여도 각 해당 조의 벌금형을 과한다.

■ 주세법[1999. 12. 28. 법률 제6055호로 전부 개정된 것]

제 3 조(정의)

이 법에서 사용하는 용어의 정의는 다음과 같다.

1. "주류"라 함은 주정(희석하여 음료로 할 수 있는 것을 말하며, 불순물이 포함되어 있어서 직접 음료로 할 수는 없으나 정제하면 음료로 할 수 있는 조주정을 포함한다)과 알콜분 1도 이상의 음료(용해하여 음료로 할 수 있는 분말상태의 것을 포함하되, 약사법에 의한 의약품으로서 알콜분 6도 미만의 것을 제외한다)를 말한다.
2. "주류의 규격"이라 함은 주류의 제조에 사용되는 원료의 사용량, 주류에 첨가할 수 있는 물료의 종류 및 비율, 주류의 알콜분 및 불휘발분의 함량, 주류를 나무통에 넣어 저장하는 기간, 주류의 여과방법 등 주류를 구분하는 기준을 말한다.
3. "알콜분"이라 함은 원용량에 포함되어 있는 에틸알콜(섭씨 15도에서 0.7947의 비중을 가진 것을 말한다)을 말한다.
4. "불휘발분"이라 함은 원용량에 포함되어 있는 휘발되지 아니하는 성분을 말한다.
5. "주조연도"라 함은 매년 1월 1일부터 12월 31일까지의 기간을 말한다.
6. "밑술"이라 함은 효모를 배양·증식한 것으로서 당분이 포함되어 있는 물질을 알콜발효시킬 수 있는 물료를 말한다.

7. "술덧"이라 함은 주류의 원료가 되는 물료를 발효시킬 수 있는 수단을 가한 때부터 주류를 제
성하거나 증류하기 직전까지의 상태에 있는 물료를 말한다.

8. "국"이라 함은 전분물질 또는 전분물질과 기타 물료를 섞은 것에 곰팡이류를 번식시킨 것 또
는 효소로서 전분물질을 당화시킬 수 있는 것을 말한다.

9. "포탈"이라 함은 부정한 방법으로 조세의 납부를 회피하거나 조세를 환급 또는 공제받는 것
을 말한다.

▣ **청소년보호법**[2004. 1. 29. 법률 제7161호로 개정된 것]

제26조(청소년유해약물 등으로부터 청소년보호)

① 누구든지 청소년을 대상으로 하여 청소년유해약물 등을 판매·대여·배포하여서는 아니된
다. 이 경우 자동기계장치·무인판매장치·통신장치에 의하여 판매·대여·배포한 경우를 포함
한다. 다만, 학습용·공업용 또는 치료용으로 판매되는 것으로서 대통령령이 정하는 것은 그러
하지 아니하다.

② 청소년보호위원회는 청소년유해약물목록표를 작성하여 청소년유해약물 등과 관련이 있는 중
앙행정기관, 청소년보호와 관련된 지도·단속기관, 기타 청소년보호를 위한 관련단체 등에 통보
하여야 하며, 필요한 경우 약물유통을 업으로 하는 개인·법인·단체에게 통보할 수 있으며, 요
청이 있는 경우 친권자 등에게 통지할 수 있다.

③ 제2항의 규정에 의한 청소년유해약물목록표의 작성방법, 통보시기, 통보대상 기타 필요한
사항은 총리령으로 정한다.

④ 제14조 내지 제16조의 규정은 청소년유해약물 등에 이를 준용한다.

▣ **청소년보호법**[2004. 1. 29. 법률 제7161호로 개정된 것]

제51조(벌칙)

다음 각 호의 1에 해당하는 자는 2년 이하의 징역 또는 1천만 원 이하의 벌금에 처한다.

1. 제14조, 제24조 제5항, 제26조 제4항의 규정에 위반하여 청소년유해매체물, 청소년유해업
소, 청소년유해약물 등의 청소년유해표시를 하지 아니한 자

2. 제15조의 규정에 위반하여 청소년유해매체물의 포장을 하지 아니한 자

3. 삭제

4. 삭제

5. 제19조의 규정에 위반하여 청소년유해매체물을 방송한 자

6. 제20조 제1항의 규정에 위반하여 광고선전물을 설치·부착하거나 배포한 자

7. 제24조 제2항의 규정에 위반하여 청소년을 유해업소에 출입시킨 자

8. 제26조 제 1 항의 규정에 위반하여 청소년에게 주류법의 규정에 의한 주류 또는 담배사업법의
   규정에 의한 담배를 판매한 자

▣ 식품위생법

제31조(영업자 등의 준수사항)

② 식품접객영업자는 청소년보호법 제 2 조의 규정에 의한 청소년(이하 이 항에서 "청소년"이라
한다)에 대하여 다음 각호의 행위를 하여서는 아니된다.

4. 청소년에게 주류를 제공하는 행위

제58조(허가취소 등)

① 식품의약품안전청장, 시·도지사, 시장·군수 또는 구청장은 영업자가 다음 각호의 1에 해당
하는 때에는 대통령령이 정하는 바에 따라 영업허가를 취소하거나 6월 이내의 기간을 정하여
그 영업의 전부 또는 일부를 정지하거나, 영업소의 폐쇄(제22조 제 5 항의 규정에 의하여 신고한
영업에 한한다. 이하 이 조에서 같다)를 명할 수 있다.

1. 제 4 조 내지 제 6 조, 제 7 조 제 4 항, 제 8 조, 제 9 조 제 4 항, 제10조 제 2 항, 제10조의2 제 2
   항, 제10조의3 제 1 항, 제11조 제 1 항, 제16조 제 1 항, 제19조 제 1 항, 제22조 제 1 항 후단·제
   4 항·제 5 항 후단 및 제 6 항, 제26조 제 3 항, 제27조 제 5 항, 제29조, 제31조 또는 제34조의
   규정에 위반한 때

▣ 식품위생법 시행령

제 7 조(영업의 종류)

법 제21조 제 2 항에 따른 영업의 세부 종류와 그 범위는 다음 각 호와 같다.

8. 식품접객업

   가. 휴게음식점영업 : 주로 다류, 아이스크림류 등을 조리·판매하거나 패스트푸드점, 분식점
       형태의 영업 등 음식류를 조리·판매하는 영업으로서 음주행위가 허용되지 아니하는 영
       업. 다만, 편의점·슈퍼마켓·휴게소 기타 음식류를 판매하는 장소에서 컵라면, 1회용 다
       류 기타 음식류에 뜨거운 물을 부어주는 경우를 제외한다.

   나. 일반음식점영업 : 음식류를 조리·판매하는 영업으로서 식사와 함께 부수적으로 음주행위
       가 허용되는 영업

▣ 식품위생법 시행규칙

제53조(행정처분의 기준)

　법 제55조 내지 법 제59조, 법 제63조의 규정에 의한 행정처분의 기준은 별표 15와 같다.

[별표 15]

행정처분 기준(제53조 관련)

Ⅱ. 개별기준

3. 식품접객업

　영 제7조 제8호의 식품접객업을 말한다.

위반 사항	근거 법령	행정처분기준		
		1차 위반	2차 위반	3차 위반
15. 법 제31조(영업자 등의 준수사항) 　　제2항 위반사항 라. 청소년에게 주류를 제공하는 행위	법 제58조	영업정지 2개월	영업정지 3개월	영업허가 취소 또는 영업소 폐쇄

설문 1.
해답

소　　장

원　고　　　한잔해
　　　　　　서울 도봉구 쌍문동 298-31

　　　　　　소송대리인　　법무법인 태성
　　　　　　담당변호사　　박승소
　　　　　　서울 서초구 서초동 246-7 한려빌딩 13층
　　　　　　(TEL: (02)543-5588(代)　FAX: (02)534-5566)

피　고　　　서울특별시 종로구청장

영업정지처분 취소 청구의 소

청　구　취　지

1. 피고가 2007. 11. 26. 원고에 대하여 한 영업정지 1개월 처분을 취소한다.
2. 소송비용은 피고가 부담한다.
라는 판결을 구합니다.

청　구　원　인

1. 처분의 경위

　　원고는 2006. 5. 중순경부터 일반음식점 영업신고를 하고, 서울 종로구 명륜동 361 지하 1층에서 '객잔 초이스'라는 상호로 일반음식점업(이하 '이 사건 음식점'이라 한다)을 운영하고 있습니다.

　피고는 2007. 8. 22. 00：50경 원고의 종업원인 김시중이 손님으로 찾아온 청소년인 김미성(18세)에게 청소년유해약물인 화이투 맥주 2병과 안주 시가 8,000원 상당을 판매하였다는 사유로 2007. 11. 26. 원고에 대하여 2008. 3. 1.부터 2008. 3. 31.까지 영업정지 1개월(이하 '이 사건 처분'이라 한다)처분을 하였습니다.

2. 이 사건 처분 법령

　가. 청소년보호법 제 2 조(정의)

　나. 청소년보호법 제26조(청소년유해약물등으로부터 청소년보호)

　다. 청소년보호법 제51조(벌칙)

　라. 식품위생법 제31조(영업자 등의 준수사항)

　마. 식품위생법 제58조(허가취소 등)

　바. 식품위생법 시행령 제 7 조(영업의 종류)

　사. 식품위생법 시행규칙 제53조(행정처분의 기준)

[별표 15] 행정처분 기준(제53조 관련)

Ⅱ. 개별기준

3. 식품접객업

영 제 7 조 제 8 호의 식품접객업을 말한다.

위반 사항	근거 법령	행정처분기준		
		1차 위반	2차 위반	3차 위반
15. 법 제31조(영업자 등의 준수사항) 제 2 항 위반사항 라. 청소년에게 주류를 제공하는 행위	법 제58조	영업정지 2개월	영업정지 3개월	영업허가 취소 또는 영업소 폐쇄

3. 이 사건 처분의 위법성

가. 사실관계

⑴ 원고는 종업원 김시중이 청소년 김미성으로부터 술과 안주를 주문받고 그 대금을 선불로 결제하기 위하여 김미성의 신용카드로 술값을 계산하려고 하였으나, 카드의 한도초과로 결제가 되지 않았습니다.

⑵ 원고는 결제가 되지 않는다는 점을 이야기하기 위하여 김미성의 테이블로 가게 되었는데, 그 때 김미성의 얼굴이 아무래도 청소년처럼 어려 보여서 밝은 곳에 가서 나이 등의 신분을 확인하기 위하여 김미성을 데리고 가게 밖 밝은 곳으로 나가게 되었습니다.

⑶ 원고와 김미성이 가게 밖으로 나오는 도중에 때마침 경찰관들이 이 사건 음식점에 단속을 하려고 들어오게 되었고, 김미성에게 맥주와 안주가 제공된 사실을 알고 원고를 청소년보호법위반 혐의로 입건하고 수사를 하게 되었습니다.

나. 사전통지 또는 의견제출의 기회부여 결여(절차상의 하자)

⑴ 피고의 이 사건 처분은 전형적인 침해적 행위에 해당합니다. 따라서 피고는 이 사건 처분을 행함에 있어 행정절차법이 정하는 바에 따라 처분의 사전통지를 하거나 의견제출의 기회를 주어야 함에도 이를 전혀 행하지 아니하였습니다.

⑵ 따라서 피고의 원고에 대한 이 사건 처분은 사전통지를 하지 않거나 의견제출의 기회를 주지 아니하여도 되는 행정절차법이 정하는 예외적인 경우에 해당하지 아니하므로, 이 사건 처분은 위법하여 취소를 면할 수 없습니다.

다. 사실오인 및 법리오해

⑴ 청소년보호법 제51조 제8호 소정의 '청소년에게 주류를 판매하는 행위'란 청소년에게 주류를 유상으로 제공하는 행위를 말하고, 청소년에게 주류를 제공하였다고 하기 위하여는 청소년이 실제 주류를 마시거나 마실 수 있는 상태에 이르러야 합니다(대법원 2008. 7. 24. 선고 2008도3211 판결【청소년보호법위반】).

⑵ 이 사건 처분근거 법령인 식품위생법 제31조 제2항 제4호의 "청소년에게 주류

를 제공하는 행위" 역시 위 청소년보호법상의 청소년에게 주류를 판매하는 행위
와 같은 의미로 해석하여야 합니다.

⑶ 그런데 원고의 종업원 김시중이 김미성에게 술과 안주를 제공하였지만, 그가 술
을 마시기 전에 그의 신분증을 확인하기 위하여 가게 밖으로 데리고 나가게 되
어, 결과적으로 김미성이 술을 마실 수 있는 상태에 이르지 않았습니다.

⑷ 원고가 김미성의 나이를 확인하려고 하던 중에 단속 나온 경찰관이 이를 목격하
게 되었지만, 경찰관이 오지 않았을지라도 원고가 김미성의 나이를 확인하려고
가게 밖으로 데리고 나간 점을 보더라도 청소년인 김미성에게 술을 판매할 의사
가 전혀 없었음을 알게 합니다.

⑸ 그러므로 피고의 이 사건 처분은 사실오인 및 법리오해로 원고가 청소년에게 주
류를 판매하는 행위를 하였다는 사유로 행하여진 것으로 재량권을 일탈하거나
남용한 위법한 처분으로 취소되어야 합니다.

⑹ 원고에 대한 청소년보호법위반 사건의 형사재판에서도 무죄판결이 선고될 것으
로 예상하고 있습니다.

라. 평등의 원칙 위반

⑴ 피고는 청소년에게 주류를 제공하여 실제로 술을 마시게까지 한 김원고에 대하
여는 영업정지 등의 제재처분을 하지 않았습니다. 김원고는 그의 종업원 최경안
이 청소년에게 소주 1병을 판매하여 실제로 그 청소년이 술을 전부 마시게 되었
습니다. 그 때문에 김원고 역시 원고와 같은 날 청소년보호법위반 혐의로 기소
되어 형사재판을 받고 있는 중입니다.

⑵ 그런데 피고는 원고가 청소년에게 주류를 판매하는 행위를 하지 않았음에도 영
업정지 1개월 처분을 한 반면, 거의 같은 시기와 장소에서 동일한 청소년에게
주류를 제공하여 술을 마신 단계에 이르러 법령위반의 정도가 원고보다 중한 김
원고에 대하여는 아무런 제재처분을 하지 않은 것은 평등의 원칙을 위반하였다
고 할 수 있습니다.

⑶ 따라서 피고의 원고에 대한 이 사건 처분은 평등의 원칙을 위반한 재량권의 일

탈·남용으로 위법하다 할 것이므로 취소되어야 합니다.

4. 결   론

따라서 피고의 원고에 대한 이 사건 처분은 행정절차법이 정하는 사전통지 또는 의견제출의 기회를 부여하지 않은 절차상의 하자로 위법하여 취소되어야 하고, 또한 사실오인과 법리오해 및 평등의 원칙에 위반한 재량권의 일탈·남용에 해당하여 위법하므로 취소되어야 합니다.

입 증 방 법

1. 갑 제 1 호증   피의자신문조서(한잔해)   1부
1. 갑 제 2 호증   진술서(김미성)   1부
1. 갑 제 3 호증   행정처분통보   1부
1. 갑 제 4 호증   행정처분명령서   1부

첨 부 서 류

1. 위 입증방법   각 1부
1. 소송위임장   1부
1. 소장부본   1부

2008.   2.   25.

원고   소송대리인

법무법인   태성

담당변호사   박 승 소

서 울 행 정 법 원   귀 중

쟁 점 해 설

1. 처분의 경위

가. 원고는 2007. 5. 중순경부터 일반음식점 영업신고를 한 후 서울 종로구 명륜동 361 지하 1층에서 '객잔 조이스'라는 상호로 영업을 하여 왔다.

나. 피고는 2007. 11. 26. 원고가 같은 해 8. 22. 00 : 50경 종업원인 김시중이 손님으로 찾아온 청소년인 김미성(18세)에게 청소년유해약물인 화이투 맥주 2병과 안주 시가 8,000원 상당을 판매하였다는 이유로 이 사건 처분을 하였다.

2. 당 사 자

가. 원고적격

원고는 이 사건 처분으로 영업의 자유에 관한 헌법과 법률에 의하여 보호되는 이익을 침해당한 직접 상대방이므로 원고적격이 있다.

나. 피고적격

서울특별시 종로구청장은 원고에 대한 이 사건 처분을 그의 명의로 한 자이므로 피고적격이 있다.

3. 이 사건 처분의 적법여부

가. 원고의 주장

㈎ 피고는 행정절차법이 정하는 바에 따라 처분의 사전통지를 하거나 의견제출의

기회를 주지 않아 절차상 하자가 있다.

(내) 원고는 청소년에게 주류를 판매한 사실이 없다.

나. 검　　토

(1) 행정절차의 준수여부

(개) 행정절차에 관한 법적 근거

ⓐ 행정청은 당사자에게 의무를 과하거나 권익을 제한하는 처분을 하는 경우에는 처분의 제목 등을 당사자등에게 통지하여야 한다(행정절차법 21①). 행정청이 당사자에게 의무를 과하거나 권익을 제한하는 처분을 함에 있어서 제 1 항 또는 제 2 항의 경우 외에는 당사자 등에게 의견제출의 기회를 주어야 한다(행정절차법 22③). 당사자등은 처분 전에 그 처분의 관할행정청에 서면·구술로 또는 정보통신망을 이용하여 의견제출을 할 수 있다(행정절차법 27①).

ⓑ 식품의약품안전청장, 시·도지사 또는 시장·군수·구청장은「제75조 제 1 항부터 제 3 항까지의 규정에 따른 영업허가 또는 등록의 취소나 영업소의 폐쇄명령」에 해당하는 처분을 하려면 청문을 하여야 한다(식품위생법 81⑶). 식품위생법 제81조에 따른 청문을 하거나「행정절차법」제27조에 따른 의견제출을 받았을 때에는 특별한 사유가 없으면 그 절차를 마친 날부터 14일 이내에 처분을 하여야 한다(식품위생법 시행령 52②).

(내) 의견제출 또는 청문절차의 흠결에 관한 판례

ⓐ 행정청이 침해적 행정처분을 함에 있어서 당사자에게 행정절차법상의 사전통지를 하지 않거나 의견제출의 기회를 주지 아니한 경우, 그 처분이 위법한 것인지 여부 (한정 적극)

행정청이 침해적 행정처분을 함에 있어서 당사자에게 위와 같은 사전통지를 하거나 의견제출의 기회를 주지 아니하였다면 사전통지를 하지 않거나 의견제출의 기회를 주지 아니하여도 되는 예외적인 경우에 해당하지 아니하는 한 그 처분은 위법하여 취소를 면할 수 없다(대법원 2000. 11. 14. 선고 99두5870 판결【지하수개발이용수리취소및원상복구명령취소】).

ⓑ 행정절차법 제22조 제 1 항 제 1 호에 정한 청문제도의 취지 및 행정처분의 근거 법령 등에서 청문의 실시를 규정하고 있는 경우, 청문절차를 결여한 처분의 위법 여부(적극)

행정청이 특히 침해적 행정처분을 할 때 그 처분의 근거 법령 등에서 청문을 실시하도록 규정하고 있다면, 행정절차법 등 관련 법령상 청문을 실시하지 않아도 되는 예외적인 경우에 해당하지 않는 한 반드시 청문을 실시하여야 하며, 그러한 절차를 결여한 처분은 위법한 처분으로서 취소사유에 해당한다(대법원 2007. 11. 16. 선고 2005두15700 판결【주택조합설립인가취소처분의취소】).

ⓒ 식품위생법상 청문서 도달기간 등의 청문절차를 준수하지 않고서 한 영업정지처분의 적부(소극)

식품위생법 제64조, 같은 법 시행령 제37조 제 1 항 소정의 청문절차를 전혀 거치지 아니하거나 거쳤다고 하여도 그 절차적 요건을 제대로 준수하지 아니한 경우에는 가사 영업정지사유 등 위 법 제58조 등 소정 사유가 인정된다고 하더라도 그 처분은 위법하여 취소를 면할 수 없다(대법원 1991. 7. 9. 선고 91누971 판결【식품위생접객업소영업정지명령취소등】).

ⓓ 행정처분을 하기에 앞서 청문절차를 실시하면서 행정청이 근거 법령을 잘못 적용하여 처분의 상대방에게 재량행위인 행정처분을 기속행위인 것으로 잘못 설명함으로써 변명 및 유리한 자료를 제출할 기회를 상실하게 한 경우, 청문절차에 실질적 하자가 있어 위법한 것인지 여부(적극)

여객자동차운수사업법 제76조 제 1 항 제 4 호는 부정한 방법으로 사업의 면허를 받거나 등록을 한 때에 그 사업면허를 반드시 취소하도록 규정하고 있고 그에 따른 취소처분은 이른바 기속행위라 할 것인데, 구 자동차운수사업법(1997. 12. 13. 법률 제5448호로 여객자동차운수사업법으로 전문 개정되기 전의 것) 시행 당시 부정한 방법으로 사업면허의 양도·양수인가를 받았음을 사유로 하여 그 사업면허를 취소하는 경우 그 적용법령은 구 자동차운수사업법 및 같은법 시행규칙이고 그에 따른 취소처분은 재량행위라 할 것임에도, 행정청이 개인택시운송사업면허취소처분을 하기에 앞서 실시한 청문절차에서 그 근거 법령을 잘못 적용하였고, 그에 따른 사업면허취소처분이 기속행위인 것처럼 잘못 설명함으로써 변명 및 유리한 자료를 제출할 기회를 상실하게 하였다면 이는 청문절차에 실질적 하자가 있는 경우에 해당하여 위법하다(광주고등법원 2002. 6. 27. 선고 2001누2248 판결【개인택시운송사업면허취소처분취소】).

㈐ 이 사건의 경우

피고는 행정절차법과 이 사건 처분법령에 따라 처분의 사전통지를 하거나 의견제출의 기회를 주어야 함에도 이를 하지 아니하였다. 따라서 피고의 이 사건 처분은 행정절차를 거치치 아니하여도 되는 예외적인 경우에 해당하지 아니하므로 위법하여 취소사유에 해당된다.

⑵ 원고가 '청소년에게 주류를 제공하는 행위'를 하였는지 여부

㈎ 김미성이 청소년인지 여부

원고의 업소에서 2007. 8. 22. 술을 주문하였던 김미성은 1989. 12. 9. 생으로 만 18세로 청소년에 해당된다.

㈏ 청소년보호법상 청소년의 개념

ⓐ 청소년 연령 계산에서 연령의 기준(=실제의 나이)

청소년보호법 제2조 제1호에서 "청소년이라 함은 만 19세 미만의 자를 말한다. 다만, 만 19세에 도달하는 해의 1월 1일을 맞이한 자를 제외한다"고 규정하고 있고, 형법과 청소년보호법이 연령 계산에 관하여 민법과 달리 규정하고 있지 않으므로 "연령 계산에는 출생일을 포함한다"는 민법 제158조에 따라 청소년인지 여부를 판단하여야 하는 점, 청소년을 각종 유해한 환경으로부터 보호·구제함으로써 청소년이 건전한 인격체로 성장할 수 있도록 한다는 청소년보호법의 입법 목적 등에 비추어 볼 때, 이때의 연령은 호적 등 공부상의 나이가 아니라 실제의 나이를 기준으로 하여야 한다(대구지법 2009. 9. 11. 선고 2009노1765 판결【청소년보호법위반】).[1]

ⓑ 청소년 연령의 하한(=9세 이상)

사회적 의미에서의 청소년이라 함은 12~13세부터 20대의 사람을 가리키는 것으로 일반적으로 통용되고 있기는 하지만 일정한 연령을 한계로 한 획일적인 기준은 없는 것으로 보이고, 법적 의미에서의 청소년의 의미도 그 법령의 입법 취지 및 목적을 기초로 한 입법자의 결단에 의하여 비로소 구체화되는 개념으로 일률적인 것은 아니며, 사회적 의미에서의 청소년의 의미와 달리 법적 의미에서의 청소년의 의미는 법적 안정성과 예측가능성을 확보하기 위하여 명확하게 정의되어 있어야 할 것이지만 그것이 불명확한 경우에는 그 법령의 규정 내용과 입법 취지는 물론 입법 취지가 유사한 다른 법령과의 관계나 사회통념 등을 종합적으로 고려하여 보충될 수 있는 것으로 보아야 할 것인바, 이러한 관점을 기초로 하여 청소년기본법상의 청소년의 정의에 관한 규정 및 입법 취지

---

[1] 이 사건 기록에 의하면, 공소외 2의 공부상 출생일은 1990. 1. 15.로 되어 있으나, 공판기록에 편철된 의사 ○○○ 작성의 출생증명서, 공소외 3(공소외 2의 아버지) 작성의 진술서의 각 기재에 따르면, 공소외 2는 실제 1989. 12. 15.에 출생하였음을 알 수 있다. 그렇다면 공소외 2는 이 사건 당일인 2008. 6. 16.에는 '만 19세에 도달하는 해의 1월 1일을 맞이한 자'에 해당하여 청소년보호법상의 청소년에서 제외되는 자임이 역수상 명백하고, 달리 이 사건 당시 공소외 2가 청소년이었음을 인정할 증거가 없는 이상 피고인이 연령확인의무를 다하지 아니하였다고 하여 청소년보호법에 의하여 처벌할 수는 없으므로, 이 사건은 범죄사실의 증명이 없는 때에 해당하여 형사소송법 제325조 후단에 따라 무죄를 선고하여야 할 것이고, 이 점을 지적하는 피고인의 주장은 이유 있다(대구지법 2009. 9. 11. 선고 2009노1765 판결【청소년보호법위반】).

와 청소년보호법과의 관계, 아동복지법상의 아동의 정의에 관한 규정 및 입법 취지와 청소년보호법과의 관계, 사회통념 등을 종합적으로 고려하면 청소년보호법의 청소년에는 19세 미만의 모든 사람이 포함되는 것으로 새길 것이 아니라 적어도 청소년기본법이 정하는 연령의 하한인 9세 이상으로 새기는 것이 타당하다(서울행법 2001. 12. 20. 선고 2001구33822 판결【과징금부과처분취소】).[2]

(다) 원고가 청소년에게 주류를 제공하였는지 여부

(a) 청소년보호법 제51조 제 8 호 소정의 '청소년에게 주류를 판매하는 행위'란 청소년에게 주류를 유상으로 제공하는 행위를 말하고, 청소년에게 주류를 제공하였다고 하기 위하여는 청소년이 실제 주류를 마시거나 마실 수 있는 상태에 이르러야 한다(대법원 2008. 7. 24. 선고 2008도3211 판결【청소년보호법위반】).[3]

(b) 원고는 김미성에게 술을 제공하였지만, 그가 술을 마시기 전에 신분증 확인을

---

[2] 따라서 만 6세의 아동인 이○○은 청소년보호법상의 청소년이라고 할 수 없어 이○○에게 술을 판매하였다 하더라도 청소년보호법의 적용대상이 될 수 없다고 할 것이므로 이 사건 처분은 처분요건이 흠결된 것으로서 위법하다. 이 사건에서 이○○을 청소년보호법상의 청소년으로 본다고 하더라도 이○○은 원고가 경영하는 럭키슈퍼 바로 옆 가게(5m 거리)인 이사짐센타 사장 이○○의 아들로서 이사짐센타 종업원 김○○(25세)의 술심부름 온 것임에 다툼이 없을 뿐 아니라 이○○의 나이나 외모, 심부름 온 거리 등 모든 사정에 비추어 다른 청소년은 물론 심부름 온 이○○ 자신이 술을 마실 위험성이나 개연성이 전혀 없음이 명백하여 청소년을 대상으로 하여 술을 판매한 경우에 해당하지 아니한다고 할 것이므로 결국 이 사건 처분은 처분요건이 흠결된 것으로서 위법하다고 보아야 할 것이다(서울행법 2001. 12. 20. 선고 2001구33822 판결【과징금부과처분취소】).

[3] 피고인은 2005. 12. 5.부터 안성시 (이하 생략) 7층에서 "(이하 생략) 나이트클럽"이라는 상호로 유흥주점을 운영하고 있었던 사실, 공소외 1은 1988년생으로서 미성년자인데도, 2006. 2. 17. 00 : 30경 위 나이트클럽에 혼자 들어가 그곳의 룸 안에서 종업원인 공소외 2에게 술과 안주를 주문한 사실, 위 공소외 2는 공소외 1에게 술값을 선불로 결제해 줄 것을 요구하고, 이에 따라 공소외 1로부터 신용카드를 건네받았으나 위 카드는 결제승인이 나지 않은 사실, 그 후 공소외 1은 공소외 2에게 다른 신용카드를 건네주어 술값을 결제하고는 위 나이트클럽에 있는 모든 러시아 아가씨들을 불러달라고 요구한 사실, 공소외 2는 이러한 공소외 1의 행동 등을 수상하게 여기고 피고인에게 이 같은 사정을 말한 사실, 이에 피고인은 공소외 2와 함께 술과 안주를 가지고 가 공소외 1이 있는 룸 안으로 들어가 위 공소외 1에게 신분증을 보여달라고 요구하고, 공소외 1이 신분증을 제시하지 않자 그를 밖으로 데리고 나갔는데, 마침 도착한 경찰관들이 위 공소외 1을 절도 혐의로 체포한 사실 등을 알 수 있고, 이와 같이 피고인이 공소외 1이 있는 **룸 안으로 술을 가지고 들어갔다 하더라도, 이와 동시에 피고인이 공소외 1에게 신분증 제시를 요구하고 공소외 1이 신분증을 제시하지 않자 공소외 1로 하여금 술을 마시지 못하게 한 채 밖으로 데리고 나왔다면,** 공소외 1이 실제 주류를 마시거나 마실 수 있는 상태에 이르지 않았다고 봄이 상당하고, 피고인이 공소외 1로부터 그 술값을 선불로 받았다거나 공소외 1의 신분을 확인하려고 한 이유가 청소년 여부를 확인하기 위한 것이 아니었다고 하여 이와 달리 볼 수는 없으므로, 결국 피고인이 청소년인 공소외 1에게 주류를 제공하였다고 볼 수 없다.

　같은 취지에서, 판시와 같은 이유로 이 부분 청소년에 대한 주류판매의 공소사실을 무죄로 인정한 제 1 심판결을 그대로 유지한 원심의 조치는 정당하고, 상고이유의 주장과 같이 채증법칙을 위반하거나, 주류판매로 인한 청소년보호법 위반죄의 기수시기에 관한 법리를 오해한 위법 등이 없다(대법원 2008. 7. 24. 선고 2008도3211 판결【청소년보호법위반】).

위하여 가게 밖으로 데리가 나가있던 중에 경찰관에게 적발되어 김미성이 술을 마신 사실이 없고, 원고는 청소년에게는 주류를 판매할 의사도 없었기 때문에 김미성이 술을 마실 수도 없는 상태였으므로, 원고가 청소년에게 주류를 제공하였다고 할 수 없다.

ⓒ 원고에 대한 청소년보호법위반 형사재판에서도 무죄 판결이 선고될 것으로 예상된다.

㈃ **청소년에게 술을 판매한 행위와 관련된 판례**

ⓐ **음식점 운영자가 술을 내어 놓을 당시에는 성년자들만이 술을 마시다가 나중에 청소년이 합석하여 술을 마신 경우, 식품위생법 제31조 제 2 항 제 4 호에 규정된 '청소년에게 주류를 제공하는 행위'에 해당하는지 여부(한정 소극)**

음식점을 운영하는 사람이 그 음식점에 들어온 사람들에게 술을 내어 놓을 당시에는 성년자들만이 있었고 그들끼리만 술을 마시다가 나중에 청소년이 들어와서 합석하게 된 경우에는, 처음부터 음식점 운영자가 나중에 그렇게 청소년이 합석하리라는 것을 예견할 만한 사정이 있었거나, 청소년이 합석한 후에 이를 인식하면서 추가로 술을 내어 준 경우가 아닌 이상, 나중에 합석한 청소년이 남아 있던 술을 일부 마셨다고 하더라도 음식점 운영자가 식품위생법 제31조 제 2 항 제 4 호에 규정된 '청소년에게 주류를 제공하는 행위'를 하였다고 볼 수는 없다(대법원 2005. 5. 27. 선고 2005두2223 판결【영업정지처분취소】).[4]

ⓑ **청소년에 대한 연령 확인의무의 내용**

청소년보호법의 입법 취지에 비추어 볼 때, 청소년출입금지업소의 업주 및 종사자에게는 청소년의 보호를 위하여 청소년을 당해 업소에 출입시켜서는 아니 될 매우 엄중한 책임이 부여되어 있다 할 것이므로 청소년출입금지업소의 업주 및 종사자는 객관적

---

[4] 성년자인 공소외 1, 2가 먼저 피고인 운영의 위 식당에 들어가서 생맥주 4,000cc와 과일안주 등을 주문하여 마시다가, 공소외 1이 자신의 여동생인 공소외 3에게 전화를 하여 핸드폰을 가져다 달라고 하여 공소외 3이 핸드폰을 가지고 친구인 공소외 4와 함께 위 식당으로 가서 공소외 1, 2와 합석하게 되었는데, 식당 종업원이 공소외 3, 4에게 맥주잔을 가져다 주자 공소외 2가 그 잔에다 맥주를 따라 놓은 사실을 인정할 수 있고, 기록상 공소외 1 일행이 청소년들이 합석한 후 술을 추가로 더 주문하여 나누어 마셨다거나, 피고인이 나중에 공소외 3 등이 합석하리라는 것을 처음부터 예견하였다는 등의 사정을 인정할 자료는 찾아볼 수 없다.

그렇다면 피고인이 제공한 생맥주 4,000cc는 성년자들 2인의 일행에게 판매한 것이어서 죄가 되지 않는 것이고, 달리 피고인이 공소외 3 등이 합석한 후 그 일행에게 술을 내어 주어 판매하였음을 인정할 증거가 없음에도 불구하고 원심이 이 사건 공소사실을 유죄라고 판단한 것은 채증법칙에 위반하여 사실을 잘못 인정하였거나 청소년보호법에 관한 법리를 오해하여 판결에 영향을 미친 것이라 할 것이다. 이를 지적하는 상고이유의 주장은 이유 있다(대법원 2002. 1. 11. 선고 2001도6032 판결【청소년보호법위반】).

으로 보아 출입자를 청소년으로 의심하기 어려운 사정이 없는 한 청소년일 개연성이 있는 연령대의 출입자에 대하여 주민등록증이나 이에 유사한 정도로 연령에 관한 공적 증명력이 있는 증거에 의하여 대상자의 연령을 확인하여야 할 것이고, 업주 및 종사자가 이러한 연령확인의무에 위배하여 연령확인을 위한 아무런 조치를 취하지 아니함으로써 청소년이 당해 업소에 출입한 것이라면, 특별한 사정이 없는 한 업주 및 종사자에게 최소한 위 법률 조항 위반으로 인한 청소년보호법위반죄의 미필적 고의는 인정된다고 할 것이다(대법원 2007. 11. 16. 선고 2007도7770 판결【청소년보호법위반】).

　　ⓒ 청구인들의 청소년보호법위반 혐의를 인정한 기소유예처분이 청구인들의 평등권과 행복추구권을 침해하여 기소유예처분을 취소한 사례

　　사건 당시는 자정에 가까운 시간의 ○○나이트클럽의 입구 앞이라 주위가 상당히 어두웠고, 나이트클럽으로부터 조명이 새어나오고 있었으며, 손님들도 계속하여 밀려들고 있었기 때문에, 청구인들에게 주민등록증상의 사진과 실물의 동일성 여부를 더 정확하게 판단할 것을 기대하기는 어려운 것으로 보이고, 나아가 이 사건 당시의 정황에 비추어 청구인들에게 추가적인 연령확인조치로서 주민등록증상의 주소나 주민등록번호를 외우게 하거나 지문을 대조하는 등의 방법을 사용할 것을 기대하기도 어려운 것으로 보인다. 오히려, 청소년들 및 이들과 동행하고 있던 대학생 3인이 모두 1989년생의 주민등록증을 제시하여 그들 일행이 모두 같은 나이의 성인인 것처럼 가장하였다는 점은, 고의가 없었다는 위 청구인들의 진술을 뒷받침하는 근거가 된다. 따라서 피청구인은 청구인들이 이 사건 당시의 정황에 비추어 연령확인의무를 충실히 이행하였는지 여부 및 청소년임을 인식하였다고 볼 수 있는지 여부에 관한 다른 객관적인 자료를 확보하였어야 함에도 경찰 수사결과만을 근거로 곧바로 청구인들에게 청소년보호법위반죄의 혐의를 인정한 잘못이 있다(헌법재판소 2010. 9. 30. 선고 2008헌마481 결정【기소유예처분취소】).[5]

　　⑶ 소　　결

　　피고의 이 사건 처분은 사실을 오인하여 원고가 청소년에게 주류를 판매하는 행위를 하였다는 사유로 행하여진 재량권을 일탈·남용한 위법한 처분으로 취소되어야 한다.

---

5)【주　　문】수원지방검찰청 안산지청 2008년 형제20887호 청소년보호법위반 피의사건에서 피청구인이 2008. 5. 26. 청구인들에 대하여 한 기소유예처분은 청구인들의 평등권과 행복추구권을 침해한 것이므로 이를 취소한다.

4. 제소기간

원고는 2007. 12. 1. 이 사건 처분이 있음을 알게 되었다(공판조서 참조). 제소기간의 산정은 초일을 산입하지 않는 민법의 규정에 따라 처분 통지를 송달받은 다음 날부터 기산하여[6] 90일이 되는 2008. 2. 29. 이전인 2008. 2. 25. 제소한 이 사건 소는 적법한 제소기간을 준수하였다. 제소기간 준수 여부는 직권조사사항이고, 피고의 항변사유에 해당하므로 원고가 반드시 기재할 사항은 아니다.

---

[6] 기간의 초일이 (토요일 또는) 공휴일이라 하더라도 기간은 초일부터 기산한다는 판례에 따라 토요일인 2007. 12. 2.부터 기산하여야 한다.

민법 제161조가 정하는 기간의 말일이 (토요일 또는) 공휴일에 해당한 때에는 기간은 그 익일로 만료한다는 규정의 취의는 명문이 정하는 바와 같이 기간의 말일이 공휴일인 경우를 정하는 것이고, 이는 기간의 만료일이 공휴일에 해당함으로써 발생할 불이익을 막자고 함에 그 뜻이 있는 것이므로 **기간 기산의 초일은 이의 적용이 없다고 풀이하여야 할 것이다.** 원고는 이 사건 양도소득세 부과처분에 관한 국세심판소의 심판청구를 기각하는 결정서를 1980. 7. 17.에 송달받고 국세기본법이 정하는 행정소송제기의 불변기간인 60일이 되는 1980. 9. 15.이 도과한 1980. 9. 16 이 사건 소를 제기하였다는 것이므로 1980. 7. 17. 결정서를 받았다면 그로부터 60일이 되는 날은 7. 18.부터 따져 그해 9. 15.이 됨이 역산상 명백하여 원심 조치는 정당하다 할 것이고, 위 7. 17.이 공휴일인 제헌절이어서 송달의 효력은 다음 날인 7. 18.에 발생하니 제소기간은 7. 19.부터 기산하여야 한다는 소론 논지는 아무 근거도 없는 독단적 견해에 불과하다(대법원 1982. 2. 23. 선고 81누204 판결【양도소득세부과처분취소】).

설문 2.
해답

위 헌 심 판 제 청 신 청

사   건   2007고합1122 청소년보호법위반
피 고 인   김원고

위 사건에 관하여 피고인의 변호인은 아래와 같이 위헌법률심판제청을 신청합니다.

신 청 취 지

청소년보호법(2004. 1. 29. 법률 제7161호로 개정된 것) 제54조 중 "개인의 대리인, 사용인 기타 종업원이 개인의 업무에 관하여 제51조 제8호의 죄를 범한 때에는 행위자를 벌하는 외에 그 개인에 대하여도 각 해당 조의 벌금을 과한다"라는 부분의 위헌여부에 대한 심판을 제청한다.라는 결정을 구합니다.

신 청 이 유

1. 피고인에 대한 공소사실

피고인은 2007. 8. 17. 01 : 20경 서울 종로구 명륜동 12-3에 있는 '하모니'라는 일반음식점에서 피고인의 종업원인 최경안이 피고인의 업무에 관하여 손님으로 찾아온 청소년인 김미성(남, 18세)에게 청소년유해약물인 소주 1병을 3,000원에 판매하였다는 공소사실로 기소되어, 이 법원 2007고합1122호로 재판이 계속 중입니다.

2. 위헌제청대상 법률조항 및 관련조항

이 사건 위헌제청대상은 청소년보호법 제54조(양벌규정) 중 "개인의 대리인, 사용인 기타 종업원이 개인의 업무에 관하여 제51조 제8호의 죄를 범한 때에는 행위자를 벌하

는 외에 그 개인에 대하여도 각 해당 조의 벌금을 과한다"라고 규정한 부분(이하 '이 사건 법률조항'이라고 한다)이 헌법상 법치국가 원리와 헌법 제10조에 위반되는지 여부입니다.

▣ 청소년보호법 제54조(양벌규정)

법인·단체의 대표자, 법인·단체 또는 개인의 대리인, 사용인 기타 종업원이 그 법인·단체 또는 개인의 업무에 관하여 제49조의2 내지 제49조의4 및 제50조 내지 제53조의 죄를 범한 때에는 행위자를 빌하는 외에 그 법인·단체 또는 개인에 대하여도 각 해당 조의 벌금형을 과한다.

▣ 청소년보호법 제51조(벌칙)

다음 각 호의 1에 해당하는 자는 2년 이하의 징역 또는 1천만 원 이하의 벌금에 처한다.

8. 제26조 제1항의 규정에 위반하여 청소년에게 「주세법」의 규정에 의한 주류 또는 「담배사업법」의 규정에 의한 담배를 판매한 자

▣ 청소년보호법 제26조(청소년유해약물 등으로부터 청소년보호)

① 누구든지 청소년을 대상으로 하여 청소년유해약물 등을 판매·대여·배포하여서는 아니된다. 이 경우 자동기계장치·무인판매장치·통신장치에 의하여 판매·대여·배포한 경우를 포함한다. 다만, 학습용·공업용 또는 치료용으로 판매되는 것으로서 대통령령이 정하는 것은 그러하지 아니한다.

3. 재판의 전제성

가. 헌법 제107조 제1항은 "법률이 헌법에 위반되는 여부가 재판의 전제가 된 경우에는 법원은 헌법재판소에 제청하여 그 심판에 의하여 재판한다"고 규정하고 있고, 헌법재판소법 제41조 제1항은 "법률이 헌법에 위반되는 여부가 재판의 전제가 된 때에는 당해 사건을 담당하는 법원(군사법원을 포함한다. 이하 같다)은 직권 또는 당사자의 신청에 의한 결정으로 헌법재판소에 위헌여부의 심판을 제청한다"고 규정하고 있으므로 위헌법률심판제청이 적법하기 위하여는 문제된 법률의 위헌여부가 재판의 전제가 되어야 한다는 재판의 전제성이 있어야 합니다.

나. 법원이 어느 법률의 위헌여부의 심판을 제청하기 위하여는, 당해 법률이 헌법에 위반되는 여부가 재판을 하기 위한 전제가 되어야 하는바, 여기에서 재판의 전제가 된다고 함은, 구체적 사건이 법원에 계속중이어야 하고, 위헌여부가 문제

되는 법률이 당해 소송사건의 재판에 적용되는 것이어야 하며, 그 법률이 헌법
에 위반되는지의 여부에 따라 당해 사건을 담당하는 법원이 다른 판단을 하게
되는 경우(대법원 2002. 9. 27. 2002초기113 위헌제청신청)를 말합니다.[7]

다. 이 사건 심판대상 법률조항은 이 법원 2007고합1122 청소년보호법위반 사건에
적용되는 것으로 위 법률조항이 위헌으로 결정되면 청구인에 대한 위 형사재판
은 무죄가 선고될 것으로 예상됩니다. 따라서 이 사건 심판청구는 재판의 전제
성 요건을 갖추고 있습니다.

4. 위헌제청 이유

가. 청소년보호법 제54조는 개인의 대리인, 사용인 기타 종업원(이하 '종업원'이라고
합니다)이 청소년보호법 제51조 제8호를 위반하는 경우 개인(이하 '영업주'라고
합니다)에 대한 처벌요건으로 종업원의 범죄행위에 대한 영업주의 귀책사유나
면책사유에 대한 규정이 전혀 없습니다. 따라서 피고인에 대한 이 사건 공소사
실과 같이 종업원 최경안이 청소년보호법 제51조 제8호를 위반한 범죄사실이
인정되면, 영업주는 종업원의 지도감독을 철저히 하였는지 여부와 상관없이 이
른바 무과실책임을 지게 되어 청소년보호법 제51조 제8호에서 정하는 바에 따
라 처벌을 받게 됩니다. 그렇지만 이런 결과는 헌법상 법치국가의 원리에 내재
하는 원리이면서, 인간으로서의 존엄과 가치를 가지고 스스로의 책임에 따라
자신의 행동을 결정할 것을 보장하고 있는 헌법 제10조에서 도출되는 "책임없
는 자에게 형벌을 과할 수 없다"는 형벌에 관한 책임주의에도 위반됩니다.

나. 그리고 합헌적 법률해석은 법률조항의 문언과 목적에 비추어 가능한 범위 안에
서의 해석을 전제로 하는 것이고, 법률조항의 문구 및 그로부터 추단되는 입법

---

7) 헌법재판소는 법률의 위헌심판과 재판의 전제성에 관하여 보다 구체적으로 밝히고 있다. 즉, 재판의 전
제성이라 함은, 첫째 구체적인 사건이 법원에 계속 중이어야 하고, 둘째 위헌여부가 문제되는 법률이
당해 소송사건의 재판과 관련하여 적용되는 것이어야 하며, 셋째 그 법률이 헌법에 위반되는지의 여부
에 따라 당해 사건을 담당한 법원이 다른 내용의 재판을 하게 되는 경우를 말합니다. 법률의 위헌여부
에 따라 법원이 "다른 내용의" 재판을 하게 되는 경우라 함은 원칙적으로 제청법원이 심리 중인 당해
사건의 재판의 결론이나 주문에 어떠한 영향을 주는 것뿐만이 아니라, 문제된 법률의 위헌여부가 비록
재판의 주문 자체에는 아무런 영향을 주지 않는다고 하더라도 재판의 결론을 이끌어내는 이유를 달리
하는 데 관련되어 있거나 또는 재판의 내용과 효력에 관한 법률적 의미가 전혀 달라지는 경우에는 재
판의 전제성이 있는 것으로 보아야 합니다(헌재 1992. 12. 24. 92헌가8).

자의 명백한 의사에도 불구하고 문언상 가능한 해석의 범위를 넘어 다른 의미로 해석할 수는 없으므로, 이 사건 법률조항을 '종업원의 범죄행위에 대해 영업주의 선임감독상의 과실(기타 영업주의 귀책사유)이 인정되는 경우'라는 요건을 추가하여 해석할 수도 없습니다.

다. 따라서 이 사건 법률조항은 피고인의 종업원 최경안의 행위에 대하여 그 책임이 있는지 여부를 불문하고 처벌을 하게 됨으로써 형법상의 책임주의에도 반하여, 헌법상 법치국가의 원리와 헌법 제10조의 취지에 위반하여 위헌법률이라고 보는 것이 타당할 것입니다.

5. 결   론

따라서 이 사건 법률조항은 그 위헌 여부가 이 사건 재판의 전제가 되고, 위헌으로 인정할 만한 상당한 이유가 있으므로, 피고인의 변호인은 헌법재판소에 위헌법률심판을 제청해 줄 것을 신청합니다.

2008.   2.   20.

위 피고인의 변호인

법무법인   태성

담당변호사   박 승 소

서 울 중 앙 지 방 법 원   귀 중

쟁 점 해 설

1. 피고인 김원고에 대한 공소사실의 요지

피고인은 이 사건 업소에서 종업원이 손님으로 찾아온 청소년에게 청소년유해약물인 소주 1병을 판매하였다.

2. 이 사건 위헌제청대상 법률조항

청소년보호법 제54조(양벌규정) 중 "개인의 대리인, 사용인 기타 종업원이 개인의 업무에 관하여 제51조 제8호의 죄를 범한 때에는 행위자를 벌하는 외에 그 개인에 대하여도 각 해당 조의 벌금을 과한다"라고 규정한 부분이 헌법상 법치국가 원리와 헌법 제10조에 위반된다.

3. 위헌법률심판에 관한 기본적 이론

가. 당사자의 위헌제청신청

⑴ 일반법원의 재판계속 중 당해 사건에 적용될 특정의 법률 또는 법률조항이 헌법에 위반된다고 주장하는 당사자는 당해 사건을 담당하는 법원에 위헌제청의 신청을 할 수 있다.

⑵ 당해 소송의 당사자는 당해 법원에 대하여 위헌제청의 신청을 할 수 있을 뿐이며, 직접 헌법재판소에 위헌심판을 청구할 수는 없다.

⑶ 이 사건에서 피고인은 2008. 2. 20. 공소사실의 적용법조인 청소년보호법(2004. 1. 29. 법률 제7161호로 개정된 것) 제54조 중 "개인의 대리인, 사용인 기타 종업원이

개인의 업무에 관하여 제51조 제8호의 죄를 범한 때에는 행위자를 벌하는 외에 그 개인에 대하여도 각 해당 조의 벌금을 과한다"라는 부분이 헌법에 위반된다는 위헌법률심판제청 신청을 하였다.

나. 법원의 위헌제청결정 및 송부

(1) 위헌제청신청을 받은 당해 법원은 위헌주장된 법률의 위헌 여부가 당해 소송의 재판의 전제가 되고 또 합리적인 위헌의 의심이 있는 때에 결정의 형식으로 위헌심판제청을 결정한다. 이밖에 당해 법원은 직권으로도 위헌심판제청을 결정할 수 있다.

(2) 법원은 문제되는 법률조항이 담당법관 스스로의 법적 견해에 의하여 단순한 의심을 넘어선 '합리적인 위헌의 의심'이 있으면 위헌여부심판을 제청하여야 한다 (헌재 1993. 12. 23. 93헌가2).

(3) 법원행정처장은 이 위헌제청결정서 정본을 그대로 헌법재판소에 송부하게 되고, 이로써 위헌법률심판의 제청이 이루어지게 된다(헌법재판소법 26① 단서).

(4) 피고인의 이 사건 위헌법률제청신청에 대하여 법원은 2008. 2. 24. 위헌제청결정을 하게 되었으며, 법원행정처장은 2008. 3. 2. 위헌법률심판제청결정서 정본을 헌법재판소에 송부하였다.

다. 위헌제청신청기각 - 헌법소원심판청구

법원이 위헌제청신청을 기각한 때에는 그 신청을 한 당사자는 헌법재판소에 헌법소원심판을 청구할 수 있다. 이 경우 그 당사자는 당해 사건의 소송절차에서 동일한 사유를 이유로 다시 위헌여부심판의 제청을 신청할 수 없다(헌법재판소법 68②).

그러므로 당사자가 위헌제청신청을 하였다가 취하한 후에 상소심에서 다시 동일한 사유로 위헌여부 심판청구를 할 수 없게 되어, 결국 위헌심판청구를 제약하는 요소로 작용하고 있다.

라. 당해 사건의 재판정지

법원이 위헌법률심판을 제청한 때에는 당해 소송사건의 재판은 헌법재판소의 위헌 여부의 결정이 있을 때까지 정지된다. 다만, 법원이 긴급하다고 인정하는 경우에는 종국

재판 외의 소송절차를 진행할 수 있다(헌법재판소법 42①).

마. 재판의 전제성

법률에 대한 위헌제청이 적법하기 위하여는 법원에 계속중인 구체적인 사건에 적용할 법률이 헌법에 위반되는 여부가 재판의 전제로 되어야 한다.

(1) 재판의 "전제성"

위헌법률심판제청 내지 헌법재판소법 제68조 제 2 항에 의한 헌법소원심판청구의 적법요건인 재판의 전제성(前提性)이라 함은 첫째 구체적인 사건이 법원에 계속되어 있었거나 계속중이어야 하고, 둘째 위헌 여부가 문제되는 법률이 당해 소송사건의 재판에 적용되는 것이어야 하며, 셋째 그 법률이 헌법에 위반되는지의 여부에 따라 당해 사건을 담당한 법원이 다른 내용의 재판을 하게 되는 경우를 말하는 것으로, 여기에서 법원이 "다른 내용의" 재판을 하게 되는 경우라 함은 원칙적으로 법원이 심리중인 당해 사건의 재판의 결론이나 주문에 어떠한 영향을 주는 것뿐만이 아니라, 문제된 법률의 위헌 여부가 비록 재판의 주문 자체에는 아무런 영향을 주지 않는다고 하더라도 재판의 결론을 이끌어 내는 이유를 달리 하는 데 관련되어 있거나 또는 재판의 내용과 효력에 관한 법률적 의미가 전혀 달라지는 경우도 포함한다 할 것이다(헌법재판소 1993. 5. 13. 선고 92헌가10 결정【헌법재판소법제47조제 2 항위헌제청】).

(가) 구체적인 사건이 법원에 계속중일 것

"구체적인 사건이 법원에 계속중이어야" 한다는 것은 헌법재판소법 제41조 소정의 위헌법률심판제청사건의 경우에는 위헌제청결정 당시는 물론이고 헌법재판소의 결정시까지 구체적 사건이 법원에 계속중이어야 한다는 의미이고, 헌법재판소법 제68조 제 2 항 소정의 헌법소원심판사건의 경우에는 최소한 위헌제청신청 시 구체적 사건이 법원에 계속중이어야 한다는 의미이다. 여기서 '계속'이란 특정한 청구에 대하여 법원에 재판절차가 현실적으로 존재하는 상태를 말한다. 그러므로 당해 사건이 법원에 원칙적으로 '적법'하게 계속되어 있을 것을 요한다.

(나) 위헌 여부가 문제되는 법률이 당해 소송사건의 재판에 적용되는 것일 것

(a) 어떤 법률규정이 위헌의 의심이 있다고 하더라도 그것이 당해 사건에 적용될 것이 아니라면, 재판의 전제성 요건은 충족되지 않는다. 심판의 대상이 되는 법률은 법원의 당해 사건에 직접 적용되는 법률인 경우가 대부분이다. 예컨대 공소

가 제기되지 아니한 법률조항의 위헌 여부는 당해 형사사건의 재판의 전제가 될 수 없으므로 헌법소원심판청구는 청구의 이익이 없어 부적법하며(헌법재판소 1989. 9. 29. 선고 89헌마53 결정【폭력행위등처벌에관한법률의위헌여부에관한헌법소원】), 공소장의 "적용법조"란에 적시된 법률조항과 법원의 판결에서 적용된 법률조항이 일치하지 않는 경우에는 비록 공소장에 적시된 법률조항이라 하더라도 구체적 소송사건에서 법원이 적용하지 아니한 법률조항은 결국 재판의 전제성이 인정되지 않는다(헌법재판소 1997. 1. 16. 선고 89헌마240 결정【국가보위입법회의법국가보안법의위헌여부에관한헌법소원】).

(b) 당해 재판에 적용되는 법률이라면 반드시 직접 적용되는 법률이어야 하는 것은 아니고, 양 규범 사이에 내적 관련이 있는 경우에는 간접 적용되는 법률규정에 대하여도 재판의 전제성을 인정할 수 있다. 예컨대 재판에 직접 적용되는 시행령(국가보위에 관한 특별조치법 특별조치령)의 위헌 여부가 위임규정(국가보위에 관한 특별조치법)의 위헌 여부에 달려 있는 경우에 위임규정을 심판의 대상으로 삼는 경우도 여기에 포함시킬 수 있다(헌법재판소 1994. 6. 30. 선고 92헌가18 결정【국가보위에관한특별조치법제5조제4항위헌제청】).

㈐ 그 법률이 헌법에 위반되는지의 여부에 따라 당해 사건을 담당하는 법원이 다른 내용의 재판을 하게 되는 경우일 것

(a) 법률의 위헌 여부에 따라 법원이 "다른 내용의" 재판을 하게 되는 경우라 함은 원칙적으로 제청법원이 심리중인 당해 사건의 재판의 결론이나 주문에 어떠한 영향을 주는 것이어야 한다. 법률조문의 위헌 여부가 현재 제청법원이 심리중인 해당사건의 재판결과에 어떠한 영향을 준다면 그것으로써 재판의 전제성이 성립되고, 제청신청인의 권리에 어떠한 영향이 있는가 여부는 이와 무관한 문제라 할 것이다(헌법재판소 1990. 6. 25. 선고 89헌가98 결정【금융기관의연체대출금에관한특별조치법제7조의3에관한위헌심판】).

(b) 문제된 법률의 위헌 여부가 비록 재판의 주문 자체에는 아무런 영향을 주지 않는다고 하더라도 재판의 결론을 이끌어 내는 이유를 달리 하는 데 관련되어 있거나 또는 재판의 내용과 효력에 관한 법률적 의미가 전혀 달라지는 경우에는 재판의 전제성이 있는 것으로 보아야 한다. 헌법 제12조 제3항에 규정된 영장주의는 구속의 개시시점에 한하지 않고 구속영장의 효력을 계속 유지할 것인지 아니면 취소 또는 실효시킬 것인지의 여부도 사법권독립의 원칙에 의하여 신분

이 보장되고 있는 법관의 판단에 의하여 결정되어야 한다는 것을 의미하고, 따라서 형사소송법 제331조 단서 규정과 같이 구속영장의 실효 여부를 검사의 의견에 좌우되도록 하는 것은 헌법상의 적법절차의 원칙에 위배된다(헌법재판소 1992. 12. 24. 선고 92헌가8 결정【형사소송법제331조단서규정에대한위헌심판】).

(2) "재판"의 의미

"재판"이라 함은 원칙적으로 그 형식 여하와 본안에 관한 재판이거나 소송절차에 관한 것이거나를 불문하며, 판결과 결정 그리고 명령이 여기에 포함되므로, 민사소송법 제368조의2에 의하여 제청법원 또는 그 재판장이 하고자 하는 인지첩부를 명하는 보정명령은 당해 소송사건의 본안에 관한 판결주문에 직접 관련된 것이 아니라고 하여도 위에서 말한 "재판"에 해당된다(헌법재판소 1994. 2. 24. 선고 91헌가3 결정【인지첩부및공닥제공에관한특례법제 2 조에대한위헌심판】).

(3) 재판의 전제성 요건의 심사

㈎ 제청법원 견해의 존중

헌법재판소는 법원이 일반법률의 해석·적용을 충실히 수행한다는 것을 전제하고, 합헌적 법률해석의 요청에 의하여 위헌심사의 관점이 법률해석에 바로 투입되는 경우가 아닌 한 먼저 나서서 일반법률의 해석·적용을 확정하는 일을 가급적 삼가는 것이 바람직하고, 그렇다면 이 사건의 경우에도 헌법재판소로서는 제청법원의 제청취지를 존중하여 재판의 전제성을 긍정함이 상당하다(헌법재판소 2007. 4. 26. 선고 2004헌가29 결정【국민연금법제 3 조제 1 항제 3 호등위헌제청(제19조제 2 항)】).

㈏ 법원의 견해와 달리 판단한 경우

헌법재판소는 그 전제성에 관한 법률적 견해가 명백히 유지될 수 없을 때에는 이를 직권으로 조사할 수 있다(헌법재판소 1993. 5. 13. 선고 92헌가10 결정【헌법재판소법제47조제 2 항위헌제청】). 그 결과 전제성이 없다고 판단되면 그 제청을 부적법하다 하여 각하할 수 있다.

(4) 법률의 위헌성에 대한 의심의 정도

법원은 문제되는 법률조항이 담당법관 스스로의 법적 견해에 의하여 단순한 의심을 넘어선 합리적인 위헌의 의심이 있으면 위헌 여부 심판을 제청하라는 취지이고, 헌법재판소로서는 제청법원의 이 고유판단을 될 수 있는 대로 존중하여 제청신청을 받아들여 헌법판단을 하는 것이다(헌법재판소 1993. 12. 23. 선고 93헌가2 결정【형사소송법제97조제 3 항위헌제청】).

(5) 전제성판단 기준시점과 사정변경

(가) 전제성의 기준시점

재판의 전제성은 법률의 위헌 여부심판제청시만 아니라 심판시에도 갖추어져야 함이 원칙이다(헌법재판소 1993. 12. 23. 선고 93헌가2 결정【형사소송법제97조제3항위헌제청】).

(나) 제청 후의 사정변경과 그 법적 효과

당해 소송의 당사자는 당해 법원에 계속된 소송의 종료를 초래하는 소송행위(소ㆍ항소ㆍ상고 등의 취하, 화해, 인낙 등)를 함으로써 당해 소송절차를 종료시킬 수 있다. 이 경우 제청법원은 그 위헌제정을 철회하여야 한다.[8] 만일 제청법원이 재판의 전제성이 제청 이후의 사정변경으로 소멸하였음에도 그 제청을 철회하지 않는 경우에는 헌법재판소가 그 위헌제청을 전제성이 없어 부적법한 것으로 각하하여야 할 것이다. 사회보호법이 위헌심판제청 이후에 개정되었고, 신법에 의하면 구법의 일부규정이 삭제되고 신법 시행 당시 계속중인 사건에 대하여는 신법을 적용하도록 규정하여 위 삭제된 규정에 기하여 청구되었던 피감호청구인이 더 이상 보호감호에 처해질 수 없게 되었다면 구법조항은 재판의 전제가 될 수 없게 되었으므로 구법의 위헌심판제청은 부적법하다(헌법재판소 1989. 4. 17. 선고 88헌가4 결정【사회보호법제5조의위헌심판제청】).

(6) 재판의 전제성과 헌법적 해명 필요성

헌법재판소는 당해 소송사건이 종료되어 재판의 전제성이 소멸된 경우이거나, 심판대상조항에 대한 헌법소원이 인용된다 하더라도 당해 소송사건에 영향을 미칠 수 없어 재판의 전제성이 없는 경우에도 헌법적 해명이 필요한 긴요한 사안인 경우에는 예외적으로 본안판단을 하고 있다. 헌법소원의 본질은 주관적 권리구제뿐만 아니라 객관적인 헌법질서의 보장도 겸하고 있으므로 침해행위가 이미 종료하여서 이를 취소할 여지가 없기 때문에 헌법소원이 주관적 권리구제에는 별 도움이 안 되는 경우라도 그러한 침해행위가 앞으로도 반복될 위험이 있거나 당해 분쟁의 해결이 헌법질서의 수호ㆍ유지를 위하여 긴요한 사항이어서 그 해명이 헌법적으로 중대한 의미를 지니고 있는 경우에는 헌법소원의 이익을 인정하여야 한다(헌법재판소 1992. 4. 14. 선고 90헌마82 결정【국가보안법제19조에대한헌법소원】).

---

8) 헌법재판소, 제1개정 증보판 헌법재판실무제요, p. 135.

(7) 이 사건의 경우

피고인에 대한 이 사건 법률조항의 위헌 여부에 따라 공소사실의 유·무죄가 결정되게 되므로, 이 사건 법률조항의 위헌 여부는 당해 사건의 재판의 전제성을 갖고 있다.

바. 위헌결정의 효력

(1) 원칙 : 장래효

위헌으로 결정된 법률 또는 법률의 조항은 그 결정이 있는 날부터 효력을 상실하는 것이 원칙이다. 법률에 대한 위헌결정은 원칙적으로 즉시효 내지 장래효를 갖는다.

(2) 예   외

형벌에 관한 법률 또는 법률의 조항이 위헌으로 선언되는 경우에 그 결정은 법률의 규정에 의하여 원칙적으로 소급효를 갖는다. 위헌으로 선언된 형벌에 관한 법률 또는 법률의 조항에 근거한 유죄의 확정판결에 대하여는 재심을 청구할 수 있다(헌법재판소법 47③).

(3) 기소된 사건의 적용법조가 헌법재판소의 위헌결정으로 소급하여 실효된 경우 위 사건에 대하여 행할 재판의 종류

위헌결정으로 인하여 형벌에 관한 법률 또는 법률조항이 소급하여 그 효력을 상실한 경우에는 당해 법조를 적용하여 기소한 피고사건이 범죄로 되지 아니한 때에 해당한다고 할 것이고, 범죄 후의 법령의 개폐로 형이 폐지 되었을때에 해당한다거나, 혹은 공소장에 기재된 사실이 진실하다 하더라도 범죄가 될 만한 사실이 포함되지 아니하는 때에 해당한다고는 할 수 없다(대법원 1992. 5. 8. 선고 91도2825 판결【복표발행, 현상기타사행행위단속법위반】).

사. 결   론

(1) 헌법재판소의 청소년보호법 제54조 중 "개인의 대리인·사용인 기타 종업원이 그 개인의 업무에 관하여 제51조 제8호의 위반행위를 한 때에는 그 개인에 대하여도 해당 조의 벌금형을 과한다"는 부분 위헌결정

헌법재판소는 2009. 7. 30. 원심이 이 사건에 적용한 청소년보호법 제54조 중 "개인의 대리인·사용인 기타 종업원이 그 개인의 업무에 관하여 제51조 제8호의 위반행위를 한 때에는 그 개인에 대하여도 해당 조의 벌금형을 과한다"는 부분은 헌법에 위반된다는 결정을 선고하였고(헌법재판소 2009. 7. 30. 선고 2008헌가10 결정【청소년보호법제54조위헌제청】), 이로써 위 법률조항 부분은 헌법재판소법 제47조 제2항 단서에서 정한 규정에 의하여 소급하여 그 효력을 상실하였다.

한편 위헌결정으로 인하여 형벌에 관한 법률 또는 법률조항이 소급하여 그 효력을 상실한 경우에는 당해 법조를 적용하여 기소한 피고 사건은 범죄로 되지 아니한 때에 해당한다. 그렇다면, 이 사건 공소사실은 결국 범죄로 되지 아니한 때에 해당한다고 할 것이므로, 이에 대하여 유죄를 선고한 제1심판결을 그대로 유지한 원심판결은 위법하다(대법원 2009. 9. 10. 선고 2008도7537 판결【청소년보호법위반】).

(2) 이 사건의 경우

(가) 피고인은 무죄

이 사건 법률조항이 위헌결정(헌법재판소 2009. 7. 30. 선고 2008헌가10 결정【청소년보호법 제54조위헌제청】)되었으므로, 피고인의 공소사실은 결국 범죄로 되지 아니한 때에 해당되어 무죄판결을 받게 된다.

(나) 기소된 사건의 적용법조가 헌법재판소의 위헌결정으로 소급하여 실효된 경우 위 사건에 대하여 행할 재판의 종류

위헌결정으로 인하여 형벌에 관한 법률 또는 법률조항이 소급하여 그 효력을 상실한 경우에는 당해 법조를 적용하여 기소한 피고사건이 범죄로 되지 아니한 때에 해당한다고 할 것이고, 범죄 후의 법령의 개폐로 형이 폐지되었을때에 해당한다거나, 혹은 공소장에 기재된 사실이 진실하다 하더라도 범죄가 될 만한 사실이 포함되지 아니하는 때에 해당한다고는 할 수 없다(대법원 1992. 5. 8. 선고 91도2825 판결【복표발행, 현상기타사행행위단속법위반】).

(다) 행정처분의 취소

서울특별시 종로구청장은 피고인의 업소에 영업정지 등의 행정처분을 하였을 것으로 예상되는데(이 기록에는 행정처분 자료가 없지만), 그 취소를 구하는 행정소송이 제기되었다면 그 처분은 위법하여 취소될 것이다.

서 울 중 앙 지 방 법 원
제 1 형 사 부
위헌제청결정

사   건   2007고합○○○   청소년보호법위반

피 고 인   ○○○ (6*****-1******)

주거

등록기준지

검   사   ○○○

변 호 인   법무법인○○   담당변호사 ○○○

주   문

위 사건에 관하여 청소년보호법 제54조 중 "개인의 대리인, 사용인 기타 종업원이 개인의 업무에 관하여 제51조 제8호의 죄를 범한 때에는 행위자를 벌하는 외에 그 개인에 대하여도 각 해당 조의 벌금을 과한다"라고 규정한 부분의 위헌 여부에 관한 심판을 제청한다.

이   유

1. 사건의 개요

피고인은 2007. 8. 17. 01 : 20경 서울 ○구 ○○동 ○○○에 있는 '○○○'라는 일반음식점에서 피고인의 종업원인 ○○○가 피고인의 업무에 관하여 손님으로 찾아온 청소년인 ○○○(18세)에게 청소년유해약물인 소주 3병을 9,000원에 판매하였다는 공소사실로 기소되어, 이 법원 2007고합○○○호로 재판이 계속 중이다.

2. 위헌제청대상 법률조항 및 관련조항

이 사건 위헌제청대상은 청소년보호법 제54조(양벌규정) 중 "개인의 대리인, 사용인 기

타 종업원이 개인의 업무에 관하여 제51조 제 8 호의 죄를 범한 때에는 행위자를 벌하는 외에 그 개인에 대하여도 각 해당 조의 벌금을 과한다"라고 규정한 부분(이하 '이 사건 법률 조항'이라고 한다)이 헌법에 위반되는지 여부이고, 그 내용과 관련조항은 다음과 같다.

■ 청소년보호법 제54조(양벌규정)

법인·단체의 대표자, 법인·단체 또는 개인의 대리인, 사용인 기타 종업원이 그 법인·단체 또는 개인의 업무에 관하여 제49조의2 내지 제49조의4 및 제50조 내지 제53조의 죄를 범한 때에는 행위 자를 벌하는 외에 그 법인·단체 또는 개인에 대하여도 각 해당 조의 벌금형을 과한다.

■ 청소년보호법 제51조(벌칙)

다음 각 호의 1에 해당하는 자는 2년 이하의 징역 또는 1천만 원 이하의 벌금에 처한다.
8. 제26조 제 1 항의 규정에 위반하여 청소년에게 「주세법」의 규정에 의한 주류 또는 「담배사업법」의 규정에 의한 담배를 판매한 자

■ 청소년보호법 제26조(청소년유해약물 등으로부터 청소년 보호)

① 누구든지 청소년을 대상으로 하여 청소년유해약물 등을 판매·대여·배포하여서는 아니된다. 이 경우 자동기계장치·무인판매장치·통신장치에 의하여 판매·대여·배포한 경우를 포함한다. 다만, 학습용·공업용 또는 치료용으로 판매되는 것으로서 대통령령이 정하는 것은 그러하지 아니한다.

3. 재판의 전제성

이 사건 법률조항의 위헌 여부에 따라 위 사건의 유무죄 여부가 달라지게 되므로, 이 사건 법률조항의 위헌 여부는 당해 사건 재판의 전제가 된다.

4. 위헌제청이유

가. 이 사건 법률조항은 개인의 대리인, 사용인 기타 종업원(이하 '종업원'이라고 한다) 이 청소년보호법 제51조 제 8 호를 위반하는 경우 개인(이하 '영업주'라고 한다)에 대한 처벌요건으로 종업원의 범죄행위에 대한 영업주의 귀책사유나 면책사유에 대하여 규정하고 있지 않다. 따라서 종업원이 청소년보호법 제51조 제 8 호를 위 반한 범죄사실이 인정되면, 영업주는 그와 같은 종업원의 범죄행위에 대해 비

난받을 만한 행위를 하였는지 여부, 즉 종업원의 범죄행위에 실질적으로 가담하였거나 지시 또는 도움을 주었는지, 아니면 영업주의 업무와 관련한 종업원의 행위를 지도하고 감독하는 노력을 게을리 하였는지 여부와는 전혀 관계없이, 곧바로 이 사건 법률조항에 따라 청소년보호법 제51조 제 8 호에서 정한 벌금형으로 처벌된다. 이는 형사법의 기본원리로서, 헌법상 법치국가의 원리에 내재하는 원리인 동시에, 국민 누구나 인간으로서의 존엄과 가치를 가지고 스스로의 책임에 따라 자신의 행동을 결정할 것을 보장하고 있는 헌법 제10조의 취지로부터 도출되는 "책임없는 자에게 형벌을 부과할 수 없다"라는 형벌에 관한 책임주의에 위반된다고 봄이 상당하다.

나. 또한 합헌적 법률해석은 어디까지나 법률조항의 문언과 목적에 비추어 가능한 범위 안에서의 해석을 전제로 하는 것이고, 법률조항의 문구 및 그로부터 추단되는 입법자의 명백한 의사에도 불구하고 문언상 가능한 해석의 범위를 넘어 다른 의미로 해석할 수는 없으므로, 이 사건 법률조항을 '종업원의 범죄행위에 대해 영업주의 선임감독상의 과실(기타 영업주의 귀책사유)이 인정되는 경우'라는 요건을 추가하여 해석하기도 곤란하다.

다. 따라서 이 사건 법률조항은 다른 사람의 범죄에 대해 그 책임 유무를 묻지 않고 형벌을 부과함으로써 형사법의 기본원리인 책임주의에 반하므로, 법치국가의 원리와 헌법 제10조의 취지에 위반하여 헌법에 위반된다고 봄이 상당하다.

5. 결   론

그렇다면, 이 사건 법률조항은 그 위헌 여부가 이 사건 재판의 전제가 될 뿐만 아니라 이를 위헌이라고 인정할 만한 상당한 이유가 있으므로 주문과 같이 결정한다.

2008.   2.   24.

재판장   판사   ○ ○ ○
             판사   ○ ○ ○
             판사   ○ ○ ○

법원행정처

수　신　　　헌법재판소장

제　목　　　위헌법률심판제청결정서 송부

서울중앙지방법원 2007고합1122 청소년보호법위반사건에 대하여 위헌법률심판제청결정이 있어 헌법재판소법 제41조에 의하여 이를 송부합니다.

첨부 : 위헌법률심판제청결정서 정본 1부.　끝.

법원행정처장

시행　－　2008. 3. 2.

[참고자료]

청소년보호법 제54조 위헌제청

(헌법재판소 2009. 7. 30. 선고 2008헌가10 전원재판부 결정)

【판시사항】

1. 형벌에 관한 책임주의의 헌법적 근거와 내용

2. 영업주가 고용한 종업원 등의 업무에 관한 범법행위에 대하여 영업주도 함께 처벌하는 청소년보호법(2004. 1. 29. 법률 제7161호로 개정된 것) 제54조 중 "개인의 대리인·사용인 기타 종업원이 그 개인의 업무에 관하여 제51조 제 8 호의 위반행위를 한 때에는 그 개인에 대하여도 해당 조의 벌금형을 과한다"는 부분(이하 '이 사건 법률조항'이라 한다)이 책임주의에 반하여 헌법에 위반되는지 여부(적극)

【결정요지】

1. 형벌은 범죄에 대한 제재로서 그 본질은 법질서에 의해 부정적으로 평가된 행위에 대한 비난이다. 만약 법질서가 부정적으로 평가한 결과가 발생하였다고 하더라도 그러한 결과의 발생이 어느 누구의 잘못에 의한 것도 아니라면, 부정적인 결과가 발생하였다는 이유만으로 누군가에게 형벌을 가할 수는 없다. 이와 같이 '책임없는 자에게 형벌을 부과할 수 없다'는 형벌에 관한 책임주의는 형사법의 기본원리로서, 헌법상 법치국가의 원리에 내재하는 원리인 동시에, 헌법 제10조의 취지로부터 도출되는 원리이다.

2. 이 사건 법률조항은 영업주가 고용한 종업원 등이 그 업무와 관련하여 위반행위를 한 경우에, 그와 같은 종업원 등의 범죄행위에 대해 영업주가 비난받을 만한 행위가 있었는지 여부와는 전혀 관계없이 종업원 등의 범죄행위가 있으면 자동적으로 영업주도 처벌하도록 규정하고 있다. 한편, 이 사건 법률조항을 '영업주가 종업원 등에 대한 선임감독상의 주의의무를 위반한 과실 기타 영업주의 귀책사유가 있는 경우에만 처벌하도록 규정한 것'으로 해석할 수 있는지가 문제될 수 있으나, 합헌적 법률해석은 법률조항의 문언과 목적에 비추어 가능한 범위 안에서의 해석을 전제로 하는 것이므로 위와 같은 해석은 허용되지 않는다. 결국, 이 사건 법률조항은 아무런 비난받을 만한 행위를 한 바 없는 자에 대해서까지, 다른 사람의 범죄행위를 이유로 처벌하는 것으로서 형벌에 관한 책임주의에 반하므로 헌법에 위반된다.

재판관 이공현의 별개의견

형벌에 관한 형사법의 기본원리인 책임원칙은 두 가지 의미를 포함한다. 하나는 '책임 없는 형

벌 없다'이고, 다른 하나는 책임의 정도를 초과하는 형벌을 과할 수 없다는 것이다. 이 사건 법률
조항은 종업원의 범죄에 아무런 귀책사유가 없는 개인 영업주에 대해서도 처벌할 수 있는 것처럼
규정하고 있어 '책임 없는 형벌 없다'는 원칙에 반하고, 가사 이 사건 법률조항을 종업원에 대한
선임감독상의 과실 있는 개인 영업주를 처벌하는 규정으로 보는 경우라 해도 과실밖에 없는 개인
영업주를 고의의 본범(종업원)과 동일한 법정형으로 처벌하는 것은 각자의 책임에 비례하는 형벌
의 부과라고 보기 어려우므로 결국 책임주의에 반하여 헌법에 위반된다.

재판관 조대현, 재판관 이동흡의 반대의견

이 사건 법률조항에서 청소년에게 유해한 주류나 담배를 직접 판매한 자 이외에 영업자를 그와
동일한 벌금형으로 처벌하도록 하는 것은 종업원의 그와 같은 위반행위가 이익의 귀속주체인 영
업주의 묵인 또는 방치로 인하여 발생 또는 강화될 가능성이 높아 영업주에 대한 비난가능성이
높음에도 공범으로서의 입증가능성은 오히려 낮을 수 있다는 점을 감안한 것인바, 이는 종업원의
위반행위에 대한 법인의 위와 같은 선임감독상의 주의의무위반 등에 대하여 강력한 처벌을 하려
는 입법자의 의지를 반영한 것이라고 봄이 상당하다.

따라서 이 사건 법률조항의 문언상 '영업주의 종업원에 대한 선임감독상의 과실 기타 귀책사유'
가 명시되어 있지 않더라도 그와 같은 귀책사유가 있는 경우에만 처벌하는 것으로 해석할 수 있
고 이는 합헌적 법률해석에 따라 허용되므로, 이러한 해석을 전제로 할 때 이 사건 법률조항은 책
임주의원칙에 위반되지 아니한다.

【심판대상조문】
▪ 청소년보호법(2004. 1. 29. **법률 제7161호로 개정된 것**) 제54조(양벌규정)
법인·단체의 대표자, 법인·단체 또는 <u>개인의 대리인, 사용인 기타 종업원</u>이 그 법인·단체 또는
<u>개인의 업무에 관하여</u> 제49조의2 내지 제49조의4 및 제50조 내지 제53조의 <u>죄를 범한 때에는</u> 행위
자를 벌하는 외에 그 법인·단체 또는 <u>개인에 대하여도 각 해당 조의 벌금형을 과한다.</u>

【당 사 자】
제청법원 인천지방법원
당해사건 인천지방법원 2007고합○○○ 청소년보호법위반

【주   문】
청소년보호법(2004. 1. 29. 법률 제7161호로 개정된 것) 제54조 중 "개인의 대리인, 사용인 기타 종
업원이 그 개인의 업무에 관하여 제51조 제8호의 위반행위를 한 때에는 그 개인에 대하여도 해
당 조의 벌금형을 과한다"는 부분은 헌법에 위반된다.

서 울 중 앙 지 방 법 원
판 결

사 건	007고합1122 청소년보호법위반
피 고 인	김원고 (651011-1234567), 상업
	주거 서울 서초구 서초동 312-2
	등록기준지 서울 서초구 잠원동 16-3
검 사	지승후
변 호 인	법무법인 태성 담당변호사 박승소
판 결 선 고	2009. 8. 25.

주 문

이 사건 공소사실은 무죄.

이 유

이 사건 공소사실의 요지는, "피고인은 2007. 8. 17. 01 : 20경 서울특별시 종로구 명륜동 12-3 지상3층에 있는 '하모니'라는 일반 음식점에서 피고인의 종업원인 최경안이 피고인의 업무에 관하여 손님으로 찾아온 청소년인 김미성에게 청소년유해약물인 소주 3병을 9,000원에 판매하였다."라는 것이다.

그런데 헌법재판소는 2009. 7. 30. 청소년보호법 제54조 중 "개인의 대리인·사용인 기타 종업원이 그 개인의 업무에 관하여 제51조 제8호의 위반행위를 한 때에는 그 개인에 대하여도 해당 조의 벌금형을 과한다"는 부분은 헌법에 위반된다는 결정을 선고하였고(헌법재판소 2009. 7. 30. 선고 2008헌가10 결정), 이로써 위 법률조항 부분은 헌법재판소법 제47조 제2항 단서에서 정한 규정에 의하여 소급하여 그 효력을 상실하였다.

한편 위헌결정으로 인하여 형벌에 관한 법률 또는 법률조항이 소급하여 그 효력을 상실한 경우에는 당해 법조를 적용하여 기소한 피고 사건은 범죄로 되지 아니한 때에 해당하므로, 결국 이 사건 공소사실은 범죄로 되지 아니한 때에 해당한다고 할 것이므로, 형사소송법 제325조 전단에 의하여 무죄를 선고한다.

재판장 판사 ○○○

판사 ○○○

판사 ○○○

[관련판례]
대법원 2009. 10. 15. 선고 2008도5259 판결【청소년보호법위반】

【판시사항】
청소년보호법 제54조 중 '개인의 대리인, 사용인 기타 종업원이 그 개인의 업무에 관하여 제51조 제8호의 위반행위를 범한 때에는 그 개인에 대하여도 해당 조의 벌금형을 과한다'는 부분을 적용하여 유죄를 인정한 원심판결을, 그 선고 후에 내려진 위 규정 부분에 대한 헌법재판소의 위헌결정을 이유로 파기한 사례

【참조조문】
청소년보호법 제51조 제8호, 제54조, 헌법재판소법 제47조 제2항

【참조판례】
대법원 2009. 9. 10. 선고 2008도7537 판결, 헌법재판소 2009. 7. 30. 선고 2008헌가10 전원재판부 결정(헌공 154, 1395)

【전   문】
【피 고 인】 피고인 1외 1인
【상 고 인】 피고인들
【원심판결】 청주지법 2008. 6. 4. 선고 2007노1277 판결
【주   문】
원심판결 중 피고인 2에 대한 부분을 파기한다. 피고인 2에 대한 검사의 항소를 기각한다. 피고인 1의 상고를 기각한다.

【이   유】

1. 피고인 1의 상고이유에 대한 판단
   원심판결 이유에 의하면 원심은, 제1심 제6, 7회 공판기일 및 원심에서의 증인 공소외 1(17세), 공소외 2(18세), 공소외 3(19세)의 각 증언, 제1심에서의 공소외 4의 증언에 의하면, 청소년인 공소외 1이 공소외 3과 함께 이 사건 우동가게에 들어와 피고인 1에게 소주를 주문하였고, 피고인 1이 가져다 준 소주를 공소외 1, 5 및 나중에 들어와 합석한 청소년인 공소외 2가 함께 마신 사실을 인정할 수 있으며, 이에 반하는 위 증인들의 제1심 제3회 공판기일에서의 각 증언은 이를 믿기 어렵다고 하여, 피고인 1을 무죄로 인정한 제1심판결을 파기하고 피고인 1을 유죄로 인정하였다.

기록에 비추어 살펴보면, 이러한 원심의 판단은 정당한 것으로 수긍할 수 있고, 거기에 상고이유의 주장과 같은 채증법칙 위반의 위법이 없으며, 채증법칙 위반에 이르지 못하는 단순한 사실오인의 주장은 벌금형이 선고된 이 사건에서 적법한 상고이유가 되지 못한다.

2. 피고인 2에 대한 직권판단

피고인 2에 대한 이 사건 공소사실의 요지는, "피고인 2는 이 사건 우동가게의 운영자로서, 종업원인 피고인 1로 하여금 2006. 10. 4. 04 : 10경 피고인 2의 업무에 관하여 청소년인 공소외 1, 2에게 청소년유해약물등인 진로 참이슬 소주 1병 시가 3,000원 상당을 판매하도록 하였다"는 것이다. 이에 대하여 원심은, 청소년보호법 제54조, 제51조 제8호, 제26조 제1항을 적용하여 무죄를 선고한 제1심판결을 파기하고, 피고인 2에 대하여 유죄를 선고하였다.

그런데 헌법재판소는 2009. 7. 30. 원심이 이 사건에 적용한 청소년보호법 제54조 중 "개인의 대리인·사용인 기타 종업원이 그 개인의 업무에 관하여 제51조 제8호의 위반행위를 한 때에는 그 개인에 대하여도 해당 조의 벌금형을 과한다"는 부분은 헌법에 위반된다는 결정을 선고하였고(헌법재판소 2009. 7. 30. 선고 2008헌가10 결정 참조), 이로써 위 법률조항 부분은 헌법재판소법 제47조 제2항 단서에서 정한 규정에 의하여 소급하여 그 효력을 상실하였다.

한편, 위헌결정으로 인하여 형벌에 관한 법률 또는 법률조항이 소급하여 그 효력을 상실한 경우에는 당해 법조를 적용하여 기소한 피고 사건은 범죄로 되지 아니한 때에 해당한다(대법원 1992. 5. 8. 선고 91도2825 판결, 대법원 2005. 4. 15. 선고 2004도9037 판결 참조).

그렇다면, 피고인 2에 대한 이 사건 공소사실은 결국 범죄로 되지 아니한 때에 해당한다고 할 것이므로, 이에 대하여 유죄를 선고한 원심판결 부분은 위법하여 더 이상 유지될 수 없게 되었다. 그러므로 원심판결 중 피고인 2에 대한 부분을 파기하되, 이 부분 사건은 대법원이 직접 재판하기에 충분하다고 인정되므로, 형사소송법 제396조 제1항에 의하여 직접 판결하기로 한다.

피고인 2에 대한 검사의 항소이유의 요지는, 제1심 증인들의 증언 등에 의하면 피고인 2에 대한 이 사건 공소사실을 충분히 유죄로 인정할 수 있음에도 제1심은 채증법칙을 위배하여 사실을 오인한 위법이 있다는 것이나, 앞서 본 바와 같은 이유로 피고인 2에 대한 이 사건 공소사실은 결국 범죄로 되지 아니한 때에 해당하여 피고인 2에 대하여 무죄를 선고한 제1심판결은 그 결과에 있어서 정당하므로, 검사의 항소는 이유 없어 이를 기각한다.

3. 결   론

그러므로 피고인 2의 상고이유에 대한 판단을 생략한 채 원심판결 중 피고인 2에 대한 부분을 파기하여 위와 같이 자판하고, 피고인 1의 상고를 기각하기로 하여 관여 대법관의 일치된 의견으로 주문과 같이 판결한다.

대법관   박시환(재판장) 안대희 차한성(주심) 신영철

제 **4** 장

수용자 발송서신
무봉함 제출제도 위헌확인

[공·법·기·록·형 공·법·소·송·실·무]

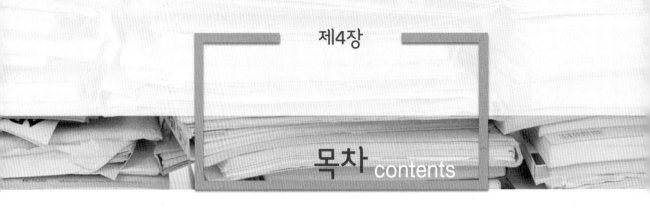

제4장

목차 contents

작 성 요 강

☐ 설   문 [1]

변호사 이변론은 홍길동이 헌법재판소에 제출한 헌법소원심판청구사건의 국선대리인으로 선정되었다. 기록에 있는 자료를 참고하여 변호사 이변론의 입장에서 헌법소원심판청구서를 작성하시오.

   ※ 헌법소원심판청구서의 작성일 및 제출일자는 헌법소송법상 적법한 제출일자로 표기한다.
   ※ 답안이 시작은 선택한 쟁송형식에 부합하는 '서면종류'를 기재하는 것으로 하고, 그 끝은 '서류를 제출할 기관'을 기재하는 것으로 한다.
   ※ 기록상의 사실관계를 전제로 하여 법령 및 판례 입장에 따라 기술한다.
   ※ 기록에는 오자와 탈자가 있을 수 있음을 유념한다.
   ※ 이 사건 헌법소원에 관한 헌법재판소결정은 2012. 2. 23.에 있었음을 참고한다.

☐ 설   문 [2]

이 사건 헌법소원심판청구에 대한 법무부의 입장에서 청구인과 청구인의 대리인이 주장하는 내용을 반박하는 의견서를 법무부장관 명의로 작성하시오(작성일과 제출일은 2009. 10. 15.로 할 것).

헌법소원심판청구서

청구인: 홍 길 동

주 소: 경기도 의정부시 고산동 813(송산로 1111-76) 의정부교도소

청 구 취 지

형의 집행 및 수용자 처우에 관한 법률 제43조 제 3 항·동법 시행령 제65조 제 1 항은 헌법 제26조에 위반된다.라는 결정을 구합니다.

침해된 권리

헌법 제26조(청원권)

침 해 원 인

1. 형집행법 제117조 제 1 항에서 제 6 항에 의하면 수용자가 법무부 장관에게 청원서를 작성하여 제출할 때는 청원서를 봉한 후 소장에게 제출하여야 한다.라고 규정되어 있습니다.

2. 법무부는 청구인에 대한 질의회신에서 형집행법 제117조(청원법) 제 2 항의 적용을 받는 법무부에 대한 청원 이외의 관계 다른 국가기관에 대한 청원서는 형의집행 및 수용자 처우에 관한 법률 제43조(서신수수)·동법 시행령 제65조 제 1 항에 따라 청원서를 법무부가 아닌 국민권익위원회, 국가인권위원회 등에 보내기 위해서는 반드시 봉하지 않은 상태로 제출하여야 하며, 이를 위반할 때에는 관계법령에 위반하여 위법하다고 합니다.

3. 그러나 헌법이 국민에게 보장하는 헌법 제26조(청원법)가 법무부에만 적용을 받고 다른 국가기관에 청원서를 제출하는 것은 형집행법 제43조(서신수수)·동법 시행령 제65조 제 1 항에 해당한다는 것은 헌법에 위반되고 국민의 권리구제 및 인권을 침해하는 행위라고 할 수 있습니다.

4. 법무부의 의견에 의하면 형집행법 제117조도, 동법 제43조(서신수수)·동법 시행령 제65조 제 1 항에 준용하여야 할 것입니다.

5. 청구인은 2007. 1. 1.경 구속되기 전부터 허리디스크로 병원에 입원 중에 있던 중 구속되어 그 후 오늘날까지 약물을 복용하여 왔지만, 지병인 허리디스크가 더욱 악화되어 요추뼈가 외부로 돌출되어 거동하기도 힘들고 수용생활도 힘이 들어 청구인의 자비부담으로 외부의사(전문의)에게 정밀검사와 진찰을 받아 적절한 치료를 받고자 이곳 의정부교도소 보건 의료과장에게 3차례에 걸쳐 아픔과 고통을 호소하며 본인의 자비로 외부의사(전문의)에게 진료를 받을 수 있도록 허가해 줄 것을 요청하였습니다. 그렇지만 저 한 사람을 허락해 주면 다른 수용자들도 다 해주어야 한다는 이유로 외부의사(전문의)의 진료를 받도록 하는 요청을 거부하였습니다.

6. 청원인은 위와 같은 사정을 청원하기 위하여 국민권익위원회, 국가인권위원회에 청원서를 제출을 하고자 하였지만, 교도소와 법무부는 형집행법 제43조(서신수수)·동법 시행령 제65조 제 1 항 규정을 들어 법무부 외의 국가기관에 청원서를 봉한 후 제출하는 것은 법령에 위반된 행위라 하여, 헌법 제18조·제26조와 형집행법 제43조·동법 시행령 제65조 제 1 항에 대한 법률적인 심판이 필요하다고 생각되어 이 사건 헌법소원에 이르게 되었습니다.

첨 부 서 류

가. 질의서
나. 법제처, 법무부 민원회신

2009.   6.   17.

청구인   홍 길 동

헌법재판소 귀중

질 의 서

존경하는 법제처장님 귀하

안녕하십니까? 먼저 귀 법제처의 발전을 기원합니다.

저는 현재 의정부교도소에 수용 중에 있는 홍길동이라 합니다.

법률해석에 관한 문의사항이 있어 귀 법제처에 민원을 제기하게 되었습니다.

헌법 제26조는, "① 모든 국민은 법률이 정하는 바에 의하여 국가기관에 문서로 청원할 권리를 가진다. ② 국가는 청원에 대하여 심사할 의무를 진다"고 규정하고 있습니다.

청원법 제 7 조(청원서의 제출)는, "① 청원서는 청원사항을 관장하는 기관에 제출하여야 한다. ② 청원서를 접수한 기관은 청원사항이 그 기관이 관장하는 사항이 아니라고 인정되는 때에는 그 청원사항을 관장하는 기관에 청원서를 이송하고 이를 청원인에게 통지하여야 한다"라고 규정하고 있습니다.

형의 집행 및 수용자의 처우에 관한 법률 제117조(청원)는, 수용자가 법무부장관 이외의 국가기관에 청원서를 작성 제출할 때는 청원서를 봉한 후에 소장에게 제출하여야 한다고 규정되어 있는데, 수용자가 법무부장관이 아닌 청원법에 따라 다른 국가기관, 예컨대 국가인권위원회나 국민권익위원회 등에 청원서를 제출하고자 할 때는, 수용기관에서 열람할 수 없도록 청원서를 봉한 후에 청원서를 제출하는 것이 위와 같은 법률에 위반되는 것입니까?

수용자의 입장에서는 법무부가 아닌 다른 기관에 청원서를 제출하려는 경우에 교도소와 같은 수용기관에서 청원서를 미리 열람할 수 있다면 수용자의 인권침해를 야기할 수 있고 불이익을 받을 가능성도 크다고 할 것입니다. 위 질의에 대한 답변을 부탁드립니다.

2009년   6월   1일

민원인 홍 길 동 (인)

법제처장 귀중

법치행정의 튼튼한 디딤돌, 액티브 법제처

법　제　처

수신자　　홍길동 귀하 (경기도 의정부시 고산동 813(송산로 1111-76))
(경유)

제 목　　민원 이송 알림(홍길동)

---

1. 귀하의 평안을 기원합니다.
2. 귀하께서 제출하신 민원은 수용자가 「청원법」에 따라 국가기관에 청원서를 제출하고자 할 때, 다른 국가기관에 보내는 청원서의 경우, 「형의 집행 및 수용자의 처우에 관한 법률」에 따라 발신 전에 열람되어지는 것의 부당함을 호소하고 계신 것으로 파악되는바, 관계기관인 법무부로 귀하의 민원을 이송하였음을 알려드립니다. 끝.

법　제　처　장 　[인: 법제처장]

행정주사 ○○○　　행정사무관 ○○○　　운영지원과장 ○○○
협조자
시행 운영지원과-1841 (2009. 06. 04.)　접수
우 110-760 서울특별시 종로구 세종로 55 법제처 운영지원과 / http://www.moleg.go.kr
전화 02-2100-2522　전송 02-2100-2781 / thecore@moleg.go.kr / 부분공개(6)

"국민이 행복한 선진 법치국가"

법   무   부

수신자   홍길동 귀하
(경유)
제 목   민원회신(홍길동)

홍길동님 안녕하십니까?

1. 귀하께서 법제처에 제출한 후 우리부로 이첩된 민원(2009. 6. 4. 접수)에 대한 회신입니다.

2. 귀하의 민원 요지는 「형집행법」상 법무부장관에게 제출하는 청원서는 봉함을 하여 제출토록
   되어 있는데 법무부가 아닌 다른 국가기관에 청원을 할 경우 수용기관에서 열람하지 못하도록
   봉함하여 제출하면 청원법에 위반되는지 여부와 수용자가 다른 국가기관에 청원서를 제출할
   경우 수용기관에서 그 청원서를 열람하면 권리구제 및 인권침해에 불이익을 받을 것이 현저하
   므로 위 사항에 대해 법률적인 해석을 부탁한다는 취지로 이해됩니다.

3. 민원요지에 대해 관계법령을 살펴보면, 민원인께서 언급한 바와 같이 「형집행법」 제117조(청
   원) 제 2 항에 '제 1 항에 따라 청원하려는 수용자는 청원서를 작성하여 봉한 후 소장에게 제출
   하여야 한다'라고 명시되어 있고 또한 같은 법 제43조(서신수수) 제 3 항에는 '소장은 수용자가
   주고받는 서신에 법령에 따라 금지된 물품이 들어있는지 확인할 수 있다'고 규정하고 있으며,
   동법 시행령 제65조 제 1 항에는 '수용자가 보내려는 서신을 봉함하지 않은 상태로 교정시설에
   제출하여야 한다'라고 명시돼 있습니다. 그리고 「형집행법」 제117조(청원) 제 2 항의 적용을 받
   는 법무부에 대한 청원 이외의 관계기관에 대한 청원은 일반 서신에 해당한다고 할 수 있습니
   다. 따라서 수용자 신분인 민원인께서는 위 「형집행법」 제43조(서신수수) 제 3 항과 「형집행법
   시행령」 제65조 제 1 항에 따라 다른 기관으로 서신을 보내기 위해서는 반드시 봉하지 않은 상
   태로 제출하여야 하며, 이를 위반했을 경우에는 관계법령을 위반하여 위법하다고 해석해야 할
   것이고, 이에 근거하여 수용기관에서 수용자가 다른 기관으로 보내는 청원서를 열람하였다고

하더라도 이는 정당한 법집행으로 볼 수 있는바, 권리구제 및 인권침해에 불이익을 주지 않는 것으로 해석함이 옳을 것으로 판단됩니다.

4. 귀하의 건강과 행운이 함께 하시길 기원합니다.

　　감사합니다. 끝.

법 무 부 장 관　[법무부 장관인]

책임관 ○○○　　　교정관 ○○○
협조자
시행 의료과-403 (2009. 06. 08.)　　　　접수
우 427-720 경기 과천시 중앙동 1번지 5동 / http://www.moj.go.kr
전화 02-2100-3616　　전송 02-507-9892 / drkdrk@moj.go.kr / 비공개(6)

의 정 부 교 도 소

수신자　　　내부결재(교도소장)
(경유)
제　목　　　수용자(홍길동)의 외부의사진료 요청 거부조치에 관한 보고

1. 수용자 홍길동은 2007. 1. 1.경 구속되어 징역 3년의 형을 선고받고 우리 교도소에 복역 중 다시 사기죄로 징역 8월을 선고받은 자로서 구속 전에 허리디스크로 입원 중이었던 관계로 수용생활의 어려움을 하소연하며 3차례에 걸쳐서 보건의료과장에게 교도소 밖에 있는 병원의 의사에게 정밀검사와 치료를 받을 수 있도록 해 줄 것을 요청하였습니다.

2. 그러나 홍길동에게 외부의사진료를 허용한다면 다른 수용자들 역시 모두 외부의사의 진료를 받겠다고 요청할 경우 이를 허용하여야 하는 문제가 있어 홍길동의 요청을 거절하게 되었습니다.

3. 홍길동은 이러한 사정을 법무부장관 이외의 국가기관인 국가인권위원회, 국민권익위원회 등에 수용자로 하여금 외부의사진료를 받지 못하도록 하는 조치의 위법·부당성을 다투는 내용의 청원서를 제출하겠다면서, 형의 집행 및 수용자의 처우에 관한 법률 시행령 제65조 제1항 "수용자는 보내려는 서신을 봉함하지 않은 상태로 교정시설에 제출하여야 한다"는 규정에 따라 청원서를 봉함하지 못하도록 한다면 이는 헌법과 법률에 위반된 것이라면서 헌법소원을 제출하겠다는 뜻을 보이고 있습니다.

4. 따라서 우리 교도소에서는 홍길동의 외부의사진료 요청을 위와 같은 사유로 거부하게 되었음을 보고합니다.

교사(교정직력)　○○○　　　교위　○○○　　　과장　○○○
협조자
시행　총무과-4880　(2009. 06. 01.)　　　접수　3313 (2009.061.01.)
우　480-700 경기도 의정부시 고산동 813(송산로 1111-76) 의정부교도소
전화　031-842-7601　　전송　031-842-7600 / 비공개(6)

진 단 서

원본대조필

연번호 2009-117

주민등록번호 6*****-1******

1. 주소	서울시 동대문구 이문동 121번지 3호								
2. 성명	홍길동	성별	(남)·여	생년 월일	6*****-1******	연령	만 세	분류번호	

3. 병명 ◆임상적 ◇최종	제 5요추 -1천추간 척추분리증 요추간판팽윤 제 2-3, 3-4, 4-5요추간
4. 증상	다리에 힘이 풀리고, 마비증상이 약간 옴

5. 발병일	2006. 12. 13. 본원초진일 2006. 12. 20.	진단일	
6. 향후 치료 의견	향후 무리한 운동 삼가, 수술적 치료 요망		
6. 비고		7. 용도	국가기관 제출용

위와 같이 진단함.

발행일 : 서기 2006년 12월 20일

의 료 기 관   동 의 병 원
주   소   서울특별시 종로구 관철동 12-2
전화 및 팩스   Tel: 02)321-0018

동 의
병 원

면허번호 제12345호   의사 성명   김명의   (인)

(참고) 1. 본인 확인은 진단의사가 주민등록증과 대조(미성년자일 때는 기타 본인을 특정할 수 있는 방법으로 대체할 수 있다) 확인하고 날인한다.
　　　 2. 병명은 임상적(인푸렛숀)과 최종진단명을 택일 ◇표에 ◆표로 표한다.
　　　 3. 병명과 국제질병 분류번호를 함께 기입한다.

헌 법 재 판 소
제 3 지정재판부

수신자   의정부교도소장(수용자 : 홍길동)
(경유)

제 목   보정명령

사 건	2009헌마333 형의 집행 및 수용자 처우에 관한 법률 제43조 제 3 항 등 위헌확인
청구인	홍 길 동

청구인은 이 명령이 송달된 날부터 20일 안에 다음 사항을 보정하시기 바랍니다.

보정할 사항

1. 헌법재판소법 제25조 제 3 항에 따라 변호사를 대리인으로 선임하고, 그 대리인 명의로 헌법재
   판소법 제71조 제 1 항의 사항을 기재한 헌법소원심판청구서를 작성하여 제출할 것.
2. 이 사건과 관련하여 청구인이 법제처에 제출한 민원서류를 제출하기 바람.

붙임 : 1. 대리인선임에 관한 안내문 1부.
      2. 국선대리인선임신청서 1부. 끝.

재판장 재판관 ○○○ (인)

법원서기관 ○○○   재판관 ○○○   재판관 ○○○
협조자
시행 심판사무-5811 (2009.07.10.)   접수
우 110-250 서울 종로구 가회로 15(재동 83) / http://www.ccourt.go.kr
전화 02)708-3475   전송 02)708-3472,3596 / yun9753@ccuourt.go.kr / 비공개

대리인선임에 관한 안내

1. 각종 심판절차에 있어서 당사자인 사인(私人)은 변호사를 대리인으로 선임하지 아니하면 심판청구를 하거나 심판수행을 하지 못하기 때문에, 헌법소원심판을 청구함에 있어서 청구인이 변호사의 자격이 있는 경우를 제외하고는 반드시 변호사를 대리인으로 선임하여야 합니다. (헌법재판소법 제25조 제3항)

2. 다만, 변호사를 대리인으로 선임할 자력이 없는 경우에는 소정의 무자력 소명자료를 첨부하여 붙임서식에 따라 국선대리인선임신청을 할 수 있으며, 이 경우 헌법재판소에서는 신청인의 무자력 여부, 헌법소원심판사건의 부적법 또는 권리남용 여부, 공익해당 여부 등을 판단하여 국선대리인 선임여부를 결정하게 됩니다. (헌법재판소법 제70조)

3. 변호사를 대리인으로 선임하였더라도 다음 각호의 1에 해당하는 경우 헌법소원심판청구가 각하될 수도 있음을 양지하시기 바랍니다. (헌법재판소법 제72조 제3항)
   가. 다른 법률에 의한 구제절차가 있는 경우 그 절차를 모두 거치지 않았거나 법원의 재판에 대하여 헌법소원심판을 청구한 경우
   나. 헌법재판소법 제69조의 규정에 의한 청구기간 경과 후에 헌법소원심판을 청구한 경우
   다. 기타 헌법소원심판의 청구가 부적법하고 그 흠결을 보정할 수 없는 경우

4. 기타 자세한 사항은 헌법재판소 심판사무1과(☎708-3480)로 문의하시기 바랍니다.

〈붙임〉 국선대리인 선임신청서 1부. 끝.

국선대리인 선임신청서

사 건 : 2009헌마333 국선대리인선임신청

신청인 (성 명) 홍길동

　　　　　(주 소) 경기도 의정부시 고산동 813(송산로 1111−76) 의정부교도소

　　　　　(전 화)

　신청인은 변호사를 대리인으로 선임할 자력이 없으므로 아래와 같이 국선대리인의 선임을 신청합니다.

1. 무자력 내역(해당란에 V표 하십시오)

■ 월 평균수입이 150만원 미만인 자

□ 국민기초생활보장법에 의한 수급자

□ 국가유공자 등 예우 및 지원에 관한 법률에 의한 국가유공자와 그 유족 또는 가족

Ⅴ 위 각호에는 해당하지 아니하나, 청구인이나 그 가족의 경제능력 등 제반사정에 비추어 보아 변호사를 대리인으로 선임하는 것을 기대하기 어려운 경우

2. 소명자료(해당란에 V표 하고 소명자료를 신청서에 첨부하십시오. 해당란이 없는 경우에는 ‘기타’에 V표 하신 뒤 소명자료의 명칭을 기재하고 소명자료를 신청서에 첨부하십시오)

□ 봉급액확인서, 근로소득원천징수영수증 등

□ 수급자증명서(국민기초생활보장법시행규칙 제40조)

□ 국가유공자와 그 유족 또는 가족증명서

■ 기타(지방세 세목별 과세증명서 등); 수용증명서

3. 국선대리인 선정 희망지(해당란에 V표 하십시오)

□ 서울 □ 부산 □ 대구 □ 인천 □ 광주 □ 대전 □ 울산 □ 전주 ■ 의정부

□ 수원 □ 춘천 □ 청주 □ 창원

4. 헌법소원심판청구사유(헌법재판소법 제71조에 규정된 침해된 권리, 침해의 원인이 되는 권력의 행사 또는 불행사, 청구이유 및 기타 필요한 사항을 간단 명료하게 별지에 기재하여 신청서에 첨부하십시오. 다만, 이 사건과 관련하여 이미 헌법소원심판청구를 한 경우에는 첨부하지 아니하여도 무방합니다)

2009.　　7.　　16.

신청인　 홍 길 동　 (인)

헌법재판소 귀중

헌 법 재 판 소
제 3 지정재판부

결   정

사 건   2009헌마333 국선대리인선임신청
신청인   홍 길 동
          경기도 의정부시 고산동 813(송산로 1111-76) 의정부교도소

주   문

신청인이 청구하고자 하는 헌법소원심판사건에 관하여 변호사 이변론을 신청인의 국선대리인으로
선정한다.

이   유

신청인의 국선대리인 선임신청은 헌법재판소법 제70조 제 1 항에서 정한 국선대리인 선임요건에
해당되므로 주문과 같이 결정한다.

2009.   8.   3.

재판장 재판관   ○○○   (인)
        재판관   ○○○   (인)
        재판관   ○○○   (인)

의 정 부 교 도 소

수신자   홍길동 귀하
(경유)
제 목   형기종료확인

___

1. 귀하에 요청에 의한 형기종료 사항은 아래와 같습니다.

– 아   래 –

성 명	주민등록번호	주 소	비 고
홍길동	6*****–1******	서울시 동대문구 이문동 121번지 3호	2010. 10. 20. 형기종료

의 정 부 교 도 소 장 의정부
교도소장

교사(교정직력) ○ ○ ○   교위 ○ ○ ○   과장 ○ ○ ○
협조자
시행 총무과-4880 (2011. 11. 22.)   접수 3313 (2011. 11. 22.)
우 480-700 경기도 의정부시 고산동 813(송산로 1111-76) 의정부교도소
전화 031-842-7601   전송 031-842-7600 / 비공개(6)

참 고 자 료 (관 계 법 령)

◼ 형의 집행 및 수용자의 처우에 관한 법률(2007. 12. 21. 법률 제8728호로 개정된 것)

제43조(서신수수)

① 수용자는 다른 사람과 서신을 주고받을 수 있다. 다만, 다음 각 호의 어느 하나에 해당하는 사유가 있으면 그러하지 아니하다.

1. 형사소송법이나 그 밖의 법률에 따른 서신의 수수금지 및 압수의 결정이 있는 때

2. 수형자의 교화 또는 건전한 사회복귀를 해칠 우려가 있는 때

3. 시설의 안전 또는 질서를 해칠 우려가 있는 때

② 제1항 본문에도 불구하고 같은 교정시설의 수용자 간에 서신을 주고받으려면 소장의 허가를 받아야 한다.

③ 소장은 수용자가 주고받는 서신에 법령에 따라 금지된 물품이 들어 있는지 확인할 수 있다.

④ 수용자가 주고받는 서신의 내용은 검열받지 아니한다. 다만, 다음 각 호의 어느 하나에 해당하는 사유가 있으면 그러하지 아니하다.

1. 서신의 상대방이 누구인지 확인할 수 없는 때

2. 형사소송법이나 그 밖의 법률에 따른 서신검열의 결정이 있는 때

3. 제1항 제2호 또는 제3호에 해당하는 내용이나 형사 법령에 저촉되는 내용이 기재되어 있다고 의심할 만한 상당한 이유가 있는 때

4. 대통령령으로 정하는 수용자 간의 서신인 때

⑤ 소장은 제3항 또는 제4항 단서에 따라 확인 또는 검열한 결과 수용자의 서신에 법령으로 금지된 물품이 들어 있거나 서신의 내용이 다음 각 호의 어느 하나에 해당하면 발신 또는 수신을 금지할 수 있다.

1. 암호·기호 등 이해할 수 없는 특수문자로 작성되어 있는 때

2. 범죄의 증거를 인멸할 우려가 있는 때

3. 형사 법령에 저촉되는 내용이 기재되어 있는 때

4. 수용자의 처우 또는 교정시설의 운영에 관하여 명백한 거짓사실을 포함하고 있는 때

5. 사생활의 비밀 또는 자유를 침해할 우려가 있는 때

6. 수형자의 교화 또는 건전한 사회복귀를 해칠 우려가 있는 때

7. 시설의 안전 또는 질서를 해칠 우려가 있는 때

⑧ 서신발송의 횟수, 서신 내용물의 확인방법 및 서신 내용의 검열절차 등에 관하여 필요한 사항은 대통령령으로 정한다.

제92조(금지물품)

수용자는 다음 각 호의 물품을 소지하여서는 아니 된다.

1. 마약·총기·도검·폭발물·흉기·독극물, 그 밖에 범죄의 도구로 이용될 우려가 있는 물품

2. 주류·담배·화기·현금·수표, 그 밖에 시설의 안전 또는 질서를 해칠 우려가 있는 물품

3. 음란물, 사행행위에 사용되는 물품, 그 밖에 수형자의 교화 또는 건전한 사회복귀를 해칠 우려가 있는 물품

제104조(마약류사범 등의 관리)

① 소장은 마약류사범·조직폭력사범 등 법무부령으로 정하는 수용자에 대하여는 시설의 안전과 질서유지를 위하여 필요한 범위에서 다른 수용자와의 접촉을 차단하거나 계호를 엄중히 하는 등 법무부령으로 정하는 바에 따라 다른 수용자와 달리 관리할 수 있다.

■ 형의 집행 및 수용자의 처우에 관한 법률 시행령(2008. 10. 29. 대통령령 제21095호로 개정된 것)

제65조(서신내용물의 확인)

① 수용자는 보내려는 서신을 봉함하지 않은 상태로 교정시설에 제출하여야 한다.

Memo

헌법소원심판청구서

사   건   2009헌마333 형의 집행 및 수용자의 처우에 관한 법률 시행령 제65조 제 1 항 위헌확인

청 구 인   홍길동
              의정부시 고산동 813(송산로 1111-76) 의정부교도소
              국선대리인 변호사 이변론

청 구 취 지

'형의 집행 및 수용자의 처우에 관한 법률 시행령'(2008. 10. 29. 대통령령 제21095호로 개정된 것) 제65조 제 1 항은 헌법에 위반된다.라는 결정을 구합니다.

침해된 권리

1. 헌법 제18조   통신비밀의 자유

침해의 원인

'형의 집행 및 수용자의 처우에 관한 법률 시행령'(2008. 10. 29. 대통령령 제21095호로 개정된 것) 제65조 제 1 항

청 구 이 유

1. 사건의 개요

⑴ 청구인은 2007. 1. 1.경 구속되어 징역 3년의 형을 선고받고 의정부교도소에 복역 중 다시 사기죄로 징역 8월을 선고받고 현재 위 교도소에서 복역 중에 있습니다.

⑵ 청구인은 구속되기 전에 허리디스크로 입원 중이었던 관계로 수용생활에 큰 어려움이 있어 여러 차례에 걸쳐 위 교도소 보건의료과장에게 교도소 밖에 있는 병원의 의사에게 정밀검사와 치료를 자비부담으로 받을 수 있게 해 달라고 요청하였습니다.

⑶ 그러나 위 교도소장은 청구인에게 교도소 밖의 의사진료를 허용한다면 다른 수용자들이 외부의사의 진료를 받겠다고 요청할 경우 이를 허용해야 한다는 선례를 만들게 된다면서 이를 거절하여 청구인은 제대로 된 치료를 받을 수 없게 되었습니다.

⑷ 청구인은 국민권익위원회 등의 국가기관에 청구인으로 하여금 외부의사의 진료를 받지 못하도록 하는 위 교도소장의 처분이 위법·부당함을 다투고자 청원서를 작성·봉함하여 제출하려고 하였으나, 교도소장은 법무부장관에 대한 청원서를 제외한 다른 서신은 봉함하여 제출할 수 없다고 하였습니다.

⑸ 그러자 청구인은 2009. 6. 1.경 법제처에 '형의 집행 및 수용자의 처우에 관한 법률' 제43조 제3항과 같은 법 시행령 제65조 제1항에 의하여 국가기관에 대한 청원서를 봉함하지 않은 상태로 교정시설에 제출해야 하는지 여부와 관련한 법령해석 질의를 하였습니다.

⑹ 청구인은 2009. 6. 8. 법제처에서 위 질의서를 이송받은 법무부장관으로부터 법무부장관에 대한 청원서 이외의 서신은 위 법령조항들에 의거하여 봉함하지 않은 상태로 제출하여야 한다는 회신을 수령한 후 위 법령조항이 헌법상 통신비밀에 관한 자유라는 기본권을 침해하고 있음을 밝히기 위하여 이 사건 청구에 이르게 되었습니다.

2. 청구의 적법성

가. 기본권 침해 직접성

형의 집행 및 수용자의 처우에 관한 법률 시행령(2008. 10. 29. 대통령령 제21095호로 개정된 것) 제65조 제 1 항(이하 '이 사건 시행령조항'이라 한다)은 "수용자는 보내려는 서신을 봉함하지 않은 상태로 교정시설에 제출하여야 한다"고 규정하고 있습니다. 이 규정에 의해서 수용자는 교도소장 등의 다른 집행행위가 없더라도 서신을 봉함하지 않은 상태로 제출할 의무를 부과받게 되므로, 이 사건 시행령조항은 수용자의 기본권을 직접적으로 제한하고 있습니다.

나. 기본권 침해의 현재성, 자기관련성

청구인은 현재 의정부교도소에 복역 중에 있는데, 이 사건 시행령조항으로 인하여 청원권을 행사함에 있어 통신비밀의 자유를 침해받고 있습니다.

다. 보 충 성

이 사건 시행령조항과 같은 법령 자체에 대한 헌법소원심판청구의 경우에 법령 자체에 의한 직접적인 기본권 침해여부가 문제되었을 경우 그 법령의 효력을 직접 다투는 것을 소송물로 하여 일반 법원에 구제를 구할 수 있는 절차는 존재하지 아니하므로, 이 경우에는 다른 구제절차를 거칠 것 없이 바로 헌법소원심판을 청구할 수 있습니다(헌법재판소 1990. 10. 15. 선고 89헌마178 결정【법무사법시행규칙에대한헌법소원】). 따라서 이 사건 시행령조항의 위헌·위법무효를 다투는 문제는 다른 어떤 구제절차가 존재하지 아니하는 경우에 해당하므로, 이 사건 헌법소원심판청구는 보충성의 원칙에 반하지 아니하는 적법한 소원심판청구라 할 것입니다.

라. 권리보호의 이익

⑴ 청구인은 이 사건 헌법소원심판결정이 내려질 무렵에는 형기만료로 2010. 10. 20. 형집행이 종료될 예정이라서 청구인의 침해된 기본권 구제와 관련하여 권리보호의 이익이 문제될 수 있습니다.

⑵ 그러나 헌법소원제도는 주관적인 권리구제뿐만 아니라 객관적인 헌법질서 보장의 기능도 겸하고 있으므로, 설사 주관적인 권리보호의 이익이 없는 경우라고

하더라도 동종의 기본권 침해가 반복될 위험이 있거나 헌법질서의 유지·수호를 위하여 헌법적 해명이 중대한 의미를 지니고 있을 때에는 예외적으로 심판청구의 이익이 인정되는 것으로 보는 것이 헌법재판소의 확립된 판례입니다(헌법재판소 1992. 1. 28. 선고 91헌마111 결정【변호인의조력을받을권리에대한헌법소원】등).

(3) 그런데 청구인의 경우 이미 형집행이 종료되어 더 이상 이 사건 시행령조항에 의한 기본권 제한을 받지는 아니할지라도, 이 사건 시행령조항이 존재하는 한 청구인의 경우와 같은 유형의 기본권 제한이 앞으로도 반복될 위험이 있고, 수용자의 서신 무봉함 제출 제도의 헌법적 타당성 여부는 헌법질서의 수호·유지를 위해 그 헌법적 해명이 필요한 중요한 사안이라고 할 것이므로, 심판청구의 이익을 인정하여야 할 것입니다.

마. 청구기간의 준수

(1) 법령에 대한 헌법소원은 법령의 시행과 동시에 기본권의 침해를 받게 되는 경우에는 그 법령이 시행된 사실을 안 날로부터 90일 이내에, 법령이 시행된 날로부터 1년 이내에 청구하여야 하고, 법령이 시행된 뒤에 비로소 그 법령에 해당되는 사유가 발생하여 기본권의 침해를 받게 되는 경우에는 그 사유가 발생하였음을 안 날로부터 90일 이내에, 그 사유가 발생한 날로부터 1년 이내에 청구하여야 합니다(헌법재판소법 69①).

(2) 청구인이 헌법재판소에 국선대리인을 선임하여 줄 것을 신청한 경우에는 그 청구기간은 국선대리인의 선임신청이 있는 날을 기준으로 정하며(헌법재판소법 70①), 선정된 국선대리인은 선정된 날로부터 60일 이내에 심판청구서를 제출하여야 합니다(헌법재판소법 70⑤).

(3) 청구인은 2009. 6. 1.경 이 사건 시행령조항에 의한 기본권의 침해사실을 알고 법제처에 법령해석에 관한 질의를 하였고, 법제처로부터 이송을 받은 법무부장관은 같은 달 8.경 이 사건 시행령조항이 적법하다는 질의회신을 하였으며, 같은 달 17.경 청구인 명의로 헌법소원심판청구서를 제출한 후 같은 해 7. 16. 국선대리인 선임신청을 한 바 있어 적법한 청구기간을 준수하였으며, 청구인의 국선대리인은 대리인 선정된 날부터 60일 이내에 이 심판청구서를 제출하는 것이므로 청구기간을 모두 준수하였습니다.

3. 이 사건 시행령조항의 위헌성

가. 헌법 제18조 통신비밀의 자유 침해

⑴ 헌법 제18조는 "모든 국민은 통신의 비밀을 침해받지 아니한다"고 규정하여 통신의 비밀을 침해받지 아니할 권리 즉, 통신비밀의 자유를 국민의 기본권으로 보장하고 있습니다. 따라서 통신의 중요한 수단인 서신의 당사자나 내용은 본인의 의사에 반하여 공개되어서는 아니 됩니다.

⑵ 이 사건 시행령조항은 수용자로 하여금 보내려는 서신을 봉함하지 않은 상태로 교정시설에 제출하도록 하고 있습니다. 이 경우 그 서신이 교도관들에 의해서 검열을 당하거나 읽혀질 위험에 놓이게 되므로, 수용자는 청원권 행사를 위한 서신을 포함한 각종 서신의 발송을 주저하게 되므로, 결국 수용자의 통신비밀의 자유에 대한 제한을 가져오게 됩니다.

⑶ 교정시설에 수용 중인 수용자의 경우도 통신비밀의 자유의 주체가 됩니다. 교정시설의 질서를 유지하고 수용자의 교정·교화를 위하여 이를 제한하는 것이 가능하다고 하더라도 그러한 제한은 필요 이상의 과잉제한이 되어서는 아니 되는 과잉금지의 원칙을 준수하여야 하는데, 이 사건 시행령조항은 다음과 같은 점에서 위 원칙을 위반한 위헌조항에 해당됩니다.

㈎ 목적의 정당성

이 사건 시행령조항은 마약·독극물·흉기 등 범죄에 이용될 우려가 있는 물건, 담배·현금·수표 등 교정시설의 안전 또는 질서를 해칠 우려가 있는 물건 및 음란물 등 수용자의 교화 또는 건전한 사회복귀를 해칠 우려가 있는 물건 등을 수용자가 주고받는 것을 금지하여 교정시설의 안전과 질서유지, 수용자의 교화 및 사회복귀를 원활하게 하기 위한 것이므로 입법목적은 정당합니다.

㈏ 수단의 적절성

수용자가 외부에 보내려는 서신을 봉함하지 않은 상태로 제출하게 하는 것은 위와 같은 입법목적을 달성할 수 있는 적절한 수단이 될 수 있어 이 사건 시행령조항은 기본권 제한에 대한 수단의 적절성이 인정됩니다.

㈐ **침해의 최소성**

이 사건 시행령조항은 수용자가 보내려는 서신을 봉함하지 않은 상태로 교정시설에 제출하도록 강제하고 있습니다. 그런데 서신에 대해 봉함하지 않은 상태로 제출하도록 하는 경우 교정당국은 서신에 대해 편리하게 보안검색을 할 수 있지만, 그 과정에서 교도소의 직원은 쉽사리 서신의 내용을 파악할 수 있습니다. 자신의 서신이 원하지 않는 사람에게 읽힐 수 있다고 여겨지면 자신의 생각이나 의견, 감정을 자유롭게 표현하거나 거리낌 없이 정보를 교환할 수 없게 될 것입니다. 이는 결국 수용자로서는 서신에 자신의 생각이나 의견, 감정을 표현하기를 자제하거나 서신교환 자체를 포기할 수 있어 이는 사실상 서신내용을 검열하는 것과 마찬가지의 효과를 가져올 가능성이 큽니다. 수용자인 청구인은 외부의사진료를 거부하는 교도소의 조치가 위법·부당하다는 자신의 서신내용이 교도소 측에 의해 아무런 제한 없이 노출, 파악될 수 있다는 가능성만으로도 통신비밀의 자유에 대한 위축을 받게 됩니다.

그런데 이 사건 시행령조항에 따른 방법이 아니라 보다 덜 기본권 침해적인 방법으로도 이 사건 시행령조항이 달성하고자 하는 목적은 충분히 달성될 수 있습니다. 예컨대, 교도관이 수용자의 면전에서 서신에 금지물품이 들어 있는지를 확인하고 수용자로 하여금 서신을 봉함하게 할 수도 있습니다.

이 사건 시행령조항은, 형의 집행 및 수용자의 처우에 관한 법률 제84조 제3항이 미결수용자와 변호인간의 서신검열을 원칙적으로 금지하고 있음에도 불구하고 미결수용자가 변호인에게 보내려는 서신조차도 봉함하지 않은 상태로 제출하도록 하는 여지를 줌으로써 수용자가 보내려는 모든 서신을 사실상 검열 가능한 상태에 놓이도록 하고 있습니다. 따라서 이 사건 시행령조항은 기본권 제한 규범이 지켜야 할 침해의 최소성 요건을 위반하고 있습니다.

㈑ **법익의 균형성**

이 사건 무봉함 서신제출 제도를 통해 달성하고자 하는 교정시설의 안전과 질서유지라는 목적은 보다 덜 침해적인 수단으로도 얼마든지 달성이 가능합니다. 이 사건 시행령조항으로 인해 밖으로 보내려는 서신을 봉함 상태로 제출하도록 하는 경우 그 내용물을 확인하는 데 소요되는 인력과 재정을 감안하더라도 수용자가 보내려는 서신을 봉함하지 않은 상태로 제출하도록 함으로 인하여 수용자가 입게 되는 통신비밀의 자유에 대한 침해는 매우 중대하다 할 것이므로, 이 사건 시행령조항은 법익의 균형성 요건도 충족하지 못하고 있습니다.

나. 소　결

따라서 이 사건 시행령조항은 기본권 제한 규범이 갖추어야 할 과잉금지의 원칙에 위배되어 헌법이 보장하는 수용자의 통신비밀의 자유를 침해하는 위헌규정에 해당됩니다.

4. 결　　론

그렇다면, 이 사건 시행령조항은 헌법 제18조 통신비밀의 자유라는 기본권을 침해하는 위헌규정에 해당되므로 위헌결정을 내려주시기를 바랍니다.

첨 부 서 류

1. 법제처·법무부 민원회신   각 1부
2. 수용증명서   1부
3. 국선대리인 선임결정서   1부

2009.   10.   1.

청구인의 국선대리인

변호사   이 변 론 (인)

헌 법 재 판 소   귀 중

설문 2.
해 답

의 견 서

사　건　　2009헌마333　형의 집행 및 수용자 처우에 관한 법률 제65조 제 1 항 위헌확인

청구인　　홍길동(대리인 변호사 이변론)

위 헌법소원심판 청구사건에 관하여 아래와 같은 법무부장관의 의견서를 제출합니다.

Ⅰ. 청구인의 주장요지

⑴ 청구인은 징역형을 선고받고 의정부교도소에 복역 중 구속 되기 전에 허리디스크로 입원하였던 관계로 수용생활에 어려움이 있어 교도소장에게 교도소 밖에 있는 병원의 의사에게 정밀검사와 치료를 자비부담으로 받을 수 있게 해 달라고 요청하였지만 이를 거절당하였습니다.

⑵ 청구인은 국민권익위원회 등의 국가기관에 외부의사의 진료를 받지 못하도록 하는 교도소장의 처분이 위법·부당함을 다투고자 청원서를 작성·봉함하여 제출하려고 하였으나 교도소장은 '형의 집행 및 수용자의 처우에 관한 법률 시행령' 제65조 제 1 항(이하 '이 사건 시행령조항'이라 함)에 따라서 법무부장관에 대한 청원서를 제외한 다른 서신은 봉함하여 제출할 수 없다고 하였습니다.

⑶ 그러자 청구인은 '형의 집행 및 수용자의 처우에 관한 법률 시행령' 제65조 제 1 항은 헌법 제18조 통신비밀의 자유라는 기본권을 침해하였다고 주장하고 있습니다.

Ⅱ. 이 사건 법률조항에 대한 심판청구의 적법요건 검토

1. 헌법소원심판청구에 관한 법률의 규정

헌법소원심판청구는 '공권력의 행사 또는 불행사로 인하여 헌법상 보장된 기본권의 침해를 받은 자'가 소정의 청구기간 내에 청구하여야 하고, '그러한 경우에도 다른 법률에 구제절차가 있는 경우에는 그 절차를 모두 거친 후'에야 청구할 수 있습니다(헌법재판소법 제68조 제1항, 제69조 제1항). '기본권의 침해를 받은 자'라 함은 '공권력의 행사 또는 불행사로 인하여 자기의 기본권을 현재 그리고 직접적으로 침해받은 자'를 의미합니다.

따라서 헌법소원심판청구가 적법하기 위해서는 공권력의 행사 또는 불행사, 기본권 침해성, 법적 관련성(자기관련성, 현재성, 직접성), 보충성, 권리보호의 이익, 청구기간 준수 등의 요건을 갖추어야 합니다.

2. 기본권 침해의 직접성

법령에 대한 헌법소원에 있어 기본권 침해의 직접성이란 구체적 집행행위를 기다리지 아니하고 법률 그 자체에 의하여 자유의 제한, 의무의 부과, 권리 또는 법적 지위의 박탈이 생기는 경우를 뜻하므로 구체적인 집행행위를 통하여 비로소 기본권 침해의 법률효과가 발생하는 경우에는 직접성의 요건이 결여되는 부적법한 것으로 됩니다.

이러한 직접성의 요건은 법령에 대한 헌법소원심판에서 특히 중요한 의미를 가지게 되는데, 법령에 대한 헌법소원에 있어서 '기본권 침해의 직접성'을 요구하는 이유는, 법령은 일반적으로 구체적인 집행행위를 매개로 하여 비로소 기본권을 침해하게 되므로 기본권의 침해를 받은 개인은 먼저 일반쟁송의 방법으로 집행행위를 대상으로 하여 기본권 침해에 대한 구제절차를 밟는 것이 헌법소원의 성격상 요청되기 때문입니다.

3. 사안의 경우(직접성 요건의 결여)

그런데 청구인이 이 사건 헌법소원심판의 심판대상으로 주장하고 있는 이 사건 시행령조항과 관련규정을 살펴보면, 형의 집행 및 수용자의 처우에 관한 법률 제43조 제3항은 "소장은 수용자가 주고받는 서신에 법령에 따라 금지된 물품이 들어있는지 확인할 수 있다"고 규정하고 있으므로 교도소장은 필요하다고 인정하는 경우 서신에 금지된 물품이 들어있는지 구체적인 확인조치를 취할 수 있고, 이 사건 시행령조항 제65조 제 1 항은 "수용자는 보내려는 서신을 봉함하지 않은 상태로 교정시설에 제출하여야 한다"고 규정하고 있으므로 교도소장은 수용자가 위 규정에 위반하여 봉함된 채로 서신을 제출하는 경우 금지물품 포함 여부 확인 등을 위하여 발송거부처분을 할 수 있습니다.

따라서 물품확인조치나 발송거부라는 구체적인 집행행위가 있을 때 비로소 통신의 자유 등의 기본권 침해의 법률효과가 발생하고 교도소장의 구체적인 물품확인조치, 서신거부처분이라는 집행행위를 통하지 아니하고 이 사건 법률조항에 의해 직접 청구인의 기본권이 침해당하고 있다고 볼 수 없으므로 기본권 침해의 직접성이 결여되어 청구인의 이 사건 청구는 부적법하다고 할 것입니다.

Ⅲ. 이 사건 시행령조항의 위헌여부에 대한 의견

1. 수형자의 기본권 제한과 그 한계

가. 수형자의 기본권 제한

징역·금고 등 자유형을 선고받아 그 형이 확정된 자와 벌금을 완납하지 아니하여 노역장 유치명령을 받은 수형자는 그 집행을 위하여 교도소에 구금되고 이에 따라 수형자는 격리된 시설에서 강제적인 공동생활을 하게 되며 헌법이 보장하는 신체의 자유 등 기본권에 대한 제한은 불가피합니다. 다만, 기본권의 제한은 헌법 제37조 제 2 항에서 규정한 국가안전보장, 질서유지 또는 공공복리를 위하여 필요한 경우에 한하여 법률로써 제한할 수 있으며, 제한하는 경우에도 자유와 권리의 본질적인 내용을 침해할 수 없다는 한계를 가집니다.

따라서, 수형자의 자유와 권리에 대한 제한은 구금의 목적인 도망·증거 인멸의 방지와 시설 내의 규율 및 안전 유지를 위한 필요최소한의 합리적인 범위를 벗어나서는 안 되고, 이러한 기본권의 제한은 헌법 제37조 제 2 항에 따라 구체적인 자유·권리의 내용과 성질, 그 제한의 태양과 정도 등을 교량하여 한계를 설정하게 됩니다.

나. 입법정책의 문제

수형자를 구금하는 목적은 자유형의 집행이고, 자유형의 내용은 수형자를 일정한 장소에 구금하여 사회로부터 격리시켜 그 자유를 박탈함과 동시에 그의 교화·갱생을 도모함에 있습니다. 그러므로 자유형의 본질상 수형자에게는 외부와의 자유로운 교통·통신에 대한 제한 등이 수반됩니다. 그런데 수형자의 사회적 위험성이나 사회방위의 관점에서는 사회로부터의 격리가 불가피하나, 때로는 수형자의 교화·갱생을 위하여 일정한 범위 내에서 서신 수벌의 자유를 허용하는 것이 보다 더 유익할 수도 있습니다. 따라서 수형자의 통신의 자유 등 기본권을 구체적으로 어느 정도 인정할 것인가의 기준은 기본적으로 입법권자의 입법정책에 맡겨져 있다고 할 것입니다.

2. 수형자의 기본권 제한 관련 헌법재판소 결정례

헌법재판소는 수용자의 서신수발에 교도관의 검열을 요하는 행형법(1995. 1. 5. 법률 제4936호로 개정된 것) 제18조 제3항에 대한 헌법소원 사건에서 수형자에 대한 서신검열은 구금 목적의 달성, 시설의 규율과 안전유지를 위한 필요최소한의 제한으로서 정당성·합리성을 갖춘 재량의 범위 내의 조치라고 판시한 바 있습니다.

수형자를 구금하는 목적은 자유형의 집행이고, 자유형의 본질상 수형자에게는 외부와의 자유로운 교통·통신에 대한 제한이 수반된다. 따라서 수형자에게 통신의 자유를 구체적으로 어느 정도 인정할 것인가의 기준은 기본적으로 입법권자의 입법정책에 맡겨져 있다. 수형자의 교화갱생을 위하여 서신수발의 자유를 허용하는 것이 필요하다고 하더라도, 구금시설은 다수의 수형자를 집단으로 관리하는 시설로서 규율과 질서유지가 필요하므로 수형자의 서신수발의 자유에는 내재적 한계가 있고, 구금의 목적을 달성하기 위하여 수형자의 서신에 대한 검열은 불가피하다. 현행법령과 제도 하에서 수형자가 수발하는 서신에 대한 검열로 인하여 수형자의 통신의 비밀이 일부 제한되는 것은 국가안전보장·질서유지 또는 공공복리라는 정당한 목적을 위하여 부득이 할 뿐만 아니라 유효적절한 방법에 의한 최소한의 제한이며 통신의 자유의 본질적 내용을 침해하는 것이 아니다.

또한 헌법재판소는 수용자가 국가기관에 서신을 발송할 경우 교도소장의 허가를 받도록 하는 행형법 시행령(1997. 12. 31. 대통령령 제15572호로 개정되고, 2000. 3. 28. 대통령령 제16759호로 개정되기 전의 것) 제62조 등에 대한 위헌소헌 사건에서 수용자의 서신에 대한 검열은 국가안전 보장·질서 유지 또는 공공복리라는 정당한 목적을 위하여 부득이 할 뿐만 아니라 유효적절한 방법에 의한 최소한의 제한이며, 통신비밀의 자유의 본질적 내용을 침해하는 것이 아니어서 헌법에 위반된다고 할 수 없다고 판시하였습니다.

　　교도소 수용자로 하여금 제한 없이 서신을 발송할 수 있게 한다면, 서신 교환의 방법
으로 마약이나 범죄에 이용될 물건을 반입할 수 있고 외부 범죄세력과 연결하여 탈주를
기도하거나 수용자끼리 연락하여 범죄행위를 준비하는 등 수용질서를 어지럽힐 우려가
많으므로 이들의 도주를 예방하고 교도소 내의 규율과 질서를 유지하여 구금의 목적을 달
성하기 위해서는 서신에 대한 검열이 불가피하며, 만약 국가기관과 사인에 대한 서신을
따로 분리하여 사신에 대한 서신의 경우에만 검열을 실시하고, 국가기관에 대한 서신의
경우에는 검열을 하지 않는다면 사인에게 보낼 서신을 국가기관의 명의를 빌려 검열 없이
보낼 수 있게 됨으로써 검열을 거치지 않고 사인에게 서신을 발송하는 탈법수단으로 이용
할 수 있게 되므로 수용자의 서신에 대한 검열은 국가안전 보장·질서유지 또는 공공복리
라는 정당한 목적을 위하여 부득이 할 뿐만 아니라 유효적절한 방법에 의한 최소한의 제
한이며, 통신비밀의 자유의 본질적 내용을 침해하는 것이 아니어서 헌법에 위반된다고 할
수 없다.

3. 이사건 법률조항의 합헌성

가. 통신비밀의 자유 침해 여부

⑴ 청구인이 위헌이라는 주장하는 이 사건 시행령조항 제65조 제 1 항에 수용자는
보내려는 서신을 봉함하지 않은 상태로 교정시설에 제출하여야 한다고 규정되어
있지만, 그 목적은 동조 제 2 항에 명시되어 있듯이 서신에 금지물품이 들어 있
는지를 확인하기 위함이고 서신 내용의 검열을 위함이 아닙니다. 특히 수용자
가 보내는 서신을 봉함하지 않은 상태로 교정시설에 제출하게 한 취지는 서신
에 금지물품의 존재를 확인한 후 이를 봉인하여 발송하기 위한 것입니다. 행형
법 제43조 제 4 항 제 3 호, 동조 제 1 항 제 2 호, 제 3 호에 의하면 서신 수수가 수
형자의 교화 또는 건전한 사회복귀를 해칠 우려가 있는 때, 시설의 안전 또는
질서를 해칠 우려가 있는 때에는 서신 수수가 금지되므로 금지물품의 존재를
확인하여 시설의 안전 또는 질서를 해할 우려가 있는지를 판단하기 위하여 서신
을 봉함하지 않은 채로 제출하게 한 것에 불과할 뿐 서신 내용의 검열을 위한
것이 아닙니다.

(2) 청구인은 금지물품 확인 절차가 실질적으로 서신 내용의 검열로 운영될 수 있다고 주장하고 있는바, 금지물품 확인 절차는 검열이라고 할 수 없으며, 가사 금지물품 확인 절차를 실질적인 검열로 본다고 하더라도 이는 수형자의 구금 목적을 위한 필요 최소한의 제한입니다. 헌법 제18조에서 "모든 국민은 통신의 비밀을 침해받지 아니한다"라고 규정하여 통신의 자유를 국민의 기본권으로 보장하고 있어 서신의 검열은 원칙적으로 금지됩니다. 그러나 수형자 구금의 목적은 수형자를 사회로부터 격리시켜 그 자유를 박탈함과 동시에 그의 교화·갱생을 도모함에 있고, 구금시설은 다수의 수형자를 집단으로 관리하는 시설로서 규율과 질서 유지가 필요하므로 이를 위해 수형자의 교화·개선에 해로운 물질이나 서신의 수발을 허용하여서는 안됩니다. 수형자는 수사 및 재판과정에서 관련된 고소·고발인, 경찰·검찰 및 법원의 공무원, 피해자, 증인, 감정인 등에 대하여 원망과 분노를 가질 수 있으므로 만일 수형자로 하여금 이들에게 서신을 제한 없이 발송할 수 있게 한다면 출소 후의 보복 협박, 교도소 내에 있는 동안 뒷바라지 강요 등 일반 국민들에게 해악을 끼치는 등의 부작용이 생길 수 있습니다. 또 서신 교환의 방법으로 마약이나 범죄에 이용될 물건이 반입될 수도 있고, 외부 범죄세력과 연결하여 탈주를 기도하거나 수형자끼리 연락하여 범죄행위를 준비하는 등 수용질서를 어지럽힐 우려가 많으므로 수형자의 도주를 예방하고 교도소 내의 규율과 질서를 유지하여 구금의 목적을 달성하기 위해서는 수형자의 서신에 대한 검열은 불가피합니다. 행형법 제43조 제1항은 수형자의 서신 수발의 자유를 원칙적으로 보장하고 있고, 동조 제3항은 수용자가 주고받는 서신에 법령에 따라 금지된 물품이 들어있는지 확인하는 절차만 규정하고 동조 제6항은 서신을 발송하거나 교부하는 경우에는 신속히 하여야 한다고 규정하고 있으므로, 수형자가 수발하는 서신에 대한 검열로 인하여 수형자의 통신의 비밀이 일부 제한되는 것은 국가 안전보장·질서유지 또는 공공복리라는 정당한 목적을 위하여 부득이 할 뿐만 아니라 유효적절한 방법에 의한 최소한의 제한이며 통신의 자유의 본질적 내용을 침해하는 것이라고 볼 수는 없습니다.

(3) 특히 수용자의 경우 교화, 갱생이라는 행형의 목적 달성을 위해서 일반인들에 비해 보다 많은 자유가 제한되는 것은 사실이지만, 서신검열은 단지 누구에게 언제 서신을 보낸다는 확인 정도를 위해서 존재하는 제도가 아니라 수용자가 발

송하는 서신에 대해 발송 전 그 내용을 일일이 살펴 수용질서 유지에 저해되거
나 새로운 범죄를 일으킬 가능성이 있는 것에 대해서는 미리 그 발송을 차단함
으로써 수용자가 재차 범죄를 저지르는 것을 사전에 방지하고 수용자를 적절하
게 교화하는 제도입니다. 그런데 만약 청구인의 주장처럼 국가기관과 사인에
대한 서신을 따로 분리하여 사인에 대한 서신의 경우에만 검열을 실시하고, 국
가기관에 대한 서신의 경우에는 검열을 하지 않는다면 사인에게 보낼 서신을
국가기관의 명의를 빌려 검열 없이 보낼 수 있게 됨으로써 검열을 거치지 않고
사인에게 발송하는 탈법수단으로 이용될 수 있습니다. 따라서 수용자가 국가기
관에 발송하는 서신에 대하여 검열을 하는 것의 필요성은 여전히 크다고 할 것
입니다.

나. 청원권 침해 여부

⑴ 헌법 제26조는 "모든 국민은 법률이 정하는 바에 의하여 국가기관에 문서로 청
   원할 권리를 가진다. 국가는 청원에 대하여 심사할 의무를 진다"고 하여 청원권
   을 기본권으로 보장하고 있습니다. 그런데 헌법상 보장된 청원권은 공권력과의
   관계에서 일어나는 여러 가지 이해관계, 의견, 희망 등에 관하여 적법한 청원을
   한 모든 국민에게, 국가기관이 청원을 수리할 뿐만 아니라, 이를 심사하여 청원
   자에게 그 처리 결과를 통지할 것을 요구할 수 있는 권리로서 청원권의 구체적
   내용은 입법 활동에 의하여 형성되며 입법형성에는 폭넓은 재량권이 있습니다.
   따라서 입법자는 수용 목적 달성을 저해하지 않는 범위 내에서 교도소 수용자에
   게 청원권을 보장하는 합리적인 수단을 선택할 수 있습니다.

⑵ 모든 국민은 청원권을 가지고 있으므로 교도소 수용자라 하더라도 원칙적으로는
   자유롭게 청원할 권리가 보장됩니다. 그러나 위에서 본 바와 같이 수용자 구금
   의 목적은 수용자를 일정한 장소에 구금하고 사회로부터 격리시켜 그 자유를 박
   탈함과 동시에 그의 교화·갱생을 도모함에 있고, 구금시설은 다수의 수용자를
   집단으로 관리하는 시설이므로 규율과 질서 유지가 필요합니다. 따라서 국가기
   관에 대한 청원의 경우 이에 대한 아무런 제한 없이 청원할 수 있도록 한다면
   이를 이용하여 검열 없이 외부에 서신을 발송하는 탈법수단으로 이용할 우려가
   있습니다.

(3) 행형법 제117조 제3항은 소장은 청원서를 개봉하여서는 아니된다고 규정하고 있어 원칙적으로 청원서 내용에 대한 검열을 하지 않고 있으며, 제118조는 수용자는 청원, 진정, 그 밖의 권리구제를 위한 행위를 하였다는 이유로 불이익한 처우를 받지 아니함을 천명하고 있습니다. 이 사건 시행령조항 제65조 제1항에서 수용자가 보내려는 서신을 봉함하지 않은 상태로 교정시설에 제출하게 함은 동조 제2항에서 알 수 있듯이 금지물품이 들어있는지 확인하기 위함이고 서신 내용에 대한 검열이 아님은 이미 살펴본 바와 같습니다. 가사 이를 실질적인 서신 내용에 대한 검열로 본다 하더라도 검열을 거친 후에는 발송을 보장하고 있고, 이 경우 일일이 검열을 받아야 하므로 검열이 행해지는 동안 발송이 지연될 우려가 있을 수 있으나, 이는 구금시설의 안전 및 질서 유지라는 목적을 달성하기 위하여 불가피하다 할 것입니다.

(4) 더구나 행형법 제117조는 교도행정에 관하여 지휘, 감독권을 가진 법무부 장관에게 청원하는 경우는 검열을 금지하고 있는데, 수용자가 법무부장관에게 청원하는 청원서는 이를 봉한 채로 교도소장에게 제출하여 개봉 없이 법무부 장관에게 발송(제117조 제3항)하도록 하고 있습니다. 이는 교도소 내의 부당한 처우에 관해서는 법무부 장관에게 직접 청원할 수 있는 길을 열어 놓아 교도소 내의 수용자에 대한 부당한 행위의 발생을 막기 위한 것입니다.

(5) 결론적으로 국가기관에 대한 청원 내용이 담긴 교도소 수용자의 서신에 대해 검열하는 것은 헌법 제37조 제2항이 규정하고 있는 질서유지 등의 목적달성을 위한 필요·최소한의 제한으로 청원권의 본질적인 내용을 침해하는 것이라고 할 수 없습니다.

Ⅳ. 결 론

따라서 청구인의 이 사건 시행령조항에 대한 헌법소원은 직접성의 결여로 부적법하므로 각하되어야 합니다. 설령 본안판단에 들어간다 할지라도 교도소장이 수용자의 서신에 금지 물품이 있는지 확인할 수 있고 발송 서신을 봉함하지 않은 채 교정시설에 제출하게 하는 행위는 구금의 목적인 도망·증거인멸의 방지와 시설 내의 규율 및 안전

유지를 위해 필수 불가결한 것으로 청구인의 통신비밀의 자유, 청원권 등의 기본권을
침해하지 않으므로 청구인의 이 사건 심판청구를 기각하여 주시기 바랍니다.

2009.   10.   15.

법무부장관 ○ ○ ○

헌법재판소 귀중

쟁 점 해 설

1. 당 사 자

가. 청 구 인

⑴ 공권력의 행사 또는 불행사로 인하여 헌법상 보장된 기본권을 침해받은 자이다 (헌법재판소법 68①). 이 사건 청구인은 교도소에 수용된 수용자로서 국민권익위 원회 등의 국가기관에 제출하려는 청원서를 봉함하지 않은 채 제출해야 한다는 이 사건 시행령조항으로 인하여 통신비밀의 자유를 침해받았으므로 청구인적격 이 있다.

⑵ 각종 심판절차에 있어서 당사자인 사인은 변호사를 대리인으로 선임하지 아니하 면 심판청구를 하거나 심판수행을 하지 못한다(헌법재판소법 25③). 청구인은 변 호사강제주의에 따라 국선변호사를 선임하여 이 사건 심판청구를 하였다.

나. 피청구인

⑴ 헌법재판소법 제71조는 청구서의 기재사항의 하나로 "침해의 원인이 되는 공권 력의 행사 또는 불행사"를 규정할 뿐, 피청구인의 기재여부를 명시하지 않고 있 어 반드시 피청구인을 기재해야 하는 것은 아니다.

⑵ 헌법재판소심판규칙 제68조 제1항은 헌법소원심판청구서에 피청구인을 기재하 도록 하고 있다. '다만, 법령에 대한 헌법소원의 경우에는 그러하지 아니하다'고 규정하여 이 사건 시행령조항의 위헌여부를 다투는 헌법소원에서는 피청구인을 기재할 필요가 없다.

⑶ 탄핵심판, 정당해산심판, 권한쟁의심판의 경우 피청구인(피청구기관)이 존재하므 로, 피청구인을 기재하여야 한다. 헌법재판소는 청구서의 필수 기재사항이 누락

되거나 명확하지 아니한 경우에 적당한 기간을 정하여 이를 보정하도록 명할 수 있으며, 보정기간까지 보정하지 아니한 경우에는 심판청구를 각하할 수 있다(헌법재판소심판규칙 70).

2. 이 사건 심판청구의 적법성여부

가. 기본권 침해 직접성

수용자인 청구인은 이 사건 시행령조항에 의해서 교도소장 등의 다른 집행행위가 없더라도 서신을 봉함하지 않은 상태로 제출할 의무를 부과받게 되어 기본권을 직접적으로 제한받고 있다.

나. 기본권 침해의 현재성, 자기관련성

청구인은 교도소에 복역 중에 있고, 현재 청원권을 행사함에 있어 통신비밀의 자유를 침해받고 있다.

다. 보 충 성

⑴ 헌법소원은 다른 법률에 구제절차가 있는 경우에는 그 절차를 모두 거친 후에 심판청구를 하여야 한다(헌법재판소법 68① 단서). 이 같은 보충성의 원칙도 ① 사전에 구제절차를 거칠 것을 기대하기가 곤란한 경우, ② 법률상 구제절차가 없는 경우에는 그 예외가 인정된다.

⑵ 이 사건 시행령조항의 위헌·위법무효를 다투는 구제절차가 존재하지 아니하므로, 헌법소원심판청구에 있어서 보충성의 원칙에 반하지 아니한다.

라. 권리보호의 이익

⑴ 헌법소원은 국민의 기본권 침해를 구제해 주는 제도이므로, 그 제도의 목적상 권리보호의 이익이 있는 경우에 비로소 제기할 수 있으며, 권리보호의 이익이 없는 헌법소원심판청구는 부적법하여 각하된다.

⑵ 청구인은 형기만료로 2010. 10. 20. 형집행이 종료될 예정이라서 침해된 기본권 구제와 관련한 권리보호의 이익이 문제된다.

(3) 헌법소원제도는 주관적인 권리구제뿐만 아니라 객관적인 헌법질서 보장의 기능도 겸하고 있으므로, 설사 주관적인 권리보호의 이익이 없는 경우라고 하더라도 동종의 기본권 침해가 반복될 위험이 있거나 헌법질서의 유지·수호를 위하여 헌법적 해명이 중대한 의미를 지니고 있을 때에는 예외적으로 심판청구의 이익이 인정되는 것으로 보고 있다(헌법재판소 1992. 1. 28. 선고 91헌마111 결정【변호인의 조력을받을권리에대한헌법소원】등).

(4) 헌법소원의 본질은 개인의 주관적 권리구제뿐만 아니라 객관적인 헌법질서의 보장도 겸하고 있는 것인데, 미결수용자의 서신에 대한 검열이나 지연발송 및 지연교부행위는 헌법상 보장된 통신의 자유나 비밀을 침해받지 아니할 권리 및 변호인의 조력을 받을 권리와의 관계에서 해명되어야 할 중요한 문제이고, 또 검열행위는 행형법의 규정에 따라 앞으로도 계속될 것으로 보이므로, 이러한 침해행위가 이미 종료되었다 하더라도, 이 사건 심판청구는 헌법질서의 수호·유지를 위하여 긴요한 사항으로서 그 해명이 중대한 의미를 지니고 있고 동종행위의 반복위험성도 있어서 심판청구의 이익이 있다(헌법재판소 1995. 7. 21. 선고 92헌마144 결정【서신검열등위헌확인】).

(5) 이 사건 시행령조항이 존재하는 한 청구인이 침해받은 것과 같은 유형의 기본권 제한이 앞으로도 반복될 위험이 있고, 수용자의 서신 무봉함 제출 제도의 헌법적 타당성여부는 헌법질서의 수호·유지를 위해 그 헌법적 해명이 필요한 중요한 사안이라고 할 수 있어 심판청구의 이익이 인정된다.

마. 청구기간의 준수

청구인은 기본권 침해사실을 안 날로부터 90일 이내에 국선대리인의 선임신청을 하였으며(헌법재판소법 70①), 선정된 국선대리인은 선정된 날로부터 60일 이내인 2009. 10. 1. 심판청구서를 제출하여 심판청구기간을 준수하였다(헌법재판소법 70⑤).

3. 이 사건 시행령조항의 위헌성

헌법 제18조 통신비밀의 자유 침해

이 사건 시행령조항은 수용자로 하여금 보내려는 서신을 봉함하지 않은 상태로 교정시설에 제출하도록 하고 있어 그 서신이 교도관들에 의해서 검열을 당하거나 읽혀질 위험에 놓이게 되므로, 수용자의 통신비밀의 자유에 대한 침해를 가져오게 된다.

(개) 목적의 정당성

이 사건 시행령조항은 수용자의 교화 또는 건전한 사회복귀를 해칠 우려가 있는 물건 등을 수용자가 주고받는 것을 금지하여 교정시설의 안전과 질서유지, 수용자의 교화 및 사회복귀를 원활하게 하기 위한 것이므로 입법목적은 정당하다.

(내) 수단의 적절성

수용자가 외부에 보내려는 서신을 봉함하지 않은 상태로 제출하게 하는 것은 입법목적을 달성할 수 있는 적절한 수단이 될 수 있다.

(대) 침해의 최소성

이 사건 시행령조항은 수용자가 보내려는 서신을 봉함하지 않은 상태로 교정시설에 제출하도록 강제하고 있다. 이 사건 시행령조항에 따른 방법이 아니라 보다 덜 기본권 침해적인 방법으로도 이 사건 시행령조항이 달성하고자 하는 목적은 충분히 달성될 수 있다. 따라서 이 사건 시행령조항은 침해의 최소성 요건을 위반하고 있다.

(래) 법익의 균형성

서신을 봉함 상태로 제출하도록 하는 경우 그 내용물을 확인하는 데 소요되는 인력 및 재정과 수용자가 보내려는 서신을 봉함하지 않은 상태로 제출하도록 함으로 인하여 수용자가 입게 되는 통신비밀의 자유에 대한 침해는 더욱 중대하여 법익의 균형성 요건도 충족하지 못하고 있다.

4. 결　론

따라서 이 사건 시행령조항은 과잉금지의 원칙에 위배되어 통신비밀의 자유를 침해하는 위헌규정에 해당된다.

5. 이 사건 시행령조항의 개정

2013. 2. 5. 대통령령 제24348호에 의하여 2012. 2. 23. 헌법재판소에 위헌결정된 이

사건 시행령 제65조를 개정하여 수용자가 서신을 보내려는 경우 해당 서신을 봉함하여 교정시설에 제출하도록 하였다. 다만, 소장은 다음 각 호의 어느 하나에 해당하는 경우로서 법 제43조 제3항에 따른 금지물품의 확인을 위하여 필요한 경우에는 서신을 봉함하지 않은 상태로 제출하게 할 수 있다.

1. 법 제104조 제1항에 따른 마약류사범·조직폭력사범 등 법무부령으로 정하는 수용자가 변호인 외의 자에게 서신을 보내려는 경우
2. 수용자가 같은 교정시설에 수용 중인 다른 수용자에게 서신을 보내려는 경우
3. 규율위반으로 조사 중이거나 징벌집행 중인 수용자가 다른 수용자에게 서신을 보내려는 경우

[참고자료]

형의 집행 및 수용자의 처우에 관한 법률 제43조 제 3 항 등 위헌확인

(헌법재판소 2012. 2. 23. 선고 2009헌마333 결정)

【판시사항】

가. 교도소장으로 하여금 수용자가 주고받는 서신에 금지 물품이 들어 있는지를 확인할 수 있도록 규정하고 있는 '형의 집행 및 수용자의 처우에 관한 법률'(2007. 12. 21. 법률 제8728호로 개정된 것) 제43조 제 3 항(이하 '이 사건 법률조항'이라 한다)이 청구인의 기본권을 직접 침해하는지 여부(소극)

나. 수용자가 밖으로 내보내는 모든 서신을 봉함하지 않은 상태로 교정시설에 제출하도록 규정하고 있는 '형의 집행 및 수용자의 처우에 관한 법률 시행령'(2008. 10. 29. 대통령령 21095호로 개정된 것) 제65조 제 1 항(이하 '이 사건 시행령조항'이라 한다)이 청구인의 통신 비밀의 자유를 침해하는지 여부(적극)

【결정요지】

가. 이 사건 법률조항은 수용자의 서신에 금지물품이 들어 있는지 여부에 대한 확인을 교도소장의 재량에 맡기고 있으므로 교도소장의 금지물품 확인이라는 구체적인 집행행위를 매개로 하여 수용자인 청구인의 권리에 영향을 미치게 되는바, 위 법률조항이 청구인의 기본권을 직접 침해한다고 할 수 없다.

나. 이 사건 시행령조항은 교정시설의 안전과 질서유지, 수용자의 교화 및 사회복귀를 원활하게 하기 위해 수용자가 밖으로 내보내는 서신을 봉함하지 않은 상태로 제출하도록 한 것이나, 이와 같은 목적은 교도관이 수용자의 면전에서 서신에 금지물품이 들어 있는지를 확인하고 수용자로 하여금 서신을 봉함하게 하는 방법, 봉함된 상태로 제출된 서신을 X-ray 검색기 등으로 확인한 후 의심이 있는 경우에만 개봉하여 확인하는 방법, 서신에 대한 검열이 허용되는 경우에만 무봉함 상태로 제출하도록 하는 방법 등으로도 얼마든지 달성할 수 있다고 할 것인바, 위 시행령조항이 수용자가 보내려는 모든 서신에 대해 무봉함 상태의 제출을 강제함으로써 수용자의 발송 서신 모두를 사실상 검열 가능한 상태에 놓이도록 하는 것은 기본권 제한의 최소 침해성 요건을 위반하여 수용자인 청구인의 통신비밀의 자유를 침해하는 것이다.

【심판대상조문】

형의 집행 및 수용자의 처우에 관한 법률(2007. 12. 21. 법률 제8728호로 개정된 것) 제43조 제 3 항

형의 집행 및 수용자의 처우에 관한 법률 시행령(2008. 10. 29. 대통령령 제21095호로 개정된 것) 제65조 제 1 항

【당 사 자】

청 구 인 ○○○

국선대리인 변호사 ○○○

【주   문】

1. ‘형의 집행 및 수용자의 처우에 관한 법률’(2007. 12. 21. 법률 제8728호로 개정된 것) 제43조 제 3 항에 대한 심판청구를 각하한다.

2. ‘형의 집행 및 수용자의 처우에 관한 법률 시행령’(2008. 10. 29. 대통령령 제21095호로 개정된 것) 제65조 제 1 항은 헌법에 위반된다.

제 **5** 장

자동차운전면허취소

[공·법·기·록·형 공·법·소·송·실·무]

제5장

목차 contents

작 성 요 강

□ 설   문

○ 법무조합 로앤로 변호사 박승소는 마동수가 음주운전을 하여 받은 불이익처분에 대하여 불복하기로 하는 내용의 수임계약을 체결하고, 마동수로부터 기록목차에 기재된 자료를 건네받고 그의 운전면허를 회복할 수 있는 방법을 고려하고 있다. 변호사 박승소 입장에서 작성할 수 있는 소장, 헌법소원심판청구서, 행정심판청구서, 이의신청서 중(집행정지신청은 제외) 가장 유효, 적절한 서면 한 가지를 선택하여 작성하시오.

○ ※ 현행법이 허용하는 쟁송형식에 한하며, 작성일은 2011. 2. 28.이고, 같은 날 접수하는 것으로 함
   ※ 답안의 시작은 선택한 쟁송형식에 부합하는 '서면종류'를 기재하는 것으로 하고, 그 끝은 '서류를 제출할 기관'을 기재하는 것으로 함
   ※ 처분의 위법사유로는 사실관계와 현행법 및 기존 판례 입장에 비추어 볼 때 받아들여질 수 있는 주장만 할 것

상 담 일 지

2011.   2.   22.

○ 의뢰인 마동수 사무실 내왕

○ 자신의 1종 대형 및 보통 운전면허가 취소되었다며 이를 회복할 수 있는 법적
조치를 취해달라고 요청

○ 2010. 10. 26. 의뢰인은 대구지방경찰청에 탄원서를 제출한 바 있는데, 이에 대해
서는 아직까지 행정청으로부터 어떠한 답변도 듣지 못하였고 서류 등을 받은 적
도 없다고 함

법무조합 로앤로 LAW&LAW

대구광역시 수성구 동대구로 128(범어동 35-2) 법률빌딩 208호

대표전화 053)757-5001, FAX 053)757-5050

주취운전자정황진술보고서			적발보고서 No.		0108952
성명	마동수		주민등록번호		****** – *******
적발 일시 장소	2010. 10. 7. 21 : 40경, 여수시 고소동 343 도로상		측정일시 장 소		2010. 10. 7. 22 : 00 여수경찰서 교통사고조사계
측정 결과	0.15%	측정 전 조치	구강청정제등 섭취여부 및 조치		음주후 20분 경과 여부 및 조치
			해당사항 없음		20분 경과 및 물로 헹굼
음주 경위	음 주 동 기		술의 종류 및 음주량		운 전 동 기
	동창과 저녁식사		양주 5-6잔 및 맥주 2-3병		동생 집으로 가던 중
음주 운전 거리	출 발 지 점		적 발 지 점	적발시까지의 거리	목 적 지 점
	여수시 고소동 32 한려횟집		여수경찰서 앞	운전거리 약 200미터	고소동 28 하늘빌라
적발 당시 상황	언 행 상 태		보 행 상 태		운전자 혈색
	다소 말이 많음		거의 정상임		안면 약간 홍조
측정 및 날인 거부 사유					

임시운전증명서 발급여부		운전면허증 소지여부		
발급(유효기간)	미 발 급	소 지	미 소 지	분 실
	○	○		

면허취소·정지사유 고지〈단순음주〉	운전자 의견 진술
귀하는 혈중알콜농도 0.15%의 상태로 주취운전하였으므로 운전면허가 (취소·정지)됨을 알려드립니다.	운전을 못하면 생업에 지장이 크니까, 한번만 선처를 부탁드립니다.
작 성 자	운 전 자
여수경찰서 교통과 교통사고조사계 2010. 10. 7. 계 급 : 경 사 성 명 : 경 수 정	본인은 면허(취소·정지)대상자로서 위 기재내용이 사실과 같음을 확인하였으며, 측정결과에 인정하고 부당할 경우 혈액 채취할 수 있음을 고지 받았으나 원하지 않음을 서명합니다. 2010. 10. 7. 성 명 : 마 동 수 (무인)

전 남 지 방 경 찰 청 장 (여수경찰서장) 귀 하

주취운전자 적발보고서

No. 2010-0108952

주 취 운전측정	일 시	2010. 10. 7. 22 : 00	위 반 유 형		
	장 소	여수경찰서 교통사고조사계	■단순음주 □음주사고		
	방 법	■음주측정기(기기번호 : 026868)	□채혈검사		
	결 과	혈중알콜농도 : 영점일오(0.15)%			
주 취 운 전 자	주 소	대구 중구 공평로 123-45	전 화	123-4567	
	성 명	마 동 수	주민등록번호	****** - *******	
	차량번호	대구 37바4020	운전면허번호	대구 01-184231-81 [1종 대형] 대구 96-177582-28 [1종 보통]	
참 고 인	주 소	전남 여수시 중앙동 28-1			
	성 명	고 길 동	전화번호	534-8765	
단 속 자	소 속	여수경찰서 교통과 교통사고조사계			
	계 급	경사	성 명	정 수 정	

위 기재 내용이 사실과 틀림없음을 확인하고 서명 무인함.

운전자 성 명   **마 동 수**   (무인)

위와 같이 주취운전자를 적발하였기 보고합니다.

2010. 10. 7.

보고자 성명 **정 수 정** 인

여 수 경 찰 서 장   귀 하

담당	반장	계장	과장	서장	결 재
(인)		전결		印	

진 술 서

본인은 운전면허 취소처분 대상자로서 다음과 같이 임의로 허위 없이 진술합니다.

취소대상자	주 소	대구 중구 공평로 123-45		소속 또는 직업	보험모집인
	성 명	마 동 수	주민등록번호		****** - *******
	면허번호	대구 01-184231-81 [1종 대형] 대구 96-177582-28 [1종 보통]	연락처 (전화)	123-4567	

취소사유고지	2010. 10. 07. 21 : 40경 혈중알콜농도 영점일오 퍼센트(0.15%)의 술에 취한 상태에서 운전하여 운전면허가 취소됨을 고지함.				

진술	일 시	2010. 10. 07. 22 : 10경		장 소	여수경찰서 교통사고조사계
	내 용	면허증회수일			
		고지 확인함			

위 진술 내용이 틀림없음을 확인합니다.

2010.   10.   7.

진 술 자 : 마 동 수
입 회 자 :
소 속 : 여수경찰서 교통과 교통사고조사계 계 급 : 경사 성 명 : 정수정 (인)

여 수 경 찰 서 장 귀 하

수 사 경 력 자 료 조 회

★★★★★★★★★★★★★★★★★★

단말기번호 : 0792

조회 대상 : 마동수 ＊＊＊＊＊＊-＊＊＊＊＊＊＊

참 조 | 없음

인적사항	성명 : 마동수 주민등록번호 : ＊＊＊＊＊＊-＊＊＊＊＊＊＊	성별 : 남
	등록지 : 대구 중구 공평로 123-45	
	지문번호 : 46757-25947	일련번호 : 00758643

NO.	작성일	입건관서명	작성번호	송치번호	형제번호

죄 명	처분일	처분관서명	처분결과

해당사항 없음

상기와 같이 자료를 통보합니다.

조 회 용 도 : 범죄수사

조회의뢰자 : 경위 김 경 정

작 성 자 : **경장 최 경 은** (인)

작성년월일 : 2010. 10. 07.

여 수 경 찰 서 장 (직인)

★★★★★★★ 실효된 형 악용 말고 범죄경력사실 누설 말자 ★★★★★★★★

차 적 조 회

2010. 10. 07.

차 량 번 호	대구 37바4020		

성 명	마 동 수	주 민 번 호	****** - *******
주 소	대구 중구 공평로 123-45		
관할 경찰서	대구중부경찰서	우 편 번 호	

차 량 명 칭	옵티마	등 록 일 자	2003/01/12
차 대 번 호	KNHUP7512YS825745	엔 진 번 호	J 3
년 식	2003	색 상	회색
승 차 정 원	5	적 재 중 량	

차 량 수 배		소유자 수배	
말 소 구 분		변경전 차량	

여수경찰서 장 성 문 (인)

피의자신문조서

피 의 자 : 마동수

위의 사람에 대한 도로교통법위반(음주운전) 피의사건에 관하여 2010. 10. 8. 전남 여수경찰
서 교통사고조사계 사무실에서 사법경찰관 경위 정수정은 사법경찰리 경장 최정은을 참여
하게 하고, 아래와 같이 피의자임에 틀림없음을 확인하다.

문　　피의자의 성명, 주민등록번호, 직업, 주거, 등록기준지 등을 말하십시오.

답　　**성명**은　　마동수(馬東秀)

　　　주민등록번호는　　******-*******

　　　직업은　　보험모집원

　　　주거는　　대구광역시 중구 공평로 123-45

　　　등록기준지는　　위와 같음

　　　직장주소는　　대구광역시 중구 공평로 21 현대빌리지 1203호

　　　연락처는　　**자택전화** 053-123-4567　　**휴대전화** 010-0000-3111

　　　　　　　　직장전화 053-123-9876　　**전자우편** (생략)

　　　입니다.

사법경찰관은 피의사건의 요지를 설명하고 사법경찰관의 신문에 대하여 형사소송법 제244조의3에
따라 진술을 거부할 수 있는 권리 및 변호인의 참여 등 조력을 받을 권리가 있음을 피의자에게 알
려주고 이를 행사할 것인지 그 의사를 확인하다.

진술거부권 및 변호인 조력권 고지 등 확인

1. 귀하는 일체의 진술을 하지 아니하거나 개개의 질문에 대하여 진술을 하지 아니할 수 있습니다.
2. 귀하가 진술을 하지 아니하더라도 불이익을 받지 아니합니다.
3. 귀하가 진술을 거부할 권리를 포기하고 행한 진술은 법정에서 유죄의 증거로 사용될 수 있습니다.
4. 귀하가 신문을 받을 때에는 변호인을 참여하게 하는 등 변호인의 조력을 받을 수 있습니다.

문   피의자는 위와 같은 권리들이 있음을 고지받았는가요.
답   네.
문   피의자는 진술거부권을 행사할 것인가요.
답   아니오. 사실대로 진술하겠습니다.
문   피의자는 변호인의 조력을 받을 권리를 행사할 것인가요.
답   아니오.

이에 사법경찰관은 피의사실에 관하여 다음과 같이 피의자를 신문하다.

문   피의자는 처벌받은 전력이 있나요.
답   없습니다.
문   학력은 어떠한가요.
답   서울에서 대학을 다녔는데, 회계학을 전공했습니다.
문   사회경력은 어떠한가요.
답   학교 졸업 후부터 현재의 직장에서 근무하여 왔습니다.
문   가족관계는 어떠한가요.
답   처, 아들, 딸 그리고 연로하신 부모님을 모시고 있습니다.

문　재산이나 월수입은 어떠한가요.

답　2억 상당의 아파트 한 채가 있고, 월 수입은 400만원 정도 됩니다.

문　정당이나 사회단체에 가입한 사실이 있나요.

답　없습니다.

문　종교는 있는가요.

답　없습니다.

문　건강상태는 어떠한가요.

답　좋습니다.

문　음주운전으로 적발된 사실이 있는가요.

답　예, 있습니다.

문　그 일시 및 장소는요.

답　2010. 10. 7. 21 : 40경 여수시 고소동 32 소재 한려횟집 앞에서부터 여수시 고소동 343 소재 여수경찰서 앞 도로까지 약 200m 정도입니다.

문　운전하였던 차량의 소유관계는 어떠한가요.

답　제 소유로 옵티마 대구 37바4020 승용차입니다.

문　어떻게 적발되었나요.

답　경찰서 앞에서 음주단속중인 경찰관에게 적발되었습니다.

문　최종 음주후 측정시까지 경과한 시간은 얼마나 되는가요.

답　약 20~30분 가량 지났을 것입니다.

문　측정 전에 구강청정제를 사용한 사실이 있는가요.

답　없습니다.

문　음주측정 전에 구강을 헹구었나요.

답　그렇습니다. 물로 입을 헹구었습니다.

문　술은 어디에서 누구와 마셨는가요.

답　대학 동창 고길동과 한려횟집에서 마셨습니다.

문　마신 술의 종류와 양은 얼마나 되는가요.

답　처음에는 맥주 두 세병 마신 후에 양주 한병 시켜서 5-6잔 정도 마셨습니다.

문　평소 주량은 얼마나 되는가요.

답　자주 마실 기회는 없지만, 마실 때는 보통 소주 1병 정도입니다.

문　음주운전을 하게 된 경위는 어떠한가요.

답　처음에는 근처에 있는 모텔에서 자고 다음 날 대구 가려던 참이었는데, 여수시 중앙동에 거주하는 동생 마동희 집에서 자고 가려고 친구 고길동을 태우고 차를 운전하게 되었습니다.

문   음주측정을 하였는가요.

답   예, 하였습니다.

문   측정일시와 장소, 혈중알콜농도는 어떠하였나요.

답   음주운전 적발을 당하였던 2010. 10. 7. 밤 9시 40분경입니다. 어젯밤 10시경 교통사고조사
      계 사무실에서 다시 측정하였는데, 0.15%로 나왔습니다.

문   측정결과를 직접 확인하였나요.

답   네, 물로 입을 헹구고 측정을 하였고, 0.15%인 것을 직접 보았습니다.

문   음주측정수치에 이의가 있는가요.

답   없습니다.

문   과거에도 음주운전으로 적발된 사실이 있는가요.

답   이번이 처음입니다.

문   이번 음주운전으로 인하여 받게 될 운전면허취소 등의 법률상 불이익에 대하여 설명을 들
      었나요.

답   의견진술 기회를 주어 충분히 말하였고, 음주운전으로 인한 형사상, 행정상 제재에 대하여
      도 설명들었습니다.

문   본 건에 대하여 유리한 증거나 다른 진술할 사항이 있는가요.

답   대학 친구를 오랜만에 만나 저녁 먹으면서 한잔 한 것이었는데, 잘못되었습니다. 한번만 선처
      를 바랍니다.

    위의 조서를 진술자에게 열람하게 하였던바, 진술한 대로 오기나 증감 · 변경할 것이 전혀 없
다고 하므로 간인한 후 서명 무인하게 하다.

                        진술자   마 동 수   (인)

                        2010.   10.   8.

                        여수경찰서

                        사법경찰관 경위 경 수 경   (인)

                        사법경찰리 경장 최 경 은   (인)

진   술   서

저는 마동수의 대학 동창 고길동입니다. 지난 밤에 마동수는 저와 만나 저녁식사를 하면서 술을 마시게 되었습니다. 오랜만에 만난 것이라 다소 과음을 하였습니다. 밤 9시 반경에 식당을 나와 거리에서 10분쯤 대화를 하게 되었습니다. 술에 취한 마동수는 근처에 있는 모텔에 들어가 잠을 자고, 다음 날 대구로 올라갈 거라고 하였습니다.

그런데 저는 그 술집에서 저희 집과 마동수의 동생 집이 그리 멀지 않은 곳이라서, 술먹고 모텔 같은데서 자지 말고 동생 집에서 자고 가라고 하였습니다. 제 말을 들은 마동수가 동생 집으로 가려고 운전하고 가던 중에 경찰관에게 적발되었습니다.

음주측정 결과 면허가 취소될 정도가 되었다는 말을 경찰관에게 들은 것 같습니다. 괜히 제가 운전하도록 하여 면허까지 취소될 지경이라고 하니 친구에게 미안합니다. 저라도 술을 마시고 운전하려던 것을 말렸어야 하는데, 괜히 동승해 가려다가 친구에게 큰 어려움을 당하게 한 것 같습니다. 죄송합니다. 부디 선처를 부탁합니다.

2010.   10.   8.

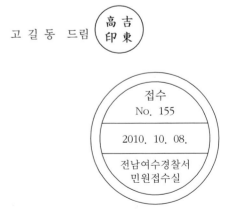

고 길 동 드림   高吉印東

접수
No. 155
2010. 10. 08.
전남여수경찰서
민원접수실

전남 여수경찰서장   귀 중

가	족

가 족 관 계 증 명 서

등록기준지	여수시 중앙동 28 하늘빌라 102호

구분	성 명	출생연월일	주민등록번호	성별	본
본인	마동희(馬東熙)	19**년 07월 17일	******-*******	남	長興

가족사항

구분	성 명	출생연월일	주민등록번호	성별	본
부	마산운				
모	박란희				

| 배우자 | 최소희(崔素姬) | 19**년 05월 09일 | ******-******* | 여 | 醴泉 |

| 자녀 | 마태욱(馬泰旭) | 19**년 11월 19일 | ******-******* | 남 | 長興 |

위 가족관계증명서는 가족관계등록부의 기록사항과 틀림없음을 증명합니다.

2010년   10월   8일

전라남도 여수시장 홍인수

발급시각 : 14시 03분

발급담당자 : 김영규

☎ : 061-***-****

신청자 : 최소희

전 라 남 도 여 수 시 장 (직인)

'경찰이 새롭게 달라지겠습니다'

전남여수경찰서

수신자   대구지방경찰청장

제 목   법규위반사실통고

---

1. 아래 자에 대하여 도로교통법위반(음주운전)으로 인한 자동차운전면허처분을 의뢰하오니 통보
   하여 주시기 바랍니다.
2. 피의자 인적사항
   마동수(******-*******)
   대구 중구 공평로 123-45
3. 위반사항
   음주만취운전(혈중알콜농도 0.1% 이상)

4. 위반일시, 장소
   2010. 10. 7. 여수시 고소동 32에서 여수경찰서까지 200미터 음주운전
5. 조치
   면허취소 의뢰
6. 취급자
   전남 여수경찰서 교통과 경사 정수정(011-2892-8520)
7. 첨부 : 마동수 자동차운전면허증   끝.

전남여수경찰서장

수신자 대구지방경찰청장

★경사   정수정   경위   김경찰   경감   최곤오

시행 교통과-6380 (2010. 10. 15.)
전남 여수시 고소동 343(여수경찰서)
전화   전송

1종대형

자동차운전면허증(Driver's License)
대구 01-184231-81
성   명 : 마동수
****** - *******
주   소 : 대구 중구 공평로
                123-45

면 허 증   2001.04.18
갱신기간 : ~2011.04.17

사진

2001.04.18   대구지방경찰장

년 월 일	기재사항 변경	확인 인

- 적성검사를 기간 내에 받지 아니하면 범칙금이 부과되며, 1년이 지나면 운전
  면허가 취소됩니다.(※ 1종 경우)
- 갱신기간 내에 면허증을 갱신허지 아니하면 과태료가 부과되며, 1년이 지나면
  110일 면허정지 처분 후 운전면허가 취소됩니다.(※ 2종 경우)
- 운전면허시험관리단 : http://www.dla.go.kr   ☎1577-1120

보내는 사람

전남 여수경찰서장

전남 여수시 고소동 343(여수경찰서)

경찰청우체국
요금후납

┌─────────────┐
│ 행 정 우 편 │
└─────────────┘

받는 사람

마 동 수   귀하

대구 중구 공평로 123-45

제 1110-2003-42348 호   [1차]

자동차운전면허(■ 정지 · □ 취소) 결정통지서

①성 명	마 동 수	②주민등록번호	****** - *******
③주 소	대구 중구 공평로 123-45		
④면허번호	대구 01-184231-81 [1종 대형], 대구 96-177582-28 [1종 보통]		
⑤차량번호	대구 37바4020		
⑥행정처분 결정내용	■ 정지기간	100일	
	□ 취소일자		
⑦사 유	도로교통법 제93조 제1항 제1호 음주만취운전(혈중알콜농도 0.1% 이상)		

　도로교통법 제93조 규정에 의하여 위와 같이 행정처분(정지)이 결정되어 같은 법 시행규칙 제93조의 규정에 의하여 통지하오니, 같은 법 제95조의 규정에 의하여 2010. 10. 7.까지 전남지방경찰청 여수경찰서 교통(면허)계에 출석하여 운전면허증을 반납하시기 바랍니다.

(이미 반납한 사람은 제외)   안내전화: 1566-0112   담당자: 정수정

2010 년 10 월 15 일

전남여수경찰서장   전남여수경찰서장인

※ 알려드립니다.

1. 운전면허 행정처분에 대하여 이의가 있는 사람은 행정처분이 있음을 안 날로부터 90일 안에 행정심판을 청구할 수 있으며, 행정소송은 행정심판의 재결을 거치지 아니하면 제기할 수 없습니다.
2. 운전면허 취소의 처분을 받은 사람이 다시 운전면허를 받고자 할 경우에는 도로교통공단에서 실시하는 특별한 교통안전교육(6시간)을 의무적으로 받아야 합니다.

보내는 사람

대구 중구 공평로 123-45

마 동 수 올림

받는 사람 주소 : 전남 여수시 고소동 343

　　　　여수경찰서장　　　　(교통과) 귀중

> 송 달 확 인
> 행 정 우 편

2010년 689 호

1. 송달받은 문서제목
   - 자동차운전면허(■ 정지 · □ 취소) 결정통지서 (2010. 10. 15.자)

주　　　　소　　　　　대구 중구 공평로 123-45

수령자 성명(회사명)　　　마동수　　　(인)

송달확인일　　　　　2010년　10월　17일

2010 년 10 월 17일

전남여수경찰서장 귀중

접　　수	2010.10.19. 11:20
소 관 부 서	교통사고조사계
담　　당	경사 정 수 정 ㉾
업무 연락처	061-0112-3344

운전면허 (■ 취소)
처 분 사 전 통 지 서

주　　소 : 대구 중구 공평로 123-45

성　　명 : 마 동 수

위반내용 : 음주운전

　귀하는 전남여수경찰서 관내에서 발생한 음주운전으로 아래와 같이 운전면허 (■ 취소)대상이
되었음을 알려 드립니다.

　　☞ 확인내용 : ■ 운전면허 취소

2010년 10월 16일

대구지방경찰청장 　대 구 지
　방 경 찰
　청 장 인

　☞ 통지서 수령일자 : 2010년 10월 17일　　　수령자 : 마 동 수　　　(인)

　☞ 통지경찰관 : 대구지방경찰청　　　계급 : 경사　　성명 : 박 교 통　　　(인)

☎ 안내전화 : 053-739-1125

전 남 여 수 경 찰 서

전남 여수시 고소동 343 TEL : 1566-0112

제　　목 : 면허정지결정통지서 발송사유 보고

수　　신 : 여수경찰서장

참　　조 : 교통과장

마동수(******-*******)가 음주만취상태에서 운전한 사실이 적발되어 운전면허취소처분 대상자로 전산에 입력하던 중에 운전면허정지 대상자로 잘못 분류・입력하게 된 결과 마동수에게 여수경찰서장 명의로 자동차운전면허정지통지서가 발송・도달된 사실을 보고합니다.

2010.　　10.　　18.

교통과 전산담당 순경　이 성 식　(인)

담당	반장	계장	과장	서장	결재
(인)	(인)	(인)	전결	印	

운전면허취소처분결정서

	성 명	마동수	주민등록번호	******-*******
운전자인적사항	주 소	대구 중구 공평로 123-45		
	면허종별 및 번호	종 별	1종 대형, 1종 보통	
		번 호	대구 01-184231-81 [1종 대형] 대구 96-177582-28 [1종 보통]	
	소속 또는 직업	보험모집인		
처 분 내 용		적용법조 도로교통법 제93조 제 1 항		
		취소처분 2010년 10월 07일		
위 반 내 용		위 사람은 2010년 10월 07일 21 : 40경 여수시 고소동 343 노상에서 혈중알콜농도 0.15%의 주취 상태로 대구 37바4020호 차량을 운전한 자임		

취소번호 : 2010-4378

위와 같이 운전면허의 취소처분을 결정함

2010 년   10 월   18일

대구지방경찰청장 [대구지방경찰청장인]

제 1010-2009-000761 호

보내는 사람

대구 수성구 지산동 720 (무학로 105)

　　　　　대구지방경찰청장　　　　교통(면허)계

[행 정 우 편]

　　　　　　　　　　　　　　받는 사람

　　　　　　　　　　　　　　대구 중구 공평로 123-45

　　　　　　　　　　　　　마 동 수　　귀하

제 1110 - 4378 호[1차]

자동차운전면허(□ 정지 · ■ 취소) 결정통지서

①성　　명	마동수	②주민등록번호	****** - *******
③주　　소	대구 중구 공평로 123-45		
④면허번호	대구 01-184231-81 [1종 대형], 대구 96-177582-28 [1종 보통]		
⑤차량번호	대구 37바4020		
⑥행정처분 결정내용	□ 정지기간		
	■ 취소일자	2010. 10. 7. (결격기간 2010. 10. 7. ~ 2012. 10. 6. 까지)	
⑦사　　유	도로교통법 제93조 제1항 제1호 음주만취운전(혈중알콜농도 0.1% 이상)		

　도로교통법 제93조 규정에 의하여 위와 같이 행정처분(취소)이 결정되어 동법 시행규칙 제93조의 규정에 의하여 통지하오니, 동법 제95조의 규정에 의하여 2010. 10. 19. 까지 대구지방경찰청(경찰서) 교통(면허)계에 출석하여 운전면허증을 반납하시기 바랍니다.
(이미 반납한 사람은 제외)　　　　　　안내전화: 053-739-1125.6.7.8　담당자: 박 교 통

　　　　　　　　　　　2010년　10월　18일

　　　　　　　　　　　대구지방경찰청장　　[대구지
방경찰
청장인]

※ 알려드립니다.

1. 운전면허 행정처분에 대하여 이의가 있는 사람은 행정처분이 있음을 안 날로부터 90일 안에 행정심판을 청구할 수 있으며, 행정소송은 행정심판의 재결을 거치지 아니하면 제기할 수 없습니다.
2. 운전면허 취소의 처분을 받은 사람이 다시 운전면허를 받고자 할 경우에는 도로교통공단에서 실시하는 특별한 교통안전교육(6시간)을 의무적으로 받아야 합니다.

탄 원 서

저는 음주운전으로 운전면허를 취소당한 마동수입니다. 지방에 내려가 있을 때, 아내가 23일날 면허취소통지서가 왔다고 전화하였습니다. 앞으로 2년간 운전을 할 수 없다고 하니 앞이 캄캄합니다.

저에게는 부양가족이 있습니다. 직장생활을 하는데 자동차 없이는 영업이 어렵습니다. 술 먹고 핸들 잡으면 면허취소 된다는 것이야 모르는 사람이 있겠습니까? 면허취소에 불만이 있으면 불복하라고 하는데, 입이 열 개라도 무슨 불만을 하겠습니까. 그렇지만 저의 어려운 사정을 감안하셔서 면허취소가 되지 않도록 해주시기를 부탁드립니다. 물론 그것이 어렵다면 제가 승용차를 음주운전하다가 걸렸으니까 승용차 운전면허만 금지시켜 주시기 바랍니다. 대형면허라도 사용할 수 있도록 해주시기를 부탁드립니다. 이럴 때를 대비하여서 면허를 두 개씩 취득해 두었습니다. 실수는 한번 했는데 면허는 두 개 취소시키는 것은, 마치 한번 잘못에 회초리 두 대를 때리는 것과 같습니다. 둘 다 취소하는 것은 아무래도 지나친 처사로 보입니다. 제가 잘못한 것은 맞지만, 이 말은 꼭 하고 싶어서 펜을 들었습니다. 아무튼 한번만 선처해 줄 길이 없는가 싶어 답답한 마음에 글을 올립니다. 요즘은 경기가 어려워 정말 힘듭니다. 부디 선처해 주십시오. 저의 직장의 재직증명서와 가족들에 관한 가족관계증명서를 제출합니다. 혹시라도 저의 글에 무례함이 있다면 널리 용서해 주시기 바랍니다. 수고하십시오.

2010. 10. 25.

마 동 수 올림   馬東秀印

대구광역시 중구 공평로 123-45 (010-3578-4321)

2335

대구지방경찰청장 귀중

제 2010-421 호

재 직 증 명 서

본   적 : 대구 중구 공평로 123-45

현 주 소 : 위와 같음

재직기간 : 2003년 1월 3일 ~ 2010년 10월 25일 (현재)

직   위 : 보험설계사

성   명 : 마 동 수

생년월일 : 1966년 3월 18일

용   도 : 경찰서 제출용

상기와 같이 증명합니다.

2010년 10월 25일

주식회사 동방생명
대표이사 한 국 인

가 족

가 족 관 계 증 명 서

등록기준지	대구 중구 공평로 123-45

구분	성 명	출생연월일	주민등록번호	성별	본
본인	마동수(馬東秀)	19**년 03월 18일	******-1678901	남	長興

가족사항

구분	성 명	출생연월일	주민등록번호	성별	본
부	마산운	1930년 8월 14일		남	
모	박란희	1932년 11월 9일		여	
배우자	김혜숙(金惠淑)	19**년 03월 15일	******-*******	여	羅州
자녀	마태운(馬泰運)	19**년 04월 20일	******-*******	남	長興
자녀	마현이(馬賢梨)	20**년 10월 22일	******-*******	여	長興

위 가족관계증명서는 가족관계등록부의 기록사항과 틀림없음을 증명합니다.

2010년   10월   25일

대구광역시 중구청장 최수현

발급시각 : 14시 30분
발급담당자 : 김현영
☎ : **-***-****
신청자 : 김혜숙

대 구 중 구 청 장 (직인)

진 술 서

성 명 : 정수정(******-*******)
주 소 : 전남 여수시 여서동 30
연락처 : 017-515-9173

　저는 여수경찰서 교통과 교통사고조사계 소속 정수정 경사입니다. 지난 2010. 10. 7. 21:40경 여수시 고소동 343 도로상에서 음주운전 단속을 하던 중 마동수가 운전하던 차량을 단속하게 되었습니다. 당시 음주측정결과 마동수는 혈중알콜농도 0.1%가 넘는 수치가 나왔으며, 저는 마동수에게 0.1%가 넘었으므로 운전면허가 취소된다는 사실을 구두로 알려주었습니다. 이에 마동수는 불과 몇 미터만 운전한 것이니 선처해 달라고 부탁하였지만, 곧 자신의 잘못을 깨닫고 이의가 없다고 하였습니다.

2010.   10.   18.

정 수 정 드림 (인)

광주지방법원 순천지원   귀 중

광 주 지 방 법 원 순 천 지 원
약 식 명 령

사 건   2010고약4321   도로교통법위반(음주운전)

(2010형제9876)

피 고 인   마 동 수(******-*******),   보험모집인

주거 및 주거등록지   대구 중구 공평로 123-45

주 형 과   피고인을 벌금 2,000,000(이백만)원에 처한다.

부수처분   위 벌금을 납입하지 아니하는 경우 금 50,000(오만)원을 1일로 환산한 기간 노역장

에 유치한다.

피고인에게 위 벌금에 상당한 금액의 가납을 명한다.

범죄사실   별지기재와 같다(단 피의자는 피고인으로 한다).

적용법령   도로교통법(2009. 4. 1. 법률 제9580호로 개정되기 전의 것) 제150조 제 1 호, 제44조

제 1 항, 형법 제70조, 제69조 제 2 항, 형법 제57조, 형사소송법 제334조 제 1 항

검사 또는 피고인은 이 명령등본을 송달받은 날로부터 7일 이내에 정식재판을 청구할 수 있습
니다.

2010.   11.   30.

판 사   **김 명 판**   (인)

범 죄 사 실

피의자는 대구 37바4020호 옵티마 승용자동차를 운전한 자인바,

2010. 10. 7. 21 : 40경 여수시 고소동 32 한려횟집 앞 노상에서 혈중알콜농도 0.15%의 주취 상태로 위 차량을 운전하여 같은 동 343 여수경찰서 앞 노상까지 약 200미터 가량을 운행한 것이다.

참 고 자 료(관 계 법 령)

■ 행정심판법

제27조(심판청구의 기간)

　① 행정심판은 처분이 있음을 알게 된 날부터 90일 이내에 청구하여야 한다.

■ 행정소송법

제18조(행정심판과의 관계)

　① 취소소송은 법령의 규정에 의하여 당해 처분에 대한 행정심판을 제기할 수 있는 경우에도 이를 거치지 아니하고 제기할 수 있다. 다만, 다른 법률에 당해 처분에 대한 행정심판의 재결을 거치지 아니하면 취소소송을 제기할 수 없다는 규정이 있는 때에는 그러하지 아니하다.

　② 제 1 항 단서의 경우에도 다음 각호의 1에 해당하는 사유가 있는 때에는 행정심판의 재결을 거치지 아니하고 취소소송을 제기할 수 있다.

　1. 행정심판청구가 있은 날로부터 60일이 지나도 재결이 없는 때

　2. 처분의 집행 또는 절차의 속행으로 생길 중대한 손해를 예방하여야 할 긴급한 필요가 있는 때

　3. 법령의 규정에 의한 행정심판기관이 의결 또는 재결을 하지 못할 사유가 있는 때

　4. 그 밖의 정당한 사유가 있는 때

　③ 제 1 항 단서의 경우에 다음 각호의 1에 해당하는 사유가 있는 때에는 행정심판을 제기함이 없이 취소소송을 제기할 수 있다. 〈개정 1994. 7. 27〉

　1. 동종사건에 관하여 이미 행정심판의 기각재결이 있은 때

　2. 서로 내용상 관련되는 처분 또는 같은 목적을 위하여 단계적으로 진행되는 처분중 어느 하나가 이미 행정심판의 재결을 거친 때

　3. 행정청이 사실심의 변론종결후 소송의 대상인 처분을 변경하여 당해 변경된 처분에 관하여 소를 제기하는 때

　4. 처분을 행한 행정청이 행정심판을 거칠 필요가 없다고 잘못 알린 때

　④ 제 2 항 및 제 3 항의 규정에 의한 사유는 이를 소명하여야 한다.

제20조(제소기간)

　① 취소소송은 처분등이 있음을 안 날부터 90일 이내에 제기하여야 한다. 다만, 제18조 제 1 항

단서에 규정한 경우와 그 밖에 행정심판청구를 할 수 있는 경우 또는 행정청이 행정심판청구를 할 수 있다고 잘못 알린 경우에 행정심판청구가 있은 때의 기간은 재결서의 정본을 송달받은 날부터 기산한다.

② 취소소송은 처분등이 있은 날부터 1년(제 1 항 단서의 경우는 재결이 있은 날부터 1년)을 경과하면 이를 제기하지 못한다. 다만, 정당한 사유가 있는 때에는 그러하지 아니하다.

③ 제 1 항의 규정에 의한 기간은 불변기간으로 한다.

■ 도로교통법

제44조(술에 취한 상태에서의 운전금지)

① 누구든지 술에 취한 상태에서 자동차등(「건설기계관리법」 제26조 제 1 항 단서의 규정에 의한 건설기계 외의 건설기계를 포함한다. 이하 이 조, 제45조, 제47조, 제93조 제 1 항 제 1 호 내지 제 4 호 및 제150조에서 같다)을 운전하여서는 아니된다.

② 경찰공무원(자치경찰공무원을 제외한다. 이하 이 항에서 같다)은 교통의 안전과 위험방지를 위하여 필요하다고 인정하거나 제 1 항의 규정을 위반하여 술에 취한 상태에서 자동차등을 운전하였다고 인정할 만한 상당한 이유가 있는 때에는 운전자가 술에 취하였는지의 여부를 호흡조사에 의하여 측정할 수 있다. 이 경우 운전자는 경찰공무원의 측정에 응하여야 한다. 〈개정 2006. 7. 19〉

③ 제 2 항의 규정에 의하여 술에 취하였는지의 여부를 측정한 결과에 불복하는 운전자에 대하여는 그 운전자의 동의를 얻어 혈액채취 등의 방법으로 다시 측정할 수 있다.

④ 제 1 항의 규정에 따라 운전이 금지되는 술에 취한 상태의 기준은 혈중알콜농도가 0.05퍼센트 이상으로 한다.

제80조(운전면허)

② 지방경찰청장은 운전을 할 수 있는 차의 종류를 기준으로 다음과 같이 운전면허의 범위를 구분하고 이를 관리하여야 한다. 이 경우 운전면허의 범위에 따른 운전할 수 있는 차의 종류는 행정안전부령으로 정한다. 〈개정 2008. 2. 29〉

1. 제 1 종 운전면허

  가. 대형면허

  나. 보통면허

  다. 소형면허

  라. 특수면허

2. 제 2 종 운전면허

  가. 보통면허

　　나. 소형면허
　　다. 원동기장치자전거면허
　3. 연습운전면허
　　가. 제 1 종 보통연습면허
　　나. 제 2 종 보통연습면허

제93조(운전면허의 취소·정지)

　① 지방경찰청장은 운전면허(연습운전면허를 제외한다. 이하 이 조에서 같다)를 받은 사람이 다음 각 호의 어느 하나에 해당하는 때에는 행정안전부령이 정하는 기준에 의하여 운전면허를 취소하거나 1년 이내의 범위에서 운전면허의 효력을 정지시킬 수 있다. 다만, 제 2 호·제 3 호, 제 6 호 내지 제 8 호(정기적성검사기간이 경과된 때를 제외한다), 제11호, 제13호, 제15호, 제16호 또는 제17호에 해당하는 때에는 운전면허를 취소하여야 한다. 〈개정 2006. 4. 28, 2008. 2. 29〉
　1. 제44조 제 1 항의 규정을 위반하여 술에 취한 상태에서 자동차등의 운전을 한 때

제94조(운전면허 처분에 대한 이의신청)

　① 제93조 제 1 항 또는 제 2 항의 규정에 의한 운전면허의 취소 또는 정지의 처분이나 동조 제 3 항의 규정에 의한 연습운전면허 취소의 처분에 대하여 이의가 있는 사람은 그 처분을 받은 날부터 60일 이내에 행정안전부령이 정하는 바에 의하여 지방경찰청장에게 이의를 신청할 수 있다. 〈개정 2008. 2. 29〉

제95조(운전면허증의 반납)

　① 운전면허증을 받은 사람이 다음 각 호의 어느 하나에 해당하는 때에는 그 사유가 발생한 날부터 7일 이내에 주소지를 관할하는 지방경찰청장에게 운전면허증을 반납하여야 한다.
　1. 운전면허취소의 처분을 받은 때
　2. 운전면허효력 정지의 처분을 받은 때
　3. 운전면허증을 잃어버리고 다시 교부받은 후 그 잃어버린 운전면허증을 찾은 때
　4. 연습운전면허증을 받은 사람이 제 1 종 보통면허증 또는 제 2 종 보통면허증을 받은 때
　② 지방경찰청장이 제 1 항 제 2 호의 규정에 의하여 운전면허증을 반납받은 때에는 이를 보관하였다가 정지기간이 끝난 즉시 돌려주어야 한다.

제142조(행정소송과의 관계)

　이 법에 의한 처분으로서 해당 처분에 대한 행정소송은 행정심판의 재결을 거치지 아니하면 이를 제기할 수 없다.

제150조(벌칙)

다음 각 호의 어느 하나에 해당하는 사람은 2년 이하의 징역이나 500만원 이하의 벌금에 처한다.

1. 제44조 제 1 항의 규정을 위반하여 술에 취한 상태에서 자동차등을 운전한 사람

■ 도로교통법 시행규칙

제53조(운전면허에 따라 운전할 수 있는 자동차 등의 종류)

법 제80조 제 2 항에 따라 운전면허를 받은 사람이 운전할 수 있는 자동차등의 종류는 별표 18과 같다.

제91조(운전면허의 취소·정지처분 기준 등)

① 법 제93조에 따라 운전면허를 취소 또는 정지시킬 수 있는 기준(교통법규를 위반하거나 교통사고를 일으킨 경우 그 위반 및 피해의 정도 등에 따라 부과하는 벌점의 기준을 포함한다)과 법 제97조 제 1 항에 따라 자동차등의 운전을 금지시킬 수 있는 기준은 별표 28과 같다.

② 법 제93조 제 3 항에 따른 연습운전면허의 취소기준은 별표 29와 같다.

③ 연습운전면허를 받은 사람에 대하여는 별표 28의 기준에 의한 벌점을 관리하지 아니한다.

④ 경찰서장 또는 운전면허시험장장은 운전면허를 받은 사람이 제 1 항 및 제 2 항에 따른 취소사유에 해당하는 때에는 즉시 그 사람의 인적사항 및 면허번호 등을 전산입력하여 지방경찰청장에게 보고하여야 한다.

제93조(운전면허의 정지·취소처분 절차)

① 지방경찰청장 또는 경찰서장이 법 제93조에 따라 운전면허의 취소 또는 정지처분을 하고자 하는 때에는 별지 제81호서식의 운전면허정지·취소처분사전통지서를 그 대상자에게 발송 또는 교부하여야 한다. 다만, 그 대상자의 주소 등을 통상적인 방법으로 확인할 수 없거나 발송이 불가능한 경우에는 운전면허대장에 기재된 그 대상자의 주소지를 관할하는 경찰관서의 게시판에 14일간 이를 공고함으로써 통지를 대신할 수 있다.

제95조(운전면허 처분에 대한 이의신청의 절차)

법 제94조 제 1 항에 따라 운전면허 처분에 이의가 있는 사람은 그 처분을 받은 날부터 60일 이내에 별지 제87호서식의 운전면허처분 이의신청서에 운전면허처분서를 첨부하여 지방경찰청장에게 제출하여야 한다.

[별표 18]

운전할 수 있는 차의 종류(제53조 관련)

운전면허		운전할 수 있는 차량
종별	구분	
제1종	대형면허	○승용자동차 ○승합자동차 ○화물자동차 ○긴급자동차 ○건설기계 － 덤프트럭, 아스팔트살포기, 노상안정기 － 콘크리트믹서트럭, 콘크리트펌프, 천공기(트럭적재식) － 도로를 운행하는 3톤 미만의 지게차 ○특수자동차(트레일러 및 레커를 제외한다) ○원동기장치자전거
	보통면허	○승용자동차 ○승차정원 15인 이하의 승합자동차 ○승차정원 12인 이하의 긴급자동차(승용 및 승합자동차에 한한다) ○적재중량 12톤 미만의 화물자동차 ○건설기계(도로를 운행하는 3톤 미만의 지게차에 한한다) ○원동기장치자전거
	소형면허	○3륜화물자동차 ○3륜승용자동차 ○원동기장치자전거
	특수면허	○트레일러 ○레커 ○제2종보통면허로 운전할 수 있는 차량
제2종	보통면허	○승용자동차 ○승차정원 10인 이하의 승합자동차 ○적재중량 4톤 이하의 화물자동차 ○원동기장치자전거
	소형면허	○이륜자동차 (측차부를 포함한다) ○원동기장치자전거
	원동기장치 자전거면허	○원동기장치자전거
연습 면허	제1종 보통	○승용자동차 ○승차정원 15인 이하의 승합자동차 ○적재중량 12톤 미만의 화물자동차
	제2종 보통	○승용자동차 ○승차정원 10인 이하의 승합자동차 ○적재중량 4톤 이하의 화물자동차

[별표 28] <개정 2008. 10. 31>

운전면허 취소 · 정지처분 기준
(도로교통법 시행규칙 제91조 제 1 항 관련)

2. 취소처분 개별기준

일련번호	위반사항	적용법조 (도로교통법)	내 용
1	교통사고를 일으키고 구호조치를 하지 아니한 때	제93조	○교통사고로 사람을 죽게 하거나 다치게 하고, 구호조치를 하지 아니한 때
2	술에 취한 상태에서 운전한 때	제93조	○술에 취한 상태의 기준(혈중알콜농도 0.05퍼센트 이상)을 넘어서 운전을 하다가 교통사고로 사람을 죽게 하거나 다치게 한 때 ○술에 만취한 상태(혈중알콜농도 0.1퍼센트 이상)에서 운전한 때 ○2회 이상 술에 취한 상태의 기준을 넘어 운전하거나 술에 취한 상태의 측정에 불응한 사람이 다시 술에 취한 상태(혈중알콜농도 0.05퍼센트 이상)에서 운전한 때
3	술에 취한 상태의 측정에 불응한 때	제93조	○술에 취한 상태에서 운전하거나 술에 취한 상태에서 운전하였다고 인정할 만한 상당한 이유가 있음에도 불구하고 경찰공무원의 측정 요구에 불응한 때

해 답

소   장

원   고   마동수
              대구 중구 공평로 123-45

              소송대리인 법무조합 로앤로
              담당변호사 박승소
              대구 수성구 동대구로 128 법률빌딩 208호
              Tel 053)757-5001, FAX 053)757-5050

피   고   대구지방경찰청장

자동차운전면허취소처분취소 청구의 소

청 구 취 지

1. 피고가 2010. 10. 18. 원고에 대하여 한 제 1 종 대형 자동차운전면허(대구 01-184231-81)
   및 제 1 종 보통 자동차운전면허(대구 96-177582-28)취소처분을 모두 취소한다.
2. 소송비용은 피고가 부담한다.
라는 판결을 구합니다.

청 구 원 인

1. 처분의 경위

   원고는 1996년 피고로부터 제 1 종 보통 자동차운전면허(대구 96-177582-28) 및 2001
년 피고로부터 제 1 종 대형 자동차운전면허(대구 01-184231-81)를 취득한 후 자동차를 운전하여 왔습니다.

피고는 2010. 10. 18. 원고가 같은 달 7. 21 : 40경 음주운전을 하였다는 이유로 원고의 위 자동차운전면허를 모두 취소한 처분청입니다.

2. 행정심판전치 요건의 경료

가. 원고의 탄원서는 행정심판청구서에 해당됨

(1) 원고는 2010. 10. 23. 이 사건 처분사실을 알게 되었으며, 같은 달 26. 피고에게 이 사건 처분의 취소를 청구하는 취지의 탄원서를 제출한 바 있는데, 이는 행정심판법이 정하는 행정심판청구에 해당합니다. 따라서 원고는 도로교통법 제142조가 정하는 바에 따른 행정심판 전치요건을 충족하였습니다(갑 제 4 호증의1 탄원서 참고).

(2) 그런데 원고의 탄원서를 도로교통법 제94조의 이의신청으로 해석할 여지도 있습니다. 그러나 이의신청 제도와 행정심판법에 의한 행정심판 제도는 모두 행정처분의 취소 · 변경을 구하는 제도로서 서면에 의하여 제기하여야 하고, 또 이의신청 또는 행정심판청구에 대하여 처분청 스스로 이유가 있다고 인정할 경우 당해 처분을 취소 · 변경할 수 있으며, 그 서면의 기재 내용이나 제출기관이 동일 · 유사하기 때문에 전문적 법률지식을 갖고 있지 못한 사람에게는 양자를 구별하기 쉽지 아니하고, 또 이의신청에 대한 심사 결과를 기다리는 동안 행정심판청구기간이 도과될 수도 있는 점, 행정심판전치주의는 국민의 신속한 권리구제를 저해하는 측면도 있으므로 법률이 규정한 경우에만 허용하여야 할 것이지 행정청의 내부규정으로 법률이 규정한 외에 별도의 행정심판 절차를 마련한다면 국민의 신속한 재판을 받을 권리를 침해할 우려가 있고, 신청서를 별도로 작성 · 제출함으로 인하여 이중의 부담을 초래하며, 널리 알려지지 아니한 제도의 설정으로 오히려 국민이 적법한 심판청구를 함에 있어 혼란만 초래하므로 행정청이 비록 국민의 권리구제를 목적으로 하더라도 임의로 행정심판에 유사한 제도를 설정할 수는 없다고 해석되는 점 등에 비추어, 운전면허취소처분에 대한 이의신청은 행정소송의 전치요건인 행정심판청구에 해당하는 것으로 보는 것이 옳다 할 것입니다(대구고법 1997. 4. 3. 선고 96구6449 판결【자동차운전면허취소처분취소】).

나. 불비된 사항이 있거나 취지가 불명확한 행정심판청구서의 처리방법

(1) 원고가 피고에게 제출한 행정심판청구서인 탄원서에는 청구취지를 명료하게 특정하고 있지 않지만, 그 내용의 취지는 이 사건 처분의 취소를 구하는 것으로 해석하는데 무리가 없습니다.

(2) 기존 판례도 이를 뒷받침하고 있습니다. 행정심판법 제19조, 제23조의 규정 취지와 행정심판제도의 목적에 비추어 보면, 행정심판청구는 엄격한 형식을 요하지 않는 서면행위로 해석되므로, 위법·부당한 행정처분으로 인하여 권리나 이익을 침해당한 자로부터 그 처분의 취소나 변경을 구하는 서면이 제출되었을 때에는 그 표제와 제출기관의 여하를 불문하고 이를 행정소송법 제18조 소정의 행정심판청구로 보아야 하며, 심판청구인은 일반적으로 전문적 법률지식을 갖지 못하여 제출된 서면의 취지가 불명확한 경우가 적지 않을 것이나, 이러한 경우 행정청으로서는 그 서면을 가능한 한 제출자에게 이익이 되도록 해석하고 처리하여야 합니다 (대법원 2007. 6. 1. 선고 2005두11500 판결【공장설립허가및제조시설설치승인처분취소】).

3. 원고가 음주운전을 하게 된 경위

가. 원고는 2010. 10. 7. 거주지인 대구광역시에서 대학 동창 고길동을 만나려고 전남 여수에 내려가게 되었습니다. 원고는 오랜만에 만난 고길동과 그 날 저녁 한려횟집에서 식사를 하면서 맥주와 양주를 마시게 되었습니다.

나. 원고는 그 날 밤 21 : 30경 비교적 일찍 식당을 나와 근처에 있는 모텔에서 자고 다음날 일찍 대구로 올라오려고 하였습니다. 그런데 고길동이 그곳에서 그리 멀지 않은 장소에 있는 원고의 남동생 마동희 집에서 잠을 자고 가라고 권유하였습니다.

다. 그리하여 원고는 21 : 40경 여수시 고소동 32 소재 한려횟집 앞 노상에서부터 원고 소유의 대구 37바4020호 승용차에 고길동을 태우고 여수시 중앙동 28 소재 원고의 동생 마동희의 집을 향하여 200미터를 운전하게 되었습니다. 그런데 원고가 여수시 고소동 343 소재 여수경찰서 앞에 이르렀을 때, 음주단속 중인 경찰관 정수정에게 적발되어 음주측정 결과 혈중알콜농도 0.15%로 나타났습니다.

4. 피고의 이 사건 처분의 위법성

가. 전남 여수경찰서장의 면허정지처분

⑴ 원고는 이 사건 당일 음주측정 결과 면허취소 사유에 해당하는 혈중알콜농도가 나타나자, 그 즉시 여수경찰서 교통과 교통사고조사계로 가서 음주경위 등에 관한 조사를 받게 되었습니다.

⑵ 원고는 그곳에서 경사 정수정으로부터 운전면허가 취소될 것이라는 사실을 고지 받고 소지 중인 운전면허증을 반납하게 되었습니다.

⑶ 그 후 여수경찰서장은 2010. 10. 15. 도로교통법 제93조 제 1 항 제 1 호에 근거하여 청구취지 기재 원고의 운전면허에 대하여 시기와 종기가 특정되지 아니한 100일간의 운전면허정지결정통지서를 원고에게 보내왔습니다.

⑷ 원고는 같은 달 17. 위 운전면허정지결정통지서를 송달받고, 위 통지서를 수령하였다는 취지의 송달확인 행정우편을 여수경찰서장에게 보낸 바 있습니다.

⑸ 따라서 원고의 위 음주운전으로 인한 도로교통법이 정하는 제재처분은 여수경찰서장의 자동차운전면허정지처분으로 종료되었습니다.

나. 피고의 이 사건 운전면허취소처분

⑴ 그런데 피고는 같은 달 18. 원고에게 이 사건 음주운전사실로 도로교통법 제93조 제 1 항 제 1 호에 근거하여 원고의 청구취지 기재 운전면허를 2010. 10. 7.부터 2012. 10. 6.까지 2년간 취소한다는 내용의 결정통지서를 보내왔습니다.

⑵ 원고는 피고의 이 사건 처분을 통지받기 3일 전에 이미 여수경찰서장으로부터 면허정지처분을 받았는데, 왜 동일한 음주운전 사실로 두 번이나 불이익 처분을 하는 것에 의문이 들어 피고에게 이 사건 처분을 하게 된 이유를 묻게 되었습니다. 그러자 여수경찰서장의 원고에 대한 면허정지처분은 여수경찰서 교통과 전산담당 순경 이성식이 원고를 면허취소대상자로 전산에 입력하던 중 면허정지대상자로 잘못 입력한 과실로 운전면허정지결정 통지서가 발송된 착오에 의한 것이므로, 피고의 처분통지가 도로교통법령에 적법한 처분이라고 하였습니다.

다. 피고의 이 사건 처분의 법적 성질

⑴ 피고의 원고에 대한 이 사건 처분은 여수경찰서장이 원고에게 행하였던 선행처분인 운전면허정지처분을 직권으로 취소하고(철회의 의미도 포함됨) 훨씬 불이익한 후행처분인 면허취소처분을 행한 것에 해당됩니다.

⑵ 피고로서는 선행처분의 존재사실도 알지 못한 상태에서 이 사건 처분을 한 것으로 보이고, 피고는 종전의 선행처분을 취소한다는 인식도 없이 이 사건 처분이 원고에 대한 원(최초)처분으로 인식한 가운데 행하였을 것으로 여겨집니다. 그렇지만 피고의 이 사건 처분은 여수경찰서장의 선행처분을 취소한 것으로 볼 수 있습니다.

⑶ 강학상 처분청의 상급기관인 감독기관이 처분청의 처분을 직권으로 취소할 수 있느냐 여부에 관하여 견해가 대립되고 있습니다. 취소권은 감독권에 포함되는 것이므로 명문의 규정이 없더라도 직접 취소할 수 있다는 적극설과, 감독청은 명문의 규정이 없는 한 직접 취소할 수 없고 처분청에 대하여 취소를 명할 수 있음에 그친다는 소극설로 대립되어 있습니다.

⑷ 판례는 법령에 명문으로 감독청의 취소권을 긍정하고 있는 경우에 감독기관의 직권취소를 긍정한 사례가 있는데, 전국공무원노동조합의 총파업에 참가한 구청 소속 공무원들에 대한 구청장의 승진임용 처분을 광역시장이 취소한 것이 적법하다고 한 바 있습니다(대법원 2007. 3. 22. 선고 2005추62 전원합의체 판결【승진임용직권취소처분취소청구】).

⑸ 아무튼 도로교통법 제93조에 의하여 지방경찰청장인 피고가 음주운전을 한 원고에게 이 사건 처분을 할 수 있는 권한이 있는 것은 사실입니다. 그러나 여수경찰서장이 원고에게 이미 처분을 하였으므로, 피고가 그 처분을 직권으로 취소할 수 있기 위해서는 피고는 적법한 직권취소권자에 해당되어야 하며, 아울러 직권취소의 요건을 충족하여야 합니다.

라. 피고의 운전면허정지처분에 대한 직권취소 또는 철회의 위법

⑴ 행정청이 일단 행정처분을 한 경우에는 행정처분을 한 행정청이라도 법령에 규

정이 있는 때, 행정처분에 하자가 있을 때, 행정처분의 존속이 공익에 위반되는 때, 또는 상대방의 동의가 있는 때 등의 특별한 사유가 있는 경우를 제외하고는 행정처분을 자의로 취소(철회의 의미를 포함한다) 할 수 없습니다(대법원 1990. 2. 23. 선고 89누7061 판결【비관리청하천공사시행허가내용변경처분취소】).

(2) 선행처분인 여수경찰서장의 면허정지처분은 비록 그와 같은 처분이 도로교통법 시행규칙 제91조 제 1 항 [별표 28]에서 정한 행정처분기준에 위배하여 이루어진 것이라 하더라도, 즉 착오에 의하여 이루어진 것이더라도, 그와 같은 사실만으로 곧바로 당해 처분이 위법하게 되는 것은 아닙니다.

(3) 그 뿐만 아니라 원고로서는 그 면허정지처분을 송달받아 그 효력을 발생함으로써 그 처분의 존속에 대한 신뢰가 이미 형성되었습니다.

(4) 또한 그와 같은 처분의 존속이 현저히 공익에 반한다고는 보이지 아니하므로, 동일한 사유에 관하여 보다 무거운 면허취소처분을 하기 위하여 이미 행하여진 가벼운 면허정지처분을 취소하는 것은 선행처분에 대한 당사자의 신뢰 및 법적 안정성을 크게 저해하는 것이 되어 허용될 수 없다 할 것입니다.

(5) 여수경찰서장이 착오로 운전면허정지처분을 하였을지라도 그 자체만으로는 면허정지처분을 위법하게 만들지는 않습니다. 착오에 의하여 법령해석이나 사실인정을 잘못한 결과, 행정행위가 객관적으로 위법하게 된 경우에도 상대방의 신뢰보호의 견지에서 취소가 제한된다는 것이 보편적인 법리입니다.

(6) 따라서 피고의 처분은 선행처분에 대한 원고의 신뢰와 법적 안정성을 크게 저해하는 것이 되어 허용될 수 없다 할 것이므로, 결국 음주운전행위에 대한 도로교통법 시행규칙 제91조 [별표 28]의 처분기준에 해당한다는 이유만으로 중한 운전면허취소처분을 한 것은 결국 재량권을 남용하였거나 일탈한 처분으로 위법하여 취소를 면할 수 없습니다.

(7) 그러므로 피고가 과연 여수경찰서장의 상급 감독기관의 지위에서 운전면허정지처분을 취소할 수 있는 지위에 있더라도, 직권취소의 요건을 충족하지 못한 가운데 이루어진 이 사건 처분은 위법을 면할 수 없습니다.

5. 이 사건 처분으로 인한 원고의 불이익 등 정상관계

가. 원고는 2003. 1. 3.부터 현재까지 주식회사 동방생명에서 보험설계사로 근무하고 있습니다. 원고는 주로 보험모집과 기존의 고객들에 대한 상담 등을 위하여 주로 외근을 하는 형태로 그 업무를 행하여 왔습니다. 이 때문에 원고는 이 사건 승용차를 운전하여 왔기 때문에 운전이 생계수단으로서의 중요한 비중을 차지하고 있습니다.

나. 원고는 부양가족이 많습니다. 원고의 아버지는 현재 80세이며, 어머니는 78세인데, 원고의 집에서 함께 살면서 원고의 수입으로 생활하여 왔습니다(갑 제 2 호증 가족관계증명서 참고). 원고는 부모님 부양을 부담스러워 하는 요즘의 세태와 달리 비록 넓지 않는 집에서도 함께 살아 왔습니다. 원고의 많지 않은 수입(보험설계사라는 직업의 특성상 수입이 일정하지 않습니다)으로 정기적으로 부모님께 용돈을 드리며, 노후를 편하게 보낼 수 있도록 노력하는 효자입니다. 뿐만 아니라 원고는 아들과 딸 두 자녀를 양육하고 있습니다. 원고는 자녀들의 학원비 등의 교육비를 매달 정기적으로 지출해야 하는 부담을 지고 있습니다. 따라서 원고가 이 사건 처분으로 운전을 할 수 없게 된다면 현실적으로 직장생활을 계속 할 수 없을 것이므로, 부모님의 부양과 자녀들의 양육에도 막대한 타격을 받게 될 어려운 상황에 놓이게 될 것입니다.

다. 원고는 1996년 제 1 종 보통 운전면허를, 2001년 제 1 종 대형 운전면허를 취득한 이래 계속 운전에 종사하여 왔습니다. 원고는 그럼에도 이 사건 처분을 당하기까지 단 한 번도 음주운전을 하거나 접촉사고를 내는 경미한 교통사고도 야기하지 않고 준법운전을 하여 왔습니다. 또한 형사상 처벌을 받은 전과도 전혀 없이 성실한 사회인으로 올바르게 살아왔습니다(수사경력자료조회 참고).

6. 결 론

그러므로 피고의 원고에 대한 이 사건 처분은 위법한 처분이므로 모두 취소되어야 합니다.

입 증 방 법

1. 갑 제 1 호증	진술서(고길동)	1부
1. 갑 제 2 호증	가족관계증명서(마동희)	1부
1. 갑 제 3 호증의1	자동차운전면허정지 결정통지서	1부
1. 갑 제 3 호증의2	자동차운전면허취소 결정통지서	1부
1. 갑 제 4 호증의1	탄원서(마동수)	1부
1. 갑 제 4 호증의2	재직증명서	1부
1. 갑 제 4 호증의3	가족관계증명서	1부

첨 부 서 류

1. 위 입증방법	각	1부
1. 소송위임장		1부
1. 소장부본		1부

2011.   2.   28.

원고   소송대리인
법무조합   로앤로
담당변호사   박 승 소

대 구 지 방 법 원   귀 중

쟁 점 해 설

1. 처분의 경위

가. 제 1 종 보통면허 및 제 1 종 대형면허를 취득한 원고는 2010. 10. 7. 21 : 40경 여수시 고소동 32에 있는 한려횟집 앞길에서 술에 취한 상태로 승용차를 운전하다가 여수경찰서 소속 경찰관에게 적발되어 음주측정을 한 결과 혈중알콜농도가 0.15%로 나타났다.

나. 여수경찰서 담당경찰관은 같은 날 원고에게 운전면허가 취소됨을 고지하고 의견진술의 기회를 준 후, 같은 달 15. 원고의 법규위반내용을 적시하고 회수한 원고의 운전면허증을 첨부하여 운전면허취소권자인 피고에게 원고에 대한 운전면허취소의 행정처분을 의뢰하였다.

다. 한편 여수경찰서 교통사고 조사계 순경 이성식은 전산입력 착오로 원고를 운전면허정지 대상자로 분류한 나머지, 여수경찰서장이 같은 달 15. 도로교통법, 같은 법 시행령, 같은 법 시행규칙에 따라 원고에게 시기와 종기를 따로 정하지 아니하고 정지기간이 100일로 된 자동차운전면허정지통지서를 발송하였다.

라. 여수경찰서장으로부터 원고에 대한 위의 법규위반 사실 통지를 받은 피고는 같은 달 18. 여수경찰서장의 처분과는 별도로 같은 그 법규위반 사실에 대하여 원고의 각 자동차운전면허를 같은 달 7. 자로 모두 취소하는 내용의 이 사건 자동차운전면허취소통지서를 발송하였고, 그 통지서는 같은 달 23. 원고에게 도달하였다.

2. 당 사 자

가. 원고적격

원고는 혈중알콜농도 0.15% 술에 취한 상태로 승용차를 운전하다가 운전면허취소사유에 해당한다는 이유로 이 사건 처분을 받았으므로 그 취소를 구할 원고적격이 있다.

나. 피고적격

(1) 여수경찰서장인지 여부

㈎ 여수경찰서장은 2010. 10. 15. 원고에게 시기와 종기를 따로 정하지 아니하고 정지기간이 100일로 된 자동차운전면허정지처분을 하였다.

㈏ 지방경찰청장은 술에 취한 상태에서 자동차등의 운전을 한 때에는 운전면허를 취소하거나 정지시킬 수 있다(도로교통법 93①). 그러므로 경찰서장은 원고에게 자동차운전면허정지처분을 할 권한이 없다.

㈐ 원고는 혈중알콜농도 0.15% 술에 취한 상태로 운전을 하였으므로 운전면허취소 사유에 해당하는데 운전면허정지처분을 받은 것은 대단히 가벼운 처분에 해당한다. 따라서 원고는 특별한 사정이 없는 한 면허정지처분에 대하여 불복할 이유가 없을 것이므로, 여수경찰서장의 피고적격 여부는 문제되지 않는다.

(2) 대구지방경찰청장

도로교통법 제93조 제 1 항은 지방경찰청장이 면허취소 또는 정지를 할 수 있는 자로 규정하고 있으며, 이 사건 처분을 대구지방경찰청장이 하였으므로 피고적격도 있다.

3. 이 사건 처분의 적법여부

가. 원고의 주장

(1) 운전면허정지처분의 효력발생

원고의 음주운전으로 인한 처분은 여수경찰서장의 운전면허정지처분이 적법하다. 여수경찰서장이 운전면허정지기간의 시기와 종기를 정하지는 아니하였지만 정지기간을

100일간으로 기재한 자동차운전면허정지통지서를 원고에게 발송하여 원고가 이를 수령하였으므로, 운전면허정지처분으로서의 효력이 발생되었다고 볼 것이다.

(2) 피고의 운전면허정지처분에 대한 직권취소 또는 철회의 요건결여

피고의 원고에 대한 이 사건 처분은 여수경찰서장이 원고에게 행하였던 선행처분인 운전면허정지처분을 직권으로 취소하고(철회의 의미도 포함됨) 훨씬 불이익한 후행처분인 면허취소처분을 행한 것에 해당되는데, 피고는 직권취소 또는 철회의 요건을 구비하지 못하였다.

(3) 소   결

따라서 피고의 원고에 대한 이 사건 처분은 선행처분인 운전면허정지처분에 대한 원고의 신뢰와 법적 안정성을 크게 해치는 것으로서 위법하여 취소되어야 한다.

나. 검   토

(1) 운전면허취소권자

㈎ 운전면허취소 또는 정지권자는 지방경찰청장이다(도로교통법 93①).

㈏ 구 도로교통법[법률 제4243호, 1990. 11. 2. 일부개정]에서는 "시·도지사"의 권한으로 하였으나, 그 후 개정된 도로교통법[법률 제4369호, 1991. 5. 31. 타법개정]에서는 "지방경찰청장"으로 하여 오늘에 이르고 있다.

㈐ 이 사건 처분은 적법한 처분권자인 대구지방경찰청장이 하였다.

(2) 이 사건 처분에 앞서 행하여진 면허정지처분

여수경찰서장은 2010. 10. 15. 도로교통법 제93조 제 1 항 제 1 호에 근거하여 원고의 운전면허에 대하여 100일간의 운전면허정지처분을 하여 원고에게 도달되었다.

(3) 특정한 상대방이 있는 행정처분의 효력발생시기

㈎ 특정한 상대방이 있는 행정처분은 그 상대자에게 고지되어야 효력을 발생할 구 행정소송법(1955. 7. 5. 법률 제363호) 제 5 조 제 2 항, 소원법(폐) 제 3 조에 처분이 있는 날이라 함은 상대방이 있는 행정처분에 있어서는 위와 같이 고지로서 효력을 발생한 날을 의미한다 할 것이고, 또 고지의 방식은 반드시 송달에만 의하는 것이 아니고 경우에 따라서는 공고의 방식에 의할 수도 있다(대법원 1962. 5. 3. 선고 4294민상1391 판결【소유권이전등기무효확인등】).

(나) 상대방있는 행정처분에 있어서는 행정처분이 상대방에게 도달되어야만 효력이 발생하는 것이므로, 행정청이 행정처분을 함에 있어 상대방에게 통지하지 아니하고 행정청의 게시판에 그 내용을 공고한 것만으로는 적법한 통지가 있었다고 할 수 없으므로 위 행정처분은 효력을 발생할 수 없다(서울고법 1983. 5. 9. 선고 82구67 판결【도서출판등록취소처분취소청구사건】).

(4) 면허정지처분의 효력발생

여수경찰서장의 원고에 대한 이 사건 면허정지처분은 원고에게 도달되어 그 효력이 발생하였다. 따라서 피고는 운전면허정지처분의 불가변력으로 인하여 이를 취소, 철회할 수 없다. 결국 원고의 음주운전으로 인한 도로교통법의 제재처분은 위 자동차운전면허정지처분으로 종료되었다.

(5) 판례상 직권취소(철회 포함)의 개념과 요건

(가) 취소와 철회의 개념

행정행위의 취소는 일단 유효하게 성립한 행정행위를 그 행위에 위법 또는 부당한 하자가 있음을 이유로 소급하여 그 효력을 소멸시키는 별도의 행정처분이고, 행정행위의 철회는 적법요건을 구비하여 완전히 효력을 발하고 있는 행정행위를 사후적으로 그 행위의 효력의 전부 또는 일부를 장래에 향해 소멸시키는 행정처분이므로, 행정행위의 취소사유는 행정행위의 성립 당시에 존재하였던 하자를 말하고, 철회사유는 행정행위가 성립된 이후에 새로이 발생한 것으로서 행정행위의 효력을 존속시킬 수 없는 사유를 말한다(대법원 2006. 5. 11. 선고 2003다37969 판결【채무부존재확인】).

(나) 직권취소의 요건

행정청이 일단 행정처분을 한 경우에는 행정처분을 한 행정청이라도 법령에 규정이 있는 때, 행정처분에 하자가 있는 때, 행정처분의 존속이 공익에 위반되는 때, 또는 상대방의 동의가 있는 때 등의 특별한 사유가 있는 경우를 제외하고는 행정처분을 자의로 취소(철회의 의미를 포함한다) 할 수 없다(대법원 1990. 2. 23. 선고 89누7061 판결【비관리청하천공사시행허가내용변경처분취소】). 따라서 피고의 이 사건 처분이 직권취소의 요건을 충족하였는지 검토할 필요가 있다.

(a) 피고가 운전면허정지처분의 취소를 할 수 있는 법령의 규정이 있는지 여부

도로교통법과 그 시행령 및 시행규칙에는 피고가 그 선행처분인 면허정지처분을 취소할 수 있는 근거규정은 없다. 행정행위를 한 처분청은 그 행위에 하자가 있는 경우에는 별도의 법적 근거가 없더라도 스스로 이를 취소할 수 있지만(대법원 2006. 5. 25. 선고 2003두4669 판결【공장등록취소처분취소】), 피고는 여수경찰서장의 감독청의 지위에 있다고 할지라도 명문규정이 없는 한 처분청의 처분을 취소할 수는 없다고 본다.

⑥ 행정처분에 하자가 있는지 여부

도로교통법 제93조는 지방경찰청장이 음주운전자의 운전면허를 취소하도록 하고 있다. 그런데 원고의 음주운전에 대한 도로교통법상의 처분권자가 아닌 경찰서장이 면허취소처분이 아닌 면허정지처분을 하게 되어 행정처분의 하자 중 주체와 내용의 하자를 야기하였다. 그렇지만 처분청인 여수경찰서장이 원고에 대한 처분을 취소한 사실이 없다. 또한 면허정지처분이 원고에게 도달되어 위 처분에 대한 원고의 신뢰와 법적 안정성을 보호할 필요가 생겼다.

ⓒ 행정처분의 존속이 공익에 위반되는 때

오늘날 자동차가 급증하고 자동차운전면허도 대량으로 발급되어 교통상황이 날로 혼잡하여 감에 따라 교통법규를 엄격히 지켜야 할 필요성은 더욱 커지고, 음주운전으로 인한 교통사고 역시 빈번하고 그 결과가 참혹한 경우가 많아 음주운전을 엄격하게 단속하여야 할 필요가 절실하다는 점에 비추어 볼 때 자동차운전면허취소처분으로 교통사고를 야기하지 않은 음주운전자가 입게 되는 불이익보다는 공익목적의 실현이라는 필요가 더욱 크다(대법원 1997. 11. 14. 선고 97누13214 판결【자동차운전면허취소처분취소】).

이 같은 관점에서 면허취소 사유에 해당하는 음주운전자인 원고에게 면허정지처분을 하는 것은 음주운전을 강력히 단속하여야 할 필요성 등을 고려할 때, 공익적인 측면을 우선 고려하였다고 볼 수 없다. 그렇지만 처분청의 착오에 의하여 법령해석이나 사실인정을 잘못한 결과, 행정행위가 객관적으로 위법하게 된 경우에도 상대방의 신뢰보호의 견지에서 취소가 제한된다는 것이 보편적인 법리이다. 따라서 원고에 대한 면허정지처분의 취소는 위와 같은 취소권 행사의 제한의 법리에 따라 허용되지 아니한다. 뿐만 아니라 원고의 음주운전에 대하여 불이익처분인 100일간의 면허정지처분이 행하여졌으므로 그 처분의 존속이 현저히 공익에 반한다고 볼 수도 없다.

ⓓ 상대방의 동의가 있는 때

원고는 피고의 이 사건 처분에 동의한 사실이 없다.

㈐ 소   결

원고의 음주운전이라는 동일한 사유에 관하여 보다 무거운 피고의 이 사건 처분을 하기 위하여 이미 행하여진 가벼운 면허정지처분을 취소하는 것은 선행처분에 대한 당사자의 신뢰 및 법적 안정성을 크게 저해하는 것이 되어 허용될 수 없다 할 것이다.

4. 필요적 행정심판전치주의

가. 도로교통법 제142조(행정소송과의 관계)

이 법에 의한 처분으로서 해당 처분에 대한 행정소송은 행정심판의 재결을 거치지 아니하면 이를 제기할 수 없다.

나. 연   혁

자동차운전면허취소에 대하여 행정소송을 제기함에 있어서 행정심판의 재결을 거쳐야 하는지 여부에 관하여, 법률은 그 동안 필요적 전치주의를 택하였다가 1998. 3. 1. 개정 행정소송법이 시행되면서 임의적 전치주의로 변경되었고, 1999. 1. 29. 도로교통법 제101조의3(현행 제142조) 규정이 신설됨으로써 다시 필요적 전치주의로 변경되었다.

다. 원고의 피고에 대한 탄원서의 법적 성격

(1) 행정심판의 전치요건 충족

원고는 2010. 10. 26. 피고에 대하여 이 사건 처분의 취소를 구하는 취지의 탄원서를 제출하여 접수시켰다. 원고는 위 탄원서에서 이 사건 처분의 전부 취소를 구할 뿐만 아니라 예비적으로 제 1 종 대형운전면허의 취소를 구하고 있다. 따라서 원고의 위 탄원서는 도로교통법 제142조가 규정하는 행정심판 전치요건을 충족한 것이다.

(2) 도로교통법 제94조 이의신청과의 구별

운전면허의 취소 또는 정지의 처분에 이의가 있는 사람은 그 처분을 받은 날부터 60일 이내에 행정자치부령이 정하는 바에 의하여 지방경찰청장에게 이의를 신청할 수 있다(도로교통법 94).

이의신청 제도와 행정심판 제도는 모두 행정처분의 취소·변경을 구하는 제도로서 서면에 의하여 제기하여야 하고, 또 이의신청 또는 행정심판청구에 대하여 처분청 스스로 이유가 있다고 인정할 경우 당해 처분을 취소·변경할 수 있으며, 그 서면의 기재 내용이나 제출기관이 동일·유사하기 때문에 전문적 법률지식을 갖고 있지 못한 사람에게는 양자를 구별하기 쉽지 않다.

이의신청은 처분권자인 지방경찰청장에게 제출하여야 하는데 반하여, 행정심판은 처분청인 지방경찰청장 또는 행정심판위원회에 제출할 수 있다. 그러므로 원고의 탄원서와 같이 처분청인 피고에게 제출된 경우에는 과연 그 서면이 이의신청인지, 행정심판인지 명확하지 않다.

원고의 탄원서를 이의신청으로 보면, 이와 별도로 행정심판 전치요건을 충족해야 하는 문제가 생긴다. 이 경우 처분이 있음을 안날로부터 90일이 경과하면 행정심판이나 행정소송을 제기할 수 없게 된다. 반면, 행정심판으로 보면 별도의 행정심판청구를 할 필요가 없다. 제소기간의 도과로 인한 원고의 불이익을 방지하기 위해서는 행정심판으로 보는 것이 옳다. 하급심 판결도 자체민원처리 제도에 기한 운전면허취소처분에 대한 이의신청은 행정소송의 전치요건인 행정심판청구에 해당하는 것으로 보는 것이 옳다(대구고법 1997. 4. 3. 선고 96구6449 판결【자동차운전면허취소처분취소】)고 한다.

최근 대법원은 지방자치법상의 처분에 대한 불복제도로 '이의신청'을 하도록 규정된 사안에서 청구인이 '행정심판청구서'라는 형식의 서면을 제출한 것을 이의신청으로 보아야 한다고 판시한 바 있다. 즉, 이의신청은 행정청의 위법·부당한 처분에 대하여 행정기관이 심판하는 행정심판과는 구별되는 별개의 제도라 할 것이나, 이의신청과 행정심판은 모두 본질에 있어서 행정처분으로 인하여 권리나 이익을 침해당한 상대방의 권리구제에 그 목적이 있고, 행정소송에 앞서 먼저 행정기관의 판단을 받는 데에 목적을 둔 엄격한 형식을 요하지 않는 서면행위라 할 것이므로, 이의신청을 제기하여야 할 사람이 처분청에 표제를 행정심판청구서로 한 서류를 제출한 경우라 할지라도, 서류의 내용에 있어서 이의신청의 요건에 맞는 불복취지와 그 사유가 충분히 기재되어 있다면 그 표제에도 불구하고 이를 그 처분에 대한 이의신청으로 볼 수 있다. (중략) 원고가 이 사건 처분에 불복하면서 그 취지가 담긴 서면을 이 사건 처분청인 피고에게 제출한 것이라면 그 표제가 이의신청서가 아니라 행정심판청구서로 되어 있다 하더라도 이 사건 처분에 대하여 이의신청을 하는 것으로 선해함이 타당하다(대법원 2012. 3. 29. 선고 2011두26886 판결【도로점용료부과처분취소】).

(3) 이의를 신청한 사람은 그 이의신청과 관계없이 행정심판법에 따른 행정심판을 청구할 수 있다(도로교통법 94②). 따라서 이의신청과 행정심판은 전혀 다른 제도라 할 수 있다. 도로교통법뿐만 아니라 다른 법률에서도 이의신청과 별도로 행정심판을 제기할 수 있다고 명시하고 있다. 다만, 이의신청과 행정심판은 모두 처분을 한 행정청에 제기할 수 있고, 그 처분의 취소를 청구하는 내용이기에 그 법적 성질이 이의신청인지, 행정심판인지 여전히 문제될 여지는 있다.

라. 불비된 사항이 있거나 취지가 불명확한 행정심판청구서의 처리방법

(1) 판례의 기본원칙

행정심판법 제19조, 제23조의 규정 취지와 행정심판제도의 목적에 비추어 보면, 행정심판청구는 엄격한 형식을 요하지 않는 서면행위로 해석되므로, 위법·부당한 행정처분으로 인하여 권리나 이익을 침해당한 자로부터 그 처분의 취소나 변경을 구하는 서면이 제출되었을 때에는 그 표제와 제출기관의 여하를 불문하고 이를 행정소송법 제18조 소정의 행정심판청구로 보아야 하며, 심판청구인은 일반적으로 전문적 법률지식을 갖지 못하여 제출된 서면의 취지가 불명확한 경우가 적지 않을 것이나, 이러한 경우 행정청으로서는 그 서면을 가능한 한 제출자에게 이익이 되도록 해석하고 처리하여야 한다(대법원 1995. 9. 5. 선고 94누16250 판결, 2000. 6. 9. 선고 98두2621 판결, 대법원 2007. 6. 1. 선고 2005두11500 판결 참조).

(2) 진정서 등을 행정심판으로 해석한 판례

원고들이 2003. 5. 21. 피고에게 이 사건 승인처분의 취소를 요구하는 문서를 제출한 바 있으니, 늦어도 이 무렵 원고들은 이 사건 승인처분이 있었음을 알았다고 할 것인데 이 사건 소는 그로부터 90일이 경과된 후 제기된 것이므로 제소기간을 도과한 부적법한 소라는 피고의 본안전 항변에 대하여, 그 채용 증거를 종합하여 판시와 같은 사실을 인정한 다음, 위 문서는, 그 제목이 '남동레미콘(주) 공장설립허가에 대한 광주시의 허가취소요청'으로 되어 있고, 피청구인인 처분청과 청구인들의 이름, 주소 및 서명이 되어 있으며, 심판청구의 대상이 되는 행정처분의 내용과 심판청구의 취지 및 이유, 처분이 있은 것을 안 날을 알 수 있을 정도의 내용이 기재되어 있고, 위 문서에 기재되어 있지 않은 재결청, 처분을 한 행정청의 고지 유무 등의 내용과 날인 등의 불비한 점은 추후 보정이 가능한 것이므로 위 문서는 이 사건 승인처분에 대한 행정심판청구로 보아야 하는데, 이에 대한 **재결절차가 이루어지지 않은 이상, 이 사건 소의 제소기간은 아직 도과되지 않았다**고 하여 피고의 위와 같은 본안전 항변을 배척하였다. 앞서 본 법리와 기록에 비추어 살펴보면, 원심의 위와 같은 판단은 옳고, 거기에 상고이유 주장과 같은 행정심판청구에 관한 법리오해 등의 위법이 없다(대법원 2007. 6. 1. 선고 2005두11500 판결【공장설립허가및제조시설설치승인처분취소】).

마. 이 사건의 경우

⑴ 원고는 이 사건 처분을 알게 된 후 피고에게 이 사건 처분의 취소를 청구하는 취지의 탄원서를 제출한 것은 행정소송의 전치요건인 행정심판청구서로서 원고는 적법한 행정심판청구를 한 것으로 보아야 할 것이다. 따라서 이 사건에서는 원고의 탄원서의 법적 성격에 대하여 이해하고, 그에 필요한 권리구제수단을 강구하여야 한다.

⑵ 다만, 원고 대리인의 입장에서는 원고 본인이 제출한 탄원서가 장차 행정심판청구서로 인정받을지 여부가 논란이 있을 수 있다는 점에서, 행정심판 제기기간이 도과하지 않았다면 명확하게 행정심판청구를 하는 것이 바람직하다. 그러므로 불비된 사항이 있거나 취지가 불명확한 행정심판청구서의 검토 실익은 행정소송의 제소기간이 도과된 상태에서 원고 본인이 제출한 진정서 등을 행정심판청구서로 주장하여 적법한 제소요건을 충족하는 데 있다.

⑶ 물론 행정소송의 제소기간이 도과하면, 제소기간의 규정을 준용하지 않고 있는 무효확인소송을 제기할 수는 있다(행정소송법 38①). 그러나 하자 있는 행정처분이 당연무효가 되기 위하여는 그 하자가 법규의 중요한 부분을 위반한 중대한 것으로서 객관적으로 명백한 것이어야 하며, 하자가 중대하고 명백한 것인지 여부를 판별함에 있어서는 그 법규의 목적, 의미, 기능 등을 목적론적으로 고찰함과 동시에 구체적 사안 자체의 특수성에 관하여도 합리적으로 고찰함을 요한다(대법원 1995. 7. 11. 선고 94누4615 전원합의체 판결【건설업영업정지처분무효확인】). 반면, 취소사유는 행정처분에 하자가 있을지라도 그 하자가 중대·명백하지 않는 경우 및 하자가 중대하기는 하나 명백하지 않는 경우에 취소의 대상이 된다는 점에서, 이 사건 처분을 무효확인의 소로 제기하는 것은 취소청구의 소에서 보다는 입증의 어려움이 예상된다.

5. 제소기간

가. 행정심판의 제기

원고는 2010. 10. 23. 이 사건 처분이 있음을 알았으며, 2010. 10. 26. 피고에게 탄원서

형식으로 행정심판청구를 하였으나 현재까지 재결이 없다. 이는 처분청인 피고가 탄원서를 행정심판청구로 이해하였다면, 그 탄원서를 소관 행정심판위원회에 송부하여 행정심판재결이 이루어지도록 하였을 터이지만, 그런 인식이 없어 행정심판법이 정하는 절차를 밟지 않았기 때문으로 여겨진다.

나. 행정소송법 제18조

⑴ 행정소송법 제18조 제 2 항 제 1 호는 필요적 행정심판전치주의 사건에서 "행정심판청구가 있은 날로부터 60일이 지나도 재결이 없는 때"는 행정심판의 재결을 거치지 않고 취소소송을 제기할 수 있다고 한다.

⑵ 60일을 경과하여도 재결이 없는 때에는 행정심판 청구인은 ① 곧바로 행정소송을 제기할 수 있으나, ② 재결을 기다려서 제기할 수도 있다. ②의 경우에는 당해 사건은 재결을 거친 사건이므로, 행정소송의 제기기간은 재결서의 정본을 송달받은 날로부터 90일이다(행정소송법 20① 단서).

⑶ 그러면 60일이 경과하여도 재결이 없기 때문에 행정소송을 제기하는 경우에 그 제소기간은 어떻게 되는지 의문이다. 60일 경과후부터 행정소송의 제소기간을 산정해야 한다는 견해도 있을 수 있다. 그렇지만 아직 적법한 재결이 없어 원고로서는 제소기간의 제한을 받지 아니한다 할 것이고, 판례 역시 이러한 입장으로 보인다(대법원 1997. 2. 11. 선고 96누14067 판결【이주자택지지정】).

다. 적법한 제소

그러므로 원고가 2011. 2. 28. 제소한 이 사건 소는 적법한 기간에 제소되었다.

6. 관　　할

피고는 대구지방경찰청장이므로 대구지방법원에 제소하여야 한다.

7. 관련쟁점 — 직권취소의 직권취소

가. 문 제 점

행정행위를 취소하면 취소의 대상이 된 행정행위는 효력을 상실하게 되는데, 취소 처분이 위법할 경우에 당해 취소처분을 취소함으로써 본래의 행정행위를 원상회복시킬 수 있는가 하는 것이 문제된다.

나. 판   례

(1) 부담적 행정행위의 취소의 취소

행정행위(과세처분)의 취소처분의 위법이 중대하고 명백하여 당연무효이거나, 그 취 소처분에 대하여 소원 또는 행정소송으로 다툴 수 있는 명문규정이 있는 경우는 별론, 행정행위의 취소처분의 취소에 의하여 이미 효력을 상실한 행정행위를 소생시킬 수 없 고, 그러기 위하여는 원행정행위와 동일내용의 행정행위를 다시 행할 수밖에 없다(대법 원 1979. 5. 8. 선고 77누61 판결【물품세과세부활처분취소】). 부담적 행정행위의 취소의 취소에 대하여서는 취소의 취소를 통해 부담적 행정행위를 소생시킬 수 없다고 한 것이다.

(2) 수익적 행정행위의 취소의 취소

(가) 수익적 행정행위의 취소의 취소에 대해선 원칙적으로 가능하나, 예외적으로 수 익적 행정행위의 취소의 취소 전에 이해관계 있는 제 3 자가 생긴 경우에는 불가 하다고 판시한 바 있다(대법원 1967. 10. 23. 선고 67누126 판결【광업권취소처분및광업 권출원불허가처분취소】).

(나) 구 광업법(73. 2. 7. 법률 제2492호) 제36조 제 1 호에 의한 광업권설정의 선출원이 있는 경우에 다시 그 취소처분을 취소함은 위법이다(67누126 판결).

(다) 행정처분이 취소되면 그 소급효에 의하여 처음부터 그 처분이 없었던 것과 같은 효과를 발생하게 되는바, 행정청이 의료법인의 이사에 대한 이사취임승인취소 처분(제 1 처분)을 직권으로 취소(제 2 처분)한 경우에는 그로 인하여 이사가 소급 하여 이사로서의 지위를 회복하게 되고, 그 결과 위 제 1 처분과 제 2 처분 사이 에 법원에 의하여 선임결정된 임시이사들의 지위는 법원의 해임결정이 없더라도 당연히 소멸된다(대법원 1997. 1. 21. 선고 96누3401 판결【법인임원취임승인신청거부처분 취소등】).

다. 소   결

직권취소의 경우의 취소권제한의 법리는 취소의 대상행위에 대해 성립한 이해관계를 기초로 하는 것이므로, 이러한 논의는 취소(철회)를 재차 직권취소하려는 경우에도 굳이 구별할 필요가 있다고 보이지 않는다. 즉, 처분의 취소(철회)시에 원처분행위에 대해 성립한 신뢰보호 등의 이해관계는 취소처분(철회처분)을 재차 취소하는 경우에도 동일하게 파악할 필요가 있다고 보인다. 판례의 태도도 이러한 입장으로 이해할 수 있다.

[관련판례]

대법원 2000. 2. 25. 선고 99두10520 판결【자동차운전면허취소처분취소】

【판시사항】

[1] 행정청이 행정처분을 한 후 자의로 그 행정처분을 취소할 수 있는지 여부(한정 소극)

[2] 운전면허 취소사유에 해당하는 음주운전을 적발한 경찰관의 소속 경찰서장이 사무착오로 위반자에게 운전면허정지처분을 한 상태에서 위반자의 주소지 관할 지방경찰청장이 위반자에게 운전면허취소처분을 한 것은 선행처분에 대한 당사자의 신뢰 및 법적 안정성을 저해하는 것으로서 허용될 수 없다고 한 사례

【판결요지】

[1] 행정청이 일단 행정처분을 한 경우에는 행정처분을 한 행정청이라도 법령에 규정이 있는 때, 행정처분에 하자가 있는 때, 행정처분의 존속이 공익에 위반되는 때, 또는 상대방의 동의가 있는 때 등의 특별한 사유가 있는 경우를 제외하고는 행정처분을 자의로 취소(철회의 의미를 포함한다)할 수 없다.

[2] 운전면허 취소사유에 해당하는 음주운전을 적발한 경찰관의 소속 경찰서장이 사무착오로 위반자에게 운전면허정지처분을 한 상태에서 위반자의 주소지 관할 지방경찰청장이 위반자에게 운전면허취소처분을 한 것은 선행처분에 대한 당사자의 신뢰 및 법적 안정성을 저해하는 것으로서 허용될 수 없다고 한 사례.

【참조조문】

[1] 행정소송법 제 1 조[행정처분일반] / [2] 도로교통법 제41조, 제78조 제 1 항 제 8 호, 도로교통법시행령 제31조, 도로교통법시행규칙 제53조 제 1 항 [별표 16] 3. 정지처분 개별기준 제 1 호, 행정소송법 제 1 조[행정처분일반]

【참조판례】

[1] 대법원 1990. 2. 23. 선고 89누7061 판결(공1990, 782)

【전   문】

【원고, 피상고인】 원고

【피고, 상고인】 대구광역시 지방경찰청장

【원심판결】 대구고법 1999. 9. 10. 선고 99누692 판결

【주 문】
상고를 기각한다. 상고비용을 피고의 부담으로 한다.

【이 유】
상고이유를 판단한다.

원심은, 제1종 보통면허 및 제1종 대형면허를 취득한 원고가 1998. 6. 7. 21 : 40경 여수시 소호동에 있는 요트장 앞길에서 술에 취한 상태로 승용차를 운전하다가 여수경찰서 소속 경찰관에게 적발되어 음주측정을 한 결과 혈중알콜농도가 0.15%로 나타난 사실, 이에 여수경찰서 담당경찰관은 같은 날 원고에게 운전면허가 취소됨을 고지하고 의견진술의 기회를 준 후, 같은 달 15일 원고의 법규위반내용을 적시하고 회수한 원고의 운전면허증을 첨부하여 운전면허취소권자인 피고에게 원고에 대한 운전면허취소의 행정처분을 의뢰한 사실, 한편 여수경찰서 교통사고 조사계 순경 소외 1은 전산입력 착오로 원고를 운전면허정지 대상자로 분류한 나머지, 여수경찰서장이 같은 달 15일 도로교통법 제78조 제1항 제8호, 제41조, 그 시행령 제31조, 그 시행규칙 제53조 제1항 [별표 16]의 "3. 정지처분 개별기준" 제1호에 따라 원고에게 시기와 종기를 따로 정하지 아니하고 정지기간이 100일로 된 자동차운전면허정지통지서를 발송한 사실, 여수경찰서장으로부터 원고에 대한 위의 법규위반 사실 통지를 받은 피고는 같은 달 18일 여수경찰서장의 처분과는 별도로 같은 그 법규위반 사실에 대하여 원고의 각 자동차운전면허를 같은 달 7일자로 모두 취소하는 내용의 이 사건 자동차운전면허취소통지서를 발송하였고, 그 통지서는 같은 달 23일 원고에게 도달한 사실을 인정하였다.

원심은 나아가, 여수경찰서장이 운전면허정지기간의 시기와 종기를 정하지는 아니하였지만 정지기간을 100일간으로 기재한 자동차운전면허정지통지서를 원고에게 발송하여 원고가 이를 수령하였다면, 이는 운전면허정지처분으로서의 효력이 발생되었다고 볼 것이고 피고로서는 그 운전면허정지처분의 불가변력으로 인하여 이를 취소, 철회할 수 없다고 설시한 다음, 특별한 사유 없이 동일한 사건에 대하여 단순한 업무상의 착오를 이유로 선행처분에 반하여 한 이 사건 운전면허취소처분은 위법하다고 판단하였다.

행정청이 일단 행정처분을 한 경우에는 행정처분을 한 행정청이라도 법령에 규정이 있는 때, 행정처분에 하자가 있는 때, 행정처분의 존속이 공익에 위반되는 때, 또는 상대방의 동의가 있는 때 등의 특별한 사유가 있는 경우를 제외하고는 행정처분을 자의로 취소(철회의 의미를 포함한다. 아래에서도 같다)할 수 없다고 할 것인바(대법원 1990. 2. 23. 선고 89누7061 판결 참조), 선행처분인 여수경찰서장의 면허정지처분은 비록 그와 같은 처분이 도로교통법시행규칙 제53조 제1항 [별표 16]에서 정한 행정처분기준에 위배하여 이루어진 것이라 하더라도 그와 같은 사실만으로 곧바로 당해 처분이 위법하게 되는 것은 아닐 뿐더러, 원고로서는 그 면허정지처분이 효력을 발생함으로써 그 처분의 존속에 대한 신뢰가 이미 형성되었다 할 것이고 또한 그와 같은 처분의 존속이 현저히 공익에 반한다고는 보이지 아니하므로, 동일한 사유에 관하여 보다 무거운 면허취소처분을 하기 위하여 이미 행하여진 가벼운 면허정지처분을 취소하는 것은 선행처분에 대한 당사자의 신뢰 및 법적 안정성을 크게 저해하는 것이 되어 허용될 수 없다 할 것이다.

원심이 그 이유는 다소 다르나 선행처분인 여수경찰서장의 운전면허정지처분의 취소가 허용되지 않는다고 보아 그 후에 이루어진 이 사건 운전면허취소처분은 동일한 사유에 관한 이중처분으로서 위법하다고 본 결론에 있어서는 정당하다.

원심판결에 불가변력, 신뢰보호의 원칙, 재량권일탈·남용 등에 관한 법리오해 등의 위법이 있다는 상고이유의 주장을 모두 받아들이지 아니한다.

그러므로 상고를 기각하고, 상고비용을 피고의 부담으로 하기로 관여 대법관들의 의견이 일치되어 주문에 쓴 바와 같이 판결한다.

대법관　김형선(재판장)　이용훈　조무제(주심)　이용우

제 6 장

서울광장통행저지행위
위헌확인

[공·법·기·록·형 공·법·소·송·실·무]

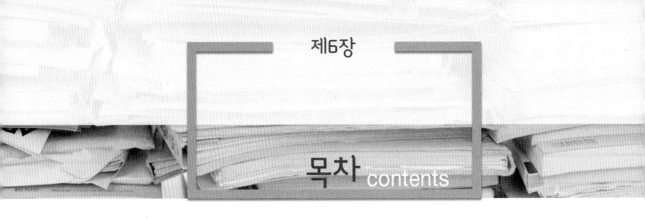

제6장

목차 contents

작 성 요 강

1. 경찰은 2009. 5. 23.경 노무현 전 대통령의 서거를 조문하고자 덕수궁 대한문 앞 시민분향소를 찾은 사람들이 그 건너편에 있는 서울광장에서 불법집회나 시위를 예방하기 위하여 경찰버스로 서울광장을 둘러싸 차벽을 만드는 방법으로 서울광 장에 출입하는 것을 제지하였다.

2. 서울특별시에 거주하는 시민 김길동 외 8인은 2009. 6. 3. 서울광장을 가로질러 통행하려고 하다가 서울광장을 둘러싼 경찰버스들에 의하여 만들어진 차벽으로 인하여 통행을 하지 못하게 되었다.

3. 김길동 외 8인은 2009. 7.경 법무법인 공정 법률사무소를 찾아가 경찰이 위와 같 은 통행제지행위는 법에 위반된다고 생각하여 그 행위의 잘못을 다투는 것을 내 용으로 하는 수임계약을 체결하게 되었다.

4. 법무법인 공정 구성원 변호사 김변호, 박송무, 이정의가 의뢰인들을 위하여 행 정법원 또는 헌법재판소에 제출할 가장 유효·적절한 서면 1부를 작성하시오.

※ 현행법이 허용하는 쟁송형식에 한하며, 서면작성일자는 적법한 서면제출일자로 하여 같은 날 접수하는 것으로 함

※ 답안의 시작은 선택한 쟁송형식에 부합하는 '서면종류'를 기재하는 것으로 하고, 그 끝은 '서류를 제출할 기관'을 기재하는 것으로 함

※ 처분의 위법사유로는 사실관계와 현행법 및 기존 판례 입장에 비추어 볼 때 받 아들여질 수 있는 주장만 할 것

※ 기록에는 오자와 탈자가 있을 수 있음을 유념할 것

보도자료요약

1. 경찰은 2009년 5월 23일 노무현 전 대통령의 서거 이후 질서유지를 위해 덕수궁 대한문 등 서울광장 일대 등지에 경찰 버스를 배치하여 일반인의 통행을 제한하고 있다. 경찰청장은 같은 달 25일 '노무현 전 대통령 시민 분향소'에 대한 경찰의 과잉통제 논란에 대해 "추모행사가 자칫 정치적 집회나 폭력 시위로 변질하는 것을 막기 위해 일부 통제는 불가피하다"고 밝히면서, "야당이 서울시에 서울광장 사용허가 신청을 냈지만, 서울시가 사용을 허가하지 않았기 때문에 서울광장에 대한 보호 조치를 계속 할 것"이라고 말했다.[1]

2. 서울시장은 같은 달 26일 시민추모위 측의 면담 요청을 받아들이고 이들과 이날 오전 11시부터 서울광장 개방문제를 논의할 예정이다. 광장 관리를 담당하는 시청 총무과 관계자들은 이날 오전 10시까지도 광장개방 문제에 대한 회의를 이어가고 있다. 26일 오후 경찰은 "불법집회로 변질될 가능성이 줄어들었다"며 고 노무현 전 대통령의 '시민분향소'가 마련된 덕수궁 대한문 주변에 차벽을 철수시켰다. 차벽설치에 대한 여론악화를 의식한 조치로 보이나, 경찰 역시 서울시청 앞 광장개방 문제에는 여전히 조심스러운 태도를 보이고 있다.[2]

3. 경찰은 6월 4일 노무현 전 대통령이 서거한 뒤 전경 버스 수십대로 굳게 빗장을 걸어 잠근 시청 앞 서울광장에서 노제를 지내도록 일주일 만에 버스를 철수시켰다. 서울광장의 푸른 잔디는 한 시간 만에 노란 물결로 덮였고, 넘쳐난 추모 인파는 차량 통행이 제한된 태평로와 세종로 사거리까지 밀려나왔다.[3]

4. 경찰이 지난달 23일 전경버스 32대로 차벽을 치는 방법으로 서울광장을 봉쇄한 뒤, 노제가 있던 지난 29일을 제외하면 12일 만에 광장이 다시 열린 셈이다. 경찰은 "서울시가 서울광장에서 예정된 각종 행사를 이유로 차벽 철수를 요청했다"고 봉쇄를 푼 이유를 설명했다.[4] 경찰은 서울광장의 봉쇄근거로 경찰관직무집행법 제5조 제2항과 제6조 제1항을 제시하였다. 위 법 제5조 제2항은 "경찰관서의 장은 대간첩작전수행 또는 소요사태의 진압을 위하여 필요하다고 인정되는 상당한 이유가 있을 때에는 대간첩작전지역 또는 경찰관서·무기고 등 국가중요시설에 대한 접근 또는 통행을 제한할 수 있다"고 명시하고 있으며, 제6조 제1항은 "경찰관은 범죄행위가 목전에 행하여지려고 하고 있다고 인정될 때에는 이를 예방하기 위하여 관계인에게 필요한 경고를 발하고, 그 행위로 인하여 인명·신체에 위해를 미치거나 재산에 중대한 손해를 끼칠 우려가 있어 긴급을 요하는 경우에는 그 행위를 제지할 수 있다"고 규정하고 있다.

---

1) 연합뉴스 2009. 5. 25.자.

2) Redian 2009. 5. 27.자.

3) YTN 2009. 5. 29.자.

4) Mediaus 2009. 6. 4.자.

〔전경버스로 둘러싸인 서울광장〕

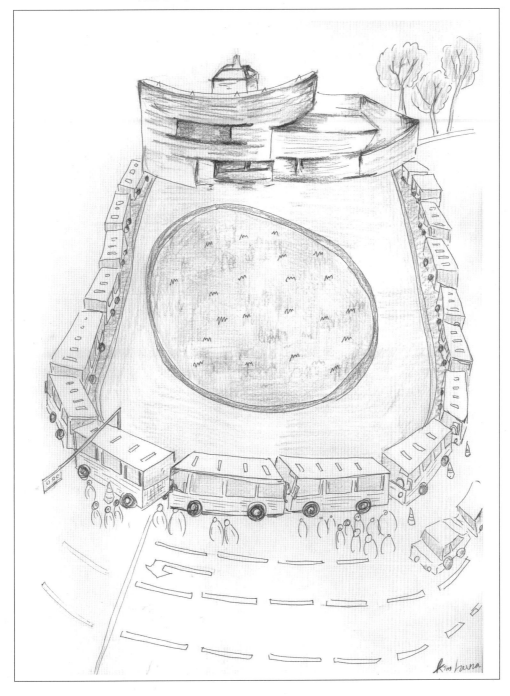

서울광장 사용신고 안내문

〈사용제한 행사〉

- 일반시민의 자유로운 광장이용을 지나치게 제한하는 행사
  · 과도한 시설물 및 도시미관을 저해하는 시설물 설치, 장기간 사용하는 행사
  · 지나친 소음 발생으로 민원이 발생할 것이 예상되는 행사 등
- 잔디 등 시설물을 심각하게 훼손하여 시민이용에 불편이 예상되는 행사
  · 구기운동, 과격한 달리기 등 체육행사
  · 음식물을 취사 또는 조리하거나 대량의 음식물 반입이 예상되는 행사
- 의례적 종교활동
  · 특정 종교단체 또는 개인이 종교부흥 등을 위해 개최하는 선교행사 등
- 상업적 행사
  · 특정제품을 판매·홍보하는 행사, 신제품 설명회, 기업을 간접적으로 홍보하는 행사 등
- 기금마련을 위한 행사
  · 바자회, 공연, 동전 모으기, 성금 모금함 설치 등
- 특정집단의 친목을 도모하기 위한 각종 단체모임
  · 향우회, 동우회 등
- 어린이, 청소년 등을 대상으로 참가비를 받고 하는 행사
  · 사생대회, 백일장 등

〈사용기간〉

- 12. 1.~익년 2. 28.까지는 잔디 동면 기간으로 행사제한
- 1일 주간 시간은 06:00~18:00, 야간시간은 18:00~06:00로 함(동절기 포함)
- 소음발생 등으로 인해 공연행사는 평일 19:00 이후, 주말이나 공휴일에 사용 권장

서울광장 진입차단에 대한 보도자료

정부는 2009. 5. 23. 노무현 전 대통령이 서거한 이후 같은 달 25. 서울역사박물관과 서울역 앞에 공식 분향소를 설치하여 오전 8시부터 국무총리, 국무위원 등의 정부 요인의 조문이 이어졌습니다. 정부는 공식 분향소가 문을 열더라도 시민들이 자발적으로 분향할 수 있도록 하기 위하여 덕수궁 대한문 앞 등에 설치된 시민분향소를 그대로 두었고, 전국 각지 31개소에 분향소를 설치하였습니다.

노무현 전 대통령 서거 시민추도위원회는 2009. 5. 26.경 서울특별시 총무과에 다음 날인 27. 서울광장을 사용하겠다고 신청하였습니다. 그러나 서울특별시는 ① 개최하려는 집회가 광장의 조성 목적에 부합하지 않는 정치적 목적의 집회가 될 가능성이 상당한 점, ② 국민장 장의위원회가 서울광장 집회에 대하여 경건하고 엄숙해야 할 국민장에 지장을 줄 수 있고, 이미 서울역, 서울역사박물관 등에 분향소를 마련하였다는 이유로 부정적 의견을 표한 점 등을 근거로 서울광장의 사용을 허가하지 아니하였습니다.

경찰은 2009. 5. 23. 노무현 전 대통령이 서거한 날로부터 같은 해 6. 3.까지 11일 동안 서거를 추모하는 시민분향소가 설치된 서울 덕수궁 대한문의 건너편인 서울광장을 경찰버스로 차벽을 만들어 서울광장의 진입을 차단하였습니다.

경찰이 위와 같은 조치를 취한 것은 서울특별시의 통제 요청이 있었기 때문이 아니라 조문행렬이 불법·폭력시위로 변질되는 것을 방지하고 엄숙한 국민장을 거행하기 위한 자체적인 판단에 기한 것이었으며, 이미 서울특별시의 서울광장 사용 불허결정이 있었기 때문에 그 사용불허의 취지를 존중하고 실효성을 높이기 위한 목적 때문이었습니다.

결국 2009. 5. 30.부터 같은 해 6. 3.까지 5일 동안 서울광장은 경찰버스의 차벽으로 통제되었으나, 같은 달 4.부터 시민들에게 완전 개방되었습니다. 그리고 같은 달 27. 집회가 예상되어 다시 경찰버스들로 둘러싸 통행을 제지한 바 있지만, 현재는 일반 시민들이 서울광장의 통행을 자유롭게 할 수 있습니다. (끝)

2009. 7. 1.

경 찰 청

참 고 자 료(관 계 법 령)

■ 경찰법[2006. 7. 19. 법률 제7968호로 개정된 것]

제 3 조(국가경찰의 임무)

국가경찰은 국민의 생명·신체 및 재산의 보호와 범죄의 예방·진압 및 수사, 치안정보의 수집, 교통의 단속 기타 공공의 안녕과 질서유지를 그 임무로 한다.

■ 경찰관직무집행법[1981. 4. 13. 법률 제3427호로 개정된 것]

제 2 조(직무의 범위)

경찰관은 다음 각 호의 직무를 행한다.

1. 범죄의 예방·진압 및 수사

4. 교통의 단속과 위해의 방지

5. 기타 공공의 안녕과 질서유지

제 5 조(위험발생의 방지)

② 경찰관서의 장은 대간첩작전수행 또는 소요사태의 진압을 위하여 필요하다고 인정되는 상당한 이유가 있을 때에는 대간첩작전지역 또는 경찰관서·무기고등 국가중요시설에 대한 접근 또는 통행을 제한하거나 금지할 수 있다.

제 6 조(범죄의 예방과 제지)

① 경찰관은 범죄행위가 목전에 행하여지려고 하고 있다고 인정될 때에는 이를 예방하기 위하여 관계인에게 필요한 경고를 발하고, 그 행위로 인하여 인명·신체에 위해를 미치거나 재산에 중대한 손해를 끼칠 우려가 있어 긴급을 요하는 경우에는 그 행위를 제지할 수 있다.

■ 구 서울특별시 서울광장의 사용 및 관리에 관한 조례[2009. 5. 28. 서울특별시조례 제4774호로 개
정되고, 2010. 9. 27. 서울특별시조례 제5031호로 개정되기 전의 것]

제 2 조(정의)

이 조례에서 사용하는 용어의 정의는 다음과 같다.

1. "사용"이란 서울광장(이하 "광장"이라 한다)의 일부 또는 전부를 이용함으로써 불특정 다수
   시민의 자유로운 광장 이용을 제한하는 행위를 말한다.

제 5 조(사용허가 신청)

광장을 사용하고자 하는 자는 사용목적과 일시, 신청자의 성명과 주소, 사용예정인원 등을 기재
한 별지 서식의 광장사용허가신청서를 사용하고자 하는 날(이하 "사용일"이라 한다)의 60일 전
부터 7일 전에 시장에게 제출하여야 한다.

헌법소원심판청구서

청 구 인   김길동 외 8인

            청구인들 대리인 법무법인 공정
            담당변호사 김변호, 박송무, 이정의

피청구인   경찰청장

청 구 취 지

"피청구인이 2009. 6. 3. 서울특별시 서울광장을 경찰버스들로 둘러싸 청구인들의 통행을 제지한 행위는 청구인들의 일반적 행동자유권을 침해한 것으로서 위헌임을 확인한다"라는 결정을 구합니다.

침 해 된 권 리

1. 헌법 제10조 제 1 문 후단   행복추구권(일반적 행동자유권)

청 구 이 유

1. 사건의 개요

    ⑴ 피청구인은 노무현 전 대통령이 서거한 2009. 5. 23.경 고인을 조문하고자 덕수궁 대한문 앞 시민분향소를 찾은 사람들이 그 건너편에 있는 서울광장에서 불법·

폭력 집회나 시위를 개최하는 것을 막기 위하여 경찰버스들로 서울광장을 둘러싸 소위 차벽(車壁)을 만드는 방법으로 서울광장에 출입하는 것을 제지하였습니다(이하 '이 사건 통행제지행위'라 한다).

⑵ 서울특별시민인 청구인들은 2009. 6. 3. 서울광장을 가로질러 통행하려고 하다가 이 사건 통행제지행위인 서울광장을 둘러싼 경찰버스들에 의하여 만들어진 차벽에 의하여 통행하지 못하게 되었습니다.

⑶ 피청구인의 이와 같은 통행제지행위는 청구인들의 일반적 행동자유권의 기본권을 침해한 것으로 위헌에 해당되므로, 이 사건 헌법소원을 제기하게 되었습니다.

2. 관련규정

■ 경찰법[2006. 7. 19. 법률 제7968호로 개정된 것]
제 3 조(국가경찰의 임무)
국가경찰은 국민의 생명·신체 및 재산의 보호와 범죄의 예방·진압 및 수사, 치안정보의 수집, 교통의 단속 기타 공공의 안녕과 질서유지를 그 임무로 한다.

■ 경찰관직무집행법[1981. 4. 13. 법률 제3427호로 개정된 것]
제 2 조(직무의 범위)
경찰관은 다음 각 호의 직무를 행한다.
1. 범죄의 예방·진압 및 수사
4. 교통의 단속과 위해의 방지
5. 기타 공공의 안녕과 질서유지

제 5 조(위험발생의 방지)
② 경찰관서의 장은 대간첩작전수행 또는 소요사태의 진압을 위하여 필요하다고 인정되는 상당한 이유가 있을 때에는 대간첩작전지역 또는 경찰관서·무기고등 국가중요시설에 대한 접근 또는 통행을 제한하거나 금지할 수 있다.

제 6 조(범죄의 예방과 제지)
① 경찰관은 범죄행위가 목전에 행하여지려고 하고 있다고 인정될 때에는 이를 예방하기 위하여 관계인에게 필요한 경고를 발하고, 그 행위로 인하여 인명·신체에 위해를 미치거나 재산에

중대한 손해를 끼칠 우려가 있어 긴급을 요하는 경우에는 그 행위를 제지할 수 있다.

▣ 구 서울특별시 서울광장의 사용 및 관리에 관한 조례[2009. 5. 28. 서울특별시조례 제4774호로 개
　정되고, 2010. 9. 27. 서울특별시조례 제5031호로 개정되기 전의 것]
제 2 조(정의)
이 조례에서 사용하는 용어의 정의는 다음과 같다.
　1. "사용"이란 서울광장(이하 "광장"이라 한다)의 일부 또는 전부를 이용함으로써 불특정 다수
시민의 자유로운 광장 이용을 제한하는 행위를 말한다.

제 5 조(사용허가 신청)
광장을 사용하고자 하는 자는 사용목적과 일시, 신청자의 성명과 주소, 사용예정인원 등을 기재
한 별지 서식의 광장사용허가신청서를 사용하고자 하는 날(이하 "사용일"이라 한다)의 60일 전
부터 7일 전에 시장에게 제출하여야 한다.

3. 이 사건 청구의 적법성

가. 기본권침해 가능성

　'노무현 전 대통령 서거 시민추모위원회'가 2009. 5. 27. 한 서울광장 사용허가신청에
대하여 서울특별시장은 개최 예정집회가 광장의 조성목적에 부합하지 않는다는 이유 등
으로 불허하여 서울광장을 사용하지 못하게 된 사실이 있습니다. 서울특별시장의 위와
같은 실질적인 불허처분은, 위 추모위원회가 추모제를 개최하기 위하여 서울광장을 사
용하는 것을 사실상 허가하지 않는 결과를 초래하였습니다. 그리고 피청구인은 청구인
들이 서울광장을 사용하지 못하도록 통행을 제지하는 행위를 하여 청구인들의 기본권을
침해하는 가능성을 야기하였습니다.

나. 보 충 성

　피청구인의 이 사건 통행제지행위는 직접 상대방의 신체 또는 재산에 실력을 가하
여 행정상 필요한 상태를 실현하는 행정상의 즉시강제로서 권력적 사실행위에 해당하므
로 행정쟁송의 대상이 됩니다. 그러나 청구인들의 통행이 제지된 다음 날 피청구인이
서울광장을 둘러싸고 있던 경찰버스들을 철수시키고 통행제지행위를 중지함에 따라 청
구인들이 행정쟁송을 제기하더라도 소의 이익이 부정될 가능성이 높아 그 절차에 의한

권리구제의 가능성이 거의 없다고 보여집니다. 이 경우에도 사전구제절차의 이행을 요구하는 것은 불필요한 우회절차를 강요하는 셈이 되는 것이므로, 청구인들이 행정쟁송절차를 거치지 아니하고 바로 이 사건 심판청구를 제기하더라도 이는 보충성의 예외로서 허용된다고 할 것입니다.

다. 권리보호의 이익

(1) 피청구인이 2009. 6. 4. 사회각계의 비난여론으로 서울광장을 에워싸고 있던 경찰버스들을 철수시켜 서울광장 통행제지행위를 중지하였습니다. 따라서 그 이후에는 청구인들은 더 이상 기본권을 침해받고 있지 아니하므로, 이 사건 심판청구가 인용된다고 하더라도 청구인들의 주관적인 권리구제에는 도움이 되지 아니한다고 볼 수도 있습니다.

(2) 헌법소원은 심판청구 당시에 기본권의 침해가 있었다 할지라도 결정 당시 이미 그 침해상태가 종료되었다면 심판청구는 권리보호의 이익이 없음이 원칙이지만(헌법재판소 1997. 3. 27. 선고 93헌마251 결정; 헌법재판소 1997. 6. 26. 선고 96헌마89 결정 참조), 그러나 헌법소원제도는 청구인 자신의 주관적인 기본권 구제를 위한 것일 뿐만 아니라, 객관적인 헌법질서의 수호·유지를 위한 제노이므로, 가사 본건 심판청구에 의한 결정이 청구인들의 주관적 권리구제에는 도움이 되지 아니한다 하더라도 헌법질서의 수호·유지를 위하여 그에 대한 헌법적 해명이 긴요하거나 그러한 침해행위가 앞으로도 반복될 위험이 있는 등의 경우에는 예외적으로 심판청구의 이익을 인정하여 이미 종료된 침해행위가 위헌이었음을 확인할 필요가 있다는 것이 종래 헌법재판소의 입장입니다(헌법재판소 1992. 1. 28. 선고 91헌마111 결정; 헌법재판소 1995. 7. 21. 선고 92헌마177등 결정; 헌법재판소 1995. 11. 30. 선고 94헌마97 결정; 헌법재판소 1997. 6. 26. 선고 96헌마89 결정; 헌법재판소 1997. 11. 27. 선고 94헌마60 결정 참조).

(3) 그런데 피청구인은 2009. 6. 4. 서울광장의 통행을 허용한 후 같은 해 6. 27.경에도 집회가 예상된다는 이유로 다시 서울광장을 경찰버스들로 둘러싸 통행을 제지한 사실이 있어, 앞으로도 같은 유형의 통행제지행위가 반복될 가능성이 있다고 할 수 있습니다.

⑷ 따라서 이 사건 통행제지행위 당시 피청구인이 불법·폭력 집회를 막는다는 이유로 서울광장을 봉쇄하여 일반시민들의 통행을 제지하는 것이 헌법적으로 정당한지 여부는 헌법질서의 수호·유지를 위하여 헌법적 해명이 긴요한 사항에 해당하고, 따라서 이 사건 심판청구는 심판의 이익이 있다고 할 것입니다.

4. 침해된 기본권(일반적 행동자유권)

가. 행복추구권의 법적성격과 내용

⑴ 헌법 제10조 전문의 행복추구권에는 그 구체적인 표현으로서 일반적인 행동자유권이 포함되는바, 이는 적극적으로 자유롭게 행동을 하는 것은 물론 소극적으로 행동을 하지 않을 자유도 포함되는 권리로서, 포괄적인 의미의 자유권이라는 성격을 갖습니다(헌법재판소 2003. 10. 30. 선고 2002헌마518 결정【도로교통법제118조위헌확인】).

⑵ 서울광장과 같은 일반 공중의 사용에 제공된 공공용물을 그 제공 목적대로 이용하는 것은 일반사용 내지 보통사용에 해당하는 것으로 따로 행정주체의 허가를 받을 필요가 없는 행위입니다. 구 '서울특별시 서울광장의 사용 및 관리에 관한 조례'도 사용허가를 받아야 하는 광장의 사용은 불특정 다수 시민의 자유로운 광장 이용을 제한하는 경우로 정하여(위 조례 2⑴) 개별적으로 서울광장을 통행하거나 서울광장에서 여가활동이나 문화활동을 하는 것은 아무런 제한 없이 허용하고 있습니다.

⑶ 이처럼 일반 공중에게 개방된 장소인 서울광장을 개별적으로 통행하거나 서울광장에서 여가활동이나 문화활동을 하는 것은 일반적 행동자유권의 내용으로 보장됨에도 불구하고, 피청구인이 이 사건 통행제지행위에 의하여 청구인들의 이와 같은 행위를 할 수 없게 하였으므로 청구인들의 일반적 행동자유권의 침해가 발생하게 되었습니다.

나. 일반적 행동자유권의 침해

⑴ 피청구인의 이 사건 통행제지행위 배경

노무현 전 대통령이 2009. 5. 23. 서거하자 서울광장 건너편에 있는 덕수궁 대한문 앞에 시민분향소가 설치되었고, 많은 사람들이 위 분향소를 찾아 조문하거나 그 부근에 모여 함께 고인을 추모하기도 하였으며, 그 중에는 노무현 전 대통령의 서거가 그 즈음 진행되던 고인에 대한 검찰수사에서 비롯되었다고 생각하는 사람도 있었기 때문에 주변의 통행을 통제하는 경찰과 충돌을 일으키는 경우도 있었습니다.

한편 피청구인은 노무현 전 대통령의 서거 직후 경찰버스들로 서울광장을 둘러싸 시민들이 서울광장을 통행하지 못하도록 한 이래 2009. 5. 29. 하루 동안 고인에 대한 국민장 노제가 열릴 수 있도록 경찰버스들을 철수하여 서울광장에의 출입을 허용한 외에는 2009. 6. 4. 오전 이 사건 통행제지행위를 중지할 때까지 시민들이 서울광장에 출입하거나 통행하는 것 일체를 제지하였습니다.

피청구인이 처음 서울광장에서의 통행을 막은 2009. 5. 23.경 노무현 전 대통령을 추모하기 위하여 대한문 앞 시민분향소 주변에 모여 있던 많은 사람들이 서울광장에서 추모 또는 항의 목적의 집회나 시위를 개최할 가능성이 적지 않았습니다.

(2) 과잉금지의 원칙 위반여부

일반적 행동자유권의 제한이 기본권의 제한과 그 한계에 관한 헌법 제37조 제2항의 과잉금지의 원칙에 적합한지 여부를 심사할 필요가 있습니다.

(개) 입법목적의 정당성

피청구인이 서울광장에서 대규모의 집회나 시위가 개최되고, 그 집회나 시위가 불법·폭력적인 것으로 변질될 가능성이 다분하다고 판단하여 시민들의 생명·신체와 재산을 보호하려는 목적에서 서울광장에서의 통행을 막는 조치를 취하였다면, 그 범위 내에서는 이 사건 통행제지행위를 한 목적의 정당성을 인정할 수 있습니다.

(나) 수단의 적절성

피청구인의 이 사건 통행저지행위는 위와 같은 불법·폭력적인 집회의 방지라고 하는 목적을 달성하는 하나의 방법이 될 수 있을 것이므로 그 범위 내에서 수단의 적절성도 인정될 여지가 있습니다.

(다) 필요최소한의 요건결여

피청구인은 불법·폭력 집회나 시위가 개최될 가능성이 있다고 하더라도 이를 방지하기 위한 조치는 개별적·구체적인 상황에 따라 경찰 목적을 달성하기 위한 필요최소한의 범위에서 행해져야 합니다. 그런데 이 사건 통행제지행위는 개별적인 집회를 금지하는 것을 넘어서서 서울광장에서 개최될 여지가 있는 일체의 집회를 금지할 뿐만 아니라 더 나아가서 일반시민들인 청구인들의 서울광장에서의 통행조차 금지한 것이어서 전면적이고 광범위하며 극단적인 조치이므로, 이러한 조치는 집회의 조건부 허용이나 개별적 집회의 금지나 해산으로는 방지할 수 없는 급박하고 명백하며 중대한 위험이 있는 경우에 한하여 비로소 취할 수 있는 거의 마지막 수단에 해당한다고 보아야 할 것입니다. 따라서 이 사건 통행제지행위와 같은 포괄적이며 전면적인 통제는 당시 상황에 비추어 필요한 최소한의 조치였다고 보기도 어렵습니다.

㈜ 침해의 최소성 요건결여

피청구인이 당시 서울광장에서 공공의 안녕 질서에 직접적인 위협을 끼칠 것이 명백한 집회·시위가 발생할 위험이 급박하고 중대하여 이 사건 통행제지행위처럼 전면적이고 광범위한 집회방지조치를 취할 필요성이 있었다고 하더라도, 피청구인으로서는 서울광장에의 출입을 완전히 통제하는 경우 불법·폭력 집회에 참여할 의사를 가지고 있지 아니한 일반시민들의 통행이나 여가·문화 활동 등의 이용까지 제한될 수 있다는 점을 충분히 예측할 수 있었을 것이므로, 다음과 같이 과도한 제한을 초래하지 않는 수단이나 방법을 고려하였어야 할 것임에도 전혀 그러한 고려를 하지 않았습니다.

우선 장소적 측면에서도, 이 사건 통행제지행위와 같이 서울광장 주변을 경찰버스로 완전히 둘러싸 차벽을 만드는 대신에 몇 군데라도 통로를 개설하고 경찰이 그 출입을 통제함으로써 대규모의 집회를 막으면서도 시민들의 개별적인 통행이나 여가활동은 가능하게 할 수도 있었습니다. 또한 시간적·상황적 측면에서도, 서울광장 주변에 모인 추모객의 규모를 고려하여 대규모의 불법·폭력 집회가 행해질 가능성이 적은 시간대라든지 서울광장 인근 건물에의 출근이나 왕래가 많은 오전 시간대에는(2009. 6. 3.은 평일이었다) 일부 통제를 풀어 보행자들의 통행을 허용할 수도 있었을 것입니다. 이와 같은 덜 침해적인 수단이 존재하고 이러한 수단을 채택하더라도 공공의 안녕과 질서유지의 목적을 상당 부분 달성할 수 있었을 것임에도 불구하고, 피청구인이 그러한 고려 없이 이 사건 통행제지행위로 모든 시민의 통행을 전면적으로 제지한 것은 침해의 최소성이라는 요구를 충족하였다고 할 수 없습니다.

㈜ 법익의 균형성 요건결여

피청구인의 이 사건 통행제지행위로써 대규모의 불법·폭력 집회나 시위를 막아 시민들의 생명·신체와 재산을 보호한다는 공익은 물론 중요한 것이지만, 이 사건 통행제지행위 당시의 서울광장 부근의 상황에 비추어 볼 때 이러한 공익의 존재 여부나 그 실현

효과는 다소 가상적이고 추상적인 것으로 볼 수 있는 여지도 있을 뿐만 아니라, 그러한 공익목적은 비교적 덜 제한적인 수단에 의하여도 상당 부분 달성될 수 있었던 것으로 보입니다. 따라서 이 사건 통행제지행위로 얻어질 공익의 정도가, 청구인들과 같은 일반 시민들이 서울광장을 가로질러 통행하지 못하고 서울광장 내에서 여가 및 문화활동을 할 수 없음으로써 입게 되는 실질적이고 현존하는 불이익에 비하여 크다고 볼 수도 없으므로 이 사건 통행제지행위는 법익의 균형성 요건도 충족하였다고 할 수 없습니다.

(3) 법률유보원칙의 위반

피청구인이 이 사건 통행제지행위의 근거로 삼은 경찰관직무집행법 제5조 제2항의 '소요사태'는 '다중이 집합하여 한 지방의 평화 또는 평온을 해할 정도에 이르는 폭행·협박 또는 손괴행위를 하는 사태'를 의미하고, 같은 법 제6조 제1항의 '급박성'은 '당해행위를 당장 제지하지 아니하면 곧 범죄로 인한 손해가 발생할 상황이라서 그 방법 외에는 결과를 막을 수 없는 절박한 상황일 경우'를 의미하는 것으로 해석됩니다. 피청구인이 청구인들에 대한 이 사건 통행제지행위를 한 2009. 6. 3. 당시 서울광장 주변에 '소요사태'가 존재하였거나 범죄발생의 '급박성'이 있었다고 인정할 수 없으므로, 위 조항들은 이 사건 통행제지행위 발동의 법률적 근거가 된다고 할 수 없습니다. 따라서 피청구인의 이 사건 통행제지행위는 법률적 근거를 갖추지 못한 것이므로 법률유보원칙에도 위반하여 청구인들의 일반적 행동자유권을 침해한 것이라고 할 수 있습니다.

5. 청구기간의 준수

청구인들은 2009. 6. 3. 피청구인의 이 사건 통행제지행위로 청구인들의 일반적 행동자유권의 기본권을 침해당한 사실을 안 날로부터 90일 이내에 제소하여 헌법재판소법 제69조 제1항이 규정한 기간을 준수하였습니다.

6. 결   론

따라서 피청구인의 이 사건 통행제지행위는 과잉금지의 원칙과 법률유보원칙을 위반하여 청구인들의 일반적 행동자유권을 침해하였다고 할 것이므로 헌법에 위반되는 것이라 할 수 있습니다.

첨 부 서 류

1. 보도자료   1부
1. 서울광장 사용신고 안내문   1부
1. 소송위임장, 담당변호사 지정서   각 1부

2009.   7.   21.

청구인들의 대리인
법무법인 공정
담당변호사 김 변 호
박 송 무
이 정 의

헌 법 재 판 소   귀 중

쟁 점 해 설

1. 당 사 자

가. 청 구 인

⑴ 공권력의 행사 또는 불행사로 인하여 헌법상 보장된 기본권을 침해받은 자는 법원의 재판을 제외하고는 헌법재판소에 헌법소원심판을 청구할 수 있다. 다만, 다른 법률에 구제절차가 있는 경우에는 그 절차를 모두 거친 후에 청구할 수 있다(헌법재판소법 68①).

⑵ 헌법재판소법 제68조 제1항에 의한 헌법소원의 청구권자는 기본권을 침해받은 자이다. 여기서 기본권을 침해받은 자만이 헌법소원을 청구할 수 있다는 것은 곧 기본권의 주체라야만 헌법소원을 청구할 수 있고, 기본권의 주체가 아닌 자는 헌법소원을 청구할 수 없다는 것을 의미하는 것이다. 기본권 보장규정인 헌법 제2장의 제목이 "국민의 권리와 의무"이고 그 제10조 내지 제39조에서 "모든 국민은 …… 권리를 가진다"고 규정하고 있으므로 국민(또는 국민과 유사한 지위에 있는 외국인과 사법인)만이 기본권의 주체라 할 것이다(헌법재판소 1994. 12. 29. 선고 93헌마120 결정【불기소처분취소】).

⑶ 이 사건 청구인들은 서울특별시민으로서 2009. 6. 3. 서울광장을 가로질러 통행하려고 하다가 피청구인의 이 사건 통행제지행위인 서울광장을 둘러싼 경찰버스들에 의하여 만들어진 차벽에 의하여 통행하지 못하게 되어 일반적 행동자유권의 기본권을 침해받았으므로 청구인적격이 있다.

⑷ 각종 심판절차에 있어서 당사자인 사인은 변호사를 대리인으로 선임하지 아니하면 심판청구를 하거나 심판수행을 하지 못한다. 다만, 그가 변호사의 자격이 있

는 경우에는 그러하지 아니하다(헌법재판소법 25③). 청구인은 변호사강제주의에 따라 변호사를 선임하여 이 사건 심판청구를 하였다.

나. 피청구인

(1) 헌법재판소법 제71조는 청구서의 기재사항의 하나로 "침해의 원인이 되는 공권력의 행사 또는 불행사"를 규정할 뿐, 피청구인의 기재여부를 명시하지 않고 있어 반드시 피청구인을 기재해야 하는 것은 아니다. 그러나 헌법재판소심판규칙 제68조 제1항은 피청구인을 기재하도록 하고 있으며, 동 심판규칙 제70조는 청구서의 필수 기재사항이 누락되거나 명확하지 아니한 경우에 적당한 기간을 정하여 이를 보정하도록 명할 수 있으며, 보정기간까지 보정하지 아니한 경우에는 심판청구를 각하할 수 있도록 하고 있다.

(2) 탄핵심판, 정당해산심판, 권한쟁의심판의 경우 피청구인(피청구기관)이 존재하므로 피청구인의 기재가 필요하다. ① 탄핵심판에서는 탄핵소추를 의결한 국회가 청구인이 되고, 탄핵소추의 대상이 된 자가 피청구인이 된다(헌법재판소법 49). ② 정당해산심판청구인은 정부가 청구인이며(헌법재판소법 55), 피청구인은 제소된 정당이라 할 수 있다. ③ 권한쟁의심판청구인은 헌법이나 법률상의 권한을 침해당하였다고 주장하는 기관이 청구인이 되며(헌법재판소법 61), 그 기관의 권한을 침해한 것으로 지목된 기관이 피청구인이 된다.

(3) 경찰청장은 이 사건 통행제지행위라는 공권력 행사를 한 바 있으므로 피청구인이 된다.

2. 이 사건 헌법소원심판청구의 적법요건 검토

가. 공권력의 행사

(1) 헌법소원심판의 대상으로서의 "공권력"이란 입법·사법·행정 등 모든 공권력을 말하는 것이므로, 입법부에서 제정한 법률, 행정부에서 제정한 시행령이나 시행규칙 및 사법부에서 제정한 규칙 등은 그것들이 별도의 집행행위를 기다리지 않고 직접 기본권을 침해하는 것일 때에는 모두 헌법소원심판의 대상이 될 수 있다(헌법재판소 1990. 10. 15. 선고 89헌마178 결정【법무사법시행규칙에대한헌법소원】).

⑵ 피청구인은 시민들이 서울광장을 통행할 수 없도록 경찰버스들로 둘러싸는 행위로 공권력을 행사하였다.

나. 기본권의 침해가능성

⑴ 헌법소원은 공권력의 행사 또는 불행사로 인하여 헌법상 보장된 자신의 기본권을 침해받은 자가 그 침해를 구제받기 위하여 헌법재판소에 심판을 청구하는 제도이므로, 헌법상 보장된 기본권을 침해받았어야 한다.

⑵ 헌법재판소법 제68조 제1항의 '헌법상 보장된 기본권을 침해받은 자'라는 것은 '헌법상 보장된 기본권을 침해받았다고 주장하는 자'로 해석하여야 하며, 소원청구인은 자신의 기본권에 대한 공권력주체의 제한행위가 위헌적인 것임을 어느 정도 구체적으로 주장하여야 한다. 그러므로 소원청구인이 기본권침해의 가능성을 확인할 수 있을 정도의 구체적 주장을 하지 않고 막연한 주장만을 하는 경우에는 그 소원청구는 부적법한 것이 될 것이다(헌법재판소 2005. 2. 3. 선고 2003헌마544 결정【대기환경보전법시행규칙제8조제1호등위헌확인】).

⑶ 청구인들이 서울광장을 통행할 수 없게 된 것은 피청구인의 이 사건 통행제지행위에 의한 것이라고 할 것이므로, 통행제지행위라는 공권력 행사에 대해 청구인들의 기본권의 침해가능성을 인정할 수 있다.

다. 법적 관련성

헌법소원 청구인은 원칙적으로 자신의 기본권이, 현재 그리고 직접 침해당한 경우라야 한다.

⑴ 자기관련성

㈎ 기본권 침해의 자기관련성은 청구인 스스로가 기본권 침해의 법규범 또는 기타 공권력작용의 수신인인 경우이다.

㈏ 입법권자의 공권력의 행사로 만들어진 법률에 대하여 곧바로 헌법소원심판을 청구하려면 우선 청구인 스스로가 당해 규정에 관련되어야 한다(헌재 1998. 2. 27. 96헌마134).

㈐ 단체와 그 구성원을 서로 별개의 독립된 인격체로 인정하고 있는 현행의 우리나

라 법제 아래에서는 헌법상 보장된 기본권을 직접 침해당한 사람만이 원칙적으로 헌법소원심판 절차에 따라 권리구제를 청구할 수 있는 것이고, 단체의 구성원이 기본권을 침해당한 경우 단체가 구성원의 권리구제를 위하여 그를 대신하여 헌법소원심판을 청구하는 것은 원칙적으로 허용될 수 없다(헌재 1991. 6. 3. 90헌마56).[5]

㈑ 공권력의 작용에 단순히 간접적, 사실적 또는 경제적인 이해관계가 있을 뿐인 제 3 자는 이에 해당되지 않는다(헌법재판소 1993. 3. 11. 선고 91헌마233 결정【도로부지점용허가처분등에대한헌법소원】).

㈒ 공권력작용의 직접적인 상대방이 아닌 제 3 자라고 하더라도 공권력의 작용이 그 제 3 자의 기본권을 직접적이고 법적으로 침해하고 있는 경우에는 그 제 3 자에게 자기관련성이 있다(헌법재판소 1993. 3. 11. 선고 91헌마233 결정【도로부지점용허가처분등에대한헌법소원】).

(2) 현 재 성

청구인은 공권력작용으로 현재 기본권을 침해당한 경우여야 한다. 공권력작용과 현재 관련이 있어야 하므로, 장래의 어느 때인가 관련될 수 있는 잠재적인 위험만으로는 현재성을 구비하였다고 볼 수 없다.

㈎ (서울대학교의 '94학년도 대학입학고사 주요요강'과 같이) 사실상의 준비행위나 사전안내라도 그 내용이 국민의 기본권에 직접 영향을 끼치는 내용이고 앞으로 법령의 뒷받침에 의하여 그대로 실시될 것이 틀림없을 것으로 예상될 수 있는 것일 때에는 그로 인하여 직접적으로 기본권침해를 받게 되는 사람에게는 사실상의 규범작용으로 인한 위험성이 이미 발생하였다고 보아야 할 것이므로, 이러한 것도 헌법소원의 대상은 될 수 있다고 보아야 한다(헌법재판소 1992. 10. 1. 선고 92헌마68 결정【1994학년도신입생선발입시안에대한헌법소원】).

---

5) 헌법재판소법 제68조 제 1 항에 정한 헌법소원의 기능이 객관적 헌법보장제도의 기능도 가지고 있는 것이지만, 주관적 기본권의 보장이 보다 중요한 기능의 하나인 것으로 본다면 더욱 그러하다. 왜냐하면 **특정인이 기본권을 침해당한 경우, 그 권리구제를 받기 위한 헌법소원심판을 청구할 것인가 아니할 것인가의 여부는 오로지 그 본인의 뜻에 달려 있다 할 것이고**, 또 그 본인이야말로 사건의 승패에 따른 가장 큰 이해를 가진 사람이라 할 것이므로 누구보다도 적극적으로, 또한 진지하게 헌법소원절차를 유지·수행할 사람이기 때문이다. 따라서 단체는 특별한 예외적인 경우를 제외하고는 헌법소원심판제도가 가진 기능에 미루어 원칙적으로 단체 자신의 기본권을 직접 침해당한 경우에만 그의 이름으로 헌법소원심판을 청구할 수 있을 뿐이고, 그 구성원을 위하여 또는 구성원을 대신하여 헌법소원심판을 청구할 수 없는 것으로 보아야 할 것이다(헌재 1991. 6. 3. 90헌마56).

(나) 장래의 선거에서 부재자투표 여부가 확정되는 선거인명부작성 기간이 아직 도래하지 않아 부재자투표를 할 것인지 여부가 확정되지 않은 상태에서, 부재자투표소투표의 기간을 제한하고 있는 법률조항에 대해 제기한 헌법소원은 기본권침해의 현재성을 갖춘 것으로 보아야 한다(헌법재판소 2010. 4. 29. 선고 2008헌마438 결정【공직선거법제148조제 1 항위헌확인】).

(다) 입법자의 공권력 행사, 즉 법률에 대하여 바로 헌법소원을 제기하려면 우선 청구인 스스로가 당해 규정에 관련되어야 할 뿐 아니라 당해 규정에 의해 현재 권리침해를 받아야 하나 다른 집행행위를 통해서가 아니라 직접 당해 법률에 의해 권리침해를 받아야만 한다는 것을 요건으로 한다. 청구인은 그 자신이 고소 또는 고발을 한 사실이 없을 뿐 아니라(다만 청구인은 사회정화위원회에 고발장 형식의 서면을 낸 사실이 있으나 이는 형사소송법에서 규정한 고발이라 할 수 없고, 따라서 이에 대한 불기소처분 또한 내려진 사실이 없다) 청구인이 장차 언젠가는 위와 같은 형사소송법의 규정으로 인하여 권리침해를 받을 우려가 있다 하더라도 그러한 권리침해의 우려는 단순히 장래 잠재적으로 나타날 수도 있는 것에 불과하여 권리침해의 현재성을 구비하였다고 할 수 없다(헌법재판소 1989. 7. 21. 선고 89헌마12 결정【형사소송법개정등에관한헌법소원】).

(3) 직 접 성

청구인은 공권력작용으로 인하여 직접적으로 기본권이 침해되어야 한다. 직접성 요건은 법령에 대한 헌법소원에서 특히 중요하다.

(가) 법률 또는 법률조항 자체가 헌법소원의 대상이 될 수 있으려면 그 법률 또는 법률조항에 의하여 구체적인 집행행위를 기다리지 아니하고 직접, 현재, 자기의 기본권을 침해받아야 하는 것을 요건으로 하고, 여기서 말하는 기본권 침해의 직접성이란 집행행위에 의하지 아니하고 법률 그 자체에 의하여 자유의 제한, 의무의 부과, 권리 또는 법적 지위의 박탈이 생긴 경우를 뜻하므로, 구체적인 집행행위를 통하여 비로소 당해 법률 또는 법률조항에 의한 기본권 침해의 법률효과가 발생하는 경우에는 직접성의 요건이 결여된다고 할 것이다(헌법재판소 1992. 11. 12. 선고 91헌마192 결정【농촌근대화촉진법제94조등에대한헌법소원】).

(나) 법령에 대한 헌법소원에 있어서 '기본권침해의 직접성'을 요구하는 이유는, 법령

은 일반적으로 구체적인 집행행위를 매개로 하여 비로소 기본권을 침해하게 되므로 기본권의 침해를 받은 개인은 먼저 일반 쟁송의 방법으로 집행행위를 대상으로 하여 기본권침해에 대한 구제절차를 밟는 것이 헌법소원의 성격상 요청되기 때문이다. 따라서 법령에 근거한 집행행위가 존재한다면 국민은 우선 그 집행행위를 기다렸다가 집행행위를 대상으로 한 소송을 제기하여 구제절차를 밟는 것이 순서이다. 다만, 법령을 집행하는 행위가 존재하지 아니하고 바로 법령으로 말미암아 직접 기본권이 침해되는 예외적인 경우에만 직접 법률에 대하여 헌법소원을 제기할 수 있다고 보아야 한다(헌법재판소 1992. 11. 12. 선고 91헌마192 결정【농촌근대화촉진법제94조등에대한헌법소원】).

(다) 법규범이 집행행위를 예정하고 있더라도 법규범의 내용이 집행행위 이전에 이미 국민의 권리관계를 직접 변동시키거나 국민의 법적 지위를 결정적으로 정하는 것이어서 국민의 권리관계가 집행행위의 유무나 내용에 의하여 좌우될 수 없을 정도로 확정된 상태라면 그 법규범의 권리침해의 직접성이 인정된다(헌법재판소 1989. 3. 17. 88헌마1).

(라) 특히, 법령에 근거한 구체적인 집행행위가 재량행위인 경우에는 법령은 집행기관에게 기본권침해의 가능성만을 부여할 뿐 법령 스스로가 기본권의 침해행위를 규정하고 행정청이 이에 따르도록 구속하는 것이 아니고, 이때의 기본권의 침해는 집행기관의 의사에 따른 집행행위, 즉 재량권의 행사에 의하여 비로소 이루어지고 현실화되므로 이러한 경우에는 법령에 의한 기본권침해의 직접성이 인정될 여지가 없다(헌법재판소 1998. 4. 30. 선고 97헌마141 결정【특별소비세법시행령제37조제 3 항등위헌확인】).

라. 보 충 성

헌법소원은 다른 법률에 구제절차가 있는 경우에는 그 절차를 모두 거친 후에 심판청구를 하여야 한다(헌법재판소법 68① 단서). 이를 헌법소원의 보충성이라고 한다.

(가) 보충성 인정취지

헌법재판소법 제68조 제 1 항 후단의 뜻은 헌법소원이 그 본질상 헌법상 보장된 기본권침해에 대한 예비적이고 보충적인 구제수단이므로 공권력 작용으로 말미암아 기본권의 침해가 있는 경우에는 먼저 다른 법률이 정한 절차에 따라 침해된 기본권의 구제를 받기 위한 모든 수단을 다하였음에도 그 구제를 받지 못한 경우에 비로소 헌법 소원심판을 청구할 수 있다는 것을 밝힌 것이다(헌법재판소 1993. 12. 23. 선고 92헌마247 결정【인사명령취소】).

(나) '다른 법률에 의한 구제절차를 거친 후'의 의미

'다른 법률에 의한 구제절차를 거친 후'란 다른 법률에 의한 구제절차를 적법하게 거친 경우를 말하므로, 과세처분의 취소를 구하는 행정소송을 제기하였다가 그 소송을 취하하였거나 취하간주된 경우 그 과세처분의 취소를 구하는 헌법소원심판청구는 다른 법률에 의한 적법한 구제절차를 거쳤다고 볼 수 없어 부적법하다고 할 것이다(헌법재판소 1999. 9. 16. 선고 98헌마265 결정【재판취소등】).

(다) 보충성의 예외

헌법소원심판 청구인이 그의 불이익으로 돌릴 수 없는 정당한 이유있는 착오로 전심절차를 밟지 않은 경우 또는 전심절차로 권리가 구제될 가능성이 거의 없거나 권리구제절차가 허용되는지의 여부가 객관적으로 불확실하여 전심절차 이행의 기대가능성이 없을 때에는 그 예외를 인정하는 것이 청구인에게 시간과 노력과 비용의 부담을 지우지 않고 헌법소원심판제도의 창설취지를 살리는 방법이라고 할 것이므로, 본건의 경우는 위의 예외의 경우에 해당하여 적법하다고 할 것이다(헌법재판소 1989. 9. 4. 선고 88헌마22 결정【공권력에의한재산권침해에대한헌법소원】).

(라) 이 사건 서울광장 통행저지행위의 행정처분성 여부

(a) 피청구인의 이 사건 통행제지행위는 행정상의 즉시강제로서 권력적 사실행위에 해당되어 행정소송의 대상이 된다고 단정하기 어렵고, 행정소송의 대상이 된다고 하더라도 이미 종료된 행위로서 소의 이익이 부정되어 각하될 가능성이 많다. 그런데 피청구인이 이 사건 통행제지행위 다음 날 서울광장을 둘러싸고 있던 경찰버스들을 철수시키고 통행제지행위를 중지하였기 때문에 청구인들이 행정쟁송을 제기하더라도 소의 이익이 부정되어 권리구제의 가능성이 거의 없다고 보여진다. 따라서 청구인들이 행정쟁송 절차를 거치지 아니하고 바로 이 사건 심판청구를 제기하였다고 하더라도 이는 보충성의 예외로서 허용된다고 한다.

(b) 행정상의 사실행위는 경고, 권고, 시사(示唆)와 같은 정보제공행위나 단순한 지식 표시행위인 행정지도와 같이 대외적 구속력이 없는 '비권력적 사실행위'와 행정

청이 우월적 지위에서 일방적으로 강제하는 '권력적 사실행위'로 나눌 수 있고, 이 중에서 권력적 사실행위는 헌법소원의 대상이 되는 공권력의 행사에 해당한 다(헌법재판소 2003. 12. 18. 선고 2001헌마754 결정【과다감사위헌확인】).

(c) 일반적으로 어떤 행정상 사실행위가 권력적 사실행위에 해당하는지 여부는, 당 해 행정주체와 상대방과의 관계, 그 사실행위에 대한 상대방의 의사·관여정 도·태도, 그 사실행위의 목적·경위, 법령에 의한 명령·강제수단의 발동 가부 등 그 행위가 행하여질 당시의 구체적 사정을 종합적으로 고려하여 개별적으로 판단하여야 한다(헌법재판소 1994. 5. 6. 선고 89헌마35 결정【공권력행사로인한재산권침 해에관한헌법소원】). 기본권을 침해하는 권력적 사실행위는 다른 법률에 의한 구 제수단이 없다고 할 수 있기 때문에 헌법소원의 대상이 된다. **권력적 사실행위 로 판단한 사례로는** ① 국제그룹을 해체시킨 공권력작용, ② 미결수용자의 서신 에 대한 교도소장의 검열·지연발송·지연교부행위, ③ 교도소 내 접견실의 칸 막이 설치행위, ④ 구치소장이 미결수용자로 하여금 수사 및 재판을 받을 때 재 소자용 의류를 입게 한 행위, ⑤ 유치장관리자가 현행범으로 체포된 피의자에게 차폐시설이 불충분한 화장실을 사용하도록 한 행위, ⑥ 경찰서장이 피의자들을 유치장에 수용하는 과정에서 실시한 정밀신체수색행위, ⑦ 구치소장이 구치소에 수용되는 마약류사범에 대하여 하는 정밀신체검사, ⑧ 교도소장이 교도소 수형 자에게 소변을 받아 제출하게 하는 행위, ⑨ 비자신청서에 일정사항의 기재를 요구하는 비자발급기관의 행위, ⑩ 미결수용자에 대한 수갑·포승사용행위, ⑪ 국가정보원의 2005년도 7급 제한경쟁시험 채용공고 중 '남자는 병역을 필한 자' 라는 부분, ⑫ 방송위원회가 주식회사 문화방송에 대하여 한 경고 및 관계자에 대한 경고 처분, ⑬ 경찰서장이 법률상 근거 없이 옥외집회신고서를 반려한 행 위, ⑭ 2010년도 법학적성시험 시행계획 공고, ⑮ 수형인이 출정비용납부거부 또 는 상계동의거부를 이유로 한 행정소송 변론기일 출정제한 행위, ⑯ 미결수용자 의 구치소 내 종교행사 참석금지행위 등이 있다.

(d) 대법원은 사실행위의 성격에 따라 처분으로 인정할 것인지를 판단하고 있다. 권 력적 사실행위로 보여지는 ① 단수처분(대법원 1979. 12. 28. 79누218), ② 교도소장 의 미결수용자 이송처분(대법원 1992. 8. 7. 92두30)은 처분성을 인정하였다. ③ 교 도소장이 수형자 갑을 '접견내용 녹음·녹화 및 접견 시 교도관 참여대상자'로 지정한 사안에서, 피고(교도소장)가 위와 같은 지정행위를 함으로써 원고의 접견

시마다 사생활의 비밀 등 권리에 제한을 가하는 교도관의 참여, 접견내용의 청취·기록·녹음·녹화가 이루어졌으므로 이는 피고가 그 우월적 지위에서 수형자인 원고에게 일방적으로 강제하는 성격을 가진 공권력적 사실행위의 성격을 갖고 있는 점, ② 위와 같이 계속성을 갖는 공권력적 사실행위를 취소할 경우 장래에 이루어질지도 모르는 기본권의 침해로부터 수형자들의 기본적 권리를 구제할 실익이 있는 것으로 보이는 점 등을 종합하면, 위와 같은 지정행위는 수형자의 구체적 권리의무에 직접적 변동을 초래하는 행정청의 공법상 행위로서 항고소송의 대상이 되는 '처분'에 해당한다(대법원 2014. 2. 13. 2013두20899 행정처분취소). 그리고 ④ 횡단보도설치행위도 처분이라고 한 바 있으나(대법원 2000. 10. 27. 98두8964), 횡단보도 존치결정은 행정기관의 내부행위라고 처분성을 부정한 판례도 있다(대법원 2000. 10. 24. 99두1144).

(e) 행정청의 사실행위는 경고·권고·시사와 같은 정보제공 행위나 단순한 행정지도와 같이 대외적 구속력이 없는 '비권력적 사실행위'와 행정청이 우월적 지위에서 일방적으로 강제하는 '권력적 사실행위'로 나눌 수 있고, 이 중에서 권력적 사실행위만 헌법소원의 대상이 되는 공권력의 행사에 해당하고 비권력적 사실행위는 공권력의 행사에 해당하지 아니한다(헌재 2012. 10. 25. 2011헌마429 공권력행사 위헌확인). 헌법재판소는 행정청이 우월적 지위에서 일방적으로 강제하는 권력적 사실행위는 헌법소원의 대상이 되는 공권력의 행사에 해당한다고 본다(헌재 2003. 12. 18. 2001헌마754). 반면, 부실기업의 정리와 관련하여 주거래은행의 의사를 지원·독려하였던 정부가 한 비권력적 사실행위는 공권력행사에 해당하지 않는다고 보았다(헌재 1994. 5. 6. 89헌마35).

마. 권리보호의 이익

(1) 헌법소원은 국민의 기본권침해를 구제해 주는 제도이므로, 그 제도의 목적상 권리보호의 이익이 있는 경우에 비로소 제기할 수 있으며, 권리보호의 이익이 없는 헌법소원심판청구는 부적법하여 각하된다.

(2) 일반적으로 자기관련성·직접성·현재성 등 법적 관련성이 있으면 권리보호이익도 긍정할 수 있다. 그러나 법적 관련성이 권리보호이익과 언제나 일치하는 것은 아니다. 권리보호이익은 법률로 규정한 헌법소원의 적법성 요건과는 달리 법률의 규정 여부를 떠나 헌법재판소가 헌법소원의 심판에서 고려하여야 하는

법제도이다.6) 따라서 권리보호이익은 법적 관련성과는 별도의 헌법소원의 전제조건인 동시에 헌법소원심판에서 검토해야 하는 사항으로서 헌법소원의 적법성을 제한하는 의미를 갖는다.

(3) 기본권의 침해를 받은 자가 그 구제를 받기 위한 헌법소원심판을 청구한 뒤에 기본권 침해의 원인이 된 공권력의 행사를 취소하거나 새로운 공권력의 행사 등 사정변경으로 말미암아 기본권 침해행위가 이미 배제되어 청구인이 더 이상 기본권을 침해받고 있지 아니하게 된 때에는, 헌법재판소는 원칙적으로 청구인의 기본권 침해를 구제하기 위한 헌법소원심판을 할 필요가 없게 된다고 할 것이다. 특별한 사정이 없는 한, 헌법재판소가 다시 기본권 침해의 원인이 된 공권력의 행사를 취소하거나 그 불행사가 위헌임을 확인하는 결정을 한다고 하여 그 결정이 청구인의 기본권을 구제하는 데 아무런 도움이 되지 아니할 뿐만 아니라, 특별한 의미도 가질 수 없기 때문이다(헌재 1993. 11. 25. 92헌마169).

(4) 위헌심판제청된 법률조항에 의하여 침해된다는 기본권이 중요하여 동 법률조항의 위헌 여부의 해명이 헌법적으로 중요성이 있는데도 그 해명이 없거나, 동 법률조항으로 인한 기본권의 침해가 반복될 위험성이 있는데도 좀처럼 그 법률조항에 대한 위헌심판의 기회를 갖기 어려운 경우에는 위헌제청 당시 재판의 전제성이 인정되는 한 당해 소송이 종료되었더라도 예외적으로 객관적인 헌법질서의 수호·유지를 위하여 심판의 필요성을 인정하여 적극적으로 그 위헌 여부에 대한 판단을 하는 것이 헌법재판소의 존재이유에도 부합하고 그 임무를 다하는 것이 된다(헌법재판소 1993. 12. 23. 선고 93헌가2 결정【형사소송법제97조제 3 항위헌제청】).

(5) 기본권의 침해를 받은 자가 그 구제를 받기 위한 헌법소원심판을 청구한 뒤 기본권 침해의 원인이 된 공권력의 행사가 취소되거나 새로운 공권력의 행사 등 사정변경으로 말미암아 기본권 침해행위가 배제되어 청구인이 더 이상 기본권을 침해받고 있지 아니하게 된 때에는, 달리 불분명한 헌법문제의 해명이나 침해반복의 위험 등을 이유로 한 심판의 이익이 있다 할 특별한 사정이 없는 한 그 헌법소원심판청구는 더 이상 권리보호의 이익이 없게 되어 부적법하다(헌법재판소 1993. 11. 25. 선고 92헌마169 결정【재판의지연위헌확인】).

---

6) 허영, 헌법소송법론, p. 397.

(6) 피청구인이 2009. 6. 4. 서울광장의 통행을 허용한 후인 2009. 6. 27.경에도 집회가 예상된다는 이유로 다시 서울광장을 경찰버스들로 둘러싸 통행을 제지한 사실은 앞으로도 같은 유형의 행위가 반복될 가능성이 있다고 할 수 있다. 또한 이 사건 통행제지행위 당시 피청구인이 불법·폭력 집회를 막는다는 이유로 서울광장을 봉쇄하여 일반시민들의 통행을 제지하는 것이 헌법적으로 정당한지 여부는 헌법질서의 수호·유지를 위하여 헌법적 해명이 긴요한 사항에 해당한다. 따라서 이 사건 심판청구는 심판의 이익이 있다.

바. 청구기간

(1) 다른 법률에 의한 구제절차를 거친 경우

(가) 다른 법률에 따른 구제절차를 거친 헌법소원의 심판은 그 최종결정을 통지받은 날부터 30일 이내에 청구하여야 한다(헌법재판소법 69① 단서).

(나) 불기소처분은 검사의 수사종결처분으로서 재판이 아니므로 불복기간이 경과하여 확정되더라도 확정력이 발생하는 것이 아니므로 형사피해자라고 주장하는 자가 고소를 제기하였다가 혐의 없음의 불기소처분이 있은 후에 바로 검찰청법에 의한 항고를 제기하지 아니하고, 그 항고기간이 경과한 후에 다시 고소를 제기하고 다시 있은 불기소처분을 대상으로 하여 검찰항고를 거쳐 헌법소원심판을 청구하였더라도 헌법재판소법 제69조에 정한 청구기간 한정의 입법목적에 반하는 부적법한 심판청구라고 보기는 어렵다(헌법재판소 1993. 3. 11. 선고 92헌마142 결정【불기소처분취소】).

(2) 다른 법률에 의한 구제절차가 없는 경우

(가) 다른 법률에 의한 구제절차가 없거나 보충성 원칙에 대한 예외가 인정되어 다른 법률에 의한 구제절차를 거칠 필요가 없는 경우에는 그 사유가 있음을 안 날부터 90일 이내에, 그 사유가 있는 날부터 1년 이내에 청구하여야 한다(헌법재판소법 69① 본문).

(나) 헌법소원청구기간의 기산점인 "사유가 있음을 안 날"이라 함은 법령의 제정 등 공권력의 행사에 의한 기본권침해의 사실관계를 안 날을 뜻하는 것이지, 법률적으로 평가하여 그 위헌성 때문에 헌법소원의 대상이 됨을 안 날을 뜻하는 것은 아니라 할 것으로, 헌법소원의 대상이 됨을 안 날은 청구기간을 도과한 헌법소

원을 허용할 "정당한 사유"의 평가자료로 참작됨은 별론이로되 청구기간의 기산점과는 무관한 사항이라 할 것이다(헌법재판소 1993. 11. 25. 선고 89헌마36 판결【사형제도에의한생명권침해에관한헌법소원】).

(3) 이 사건 심판청구의 경우

이 사건 심판청구는 보충성 요건에 대한 예외가 인정되는 경우에 해당되므로, 헌법재판소법 제69조 제 1 항 본문이 적용된다. 이 사건 청구인들은 2009. 6. 3. 피청구인이 이 사건 통행제지행위를 하여 기본권침해 사유가 있음을 안 날부터 90일 이내인 2009. 7. 21. 이 사건 심판청구를 하여 적법한 제소기간을 준수하였다.

3. 침해된 기본권(일반적 행동자유권)

일반적인 행동자유권은 헌법 제10조 전문의 행복추구권에 포함되고 있으며(헌법재판소 2003. 10. 30. 선고 2002헌마518 결정【도로교통법제118조위헌확인】), 헌법 제37조 제 1 항 "국민의 자유와 권리는 헌법에 열거되지 아니한 이유로 경시되지 아니한다"는 규정으로도 보호되고 있다(헌법재판소 2002. 1. 31. 선고 2001헌바43 결정【독점규제및공정거래에관한법률제27조위헌소원】).

가. 필요최소한의 요건결여

이 사건 통행제지행위는 개별적인 집회를 금지하는 것을 넘어서서 서울광장에서 개최될 여지가 있는 일체의 집회를 금지할 뿐만 아니라 더 나아가서 일반시민들인 청구인들의 서울광장에서의 통행조차 금지한 것이어서 전면적이고 광범위하며 극단적인 조치에 해당된다. 따라서 이 사건 통행제지행위와 같은 포괄적이며 전면적인 통제는 당시 상황에 비추어 필요한 최소한의 조치였다고 보기도 어렵다.

나. 침해의 최소성 요건결여

피청구인은 서울광장 주변을 경찰버스로 완전히 둘러싸 차벽을 만드는 대신에 몇 군데라도 통로를 개설하고 경찰이 그 출입을 통제함으로써 대규모의 집회를 막으면서도 시민들의 개별적인 통행이나 여가활동은 가능하게 할 수도 있었다.

또한 서울광장 주변에 모인 추모객의 규모를 고려하여 대규모의 불법·폭력 집회가 행해질 가능성이 적은 시간대라든지 서울광장 인근 건물에의 출근이나 왕래가 많은 오전 시간대에는 일부 통제를 풀어 보행자들의 통행을 허용할 수도 있었다.

이와 같은 덜 침해적인 수단이 존재하고 이러한 수단을 채택하더라도 공공의 안녕과 질서유지의 목적을 상당 부분 달성할 수 있었다. 그럼에도 피청구인이 이 사건 통행제지행위로 모든 시민의 통행을 전면적으로 제지한 것은 침해의 최소성 요구를 충족하였다고 할 수 없다.

다. 법익의 균형성 요건결여

피청구인의 이 사건 통행제지행위 당시의 서울광장 부근의 상황에 비추어 볼 때 이러한 공익의 존재 여부나 그 실현 효과는 다소 가상적이고 추상적인 것으로 볼 수 있는 여지가 있다. 이 사건 통행제지행위로 얻어질 공익의 정도가, 청구인들과 같은 일반 시민들이 서울광장을 가로질러 통행하지 못하고 서울광장 내에서 여가 및 문화활동을 할 수 없음으로써 입게 되는 실질적이고 현존하는 불이익에 비하여 크다고 볼 수도 없다. 따라서 이 사건 통행제지행위는 법익의 균형성 요건도 충족하였다고 할 수 없다.

라. 법률유보원칙의 위반

피청구인이 청구인들에 대한 이 사건 통행제지행위를 한 2009. 6. 3. 당시 서울광장 주변에 경찰관직무집행법 제5조 제2항, 제6조 제1항이 규정하는 '소요사태'가 존재하였거나 범죄발생의 '급박성'이 있었다고 인정할 수 없다. 따라서 이 사건 통행제지행위는 법률유보원칙에도 위반하여 일반적 행동자유권을 침해한 것이라고 할 수 있다.

4. 결 론

따라서 피청구인의 이 사건 통행제지행위는 과잉금지의 원칙과 법률유보원칙을 위반하여 청구인들의 일반적 행동자유권을 침해하였으므로 헌법에 위반된다.

[참고자료]

서울특별시 서울광장통행저지행위 위헌확인

(헌법재판소 2011. 6. 30. 선고 2009헌마406 결정)

【판시사항】

1. 경찰청장이 2009. 6. 3. 경찰버스들로 서울특별시 서울광장을 둘러싸 통행을 제지한 행위(이하 '이 사건 통행제지행위'라고 한다)가 청구인들의 거주·이전의 자유를 제한하는지 여부(소극)
2. 이 사건 통행제지행위가 과잉금지원칙을 위반하여 청구인들의 일반적 행동자유권을 침해한 것인지 여부(적극)

【결정요지】

1. 거주·이전의 자유는 거주지나 체류지라고 볼 만한 정도로 생활과 밀접한 연관을 갖는 장소를 선택하고 변경하는 행위를 보호하는 기본권인바, 이 사건에서 서울광장이 청구인들의 생활형성의 중심지인 거주지나 체류지에 해당한다고 할 수 없고, 서울광장에 출입하고 통행하는 행위가 그 장소를 중심으로 생활을 형성해 나가는 행위에 속한다고 볼 수도 없으므로 청구인들의 거주·이전의 자유가 제한되었다고 할 수 없다.

2. 이 사건 통행제지행위는 서울광장에서 개최될 여지가 있는 일체의 집회를 금지하고 일반시민들의 통행조차 금지하는 전면적이고 광범위하며 극단적인 조치이므로 집회의 조건부 허용이나 개별적 집회의 금지나 해산으로는 방지할 수 없는 급박하고 명백하며 중대한 위험이 있는 경우에 한하여 비로소 취할 수 있는 거의 마지막 수단에 해당한다. 서울광장 주변에 노무현 전 대통령을 추모하는 사람들이 많이 모여 있었다거나 일부 시민들이 서울광장 인근에서 불법적인 폭력행위를 저지른 바 있다고 하더라도 그것만으로 폭력행위일로부터 4일 후까지 이러한 조치를 그대로 유지해야 할 급박하고 명백한 불법·폭력 집회나 시위의 위험성이 있었다고 할 수 없으므로 이 사건 통행제지행위는 당시 상황에 비추어 필요최소한의 조치였다고 보기 어렵고, 가사 전면적이고 광범위한 집회방지조치를 취할 필요성이 있었다고 하더라도, 서울광장에의 출입을 완전히 통제하는 경우 일반시민들의 통행이나 여가·문화 활동 등의 이용까지 제한되므로 서울광장의 몇 군데라도 통로를 개설하여 통제 하에 출입하게 하거나 대규모의 불법·폭력 집회가 행해질 가능성이 적은 시간대라든지 서울광장 인근 건물에의 출근이나 왕래가 많은 오전 시간대에는 일부 통제를 푸는 등 시민들의 통행이나 여가·문화활동에 과도한 제한을 초래하지 않으면서도 목적을 상당 부분 달성할 수 있는 수단이나 방법을 고려하

였어야 함에도 불구하고 모든 시민의 통행을 전면적으로 제지한 것은 침해의 최소성을 충족한다고 할 수 없다.

또한 대규모의 불법·폭력 집회나 시위를 막아 시민들의 생명·신체와 재산을 보호한다는 공익은 중요한 것이지만, 당시의 상황에 비추어 볼 때 이러한 공익의 존재 여부나 그 실현 효과는 다소 가상적이고 추상적인 것이라고 볼 여지도 있고, 비교적 덜 제한적인 수단에 의하여도 상당 부분 달성될 수 있었던 것으로 보여 일반 시민들이 입은 실질적이고 현존하는 불이익에 비하여 결코 크다고 단정하기 어려우므로 법익의 균형성 요건도 충족하였다고 할 수 없다.

따라서 이 사건 통행제지행위는 과잉금지원칙을 위반하여 청구인들의 일반적 행동자유권을 침해한 것이다.

【당 사 자】

청 구 인   ○○○ 외 8인

　　　　　　청구인들의 대리인 법무법인(유한) ○○

　　　　　　담당변호사 ○○○

피청구인   경찰청장

【주   문】

피청구인이 2009. 6. 3. 서울특별시 서울광장을 경찰버스들로 둘러싸 청구인들의 통행을 제지한 행위는 청구인들의 일반적 행동자유권을 침해한 것으로서 위헌임을 확인한다.

PUBLIC LAW
PROCEDURE
PRACTICUM&LEGAL
WRITING

제 **7** 장

개인택시운송사업면허
취소처분

[공·법·기·록·형 공·법·소·송·실·무]

제7장

목차 contents

작 성 요 강

□ 설 문

이 기록에 있는 사건 당사자들과 수임계약을 체결한 변호사의 지위에서,

1. 이 기록에 있는 처분이 위법하다고 판단되는 경우에는 원고 대리인의 입장에서 소장을 작성하시오.

2. 이 기록에 있는 처분이 적법하다고 판단되는 경우에는 피고 대리인의 입장에서 원고가 주장할 것으로 예상되는 쟁점을 고려하여 답변서를 작성하시오.

※ 원고 또는 피고 대리인은 [변호사 박승소(서울특별시 서초구 서초동 10 로이어즈 빌딩 1002호, Tel 02-535-2000, Fax 02-535-3000)]로 표기한다.

※ 소장 작성시 → 제출일자는 적법한 제소기간 내로 하고, 같은 날 접수하는 것으로 한다.

※ 답변서 작성시 → 제출일자는 소장이 적법한 제소기간 내에 제출된 것으로 보고 적절한 날짜로 표기하며, 사건번호는 [2006구합235]로 표기한다. 답변서 서식은 이 기록 후면에 첨부되어 있다.

※ 답안의 시작은 선택한 쟁송형식에 부합하는 '서면종류'를 기재하는 것으로 하고, 그 끝은 '서류를 제출할 기관'을 기재하는 것으로 한다.

※ 소장 또는 답변서는 기록상의 사실관계와 처분 당시의 법령 및 판례 입장에 따라 기술한다.

※ 기록에는 오자와 탈자가 있을 수 있음을 유념한다.

🔺춘천시

춘 천 시

수신자   강원도 춘천시 옥전동 123 김춘원, 김숙현, 김수열 귀하

제 목   개인택시운송사업면허취소 통지

---

1. 우리 시정에 협조하여 주셔서 감사드립니다.

2. 망 김춘원이 술에 취한 상태에서 자동차를 운전하였기에 여객자동차운수사업법 제76조 제 1 항 제15호에 따라 위 개인택시운송사업 면허를 취소하였음을 알려 드립니다.

3. 이 처분은 행정심판 또는 행정소송의 대상이 되며 당해 처분에 불복이 있을 경우 이 처분이 있음을 안 날로부터 90일 이내에 행정심판 또는 행정소송을 제기할 수 있습니다.

가. 행정처분 내역

차량번호 (사업면허번호)	인적사항			처분원인	처분사항(근거)
	성 명	주민등록번호	주 소		
강원 11바4567 (사면 1234)	김춘원	481020- 1678901	강원도 춘천시 옥전동 123	김춘원이 2006. 7. 4. 혈중알코올농도 0.190% 술에 취한 상태에서 자동차를 운전하였고, 이는 운전면허취소사유에 해당됨	개인택시운송 사업면허취소 (여객자동차운수 사업법 제76조 제 1 항 제15호)

붙임: 처분통지서 1부 끝.

춘 천 시 장 [춘 천 시 장]

시행 - 2006. 10. 23.
우편번호 200-708   강원도 춘천시 옥전동 11
전화번호 033-253-3700

행정처분통지서

업 종	여객자동차운송사업(개인택시)		
사 업 자	김춘원	주민등록번호	481020-1******
소 재 지	강원도 춘천시 옥전동 123		
위반사항	운전면허취소사유		
처분내역	개인택시운송사업면허취소		
근거법령	여객자동차운수사업법 제76조 제1항 제15호 및 동법 시행령 제29조		
처분일자	2006. 10. 23.		

이 행정처분은 행정심판 또는 행정소송의 대상이 되며 당해 처분에 불복이 있을 경우 이 처분이 있음을 안 날로부터 90일(행정심판법 제27조, 행정소송법 제20조) 이내에 행정심판 또는 행정소송을 제기할 수 있습니다.

청 구 절 차	행정심판의 청구는 처분청이나 행정심판위원회에 서면으로 제출하여야 하며 행정소송의 제기는 행정법원에 하여야 합니다.
청 구 기 간	행정심판 청구는 처분이 있음을 안날로부터 90일, 처분이 있은 날로부터 180일 이내에 하여야 하고, 행정소송의 제기는 처분이 있음을 안날로부터 90일, 처분 등이 있은 날부터 1년 이내에 하여야 합니다.

2006년   10월   23일

춘 천 시 장

사면 제 1234 호

자동차운송사업 면허증

┌─────────────────┐
│ 개 인 택 시 │
└─────────────────┘

성 명	김춘원
주민등록번호	481020-1678901
주 소	강원도 춘천시 옥전동 123
사 업 종 별	개인택시여객자동차운송사업
사 업 구 역	강원도 춘천시 일원
면 허 년 월 일	2001. 7. 3.

위 사람에게 여객자동차운수사업법 제15조 및 동법 시행규칙 제15조의 규칙에 의하여 자동차운송사업을 면허함.

2001년   7월   3일

춘 천 시 장 【춘 천 시 장】

면 허 조 건

1. 면허를 받은 자가 직접 운전해야 한다.

2. 면허를 받은 자는 개인택시운영 및 관리지침을 준수해야 한다.

3. 운임은 주무관청의 인가운임에 의하여야 한다.

4. 자동차손해배상보장법에 의한 보험에 가입하여야 한다.

5. 춘천시 개인택시운송사업조합에 가입해야 한다.

6. 인·면허일로부터 5년간 개인택시를 양도할 수 없으며, 개인택시를 양도한 자는 개인택시 인·
   면허를 10년간 제한한다.
   (신규면허자는 55세 이상인 자라 하여도 면허 후 5년이 경과되어야 양도할 수 있다)

7. 차량은 엘·피·지 또는 경유연료를 사용하게 되어 있는 신조차량이어야 한다.

8. 관계법령, 주무관청의 명령 또는 지시사항을 성실히 이행해야 한다.

9. 위 각항을 이행하지 않거나 공익상 필요할 때는 사업의 일부정지, 벌과금처분 또는 사업면허
   전부를 취소할 수 있다.

10. 동면허 발급후에도 면허 신청 이후부터 면허 발급전에 개인택시 면허 결격 요건이 발생하였을
    때에는 동면허를 취소한다.

발급번호	사 업 자 등 록 증 명		처리기간
T321-456-0678-890	(간이과세자)		즉시

상 호(법인명)	개인택시
사업자등록번호	234-11-012345
성 명(대표자)	김춘원
주민(법인)등록번호	481020-16*****
사업장 소재지	강원도 춘천시 옥전동 123
개 업 일	2001년 7월 3일
사업자 등록일	2001년 7월 3일
업 태	운수업
종 목	개인택시

공 동 사 업 자	성명(법인명)	주민(사업자)등록번호
	해당사항 없습니다.	

위와 같이 증명합니다.

접수번호	432156	2001년 7월 3일
담당부서	민원봉사실	
담 당 자	공무영	춘천 세무서장 (인)
연 락 처	033)250-0200	

교통사고보고 (1)

(실황조사서)   2006. 7. 4.

교통 : 54780-   수사접수번호 : 제 02346 호

수신 : 춘천경찰서장   발신 :

일 시		2006년 7월 4일 23시 33분	접수대장 번호 : 제 002499호						
위 치	장 소	강원도 춘천시 석사동 166 춘천한방병원 앞 삼기리							
	특 징	(도로명 및 사고 장소 지명)							
사고유형		□ 차대사람 ■ 차대차 □ 차량단독 □ 건널목 □ 차 : 기타							
피해 상황		□물적피해 □인적피해 ■물적피해+인적피해 □피해없음 □본인피해					사고차량대수		2
		인적피해 : 사망 1명, 중상 3명, 경상 2명, 부상신고 0명 피해총액 300만원							
		차량이외 피해소유자	성명 : 주민등록번호 : 주소 :				차량이외피해 총액 : 0천원 전화 :		
사고관련차량1	차량등록번호	강원 03고7890	차종	비사업용 승용차	제작회사/차명	프라이드	연식		2005
	최근 검사일		최초충돌 부분		주요파손 부위				
	소유자	박우영 주소 강원도 춘천시 조운동 5 전화 033)253-3568							
	운전자	김춘원 주소 강원도 춘천시 옥전동 123 전화 011-4567-3214							
	운전면허번호	강원 90-023467-31			주민등록번호		481020-1678901		
	직업	운전사	보호장구착용		차량피해액		300만원		
	승차정원	5명	승차인원	5명	보험가입상황		종합 ○○보험		
	사상자	성명	주소	주민등록번호	성별	연령	직업	상해정도	입원병원
	1	김춘원	강원도 춘천시 옥전동 123	481020-1678901	남	58			성심병원
사고관련차량2	차량등록번호	강원 50나2277	차종	비사업용 승용자	제작회사/차명	카렌스	연식		2000
	최근 검사일		최초충돌부분		주요파손부위				
	소유자	주현욱							
	운전자	주현욱 주소 강원도 춘천시 석사동 9							
	운전면허번호	경기			주민등록번호				
	직업		보호장구착용		차량피해액		2,000만원		
	승차정원	5명	승차인원	1명	보험가입상황		○○해상		
	사상자	성명	주소	주민등록번호	성별	연령	직업	상해정도	입원병원
	1	주현욱	강원도 춘천시 석사동 9		남			경상	

교통사고보고 (2)
(실황조사서)

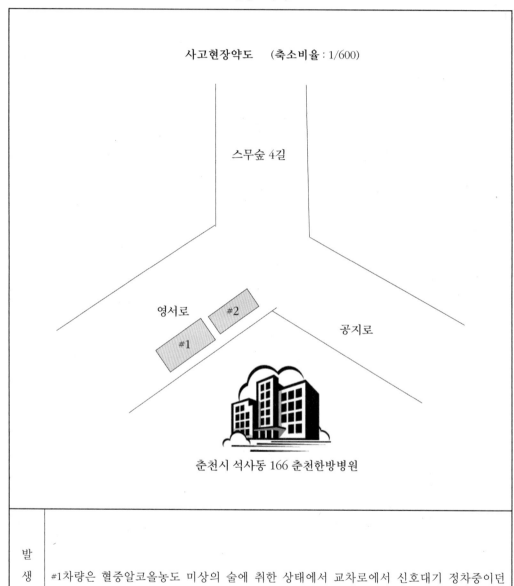

사고현장약도   (축소비율 : 1/600)

스무숲 4길

영서로   #2

#1

공지로

춘천시 석사동 166 춘천한방병원

발 생 개 요	#1차량은 혈중알코올농도 미상의 술에 취한 상태에서 교차로에서 신호대기 정차중이던 #2차량을 추돌하는 사고를 야기한 것이다.

진술조서

성   명: 박 우 영
주민등록번호: 48****-1******   만 58세
직   업: 부동산 중개사
주   거: 강원도 춘천시 조운동 5
등록기준지: 강원도 춘천시 강남동 37
직 장 주 소: 강원도 춘천시 조운동 127
연 락 처: (자택전화) 033)253-3568 (휴대전화) 010-1654-1133
         (직장전화) 033-253-4989   (전자우편) 없음

　　위의 사람은 피의자 김춘원에 대한 도로교통법위반 피의사건에 관하여 2006. 7. 5. 춘천경찰서에 임의 출석하여 다음과 같이 진술하다.

1. 피의자와의 관계
　　초등학교 동창으로 친구입니다.

1. 피의사실과의 관계
　　저는 피의사실과 관련하여 참고인 자격으로서 출석하였습니다.

이 때 사법경찰관은 진술인 박우영을 상대로 다음과 같이 문답을 하다.

문　　진술인은 2006. 7. 4. 23 : 33경 춘천시 석사동 166번지 춘천한방병원 삼거리에서 발생한 교통사고를 알고 있는가요.
답　　예. 알고 있습니다.
문　　어떻게 알게 되었는가요.

답   저는 어제 저녁 6시경 사고 발생한 곳에서 그리 멀지 않은 석사동 근처 강릉횟집에서 초등
      학교 동창으로 친하게 지내왔던 김춘원과 친구 3명이 모여서 저녁을 먹게 되었습니다. 그
      때 식사 중에 소주와 맥주를 여러 병 마셔 취한 상태에서 밤 11시 20~30분 무렵에 집에 가
      려고 하였습니다. 그 때 이 사건 사고차량인 제 소유의 프라이드 승용차(강원 03고7890)를
      운전하려는데, 평소 개인택시 운전을 해 온 김춘원이 자기가 운전을 하겠다면서 운전석에
      먼저 앉게 되어 저는 뒷좌석에 앉고 다른 친구들 3명은 조수석과 뒷좌석에 동승하여 가던
      중에 사고 장소에 이르러 앞차를 들이받게 된 것입니다.

문   사고 경위에 대하여 자세히 말하세요.

답   김춘원이 제 프라이드를 몰고서 저녁을 먹었던 횟집에서 석사동 166번지 한방병원 삼거리
      부근까지 5분 정도 운전하게 되었는데, 신호를 기다리면서 정차하여 있던 카렌스 승용차를
      잘 보지 못하고 그대로 진행하여 추돌하게 되었습니다. 그 때문에 김춘원과 친구들이 많이
      다치게 되었습니다. 카렌스 운전사도 다친 것으로 알고 있습니다.

문   사고 발생시간과 차량 진행 속도에 대해 말해 보시오.

답   술에 취하여 확실히 모르겠는데, 사고 발생한 후에 보니까 사고 시간은 밤 23 : 33경이었고,
      그리 과속은 아니었던 것으로 보입니다.

문   김춘원이 술을 얼마나 마셨는가요.

답   저와 김춘원을 비롯한 친구들은 다함께 소주와 맥주를 많이 마셔 너나없이 취한 상태였습
      니다. 대리운전을 부를 수도 없었던 게 친구들이 5명이나 되어서 제 프라이드에 모두 탈 수
      도 없어 이번 사고로 사망하게 된 김춘원이 운전을 하게 된 것입니다.

문   사고 후에 어떻게 하였는가요.

답   운전을 하였던 김춘원과 친구들이 많이 다쳐서 제가 차에서 내려 119에 신고하여 친구들이
      병원 응급실로 가게 되었습니다.

문   김춘원의 직업이 무엇인지 아는가요.

답   예, 2001년경부터 개인택시 운전을 해 왔으며, 어제는 쉬는 날이었던 것으로 알고 있습니다.

문   김춘원이 그의 개인택시를 운전한 것이 아니고 진술인의 프라이드 승용차를 운전하였던 것
      이 사실인가요.

답   예. 사실입니다.

문   더 할 말이 있는가요.

답   **없습니다. 택시를 타고 귀가했어야 했는데 죄송합니다.**

　위의 조서를 진술자에게 열람하게 하였던바, 진술한 대로 오기나 증감・변경할 것이 전혀 없다고 말하므로 간인한 후 서명 무인하게 하다.

진술자　**박 우 영**　(무인)

2006.　7.　5.

춘천경찰서

사법경찰관　경위　**김 갑 동**　(인)

국립과학수사연구원

수신자   춘천경찰서장(교통과)
(경유)
제 목   감정의뢰 회보(2006-M-6428)

---

1. 교통과-6892호(2006-165)(2006-M-5404 경사 박호현)와 관련입니다.
2. 위 건에 대한 망 김춘원의 혈중알코올 감정결과를 붙임과 같이 회보합니다.
3. 문서처리자는 각 담당자에게 열람을 요청합니다.
4. 비밀번호 조회는 http://pwd.nisi.go.kr에서 로그인 후 확인바랍니다.

붙임 : 1. 감정서 1부. 끝.

국립과학수사연구원동부분원장

수신자

전결 07/11

공업연구관   정은해   화학분석과장   홍상운
협조자
시행   화학분석과-5222 (2006.07.11)   접수   (2006.07.05)
우 220-805   강원도 원주시 문막읍 반계리 1-4   / http://www.mopas.go.kr
               국립과학수사연구원 동부분원
전화   전송   / tkfkd@misi.go.kr / 비공개

혈중알코올 감정서

국 과 수   화학분석과 -   호   접수 2006-165 호   (2006년 07월 05일)

의뢰관서   춘천경찰서   교통과-6892호   (2006년 07월 05일)

1. **감 정 물**   증1호 : 무색 플라스틱병에 든 혈액 약 4g (1122-165).

2. **감정사항**   혈중알코올농도.

3. **시험방법**   가스크로마토그래프법(NISI-QI-CM-01 : 2005)에 의함.

4. **분석결과**

구 분	증1호
혈중알코올농도	0.179%

5. **감정결과**   증1호(1122-165)에서 혈중알코올농도는 0.179%임.

※ **참고사항**   가. 도로교통법 제44조의 규정에 의하면 '술에 취한 상태의 기준은 혈중
　　　　　　　　　　알코올농도가 0.05% 이상으로 한다'라고 함.

　　　　　　　나. 혈중알코올농도는 각 개인의 체길, 섭취한 음식의 양, 술의 종류 등
　　　　　　　　　에 따라 크게 차이가 있으나, 음주 후 혈중 최고농도에 이른 후 시
　　　　　　　　　간당 0.008%-0.030%(평균 약 0.015%)씩 감소한다고 함.

　　　　　　　다. 혈중알코올농도가 0.010% 미만이거나, 채혈대상자 현장에서 사망한
　　　　　　　　　경우 시간 경과에 따른 환산을 하여서는 안 됨.

6. **비   고**   감정물 잔량은 감정서 발송일로부터 20일 이내에 반환 요구가 없을 경
　　　　　　　　　우 전량 폐기 처분하겠음.

2006년   07월   11일

국 립 과 학 수 사 연 구 원 동 부 분 원

법과학부   화학분석과

감정인 : 정은해 (인)   승인 : 과장 홍상운 (인)

 강 원 도

수　신 : 춘천시장
제　목 : 운전면허취소 운전자 명단 송부

운전면허취소 운전자의 명단을 다음과 같이 보내드립니다.

1. 운전면허취소 운전자 명단

성　명	주민등록번호	운전면허번호	취소내용	면허취소날짜
김춘원	4801020-1678901	강원 90-023467-31	본인사망	2006. 7. 4.

강 원 도 지 사　강 원 도 지 사 인

시행 - 2006. 8. 9.
(우200-700) 강원도 춘천시 봉의동 강원도청
Tel : 033-254-2011

춘천경찰서
CHUNCHEON POLICE STATION

수신자   춘천시장

제 목   법규위반사실통고

---

1. 아래 자에 대하여 도로교통법위반(음주운전) 사실을 통보합니다.

2. 피의자 인적사항

   망 김춘원 (******-*******)

   강원도 춘천시 옥전동 123

3. 위반사항

   음주만취운전(혈중알코올농도 0.190%, 국립과학수사연구소의 혈중알코올농도의 수치에 감소수치를 포함한 것임)

4. 위반일시, 장소

   2006. 7. 4. 23 : 33경 춘천시 석사동 166 춘천한방병원 앞 삼거리에서 선행차량을 추돌하는 사고를 야기하여 사망함

5. 취급자

   교통과 경사 박호현(033-2892-8520)   끝.

춘천경찰서장   춘 천 경
              찰 서 장

시행   교통과-6380 (2006. 8. 28.)
주소 : 200-799 강원도 춘천시 춘천로 61(효자동)
전화 : 033-241-0112   전송

춘천시

춘 천 시

수   신 : 시 장
제   목 : 춘천경찰서장의 조회회신 결과 보고

우리시에서 2006. 8. 30. 춘천경찰서장에게 망 김춘원이 운전면허취소사유에 해당하는지 여부에 관하여 조회하였던바, 춘천경찰서장이 금일(31일) 위 망인의 혈중알코올농도가 0.190%의 음주상태에서 운전한 것은 운전면허취소사유에 해당된다는 통지를 하여 왔음을 보고합니다.

🔺춘천시   춘 천 시

수신자   강원도 춘천시 옥전동 123 김숙현, 김수열 귀하
제 목   개인택시운송사업면허 취소예정자(김춘원) 청문통보

───

1. 귀하의 피상속인 망 김춘원은 2006. 7. 4. 혈중알코올농도 0.190% 술에 취한 상태로 운전
   을 하였으므로 여객자동차운수사업법 제76조 제 1 항 제15호에 따른 개인택시운송사업면허
   취소처분 대상자로서 동법 제77조(청문) 및 행정절차법 제21조(처분의 사전통지)에 의거
   처분에 앞서 붙임과 같이 처분사전통지서를 통보하오니, 청문일에 출석하시어 의견을 진
   술하고 유리한 증거가 있으면 제출하여 주시기 바라며, 만일 청문일에 출석하지 아니하
   는 경우에는 동봉한 의견서를 춘천시청 운수물류담당관에게 제출하여 주시기 바랍니다.
2. 정당한 사유없이 청문일에 출석하지 아니하거나 의견서를 제출하지 아니한 경우에는 의
   견이 없는 것으로 간주하여 처분할 계획입니다.

가. 처분 예정 내용

| 사업
면허번호 | 차량
등록번호 | 인적사항 | | 처분원인(근거) | 처분예정사항 |
		성명 (생년월일)	주소		
1234	강원 11바4567	김춘원 (48. 10. 20)	강원도 춘천시 옥전동 123	여객자동차운수 사업법 제76조 제 1 항 제15호	개인택시운송 사업면허취소

나. **청문일시** : 2006. 9. 27. (수) 10 : 00
다. **청문장소** : 운수물류담당관 사무실(별관 2층)
라. **청문 주재자** : 운수물류담당관 지방행정주사 이정순

붙임문서 : 처분사전통지서 및 의견제출서 1부.

춘 천 시 장 [춘천시장 인]

시행 - 2006. 9. 25.
우편번호 200-708 강원도 춘천시 옥전동 11
전화번호 033-253-3700

처분사전통지서(청문실시 통지)

문서번호. 운수물류담당관 -
시행일자 2006. 9. 25.
수   신 김숙현, 김수열 귀하

　　행정절차법 제21조 제1항 및 제2항의 규정에 의하여 춘천시에서 하고자 하는 처분의 내용을 통지하오니 청문에 출석하여 주시기 바랍니다.

1. 예정된 처분의 제목		개인택시운송사업면허취소				
2. 당사자	성명(명칭)	김 춘 원				
	주 소	강원도 춘천시 옥전동 123				
3. 처분의 원인이 된 사실		음주운전				
4. 처분하고자 하는 내용		개인택시운송사업면허취소				
5. 법적근거 및 조문내용		여객자동차운수사업법 제76조 제1항 제15호				
6. 청 문	기관명	춘천시	부서명	운수물류담당관	담당자	은재열
	주소	춘천시 옥전동 11			전화번호	033-253-3700
	일시	2006. 9. 27. (수) 10:00				
	장소	운수물류담당관 사무실 (별관 2층)				
	주재자	소속 및 직위	운수물류담당관 지방행정주사			
		성명	이 정 순			

춘 천 시 장

의 견 제 출 서

1. 예정된 처분의 제목		개인택시운송사업면허취소
2. 당사자	성 명	김숙현, 김수열
	주 소	강원도 춘천시 옥전동 123
3. 의 견		김춘원이 이미 사망하였는데 망인의 개인택시면허를 취소하는 것은 부당하므로, 귀청이 하려는 처분에 절대로 동의할 수 없습니다.
4. 기 타		

행정절차법 제27조 제 1 항(제31조 제 3 항)의 규정에 의하여 위와 같이 의견을 제출합니다.

2006년   9월   26일

의견제출인 주소 : 강원도 춘천시 옥전동 123

전화 : 033-253-3500

성명   **김숙현**   (인)

춘천시장 귀중

비고	1. 기재란이 부족한 경우에는 별지를 사용하실 수 있습니다.
	2. 증거자료 등을 첨부하실 수 있습니다.
	3. 위 의견제출과 관련하여 문서를 받으신 경우에는 문서번호와 일자를 제 1 호에 함께 기재해 주시기 바랍니다.

_____(앞쪽)

여객자동차운송사업 상속신고서				처리기간
				5일

신고인	① 성명(대표자)	김숙현	② 주민등록번호	491018-2567823
	③ 주소	강원도 춘천시 옥전동 123 (전화 : 033-253-3500)		

④ 피상속인이 경영하는 사업의 종류 및 노선 또는 사업구역	개인택시운송사업면허 (사업구역 : 춘천시 일원)
⑤ 피상속인과의 관계	처

　「여객자동차 운수사업법」 제16조 및 같은 법 시행규칙 제37조에 따라 여객자동차 운송사업의 상속을 신고합니다.

2006년 　9월 　27일

신고인　 김 숙 현 　(서명 또는 인)

춘천시장 귀중

※ 첨부서류	수수료
1. 피상속인이 사망하였음을 증명할 수 있는 서류 1부 2. 피상속인과의 관계를 증명할 수 있는 서류 1부 3. 신고인과 같은 순위의 다른 상속인이 있는 경우에는 그 상속인의 동의서 1부	3,000원

210㎜×297㎜(신문용지 54g/㎡)

사 망 진 단 서
(시체 검안서)

원부대조필 인

연번호

1	성 명	김춘원	2	성별	남	3	주민등록번호	481020-1678901

4	실제생년월일	1948 년 10 월 20 일	5	직업	택시운전사

6	본 적	강원도 춘천시 강남동 23

7	주 소	강원도 춘천시 옥전동 123

8	발 병 일 시	년 월 일 시 분 (24시각제에 의함)

9	사 망 일 시	2006 년 07 월 04 일 23 시 33 분

10	사 망 장 소	주소	춘천시 교동 153 춘천성심병원 응급실
		장소	①주택내 ❷의료기관 ③시설기관(양로원,고아원등) ④D.O.A ⑤산업장 ⑥공로(도로,차도) ⑦기타(구체적으로 기술)

11	사 망 의 종 류	①병사 ❷외인사 ■교통사고 ㉯불의의 중독 ㉰불의의 추락 ③기타 및 불상 ㉱불의의 익사 ㉲자살 ㉳타살 ㉴기타사고사

12	사망의 원인 ※㈏㈐㈑에는 ㈎와 직접 의학적 인과관계가 명확한 것만을 기입한다.	㈎	직접사인 : 저혈량성 쇽(의증)	발병부터 사망까지의 기간
		㈏	㈎의원인(중간선행사인)	
		㈐	㈏의원인(선행사인)	
		㈑	㈐의원인	
		㈎내지 ㈑와 관계없는 기타의 신체상황		
		수술의 주요소견		수술연월일	년 월 일
		해부의 주요소견			

13	외 인 사 인 추 가 사 항	사고발생일시	2006년 7월 4일 23시 33분 (24시각제에 의함)	
		사고 종류	❶교통사고 ②불의의 중독 ③불의의 추락 ④불의의 익사 ⑤자살(방법기술)_____ ⑥타살 ⑦기타(구체적으로 기술) _____	
		사고 발생 장소 및 상 황	주소	강원도 춘천시 석사동 한방병원 앞 삼거리
			장소	①주택내 ②공공건물 ③산업장 ❹공로(도로,차도) ⑤휴양지 ⑥시설기관(양로원, 고아원등) ⑦기타(구체적으로 기술)_____ ⑧잘모름
			상황	가. 근무중 ■ 근무이외의 시간

위와 같이 진단(검안)함.

2006 년   07 월   05 일

한림대학교 부속 춘천성심병원
강원도 춘천시 교동 153

○ 진찰(검안)의사
　면허번호   제 76531 호
　성명 **이 영 후** (인)

※ 주의 : 사망신고는 1월 이내에 관할 구청·시청·읍·면·동사무소에 신고하여야 합니다.

제 적 등 본

본 적	강원도 춘천시 강남동 23					
호적 편제	[편제일] 1999년 03월 09일					
호적 재제	[재제일] 2000년 04월 15일 [재제사유] 멸실우려(전산화)					
전산이기	[이기일] 2002년 11월 11일 [이기사유] 호적법시행규칙 부칙 제 2 조 제 1 항					
전호주와의 관계		이봉현의 자			전호적	
부	김○○	성 별	남	본		
모	최○○			慶州	입 적 또 는 신호적	
호주	김춘원(金春元) 제적				출 생	서기 1948년 10월 20일
					주민등록 번 호	481020-1678901
출생	[출생장소] 강원도 춘천시 강남동 23 [모의 본적] 충청북도 청원군 현도면 소길리 101번지 호주 최○○ [신고일] 1948년 10월 21일　　　　　　[신고인] 호주					
혼인	[혼인신고일] 1978년 03월 09일　　　　[배우자] 김숙현					
호주 상속	[호주상속일] 1978년 05월 09일　　　[호주상속사유] 전호주사망 [신고일] 1978년 05월 15일					
사망	[사망장소] 강원도 춘천시 교동 153 춘천성심병원 [사망일] 2006년 07월 04일　　　　　[신고일] 2006년 07월 15일 [신고인] 배우자 김숙현					
부	김○○	성 별	여	본	전호적	인천광역시 남구 주안동 604번지 호주 김○○
모	정○○			金海		
처	김숙현(金淑賢) 제적				입 적 또 는 신호적	
					출 생	서기 1949년 10월 18일
					주민등록 번 호	491018-2******
출생	[출생장소] 인천광역시 남구 주안동 604 [신고일] 1949년 10월 22일　　　　　[신고인] 호주					
혼인	[혼인신고일] 1978년 03월 09일　　　　[배우자] 김춘원					

부	김춘원	성별	남	본	전호적	
모	김숙현			慶全		
자	**수열(修熱)**				입 적 또 는 신호적	
					출 생	서기 1979년 10월 24일
			제적		주민등록 번 호	791024-1636224
출생	[출생장소] 강원도 춘천시 옥전동 20 에덴산부인과의원 [신고일] 1979년 10월 25일 [신고인] 부					
혼인	[혼인신고일] 2005년 01월 05일 [배우자] 박○○					

부	박○○	성별	여	본	전호적	강원도 속초시 중앙동 19 호주 박○○
모	정○○			密陽		
자의 처	**박형원(朴馨媛)**				입 적 또 는 신호적	
					출 생	서기 1980년 08월 21일
			제적		주민등록 번 호	800821-2******
출생	[출생장소] 서울특별시 동대문구 회기동 17번지의 11 [신고일] 1980년 08월 23일 [신고인] 부					
혼인	[혼인신고일] 2005년 01월 05일 [배우자] 김수열					

[첨부서류]

상속인의 동의서

성명 : 김 수 열(791024-1******)
주소 : 춘천시 강남동 10 현대아파트 103동 2201호

위 본인은 아버지 김춘원의 타계로 인하여 발생한 상속과 관련하여 개인택시운송사업면허 상속은 어머니 김숙현이 단독으로 상속받기로 상속재산분할협의를 하였기 때문에 어머니가 아버지의 운송사업면허를 상속받는 것에 대하여 동의하고 향후에도 이와 관련한 권리주장을 하지 않을 것임을 확인하면서 이 동의서를 제출합니다.

2006년   9월   27일

김 수 열 (인)

춘 천 시 장   귀 중

춘천시

춘 천 시

수신자   내부결재

제 목   개인택시운송사업면허취소처분 및 상속신고 수리여부 검토보고

---

1. 음주운전으로 도로교통법을 위반한 아래 자에 대하여 여객자동차운수사업법 제77조 및 행정절차법 제21조의 규정에 따라 청문을 실시하고 여객자동차운수사업법 제76조 제1 항 및 동법 시행령에 의거 다음과 같이 개인택시운송사업면허취소처분을 하고자 하므로, 위 운송사업면허를 상속할 수 있는 권한이 없는 가운데 제출된 망 김춘원의 상속인 김숙 현의 상속신고는 부적법하며, 따라서 수리의무 역시 존재하지 않기 때문에 상속신고를 반려하고자 합니다.

가. 행정처분 내역

차량번호 (사업면허번호)	인적사항			처분원인	처분사항(근거)
	성 명	주민등록번호	주 소		
강원 11바4567 (1234)	김춘원	481020-1******	강원도 춘천시 옥전동 123	혈중알코올농도 0.190% 음주운전한 것은 운전면허취소 사유에 해당됨	개인택시운송 사업면허취소 (여객자동차운수 사업법 제76조 제1항 제15호)

2. 취소일 : 최종결재일.

붙임 : 개인택시 행정처분 검토보고 1부. 끝.

시행 - 2006. 9. 28.
우편번호 200-708   강원도 춘천시 옥전동 11
전화번호 033-253-3700

개인택시 행정처분 검토보고

□ **대상자** : 김 춘 원(481020-1678901, 강원11바4567)

□ **위반사항** : 음주운전으로 운전면허취소사유 발생

○ 김춘원은 2006. 7. 4. 혈중알코올농도 0.190% 술에 취한 상태로 운전을 하였음
  (춘천경찰서장의 통지 및 조회결과)

○ 이는 여객자동차운수사업법 제76조 규정에 따른 개인택시운송사업면허 취소대상임

□ **청문결과**

○ 청문기일 : 2006. 9. 27.(수) 10 : 00
○ 참석여부 : 불참
○ 제출의견
  - 처분사전통지를 받은 후 의견서를 제출하여 개인택시운송사업면허취소는 부당하다는 의
    견을 밝혔음

□ **검토결과**

○ 위 김춘원이 음주운전을 한 사실은 분명하므로 여객자동차운수사업법 제76조 제 1 항 제15호
  및 동법 시행령 제29조에 의거 개인택시운송사업면허를 취소하는 것이 타당함

▲ 춘천시

춘 천 시

수신자   강원도 춘천시 옥전동 123 김숙현 귀하
제 목   여객자동차운송사업 상속신고 불수리 통지

---

1. 우리 시정에 늘 협조하여 주신 것을 감사드립니다.

2. 귀하의 망 김춘원의 여객자동차운송사업면허에 대한 상속신고는 여객자동차운수사업법 제76조
   제1항 제15호 및 동법 시행령 제29조의 규정에 따라 망 김춘원에 대한 개인택시면허취소의 행
   정처분을 진행하는 중에 있기 때문에 수리하지 않기로 하였음을 알려 드립니다.

춘 천 시 장 [춘 천 시 장]

시행 - 2006. 9. 28.
우편번호 200-708   강원도 춘천시 옥전동 11
전화번호 033-253-3700

372 제 7 장 개인택시운송사업면허취소처분

참 고 자 료(관계법령)

■ 여객자동차 운수사업법[법률 제7988호 2006. 9. 27. 일부개정]

제15조(사업의 양도·양수등)

① 여객자동차운송사업을 양도·양수하고자 하는 자는 건설교통부령이 정하는 바에 의하여 건설교통부장관 또는 시·도지사에게 신고하여야 한다.

② 대통령령이 정하는 여객자동차운송사업을 양도·양수하고자 하는 경우에는 제 1 항의 규정에 불구하고 건설교통부령이 정하는 바에 의하여 건설교통부장관 또는 시·도지사의 인가를 받아야 한다. 이 경우 건설교통부장관 또는 시·도지사는 건설교통부령이 정하는 일정기간 여객자동차운송사업의 양도·양수를 제한할 수 있다.

③ 운송사업자인 법인이 합병하고자 하는 경우(운송사업자인 법인이 운송사업자가 아닌 법인을 흡수합병하는 경우를 제외한다)에는 건설교통부령이 정하는 바에 의하여 건설교통부장관 또는 시·도지사에게 신고하여야 한다.〈개정 2000. 1. 28〉

④ 제 1 항 내지 제 3 항의 규정에 의한 신고 또는 인가가 있은 때에는 여객자동차운송사업을 양수한 자는 여객자동차운송사업을 양도한 자의 운송사업자로서의 지위를 승계하며, 합병에 의하여 설립되거나 존속되는 법인은 합병에 의하여 소멸되는 법인의 운송사업자로서의 지위를 승계한다.

⑤ 제 7 조의 규정은 제 1 항 내지 제 3 항의 신고 또는 인가에 관하여 이를 준용한다.

제16조(여객자동차운송사업의 상속)[1]

① 운송사업자가 사망한 경우 상속인이 그 여객자동차운송사업을 계속하고자 하는 때에는 피상

---

[1] **여객자동차 운수사업법[시행 2016. 2. 12] [법률 제13485호, 2015. 8. 11., 일부개정] 제15조(여객자동차운송사업의 상속)** ① 운송사업자가 사망한 경우 상속인이 그 여객자동차운송사업을 계속하려면 피상속인이 사망한 날부터 90일 이내에 국토교통부장관 또는 시·도지사에게 신고하여야 한다.
② 제 1 항에도 불구하고 대통령령으로 정하는 운송사업자가 사망한 경우에는 상속인이 그 여객자동차운송사업을 계속할 수 없다. 다만, 사업구역별로 사업면허의 수요·공급 등을 고려하여 관할 지방자치단체의 조례로 달리 정하는 경우에는 그러하지 아니하다. 〈신설 2015. 6. 22〉
여객자동차 운수사업법 시행령[시행 2016. 2. 23] [대통령령 제26989호, 2016. 2. 23., 일부개정] 제10조의2 (운송사업의 양도·상속의 제한) ② 법 제14조 제 3 항 본문 및 제15조 제 2 항 본문에서 "대통령령으로 정하는 자" 및 "대통령령으로 정하는 운송사업자"란 각각 개인택시운송사업자를 말한다. 〈본조신설 2009. 11. 27〉

속인이 사망한 날부터 90일 이내에 건설교통부장관 또는 시·도지사에게 신고하여야 한다.

② 상속인이 제1항의 신고를 한 때에는 피상속인이 사망한 날부터 신고를 한 날까지의 기간에 있어서 피상속인의 여객자동차운송사업의 면허 또는 등록은 이를 상속인에 대한 면허 또는 등록으로 본다.

③ 제1항의 규정에 의하여 신고를 한 상속인은 피상속인의 운송사업자로서의 지위를 승계한다.

④ 제7조²⁾의 규정은 제1항의 신고에 관하여 이를 준용한다. 다만, 상속인이 피상속인이 사망한 날부터 90일 이내에 그 여객자동차운송사업을 다른 사람에게 양도한 경우에는 피상속인의 사망일부터 양도일까지의 기간에 있어서 피상속인에 대한 여객자동차운송사업의 면허 또는 등록은 이를 상속인에 대한 면허 또는 등록으로 본다.

제76조(면허취소등)

① 건설교통부장관 또는 시·도지사(터미널사업 및 대통령령이 정하는 여객자동차운송사업의 경우에 한한다)는 여객자동차운수사업자가 다음 각호의 1에 해당하는 때에는 면허·등록·허가 또는 인가를 취소하거나, 6월 이내의 기간을 정하여 사업의 전부 또는 일부의 정지를 명하거나, 노선폐지·감차등을 수반하는 사업계획의 변경을 명할 수 있다. 다만, 제4호 및 제6호의 경우에는 면허 또는 등록을 취소하여야 한다.

15. 대통령령이 정하는 여객자동차운송사업의 경우 운수종사자의 운전면허가 취소된 때

■ 여객자동차 운수사업법 시행령[대통령령 제19476호 2006. 5. 10. 일부개정]

제29조(운전면허가 취소된 운수종사자에 대한 사업면허취소 등의 처분)

법 제76조 제1항 제15호에서 "대통령령이 정하는 여객자동차운송사업"이라 함은 개인택시운송사업을 말한다.

부칙[법률 제9733호, 2009. 5. 27]

③ (여객자동차운송사업의 양도·양수 및 상속 제한에 관한 경과조치) 이 법 시행일 전에 종전의 규정에 따라 여객자동차운송사업의 면허를 받은 경우에 그 양도·양수 및 상속의 제한에 관하여는 제14조 제3항 및 제15조 제1항 단서의 개정규정에도 불구하고 종전의 규정에 따른다.

2) 제7조(결격사유) 다음 각호의 1에 해당하는 자는 여객자동차운송사업의 면허를 받거나 등록을 할 수 없다. 법인의 경우 그 임원중에 다음 각호의 1에 해당하는 자가 있는 경우에도 또한 같다.

1. 금치산자 및 한정치산자
2. 파산선고를 받고 복권되지 아니한 자
3. 이 법을 위반하여 징역이상의 실형을 선고받고 그 집행이 종료(집행이 종료된 것으로 보는 경우를 포함한다)되거나 그 집행이 면제된 날부터 2년이 경과되지 아니한 자
4. 이 법을 위반하여 징역이상의 형의 집행유예선고를 받고 그 집행유예기간중에 있는 자
5. 여객자동차운송사업의 면허 또는 등록이 취소된 후 그 취소일부터 2년이 경과되지 아니한 자

■ 여객자동차 운수사업법 시행규칙[부령 제329호 2006. 5. 30. 일부개정]
제17조(개인택시운송사업의 면허기준 등)

④ 개인택시운송사업의 면허를 받은 자가 사망한 경우 그 상속인은 법 제15조 제 2 항의 규정에 의한 양도·양수의 인가를 받아 이를 타인에게 양도할 수 있으며, 상속인 본인이 제 1 항 또는 제 7 항의 규정에 의한 요건을 갖춘 때에는 법 제16조 제 1 항의 규정에 의한 신고를 하고 그 사업을 직접 승계할 수 있다.

제35조(사업의 양도·양수신고등)

⑤ 관할관청은 제 4 항의 규정에 의한 개인택시운송사업의 양도·양수인가신청이 있는 때에는 관계기관에 양도자 및 양수자의 운전면허의 효력여부를 조회·확인하여야 한다.

⑥ 관할관청은 제 5 항의 규정에 의한 조회·확인결과 양도자 및 양수자가 음주운전 등「도로교통법」위반으로 운전면허가 취소되었거나 취소사유가 있는 것으로 확인된 때에는 양도·양수인가를 하여서는 아니 된다.〈신설 2001. 6. 30, 2005. 7. 20〉

제37조(사업의 상속신고)

법 제16조 제 1 항의 규정에 의하여 여객자동차운송사업의 상속신고를 하고자 하는 자는 별지 제21호서식의 여객자동차운송사업상속신고서에 다음 각호의 서류를 첨부하여 관할관청에 제출하여야 한다.

1. 피상속인이 사망하였음을 증명할 수 있는 서류
2. 피상속인과의 관계를 증명할 수 있는 서류
3. 신고인과 동 순위에 있는 다른 상속인이 있는 경우에는 그 상속인의 동의서

달력(2006년)

2006년 1월
일	월	화	수	목	금	토
1	2	3	4	5	6	7
8	9	10	11	12	13	14
15	16	17	18	19	20	21
22	23	24	25	26	27	28
29	30	31				

2006년 2월
일	월	화	수	목	금	토
			1	2	3	4
5	6	7	8	9	10	11
12	13	14	15	16	17	18
19	20	21	22	23	24	25
26	27	28				

2006년 3월
일	월	화	수	목	금	토
			1	2	3	4
5	6	7	8	9	10	11
12	13	14	15	16	17	18
19	20	21	22	23	24	25
26	27	28	29	30	31	

2006년 4월
일	월	화	수	목	금	토
						1
2	3	4	5	6	7	8
9	10	11	12	13	14	15
16	17	18	19	20	21	22
23	24	25	26	27	28	29
30						

2006년 5월
일	월	화	수	목	금	토
	1	2	3	4	5	6
7	8	9	10	11	12	13
14	15	16	17	18	19	20
21	22	23	24	25	26	27
28	29	30	31			

2006년 6월
일	월	화	수	목	금	토
				1	2	3
4	5	6	7	8	9	10
11	12	13	14	15	16	17
18	19	20	21	22	23	24
25	26	27	28	29	30	

2006년 7월
일	월	화	수	목	금	토
						1
2	3	4	5	6	7	8
9	10	11	12	13	14	15
16	17	18	19	20	21	22
23	24	25	26	27	28	29
30	31					

2006년 8월
일	월	화	수	목	금	토
		1	2	3	4	5
6	7	8	9	10	11	12
13	14	15	16	17	18	19
20	21	22	23	24	25	26
27	28	29	30	31		

2006년 9월
일	월	화	수	목	금	토
					1	2
3	4	5	6	7	8	9
10	11	12	13	14	15	16
17	18	19	20	21	22	23
24	25	26	27	28	29	30

2006년 10월
일	월	화	수	목	금	토
1	2	3	4	5	6	7
8	9	10	11	12	13	14
15	16	17	18	19	20	21
22	23	24	25	26	27	28
29	30	31				

2006년 11월
일	월	화	수	목	금	토
			1	2	3	4
5	6	7	8	9	10	11
12	13	14	15	16	17	18
19	20	21	22	23	24	25
26	27	28	29	30		

2006년 12월
일	월	화	수	목	금	토
					1	2
3	4	5	6	7	8	9
10	11	12	13	14	15	16
17	18	19	20	21	22	23
24	25	26	27	28	29	30
31						

해 답

소　장

원　고　　　김 숙 현
　　　　　　춘천시 옥전동 123

　　　　　　소송대리인　변호사　박승소
　　　　　　서울 서초구 서초동 10 로이어즈 빌딩 1002호
　　　　　　Tel 02)535-2000, Fax 02)535-3000

피　고　　　춘천시장

개인택시운송사업면허취소처분 등 취소 청구의 소

청 구 취 지

1. 피고가 원고에게 한
　　가. 2006. 9. 28. 여객자동차운송사업 상속신고를 수리하지 아니한 처분
　　나. 2006. 10. 23. 개인택시운송사업면허 취소처분을
　　각 취소한다.

2. 소송비용은 피고가 부담한다.
라는 판결을 구합니다.

청 구 원 인

1. 당사자의 지위

원고는 개인택시운송사업면허를 받아 개인택시를 운행하여 오던 중 음주운전으로 사망한 김춘원(이하 망인이라 한다)의 배우자이며, 피고는 망인의 개인택시운송사업면허에 대한 취소 처분 중이라는 사유로 원고의 여객자동차운송사업 상속신고를 수리하지 아니한 처분 및 음주운전을 한 것은 운전면허취소사유에 해당된다는 이유로 개인택시운송사업면허취소처분(이하 이 사건 각 처분이라 한다)을 하였던 행정청입니다.

2. 이 사건 각 처분의 경위

가. 망인의 음주운전 경위

(1) 망인은 2001. 7. 3. 개인택시운송사업면허를 받아 개인택시(강원 11바4567)를 운행하여 왔는데, 2006. 7. 4. 춘천시 석사동 부근의 강릉횟집에서 초등학교 동창으로 친구지간인 박우영을 비롯한 3명과 함께 저녁식사를 하면서 소주와 맥주를 마시게 되었습니다.

(2) 망인은 그날 밤 귀가하기 위하여 박우영 소유의 프라이드 승용차(강원 03고7890)를 운전하고 다른 일행은 위 차에 동승한 가운데 위 강릉횟집에서 출발하여 춘천시 석사동 166번지에 있는 춘천한방병원 앞 삼거리 교차로에 이르게 되었습니다. 망인은 그날 23 : 33경 교차로에서 때마침 신호대기 중이던 주현욱 운전의 카렌스 승합차(강원 50나2277)를 미쳐 보지 못하고 그 승합차의 뒷부분을 들이받는 추돌사고를 야기하게 되었습니다.

(3) 그 교통사고로 망인 일행 중 박우영을 제외하고는 모두 중상을 입고 119구급차로 한림대학교 부속 춘천성심병원 응급실로 후송되어 치료를 받게 되었지만, 결국 망인은 그날 밤 23 : 33경 저혈량성 쇽(의증)으로 사망하게 되었습니다.

나. 망인의 음주운전으로 인한 운전면허취소사유의 발생

(1) 춘천경찰서 교통과 경사 박호현은 그날 밤 위 병원 영안실에 안치된 망인의 혈

액을 채취하여 강원도 원주시에 소재하는 국립과학수사연구소 동부분소에 혈중
알코올농도의 감정을 의뢰하게 되었는데, 위 동부분소는 2006. 7. 11. 망인의 혈
중알코올농도가 0.179% 상태라고 회신하였습니다.

(2) 강원도지사는 2006. 8. 9. 개인택시운송사업면허 주무관청인 피고에게 망인의 운
전면허가 2006. 7. 4. 취소되었고, 그 취소내용은 본인사망이라는 운전면허취소
운전자 명단을 송부하였습니다. 그러나 강원도지사는 자동차운전면허취소권자
가 아닐 뿐만 아니라 위 명단송부 내용과는 달리 망인에 대한 운전면허취소처분
은 실제로 행하여지지 아니하였습니다.

(3) 그 후 춘천경찰서장은 2006. 8. 28. 피고에게 망인이 위와 같은 음주상태(위 혈중
알코올농도의 수치에다가 감소수치를 포함한 혈중알코올농도 0.190%)에서 승용차를 운
전하다가 교통사고를 발생시켰다는 취지의 법규위반사실 통지를 하였습니다.

다. 피고의 망인의 운전면허효력에 관한 조회

(1) 피고는 2006. 8. 30.경 춘천경찰서장에게 망인의 음주운전이 운전면허취소사유에
해당되는지 여부를 조회하게 되었습니다.

(2) 피고가 위와 같은 조회를 하게 된 것은 앞으로 망인에 대한 개인택시운송사업의
양도·양수인가신청이 있는 때에는 관계기관에 양도자 및 양수자의 운전면허의
효력 여부를 조회·확인하여야 하며, 조회·확인 결과 양도자 및 양수자가 음주
운전 등 「도로교통법」 위반으로 운전면허가 취소되었거나 취소사유가 있는 것으
로 확인된 때에는 양도·양수인가를 하여서는 아니 된다(여객자동차운수사업법 시
행규칙 35⑤⑥)는 규정에 따른 것으로 보입니다.

(3) 춘천경찰서장은 그 다음 날인 31. 피고에게 망인이 혈중알코올농도 0.179%의 음
주상태에서 운전을 한 것은 도로교통법이 정하는 운전면허 취소사유에 해당한
다는 취지의 통지를 하였습니다.

라. 피고의 처분사전통지서 발송 및 의견제출 요청

(1) 그리하여 피고는 2006. 9. 25. 망인의 상속인들인 망인의 배우자 원고와 아들 김
수열에게 망인의 음주운전으로 그의 개인택시면허를 취소할 예정이라는 처분사

전통지서를 발송하여 원고와 아들의 의견서를 제출하도록 하면서 그 이틀 후인 27.에 청문을 실시하겠다는 통지를 하였습니다.

⑵ 그러나 원고는 2006. 9. 26. 개인택시운송사업면허를 받은 본인(망인)이 이미 사망하였음에도 사자를 상대로 뒤늦게 개인택시 면허를 취소하는 것은 부당하므로 피고의 처분에 동의할 수 없다는 취지의 의견을 기재한 의견서를 제출하고 예정된 청문기일에는 출석하지 않았습니다.

마. 원고의 여객자동차운송사업 상속신고와 불수리처분

⑴ 그 후 원고는 2006. 9. 27. 동순위의 상속인 아들 김수열로부터 상속재산인 망인의 개인택시운송사업면허를 단독으로 상속받기로 하는 내용의 협의를 한 후에 여객자동차운수사업법 제16조 제 1 항, 같은 법 시행규칙 제37조의 규정에 따라 피고에게 피상속인이 사망하였음을 증명할 수 있는 사망진단서와 피상속인과의 관계를 증명하는 제적등본 및 같은 순위의 상속인 지위에 있던 아들 김수열의 동의서를 첨부하여 상속신고를 하게 되었습니다.

⑵ 그러나 피고는 2006. 9. 28. 여객자동차운수사업법 제76조 제 1 항 제15호, 동법 시행령 제29조의 규정에 따라 개인택시면허취소의 행정처분을 추진하는 중이라는 이유로 원고의 상속신고를 수리하지 아니하는 이 사건 불수리처분을 하였습니다.

바. 피고의 개인택시운송사업면허취소처분

피고는 2006. 10. 23. 망인 및 망인의 상속인 원고와 김수열에 대하여 망인이 2006. 7. 4. 혈중알코올농도 0.190%의 술에 취한 상태에서 자동차를 운전하였고, 이는 운전면허 취소사유에 해당한다는 이유로 여객자동차운수사업법 제76조 제 1 항 제15호에 따라 위 개인택시운송사업 면허를 취소하는 처분을 하였습니다.

3. 이 사건 소의 적법성

가. 원고적격

⑴ 행정소송의 원고적격은 처분 등의 취소를 구할 법률상 이익이 있는 자가 제기할

수 있습니다(행정소송법 12).

⑵ 피고는 2006. 9. 28. 상속신고를 수리하지 아니한 처분은 원고에게, 2006. 10. 23. 개인택시운송사업면허취소처분은 망인과 원고 및 김수열에게 하였지만, 공동상속인인 김수열은 원고와 상속재산 분할협의를 하여 망인의 개인택시운송사업면허에 관하여는 원고가 단독 상속받는 데 동의한 바 있습니다. 따라서 원고는 단독으로 이 사건 각 처분의 취소를 구할 법률상 이익이 있는 정당한 원고적격을 가지므로 원고 명의로 제소한 이 사건 소는 적법합니다.

나. 제소기간의 준수

⑴ 취소소송은 처분이 있음을 안 날로부터 90일 이내에 제기하여야 합니다(행정소송법 20①).

⑵ 원고는 2006. 9. 28. 상속신고를 수리하지 아니한 처분을 그 해 10.경 송달받았으며, 2006. 10. 23. 개인택시운송사업면허취소처분을 그 무렵 송달받아 이 사건 각 처분이 있음을 알게 된 날로부터 90일 이내인 2006. 11. 10. 제소한 이 사건 청구는 제소기간을 준수하여 적법합니다.

4. 이 사건 각 처분의 근거

여객자동차운수사업법 제16조, 제76조 제 1 항 제15호, 같은 법 시행령 제29조

5. 이 사건 각 처분의 위법성

가. 이 사건 상속신고 불수리처분

⑴ 망인의 상속인이며 배우자인 원고는 피고에게 여객자동차운수사업법 제16조 제 1 항에 따라 개인택시운송사업을 계속하기 위하여 상속신고를 하였지만, 피고는 망인에 대한 개인택시면허취소의 행정처분을 추진하는 중이라는 이유로 상속신고를 수리하지 아니하는 처분을 하였습니다.

⑵ 여객자동차운송사업자가 사망한 경우 상속인이 그 여객자동차운송사업을 계속

하고자 하는 때에는 피상속인이 사망한 날부터 90일 이내에 건설교통부장관 또는 시·도지사에게 신고하도록 되어 있고(여객자동차운수사업법 16①), 위와 같이 신고를 한 상속인은 피상속인의 운송사업자의 지위를 승계하도록 되어 있으며(동법 16③), 개인택시운송사업의 면허를 받은 자가 사망한 경우 상속인 본인이 개인택시운송사업의 면허기준을 정한 제1항 또는 제7항의 규정에 의한 요건을 갖춘 때에는 법 제16조 제1항의 규정에 의한 신고를 하고 그 사업을 직접 승계할 수 있도록 되어 있습니다(동법 시행규칙 17④).

⑶ 반면, 건설교통부장관 또는 시·도지사는 건설교통부령이 정하는 일정기간 여객자동차운송사업의 양도·양수를 제한할 수 있습니다(여객자동차운수사업법 15②). 그러나 여객자동차운송사업의 상속에 대하여는 이와 같은 제한규정이 없습니다. 개인택시운송사업의 양도·양수 인가를 제한하도록 한 여객자동차운수사업법 제15조 제2항이 개인택시운송사업의 상속신고에 있어서도 적용되어야 한다고 볼 근거도 없습니다. 따라서 망인의 여객자동차운송사업을 상속받고자 하는 원고가 관할관청인 피고에게 피상속인의 사망일로부터 90일 이내에 상속신고를 하면 피고로서는 첨부서류 미비나 여객자동차운수사업법 시행규칙 제17조의 규정에 따른 요건이 충족되지 못하는 경우를 제외하고는 그 수리를 거부하지 못한다고 할 것입니다.

⑷ 그런데 피고는 원고에 대한 위 처분사유로 "여객자동차운수사업법 제76조 제1항 제15호 및 동법 시행령 제29조의 규정에 따라 망 김춘원에 대한 개인택시면허취소의 행정처분을 진행하는 중에 있기 때문에 수리하지 않기로 하였음"이라고 하였지만, 위 처분근거 법령으로는 상속신고를 불수리할 규정이 없으며, 피고가 제시하는 처분사유 역시 상속신고의 수리를 거부할 수 있는 적법한 사유에 해당되지 않습니다. 따라서 망인이 음주운전을 하였다는 이유만으로 원고의 이 사건 상속 신고의 수리를 거부한 것은 법령의 근거없이 행한 처분으로 위법하다 할 것입니다.

나. 이 사건 개인택시운송사업면허취소처분

⑴ 피고로부터 개인택시운송사업면허를 받았던 망인이 교통사고 직후 사망함으로 망인의 운전면허는 당연 실효되었다고 할 수 있습니다. 그렇기 때문에 피고의

개인택시운송사업면허취소처분이 있을 때까지 망인의 운전면허취소처분도 실제로 행하여지지 아니하였습니다. 그런데 피고는 망인에게 운전면허취소처분의 사유가 발생하였다는 사실만을 이유로 한 위 처분이 과연 적법한 것인지 여부는 수익적 행정행위의 취소의 법리와 피고의 처분이 관련 법령에 따른 것이었느냐에 관한 법치행정의 원칙 등의 관점에서 검토할 필요가 있습니다.

⑵ 개인택시운송사업면허는 특정인에게 권리나 이익을 부여하는 이른바 수익적 행정행위로서 법령에 특별한 규정이 없는 한 재량행위(대법원 2007. 3. 15. 선고 2006두15783 판결【개인택시운송사업면허신청반려처분취소】)이며, 형성적 행정행위 중 특허에 해당됩니다. 피고가 망인에 대한 개인택시운송사업면허를 취소하기 위해서는 수익적 행정행위의 취소요건을 충족하여야 합니다. 판례는 개인택시운송사업면허와 같은 수익적 행정처분을 취소 또는 철회하거나 중지하는 경우에는 이미 부여된 그 국민의 기득권을 침해하는 것이 되므로, 비록 취소 등의 사유가 있다고 하더라도 그 취소권 등의 행사는 기득권의 침해를 정당화할 만한 중대한 공익상의 필요 또는 제3자의 이익보호의 필요가 있는 때에 한하여 상대방이 받는 불이익과 비교·교량하여 결정하여야 하고, 그 처분으로 인하여 공익상의 필요보다 상대방이 받게 되는 불이익 등이 막대한 경우에는 재량권의 한계를 일탈한 것으로서 그 자체가 위법하게 된다(대법원 2010. 4. 8. 선고 2009두17018 판결【개인택시운송사업면허취소처분취소】)고 판시하고 있습니다.

⑶ 건설교통부장관 또는 시·도지사(터미널사업 및 대통령령이 정하는 여객자동차운송사업의 경우에 한한다)는 대통령령이 정하는 여객자동차운송사업의 경우 운수종사자의 운전면허가 취소된 때에는 면허·등록·허가 또는 인가를 취소하거나, 6월 이내의 기간을 정하여 사업의 전부 또는 일부의 정지를 명하거나, 노선폐지·감차 등을 수반하는 사업계획의 변경을 명할 수 있습니다(여객자동차운수사업법 76①). 여기에서 '대통령령이 정하는 여객자동차운송사업'은 개인택시운송사업을 말합니다(여객자동차운수사업법 시행령 29). 따라서 망인에 대한 자동차운전면허가 취소된 때에는 그 면허의 존재가 여객자동차운송사업의 전제요건이 되므로 망인에 대한 운수사업면허를 취소할 수 있습니다. 그런데 망인은 음주만취 상태로 운전 중 야기한 교통사고로 병원치료를 받던 중 사망하게 되었고, 그 사이에 지방경찰청장의 자동차운전면허취소처분은 없었습니다.

⑷ 피고의 개인택시운송사업면허취소처분은 전형적인 권력행정이면서 침해행정에 속하며, 여객자동차운송사업면허는 원고가 양도할 수 있는 재산권으로서의 가치 및 상속받은 운송사업면허로 개인택시사업을 할 수 있는 영업의 자유라는 기본권 실현과 관련하여 중요하고 본질적인 사항에 해당됩니다. 따라서 위 면허취소와 같은 불이익처분 사유는 원고의 법률상 이익에 직접적 영향을 미치는 권력적 행정작용이기에 반드시 국회가 제정한 법률에 근거를 두어야 하는 것이 법치행정의 원칙 중 법률유보의 원칙의 요청이기도 합니다.

⑸ 망인은 이 사건 교통사고가 발생하였던 날 23 : 33경 응급실에서 치료 중 곧바로 사망하였기에 음주운전에 따른 망인에 대한 운전면허취소처분이 이루어질 여지가 없었습니다. 이처럼 망인이 음주운전을 하다가 사망하였다면 망인에 대하여 음주운전을 이유로 하여 운전면허취소처분은 불가능합니다. 만약 사후에 망인에 대한 운전면허취소처분이 있었다고 한다면, 이는 이미 실효된 운전면허를 사자에 대하여 행한 처분으로 위법하여 당연무효라고 할 수 있습니다.

⑹ 그러므로 이 사건에서 망인에게 운전면허취소사유가 있다는 사유만으로 개인택시운송사업면허를 취소할 수 있도록 하는 법률의 규정은 존재하지 않습니다. 관할관청인 피고가 비록 개인택시운송사업자인 망인에게 운전면허취소사유가 있다 하더라도 그로 인하여 현실적으로 운전면허취소처분이 이루어지지 않은 이상 개인택시운송사업면허를 취소할 수는 없다 할 것임에도 이 사건 처분에 이른 것은 개인택시운송사업면허의 취소사유에 관한 법리오해의 위법이 있다 할 것입니다. 따라서 피고의 이 사건 처분은 법률의 근거없이 행하여진 처분으로 법률유보의 원칙에 반하여 위법하므로 취소되어야 합니다.

6. 결   론

따라서 피고의 원고에 대한 이 사건 각 처분은 개인택시운송사업면허의 상속신고 및 개인택시운송사업면허의 취소사유에 관한 법리오해의 위법이 있으므로 모두 취소되어야 합니다.

입 증 방 법

1. 갑 제 1 호증　　　　　개인택시운송사업면허취소통지　　　　　1부
1. 갑 제 2 호증　　　　　여객자동차운송사업 상속신고 불수리 통지　　　　　1부
1. 갑 제 3 호증　　　　　자동차운송사업 면허증　　　　　1부
1. 갑 제 4 호증　　　　　제적등본　　　　　1부

첨 부 서 류

1. 위 입증방법　　　　　　　　　　　　　　　　　　각 1부
1. 소장부본　　　　　　　　　　　　　　　　　　1부
1. 소송위임장　　　　　　　　　　　　　　　　　　1부

2006.　　11.　　10.

원고 소송대리인
변호사 박 승 소

춘 천 지 방 법 원　귀 중

[관련판례]

대법원 2008. 5. 15. 선고 2007두26001 판결【개인택시운송사업면허취소처분등】

【판시사항】

[1] 개인택시운송사업자에게 운전면허 취소사유가 있으나 그에 따른 운전면허 취소처분이 이루어
지지는 않은 경우, 관할관청이 개인택시운송사업면허를 취소할 수 있는지 여부(소극)

[2] 개인택시운송사업자가 음주운전을 하다가 사망한 경우 망인의 운전면허를 취소하는 것은 불가
능하고, 음주운전 그 자체는 개인택시운송사업면허의 취소사유가 될 수는 없으므로, 음주운전
을 이유로 한 개인택시운송사업면허의 취소처분은 위법하다고 한 사례

[3] 개인택시운송사업자가 음주운전을 하다가 사망한 후 상속인이 그 지위를 승계하기 위하여 상
속 신고를 한 사안에서, 관할관청이 망인의 음주운전을 이유로 상속 신고의 수리를 거부한 것
은 위법하다고 한 사례

【판결요지】

[1] 구 여객자동차운수사업법(2007. 7. 13. 법률 제8511호로 개정되기 전의 것) 제76조 제 1 항 제15
호, 같은 법 시행령 제29조에는 관할관청은 개인택시운송사업자의 운전면허가 취소된 때에 그
의 개인택시운송사업면허를 취소할 수 있도록 규정되어 있을 뿐 그에게 운전면허 취소사유가
있다는 사유만으로 개인택시운송사업면허를 취소할 수 있도록 하는 규정은 없으므로, 관할관
청으로서는 비록 개인택시운송사업자에게 운전면허 취소사유가 있다 하더라도 그로 인하여 운
전면허 취소처분이 이루어지지 않은 이상 개인택시운송사업면허를 취소할 수는 없다.

[2] 개인택시운송사업자가 음주운전을 하다가 사망한 경우 그 망인에 대하여 음주운전을 이유로
운전면허 취소처분을 하는 것은 불가능하고, 음주운전은 운전면허의 취소사유에 불과할 뿐 개
인택시운송사업면허의 취소사유가 될 수는 없으므로, 음주운전을 이유로 한 개인택시운송사업
면허의 취소처분은 위법하다고 한 사례

[3] 개인택시운송사업자가 음주운전을 하다가 사망한 후 상속인이 그 지위를 승계하기 위하여 상
속 신고를 한 경우에, 망인의 음주운전은 운전면허의 취소사유에 불과할 뿐 개인택시운송사업
면허의 취소사유가 될 수 없고, 개인택시운송사업의 양도·양수 인가의 제한에 관한 규정이 개
인택시운송사업의 상속 신고에도 적용된다고 볼 근거도 없으므로, 관할관청이 망인의 음주운
전을 이유로 상속 신고의 수리를 거부하는 것은 위법하다고 한 사례

【참조조문】

[1] 구 여객자동차운수사업법(2007. 7. 13. 법률 제8511호로 개정되기 전의 것) 제76조 제 1 항 제15

호, 여객자동차운수사업법 시행령 제29조 / [2] 구 여객자동차운수사업법(2007. 7. 13. 법률 제
8511호로 개정되기 전의 것) 제76조 제 1 항 제15호, 여객자동차운수사업법 시행령 제29조 / [3]
구 여객자동차운수사업법(2007. 7. 13. 법률 제8511호로 개정되기 전의 것) 제15조 제 2 항, 제16
조 제 1 항, 제 3 항, 여객자동차운수사업법 시행령 제29조, 여객자동차운수사업법 시행규칙 제
17조 제 4 항, 제35조 제 5 항, 제 6 항

【전   문】
【원고, 상고인】 원고(소송대리인 변호사 안준호)

【피고, 피상고인】 춘천시장

【원심판결】 서울고법 2007. 11. 22. 선고 2007누14628 판결
【주   문】
원심판결을 파기하고, 사건을 서울고등법원에 환송한다.

【이   유】
상고이유를 판단한다.

1. 이 사건 개인택시운송사업면허 취소처분의 적법 여부에 관하여

　구 여객자동차운수사업법(2007. 7. 13. 법률 제8511호로 개정되기 전의 것, 이하 '법'이라고 한다)
제76조 제 1 항 제15호, 법 시행령 제29조에는 관할관청은 개인택시운송사업자의 운전면허가 취
소된 때에 그의 개인택시운송사업면허를 취소할 수 있도록 규정되어 있을 뿐 그에게 운전면허
취소사유가 있다는 사유만으로 개인택시운송사업면허를 취소할 수 있도록 하는 규정이 없으므
로, 관할관청으로서는 비록 개인택시운송사업자에게 운전면허 취소사유가 있다 하더라도 그로
인하여 운전면허 취소처분이 이루어지지 않은 이상 개인택시운송사업면허를 취소할 수는 없다
할 것이다.

　원심판결 이유에 의하면, 원심은 그 채용 증거들을 종합하여 판시와 같은 사실을 인정한 다음,
망 소외인(이하 '망인'이라고 한다)에게 음주운전으로 인하여 운전면허 취소사유가 있는 것으로 확
인되고 그 운전면허가 취소되었으므로 비록 운전면허대장에 직접적인 취소사유가 사망으로 기재
되어 있다고 하더라도 그 실질적 취소사유는 음주운전인 이상, 이는 법 제76조 제 1 항 제15호에
의한 개인택시운송사업면허의 취소사유가 되므로 피고가 망인의 음주운전이 운전면허 취소사유에
해당한다는 이유로 한 이 사건 개인택시운송사업면허 취소처분은 적법하다고 판단하였다.

　그러나 망인이 음주운전을 하다가 사망하였다면 망인에 대하여 음주운전을 이유로 한 운전면허

취소처분은 불가능하고, 음주운전은 운전면허 취소사유에 불과할 뿐 개인택시운송사업면허 취소사유가 될 수는 없으므로 피고의 이 사건 개인택시운송사업면허 취소처분은 취소사유 없이 행해진 처분으로서 위법하다 할 것이다.

따라서 원심이 망인의 음주운전이 개인택시운송사업면허의 취소사유가 될 수 있다고 한 것은 개인택시운송사업면허의 취소사유에 관한 법리오해의 위법이 있다 할 것이므로 이 점을 지적하는 상고이유의 주장은 이유 있다.

2. 이 사건 상속신고 불수리처분의 적법 여부에 관하여

법에 의하면, 여객자동차운송사업자가 사망한 경우 상속인이 그 여객자동차운송사업을 계속하고자 하는 때에는 피상속인이 사망한 날부터 90일 이내에 건설교통부장관 또는 시·도지사에게 신고하도록 되어 있고(법 제16조 제 1 항), 위와 같이 신고를 한 상속인은 피상속인의 운송사업자의 지위를 승계하도록 되어 있으며(법 제16조 제 3 항), 개인택시운송사업의 면허를 받은 자가 사망한 경우 상속인 본인이 개인택시운송사업의 면허기준을 정한 제 1 항 또는 제 7 항의 규정에 의한 요건을 갖춘 때에는 법 제16조 제 1 항의 규정에 의한 신고를 하고 그 사업을 직접 승계할 수 있도록 되어 있다(법 시행규칙 제17조 제 4 항).

위와 같은 규정에 의하면, 개인택시운송사업자가 사망한 경우 관계 법령에서 정한 요건을 갖춘 상속인은 관할관청에 상속 신고를 함으로써 그 운송사업자로서의 지위를 승계받을 수 있으므로, 관할관청은 법률이 정한 사유가 있거나 또는 공공의 복리를 위하여 꼭 필요하다고 인정되는 경우에 한하여 그 신고의 수리를 거부할 수 있는 것으로 보아야 한다(대법원 2007. 3. 29. 선고 2006두 17543 판결 참조).

원심판결 이유에 의하면 원심은, 망인의 음주운전은 개인택시운송사업면허 취소사유가 된다고 전제한 다음, 개인택시운송사업의 양도·양수 인가 신청시 양도인·양수인에게 음주운전 등 도로교통법 위반으로 인한 운전면허 취소처분이 있었거나 운전면허 취소사유가 있는 경우 양도·양수 인가를 제한하도록 한 법 제15조 제 2 항, 법 시행령 제29조, 법 시행규칙 제35조 제 5 항, 제 6 항은 개인택시운송사업의 상속 신고에 있어서도 적용되어야 하므로 망인이 음주운전을 하다가 사망한 이상 피고로서는 그 상속 신고의 수리를 거부할 수 있으므로 이 사건 불수리처분은 적법하다고 하였다.

그러나 앞서 본 바와 같이 망인의 음주운전은 운전면허 취소사유는 될 수 있으나 개인택시운송사업면허 취소사유는 될 수 없고, 개인택시운송사업의 양도·양수 인가를 제한하도록 한 위 법조항이 개인택시운송사업의 상속 신고에 있어서도 적용되어야 한다고 볼 근거도 없으므로 피고가 망인이 음주운전을 하였다는 이유만으로 원고의 이 사건 상속 신고의 수리를 거부한 것은 위법하다 할 것이다.

따라서 원심이 이 사건 상속신고 불수리처분이 적법하다고 한 것은 개인택시운송사업의 상속 신고에 관한 법리오해의 위법이 있다 할 것이므로 이 점을 지적하는 상고이유의 주장도 이유 있다.

3. 결　　론

　　그러므로 나머지 상고이유에 대한 판단을 생략한 채, 원심판결을 파기하고, 사건을 다시 심리·판단하게 하기 위하여 원심법원에 환송하기로 하여 관여 대법관의 일치된 의견으로 주문과 같이 판결한다.

대법관　이홍훈(재판장) 김영란 김황식(주심)

[참고자료]

여객자동차 운수사업법 제76조 제 1 항 제15호 위헌소원 등

(헌법재판소 2008. 5. 29. 선고 2006헌바85, 2007헌바143(병합) 전원재판부 결정)

【판시사항】

1. 개인택시운송사업자의 운전면허가 취소된 경우 개인택시운송사업면허를 취소할 수 있도록 규정한 구 '여객자동차 운송사업법' 제76조 제 1 항 제15호(2000. 1. 28. 법률 제6240호로 개정되고 2006. 12. 26. 법률 제8095호로 개정되기 전의 것 및 2006. 12. 26. 법률 제8095호로 개정되고, 2007. 7. 13. 법률 제8511호로 개정되기 전의 것, 이하 '이 사건 법률조항'이라 한다)가 개인택시운송사업자의 직업의 자유 및 재산권을 침해하는지 여부(소극)

2. 이 사건 법률조항이 다른 여객운수사업자에 비하여 개인택시운송사업자를 합리적인 이유 없이 차별하여 개인택시운송사업자의 평등권을 침해하는지 여부(소극)

【결정요지】

1. 이 사건 법률조항은 여객운송사업이라는 공공성이 강한 서비스를 국민에게 제공함에 있어 안전운행의 확보와 운송서비스 향상을 도모하여 궁극적으로 국민의 생명·신체와 재산을 보호하기 위한 것이므로 입법목적의 정당성이 인정되고, 이로 인하여 개인택시 운송사업자의 도로교통법령 등 관계법령 위반을 억제하고, 부적격의 사업자를 개인택시운송사업에서 제외시켜 교통안전에 이바지하는 효과가 있으므로 방법의 적정성 역시 인정된다. 또한 이 사건 법률조항은 운전면허가 취소된 경우 개인택시운송사업면허를 필요적으로 취소하도록 하는 규정이 아니라, 임의적으로 취소할 수 있도록 하는 규정이라는 점, 운전면허 취소사유는 매우 다양하여 개별 사건의 구체적인 사정에 따라 개인택시운송사업면허를 취소하지 아니하고서는 입법목적의 달성이 불가능한 경우도 있을 수 있다는 점 등을 고려하면 피해의 최소성 원칙도 충족되며, 개인택시의 안전운행 확보를 통한 국민의 생명·신체 및 재산을 보호하고자 하는 입법목적에 비하여 청구인들이 입게 되는 불이익이 크지 않으므로 법익의 균형성 원칙에도 반하지 아니한다. 따라서 이 사건 법률조항은 청구인들의 직업의 자유와 재산권을 침해하지 아니한다.

2. 개인택시운송사업자와 다른 여객운송사업자는 여객운송사업자라는 점에서 동일한 집단이라고 볼 수 있으나, 개인택시운송사업자는 다른 여객운송사업자와 달리 사업자 본인이 직접 택시를 운전하여 운송사업을 영위한다는 점에서 차이가 있고, 그에 따라 사업자의 운전면허의 존재가 개인택시운송사업면허의 전제가 된다고 할 수 있으므로 이를 달리 취급하는 것은 합리적인 이유가 있다. 따라서 청구인의 평등권을 침해하지 아니한다.

제8장

군인연금법 제33조의 형벌로 인한 급여제한 위헌확인

[공·법·기·록·형 공·법·소·송·실·무]

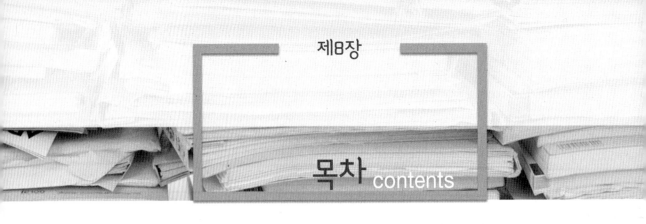

제8장

목차 contents

작 성 요 강

☐ 설 문 [1]

○ 의뢰인 홍길동은 1972. 1. 5. 부사관으로 입대하여 군복무 중 형사재판을 받고 2007. 6. 13. 전역을 하였는데, 2007. 12. 18. 법무법인 공정 변호사 박승소를 찾아와 국방부장관으로부터 군인연금과다지급액을 환수하는 등의 통지를 받았다면서 불복절차를 밟아 줄 것을 요청하였다. 박승소 변호사는 홍길동과 면담한 결과 연금환수조치는 위법하다는 결론을 내리고 가능한 모든 법적 절차를 취하기로 하면서 홍길동과 소송위임 계약을 체결하였다. 박승소 변호사가 홍길동의 군인연금과다지급액환수 등의 처분을 다투는 재판에서 승소하기 위하여 ① 처분등의 취소를 청구하는 소장을 작성하고, ② 처분근거 법률의 위헌성을 다투는 것을 내용으로 법원에 제출할 유효, 적절한 서면도 작성하시오(사건번호 2008구합000).

○ ※ 현행법이 허용하는 쟁송형식에 한하며, 처분의 취소청구 서면의 작성일은 2008. 1. 10.이고 같은 날 접수하는 것으로 함
※ 답안의 시작은 선택한 쟁송형식에 부합하는 '서면종류'를 기재하는 것으로 하고, 그 끝은 '서류를 제출할 기관'을 기재하는 것으로 함

국 방 부

수신자   홍 길 동 님 (서울특별시 서초구 서초동 1)

제 목   군인연금과다지급액 환수 및 연금 감액지급통보

1. 귀하의 가정에 건강과 행운이 가득하시길 기원합니다.

2. 군인연금법 제33조 및 같은 법 시행령 제70조에 의하면 퇴역연금 수급자가 복무중 사유로 금고 이상 형을 받을 경우 형 선고일 다음달부터 연금액의 50%를 감액지급하도록 규정하고 있습니다.

3. 귀하는 복무중 사유로 징역1년, 집행유예 2년이라는 금고 이상 형을 받으셨으므로 2007. 7. 부터 50% 감액된 연금이 지급되어야 하나, 2007. 9. 6. 최초 연금 지급에서 퇴직금은 50% 감액지급 (33,166,060원) 되었으나 연금은 전액 지급되었습니다. 이에 따라 과다지급된 연금은 환수조치 하기로 하였습니다.

4. 따라서 귀하에게 2007. 12.부터 50% 감액된 연금을 지급하게 됨을 알려드립니다.

5. 과다 지급된 환수금은 아래 계좌로 납부하여 주시기 바랍니다.
   가. 환수근거 : 군인연금법 제15조 제 1 항(급여의 환수)
   나. 납부하실 금액 : 6,266,150원
   다. 납부하실 계좌 : 우리은행 1001-1234-567890 / 국방부군인연금

지급기간	반납할 금액 (단위:원)			비 고
	반납월액	개월	소계	
2007년 7월~12월	1,253,230	5	6,266,150원	* 연금 월액의 50% 환수 * '07.7~8분은 9월에 소급지급하였음.

6. 만약, 납부기한내 일시납부가 어려운 경우에는 분할납부신청서를 제출하여 8회까지 분할납부할 수 있으며, 이 경우 분할이자가(2007년의 경우 연 5.15%) 가산됩니다. 납부기한내 환수금을 납부하지 않거나 분할납부 신청을 하지 않을 경우 연체이자가 부과되오니(2007년의 경우 연 25%) 반드시 기한내 조치하여 주시기 바랍니다.

7. 본 결정에 이의가 있으시면 군인연금법 제 5 조 제 1 항 및 같은법 시행령 제 6 조 제 1 항에 따라 이 결정이 있음을 안 날로부터 90일 이내, 이 결정이 있은 날로부터 180일 이내에 군인연금급여재심위원회에 심사를 청구하거나, 행정소송법 제18조 및 제20조에 따라 취소소송은 처분 등이 있음을 안 날로부터 90일 이내, 처분 등이 있은 날로부터 1년 이내에 법원에 행정소송을 제기할 수 있습니다. 기타 궁금하신 사항이 있으시면 군인연금팀으로 문의하여 주시기 바랍니다.

붙임: 가. 월별분할납부액 1부.
      나. 분할납부신청서 1부. 끝.

국 방 부 장 관

국방부
장관인

시행   군인연금팀 - (2007. 12. 13.)

월별 분할납부금 내역

1. 성명 : 홍길동
2. 사유 : 금고 이상의 형 선고 확정(2007. 6. 13)
3. 주소 : 서울 서초구 서초동 1
4. 환수금액 : 6,266,150원

No	납부일자	원 금	이자발생액	납부할 금액		
				원 금	이 자	계
	최초원금	6,266,150				
1	08-01-25	6,266,150	35,360	764,140	35,360	799,500
2	08-02-25	5,502,010	23,610	775,890	23,610	799,500
3	08-03-25	4,726,120	20,280	779,220	20,280	799,500
4	08-04-25	3,946,900	16,930	782,570	16,930	799,500
5	08-05-25	3,164,330	13,580	785,920	13,580	799,500
6	08-06-25	2,378,410	10,200	789,300	10,200	799,500
7	08-07-25	1,589,110	6,810	792,690	6,810	799,500
8	08-08-25	796,420	3,410	796,420	3,410	799,830
	총 계			6,266,150	130,180	6,396,330

※ 이자는 2007년도 정기예금금리 5.51%를 적용하여 가산한 것이며, 2008년도 금리가 달라질 수 있습니다.

접수		환수금분할납부신청서		처리기간	
				즉 시	

신청인	성 명			주민등록번호	
	주소	실제거주지			
		주민등록상			
	전화번호		자택 : ( ) –	휴대폰 : – –	
	직 장 명			전화번호	
	직장주소				

주거상황	실제거주지		면 적	대( )㎡, 건( )㎡
	소 유 자		소유자와 관계	
	주민등록상		면 적	대( )㎡, 건( )㎡
	소 유 자		소유자와 관계	

재산소유현황	재산종류	소 재 지	면 적(㎡)

가족상황	관계	성명	주민등록번호	관계	성명	주민등록번호

환수급 분할신청 내역				
급여환수금	일시납부가능액	분할신청금액	분할신청횟수	월납입액
원	원	원	( )회	( )일

군인연금법 시행령 제26조의 규정에 의한 환수금의 분할납부를 위와같이 신청합니다.

년   월   일

　　　　신청인　　　　　　　　　　　(서명 또는 인)

국방부장관 귀하

납부고지서 재중

서울 서초구 서초동 1

홍 길 동 귀하

....

고지서 겸 영수증(납부자용)   세목코드 : 123456

전자납부번호	0112-0502-0407-0000-2225		
회계년도	회계	소관	수입징수 관계자
2005	군인연금특별회계	국방부	
납부자	성명	홍길동	주민등록번호	5*****-1******
	주소	서울시 서초구 서초동 1		

납기내 납부기한	2008년 8월 25일	기타경상이전수입	6,396,330원
			원
납기후 납부기한	년 월 일	납기후 금액	원

위 금액을 한국은행 국고(수납)대리점인 은행 또는 우체국에 납부하시기 바랍니다.

2007년 12월 13일

국방부본부 군인연금특별회계 수입징수관

....

영수증서(수납기관용)   세목코드 : 123456

전자납부번호	0112-0502-0407-0000-2225		
회계년도	회계	소관	수입징수 관계자
2005	군인연금특별회계	국방부	
납부자	성명	홍길동	주민등록번호	5*****-1******
	주소	서울시 서초구 서초동 1		

납기내 납부기한	2008년 8월 25일	기타경상이전수입	6,396,330원
			원
납기후 납부기한	년 월 일	납기후 금액	원

※ 납기내·후 기간을 확인 후

위 금액을 수납하여 주시기 바랍니다.   [수납인]   은행

2007년 12월 13일

국방부본부 군인연금특별회계 수입징수관

군인연금 수급권자 확인서

발급번호	제 20065-00123호			
성명	홍길동		주민등록번호	5*****-1******
주소	서울시 서초구 서초동 1			
연금종별	퇴직연금		연금번호	230567
계급	준위	호봉	군번	380543
전역일자	2007. 6. 13.	연금복무기간	33년 0월	
연금월액	1,253,230원			
용도	법원 제출용			

위 사람은 군인연금법 제21조에 의한 퇴역연금 수급권자임을 확인합니다.

1. 89년 연금월액 533,130원, 90년 연금월액 630,520원

2007년 06월 25일

국 방 부 장 관 [국방부 장관인]

서 울 중 앙 지 방 검 찰 청

수 신   검 사   강 동 원
제 목   형기종료일 등 확인결과보고

 피의자 홍길동은 2007. 1. 9. 해병대 제 1 사단 보통군사법원에서 폭력행위등처벌에관한법률위반
(공동감금)죄 등으로 징역 1년 및 집행유예 2년을 선고받고, 이에 항소하였으나 2007. 6. 5. 고등군
사법원에서 항소기각되어 같은 달 13. 확정되었음을 확인하였기에, 판결문을 등본하여 첨부 보고
합니다.

                          2007.   8.   29.

              검 찰 주 사   **정 주 사**   (인)

첨부 : 판결문 등본 2통

해병대제1사단보통군사법원
판   결

사 건	2006고○○○ 폭력행위등처벌에관한법률위반(공동감금)
피 고 인	홍길동 (5*****-1******), 군인
	계급 ** 군번 ******
	주거
	본적
검 사	○○○
변 호 인	법무법인 ○○, 담당 변호사 ○○○
판결선고	2007. 1. 9.

주   문

피고인을 징역 1년에 처한다.

이 판결 선고 전의 구금일수 30일을 위 형에 산입한다.

다만, 이 판결 확정일부터 2년간 위 형의 집행을 유예한다.

이   유

범 죄 사 실

　피고인은 ○○○, ○○○와 공동하여 피해자 ○○○(30세)를 협박하여 대여금 580만원을 돌려받기로 모의하였다.

　피고인은 ○○○, ○○○와 함께 2006. 11. 28. 22 : 00경부터 다음날 20 : 20경까지 피해자 ○○○가 580만원을 변제하지 않았다는 이유로 위 피해자를 감금하고 폭행하였다.

증거의 요지

(생략)

법령의 적용

(생략)

재판장   심판관 ○○○

주 심   군판사 ○○○

군판사 ○○○

고 등 군 사 법 원
판 결

2007. 6. 13. 상고기간도과
2007. 6. 13. 확   정
고등군사법원

사   건   2007노○○○ 폭력행위등처벌에관한법률위반(공동감금)

피고인   홍길동 (5*****-1******), 군인

         계급 **   군번 ******

         주거

         본적

검   사   ○○○

변 호 인   ○○○

판결선고   2007. 6. 5.

주   문

피고인의 항소를 기각한다.

이   유

피고인의 항소이유의 요지는, 원심의 피고인에 대한 형의 양정이 너무 무겁다는 것이다. 그러므로 살피건대, 원심이 적법하게 조사한 양형의 조건이 되는 여러 사정과 기록에 나타난 자료를 검토하여 보면 원심의 형은 정당하므로 피고인의 항소논지는 이유 없다.

그러므로 원심판결은 정당하고 피고인의 항소는 이유가 없으므로 군사법원법 제430조 제 1 항에 따라 변론을 거쳐 이를 기각하기로 한다.

         재판장   군판사   ○○○
                   군판사   ○○○
                   군판사   ○○○

등본입니다.
2007. 12. 29.
해병대제1사단보통군사법원 서기 ○○○ (인)

참 고 자 료 (관 계 법 령)

■ 군인연금법[1995. 12. 29. 법률 제5063호로 개정된 것]

제33조(형벌등에 의한 급여제한)

① 군인 또는 군인이었던 자가 다음 각호의 1에 해당하는 경우에는 대통령령이 정하는 바에 의하여 퇴직급여 및 퇴직수당의 일부를 감액하여 지급한다.

1. 복무중의 사유로 금고 이상의 형을 받은 때

2. 징계에 의하여 파면된 때

3. 금품 및 향응수수 또는 공금의 횡령·유용으로 징계 해임된 때(2006. 10. 4. 신설)

② 복무중의 사유로 금고 이상의 형에 처할 범죄행위로 인하여 수사가 진행중에 있거나 형사재판이 계속중에 있는 때에는 대통령령이 정하는 바에 의하여 퇴직급여 및 퇴직수당의 일부에 대하여 지급을 정지할 수 있다. 이 경우 급여의 제한사유에 해당하지 아니하게 된 때에는 그 잔여금에 대통령령이 정하는 이자를 가산하여 지급한다.

③ 「형법」 제 2 편 제 1 장(내란의 죄)·제 2 장(외환의 죄), 「군형법」 제 2 편 제 1 장(반란의 죄)·제 2 장(이적의 죄), 「국가보안법」(제10조를 제외한다)에 규정된 죄를 범하여 금고 이상의 형을 받은 경우에는 이 법에 의한 급여를 지급하지 아니한다.

제 4 조(기여금의 반환)

① 군인이었던 자로서 이 법에 의한 급여를 받을 권리가 없는 자 또는 그 유족에 대하여는 그 군인이 복무시 납부한 기여금에 대통령령으로 정하는 이자를 합한 액을 반환한다.

② 제 1 항의 규정은 급여액이 기여금총액에 대통령령으로 정하는 이자를 합한 액에 미달할 때에도 적용한다.

■ 군인연금법 시행령[1994. 6. 30. 대통령령 제14302호로 전문개정된 것]

제70조(형벌등에 의한 급여의 제한)

군인 또는 군인이었던 자가 법 제33조 제 1 항의 규정에 해당하게 된 때에는 그 자에게 지급될 급여액 중에서 다음 각호의 1에 해당하는 금액을 감액하여 지급한다. 이 경우 그 급여가 퇴역연금 또는 상이연금인 경우에는 그 사유에 해당하게 된 날이 속하는 달까지는 감액하지 아니한다.

1. 금고이상의 형의 선고를 받은 경우에는 급여액의 100분의 50에 상당하는 금액

소   장

원   고   홍길동
          서울시 서초구 서초동 1

          소송 대리인 법무법인 공정
          담당변호사 박승소

피   고   국방부장관

군인연금과다지급액환수 등 취소청구의 소

청 구 취 지

1. 피고가 원고에 대하여
    가. 2007. 12. 13. 한 군인연금 과다지급액 환수 및 연금 감액지급처분,
    나. 2007. 9. 6. 한 퇴직수당 감액처분을
        모두 취소한다.
2. 소송비용은 피고가 부담한다.
라는 판결을 구합니다.

청 구 원 인

1. 당사자의 지위

   ⑴ 원고는 1972. 1. 5. 부사관으로 입대하여 33년 동안 군복무를 하던 중, 2007. 6. 5.

폭력행위등으로 징역 1년, 집행유예 2년의 형을 선고받고 2007. 6. 13. 전역한 자입니다.

⑵ 피고는 2007. 9. 6. 원고에게, 원고가 복무중에 금고 이상의 형을 선고받았음을 이유로 군인연금법 제33조 제 1 항 제 1 호(이하 '이 사건 법률조항'이라 한다) 및 같은 법 시행령 제70조 제 1 호에 따라 퇴직수당의 50%(33,166,060원)를 감액하여 지급하는 처분을 하였습니다(피고는 이 처분을 2007. 12. 13.자 처분통지와 함께 하였습니다).

⑶ 또한 피고는 2007. 12. 13. 원고에게 원고의 퇴직연금 역시 위 규정에 따라 50% 감액지급되어야 하나 착오로 과다지급되었다는 이유로 과다지급된 퇴직연금 (6,266,150원)을 환수하고 2007. 12.부터 50% 감액된 퇴직연금을 지급하는 처분을 통보하였습니다(이하 '이 사건 처분'이라 한다).

2. 이 사건 처분의 근거

가. 이 사건 처분의 근거법률

■ 군인연금법 제33조(형벌 등에 의한 급여제한)

① 군인 또는 군인이었던 자가 다음 각호의 1에 해당하는 경우에는 대통령령이 정하는 바에 의하여 퇴직급여 및 퇴직수당의 일부를 감액하여 지급한다.

1. 복무중의 사유로 금고 이상의 형을 받은 때

나. 이 사건 법률조항의 입법취지

⑴ 군인연금제도는 군인이 상당한 기간 성실히 복무하고 퇴직하였거나 심신의 장애로 인하여 퇴직 또는 사망한 때 등에 본인이나 그 유족에게 적절한 급여를 지급함으로써 본인 및 그 유족의 생활안정과 복리향상에 기여하는 데에 그 목적이 있습니다. 군인연금법상의 퇴직급여 및 퇴직수당도 후불임금적 성격을 가지는 동시에 사회보장적 급여 또는 군인이 재직중 그 직무를 성실히 수행한 데 대한 공로보상적 급여로서의 성격도 함께 가지는 것입니다.

⑵ 이 사건 법률조항의 입법취지는 군인으로서의 의무를 위반하여 복무중의 사유로 금고 이상의 형을 받은 자 등에 대하여는 급여의 일부를 지급하지 않음으로써 군인범죄를 사전에 예방하고 군인의 성실근무를 유도하여 군인사회의 질서를 유

지하고자 하는 데 입법취지가 있습니다. 그러나 군인연금법 제33조 제 1 항 제 1 호의 입법취지가 위와 같다고 감안한다 하더라도, 위 규정은 다음과 같은 이유로 헌법에 위반된 위헌법률에 해당되고, 이 사건 처분은 위헌법률에 근거하여 행하여진 것으로 마땅히 취소되어야 합니다.

3. 군인연금법 제33조 제 1 항 제 1 호의 위헌성

가. 헌법상 기본권인 재산권의 침해

(1) 의   의

(가) 군인연금법상의 퇴직급여 등 급여수급권은 사회적 기본권의 하나인 사회보장수급권임과 동시에 경제적 가치가 있는 권리로서 헌법 제23조에 의하여 보장되는 재산권입니다.

그런데 이 사건 법률조항은 군인 또는 군인이었던 자가 복무중의 사유로 금고 이상의 형을 받은 때 대통령령이 정하는 바에 의하여 퇴직급여 및 퇴직수당의 일부를 감액하도록 규정하고, 실제 군인연금법 시행령 제70조 제 1 호는 이 경우 100분의 50에 상당하는 금액을 감액하도록 규정하고 있어, 이 사건 법률조항에 의하여 재산권으로서의 퇴직급여 등의 수급권이 제한된다고 볼 수 있습니다.

(나) 따라서 법률에 의하여 국민의 기본권을 제한할 때에도 어디까지나 국민의 자유와 권리의 본질적인 내용을 침해하지 않는 한도 내에서 행하여져야 할 것이고, 기본권을 제한하는 입법을 함에 있어서는 입법목적의 정당성과 그 목적달성을 위한 방법의 적정성, 피해의 최소성, 그리고 그 입법에 의해 보호하려는 공공의 필요와 침해되는 기본권 사이의 균형성을 모두 갖추어야 하며, 이를 준수하지 않은 법률 내지 법률조항은 기본권제한의 입법적 한계를 벗어난 것으로 헌법에 위반됩니다.

(2) 과잉금지의 원칙에 위반한 재산권의 침해

(가) 입법목적의 정당성

군인연금법 제33조 제 1 항이 군인의 직무상 의무나 군인 신분과 관련된 범죄로 인하여 금고 이상의 형의 선고를 받은 자에 대하여 퇴직급여 등을 감액하는 것은 재직중 군인으로서의 직무상 의무를 이행하도록 유도하는 입법목적의 달성에 부분적으로나마 기여할 수는 있을 것입니다.

(나) 방법의 적정성

군인의 신분이나 직무상 의무와 관련이 없는 범죄의 경우에도 퇴직급여 등을 제한하는 것은, 군인범죄를 예방하고 군인이 복무중 성실히 근무하도록 유도하는 입법목적을 달성하는 데 적합한 수단이라고 볼 수 없습니다.

(다) 침해의 최소성

입법자는 공익실현을 위하여 기본권을 제한하는 경우에도 입법목적을 실현하기에 적합한 여러 수단 중에서 되도록 국민의 기본권을 가장 존중하고 기본권을 최소로 침해하는 수단을 선택해야 합니다.

그러나 그 제재방법은 일차적으로 파면을 포함한 징계가 원칙이고, 더 나아가 그 행위가 범죄행위에까지 이른 경우라면 형사처벌을 받게 하면 되고, 일정한 경우에는 군인의 지위를 박탈하는 것으로써 그 공익목적을 충분히 달성할 수가 있을 것입니다.

그럼에도 불구하고 금고 이상의 죄를 지었다고 하여 위와 같은 제재에 덧붙여 퇴직과 동시에 생활안정을 위해 당연히 지급될 것으로 기대되는(현재 군인공제회에서는 퇴직 예정일에 맞춰 예상퇴직급여의 구체적 금액을 알려주고 있습니다) 퇴직급여 등까지도 필요적으로 감액해야 한다면 거기에는 다른 수단으로는 입법목적을 달성할 수 없다는 특별한 사정이 있어야 할 것입니다.

이 사건 법률조항의 입법목적은 군인의 복무중에 그 직무상 의무 준수 및 군인범죄를 예방하고 군인이 복무중 성실히 근무하도록 유도하도록 하는 것이므로, 입법자로서는 유죄판결의 확정에 따른 퇴직급여 및 퇴직수당의 감액사유로서 금고 이상의 형의 판결을 받은 모든 범죄를 포괄하여 규정할 것이 아니라, 위와 같은 입법목적을 달성함에 반드시 필요한 범죄의 유형과 내용 등으로 그 범위를 한정하여 규정함이 최소침해성의 원칙에 따른 기본권 제한의 적절한 방식이라고 할 것입니다.

그러나 본 규정은 입법자로서는 유죄판결의 확정에 따른 퇴직급여 및 퇴직수당의 감액사유로서 금고 이상의 형의 판결을 받은 모든 범죄를 포괄하여 규정하고 있으므로, 최소침해성의 원칙에 따른 기본권 제한의 적절한 방식이라고 볼 수 없습니다.

(라) 법익의 균형성

나아가 앞서 본 바와 같이 군인이 국민에 대한 봉사자로서의 지위를 지니는 것이고 공정한 공직수행을 위한 복무상의 의무가 여전히 강조됨으로 인해 퇴직급여 등의 제한을 통해 달성코자 하는 공익을 부인할 수는 없습니다.

　　그러나 단지 금고 이상의 형을 받았다는 이유만으로 이미 공직에서 퇴출당할 군인에게 더 나아가 일률적으로 그 생존의 기초가 될 퇴직급여 등까지 반드시 감액하도록 규정한다면 그 법률조항은 침해되는 사익에 비해 지나치게 공익만을 강조한 입법이라고 아니할 수 없습니다.

　　특히 이 사건 법률조항이 직무관련 범죄 여부 등을 묻지 아니하고 일률적으로 퇴직급여 등의 감액 사유로 규정하고 있으므로 위 규정을 통해 얻는 공익이 상대적으로 미미한 반면 노후생활의 기반이 붕괴되어 침해되는 사익과 비교할 때 현저히 법익균형성을 잃은 입법이라 할 것입니다.

　　(3) 소　　　결

　　복무중의 사유로 금고 이상의 형을 선고받아 처벌받음으로써 기본적 죗값을 받은 군인에게 다시 제적이란 군인의 신분상실의 치명적인 법익박탈을 가하고, 이로부터 더 나아가 다른 특별한 사정도 없이 범죄의 종류에 상관 않고, 직무상 저지른 범죄인지 여부와도 관계없이, 누적되어 온 퇴직급여 등을 누적 이후의 사정을 이유로 일률적 · 필요적으로 감액하는 것은 과도한 재산권의 제한으로서 심히 부당하며 군인의 퇴직 후 노후생활보장이라는 군인연금제도의 기본적인 입법목적에도 부합하지 않습니다. 또 가사 이 사건 법률조항이 그 입법 목적 달성을 위하여 필요한 수단이라고 하더라도 당해 군인에게 지나치게 가혹한 불이익을 주는 것으로서 그로 인하여 달성되는 공익과 당해 군인이 입는 불이익 사이에 현저한 불균형을 초래하여 최소침해성의 요건 및 법익균형성의 요건을 충족시키지 못한다 할 것입니다.

나. 평등의 원칙 위반

　　⑴ 이 사건 법률조항은 군인이 복무중의 사유로 인하여 금고 이상의 형을 받은 때에 퇴직급여 및 퇴직수당의 일부를 감액하여 지급하도록 규정하여, 퇴직급여에 있어서는 국민연금법상의 사업장가입자에 비하여, 퇴직수당에 있어서는 근로기준법상의 근로자에 비하여 각각 차별대우를 하고 있습니다. 이러한 차별은 군인의 성실근무의 유도라는 입법목적 및 군인연금제도의 군인의 성실한 복무에 대한 보상이라는 부수적 성격을 감안한다고 하더라도 일반국민이나 근로자에 대한 지나친 차별을 했다고 판단되고, 그 차별에는 합리적인 근거를 인정하기 어려워 결국 자의적인 차별에 해당한다 할 것입니다.

⑵ 헌법재판소는 공무원연금법 제64조 제 1 항 제 1 호 위헌소원(2007. 3. 29. 2005헌바33) 결정에서 공무원 또는 공무원이었던 자가 재직 중의 사유로 금고 이상의 형을 받은 때에는 이 사건 법률조항과 유사하게 대통령령이 정하는 바에 의하여 퇴직급여 및 퇴직수당의 일부를 감액하여 지급하도록 한 공무원연금법(1995. 12. 29. 법률 제5117호로 개정된 이후의 것) 제64조 제 1 항에 대하여 2008년 12월 31일을 개정시한으로 헌법불합치 결정을 선고한 바 있는데, 위 공무원연금법 조항은 개정시한의 경과로 인하여 효력을 상실하였습니다(참고자료 참조).

⑶ 따라서 현재로서는 공무원 또는 공무원이었던 자의 경우에는 재직 중의 사유로 금고 이상의 형을 받았다고 하더라도 연금 일부 지급정지의 기본권 제한을 받지 않고 있는데 군인은 아직도 그러한 제한을 받고 있으므로, 이 사건 법률조항은 결과적으로 일반 공무원에 비하여 군인을 불합리하게 차별적으로 취급하고 있는 문제점이 있다고 할 것입니다.

4. 결   론

따라서 이 사건 법률조항은 재산권 제한의 한계를 일부 일탈하여 수단의 적합성, 침해최소성 및 법익균형에 어긋나고 평등의 원칙에도 위배되는 부분을 포함하고 있으므로 헌법에 위배되는 법률조항이라 아니할 수 없습니다.

그럼에도 불구하고 피고가 이미 위헌결정이 난 공무원연금법과 그 내용과 취지가 동일한 군인연금법상의 사유만을 들어 이 사건 처분에 이른 것은 위헌법률에 근거한 것으로 위법하므로 마땅히 취소되어야 할 것입니다.

입 증 방 법

1. 갑 제 1 호증   군인연금과다지급액 환수 및 연금감액지급 통보   1부
1. 나머지 입증자료는 재판중에 제출하겠습니다.

첨 부 서 류

1. 입증방법   1부
1. 소장부본   1부
1. 송달료 납부서   1부
1. 소송위임장, 담당변호사지정서   각 1부

참 고 자 료

1. 공무원연금법 제64조 제 1 항 제 1 호 위헌소원 결정(2005헌바33)

2008. 1. 10.

원고   소송대리인
법무법인   공정
담당변호사   박 승 소

서 울 행 정 법 원   귀 중

[참고자료]

공무원연금법 제64조 제1항 제1호 위헌소원

(헌법재판소 2007. 3. 29. 선고 2005헌바33 전원재판부 결정)

【판시사항】

1. 공무원 또는 공무원이었던 자가 재직중의 사유로 금고 이상의 형을 받은 때에는 대통령령이 정하는 바에 의하여 퇴직급여 및 퇴직수당의 일부를 감액하여 지급하도록 한 공무원연금법 제64조 제1항 제1호(이하 '이 사건 법률조항'이라 한다)가 재산권을 침해하고 평등의 원칙에 위배되는지 여부(적극)

2. 재판관 1인이 '일부 단순위헌, 일부 헌법불합치' 의견이고 재판관 5인이 '전부 헌법불합치' 의견인 경우 '헌법불합치' 주문을 낸 사례

【결정요지】

1. 가. 재판관 주선회, 재판관 김희옥, 재판관 심충례, 재판관 민형기, 재판관 목영준의 의견

공무원의 신분이나 직무상 의무와 관련이 없는 범죄의 경우에도 퇴직급여 등을 제한하는 것은, 공무원범죄를 예방하고 공무원이 재직중 성실히 근무하도록 유도하는 입법목적을 달성하는 데 적합한 수단이라고 볼 수 없다. 그리고 특히 과실범의 경우에는 공무원이기 때문에 더 강한 주의의무 내지 결과발생에 대한 가중된 비난가능성이 있다고 보기 어려우므로, 퇴직급여 등의 제한이 공무원으로서의 직무상 의무를 위반하지 않도록 유도 또는 강제하는 수단으로서 작용한다고 보기 어렵다. 입법자로서는 입법목적을 달성함에 반드시 필요한 범죄의 유형과 내용 등으로 그 범위를 한정하여 규정함이 최소침해성의 원칙에 따른 기본권 제한의 적절한 방식이다. 단지 금고 이상의 형을 받았다는 이유만으로 이미 공직에서 퇴출당할 공무원에게 더 나아가 일률적으로 그 생존의 기초가 될 퇴직급여 등까지 반드시 감액하도록 규정한다면 그 법률조항은 침해되는 사익에 비해 지나치게 공익만을 강조한 입법이라고 아니할 수 없다. 나아가 이 사건 법률조항은 퇴직급여에 있어서는 국민연금법상의 사업장 가입자에 비하여, 퇴직수당에 있어서는 근로기준법상의 근로자에 비하여 각각 차별대우를 하고 있는바, 이는 자의적인 차별에 해당한다.

이상과 같은 이유로 이 사건 법률조항은 헌법에 위반되나, 단순위헌선언으로 그 효력을 즉시 상실시킬 경우에는 여러 가지 혼란과 부작용이 발생할 우려가 있고, 또한 이미 급여를 감액당한 다른 퇴직공무원과의 형평성도 고려하여야 한다. 그러므로 입법자는 합헌적인 방향으로 법률을 개

선하여야 하고 그때까지 일정 기간 동안은 위헌적인 법규정을 존속케 하고 또한 잠정적으로 적용하게 할 필요가 있으므로 헌법불합치결정을 하는 것이다.

나. 재판관 조대현의 의견

이 사건 법률 조항이 "재직중의 사유"에 공무원의 신분이나 직무와 전혀 관련 없는 사유까지 포함시킨 부분은 공무원의 신분이나 공무와 전혀 관련 없는 사유로 금고 이상의 형을 받은 공무원 퇴직자와 그렇지 않은 공무원 퇴직자를 불합리하게 차별하는 것으로서 헌법 제11조 제 1 항에 위반되고 그 부분을 구분하여 특정할 수 있으므로 그 부분에 대하여는 위헌을 선언하여야 한다. 그러나 "공무원의 신분이나 직무와 관련 있는 사유" 부분은 금고 이상 형벌의 유무만을 기준으로 삼아 퇴직급여와 퇴직수당을 동일한 비율로 필요적으로 삭감하도록 하여 퇴직급여 차별의 필요성·최소성의 원칙에 부합된다고 보기 어렵고 법에 위반되는 부분과 헌법에 합치되는 부분이 뒤섞여 있어 양자를 구분할 수 없으므로 그 전체에 대하여 헌법불합치를 선언하여야 한다.

2. 이 사건 법률조항에 대한 재판관 1인의 일부 단순위헌, 일부 헌법불합치 의견에 재판관 5인의 전부 헌법불합치 의견을 가산하면 위헌 정족수를 충족하게 된다. 따라서 이 사건 법률조항에 대하여 헌법불합치를 선고한다.

재판관 이강국, 재판관 이공현, 재판관 이동흡의 반대의견

재산권의 내용과 한계를 처음으로 형성하는 입법의 경우에는 이미 형성되어 있는 기존의 재산권을 제한하는 입법의 경우와는 달리 입법자에게 광범위한 입법재량이 인정되므로, 그 입법이 합리적 이유가 있으며 입법재량의 범위를 벗어나지 않는 한, 재산권을 침해하지 않는다. 그런데 이 사건 법률조항은 공무원의 퇴직급여 등 수급권이 재산권으로 처음 형성될 당시보다 오히려 그 보호범위를 더 넓히고 있을 뿐 이를 제한하는 점이 없고, 합리적 이유가 있어 입법재량의 범위를 벗어나지 않았으며, 게다가 위 수급권이 가지는 사회보장적 성격에 비추어 볼 때 입법재량을 일탈하였을 소지는 더욱 줄어든다. 뿐만 아니라 다수의견과 같이 기본권 '제한'에 요구되는 비례원칙을 엄격히 적용한다고 하더라도 이 사건 법률조항은 헌법에 위배되지 않는다. 비직무 범죄, 과실범이라고 하여 법률적 혹은 사회적 비난가능성이 적다고 할 수 없으므로, 이들 범죄로 인한 급여의 감액은 입법목적을 달성하는 데 적합한 수단이다. 또 공무원 범법행위에 대한 제재방법으로서 형벌에 의한 급여의 감액이 반드시 최후의 수단이 되어야 하는 것도 아니다. 그리고 하위법령에서 비직무 범죄나 과실범의 경우 급여감액의 범위를 조절하여 차등적으로 규율할 수 있는 여지가 있을 뿐만 아니라 형사재판에서 이를 참작함으로써 다수의견이 지적하는 급여감액상의 문제점을 보완할 수 있는 가능성이 있다. 한편, 공무원연금은 국민연금이나 법정퇴직금과 비교할 때 기본적인 차이가 있고, 이 사건 법률조항에 의한 급여의 감액은 공무원이 지는 의무의 준수를 유도하는 목적이 있는 점 등에 비추어 볼 때, 공무원연금제도를 형성하면서 그 의무의 위반 여부를 급여 감액의 기준으로 삼은 것은 합리적 이유가 있는 것으로서 차별취급이 아니다.

쟁 점 해 설

1. 처분의 경위

가. 원고는 군복무를 하던 중, 돈을 변제하지 않았다는 이유로 피해자를 폭행하였다는 등의 범죄사실로 기소되어, 보통군사법원으로터 징역 1년에 집행유예 2년을 선고 받고, 위 판결은 고등군사법원에서 항소기각되어 확정되었고, 원고는 전역 처리되었다.

나. 피고는 2007. 9. 6. 원고에게, 원고가 복무중에 금고 이상의 형을 선고받았음을 이유로 군인연금법 제33조 제 1 항 제 1 호(이하 '이 사건 법률조항'이라 한다) 및 같은 법 시행령 제70조 제 1 호에 따라 퇴직수당의 50%(33,166,060원)를 감액하여 지급하는 결정을 하였다. 그런데, 피고는 2007. 12. 13. 원고에게 이 사건 처분사실을 통보하였다.

다. 또 피고는 2007. 12. 13. 원고에게 원고의 퇴직연금 역시 위 규정에 따라 50% 감액지급되어야 하나 착오로 과다 지급되었다는 이유로 과다지급된 퇴직연금 (6,266,150원)을 환수하고 2007. 12.부터 50% 감액된 퇴직연금을 지급하는 결정을 통보하였다(이 사건 법률조항에 따른 피고의 2007. 9. 6.자 및 2007. 12. 13.자 각 처분을 '이 사건 각 처분'이라 한다).

2. 당 사 자

가. 원고적격

원고는 이 사건 처분으로 군인연금법상의 연금수급권을 침해당하여 법률이 보호하는 이익을 침해당한 직접 상대방이므로 원고적격이 있다.

나. 피고적격

국방부장관은 그의 명의로 원고에게 이 사건 처분을 하였으므로 피고적격이 있다.

3. 이 사건 처분의 적법여부

가. 원고의 주장

이 사건 법률조항은 금고 이상의 형의 선고를 받은 경우에는 범죄의 직무 관련성 등을 묻지 않고 모두 필요적·획일적으로 퇴직급여 등을 제한하고 있으므로 기본권 제한의 입법적 한계를 일탈하였을 뿐 아니라 평등의 원칙에 반하여 헌법에 위반된 규정이다. 따라서 위헌적인 이 사건 법률조항에 근거한 이 사건 각 처분은 위법하다.

나. 검   토[1)]

(1) 공무원연금법 제64조 제 1 항에 대한 헌법불합치 결정

헌법재판소는 2007. 3. 29. 선고된 2005헌바33 결정에서 공무원 또는 공무원이었던 자가 재직 중의 사유로 금고 이상의 형을 받은 때에는 이 사건 법률조항과 유사하게 직무관련성이나 고의, 과실 여부를 불문하고 대통령령이 정하는 바에 의하여 퇴직급여 및 퇴직수당의 일부를 감액하여 지급하도록 한 공무원연금법(1995. 12. 29. 법률 제5117호로 개정된 이후의 것) 제64조 제 1 항이 헌법에 합치되지 아니한다고 하면서, 위 조항은 2008년 12월 31일을 시한으로 입법자가 개정할 때까지 그 효력을 지속한다고 판단하였다.

(2) 이 사건의 법률조항의 위헌 여부

군인은 국가공무원법에서 정하는 특정직 공무원이므로(국가공무원법 2②(2)) 군인이나 공무원은 모두 국가에 고용된 자들로서 국민 전체를 위해 봉사한다는 면에서는 같다고 할 수 있다. 비록 정년과 직업조건 등 군인의 직무적 특성이 공무원과 다른 면이 있기는 하나, 연금법상의 급여에 있어서는 기본적인 취지와 구조 등이 공통점을 가지고 있다.

또한 군인은 군인사법 및 군인복무규율에 의하여 충성의무, 성실의무, 친절의무, 정직의무, 품위유지의무, 청렴 및 검소의 의무 등을 지고 있는바(군인사법 47, 군인복무규율 6

---

1) 이 사건 법률조항은 "헌법재판소 2009. 7. 30. 선고 2008헌가1【군인연금법제33조제 1 항제 1 호위헌제청등】" 사건에서 위헌결정을 한 바 있으므로 그 결정문을 인용하는 것으로 이 사건 쟁점을 검토한다.

내지 18), 위 2005헌바33 결정에서 언급한 바와 같은 공무원에게 적용되는 공직의 구조 및 사회인식의 변화는 군인에게도 마찬가지로 적용된다 할 것이다.

(가) 재산권의 침해 여부

(a) 퇴직급여 등 급여수급권의 성질

군인연금법상의 퇴직급여 등 급여수급권은 사회적 기본권의 하나인 사회보장수급 권임과 동시에 경제적 가치가 있는 권리로서 헌법 제23조에 의하여 보장되는 재산권이 다(헌법재판소 1994. 6. 30. 선고 92헌가9 결정【군인연금법제21조제5항위헌제청】).

그런데 이 사건 법률조항은 군인 또는 군인이었던 자가 복무중의 사유로 금고 이상 의 형을 받은 때 대통령령이 정하는 바에 의하여 퇴직급여 및 퇴직수당의 일부를 감액 하도록 규정하고, 실제 군인연금법 시행령 제70조 제1호는 이 경우 100분의 50에 상당 하는 금액을 감액하도록 규정하고 있어, 이 사건 법률조항에 의하여 재산권으로서의 퇴 직급여 등의 수급권이 제한된다고 볼 수 있다.

법률에 의하여 국민의 기본권을 제한할 때에도 어디까지나 국민의 자유와 권리의 본질적인 내용을 침해하지 않는 한도 내에서 행하여져야 할 것이고, 기본권을 제한하는 입법을 함에 있어서는 입법목적의 정당성과 그 목적달성을 위한 방법의 적정성, 피해의 최소성, 그리고 그 입법에 의해 보호하려는 공공의 필요와 침해되는 기본권 사이의 균 형성을 모두 갖추어야 하며, 이를 준수하지 않은 법률 내지 법률조항은 기본권제한의 입법적 한계를 벗어난 것으로 헌법에 위반된다.

(b) 입법목적의 정당성 및 방법의 적정성

군인의 신분이나 직무상 의무와 관련이 없는 범죄의 경우에도 퇴직급여 등을 제한 하는 것은, 군인범죄를 예방하고 군인이 복무중 성실히 근무하도록 유도하는 입법목적 을 달성하는 데 적합한 수단이라고 볼 수 없다.

그리고 특히 과실범의 경우에는 군인이기 때문에 더 강한 주의의무 내지 결과발생 에 대한 가중된 비난가능성이 있다고 보기 어려우므로, 퇴직급여 등의 제한이 군인으로 서의 직무상 의무를 위반하지 않도록 유도 또는 강제하는 수단으로서 작용한다고 보기 어렵다.

(c) 침해의 최소성

국민전체에 대한 봉사자로서 성실복무의무가 있는 군인이 범법행위를 했다면 공익 실현을 위해 그에 대한 제재와 기본권의 제한은 피할 수 없다. 그러나 그 제재방법은 일 차적으로 파면을 포함한 징계가 원칙이고, 더 나아가 그 행위가 범죄행위에까지 이른 경우라면 형사처벌을 받게 하면 되고, 일정한 경우에는 군인의 지위를 박탈하는 것으로써 그 공익목적을 충분히 달성할 수가 있는 것이다(그 밖에 국가에 손해를 끼친 경우에는 국가배상법상 구상제도나 민법상 손해배상청구 등에 의하여 그 손해를 회복함으로써 간접적, 부수적으로 그 목적을 달성할 수도 있다). 그럼에도 불구하고 금고 이상의 죄를 지었다고 하여 위와 같은 제재에 덧붙여 퇴직급여 등까지도 필요적으로 감액해야 한다면 거기에는 다른 수단으로는 입법목적을 달성할 수 없다는 특별한 사정이 있어야 할 것이다.

이 사건 법률조항의 입법목적은 군인의 복무중에 그 직무상 의무준수 및 군인범죄를 예방하고 군인이 복무중 성실히 근무하도록 유도하는 것이므로, 입법자로서는 유죄판결의 확정에 따른 퇴직급여 및 퇴직수당의 감액사유로서 금고 이상의 형의 판결을 받은 모든 범죄를 포괄하여 규정할 것이 아니라, 위와 같은 입법목적을 달성함에 반드시 필요한 범죄의 유형과 내용 등으로 그 범위를 한정하여 규정함이 최소침해성의 원칙에 따른 기본권 제한의 적절한 방식이라고 할 것이다.

(d) 법익의 균형성

군인의 공정한 업무수행을 위한 직무상의 높은 수준의 염결성이 여전히 강조됨으로 인해 퇴직급여 등의 제한을 통해 달성코자 하는 공익도 적지는 않다. 그러나 오늘날 급여에 관한 한 공익과 사익의 질적 구분은 어려워진 상황 속에서 단지 금고 이상의 형을 받았다는 이유만으로 이미 공직에서 퇴출당할 군인에게 더 나아가 일률적으로 그 생존의 기초가 될 퇴직급여 등까지 반드시 감액하도록 규정한다면 그 법률조항은 침해되는 사익에 비해 지나치게 공익만을 강조한 입법이라고 아니할 수 없다.

특히 이 사건 법률조항이 직무관련 범죄 여부, 고의 또는 과실범 여부, 파렴치 범죄 여부 등을 묻지 아니하고 일률적으로 퇴직급여 등을 감액하도록 규정하고 있어 이 중에는 군인이 복무중 성실히 근무하도록 유도하고자 하는 공익에 기여하는 바는 미미함에도 불구하고 그 침해되는 사익은 중대한 경우가 포함될 수 있다.

나아가 이 사건 법률조항과 같이 금고 이상의 형을 선고받음으로 인하여 군인사법 제40조 제 1 항, 제10조에 의하여 제적됨과 함께 퇴직급여 등의 감액사유로서 규정하는 것은 법원으로 하여금 형사범죄의 판단을 함에 있어서도 불필요한 왜곡을 가져올 수 있다.

(e) 소   결

이상을 종합해 보면, 복무중의 사유로 금고 이상의 형을 선고받아 처벌받음으로써 기본적 죗값을 받은 군인에게 다시 제적이란 군인의 신분상실의 치명적인 법익박탈을 가하고, 이로부터 더 나아가 다른 특별한 사정도 없이 범죄의 종류에 상관 않고, 직무상 저지른 범죄인지 여부와도 관계없이, 누적되어 온 퇴직급여 등을 누적 이후의 사정을 이유로 일률적·필요적으로 감액하는 것은 과도한 재산권의 제한으로서 심히 부당하며 군인의 퇴직 후 노후생활보장이라는 군인연금제도의 기본적인 입법목적에도 부합하지 않는다. 또 가사 이 사건 법률조항이 그 입법 목적 달성을 위하여 필요한 수단이라고 하더라도 당해 군인에게 지나치게 가혹한 불이익을 주는 것으로서 그로 인하여 달성되는 공익과 당해 군인이 입는 불이익 사이에 현저한 불균형을 초래하여 최소침해성의 요건 및 법익균형성의 요건을 충족시키지 못한다 할 것이다.

(나) 평등의 원칙 위배 여부

이 사건 법률조항은 군인이 복무중의 사유로 인하여 금고 이상의 형을 받은 때에 퇴직급여 및 퇴직수당의 일부를 감액하여 지급하도록 규정하여, 퇴직급여에 있어서는 국민연금법상의 사업장가입자에 비하여, 퇴직수당에 있어서는 근로기준법상의 근로자에 비하여 각각 차별대우를 하고 있다.

헌법재판소는 2005헌바33 결정에서 공무원 또는 공무원이었던 자가 재직 중의 사유로 금고 이상의 형을 받은 때에는 이 사건 법률조항과 유사하게 대통령령이 정하는 바에 의하여 퇴직급여 및 퇴직수당의 일부를 감액하여 지급하도록 한 공무원연금법(1995. 12. 29. 법률 제5117호로 개정된 이후의 것) 제64조 제 1 항에 대하여 2008년 12월 31일을 개정시한으로 헌법불합치결정을 선고한 바 있는바, 위 공무원연금법 조항은 개정시한의 경과로 인하여 효력을 상실하였다.

따라서 현재로서는 공무원 또는 공무원이었던 자의 경우에는 재직 중의 사유로 금고 이상의 형을 받았다고 하더라도 연금 일부 지급정지의 기본권 제한을 받지 않고 있는데 군인은 아직도 그러한 제한을 받고 있으므로, 이 사건 법률조항은 결과적으로 일반 공무원에 비하여 군인을 불합리하게 차별적으로 취급하고 있는 문제점이 있다고 할 것이다.

(3) 결   론

(가) 이 사건 법률조항은 위헌

이 사건 법률조항은 재산권 제한의 한계를 일탈하여 수단의 적합성, 침해의 최소성 및 법익균형성에 어긋나고 평등의 원칙에 위배되는 부분을 포함하고 있으므로 헌법에 위반된다.

(나) **위헌결정의 효력**

피고가 이 사건 처분의 근거로 삼은 이 사건 법률조항에 대하여 헌법재판소로부터 위헌결정이 내려진 이상 원고에 대한 이 사건 처분은 법률의 근거 없이 이루어진 셈이 된 것이고, 아울러 위 위헌결정의 효력은 그 결정의 계기를 부여한 구체적인 사건, 즉 당해사건인 이 사건에 소급하여 미친다(대법원 2005. 10. 7. 선고 2005두3356 판결【퇴직연금지급청구에대한거부처분취소】).

(다) **법률에 대한 헌법재판소의 위헌결정이 있기 전에 그 법률에 근거하여 행해진 행정처분이 당연무효인지 여부**

(a) 행정청이 법률에 근거하여 행정처분을 한 후에 헌법재판소가 그 법률을 위헌으로 결정하였다면 그 행정처분은 결과적으로 법률의 근거가 없이 행하여진 것과 마찬가지가 되어 하자가 있다고 할 것이나, 하자 있는 행정처분이 당연무효가 되기 위하여는 그 하자가 중대할 뿐만 아니라 명백한 것이어야 하는데, 일반적으로 법률이 헌법에 위반된다는 사정은 헌법재판소의 위헌결정이 있기 전에는 객관적으로 명백한 것이라고 할 수 없으므로 특별한 사정이 없는 한 이러한 하자는 위 행정처분의 취소사유에 해당할 뿐 당연무효 사유는 아니라고 보아야 한다(대법원 2000. 6. 9. 선고 2000다16329 판결【부당이득금】).

(b) 행정처분이 위법하더라도 하자가 중대하고 명백하여 당연무효라고 보아야 할 사유가 있는 경우를 제외하고는 그 하자를 이유로 무단히 그 효과를 부정하지 못한다. 행정처분의 하자가 취소사유에 불과한 때에는 취소되지 않는 한 그 행정처분이 계속 유효하다고 할 것이므로 민사소송절차에서 부당이득반환청구를 심리하는 법원이 행정처분의 효력을 부인하고 행정처분에 따라 부과·징수한 조세나 부담금 등의 금원을 법률상 원인 없는 이득이라고 판단할 수 없다.

행정청이 행정처분을 한 후에 헌법재판소가 그 근거법률을 위헌으로 결정한 경우에도, 결과적으로 그 행정처분은 법률의 근거가 없이 행하여진 것과 마찬가지가 되어 하자 있는 것이 되기는 하지만, 일반적으로 법률이 헌법에 위반된다는 사정이 헌법재판소의 위헌결정이 있기 전에는 객관적으로 명백한 것이라고 할 수는 없으므로 특별한 사정이 없는 한 이러한 하자는 행정처분의 취소사유에 해당할 뿐 당연무효사유는 아니다.

따라서 (이 사건 법률조항에 대하여) 위헌결정이 선고된다 하더라도, 이는 특별한 사정이 없는 한 서울 강남구청장의 위 기반시설부담금 부과처분을 당연무효로 하는 사유가 아니고 다만 취소할 수 있는 사유에 해당한다고 보아야 할 것인데, 위 기반시설부담금 부과처분의 취소소송을 제기할 수 있는 기간은 이미 도과되어 더 이상 이를 다툴 수 없다(헌법재판소 2010. 2. 25. 선고 2007헌바131 결정【기반시설부담금에관한법률제 8 조제 1 항등위헌소원등】).

(c) 따라서 피고의 원고에 대한 이 사건 처분은 위법하여 취소되어야 한다.[2]

4. 원고의 이 사건 처분의 취소판결을 받기 위한 향후 절차

가. 위헌법률심판제청신청

(1) 원고가 이 사건 처분의 취소판결을 받기 위해서는 처분의 근거법률인 이 사건 법률조항이 위헌이라는 헌법재판소의 결정이 있어야 한다.

(2) 따라서 원고는 이 사건 법률조항의 위헌 여부는 당해 사건 재판의 전제가 되므로 위헌법률심판제청신청을 하여야 한다.

(3) 그 때문에 원고는 2008. 3. 10. 당해 사건의 재판부에 위헌법률심판제청신청을 하였으나, 당해 재판부는 이 사건 법률조항에 대한 신청은 이유 없다고 하여 기각하였다.

나. 헌법소원심판청구

(1) 원고는 법원이 위헌제청신청을 기각하였으므로 헌법재판소에 헌법소원심판을 청구할 수 있다.

(2) 원고는 이 사건 각 처분에 대하여 법원의 기각판결을 받은 후에 서울고등법원에 항소를 제기한 후에 헌법소원심판청구를 제기하였다.

(3) 원고는 2009. 1. 20. 위헌제청신청에 대한 기각결정을 송달받은 후 그로부터 헌법재판소법 제68조 제 2 항이 정하는 30일 이내에 헌법소원심판청구서를 제출하였다.

---

[2] 그러나 이 사건 각 처분의 취소를 구하는 원고의 청구는 1심에서는 기각되었다.

위 헌 심 판 제 청 신 청

사　　건　　2008구합○○○ 군인연금과다지급액환수및연금감액처분취소등
신 청 인　　홍길동
상 대 방　　국방부장관

위 사건에 관하여 신청인 대리인은 아래와 같이 위헌법률심판제청을 신청합니다.

신 청 취 지

군인연금법(1995. 12. 29. 법률 제5063호로 개정된 것) 제33조 제 1 항 제 1 호 부분의 위헌여부에 대한 심판을 제청한다.라는 결정을 구합니다.

신 청 이 유

1. 이 사건의 개요

　　가. 신청인은 1972. 1. 5. 부사관으로 입대하여 군복무를 하던 중, ○○○, ○○○와 공동하여 2006. 11. 28. 22 : 00경부터 다음날 20 : 20경까지 피해자 ○○○가 580만원을 변제하지 않았다는 이유로 위 피해자를 감금하고 폭행하였다는 내용의 범죄사실로 구속기소되어, 해병대제 1 사단보통군사법원으로터 2007. 1. 9. 징역 1년에 집행유예 2년을 선고받았습니다. 위 판결은 2007. 6. 5. 고등군사법원에서 항소기각되어 같은 달 13.확정되었고, 신청인은 같은 날 전역처리되었습니다.

　　나. 상대방은 2007. 9. 6. 신청인에게, 신청인이 복무중에 금고 이상의 형을 선고받았음을 이유로 군인연금법 제33조 제 1 항 제 1 호(이하 '이 사건 법률조항'이라 한다) 및 같은 법 시행령 제70조 제 1 호에 따라 퇴직수당의 50%(33,166,060원)를 감액하여 지급하는 결정을 하였습니다. 또 상대방은 2007. 12. 13. 신청인에게 신청인의

퇴직연금 역시 위 규정에 따라 50% 감액지급되어야 하나 착오로 과다 지급되었다는 이유로 과다지급된 퇴직연금(6,266,150원)을 환수하고 2007. 12.부터 50% 감액된 퇴직연금을 지급하는 결정을 통보하였습니다(이하 이 사건 법률조항에 따른 상대방의 2007. 9. 6.자 및 2007. 12. 13.자 각 처분을 '이 사건 각 처분'이라 합니다).

2. 위헌제청대상 법률조항 및 관련조항

■ 군인연금법
제33조(형벌 등에 의한 급여제한)
① 군인 또는 군인이었던 자가 다음 각호의 1에 해당하는 경우에는 대통령령이 정하는 바에 의하여 퇴직급여 및 퇴직수당의 일부를 감액하여 지급한다.
1. 복무중의 사유로 금고 이상의 형을 받은 때

군인연금법 제33조 제1항 제1호는 금고 이상의 형의 선고를 받은 경우에는 범죄의 직무 관련성 등을 묻지 않고 모두 필요적·획일적으로 퇴직급여 등을 제한하고 있으므로, 재산권 제한의 한계를 일탈하였을 뿐 아니라 평등의 원칙에 반하여 헌법에 위반되는 규정입니다.

3. 재판의 전제성

가. 법원이 어느 법률의 위헌여부의 심판을 제청하기 위하여는, 당해 법률이 헌법에 위반되는 여부가 재판을 하기 위한 전제가 되어야 하는바, 여기에서 재판의 전제가 된다고 함은, 구체적 사건이 법원에 계속중이어야 하고, 위헌여부가 문제되는 법률이 당해 소송사건의 재판에 적용되는 것이어야 하며, 그 법률이 헌법에 위반되는지의 여부에 따라 당해 사건을 담당하는 법원이 다른 판단을 하게 되는 경우(대법원 2002. 9. 27. 2002초기113 위헌제청신청)를 말합니다.

나. 이 사건 심판대상 법률조항은 이 법원 2007고합○○○ 군인연금과다지급액환수 및 연금감액처분취소등 사건에 적용되는 것으로, 위 법률조항이 위헌으로 결정되면 청구인에 대한 위 처분은 취소되어 승소판결이 선고될 것으로 예상되기에 재판의 전제성을 인정할 수 있습니다.

4. 위헌제청 이유

가. 군인연금제도의 목적

군인연금제도는 군인이 퇴직 또는 사망과 공무로 인한 질병·부상에 대하여 적절한 급여를 지급함으로써 군인 및 그 유족의 생활안정과 복지향상에 기여함을 목적으로 하여 운영되고 있습니다. 이 제도는 군인이 복무 중에 발생한 위험을 국가의 책임아래 보험기술을 통하여 군인의 구제를 도모하는 사회보험제도에 해당됩니다.

군인연금제도는 연금제도 본래의 기능인 퇴직연금 외에도 기업의 퇴직금에 해당하는 일시금 및 퇴직수당, 민간의 산재보험에 해당하는 공무상 재해보상급여 기타 일반재해에 대한 각종 부조급여를 실시하는 등의 폭넓은 보장기능이 있으며, 군인공무원이라는 특수직역을 대상으로 한 노후소득보장, 근로보상, 재해보상, 부조 및 후생복지 등을 포괄적으로 실시하는 종합적인 사회보장제도의 역할을 수행하고 있습니다. 따라서 군인연금법상의 각종 급여는 사회보장적 급여로서의 성격도 있지만, 퇴직수당 및 퇴직금, 연금 등 퇴직급여는 후불임금으로서의 성격도 아울러 가지고 있습니다.

나. 이 사건 법률조항의 위헌성 검토

(1) 과잉금지의 원칙의 위반

군인연금법 제33조는 군인이 복무중의 사유로 금고 이상의 형을 선고받으면 퇴직급여 및 퇴직수당의 일부를 감액하여 지급한다고 규정하고 있습니다. 그러나 이 규정은 군인이 한번 처벌을 받아 그 책임을 진 군인에게 당연퇴직이라는 군인의 신분을 상실시키는 불이익을 가하고, 나아가 군인이 그 직무상 저지른 범죄인지 여부 등을 구분하지 아니하고 일단 금고 이상의 형을 선고받으면 그 때까지 누적되어 온 퇴직급여 등을 단순히 누적 이후의 형의 선고받은 사정이 발생하였다는 이유로 그 사건 이전의 성실하게 복무하여 장차 급여로서 수령할 것으로 예상되어 있던 퇴직급여를 완전히 무시하고 일률적으로 감액 처분을 하는 것은 과도한 재산권의 제한에 해당되어 심히 부당할 뿐만 아니라 군인의 퇴직후 노후생활보장이라는 군인연금제도의 기본적인 입법취지에도 부합하지 않습니다.

때문에 이 사건 법률조항은 그 입법 목적 달성을 위하여 필요한 수단이라고 하더라도 당해 군인에게 지나치게 가혹한 불이익을 주는 것으로서 그로 인하여 달성되는 공익과 당해 군인이 입는 불이익 사이에 현저한 불균형을 초래하여 법익의 최소침해성 및 법익균형성의 요건을 충족시키지 못하고 있습니다.

⑵ 평등의 원칙 등 위반

군인연금법 제33조는 군인을 국민연금법상의 사업장가입자, 근로기준법상의 근로자, 일반공무원에 비하여 불평등하게 대우하는 헌법상 평등의 원칙을 위반하고 있습니다. 이 사건 법률은 군인이 재직중의 사유로 인하여 금고 이상의 형을 받은 때에 퇴직급여 및 퇴직수당의 일부를 감액하여 지급하도록 규정하여, 퇴직급여에 있어서는 국민연금법상의 사업장가입자에 비하여, 그리고 퇴직수당에 있어서는 근로기준법상의 근로자에 비하여 불리한 차별대우를 하고 있습니다.

이러한 차별은 국민전체에 대한 봉사자로서의 군인에게 성실한 근무를 유도한다는 입법취지 및 성실한 복무에 대한 보상이라는 보수적 성격을 고려할지라도 일반국민이나 근로자에 비하여 합리적 이유없는 자의적인 차별에 해당됩니다.

무엇보다 공무원연금법 제64조 제 1 항에 대하여 이미 헌법불합치결정이 내려져 공무원에 대하여 적용이 제한되는데, 군인공무원에게 헌법불합치결정이 없었다는 이유만으로 일반 공무원보다 불리한 대우를 받아야 하는 헌법 제39조 제 2 항에도 반하는 것입니다.

5. 결 론

따라서 이 사건 법률은 그 위헌 여부가 이 사건 재판의 전제가 되고, 위헌으로 인정할 만한 상당한 이유가 있으므로, 신청인의 대리인은 헌법재판소에 위헌법률심판을 제청해 줄 것을 신청합니다.

2008. 3. 10.

신청인의 대리인
법무법인 공정
담당변호사 박 승 소

서 울 행 정 법 원   귀 중

[참고자료]

서 울 행 정 법 원
제 1 부
결   정

사 건	2008아○○○ 위헌법률심판제청
신 청 인	○○○ (******–1******)
	주소
	소송대리인 법무법인 ○○
	담당변호사 ○○○
상 대 방	국방부장관
	소송수행자 ○○○
본안사건	서울행정법원 2008구합○○○ 군인연금과다지급액환수및연금금액처분취소등

주   문

1. 이 사건 위헌제청신청 중 군인연금법 제33조 제 1 항 제 2 호, 제 3 호에 대한 신청부분을 각하한다.[3]
2. 신청인의 나머지 신청을 기각한다.

신 청 취 지

군인연금법 제33조 제 1 항의 위헌여부에 대한 심판을 제청한다.

이   유

1. 사건의 개요 및 신청대상 법률조항

가. 사건의 개요

기록에 의하면 다음의 사실이 인정된다.

---

[3] 실제 이 사건 신청인은 군인연금법 제33조 제 1 항 전체에 대하여 위헌법률심판제청을 하였다(신청취지 참조).

(1) 신청인은 1972. 1. 5. 부사관으로 입대하여 군복무를 하던 중, ○○○, ○○○와 공동하여 2006. 11. 28. 22 : 00경부터 다음날 20 : 20경까지 피해자 ○○○가 580만 원을 변제하지 않았다는 이유로 위 피해자를 감금하고 폭행하였다는 내용의 범 죄사실로 구속기소되어, 해병대 제 1 사단 보통군사법원으로부터 2007. 1. 9. 징역 1년에 집행유예 2년을 선고받았다. 위 판결은 2007. 6. 5. 고등군사법원에서 항소 기각되어 같은 달 13.확정되었고, 신청인은 같은 날 전역처리되었다.

(2) 상대방은 2007. 9. 6. 신청인에게, 신청인이 복무중에 금고 이상의 형을 선고받았 음을 이유로 군인연금법 제33조 제 1 항 제 1 호(이하 '이 사건 법률조항'이라 한다) 및 같은 법 시행령 제70조 제 1 호에 따라 퇴직수당의 50%(33,166,060원)를 감액하 여 지급하는 결정을 하였다. 또 상대방은 2007. 12. 13. 신청인에게 신청인의 퇴 직연금 역시 위 규정에 따라 50% 감액지급되어야 하나 착오로 과다지급되었다 는 이유로 과다지급된 퇴직연금(6,266,150원)을 환수하고 2007. 12.부터 50% 감액 된 퇴직연금을 지급하는 결정을 통보하였다(이하 이 사건 법률조항에 따른 상대방의 2007. 9. 6.자 및 2007. 12. 13.자 각 처분을 '이 사건 각 처분'이라 한다).

나. 신청대상 법률조항

◼ 군인연금법

제33조(형벌 등에 의한 급여제한)

① 군인 또는 군인이었던 자가 다음 각호의 1에 해당하는 경우에는 대통령령이 정하는 바 에 의하여 퇴직급여 및 퇴직수당의 일부를 감액하여 지급한다.

1. 복무중의 사유로 금고 이상의 형을 받은 때

2. 징계에 의하여 파면된 때

3. 금품 및 향응수수 또는 공금의 횡령·유용으로 징계 해임된 때

2. 신청인의 주장

군인연금법 제33조 제 1 항은 금고 이상의 형의 선고를 받은 경우에는 범죄의 직무 관련성 등을 묻지 않고 모두 필요적·획일적으로 퇴직급여 등을 제한하고 있으므로 재 산권 제한의 한계를 일탈하였을 뿐 아니라 평등의 원칙에 반하여 헌법에 위반되는 규정 이다.

3. 재판의 전제성에 대한 판단

법원이 어느 법률의 위헌여부의 심판을 제청하기 위해서는, 당해 법률이 헌법에 위반되는지 여부가 재판을 하기 위한 전제가 되어야 하는바, 여기에서 재판의 전제가 된다고 함은 구체적 사건이 법원에 계속중이어야 하고 위헌 여부가 문제되는 법률이 당해 소송사건의 재판에 적용되는 것이어야 하며, 그 법률이 헌법에 위반되는지의 여부에 따라 당해 사건을 담당하는 법원이 다른 판단을 하게 되는 경우를 말한다(대법원 1998. 4. 10.자 97카기24 결정, 2002. 9. 27.자 2002초기113 결정 등 참조).

그런데 신청인이 위헌제청을 구하는 법률조항 중 신청인이 본안사건에서 그 취소를 구하는 이 사건 각 처분과 관련된 조항은 이 사건 법률조항이고, 나머지 군인연금법 제33조 제1항 제2호, 제3호는 그 위헌 여부에 따라 이 사건 각 처분의 적법여부가 달라지는 것은 아니므로 재판의 전제성을 갖추지 못하여 부적법하다.

4. 이 사건 법률조항의 위헌여부

가. 군인연금제도의 목적

군인연금제도는 군인이 상당한 기간 성실히 복무하고 퇴직하였거나 심신의 장애로 인하여 퇴직 또는 사망한 때 등에 본인이나 그 유족에게 적절한 급여를 지급함으로써 본인 및 그 유족의 생활안정과 복리향상에 기여하는 데에 그 목적이 있다. 군인연금법상의 퇴직급여 및 퇴직수당도 후불임금적 성격을 가지는 동시에 사회보장적 급여 또는 군인이 재직중 그 직무를 성실히 수행한 데 대한 공로보상적 급여로서의 성격도 함께 가지는 것이다. 이처럼 군인의 퇴직급여 등 수급권에는 재산권이라는 성격과 함께 사회보장수급권이라는 성격도 아울러 가지고 있어 그 지급정도 내지 감액 여부는 원칙적으로 입법자가 사회정책적 측면과 국가의 재정 및 기금의 상황 등 여러 가지 사정을 참작하여 폭넓은 재량으로 결정할 수 있는 사항이라 할 것이다.

나. 이 사건 법률조항이 과잉금지의 원칙에 반하는지 여부

그런데 이 사건 법률조항이 형벌로 인한 급여의 감액을 규정한 것은 국민의 군인에 대한 신뢰를 유지하면서 이들이 범죄를 범하지 않고 국민의 공복으로서 충성스럽게 근무하도록 유도하기 위한 것으로서 그 목적의 정당성이 인정될 뿐만 아니라, 그러한 입법목적을 달성하는 데 적합한 수단이라고 할 것이다. 나아가 이 사건 법률조항이 급여 제한의 범위를 한정하고 있고, 퇴직급여 중 후불임금적 성격을 가지는 기여금 상당액은 감액의 범위에 포함되지 않는 점(군인연금법 4)에 비추어 피해의 최소성과 법익 균형성도 갖추었다고 할 것이다.

또 형벌에 의한 급여의 감액은 군인의 범죄를 예방하고, 군인이 재직중 그 의무를 다하도록 유도하기 위한 것으로 직무와 관련없는 범죄 또는 과실범이라고 하여 이들 범죄로 인한 급여의 감액이 위와 같은 입법목적을 달성하는 데 적합한 수단이 아니라고 단정할 수 없는 점 및 직무와 관련이 없는 범죄라고 하더라도 그에 대한 법률적 사회적 비난가능성은 직무와 관련이 있는 사유보다 더욱 큰 경우를 예상할 수 있는 점에다가 앞에서 본 입법자의 입법재량에 비추어 범죄의 종류를 묻지 않고 금고 이상의 형을 선고를 받은 경우 퇴직급여 등을 제한하고 있다고 하여 이 사건 법률조항이 비례의 원칙에 반하는 위헌적인 규정이라고 단정할 수 없다. 따라서 이 사건 법률조항이 기본권 제한의 한계를 일탈하였다고 할 수 없다.

다. 이 사건 법률조항이 평등의 원칙에 반하는지 여부

군인연금법상의 퇴직수당은 민간기업의 퇴직금제도에 상응하는 근로보상적 성격이 강하기는 하지만 기본적으로는 사회보장적 내지 공로보상적 성격도 함께 가지고 있으며, 구체적인 보장범위도 근로기준법에서 정한 법정퇴직금과는 차이가 있는 점(군인연금법 30의4, 같은 법 시행령 59), 군인은 일정한 법령준수 및 충실의무 등을 지고 있고, 이 사건 법률조항에 의한 급여의 감액은 군인이 재직중 범죄를 범하지 않고 국민의 공복으로서 충성스럽게 근무하도록 유도하기 위한 것인 점, 군인이 그 의무를 위반하여 재직주의 사유로 금고 이상의 형을 받은 때에는 국가부담분만큼의 급여를 지급하지 아니함으로써 군인범죄를 사전에 예방하고 군조직의 질서를 유지하는 데에 목적이 있는 점, 퇴직급여 중 후불임금적 성격을 가지는 기여금 상당액은 감액의 범위에 포함되지 않는 점(군인연금법 4), 이 사건과 법률조항과 유사한 내용을 담은 공무원연금법 제64조 제1항 제1호에 대한 헌법재판소의 헌법불합치결정(2005헌바33)은 2008. 12. 31. 개선입법을 마련할 때까지 그 효력이 지속되어 잠정 적용된다는 것으로서 공무원연금법 제64조 제1항 제1호는 헌법불합치결정에도 불구하고 여전히 효력을 가지고 있는 점 등에 비추어 보면, 이 사건 법률조항이 근로기준법상의 근로자나 공무원연금법상의 공무원에 비하여 군인을 합리적 이유 없이 차별 취급하고 있다고 단정할 수 없다.

라. 소   결

따라서 이 사건 법률조항은 과잉금지의 원칙에 반하거나 평등의 원칙에 반하여 위헌이라고 볼 수 없다.

5. 결   론

그렇다면, 이 사건 위헌제청신청 중 군인연금법 제33조 제 1 항 제 2 호, 제 3 호에 대한 부분은 부적법하여 이를 각하하고, 이 사건 법률조항에 대한 신청은 이유 없어 이를 기각하기로 하여 주문과 같이 결정한다.

2008.   12.   26.

재판장   판사   ○ ○ ○

판사   ○ ○ ○

판사   ○ ○ ○

우 편 송 달 통 지 서

		배달 못한 사유			
O. **송달서류** 위헌심판제청결정		구분/회수	1회	2회	3회
(2008. 12. 26.)		1. 수취인부재			
O. **발송자** 서울행정법원 제 1 부		2. 폐문 부재			
김행윤		3. 수취인불명			
		4. 주소 불명			
O. **송달받을 사람** 법무법인 공정		5. 이사 불명			
변호사 박승소		6. 기 타			
		배달날짜			
서울 서초구 서초동 120		집배원 확인			
		사유기재			

송달 방법			영수인 성명, 서명 또는 날인	
1	본인에게 주었다.		**법무법인 공정** **직원 황우윤** (인)	
2	본인을 만나지 못하여 ① 내지 ③사람에게 주었다.	① 본인 영업소, 사무소의 사무원 또는 피용자		
		② 본인주소, 거소의 동거인		
		③ 본인 근무장소의 사용자, 종업원등		
3	① 내지 ③사람이 수령을 거부하므로 그 장소에 서류를 두었다.	① 송달받을 본인		
		② 본인 영업소, 사무소의 사무원 또는 피용자		
		③ 본인주소, 거소의 동거인		

송달한 날짜	2009. 1. 20.
송달 장소	서울 서초구 서초동 120
접수인란	위와 같이 송달하였습니다. 2009년 1월 20일 우편집배원 최 집 배 (인) 서울행정법원 제 1 부 귀중

[참고자료]

서 울 행 정 법 원
제 1 부
판 결

사 건	008구합○○○ 군인연금과다지급액환수및연금감액처분취소등
원 고	○○○ (******-1******)
	주소
	소송대리인 법무법인 ○○
	담당변호사 ○○○
피 고	국방부장관
	소송수행자 ○○○
변론종결	2008. 11. 14.
판결선고	2008. 12. 26.

주   문

1. 이 사건 소 중 원고가 피고에 대하여 33,166,060원 및 이에 대한 지연손해금의 지급을 구하는 부분을 각하한다.
2. 원고의 나머지 청구를 기각한다.
3. 소송비용은 원고가 부담한다.

청 구 취 지

피고가 원고에 대하여 2007. 12. 13. 한 군인연금 과다지급액 환수 및 연금 감액지급처분, 2007. 9. 6. 한 퇴직수당 감액처분을 모두 취소한다. 피고는 원고에게 33,166,060원 및 이에 대한 2007. 9. 11.부터 이 사건 소장 부본 송달일까지 연 5%, 그 다음날부터 완제일까지 연 20%의 각 비율에 의한 금원을 지급하라.

이   유

1. 처분의 경위

가. 원고는 1972. 1. 5. 부사관으로 입대하여 군복무를 하던 중, ○○○, ○○○와 공동하여 2006. 11. 28. 22：00경부터 다음날 20：20경까지 피해자 ○○○가 580만 원을 변제하지 않았다는 이유로 위 피해자를 감금하고 폭행하였다는 내용의 범죄사실로 구속기소되어, 해병대 제 1 사단 보통군사법원으로부터 2007. 1. 9. 징역 1년에 집행유예 2년을 선고받았다. 위 판결은 2007. 6. 5. 고등군사법원에서 항소기각되어 같은 달 13.확정되었고, 원고는 같은 날 전역처리되었다.

나. 피고는 2007. 9. 6. 원고에게, 원고가 복무중에 금고 이상의 형을 선고받았음을 이유로 군인연금법 제33조 제 1 항 제 1 호(이하 '이 사건 법률조항'이라 한다) 및 같은 법 시행령 제70조 제 1 호에 따라 퇴직수당의 50%(33,166,060원)를 감액하여 지급하는 결정을 하였다. 또 피고는 2007. 12. 13. 원고에게 원고의 퇴직연금 역시 위 규정에 따라 50% 감액지급되어야 하나 착오로 과다 지급되었다는 이유로 과다지급된 퇴직연금(6,266,150원)을 환수하고 2007. 12.부터 50% 감액된 퇴직연금을 지급하는 결정을 통보하였다(이하 이 사건 법률조항에 따른 피고의 2007. 9. 6.자 및 2007. 12. 13.자 각 처분을 '이 사건 각 처분'이라 한다).
[인정근거] 갑 1내지 3호증, 을 1호증(이상 가지번호 포함)의 각 기재, 변론 전체의 취지

2. 이 사건 소 중 피고에 대하여 금원의 지급을 구하는 부분의 적법 여부

원고는, 피고가 이 사건 법률규정에 따라 원고에게 퇴직수당 중 50%를 지급하지 않았는데, 이 사건 법률규정은 뒤에서 주장하는 바와 같은 이유로 무효라고 주장하면서, 피고를 상대로 퇴직수당 중 50%에 해당하는 33,166,060원 및 그 지연손해금의 지급을 구하고 있다.

살피건대, 군인연금법 제10조 제 1 항은 '각종 급여는 그 급여를 받을 권리를 가진 자가 당해 군인이 소속하였던 군의 참모총장의 확인을 얻어 청구하는 바에 따라 국방부 장관이 결정하여 지급'하는 것으로 규정하고 있다. 그런데 군인연금법상의 급여에 관한

권리의무의 귀속주체는 대한민국이라 할 것이므로, 권리의무의 귀속주체가 아니라 처분을 한 행정청에 불과한 피고를 상대로 직접 미지급된 퇴직수당의 지급을 구할 수는 없다고 할 것이다.

　　따라서 이 사건 소 중 금원지급을 구하는 부분은 피고 적격이 없는 자를 상대로 제기한 것으로 부적법하다.

3. 이 사건 각 처분의 적법 여부

가. 원고의 주장

　　이 사건 법률조항은 금고 이상의 형의 선고를 받은 경우에는 범죄의 직무관련성 등을 묻지 않고 모두 필요적·획일적으로 퇴직급여 등을 제한하고 있으므로 기본권 제한의 입법적 한계를 일탈하였을 뿐 아니라 평등의 원칙에 반하여 헌법에 위반된 규정이다. 따라서 위헌적인 이 사건 법률조항에 근거한 이 사건 각 처분은 위법하다.

나. 판　　단

(1) 군인연금제도의 목적

　　군인연금제도는 군인이 상당한 기간 성실히 복무하고 퇴직하였거나 심신의 장애로 인하여 퇴직 또는 사망한 때 등에 본인이나 그 유족에게 적절한 급여를 지급함으로써 본인 및 그 유족의 생활안정과 복리향상에 기여하는 데에 그 목적이 있다. 군인연금법상의 퇴직급여 및 퇴직수당도 후불임금적 성격을 가지는 동시에 사회보장적 급여 또는 군인이 재직중 그 직무를 성실히 수행한 데 대한 공로보상적 급여로서의 성격도 함께 가지는 것이다. 이처럼 군인의 퇴직급여 등 수급권에는 재산권이라는 성격과 함께 사회보장수급권이라는 성격도 아울러 가지고 있어 그 지급정도 내지 감액 여부는 원칙적으로 입법자가 사회정책적 측면과 국가의 재정 및 기금의 상황 등 여러 가지 사정을 참작하여 폭넓은 재량으로 결정할 수 있는 사항이라 할 것이다.

(2) 이 사건 법률조항이 과잉금지의 원칙에 반하는지 여부

　　그런데 이 사건 법률조항이 형벌로 인한 급여의 감액을 규정한 것은 국민의 군인에 대한 신뢰를 유지하면서 이들이 범죄를 범하지 않고 국민의 공복으로서 충성스럽게 근무하도록 유도하기 위한 것으로서 그 목적의 정당성이 인정될 뿐만 아니라, 그러한 입법목적을 달성하는 데 적합한 수단이라고 할 것이다. 나아가 이 사건 법률조항이 급여제한의 범위를 한정하고 있고, 퇴직급여 중 후불임금적 성격을 가지는 기여금 상당액은 감액의 범위에 포함되지 않는 점(군인연금법 4)에 비추어 피해의 최소성과 법익 균형성도 갖추었다고 할 것이다.

또 형벌에 의한 급여의 감액은 군인의 범죄를 예방하고, 군인이 재직중 그 의무를 다하도록 유도하기 위한 것으로 직무와 관련없는 범죄 또는 과실범이라고 하여 이들 범죄로 인한 급여의 감액이 위와 같은 입법목적을 달성하는 데 적합한 수단이 아니라고 단정할 수 없는 점 및 직무와 관련이 없는 범죄라고 하더라도 그에 대한 법률적 사회적 비난가능성은 직무와 관련이 있는 사유보다 더욱 큰 경우를 예상할 수 있는 점에다가 앞에서 본 입법자의 입법재량에 비추어 범죄의 종류를 묻지 않고 금고 이상의 형을 선고를 받은 경우 퇴직급여 등을 제한하고 있다고 하여 이 사건 법률조항이 비례의 원칙에 반하는 위헌적인 규정이라고 단정할 수 없다. 따라서 이 사건 법률조항이 기본권 제한의 한계를 일탈하였다고 할 수 없다.

(3) 이 사건 법률조항이 평등의 원칙에 반하는지 여부

군인연금법상의 퇴직수당은 민간기업의 퇴직금제도에 상응하는 근로보상적 성격이 강하기는 하지만 기본적으로는 사회보장적 내지 공로보상적 성격도 함께 가지고 있으며, 구체적인 보장범위도 근로기준법에서 정한 법정퇴직금과는 차이가 있는 점(군인연금법 30의4, 같은 법 시행령 59), 군인은 일정한 법령준수 및 충실의무 등을 지고 있고, 이 사건 법률조항에 의한 급여의 감액은 군인이 재직중 범죄를 범하지 않고 국민의 공복으로서 충성스럽게 근무하도록 유도하기 위한 것인 점, 군인이 그 의무를 위반하여 재직중의 사유로 금고 이상의 형을 받은 때에는 국가부담분만큼의 급여를 지급하지 아니함으로써 군인범죄를 사전에 예방하고 군조직의 질서를 유지하는 데에 목적이 있는 점, 퇴직급여 중 후불임금적 성격을 가지는 기여금 상당액은 감액의 범위에 포함되지 않는 점(군인연금법 4), 이 사건과 법률조항과 유사한 내용을 담은 공무원연금법 제64조 제 1 항 제 1 호에 대한 헌법재판소의 헌법불합치결정(2005헌바33)은 2008. 12. 31. 개선입법을 마련할 때까지 그 효력이 지속되어 잠정 적용된다는 것으로서 공무원연금법 제64조 제 1 항 제 1 호는 헌법불합치결정에도 불구하고 여전히 효력을 가지고 있는 점 등에 비추어 보면, 이 사건 법률조항이 근로기준법상의 근로자나 공무원연금법상의 공무원에 비하여 군인을 합리적 이유 없이 차별 취급하고 있다고 단정할 수 없다.

⑷ 소　결

따라서 이 사건 법률조항은 과잉금지의 원칙에 반하거나 평등의 원칙에 반하여 위헌이라고 볼 수 없으므로, 이 사건 법률조항에 근거한 이 사건 처분은 적법하고, 이와 다른 전제에 선 원고의 주장은 이유 없다.

4. 결　론

그렇다면, 이 사건 소 중 금원청구 부분은 이를 각하하고, 원고의 나머지 청구는 이유 없어 이를 기각하기로 하여 주문과 같이 판결한다.

재판장　　판사　　○ ○ ○

판사　　○ ○ ○

판사　　○ ○ ○

우 편 송 달 통 지 서

<table>
<tr><td rowspan="2">○. 송달서류 판결정본

2008. 12. 26.</td><td colspan="4" style="text-align:center">배달 못한 사유</td></tr>
<tr><td>구분/회수</td><td>1회</td><td>2회</td><td>3회</td></tr>
</table>

<table>
<tr><td rowspan="11">○. 송달서류 판결정본

2008. 12. 26.

○. 발송자 서울행정법원 제 1 부
　　　　　　　김행윤

○. 송달받을 사람 법무법인 공정
　　　　　　　변호사 박승소

　　　　서울 서초구 서초동 120</td><td colspan="4" style="text-align:center">배달 못한 사유</td></tr>
<tr><td>구분/회수</td><td>1회</td><td>2회</td><td>3회</td></tr>
<tr><td>1. 수취인부재</td><td></td><td></td><td></td></tr>
<tr><td>2. 폐문 부재</td><td></td><td></td><td></td></tr>
<tr><td>3. 수취인불명</td><td></td><td></td><td></td></tr>
<tr><td>4. 주소 불명</td><td></td><td></td><td></td></tr>
<tr><td>5. 이사 불명</td><td></td><td></td><td></td></tr>
<tr><td>6. 기 타</td><td></td><td></td><td></td></tr>
<tr><td>배달날짜</td><td></td><td></td><td></td></tr>
<tr><td>집배원 확인</td><td></td><td></td><td></td></tr>
<tr><td colspan="4" style="text-align:center">사유기재</td></tr>
</table>

송 달 방 법			영수인 성명, 서명 또는 날인
1	본인에게 주었다.		법무법인 공정 　직원 황우윤 (인)
2	본인을 만나지 못하여 ① 내지 ③사람에게 주었다.	① 본인 영업소, 사무소의 사무원 또는 피용자	
		② 본인주소, 거소의 동거인	
		③ 본인 근무장소의 사용자, 종업원등	
3	① 내지 ③사람이 수령을 거부하므로 그 장소에 서류를 두었다.	① 송달받을 본인	
		② 본인 영업소, 사무소의 사무원 또는 피용자	
		③ 본인주소, 거소의 동거인	
송달한 날짜		2009. 1. 20.	
송달 장소		서울 서초구 서초동 120	
접수인란		위와 같이 송달하였습니다. 2009년 1월 20일 우편집배원　최 집 배　　(인) <div style="text-align:center"># 서울행정법원 제 1 부 귀중</div>	

작 성 요 강

법무법인 공정 변호사 박승소가 의뢰인 홍길동으로부터 수임받아 제소한 이 사건 처분의 취소를 구하는 청구는 기각되어 패소판결을 받게 되었다. 또한 이 사건 처분의 근거법률에 대한 위헌심판제청신청도 기각되었다. 홍길동은 법원의 재판에 대하여 모두 불복하고자 다시 법무법인 공정에 위 사건의 수임을 의뢰하여 수임계약을 체결하였다.

☐ 설   문 [2]

변호사 박승소의 입장에서 홍길동에 대한 제1심 판결에 불복하는 내용의 서면을 작성해 보시오. 작성일자는 작성하는 서면의 종류에 따른 적법한 제소기간 내에 제출하는 것으로 하시오.

☐ 설   문 [3]

홍길동이 2008. 12. 26. 서울행정법원의 위헌법률심판제청 결정에 대하여 불복하려고 한다. 홍길동의 항소심 대리인의 입장에서 위 변호사가 작성하여 헌법재판소에 제출할 서면을 작성하시오.

설문 2.
해 답

항 소 장

원　고(항소인)　　　홍 길 동

피고(피항소인)　　　국방부장관

위 당사자간 서울행정법원 2008구합○○○ 군인연금과다지급액환수및연금감액처분취소등 사건에 관하여 원고는 위 법원이 2008. 12. 26. 선고한 판결에 대하여 불복하므로, 이에 항소를 제기합니다.

(원고는 이 사건 판결문을 2009. 1. 20. 송달받았습니다.)

원판결의 표시

1. 이 사건 소 중 원고가 피고에 대하여 33,166,060원 및 이에 대한 지연손해금의 지급을 구하는 부분을 각하한다.
2. 원고의 나머지 청구를 기각한다.
3. 소송비용은 원고가 부담한다.

접　수
No. 78435
2009. 01. 30.
서울행정법원
종합접수실

불복정도 및 항소범위

원판결 중 원고 패소부분에 대하여 전부 불복이므로, 다음과 같이 항소를 제기합니다.

항 소 취 지

1. 원판결을 모두 취소한다.

2. 피고가 2007. 12. 13. 원고에 대하여 한 군인연금 과다지급액 환수 및 연금 감액지급처
   분, 2007. 9. 6.에 한 퇴직수당 감액처분을 모두 취소한다.
3. 피고는 원고에게 33,166,060원 및 이에 대한 2007. 9. 11.부터 이 사건 소장 부본 송달
   일까지 연 5%, 그 다음날부터 완제일까지 연 20%의 각 비율에 의한 금원을 지급하라.
4. 소송비용은 1, 2심 모두 피고가 부담한다.
라는 판결을 구합니다.

항 소 이 유

　　원심법원은 원고의 이 사건 처분근거 법률조항의 위헌심판제청신청을 기각하고, 본
안사건의 청구에 대하여도 기각하는 판결을 하였습니다.

　　원고는 이 사건 처분근거 법률조항에 대하여 헌법소원심판청구를 할 예정입니다.
헌법재판소에서는 이 사건 처분근거 법률조항에 해당하는 공무원연금법 제64조 제 1 항
제 1 호에 대하여 헌법에 합치되지 아니한다는 결정(헌법재판소 2007. 3. 29. 선고 2005헌바33
결정【공무원연금법제64조제 1 항제 1 호위헌소원】)을 한 바 있어, 이 사건 처분근거 법률조항
에 대하여도 역시 동일하게 위헌결정을 할 것으로 예상됩니다.
자세한 항소이유는 추후 제출하겠습니다.[4]

---

4) 실무에서는 항소장을 제출할 때 항소이유에 대하여서 '자세한 항소이유는 추후 제출'하겠다는 취지로
　 기재한 다음에 나중에 준비서면으로 항소이유를 상세하게 기재하지만, 이 기록에서와 같이 항소장을
　 작성하는 문제라면 항소이유를 생략하지 않고 기재하여야 할 것이다.

첨 부 서 류

1. 항소장 부본   1통
2. 송달료 납부서   1통
3. 위임장 및 담당변호사 지정서   각 1통

2009.   1.   30.

원고(항소인)   소송대리인
법무법인   공정
담당변호사   박 승 소

서울고등법원 귀중

접 수 증 명 원

사   건   2008구합○○○   군인연금과다지급액환수및연금감액처분취소등

원   고   ○○○ (******–1******)

피   고   국방부장관

위 사건에 관하여 귀 법원의 2008. 12. 26.자 판결에 대하여 원고가 2009. 1. 30. 항소제기하였음
을 증명하여 주시기 바랍니다.

원고 대리인 법무법인   공정

담당변호사   박 승 소

서 울 행 정 법 원   귀 중

쟁 점 해 설

1. 항소의 개념과 행정소송법의 규정

항소라 함은 지방법원의 단독판사 또는 지방법원합의부가 한 제 1 심의 종국판결에 대하여 다시 유리한 판결을 구하기 위하여 가장 가까운 상급법원에 하는 불복신청이다(민사소송법 390①). 그 신청인을 항소인, 그 상대방을 피항소인이라고 한다. 제 1 심의 원고와 피고가 항소인·피항소인이 된다.

행정소송법에는 행정소송 사건의 항소에 관한 직접적인 규정은 없다. 다만, 행정소송에 관하여 이 법에 특별한 규정이 없는 사항에 대하여는 법원조직법과 민사소송법 및 민사집행법의 규정을 준용한다(행정소송법 8②)고 규정하고 있다. 따라서 항소절차에 관하여는 민사소송법이 준용된다.

2. 항소장의 제출

항소의 제기는 원심인 제 1 심 법원에 항소장을 제출하여야 한다(민사소송법 397①). 항소는 상급법원에 하는 불복신청이지만, 항소장의 제출은 판결을 한 제 1 심 법원에 제출하여야 한다. 이 사건의 항소심 법원은 서울고등법원이지만, 항소장의 제출은 서울행정법원에 하여야 한다. 실제로 원고의 항소장 접수가 제 1 심 법원인 서울행정법원 종합민원실이라는 점이 이를 말해 준다. 형사소송의 항소에서도 항소장을 원심법원에 제출하여야 한다(형사소송법 359).

3. 항소기간

항소는 판결서가 송달된 날부터 2주 이내에 하여야 한다. 다만, 판결서 송달 전에도 할 수 있다(민사소송법 396①). 판결에 불복이 있을 때에는 판결정본을 송달받은 날(발송송달의 경우에는 발송한 날)부터 2주 이내에 항소장을 당해 사건의 판결을 한 법원에 제출하여야 한다. 이 사건에서는 판결정본을 2008. 1. 20. 송달받은 후 2주 이내인 같은 달 30. 제기한 항소는 적법하다. 반면, 형사소송에서의 항소기간은 판결선고가 있은 후 7일 이내에 하여야 한다(형사소송법 358).

헌법소원심판청구서

청 구 인   홍길동
　　　　　서울시 서초구 서초동 1

　　　　　대리인 법무법인 공정
　　　　　담당변호사 박승소

청 구 취 지

"군인연금법 제33조 제 1 항 제 1 호(1995. 12. 29. 법률 제5063호로 개정된 것)는 헌법에 위반된다"라는 결정을 구합니다.

당 해 사 건

서울행정법원 2008구합○○○ 군인연금과다지급액환수및연금감액처분취소등
(항소심: 서울고등법원 2009누○○○호 군인연금과다지급액환수및연금감액처분취소등)

침해된 권리

헌법 제23조 제 1 항(재산권), 헌법 제11조 제 1 항(평등권).

위헌이라고 해석되는 법률조항

군인연금법 제33조 제 1 항 제 1 호

청 구 이 유

1. 사건의 개요

가. 청구인은 1972. 1. 5. 부사관으로 입대하여 군복무를 하던 중, ○○○, ○○○와 공동하여 2006. 11. 28. 22 : 00경부터 다음날 20 : 20경까지 피해자 ○○○가 580 만원을 변제하지 않았다는 이유로 위 피해자를 감금하고 폭행하였다는 내용 의 범죄사실로 구속기소되어, 해병대제1사단보통군사법원으로터 2007. 1. 9. 징역 1년에 집행유예 2년을 선고받았습니다. 위 판결은 2007. 6. 5. 고등군사법원 에서 항소기각되어 같은 달 13.확정되었고, 신청인은 같은 날 전역처리되었습 니다.

나. 국방부장관은 2007. 9. 6. 청구인에게, 청구인이 복무중에 금고 이상의 형을 선고받았음을 이유로 군인연금법 제33조 제 1 항 제 1 호(이하 '이 사건 법률조항' 이라 한다) 및 같은 법 시행령 제70조 제 1 호에 따라 퇴직수당의 50%를 감액하 여 지급하는 결정을 하였습니다. 또 국방부장관은 2007. 12. 13. 신청인에게 신 청인의 퇴직연금 역시 위 규정에 따라 50% 감액지급되어야 하나 착오로 과다 지급되었다는 이유로 과다지급된 퇴직연금(6,266,150원)을 환수하고 2007. 12.부 터 50% 감액된 퇴직연금을 지급하는 결정을 통보하였습니다(이하 이 사건 법률 조항에 따른 상대방의 2007. 9. 6.자 및 2007. 12. 13.자 각 처분을 '이 사건 각 처분'이라 한다).

다. 청구인은, 국방부장관이 이 사건 각 처분의 근거법률인 군인연금법 제33조 제 1 항 제 1 호의 "복무중의 사유로 금고이상의 형을 받은 때에는, 퇴직급여 및 퇴직 수당을 감액하여 지급한다"라는 법률 규정은 헌법에 위배되는 법률이므로, 이 같은 법률을 근거로 이 사건 각 처분을 한 것은 위법하기 때문에 그 처분의 취 소를 구하는 소송을 제기하였습니다.

라. 그리고 청구인은 이 사건 법률조항은 헌법상의 재산권 및 행복추구권, 평등권, 과잉금지원칙 등을 침해하고 있어 위헌이라고 주장하면서 재판부에 이 사건 법 률조항에 대한 위헌법률제청신청을 하였지만, 그 신청을 기각하는 결정을 하였 습니다. 또한 청구인의 본안청구에 대하여도 이를 기각하는 판결을 하였습니다.

마. 따라서 청구인은 헌법재판소법 제68조 제 2 항에 의하여 이 사건 헌법소원심판을 청구하게 되었습니다.

2. 청구의 적법요건

가. 대상적격

법률이 헌법에 위반되는 여부가 재판의 전제가 된 경우에는 법원은 헌법재판소에 제청하여 그 심판에 의하여 재판하며(헌법 107①), 법률이 헌법에 위반되는지 여부가 재판의 전제가 된 경우에는 당해 사건을 담당하는 법원(군사법원을 포함한다)은 직권 또는 당사자의 신청에 의한 결정으로 헌법재판소에 위헌 여부 심판을 제청한다(헌법재판소법 41①)는 규정과, 법률의 위헌 여부 심판의 제청신청이 기각된 때에는 그 신청을 한 당사자는 헌법재판소에 헌법소원심판을 청구할 수 있다(헌법재판소법 68②)는 규정에 따라, 이 사건 심판대상은 재판의 전제가 되는 형식적 의미의 법률인 '군인연금법'이므로 그 대상적격이 있습니다.

나. 위헌법률심판제청신청에 대한 법원의 기각결정

청구인은 2008. 3. 10. 서울행정법원에 위헌심판제청신청을 하였지만, 위 법원은 2008. 12. 26. 위 신청을 기각하는 결정을 하였습니다(서울행정법원 2008아000호).

다. 재판의 전제성

위헌법률심판제청이 적법하기 위해서는 법원에 계속 중인 구체적인 사건에 적용할 법률이 헌법에 위반되는지의 여부가 재판의 전제로 되어야 합니다.

(1) 재판의 '전제성'의 개념

재판의 전제성이라 함은 원칙적으로 ① 구체적인 사건이 법원에 계속 중이어야 하고, ② 위헌 여부가 문제되는 법률이 당해 소송사건의 재판에 적용되는 것이어야 하며, ③ 그 법률이 헌법에 위반되는지의 여부에 따라 당해 사건을 담당하는 법원이 다른 내용의 재판을 하게 되는 경우를 말합니다. 여기서 다른 내용의 재판을 하게 되는 경우라 함은 원칙적으로 법원이 심리 중인 당해 사건의 재판의 결론이나 주문에 어떤 영향을 주는 경우뿐만 아니라 문제된 법률의 위헌 여부가 비록 재판의 주문자체에는 아무런 영향을 주지 않는다고 하더라도 재판의 결론을 이끌어 내는 이유를 달리하는 데 관련되어 있거나 또는 재판의 내용과 효력에 관한 법률적 의미가 달라지는 경우도 포함된다고 할 것입니다(헌재 1992. 12. 24. 92헌가8).

(2) 사안의 경우

이 사건 심판대상 법률조항은 서울행정법원에 계속 중이었던 2008구합000호 군인연금과다지급액환수 등 취소소송에 적용되는 것으로(위 사건은 2008. 12. 26. 원고청구 기각판결이 선고되어 2009. 1. 30. 항소제기된 상태임) 위 법률조항이 위헌으로 결정되면 청구인에 대한 위 처분 등이 위헌인 법률에 근거한 처분이 되어 취소될 가능성이 있습니다. 따라서 재판의 결론이나 주문에 영향을 주는 경우로서 법원이 다른 내용의 재판을 하게 되는 경우에 해당되므로, 이 사건 심판청구는 재판의 전제성 요건을 갖추고 있습니다.

라. 청구기간의 준수

헌법재판소법 제68조 제 2 항의 헌법소원심판은 위헌여부심판의 제청신청을 기각하는 결정을 통지받은 날부터 30일 이내에 청구하여야 합니다(헌법재판소법 69②).

청구인은 2009. 1. 20. 서울행정법원 2008아000호 위헌법률심판 제청신청의 기각결정을 송달받고, 그로부터 30일 이내인 2009. 2. 19. 이 사건 심판청구를 하여 청구기간을 준수하였습니다.

마. 변호사 강제주의

각종 심판절차에서 당사자인 사인은 변호사를 대리인으로 선임하지 아니하면 심판청구를 하거나 심판 수행을 하지 못한다(헌법재판소법 25③)는 변호사 강제주의에 따라 법무법인 공정을 대리인으로 선임하여 이 사건 심판청구를 하였습니다.

바. 소   결

따라서 이 사건 심판청구는 헌법재판소법 제68조 제 2 항의 헌법소원의 적법요건을 모두 구비하여 적법합니다.

3. 위헌이라고 해석되는 이유

가. 군인연금제도의 목적

군인연금제도는 군인이 퇴직 또는 사망과 공무로 인한 질병·부상에 대하여 적절한 급여를 지급함으로써 군인 및 그 유족의 생활안정과 복지향상에 기여함을 목적으로 하여 운영되고 있습니다. 이 제도는 군인이 복무 중에 발생한 위험을 국가의 책임아래 보험기술을 통하여 군인의 구제를 도모하는 사회보험제도에 해당됩니다.

군인연금제도는 연금제도 본래의 기능인 퇴직연금 외에도 기업의 퇴직금에 해당하는 일시금 및 퇴직수당, 민간의 산재보험에 해당하는 공무상 재해보상급여 기타 일반재해에 대한 각종 부조급여를 실시하는 등의 폭넓은 보장기능이 있으며, 군인공무원이라는 특수직역을 대상으로 한 노후소득보장, 근로보상, 재해보상, 부조 및 후생복지 등을 포괄적으로 실시하는 종합적인 사회보장제도의 역할을 수행하고 있습니다. 따라서 군인연금법상의 각종 급여는 사회보장적 급여로서의 성격도 있지만, 퇴직수당 및 퇴직금, 연금 등 퇴직급여는 후불임금으로서의 성격도 아울러 가지고 있습니다.

나. 이 사건 법률조항의 위헌성 검토

(1) 헌법상 기본권인 재산권의 침해

(가) 의 의

군인연금제도는 군인을 대상으로 퇴직 또는 사망과 공무로 인한 부상·질병·폐질에 대하여 적절한 급여를 실시함으로써 군인 및 그 유족의 생활안정과 복리향상에 기여하는 데에 그 목적이 있으며, 군인연금법상의 퇴직급여 등 급여수급권은 헌법 제23조 제1항에서 보호하는 재산권의 성격을 갖고 있습니다.

(나) 과잉금지의 원칙에 위반한 재산권의 침해

(a) 입법목적의 정당성

군인연금법 제33조 제1항이 군인의 직무상 의무나 군인 신분과 관련된 범죄로 인하여 금고 이상의 형의 선고를 받은 자에 대하여 퇴직급여 등을 감액하는 것은 재직중 군인으로서의 직무상 의무를 이행하도록 유도하는 입법목적의 달성에 부분적으로 나마 기여할 수는 있을 것입니다.

(b) 방법의 적정성

그러나 군인연금법 제33조 제1항이 군인의 신분이나 직무상 의무와 관련이 없는 범죄의 경우에도 퇴직급여 등을 제한하도록 하는데 있다는 것은, 군인범죄를 예방하고 군인이 재직중 성실히 근무하도록 유도하는 입법목적을 달성하는 데 적합한 수단이라고 보기 어렵습니다.

　ⓒ 침해의 최소성

　국민전체에 대한 봉사자로서 성실복무의무가 있는 군인이 범법행위를 했다면 공익실현을 위해 그에 대한 제재와 기본권의 제한은 일정 부분 감수하는 것은 당연합니다.

　그러나 그 제재방법은 일차적으로 파면을 포함한 징계가 원칙이고, 더 나아가 그 행위가 범죄행위에까지 이른 경우라면 형사처벌을 받게 하면 되고, 일정한 경우에는 군인의 지위를 박탈하는 것으로써 그 공익목적을 충분히 달성할 수가 있을 것입니다.

　그럼에도 불구하고 금고 이상의 죄를 지었다고 하여 위와 같은 제재에 덧붙여 퇴직과 동시에 생활안정을 위해 당연히 지급될 것으로 기대되는(현재 군인공제회에서는 퇴직예정일에 맞춰 예상퇴직급여의 구체적 금액을 알려주고 있습니다) 퇴직급여 등까지도 필요적으로 감액해야 한다면 거기에는 다른 수단으로는 입법목적을 달성할 수 없다는 특별한 사정이 있어야 할 것입니다.

　그러나 이 사건 법률조항은 입법자로서는 유죄판결의 확정에 따른 퇴직급여 및 퇴직수당의 감액사유로서 금고 이상의 형의 판결을 받은 모든 범죄를 포괄하여 규정하고 있으므로 최소침해성의 원칙에 따른 기본권 제한의 적절한 방식이라고 볼 수 없습니다.

　ⓓ 법익의 균형성

　군인이 국민에 대한 봉사자로서의 지위를 지니는 것이고 공정한 공직수행을 위한 복무상의 의무가 여전히 강조됨으로 인해 퇴직급여 등의 제한을 통해 달성코자 하는 공익을 부인할 수는 없습니다.

　그러나 단지 금고 이상의 형을 받았다는 이유만으로 이미 공직에서 퇴출당할 군인에게 더 나아가 일률적으로 그 생존의 기초가 될 퇴직급여 등까지 반드시 감액하도록 규정한다면 그 법률조항은 침해되는 사익에 비해 지나치게 공익만을 강조한 입법이라고 아니할 수 없습니다.

　특히 이 사건 법률조항이 직무관련 범죄 여부 등을 묻지 아니하고 일률적으로 퇴직급여 등의 감액 사유로 규정하고 있으므로, 위 규정을 통해 얻는 공익이 상대적으로 미미한 반면 노후생활의 기반이 붕괴되어 침해되는 사익과 비교할 때 현저히 법익균형성을 잃은 입법이라 할 것입니다.

(다) 소   결

재직중의 사유로 금고 이상의 형을 선고받아 처벌받음으로써 기본적 죄값을 받은 군인에게 다시 당연퇴직이란 군인신분상실의 치명적인 법익박탈을 가하고, 나아가 직무상 저지른 범죄인지 여부 등과 같은 구분등 기타 제한 사유도 없이, 더군다나 당해 사건 범죄 이전에는 그 입법취지에 부합되게 성실히 복무하여 차곡 차곡 누적되어 온 퇴직급여 등을 단순히 누적 이후의 사정을 이유로 당해 사건 이전의 성실하게 복무하여 누적되어 당연히 급여로서 수령할 것으로 예상되어 있던 퇴직급여액을 완전히 무시하여 버리고 천편 일률적·필요적으로 감액하는 것은, 과도한 재산권의 제한으로서 심히 부당하며 군인의 퇴직후 노후생활보장이라는 군인연금제도의 기본적인 입법목적에도 부합하지 않는다 할 것입니다.

또한 이 사건 법률조항이 그 입법 목적 달성을 위하여 필요한 수단이라고 하더라도 당해 군인에게 지나치게 가혹한 불이익을 주는 것으로서 그로 인하여 달성되는 공익과 당해 군인이 입는 불이익 사이에 현저한 불균형을 초래하여 법익의 최소침해성의 요건 및 법익균형성의 요건을 충족시키지 못한다 할 것입니다.

(2) 평등의 원칙 위반

(가) 헌법 제11조 제 1 항 제 1 문에 의하여 입법자에게 주어지는 형성권은 헌법의 다른 근본결정에 의하여 한계를 갖게 됩니다. 입법자는 평등권을 자신의 정의관에 따라 실현함에 있어서 헌법 스스로가 평등한 대우 또는 차별대우에 관한 기준을 제시하고 있는가를 유의해야 하며 특히 평등권을 구체화하는 헌법규범이 있는 경우 입법형성권의 심사에 있어 엄격한 심사기준을 적용하는 것이 헌법재판소의 입장입니다.

(나) 우리 헌법은 병역의 영역에서 헌법 제39조 제 2 항에 의하여 '병역의무의 이행'으로 인한 차별금지로 구체화하고 있으므로, 본건과 같은 경우는 평등권 침해 판단에 있어 엄격한 심사가 요청되는 경우라 할 것입니다.

(다) 그러나 이 사건 법률조항은 군인을 오히려 국민연금법상의 사업장가입자, 근로기준법상의 근로자, 일반공무원에 비해 불평등하게 대우함으로써 평등권을 심각하게 침해하고 있습니다.

(라) 이 사건 법률조항은 군인이 재직중의 사유로 인하여 금고 이상의 형을 받은 때에 퇴직급여 및 퇴직수당의 일부를 감액하여 지급하도록 규정하여, 퇴직급여에

있어서는 국민연금법상의 사업장가입자에 비하여, 퇴직수당에 있어서는 근로기준법상의 근로자에 비하여 각각 차별대우를 하고 있습니다. 이러한 차별은 군인의 국민전체에 대한 봉사자로서의 성실근무의 유도라는 입법목적 및 군인연금제도의 군인의 성실한 복무에 대한 보상이라는 보수적 성격을 감안하다고 하더라도 일반국민이나 근로자에 대한 지나친 차별을 했다고 판단되고, 그 차별에는 합리적인 근거를 인정하기 어려워 결국 자의적인 차별에 해당한다 할 것입니다.

(3) 헌법 제39조 제2항의 위반

또한 공무원연금법 제64조 제1항에 대하여 헌법불합치결정이 내려져 공무원에 대해서 적용이 제한되는 반면 동일한 내용으로 더 많은 보장을 받아야 할 군인공무원에게 단지 헌법불합치결정이 없었다는 이유만으로 일반공무원보다 불리하게 대우하는 것은 헌법 제39조 제2항에 위반된다 할 것입니다.

4. 결 론

따라서 이 사건 법률조항은 재산권 제한의 한계를 일부 일탈하여 수단의 적합성, 침해최소성 및 법익균형에 어긋나고 평등의 원칙에도 위배되는 부분을 포함하고 있으므로 헌법에 위배되는 법률조항이라 아니 할 수 없습니다.

그럼에도 법원이 청구인의 위헌심판제청신청을 기각하고, 이 사건 각 처분에 대한 취소청구를 기각하는 판결에 이른 것은, 이 사건 법률조항의 위헌성을 간과한 것이라고 할 것입니다. 그러므로 청구인은 이 사건 헌법소원심판을 청구하기에 이른 것입니다.

첨 부 서 류

1. 서울행정법원 2008아○○○ 위헌법률심판제청 결정문　　　　1부
2. 서울행정법원 2008구합○○○호 판결문　　　　1부
3. 항소장 접수증명서　　　　1부
4. 소송위임장　　　　1부

2009.　2.　19.

청구인의　대리인
법무법인　공정
담당변호사　박 승 소

헌 법 재 판 소　　　귀 중

[참고자료]

군인연금법 제33조 제 1 항 제 1 호 위헌제청 등

(헌법재판소 2009. 7. 30. 2008헌가1, 2009헌바21(병합) 전원재판부 결정)

【판시사항】

1. 군인 또는 군인이었던 자가 복무 중의 사유로 금고 이상의 형을 받은 때에는 대통령령이 정하는 바에 의하여 퇴직급여 및 퇴직수당의 일부를 감액하여 지급하도록 한 군인연금법(1995. 12. 29. 법률 제5063호로 개정된 것) 제33조 제 1 항 제 1 호(이하 '이 사건 법률조항'이라 한다)가 헌법상 재산권 내지 평등권을 침해하는지 여부(적극)
2. 재판관 5인이 '전부 헌법불합치' 의견이고 재판관 1인이 '일부 단순위헌, 일부 헌법불합치' 의견인 경우 '헌법불합치' 주문을 낸 사례

【결정요지】

1. **가. 재판관 김희옥, 재판관 김종대, 재판관 민형기, 재판관 목영준, 재판관 송두환의 의견**

복무중의 사유로 금고 이상의 형을 선고받아 처벌받음으로써 기본적 죗값을 받은 군인에게 다시 제적이란 군인의 신분상실의 치명적인 법익박탈을 가하고 이로부터 더 나아가 다른 특별한 사정도 없이 직무관련 범죄 여부, 고의 또는 과실범 여부 등을 묻지 않고 퇴직급여와 퇴직수당을 일률적으로 감액하는 것은 군인범죄를 예방하고 군인이 복무 중 성실히 근무하고 직무상 의무를 위반하지 않도록 유도한다는 이 사건 법률조항의 입법목적을 달성하는 데 적합한 수단이라고 볼 수 없고, 과도한 재산권의 제한으로서 심히 부당하며 침해되는 사익에 비해 지나치게 공익만을 강조한 것이다. 나아가 이 사건 법률조항은 퇴직급여에 있어서는 국민연금법상의 사업장가입자에 비하여, 퇴직수당에 있어서는 근로기준법상의 근로자에 비하여 각각 차별대우를 하고 있는데 그 차별에 합리적인 근거를 인정하기 어렵다. 이와 같이 이 사건 법률조항은 헌법상 재산권을 침해하고 평등의 원칙에 위배된다.

나. 재판관 조대현의 의견

이 사건 법률조항의 "복무중의 사유" 중 "군인의 신분이나 직무와 관련 없는 사유" 부분은 군인의 신분이나 공무와 전혀 관련 없는 사유로 금고 이상의 형을 받은 군인 퇴직자와 그렇지 않은 군인 퇴직자를 불합리하게 차별하는 것으로 헌법에 위반되고, 이 사건 법률조항의 "복무중의 사유" 중 "군인의 신분이나 직무와 관련 있는 사유" 부분은 금고 이상 형벌의 유무만을 기준으로 삼아

퇴직급여와 퇴직수당을 동일한 비율로 필요적으로 삭감하고 있어 비례의 원칙에 위반된다.

2. 주문의 형식과 관련하여, 재판관 김희옥, 재판관 김종대, 재판관 민형기, 재판관 목영준, 재판관 송두환은 이 사건 법률조항에 대하여 단순위헌 결정을 하여 그 효력을 즉시 상실시킬 경우에는 여러 가지 혼란과 부작용이 발생할 우려가 있으므로, 2009. 12. 31.을 시한으로 입법자가 개정할 때까지 존속케하고 또한 잠정적으로 적용하게 하여야 한다는 의견이고, 재판관 조대현은 이 사건 법률조항의 "복무중의 사유" 중 "군인의 신분이나 직무와 관련 없는 사유" 부분은 그 부분을 구분하여 특정할 수 있으므로 그 부분에 대하여는 위헌을 선언하여야 하나, 이 사건 법률조항의 "복무중의 사유" 중 "군인의 신분이나 직무와 관련 있는 사유" 부분은 헌법에 위반되는 부분과 헌법에 합치되는 부분이 뒤섞여 있고 양자를 구분할 수 없으므로 그 부분 전체에 대하여 헌법불합치를 선언하여야 한다는 의견인바, 결국 이 사건 법률조항에 대한 재판관 1인의 일부 단순위헌, 일부 헌법불합치 의견에 재판관 5인의 전부 헌법불합치 의견을 가산하면 위헌 정족수를 충족하게 되므로, 이 사건 법률조항에 대하여 헌법불합치 결정을 선고한다.

재판관 이강국, 재판관 이공현, 재판관 이동흡의 반대의견

이 사건 법률조항은 군인의 퇴직급여 등 수급권이 재산권으로 처음 형성될 당시보다 오히려 그 보호범위를 더 넓히고 있을 뿐 재산권을 제한하는 점이 없고, 그 입법 형성에 합리적 이유가 있어 입법재량의 범위를 벗어나지도 아니한다. 가사 다수의견과 같이 기본권 '제한'에 요구되는 비례원칙을 엄격히 적용한다고 하더라도, 군인연금법상 퇴직급여 등은 후불임금으로서의 성격뿐만 아니라 사회보장 또는 공로보상적 급여로서의 성격을 아울러 갖고 있다는 점에 비추어 볼 때, 이 사건 법률조항에 의한 퇴직급여 등의 감액은 군인 범죄를 예방하고 군인이 복무 중 군인으로서의 직무상 의무를 다하도록 하기 위한 것으로서 그 입법목적을 달성하는 데 적합한 수단이라 볼 수 있으며, 나아가 감액사유를 범죄행위로 인하여 금고 이상의 형의 선고라는 중대한 사유가 발생한 경우로 한정하고, 그 감액범위도 일부분으로 한정하고 있어 피해의 최소성과 법익의 균형성도 갖추었으므로, 과잉금지원칙에 반하지 아니한다. 또한, 군인연금은 국민연금이나 법정퇴직금 등과 비교할 때 목적과 성격, 보호의 수준 등에서 기본적인 차이가 있으므로, 이 사건 법률조항이 군인이 지는 각종 의무 위반 여부를 급여감액의 기준으로 삼은 것은 합리적 이유가 있는 것으로 헌법에 반하지 아니한다.

재판관 김종대의 보충의견

군인의 퇴직급여는 퇴역 군인이 최소한의 인간다운 생활을 할 수 있도록 보장되어야 할 것이므로, 오직 퇴역 군인의 인간다운 생활을 제한해도 될 만큼의 큰 정책적 제한 요인이 있을 때에만, 예컨대 반역죄 등 중대한 국가적 법익에 대한 죄를 지어 사회보장의 틀에서 제외시킬 필요가 있다고 인정되는 경우에만 그 제한을 할 수 있도록 해야 한다.

【심판대상조문】

■ 군인연금법(1995. 12. 29. **법률 제5063호로 개정된 것) 제33조(형벌등에 의한 급여제한)**

① 군인 또는 군인이었던 자가 다음 각 호의 1에 해당하는 경우에는 대통령령이 정하는 바에 의하여 퇴직급여 및 퇴직수당의 일부를 감액하여 지급한다.

1. 복무 중의 사유로 금고이상의 형을 받은 때

2. 생략

②~④ 생략

【당 사 자】

제청법원   서울고등법원(2008헌가1)

제청신청인   ○○○(2008헌가1)

　　　　　　 대리인 법무법인 ○○

　　　　　　 담당변호사 ○○○

청 구 인   ○○○(2009헌바21)

　　　　　　 대리인 법무법인 ○○

　　　　　　 담당변호사 ○○○

당해사건 서울고등법원 2007누○○○○ 군인연금지급제한등처분취소(2008헌가1)

서울행정법원 2008구합○○○○ 군인연금과다지급액환수및연금감액처분취소등(2009헌바21)

【주   문】

1. 군인연금법(1995. 12. 29. 법률 제5063호로 개정된 것) 제33조 제1항 제1호는 헌법에 합치되지 아니한다.

2. 위 조항은 2009년 12월 31일을 시한으로 입법자가 개정할 때까지 그 효력을 지속한다.

【위헌결정 후 개정법률】

▣ 군인연금법

제33조(형벌등에 의한 급여제한)

① 군인 또는 군인이었던 자가 다음 각호의 1에 해당하는 경우에는 대통령령이 정하는 바에 의하여 퇴직급여 및 퇴직수당의 일부를 감액하여 지급한다. 이 경우 퇴직급여액은 이미 납부한 기여금의 총액에「민법」에 따른 이자를 가산한 금액 이하로 감액할 수 없다. 〈개정 2009. 12. 31〉

1. 복무중의 사유로 금고 이상의 형을 받은 경우(직무와 관련이 없는 과실로 인한 경우 및 소속 상관의 정당한 명령에 따르다가 과실로 인한 경우는 제외한다)

② 복무중의 사유(직무와 관련이 없는 과실로 인한 경우 및 소속 상관의 정당한 명령에 따르다가 과실로 인한 경우는 제외한다)로 금고 이상의 형에 처할 범죄행위로 인하여 수사가 진행중에 있거나 형사재판이 계속중에 있는 때에는 대통령령이 정하는 바에 의하여 퇴직급여 및 퇴직수당의 일부에 대하여 지급을 정지할 수 있다. 이 경우 급여의 제한사유에 해당하지 아니하게 된 때에는 그 잔여금에 대통령령이 정하는 이자를 가산하여 지급한다. 〈신설 1995. 12. 29, 2009. 12. 31〉

③ 복무중의 사유로「형법」제 2 편 제 1 장(내란의 죄)·제 2 장(외환의 죄),「군형법」제 2 편 제 1 장(반란의 죄)·제 2 장(이적의 죄),「국가보안법」(제10조를 제외한다)에 규정된 죄를 범하여 금고 이상의 형을 받은 경우에는 이미 낸 기여금의 총액에「민법」제379조에 따른 이자를 가산한 금액을 반환하되 급여는 지급하지 아니한다. 〈신설 1994. 1. 5, 2006. 12. 30, 2009. 12. 31〉

제 **9** 장

공매결정무효확인

[공·법·기·록·형 공·법·소·송·실·무]

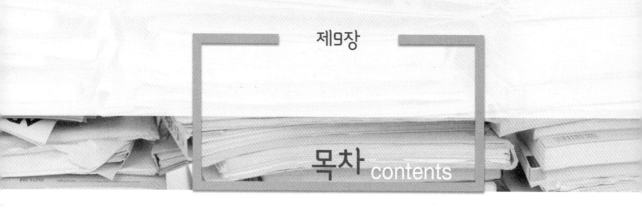

제9장

목차 contents

작 성 요 강

☐ 사건의 설명

1. 김길동은 2010. 2.경 그의 아들 김훈과 법무조합 태산(서울 서초구 서초동 102 법률타워빌딩 502호) 변호사 이변론 사무실을 방문하였다. 김길동은 아들과 공동명의로 자동차를 등록하게 되었는데, 그 후 서울특별시 성북구청장은 김길동에게 자동차등록 시에 면제받은 등록세를 납부하라는 납세고지를 하였다.

2. 성북구청장은 김길동과 김훈이 위 자동차등록세를 체납하였다는 사유로 김길동과 김훈 소유의 자동차를 압류한 다음, 김길동 소유의 토지를 한국자산공사에 공매처분을 의뢰하여 그 결과 소외인에게 공매되어 토지의 소유권을 상실하게 되었다고 한다.

3. 김길동은 공매된 토지를 되찾기 위하여 위 법무조합과 소송위임계약을 체결하였다.

☐ 설　문

○ 변호사 이변론이 김길동의 토지를 되찾기 위하여 법원에 제출할 가장 유효·적절한 서면을 작성하시오(다만, 민사소송은 제외).

※ 답안의 시작은 선택한 쟁송형식에 부합하는 '서면종류'를 기재하는 것으로 하고, 그 끝은 '서류를 제출할 기관'을 기재하는 것으로 함

※ 서면의 작성일자는 2010. 2. 10.로 할 것

※ 처분의 위법사유로는 사실관계와 현행법 및 기존 판례 입장에 비추어 볼 때 받아들여질 수 있는 주장만 할 것

※ 기록에는 오타와 탈자가 있을 수 있음을 유념할 것

차량 취득세/등록세 비과세 및 감면신청서

결	담당	과장
재	담당주사 : 전결	

감면대상자	성 명(법인명)	주민(법인)번호	전 화 번 호
	김길동 외 1(김훈)	410705-1023456	
주 소	서울 성북구 석관동 44 〈9/9〉 현대아파트 43-303		

감면대상	차 량 번 호	차 명	차 종	연 식	용 도	형 식
	KTYUIN24789A21975	아반떼	승용자동차	2006	자가용	

감면내역	취/등록 원인	취득일	신고가액	시가 표준액	적 응 과 표
	신규	2006/04/21	0	13,057,000	13,057,000
	감 면 취 득 세 (세율 2%)				
	취 득 세	농 특 세			계
	261,140				261,140
	감 면 등 록 세 (세율 5%)				
	등 록 세	교 육 세	농 특 세		계
	652,850				652,850

비 고	언어장애 3급

등록세 : 장애인 소유의 자동차(5102010000)에 의거하여 위와 같이 감면을 받고자 합니다.
취득세 : 장애인 소유의 자동차(5102010000)에 의거하여 위와 같이 감면을 받고자 합니다.

2006년 04월 26일

신고인 성명　　김길동 외 1　　(인) 또는 서명

주민등록번호　　410705-1023456

주　　　소　　서울 성북구 석관동 44 〈9/9〉 현대아파트 43-303

전 화 번 호

감면자와의 관계(상호)　　　　　　성북구청장　귀하

안 내 문	비 고
장애인 및 국가유공자가 기존에 면제받고 있던 자동차 이외에 본인, 배우자, 직계존비속 명의의 자동차 1대를 추가로 취득하여 면제받으려는 경우는 새로운 자동차 등록일로부터 30일 이내에 기존면제 차량을 이전, 말소, 제시신고 등의 등록을 하여야 지방세를 면제 받을 수 있습니다. 　국가유공자(장애인) 또는 국가유공자(장애인)와 공동으로 등록한 자가 자동차의 등록일로부터 1년(신규등록의 경우에는 3년) 이내에 사망, 혼인, 해외이민, 운전면허 취소 기타 이와 유사한 부득이한 사유 없이 소유권을 이전하거나 세대를 분가하는 경우에는 면제된 취득세, 등록세를 추징합니다.	

복 지 카 드

김 길 동
410705-1023456
언어장애 3급

서울특별시 성북구 석관동 44
현대Ⓐ 43-303

사 진

1990. 1. 3.
서울특별시 성북구청장

성북구
청장인

주 소 변 경	일 자 확 인 인

보호자 전화번호 / 011-7632-4321

장애인 등록일자 / 2000. 01. 23.

· 이 증은 장애인복지법 제29조에 의한
   장애등록증입니다.
· 이 증은 남에게 주거나 빌려줄 수 없습니다.
   습득하신 분은 우체함에 넣어 주십시오.

자동차등록원부(갑)

제 0008510 호 (총 2면 중 제 1면)

자동차등록번호	45다6789	제원관리번호	B234-100032-0098-13780	말소 등록일	
차 명	아반떼			차 종	승용차
차 대 번 호	KTYUIN24789 A21975	원동기 형식	L4KA	용 도	자가용
연 식	2006	색 상	황색	출 처 구 분	신조차
최 초 등 록 일	2006-04-26	최초접수번호	1117-2006-115964	제작 연월일	2006-03-14
최 종 소 유 자	김길동 외 1인(김훈)			주민등록번호	410705-1******
사 용 본 거 지 (차 고 지)	서울특별시 동대문구 회기동 207번지 21호 10/4 3층 302호				
검사 유효 기간	2006-04-26 ~ 2010-04-25 주행거리 :			등록사항확인일	
점검 유효 기간				폐 쇄 일 자	

순위번호		사 항 란	세대주명 및 주민등록번호	등 록 일 자	접 수 번 호
주등록	부기 등록				
		신규등록(신조차) 성명(상호): 김길동 외 1인(김훈) 410705-1****** 주 소: 서울특별시 성북구 석관동**번지**** 압류등록(압류) 성북구청 세무2과 ☎3210-4567 차량등록세 체납 세무2과-013394 촉탁일자: 2007-11-26 압류해제(압류) 성북구청 세무2과 ☎3210-4567 차량등록세 체납 촉탁일자: 2009-09-17	김길동 410705- 1******	2007-11-26 2009-09-17	001627 019030

이 등본은 자동차등록원부(갑)의 기재사항과 상위없음을 증명합니다.
2010년 01월 15일

서울특별시 성북구청장

주 민 등 록 표
(등   본)

이 등본은 개인별 주민등록표의 원본내용과
틀림없음을 증명합니다.
담당자 : 홍민경   전화 : 3210-4555
신청인 : 김훈   (1975-02-04)
용도 및 목적 : 제출용
2010년 01월 15일

서울특별시 성북구 석관동장

세대주 성명(한자)	김길동 (金吉東)	세 대 구 성 사 유 및 일자	세대주말소세대구성 1994-10-18
번호	주 소 (통/반)	전 입 일 / 변 동 일 변 동 사 유	
현주소 : 서울특별시 동대문구 회기동 207-21 　　　　3층 302호		2008-01-03 2008-01-03 전입	
== 이 하 여 백 ==			
번호 세대주 성 명(한자) 　　관 계 주민등록번호	전 입 일 / 변 동 일 변 동 사 유		
1 본인 김길동 (金吉東) 　　　410705-1023456			
2 자 김훈 (金勳) 2006-11-02 2006-11-02 전출 　　　750204-1032145			
== 이 하 여 백 ==			

※ 1. 본인이나 세대원은 전자민원G4C(www.egov.go.kr)에서 무료로 주민등록표를 열람하거나
　　등·초본을 교부받을 수 있습니다.
　2. 전자문서로 교부하는 경우에는 한자를 생략하여 교부할 수 있습니다.

주 민 등 록 표
(초   본)

이 초본은 개인별 주민등록표의 원본내용과
틀림없음을 증명합니다.
담당자 : 홍민경   전화 : 3210-4555
신청인 : 김훈   (1975-02-04)
용도 및 목적 : 제출용
2010년 01월 15일

이 용지는 위조식별 표시가 되어있음.

서울특별시 성북구 석관동장

성 명(한자)	김길동 (金吉東)	주민등록번호	410705-1023456
번호	인 적 사 항 변 경 내 역		
== 공 란 ==			
"주민등록번호 정정내역 없음"			

번호 주 소	전 입 일 / 변 동 일 변 동 사 유	세대주및관계
1 서울특별시 노원구 중계동 78 진로유통조합아파트-402	1994-10-18 1994-10-25 전입	김길동 의 본인
2 서울특별시 성북구 석관동 44 현대아파트 43-303	1999-09-21 1999-09-21 전입	김길동 의 본인
3 서울특별시 동대문구 회기동 207-21 3층-302	2008-01-03 2008-01-03 전입	김길동 의 본인
== 이 하 여 백 ==		

※ 1. 본인이나 세대원은 전자민원G4C(www.egov.go.kr)에서 무료로 주민등록표를 열람하거나
     등·초본을 교부받을 수 있습니다.
   2. 전자문서로 교부하는 경우에는 한자를 생략하여 교부할 수 있습니다.

주 민 등 록 표
(초　　　　본)

이 초본은 개인별 주민등록표의 원본내용과
틀림없음을 증명합니다.

담당자 : 홍민경　　　전화 : 3210-4555

신청인 : 김훈　　　　　(1975-02-04)

용도 및 목적 : 제출용

2010년 01월 15일

이 용지는 위조식별 표시가 되어있음.

서울특별시 성북구 석관동장

성 명(한자)	김훈　(金勳)	주민등록번호	750204-1032145

번호	인 적 사 항 변 경 내 역		
	== 공　란 ==		
	"주민등록번호 정정내역 없음"		

번호　주　　　　소	전 입 일 / 변 동 일 변 동 사 유		세대주및관계
1　서울특별시 성북구 석관동 44 　현대아파트 43-303	1999-09-21 1999-09-21		김길동 의 자
2　서울특별시 동대문구 회기동 231-16	2006-11-02 2006-11-02 전입		김훈 의 본인
3　서울특별시 성북구 석관동 29-17 　-201	2008-05-01 2008-05-01 전입		김훈 의 본인
4　서울특별시 성북구 석관동 49-1 　성심주택 1층-102	2006-12-11 2008-12-11 전입		김훈 의 본인

※ 1. 본인이나 세대원은 전자민원G4C(www.egov.go.kr)에서 무료로 주민등록표를 열람하거나
　　등·초본을 교부받을 수 있습니다.
　2. 전자문서로 교부하는 경우에는 한자를 생략하여 교부할 수 있습니다.

납부고지서 재중

서울 성북구 석관동 44 현대아파트 43동 303호

김길동 귀하

···

부 과 내 역	성북구		차량등록세			
등록과표 13,057,000원	납 세 자	김길동				
	주 소	서울 성북구 석관동 44 현대아파트 43동 303호				
전용계좌로도 편리하게 납부!!	과세대상 납세번호	기존번호 6805312 51020000 2009071 과세번호 0018110				
우리은행 4321-070666-65-4367	제 목	납기내 금액	납기후 금액			
신한은행 3562-03428-354315						
하나은행 1406-841189-74737	차량등록세	820,630	855,080	납기전	820,630 원	
위 전용계좌로 인터넷뱅킹, 텔레뱅킹, 은행 창구 등을 이용하여 납부하시면 편리합니다.				2007. 08. 31. **까지**		
▪ 전용계좌 문의 전화번호				납기후	855,080 원	
– 우리은행 222-076541-64-599 – 신한은행 562-03460-041471						
	합계세액	820,630	855,080			
납부장소 : 시중은행 본 지점(한국은행제외) 농협, 수협중앙회 본·지점, 우체국		위의 금액을 납부하시기 바랍니다. 2007 년 06 월 10 일 서울특별시 성북구청장		위의 금액을 영수합니다. 년 월 일 ·수납인과 취급자인이 없으면 이 영수증은 무효입니다. ·공무원은 현금을 수납하지 않습니다.		
담당자 강이영 02)3210-4567	납부용바코드					

우 편 송 달 통 지 서

송달서류	자동차등록세 납세고지서 (2007. 6. 10.)	배달 못한 사유			

<table>
<tr>
<td rowspan="7">○ 송달서류   자동차등록세 납세고지서
(2007. 6. 10.)

○ 발송자   서울특별시 성북구청
자동차세팀장 박동운

○ 송달받을 사람   김길동
서울 성북구 석관동 44
현대아파트 43동 303호</td>
<td colspan="4" align="center">배달 못한 사유</td>
</tr>
<tr>
<td align="center">구분/회수</td>
<td align="center">1회</td>
<td align="center">2회</td>
<td align="center">3회</td>
</tr>
<tr><td>1. 수취인부재</td><td></td><td></td><td></td></tr>
<tr><td>2. 폐문 부재</td><td></td><td></td><td></td></tr>
<tr><td>3. 수취인불명</td><td></td><td></td><td></td></tr>
<tr><td>4. 주소 불명</td><td></td><td></td><td></td></tr>
<tr><td>5. 이사 불명</td><td></td><td></td><td></td></tr>
</table>

6. 기 타	○	
배달날짜		
집배원 확인		
사유기재	수취인 미거주	

송달 방법			영수인 성명, 서명 또는 날인
1	본인에게 주었다.		
2	본인을 만나지 못하여 ① 내지 ③사람에게 주었다.	① 본인 영업소, 사무소의 사무원 또는 피용자	
		② 본인주소, 거소의 동거인	
		③ 본인 근무장소의 사용자, 종업원등	
3	① 내지 ③사람이 수령을 거부하므로 그 장소에 서류를 두었다.	① 송달받을 본인	
		② 본인 영업소, 사무소의 사무원 또는 피용자	
		③ 본인주소, 거소의 동거인	
송달한 날짜			
송달 장소			
접수인란	위와 같이 송달하였습니다. 2007년 6월 21일 우편집배원 김 택 배 (인) 서울특별시 성북구청장		

"함께하는 행정 활기찬 으뜸성북"

성북구

수신자 　　내부결재
(경유)

제 목 　　자동차세, 차량취/등록세, 면허세(5월 수시분) 독촉(체납)고지서 발송

　　　1. 자동차세, 차량취/등록세, 면허세(6월 수시분) 미납자 김길동, 김훈에 대하여 지방세법 제27조 규정에 의거 아래와 같이 독촉고지서를 발송하여 현 연도 체납 징수실적 제고에 만전을 기하고자 합니다.

－ 아 　래 －

1. 발 송 일 시 : 2007. 8. 2.(화) 한
2. 납 부 기 간 : 2007. 8. 16. ~ 8. 31.
3. 건수 및 세액 : 1건　855,080원(= 등록세 820,630원 + 가산금 34,450원)
4. 송 달 방 법 : 일반우편(봉합엽서)

세목코드	세목명	과세연월	과세구분	행정동	일련번호	체납자명	체납자주민	우편	주소	납기일자	과세물건
102002	등록세 자동차	200706	2	999	00005	김길동 김훈	410705- 1023456	136 - 150	서울 성북구 석관동 44〈9/9〉 현대아파트 43동 303호	2007. 08. 31.	06다 7134

담당자　　김훈우　　　세무2과장　　　08/20
　　　　　　　　　　　　　　　　　　이영권

협조자　　자동차세팀장　박동운
시행　　　세무2과-9635 （2007. 08. 20.） 접수
우　 158-702　성북구 삼선동 5가 400 / www.sungbuk.seoul.go.kr
전화　3210-4567 / 전송 3210-4568 / sb@sungbuk.seoul.go.kr / 공개

"함께가요 함께해요 푸른 성북"

성북구

수신자   내부결재(구청장)
(경유)

제 목   차량등록세 납부고지와 공매대행 의뢰보고

1. 우리구 주민 김길동과 그의 아들 김훈은 승용차를 구입하여 공동 명의로 소유권이전(신규) 등록을 하면서 김길동이 3급 장애인이었기 때문에 서울특별시세 감면조례(2007. 1. 2. 조례 제4459호로 개정되기 전의 것)에 의하여 차량등록세를 면제받았습니다.

2. 우리구에서는, 김길동과 김훈에게 2006. 11. 2.자로 면제된 차량등록세 820,630원을 추징할 사유가 발생하여 김길동에게 그의 주소지 '서울 성북구 석관동 44 현대아파트 43동 303호'로 차량등록세 납부고지서를 등기우편으로 발송한 바 있습니다.

3. 그러나 김길동에 대한 등록세 납부고지서가 반송되자, 2007. 8. 20. 일반우편으로 위 석관동 44번지 주소지에 이 사건 등록세 및 그 가산금 34,450원 합계 855,080원의 체납고지서를 발송하였고, 2007. 8. 22. 일반우편으로 같은 곳으로 독촉고지서를 발송하였습니다.

4. 김길동과 김훈이 자동차 등록세를 체납함에 따라 두 사람 명의의 위 차량을 압류한 다음 2008. 4. 7. 김길동 소유 경기도 평택시 고덕면 고현리 25-4 소재 토지를 체납액 933,800원(등록세 본세 820,630원 + 가산금 113,170원)으로 하여 압류한 다음, 서울시 세무종합시스템을 이용하여 김길동에게 토지에 관한 압류통지서를 일반우편으로, 김길동의 주소지 '서울 성북구 석관동 44 현대아파트 43동 303호'로 발송하였지만, 압류통지서가 도달되었는지 여부는 알 수 없지만 압류통지서가 반송되지는 않았습니다.

5. 우리구에서는 2008. 10. 23. 김길동에게 위 토지에 대한 공매예고통지서를 배달증명 등기우편으로 '서울 성북구 석관동 44 현대아파트 43동 303호'로 발송하였지만 '수취인 불명'으로 반송되었으므로, 부득이 한국자산공사에 김길동의 위 토지에 대한 공매대행을 의뢰할 필요성이 발생하게 되었음을 보고합니다.

담당자   김훈후   세무2과장   08/11/05
                                              이영권

협조자   자동차세팀장   박동운
시행   세무2과-9635 (2008. 11. 05.) 접수
우   158-702 성북구 삼선동 5가 400 / www.sungbuk.seoul.go.kr
전화   3210-4567 / 전송 3210-4568 / sungbuk.seoul.go.kr / 공개

압 류 조 서

체 납 자	주소 또는 거소	전북 김제시 죽산면 하발리 25-8		
	성 명	김길동	주민등록번호	410705-1023456
압류 재산의 표시		경기도 평택시 고덕면 고현리 25-4 토지: 전 1,063㎡		
압 류 일 자		2008년 04월 07일 압류		

압류에 관계된 체납액 명세

년 도	납 기	세 목	본 세	가 산 금	합 계	참 고
2007	06/30	등록세	820,630	113,170	933,800	

위와 같이 체납액을 징수하기 위하여 압류하였기에 국세징수법 제29조의 규정에 의하여 이 조서를 작성함

2008년   4월   7일

성북구청

소   속 : 서울특별시 성북구 세무과

전화번호 : 2620-3320

성   명 : 배신영   (인)

※ 지방세 체납으로 부동산, 동산, 채권등이 압류가 되었을 시에는 체납처분비(해제비용)를 별도 납부 후 압류해제를 신청하시기 바랍니다.

"함께가요 함께해요 푸른 성북"

성북구

수신자 한국자산관리공사 사장 (조세정리1부장)
(경유)
제 목 지방세 체납자 부동산 공매의뢰

1. 귀 기관의 무궁한 발전을 기원합니다.
2. 우리구 지방세 체납자의 압류부동산에 대하여 다음과 같이 공매를 의뢰하니 공매를 대행하여 주시기 바라며,
3. 단, 체납자들이 체납세액을 스스로 납부할 수 있도록 공매대행통지서 발송 후 그 집행을 한 달간 보류하여 주시기 바랍니다.

– 다　　음 –

가. 공매의뢰물건 : 부동산 17건
나. 공매대상 체납자 : 서종군 외 14명
라. 체납세액 : 295건 100,430천원

따로붙임 1. 공매의뢰 집계표 1부.
　　　　2. 공매대행의뢰서 각 1부. 끝.

서울특별시 성북구청장 [성북구 청장인]

담당자 김훈후　　체납정리팀장 지장연　　세무2과장 12/18
　　　　　　　　　　　　　　　　　　　　　　　　　박강연
협조자
시행 세무2과-15880 (2008. 12. 18.) 접수
우 158-702 서울 성북구 삼선동 5가 400 / www.sungbuk.seoul.go.kr
전화 (02)3210-4567 /전송 (02)3210-4568 / sungbuk.seoul.go.kr / 비공개(6)

공매의뢰 집계표

	체납자	주민등록 번호	체납 건수	본세 총합	가산금 총합	체납액 총합	압류 해제비	합계	주소
1	김길동	410705- 1023456	1	820,630	191,890	1,012,520	8,500	1,021,020	동대문구 회기동 207-21 302호
2									
3									
4									
5									
6									
7									
8									
9					생 략				
10									
11									
12									
13									
14									
15									
16									
17									

공 매 대 행 의 뢰 서

관리번호 세무 2과 2008-117

<table>
<tr><td rowspan="5">체납자</td><td>상호 또는 명칭</td><td></td><td>주민(법인)
등록번호</td><td>410705-1023456</td></tr>
<tr><td>성   명</td><td colspan="3">김길동</td></tr>
<tr><td>주소 또는 거소
(법인은 본점소재지)</td><td colspan="3">서울 동대문구 회기동 207-21 302호</td></tr>
<tr><td>사업장 소재지</td><td colspan="3"></td></tr>
<tr><td>사업의 종류</td><td></td><td>전화</td><td></td></tr>
</table>

매각재산의 내용

<table>
<tr><td>소재지</td><td>경기 평택시 고덕면 고현리 25-4</td><td>종류</td><td>전</td></tr>
<tr><td>압류</td><td>2008. 04. 07.</td><td>기타</td><td></td></tr>
</table>

매각에 관계된 체납액의 내용

납 기	세목	본세	가산금	합계	비고
지방세(서울시이관)					
지방세(성북구)	차량등록세 등 1건	820,630	191,890	1,012,520	
체납처분비	1건	8,500		8,500	
총계		829,130	191,890	1,021,020	※ 세부내역 별첨 참조

　지방세법 제28조 제4항 규정과 국세징수법 제61조 제1항 단서 규정에 의하여 위와 같이 압류재산의 공매를 의뢰합니다.

2008년　　12월　　일

서울특별시 성북구청장(직인생략)

한국자산관리공사 귀중

KAMCO

한국자산관리공사

반 송 (이사)
2009. 03. 30.

보내는 사람
442-701
경기도 수원시 팔달구 효원로 221
조세정리부 　　공매1팀
담당 : 최수영 　　(031-228-1234)

배 달 증 명

받는 사람
130-701
서울 동대문구 회기동 207번지 21호
3층 302호

　　　　　　김길동 귀하

성북구청	관리번호	2008-21031-001	공 매 통 지 서

수신	성 명	김길동		
	주 소	서울 동대문구 회기동 207번지 21호 10통 4반 3층 302호		
체납자	성 명	김길동	주민등록번호	410705-1******
	상 호		사업자등록번호	
	주 소	서울 동대문구 회기동 207번지 21호 10통 4반 3층 302호		

공매재산의 표시	경기도 평택시 고덕면 고현리 25-4 전 1,063㎡
일괄공고년월일	2009. 03. 25. 　　　공고게시판 　　　인터넷(www.onvid.co.kr)

인터넷입찰기간 및 개찰일시와 매각예정가격

회차	인터넷입찰기간	개찰일시	매각결정일시	매각예정가격
1회차	2009.05.11. 10:00 ~ 2009.05.13. 17:00	2009.05.14. 11:00	2009.05.15. 14:00	105,237,000
2회차	2009.05.18. 10:00 ~ 2009.05.20. 17:00	2009.05.21. 11:00	2009.05.22. 14:00	94,714,000
3회차	2009.05.25. 10:00 ~ 2009.05.27. 17:00	2009.05.28. 11:00	2009.05.29. 14:00	84,190,000
4회차	2009.06.01. 10:00 ~ 2009.06.10. 17:00	2009.06.11. 11:00	2009.06.12. 14:00	63,143,000
5회차	2009.06.08. 10:00 ~ 2009.06.10. 17:00	2009.06.11. 11:00	2009.06.12. 14:00	63,143,000
6회차	2009.06.15. 10:00 ~ 2009.06.17. 17:00	2009.06.18. 11:00	2009.06.19. 14:00	52,619,000

수 의 계 약	
공 매 장 소	www.onbid.co.kr 　　　공 매 방 법 　　일반경쟁입찰

세 목	납 부 기 한	국세, 지방세	가 산 금	계
등록세 외 1건	2007.06.10.	1,021,020	0	1,021,020

위와 같이 공매하겠음을 국세징수법 제68조의 규정에 의하여 통지합니다.

　　　　　　　　　　　　　　　　한국자산관리공사
　　　　　　　　　　　　　　　　취급점 : 조세정리부
김길동 귀하 　　　　　　　　　　2009. 03. 25. 조세정리부-26360

주의 : 1. 일괄공고의 내용을 통지한 경우에는 매 회차별 공매통지서는 별도로 발송하지 아니합니다.
　　　2. 통지내용에 변경이 있는 경우에는 새로운 통지를 합니다.
　　　3. 매각결정통지전에 체납자 또는 제3자가 체납액을 완납하는 경우에는 국세징수법 제71조의 규정에 의하여 공매를 중지합니다.
　　　4. 이 통지서를 국세징수법 시행령 제69조 제2항의 규정에 의한 수의계약에 관한 통지에 갈음합니다.

송 달 서

관리번호 : 2008-5431-2101

서 류 의 명 칭	공 매 통 지 서			
명 의 인 의 명 칭	김길동			
명의인의 주소, 영업소	서울 동대문구 회기동 207번지 21호 (10통 4반) 3층 302호			
교 부 장 소				
교 부 년 월 일	년 월 일 시 분			

	체 납 자	김길동 (410705-1023456)			
서류의 주요 내용	공 매 재 산	경기도 평택시 고덕면 고현리 25-4 전 1,063㎡			
	일괄공고 년월일	2009. 03. 25. 한국자산관리공사 헤럴드경제신문 공고			
	입찰 및 개찰일시와 매각예정가격				
	회차	인터넷입찰기간	개찰일시	매각결정일시	매각예정가격
	1회차	2009.05.11 10:00 ~ 2009.05.13 17:00	2009.05.14 11:00	2009.05.15 14:00	105,237,000
	2회차	2009.05.18 10:00 ~ 2009.05.20 17:00	2009.05.21 11:00	2009.05.22 14:00	94,714,000
	3회차	2009.05.25 10:00 ~ 2009.05.27 17:00	2009.05.28 11:00	2009.05.29 14:00	84,190,000
	4회차	2009.06.01 10:00 ~ 2009.06.10 17:00	2009.06.11 11:00	2009.06.12 14:00	63,143,000
	5회차	2009.06.08 10:00 ~ 2009.06.10 17:00	2009.06.11 11:00	2009.06.12 14:00	63,143,000
	6회차	2009.06.15 10:00 ~ 2009.06.17 17:00	2009.06.18 11:00	2009.06.19 14:00	52,619,000
	수의계약				
	공매장소	기간입찰	www.onbid.co.kr	공매방법	일반경쟁입찰 (기간입찰)
		기일입찰	전자자산처분시스템(www.onbid.co.kr)		

수령인이 없거나 서명날인을 거부한 사실	수 령 인 의 서 명 날 인	
· 2009. 3. 30. 15시 30분에 체납자(김길동)의 주소지를 방문확인한바, 폐문 부재중이라 교부송달 불가하였음 · 송달불가(폐문 부재)	명의인과의 관 계	
	전화번호	
	2009년 5월 11일 소속 한국자산관리공사 직급 과장 성명 신경우	

비고 : 이 송달서는 국세기본법 시행령 제6조의 규정에 의한 것임.

KAMCO

한국자산관리공사

보내는 사람
442-701
경기도 수원시 팔달구 효원로 221
조세정리부   공매1팀
담당 : 최수영   (031-228-1234)

배달증명

반 송
(수취인불명)
2009.05.26.

받는 사람
130-701
서울 동대문구 회기동 207번지 21호
3층 302호

김길동 귀하

성북구청	관리번호	2008-21031-001	공 매 통 지 서

수신	성 명	김길동		
	주 소	서울 동대문구 회기동 207번지 21호 10통 4반 3층 302호		
체납자	성 명	김길동	주민등록번호	410705-1******
	상 호		사업자등록번호	
	주 소	서울 동대문구 회기동 207번지 21호 10통 4반 3층 302호		

공매재산의 표시	경기도 평택시 고덕면 고현리 25-4 전 1,063㎡

일괄공고년월일	2009. 05. 20	공고게시판	인터넷(www.onvid.co.kr)

인터넷입찰기간 및 개찰일시와 매각예정가격

회차	인터넷입찰기간	개찰일시	매각결정일시	매각예정가격
1회차	2009.07.06 10:00 ~ 2009.07.08 17:00	2009.07.09 11:00	2009.07.10 14:00	105,237,000
2회차	2009.07.13 10:00 ~ 2009.07.15 17:00	2009.07.16 11:00	2009.07.17 14:00	94,714,000
3회차	2009.07.20 10:00 ~ 2009.07.22 17:00	2009.07.23 11:00	2009.07.24 14:00	84,190,000
4회차	2009.07.27 10:00 ~ 2009.07.29 17:00	2009.07.30 11:00	2009.07.31 14:00	73,666,000
5회차	2009.08.03 10:00 ~ 2009.08.05 17:00	2009.08.06 11:00	2009.08.07 14:00	63,143,000
6회차	2009.08.10 10:00 ~ 2009.08.12 17:00	2009.08.13 11:00	2009.08.14 14:00	52,619,000

수 의 계 약			
공 매 장 소	www.onbid.co.kr	공 매 방 법	일반경쟁입찰

세 목	납 부 기 한	국세, 지방세	가 산 금	계
등록세 외 1건	2007.06.10	1,021,020	0	1,021,020

위와 같이 공매하겠음을 국세징수법 제68조의 규정에 의하여 통지합니다.

한국자산관리공사
취급점 : 조세정리부
2009. 05. 14. 조세정리부-70197

김길동 귀하

주의 : 1. 일괄공고의 내용을 통지한 경우에는 매 회차별 공매통지서는 별도로 발송하지 아니합니다.
2. 통지내용에 변경이 있는 경우에는 새로운 통지를 합니다.
3. 매각결정통지전에 체납자 또는 제3자가 체납액을 완납하는 경우에는 국세징수법 제71조의 규정에 의하여 공매를 중지합니다.
4. 이 통지서를 국세징수법 시행령 제69조 제2항의 규정에 의한 수의계약에 관한 통지에 갈음합니다.

경쟁력을 강화하자

한국자산관리공사

수신자   내부결재
(경유)

제 목   김길동 공시송달 승인

위 체납자 압류재산 공매를 위해 국세기본법 제11조에 의거
다음과 같이 공시송달하고자 합니다.

- 다   음 -

송 달 대 상		김길동	(410705-1023456)		
송 달	우편일자	1차	2009.05.26.	불능사유	기타
		2차			
	교부일자	2009.06.03.		불능사유	불거주 (송달직원 신경우가 김길동 주소지 동대문구 회기동 207-21 3층 302호에서 공매통지서 교부송달하려고 하였지만, 건물임차인 김성훈이 '김길동은 주소만 등재되어 있고 거주하지 않는다'고 하여 교부송달이 불가)
	공시일자	2009.06.19.			
증 명 서		주민등록			
절차송달방법		공시송달			

담당   김구원   팀장   전결 06/19

협조자
시행 조세정리부-89857 (2009. 06. 19.)   접수 (   )
우   /http://www.kamco.or.kr
전화   031-228-1234 /전송   /wkseo@kamco.or.kr / 비공개(1.6)

공 시 송 달

성 명	김길동	주민(법인)등록번호	410705-1******
		사업자등록번호	

주소 또는 영업소	서울 동대문구 회기동 207번지 21호 (10통 4반) 3층 302호
상호	
서류의 명칭	공매통지서

	공매재산의 표시	경기도 평택시 고덕면 고현리 25-4 전 1,063㎡
	일괄공고년월일	2009. 05. 20. 공고 게시판 인터넷(www.onbid.co.kr)

입찰 및 개찰일시와 매각예정가격

회차	인터넷입찰기간	개찰일시	매각결정일시	매각예정가격
1회차	2009.07.06. 10:00 ~ 2009.07.08. 17:00	2009.07.09. 11:00	2009.07.10. 14:00	105,237,000
2회차	2009.07.13. 10:00 ~ 2009.07.15. 17:00	2009.07.16. 11:00	2009.07.17. 14:00	94,714,000
3회차	2009.07.20. 10:00 ~ 2009.07.22. 17:00	2009.07.23. 11:00	2009.07.24. 14:00	84,190,000
4회차	2009.07.27. 10:00 ~ 2009.07.29. 17:00	2009.07.30. 11:00	2009.07.31. 14:00	73,666,000
5회차	2009.08.03. 10:00 ~ 2009.08.05. 17:00	2009.08.06. 11:00	2009.08.07. 14:00	63,143,000
6회차	2009.08.10. 10:00 ~ 2009.08.12. 17:00	2009.08.13. 11:00	2009.08.14. 14:00	52,619,000

수의계약	
공매장소	www.onbid.co.kr

공매방법	일반경쟁입찰 (기간입찰)

위 서류를 2009. 05. 20. 송달하고자 하였으나 송달되지 않았으므로
국세기본법 제11조의 규정에 의하여 이에 공고합니다.

2009. 06. 19.

한국자산관리공사
조세정리부장

에너지 현재자원 절약하면 미래자원

한국자산관리공사

수신자 성북구청장 귀하
(경유)

제 목 체납자 김길동 감정서 송부 및 매각예정가격 협의(성북구청 2008-21031-001)

1. 귀서(청)의 무궁한 발전을 기원합니다.

2. 귀서(청)에서 공매대행 의뢰받은 위 체납자 압류재산에 대하여 붙임의 감정평가 금액으로 공매예정가격을 결정코자 하오니 별도 의견이 있을 경우 귀견을 조속히 제시하여 주시고,

3. 아울러 동 압류재산과 관련한 체납처분비 발생내용을 다음과 같이 통보합니다.

다 음

1. 체납자 :   김길동(410705-1023456)
2. 관리번호 :   성북구청 2008-21031-001
3. 압류재산의 표시 :   경기도 평택시 고덕면 고현리 25-4 전 1,063㎡
4. 체납처분비 발생내역 : 감정평가비용   금 328,900원정
5. 감정내역
   가. 감정가격 : ₩ 105,237,000
   나. 이용현황 : "묵전" 상태임.
6. 기타 협의 사항
   본 건 차기 공매예정이오니 체납자 자진납부 및 공매해제 사유 발생 즉시 통보바랍니다.
7. 비고

첨부 : 감정평가서 1부. 끝.

감정의뢰인 : 한국자산관리공사 조세정리부장

건   명 : 김길동 소유물

문서 번호 : 성북구청-2008-15880

감정서번호 : 정밀감정 0902-21-19007호

〈이용현황 사진〉

(주)정밀감정평가법인 경기지사장

수원시 권선구 권선동 361-7 (경흥빌딩 1022호)

TEL : (031)222-5533   FAX : (031)222-5566

(토지)감정평가표

본 감정평가서는『부동산가격공시 및 감정평가에 관한 법률』등 관련 법규에 따라 성실·공정하게 작성하였기에 이에 서명 날인함.

감 정 평 가 사 　　　　**이 　감 　평**

감정평가액	金壹億五百貳拾參萬七阡원整 (₩105,237,000.−)			
의 뢰 인	한국자산관리공사 조세정리부장	평 가 목 적 (제 출 처)	공 매	
채 무 자 명	−	평 가 조 건	−	
소 유 자 (대상업체명)	김길동 (성북구청−2008−15880)	가 격 시 점	2009. 02. 24.	
목록표시근거	귀 제시목록, 등기부등본	조 사 기 간	2009. 02. 24.	
		작 성 일 자	2009. 02. 25.	

평 가 내 용	공부(의뢰)		사 정		평 가 가 액	비 고
	종 별	면적 또는 수량(㎡)	종 별	면적 또는 수량(㎡)면		
	전	1,063	전	1,063	105,237,000	
	이　　　하　　　여　　　백					
	합계				₩105,237,000−	

심 사 의 견	본인은 심사준칙에 따라 성실·공정하게 심사한 결과 본 감정서의 내용이 타당하다고 사료되므로 이에 서명 날인함. 　심 　사 　자 　감 정 평 가 사 　　　　**박 　남 　혁**

지적 및 건물개황도

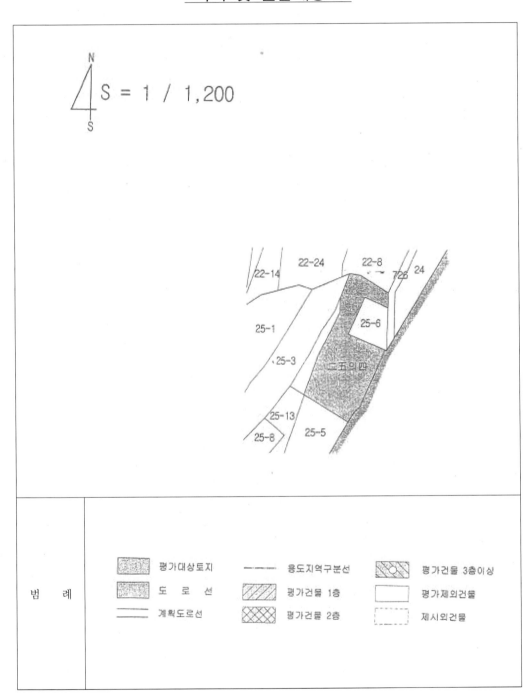

소비는 지혜롭게 절약은 꾸준하게

한국자산관리공사

수신자　　성북구청
(경유)

제 목　　체납자 김길동 매각결정통지서(성북구청 2008-21031-001)

관리번호 : 2008-32107-053
위임기관 : 성북구청

매 각 결 정 통 지 서

<table>
<tr><td rowspan="2">매
수
자</td><td>성　　　　　명</td><td>박부영</td><td>주민등록번호</td><td>580121-1******</td><td>법인번호</td><td></td></tr>
<tr><td>주소 또는 거소</td><td colspan="5" align="center">경기 평택시 고덕면 고현리 263-1</td></tr>
<tr><td rowspan="2">체
납
자</td><td>성　　　　　명</td><td>김길동</td><td>주민등록번호</td><td>410705-1023456</td><td>법인번호</td><td></td></tr>
<tr><td>주소 또는 거소</td><td colspan="5">경기 평택시 고덕면 고현리 25-8</td></tr>
<tr><td>매각 재산의 표시</td><td colspan="6">경기도 평택시 고덕면 고현리 25-4
전 1,063㎡</td></tr>
<tr><td>매 각 금 액</td><td colspan="6">금 96,111,000원
(보증금 : 금 10,000,000원, 잔대금 : 금 86,111,000원)</td></tr>
<tr><td>납 부 기 한</td><td colspan="6">2009년 09월 15일</td></tr>
</table>

국세징수법 제75조의 규정에 의하여 위와 같이 매각하기로 결정하였기에 통지합니다.

2009년 07월 17일

한국자산관리공사 사장 강후원

성북구청장 귀하

배 분 계 산 서

체납자	성 명	김길동	주민등록번호	410705-1023456
	상 호		사업자등록번호	
	주소 또는 거소			

배분할 매각대금의 총액	금 96,111,000원정
매각대금 예치이자	금 55,640원정
배분할 금액	금 96,166,640원정
매각재산의 표시	경기도 평택시 고덕면 고현리 25-4
압류에 관계되는 국세의 금액	금 1,091,240원정

채 권 자

성 명	주소 또는 거소	채권금액
체납처분비		3,077,270
평택시청	경기도 평택시 고려동 31-3	85,170
성북구청	서울 성북구 삼선동 5가 400	1,091,240

배 분 순 위 및 금 액

순위	성 명	주민등록번호	사업자등록번호	금액	교부일	비고
1	체납처분비		220-82-00779	2,077,270	2009.08.27	
2	성북구청		117-83-00596	1,091,240	2009.08.27	
3	안성시청			85,170	2009.08.27	
4	김길동	410705-1023456		91,912,960	2009.10.06	
	합 계			96,166,640		

기타	※ 위임기관 담당조사관 휴가로 10/5 이후 이체 요청(9/28)

국세징수법 제83조의 규정에 의하여 이를 교부합니다.

2009. 08. 27.

한국자산관리공사 조세정리부장 (인)

등기부 등본 (말소사항 포함) — 토지 〔제출용〕

【 표 제 부 】					(토지의 표시)
표시 번호	접 수	소 재 지 번	지목	면 적	등기원인 및 기타사항
1 (전 5)	1992년 10 월 1일	경기도 평택시 고덕면 고현리 25-4	전	1217㎡	부동산등기법 제177조의 6 제 1 항의 규정 에 의하여 2002년 08월 05일 전산이기
2		경기도 평택시 고덕면 고현리 25-4	전	1217㎡	2003년 5월 19일 행정구역명칭변경으로 인하여 2003년 5월 19일 등가
3	2006년 11 월 27일	경기도 평택시 고덕면 고현리 25-4	전	1063㎡	분할로 인하여 전 154㎡를 경기도 평택시 고덕면 고현리 25-12에 이기

[토지] 경기도 평택시 고덕면 고현리 25-4　　　　　고유번호 1346-1996-711506

【 갑 구 】				(소유권에 관한 사항)
순위번호	등 기 목 적	접 수	등 기 원 인	권 리 자 및 기 타 사 항
1 (전 4)	소유권이전	1993년 7월 22일 제14185호	1993년 7월 19일 매매	소유자 김길동 410705-1****** 평택시 고덕면 고현리 25-8
2 (전5)	압류	2000년 1월 26일 제2269호	2000년 1월 24일 압류(세무 13410 -326)	권리자 평택시

[인터넷 발급] 문서 하단의 바코드를 스캐너로 확인하거나, 인터넷등기소(http://www.iros.go.kr)의 발급확인 메뉴에서 발급확인번호를 입력하여 위·변조 여부를 확인할 수 있습니다. 발급확인번호를 통한 확인은 발행일부터 3개월까지 5회에 한하여 가능합니다.

[토지] 경기도 평택시 고덕면 고현리 25-4　　　　　고유번호 1346-1996-711506

순위 번호	등 기 목 적	접 수	등 기 원 인	권 리 자 및 기 타 사 항
				부동산등기법 제177조의 6 제 1 항의 규정에 의하여 1번 내지 2번 등기를 2002년 08월 05일 전산이기
3	2번압류등기말소	2006년 6월 7일 제18982호	2006년 6월 5일 해제	
4	압류	2008년 4월 24일 제19271호	2008년 4월 7일 압류(세아 3340)	권리자 서울시성북구
5	소유권이전	2009년 9월 2일 제34738호	2009년 7월 17일 공매	소유자 박부영 580121-1****** 경기도 평택시 고덕면 고현리 263-1
6	4번압류등기말소	2009년 9월 2일 제34738호	2009년 7월 17일 공매	

이 등본은 부동산 등기부의 내용과 틀림없음을 증명합니다.

서기 2009년 10월 20일

법원행정처　등기정보중앙관리소

참 고 자 료(관 계 법 령)

■ 구 서울특별시세 감면조례[2007. 1. 2. 조례 제4459호로 개정되기 전의 것]

제 3 조(장애인 자동차에 대한 감면)

① 「장애인복지법」에 의하여 등록한 장애등급 1급 내지 3급(시각장애인의 경우는 1급 내지 4급)인 장애인이 본인 또는 「주민등록법」에 의한 세대별 주민등록표에 기재되어 있는 장애인의 배우자, 장애인의 직계존·비속, 장애인의 직계비속의 배우자, 장애인의 형제·자매(이하 "장애인 등"이라 한다)의 명의로 등록(장애인 본인 이외의 명의로 등록하는 경우에는 장애인과 공동으로 등록하는 경우에 한한다)하여 본인을 위하여 사용하는 자동차로서 다음 각 호의 1에 해당하는 자동차 1대에 대하여는 취득세·등록세 및 자동차세를 면제한다. 다만, 기존의 면제대상 자동차 이외에 추가로 자동차를 취득하는 경우에는 이를 장애인 등의 명의로 등록하여 사용하는 자동차로 보지 아니하며, 장애인 또는 장애인과 공동으로 등록한 자가 자동차의 등록일부터 1년(신규등록의 경우에는 3년) 이내에 사망·혼인·해외이민·운전면허 취소 이와 유사한 부득이한 사유없이 소유권을 이전하거나 세대를 분가하는 경우에는 면제된 취득세와 등록세를 추징한다.

1. 다음 각 목의 1에 해당하는 승용자동차

   가. 배기량 2,000시시 이하인 승용자동차

   나. 「자동차관리법」의 규정에 의하여 자동차의 구분기준이 화물자동차에서 2006년 1월 1일부터 승용자동차에 해당하게 되는 자동차(2005. 12. 31. 이전부터 승용자동차로 분류되어 온 것은 제외한다)

2. 승차정원 7인승 이상 10인승 이하인 승용자동차(「자동차관리법」에 따라 2000년 12월 31일 이전에 승용자동차로 분류된 자동차 및 이에 준하는 자동차를 제외한다)

3. 승차정원 15인승 이하인 승합자동차

4. 적재정량 1톤 이하인 화물자동차

5. 이륜자동차

■ 구 지방세법[2010. 1. 1. 법률 제9924호로 전부 개정되기 전의 것]

제 1 조(정의)

① 이 법에서 사용하는 용어의 정의는 다음과 같다.

5. 납세고지서: 납세의무자가 납부할 지방세에 대하여 그 부과의 근거가 되는 법률 및 당해지방
   자치단체의 조례의 규정, 납세자의 주소, 성명, 과세표준액, 세율, 세액, 납기, 납부장소, 납기
   한 경우에 취하여질 조치 및 부과의 위법 또는 착오가 있는 경우의 구제방법등을 기재한 문
   서로서 당행지방자치단체가 작성한 것을 말한다.

제18조(공유물 등에 대한 연대납세의무)

① 공유물(공동주택의 경우를 제외한다)·공동사업 또는 당해 공동사업에 속하는 재산에 관계되는
지방자치단체의 징수금은 그 공유자 또는 공동사업자가 연대하여 납부 또는 납입할 의무를 진다.
⑤ 제 1 항 내지 제 4 항의 연대납세의무 또는 연대납입의무에 관하여는 「민법」 제413조 내지 제
416조와 제419조, 제421조, 제423조 및 제425조 내지 제427조의 규정을 준용한다.

제25조(납세의 고지)

① 지방세를 징수하고자 할 때에는 지방자치단체의 장 또는 그 위임을 받은 공무원은 납세의무
자 또는 특별징수의무자에 대하여 납부 또는 납입할 금액, 기한, 장소 기타 필요한 사항을 기재
한 문서로써 납부 또는 납입의 고지를 하여야 한다.

제28조(체납처분)

① 다음 각호의 1에 해당하는 경우에는 세무공무원은 납세의무자 또는 특별징수의무자의 재산
을 압류한다.
1. 납세의무자 또는 특별징수의무자가 독촉(납부 또는 납입의 최고를 포함한다)을 받고 지정한
   기한까지 지방자치단체의 징수금을 완납하지 아니할 때
2. 제26조 제 1 항 각호의 규정에 의하여 납세의무자 또는 특별징수의무자가 납기전에 지방자치
   단체의 징수금의 납부 또는 납입의 고지를 받고 지정한 기한까지 이를 완납하지 아니할 때
④ 제 1 항 내지 제 3 항에 정하는 것과 기타 지방자치단체의 징수금의 체납처분에 관하여는 이
법에 특별한 규정이 있는 것을 제외하고는 국세체납처분의 예에 의한다.

제51조 (서류의 송달)

① 납부 또는 납입의 고지, 독촉과 체납처분에 관한 서류는 명의인의 주소, 거소, 영업소 또는
사무소[「대한민국 전자정부법」 제 2 조 제10호의 규정에 따른 정보통신망을 이용한 송달(이하
"전자송달"이라 한다)인 경우에는 명의인의 전자우편주소(지방세정보통신망에 저장하는 경우에
는 명의인의 사용자확인기호를 이용하여 접근할 수 있는 곳을 말한다)를 말한다. 이하 이 조에
서 "주소등"이라 한다]에 송달한다.

488 제 9 장 공매결정무효확인

제51조의2(서류송달의 방법)

① 제51조에 따른 서류의 송달은 교부·우편 또는 전자송달로 하되, 해당 지방자치단체의 조례로 정하는 방법에 따른다.

② 서류를 교부하였을 때에는 송달서에 수취인이 서명 또는 날인하게 하여야 한다. 이 경우 수취인이 서명 또는 날인을 거부할 때에는 그 사실을 부기하여야 한다.

③ 연대납세의무자에게 서류를 송달하고자 하는 때에는 그 대표자를 명의인으로 하며, 대표자가 없는 때에는 연대납세의무자중 지방세 징수상 유리한 자를 명의인으로 한다. 다만, 납세의 고지와 독촉에 관한 서류는 연대납세의무자 모두에게 각각 송달하여야 한다.

제52조(공시송달)

① 제51조의2의 규정에 의한 서류의 송달은 다음 각호의 1에 해당하는 경우에는 그 서류의 요지를 공고한 날부터 14일이 경과됨으로써 송달된 것으로 본다.

1. 주소, 거소, 영업소 또는 사무소에서 서류수령을 거부하였을 때

2. 주소·거소 또는 영업소가 국외에 있고 그 송달이 곤란한 때

3. 주소, 거소, 영업소 또는 사무소가 불분명할 때

4. 주소·거소·영업소 또는 사무소에 등기우편으로 송달하였으나 수취인이 부재중인 것으로 확인되어 반송됨으로써 납부기한내 송달이 곤란하다고 인정되는 경우

② 제1항의 규정에 의한 공고는 일간신문 또는 게시판에 게재하여 이를 행하여야 한다.

▣ 국세징수법

제61조(공매)

① 세무서장은 압류한 동산·유가증권·부동산·무체재산권과 제41조 제2항의 규정에 의하여 체납자에게 대위하여 받은 물건(통화를 제외한다)을 대통령령이 정하는 바에 의하여 공매에 붙인다. 다만, 세무서장은 압류한 재산의 공매에 전문지식이 필요하거나 기타 특수한 사정이 있어 직접 공매하기에 적당하지 아니하다고 인정되는 때에는 대통령령이 정하는 바에 따라 금융기관부실자산등의효율적처리및한국자산관리공사의설립에관한법률에 의하여 설립된 한국자산관리공사(이하 "한국자산관리공사"라 한다)로 하여금 이를 대행하게 할 수 있으며 이 경우의 공매는 세무서장이 한 것으로 본다.

④ 제1항 단서의 규정에 의하여 압류한 재산의 공매를 "한국자산관리공사의 직원"으로, "세무서"는 "한국자산관리공사의 본사·지사 또는 출장소"로 본다.

제68조(공매통지)

세무서장은 제67조 제2항의 규정에 의한 공고를 한 때에는 즉시 그 내용을 체납자·납세담보

물소유자와 그 재산상에 전세권·질권·저당권 기타의 권리를 가진 자에게 통지하여야 한다.

1. 체납자

2. 납세담보물소유자

3. 공매재산이 공유물의 지분인 경우 공유자

4. 공매재산에 전세권·질권·저당권 그 밖의 권리를 가진 자

■ 구 국세기본법[2010. 1. 1. 법률 제9911호로 개정되기 전의 것]

제8조(서류의 송달)

① 이 법 또는 세법에서 규정하는 서류는 그 명의인(그 서류에 수신인으로 지정되어 있는 자를 말한다. 이하 같다)의 주소, 거소, 영업소 또는 사무소[정보통신망을 이용한 송달(이하 "전자송달"이라 한다)인 경우에는 명의인의 전자우편주소(국세정보통신망에 저장하는 경우에는 명의인의 사용자확인기호를 이용하여 접근할 수 있는 곳을 말한다)를 말하며, 이하 "주소 또는 영업소"라 한다]에 송달한다.

② 연대납세의무자에게 서류를 송달하고자 할 때에는 그 대표자를 명의인으로 하며, 대표자가 없을 때에는 연대납세의무자 중 국세징수상 유리한 자를 명의인으로 한다. 다만, 납세의 고지와 독촉에 관한 서류는 연대납세의무자 모두에게 각각 송달하여야 한다.

제10조(서류 송달의 방법)

① 제8조에 따른 서류 송달은 교부, 우편 또는 전자송달에 의한다.

② 납세의 고지·독촉·체납처분 또는 세법에 의한 정부의 명령에 관계되는 서류의 송달을 우편에 의하고자 할 때에는 등기우편에 의하여야 한다. 다만, 「소득세법」 제65조 제1항의 규정에 의한 중간예납세액의 납세고지서 및 「부가가치세법」 제18조 제2항의 규정에 의하여 징수하기 위한 납세고지서로서 대통령령이 정하는 금액 미만에 해당하는 납세고지서는 일반우편으로 송달할 수 있다.

③ 교부에 의한 서류의 송달은 당해 행정기관의 소속 공무원이 이를 송달할 장소에서 그 송달을 받아야 할 자에게 서류를 교부함으로써 행한다. 다만, 송달을 받아야 할 자가 송달받기를 거부하지 아니하면 다른 장소에서 교부할 수 있다.

④ 제2항 및 제3항의 경우에 송달할 장소에서 서류의 송달을 받아야 할 자를 만나지 못한 때에는 그 사용인 기타 종업원 또는 동거인으로서 사리를 판별할 수 있는 자에게 서류를 송달할 수 있으며, 서류의 송달을 받아야 할 자 또는 그 사용인 기타 종업원 또는 동거인으로서 사리를 판별할 수 있는 자가 정당한 사유없이 서류의 수령을 거부한 때에는 송달할 장소에 서류를 둘 수 있다.

⑤ 제1항부터 제4항까지의 규정에 따라 서류를 송달하는 경우에 그 송달을 받아야 할 자가 주소 또는 영업소를 이전한 때에는 주민등록표등에 의하여 이를 확인하고 그 이전한 장소에 송

달하여야 한다.

⑥ 서류를 교부한 때에는 송달서에 수령인으로 하여금 서명날인하게 하여야 한다. 이 경우 수령인이 서명날인을 거부한 때에는 그 사실을 송달서에 부기하여야 한다.

제11조(공시송달)

① 서류의 송달을 받아야 할 자가 다음 각 호의 1에 해당하는 경우에는 서류의 요지를 공고한 날부터 14일이 지나면 제 8 조의 규정에 의한 서류의 송달이 있은 것으로 본다.

1. 주소 또는 영업소가 국외에 있고 송달하기 곤란한 경우
2. 주소 또는 영업소가 분명하지 아니한 경우
3. 제10조 제 4 항에서 규정한 자가 송달할 장소에 없는 경우로서 등기우편으로 송달하였으나 수취인 부재로 반송되는 경우등 대통령령이 정하는 경우

② 제 1 항의 규정에 의한 공고는 국세정보통신망, 세무서, 당해 서류의 송달장소를 관할하는 시·군·구(자치구를 말한다. 이하 같다)의 게시판 기타 적절한 장소에 게시하거나 관보 또는 일간신문에 게재하여야 한다. 이 경우 국세정보통신망을 이용하여 공시송달을 하는 때에는 다른 공시송달방법과 함께 하여야 한다.

■ 구 국세기본법 시행령[2010. 2. 18. 대통령령 제22038호로 개정되기 전의 것]

제 7 조의2(공시송달)

법 제11조 제 1 항 제 3 호에서 "대통령령이 정하는 경우"라 함은 다음 각호의 1에 해당하는 경우를 말한다.

1. 서류를 등기우편으로 송달하였으나 수취인이 부재중인 것으로 확인되어 반송됨으로써 납부기한내 송달이 곤란하다고 인정되는 경우
2. 세무공무원이 2회이상 납세자를 방문하여 서류를 교부하려고 하였으나 수취인이 부재중인 것으로 확인되어 납부기한 내에 송달이 곤란하다고 인정되는 경우

■ 서울특별시세조례[2007. 4. 17. 서울특별시조례 제4497호로 개정된 것]

제13조의2(서류송달의 방법)

① 납세고지서, 납부통지서, 독촉장 및 최고서의 송달은 영 제39조의2 제 1 항의 규정에 의하여 자치구조례의 규정에 의거 위촉된 통장과 반장을 통하여 교부할 수 있다. 이 경우 우편요금 또는 송달수량 등을 감안하여 예산의 범위내에서 수당을 지급할 수 있다.

② 법 제51조의2 제 1 항의 단서규정에 의하여 제 1 항의 규정에 불구하고 과세기준일과 납기가 정하여져 매년 부과고지하는 시세 중 납세고지서 1매당 합계세액이 30만원 미만인 고지서의 송달방법은 일반우편으로 할 수 있다.

소   장

해 답

원 고	김길동

서울 동대문구 회기동 207-21 3층 302호

소송대리인 법무조합 태산
담당변호사 이변론
서울 서초구 서초동 102 법률타워빌딩 502호

피 고	한국자산관리공사

수원시 팔달구 효원로 221
대표자 사장 강후원

공매결정무효확인청구의 소

청 구 취 지

1. 피고가 2009. 7. 17. 평택시 고덕면 고현리 25-4 전 1,063㎡에 관하여 한 공매결정(관리번호 : 2008-32107-053)은 무효임을 확인한다.

2. 소송비용은 피고가 부담한다.
라는 판결을 구합니다.

청 구 원 인

1. 당사자들의 지위

원고는 청구취지 기재 부동산(이하 '이 사건 토지'라 한다)의 전 소유자이며, 피고는 원고의 소외 서울특별시 성북구에 대한 차량등록세 체납을 이유로 이 사건 토지에 대한 공매대행을 의뢰받고 소외인에게 공매결정(이하 '이 사건 처분'이라 한다)을 한 행정청입니다.

2. 이 사건 처분의 경위

가. 성북구청장의 원고에 대한 차량등록세 감면

(1) 원고는 아들인 김훈과 함께 2006. 4. 26. 45다6789호 아반떼 승용차(이하 '이 사건 자동차'라 한다)를 매수하여 공동 명의로 소유권이전등록을 마쳤습니다.

(2) 당시 원고와 김훈은, 원고가 지적장애와 신체장애로 장애등급 3급의 장애인이어서 서울특별시세 감면조례(2007. 1. 2. 조례 제4459호로 개정되기 전의 것) 제3조 제1항에 의거 차량등록세를 면제받았습니다.

나. 차량등록세 납부고지

(1) 그런데 이 사건 자동차의 공동소유자인 김훈이 2006. 11. 2. 원고의 주소지인 '서울 성북구 석관동 44 현대아파트 43동 303호'에서 '서울 동대문구 회기동 231-16'으로 전출을 하였습니다. 이에 서울특별시 성북구청장은 원고에게 공동소유자인 김훈이 3년 이내에 세대를 분가하여 거주지를 이전하였다는 이유로 위 감면조례 제3조 제1항 단서에 따라 위 면제된 차량등록세 820,630원(이하 '이 사건 등록세'라 한다)을 추징할 사유에 해당된다고 보아 2007. 6. 10. 등기우편으로 원고의 주소지인 위 석관동 44번지로 이 사건 등록세 납부고지서를 발송하였습니다.

(2) 그러나 성북구청장의 원고에 대한 이 사건 등록세 납부고지서는 2007. 6. 21. 수취인 미거주로 반송되었습니다. 이에 성북구청장은 2007. 8. 20. 일반우편으로 위 석관동 44번지 주소지에 이 사건 등록세와 그 가산금 34,450원 합계 855,080원의 체납고지서를 발송하였고, 2007. 8. 22. 일반우편으로 같은 곳으로 독촉고지서를

발송하였습니다.

다. 성북구청장의 이 사건 자동차 및 토지의 압류와 공매의뢰

⑴ 그 후 연대납세의무자인 원고와 김훈이 이 사건 자동차의 등록세를 체납하자, 성북구청장은 2007. 11. 26. 이 사건 자동차를 압류하였습니다. 또한 성북구청장은 2008. 4. 7. 체납액을 933,800원(=등록세 본세 820,630원 + 가산금 113,170원)으로 하여 원고 소유의 이 사건 토지를 압류하였습니다.

⑵ 그런데 성북구청장이 이 사건 토지를 압류하면서 그 압류조서에 당시 원고의 주소지가 '서울 동대문구 회기동 207-21 3층 302호'임에도 '김제시 죽산면 하발리 25-8'이라고 주소를 잘못 기재하였습니다. 그 후 성북구청장은 서울시 세무종합시스템을 이용하여 원고에게 이 사건 토지에 관한 압류통지서를 일반우편으로 발송하였습니다. 그런데 위 압류통지서는 당시 원고인 주소지인 '서울 동대문구 회기동 207-21 3층 302호'가 아닌 원고의 이전 주소지인 '서울 성북구 석관동 44 현대아파트 43동 303호'로 발송되었을 뿐, 위 압류통지서가 반송되지는 아니하였습니다.

⑶ 성북구청장은 2008. 10. 23. 원고에게 공매예고통지서를 배달증명 등기우편으로 발송하였는데, 위 공매예고통지서는 당시 원고의 주소지인 '서울 동대문구 회기동 207-21 3층 302호'가 아닌 원고의 이전 주소지인 '서울 성북구 석관동 44 현대아파트 43동 303호'로 발송되었고, 이후 위 공매예고통지서는 '수취인 불명'으로 성북구청에 반송되었습니다.

⑷ 그 후 성북구청장은 2008. 12.경 피고에게 이 사건 토지에 대한 공매대행을 의뢰하였습니다.

라. 피고의 이 사건 처분

⑴ 피고는 2008. 12.경 성북구청장으로부터 이 사건 토지에 관한 공매대행을 의뢰받고, 2009. 3. 25. 공매공고 후 당시 원고의 주소지인 '서울 동대문구 회기동 207-21 3층 302호'로 공매통지서를 배달증명 등기우편으로 발송하였으나, 위 공매통지서는 2009. 3. 30. '이사'를 이유로 반송되었습니다.

⑵ 이에 피고의 송달 전문 직원인 신경우는 2009. 3. 30. 원고의 주소지인 '서울 동대

문구 회기동 207-21 3층 302호'에서 공매통지서를 원고에게 교부송달하려고 하였으나, '폐문 부재'를 이유로 교부송달이 이루어지지 아니하였습니다.

(3) 피고는 입찰기간 등을 다시 정하여 2009. 5. 14. 원고의 주소지인 '서울 동대문구 회기동 207-21 3층 302호'로 공매통지서를 배달증명 등기우편으로 발송하였으나, 위 공매통지서는 2009. 5. 26. '수취인 불명'으로 반송되었습니다.

(4) 이에 위 신경우는 2009. 6. 3. 원고의 주소지인 '서울 동대문구 회기동 207-21 3층 302호'에서 공매통지서를 원고에게 교부송달하려고 하였으나, 당시 위 건물 임차인인 김성훈이 '원고는 주소만 등재되어 있고 거주하지 않는다'고 진술하여 '불거주'를 이유로 교부송달이 이루어지지 아니하였습니다.

(5) 피고는 2009. 6. 19. 국세기본법 제11조에 따라 공매통지서를 공시송달의 방법으로 송달하였고, 이후 공매절차가 진행된 결과 2009. 7. 17. 입찰기일에서 이 사건 토지가 박부영에게 96,110,000원에 매각되었으며, 박부영은 매각대금을 납부하고 2009. 9. 2. 소유권이전등기를 마쳤습니다.

3. 이 사건의 처분의 위법성

가. 등록세 부과처분을 위한 납세고지규정과 그 법적 성질

(1) 구 지방세법(2010. 1. 1. 법률 제9924호로 개정되기 전의 것, 이하 같다) 제 1 조 제 1 항 제 5 호는 납세고지서는 납세의무자가 납부할 지방세에 대하여 그 부과의 근거가 되는 법률 및 당해 지방자치단체의 조례의 규정, 납세의무자의 주소, 성명, 과세표준액, 세율, 세액, 납기, 납부장소, 납기한까지 미납한 경우에 취하여질 조치 및 부과의 위법 또는 착오가 있는 경우의 구제 방법 등을 기재한 문서로서 당해 지방자치단체가 작성한 것을 말한다고 규정하고 있고, 제25조 제 1 항은 지방세를 징수하고자 할 때에는 지방자치단체의 장 또는 그 위임을 받은 공무원은 납세의무자에 대하여 납부 또는 납입할 금액, 기한, 장소 기타 필요한 사항을 기재한 문서로써 납부 또는 납입의 고지를 하여야 한다고 규정하고 있습니다. 또한 제51조 제 1 항은 납부 또는 납입의 고지, 독촉과 체납처분에 관한 서류는 명의인의 주소, 거소, 영업소 또는 사무소에 송달한다고 규정하고 있으며, 제51조

의2 제 1 항은 제51조에 따른 서류의 송달은 교부·우편 또는 전자송달로 하되, 해당 지방자치단체의 조례로 정하는 방법에 따른다고 하고, 제 3 항은 연대납세의무자에게 서류를 송달하고자 하는 때에는 그 대표자를 명의인으로 하며, 대표자가 없는 때에는 연대납세의무자 중 지방세 징수상 유리한 자를 명의인으로 하되, 납세의 고지와 독촉에 관한 서류는 연대납세의무자 모두에게 각각 송달하여야 한다고 규정하고 있습니다.

⑵ 이러한 납세고지에 관한 규정들은 단순한 세무행정상의 편의에 기한 훈시적 규정이 아니라, 조세법률주의의 원칙에 따라 과세관청으로 하여금 신중하고 합리적인 처분을 하게 함으로써 조세행정의 공정성을 기함과 동시에 납세의무자에게 과세처분의 내용을 상세하게 알려 불복 여부의 결정 및 불복신청에 편의를 주려는 데 그 입법취지가 있는 만큼 강행규정이라고 보아야 하며(대법원 1997. 8. 22. 선고 96누14272 판결【취득세부과처분취소】등 참조), 과세처분에 대한 납세고지서의 송달이 부적법하여 송달의 효력이 발생하지 아니하면, 그 과세처분은 적법하게 고지된 바 없어 효력이 발생하지 아니하므로 무효에 해당됩니다(대법원 1979. 8. 31. 선고 79누168 판결【개인영업세등부과처분취소】, 대법원 1995. 8. 22. 선고 95누3909 판결【종합소득세부과처분취소】등 참조).

나. 성북구청장의 원고에 대한 이 사건 등록세 부과처분의 무효

⑴ 그런데 성북구청장은 김훈에게 이 사건 등록세 부과처분을 고지한 바가 없습니다. 또한 원고에게는 2008. 1. 3.까지 살았던 종전 주거지로 주민등록상 주소지만 남아 있던 석관동 44번지로 납세고지서를 등기우편으로 송달하였다가 수취인 미거주로 반송된 후 체납고지서와 독촉고지서를 같은 주소지에 일반우편으로 각 1회 발송하였을 뿐입니다. 따라서 성북구청장은 이 사건 등록세 부과처분의 고지를 함에 있어, 구 지방세법 제51조의2 제 1 항, 그 시행령 제39조의2 제 1 항, 서울특별시세조례(2007. 4. 17. 서울특별시조례 제4497호로 개정된 것) 제13조의2 제 2 항에 따라 그 납세고지서를 등기우편으로 송달하여야 함에도 등기로 송달한 납세고지서가 반송된 후 더 이상 다른 방법으로 납세고지를 한 바가 없습니다. 또한 위 체납고지서 및 독촉고지서를 납세고지를 겸한 것으로 본다고 하더라도 이를 위 규정에 반하여 일반우편으로 송달한 하자가 있을 뿐 아니라, 그 고지서조차 납세의무자인 원고나 김훈에게 적법하게 송달되지도 않았습니다.

⑵ 따라서 성북구청장의 이 사건 등록세 부과처분은 그 납세고지서가 납세의무자인 원고와 김훈에게 송달된 바 없어 과세처분으로서의 효력을 발생하지 아니하였다고 할 것이므로, 이 사건 등록세 부과처분은 무효라고 할 것입니다.

⑶ 조세 부과처분이 무효인 경우에는 그 부과처분의 집행을 위한 체납처분도 무효가 됩니다. 즉 과세처분이 당연무효라는 하자는 그 부과처분의 집행을 위한 체납처분에 그대로 승계되고, 그 후에 이루어진 압류, 독촉, 공매 등 체납처분 절차가 적법하게 진행되었다고 하더라도 그로써 당초과세처분의 하자가 치유되는 것도 아닙니다(대법원 1985. 1. 29. 선고 84누111 판결【종합소득세부과처분취소】, 대법원 1993. 7. 27. 선고 92누15499 판결【부가가치세등과처분취소】 등 참조).

다. 피고의 이 사건 처분의 무효

그러므로 이 사건 등록세에 관해서도 그 부과처분이 무효인 이상, 그 집행을 위한 압류처분 및 이 사건 공매처분 역시 무효에 해당되므로(이 사건 공매처분 자체는 적법하더라도),[1] 원고가 이 사건 소로써 그 무효 확인을 구할 이익도 인정된다 할 것입니다.

4. 결 론

따라서 원고는 청구취지와 같은 판결을 받고자 이 사건 청구에 이르게 되었습니다.

---

1) 체납자 등에 대한 공매통지는 국가의 강제력에 의하여 진행되는 공매에서 체납자 등의 권리 내지 재산상의 이익을 보호하기 위하여 법률로 규정한 절차적 요건이라고 보아야 하며, 공매처분을 하면서 체납자 등에게 공매통지를 하지 않았거나 공매통지를 하였더라도 그것이 적법하지 아니한 경우에는 절차상의 흠이 있어 그 공매처분은 위법하다고 할 것이다. 공매통지는 공매의 요건이 아니라 공매사실 자체를 체납자 등에게 알려주는 데 불과한 것이라는 취지로 판시한 대법원 1971. 2. 23. 선고 70누161 판결, 대법원 1996. 9. 6. 선고 95누12026 판결 등을 비롯한 같은 취지의 판결들은 이 판결의 견해에 배치되는 범위 내에서 이를 모두 변경하기로 한다(대법원 2008. 11. 20. 선고 2007두18154 전원합의체 판결【매각결정취소】).

입 증 방 법

1. 갑 제1호증	차량 취득세/등록세 감면신청서	1부
1. 갑 제2호증	복지카드	1부
1. 갑 제3호증	자동차등록원부(갑)	1부
1. 갑 제4호증의1	주민등록표(등본)	1부
1. 갑 제4호증의2	주민등록표(초본)	1부
1. 갑 제4호증의3	주민등록표(초본)	1부
1. 갑 제5호증	매각결정통지서	1부
1. 갑 제6호증	등기부등본	1부

첨 부 서 류

1. 위 각 입증방법	각 1부
1. 소장부본	1부
1. 위임장, 담당변호사 지정서	각 1부
1. 납부서	1부

2010. 2. 10.

원고 소송대리인
법무조합 태산
담당변호사 이 변 론

수원지방법원 귀중[2]

---

2) 피고의 실제 주소지는 서울 강남구이므로 서울행정법원이 되어야 하지만, 이 기록에서는 수원시로 상정하고 있다.

쟁 점 해 설

1. 처분의 경위

가. 성북구청장의 원고에 대한 차량등록세 납부고지

(1) 원고는 아들 김훈과 함께 이 사건 자동차를 매수하여 공동 명의로 소유권이전등록을 마치게 되었고, 원고는 장애등급 3급 장애인이라서 서울특별시세 감면조례에 의거 차량등록세를 면제받았다.

(2) 김훈은 2006. 11. 2. 원고의 주소지인 '서울 성북구 석관동 44 현대아파트 43동 303호'에서 '서울 동대문구 회기동 231-16'으로 전출을 하였는데, 서울특별시 성북구청장은 2007. 6. 10. 원고에게 김훈이 3년 이내에 세대를 분가하여 서주시를 이전하였다는 이유로 면제되었던 이 사건 등록세 납부고지서를 등기우편으로 원고의 주소지인 위 석관동 44번지로 발송하였다.

(3) 성북구청장의 원고에 대한 납부고지서는 수취인 미거주로 반송되었다. 성북구청장은 2007. 8. 20. 일반우편으로 위 석관동 44번지 주소지에 이 사건 등록세와 그 가산금의 체납고지서를 발송하였고, 2007. 8. 22. 일반우편으로 같은 곳으로 독촉고지서도 발송하였다.

나. 성북구청장의 이 사건 자동차 및 토지의 압류와 공매의뢰

(1) 성북구청장은 원고 소유의 이 사건 토지를 압류하고, 원고에게 압류통지서를 일반우편으로 발송하였다. 위 압류통지서는 당시 원고의 주소지인 '서울 동대문구 회기동 207-21 3층 302호'가 아닌 원고의 이전 주소지인 '서울 성북구 석관동 44 현대아파트 43동 303호'로 발송되었다.

(2) 성북구청장은 2008. 10. 23. 원고에게 공매예고통지서를 배달증명 등기우편으로

원고의 이전 주소지인 '서울 성북구 석관동 44 현대아파트 43동 303호'로 발송하였으나, '수취인 불명'으로 성북구청에 반송되었다.

⑶ 성북구청장은 2008. 12.경 피고에게 이 사건 토지에 대한 공매대행을 의뢰하였다.

다. 피고의 이 사건 처분

⑴ 피고는 2009. 3. 25. 공매공고 후 당시 원고의 주소지인 '서울 동대문구 회기동 207-21 3층 302호'로 공매통지서를 배달증명 등기우편으로 발송하였으나, '이사'를 이유로 반송되었다.

⑵ 피고의 직원 신경우는 2009. 3. 30. 원고의 주소지에서 공매통지서를 원고에게 교부송달하려고 하였으나, '폐문 부재'를 이유로 교부송달이 이루어지지 아니하였다.

⑶ 피고는 2009. 5. 14. 원고의 주소지로 공매통지서를 배달증명 등기우편으로 발송하였으나, '수취인 불명'으로 반송되었다.

⑷ 신경우는 2009. 6. 3. 원고 주소지에서 공매통지서를 원고에게 교부송달하려고 하였으나, '불거주'를 이유로 교부송달이 이루어지지 아니하였다.

⑸ 피고는 2009. 6. 19. 국세기본법에 따라 공매통지서를 공시송달의 방법으로 송달하였고, 이후 공매절차가 진행되어 2009. 7. 17. 입찰기일에서 이 사건 토지가 박부영에게 매각되었으며, 2009. 9. 2. 소유권이전등기가 경료되었다.

2. 당 사 자

가. 원고적격

원고는 적법한 차량등록세 부과처분통지를 받은 바 없이 그의 토지가 공매되어 소유권을 상실하게 되는 손해를 입게 되었으므로 공매처분의 취소나 무효확인을 구할 법률상 이익이 있어 원고적격이 있다.

나. 피고적격

(1) 공매결정무효확인의 소

한국자산관리공사는 서울특별시 성북구청장의 원고의 토지에 대한 공매대행 의뢰를 받아 공매한 처분청이므로 피고적격이 있다.

(2) 소유권이전등기말소청구의 소를 제기한 경우

㈎ 체납처분에 따른 공매절차를 통해 경료된 소유권이전등기의 말소를 구하는 민사소송에서는 이 사건 토지를 공매로 취득한 박부영이 피고가 된다. 강학상 민사소송에서의 선결문제와 공정력(구성요건적 효력)과의 관계에서 문제된다.

㈏ 무효인 압류처분에 기한 공매처분 역시 당연무효의 처분으로서 위 공매처분에 기하여 이루어진 피고 송○○, 이○○ 명의의 각 소유권이전등기 및 이에 터잡아 이루어진 피고 전○○ 명의의 소유권이전등기는 각 원인무효의 등기라고 판단한 원심은 옳다(대법원 1991. 6. 28. 선고 89다카28133 판결【소유권이전등기등】).

㈐ 이 사건 부동산에 관하여 피고 앞으로의 소유권이전등기가 원인무효의 등기라고 한다면 특별한 사정이 없는 한 등기의 추정력에도 불구하고 이 부동산을 피고의 소유라고 볼 수 없는 것이고, 따라서 관할 세무서장이 피고에 대한 국세체납처분으로서 이 부동산을 공매한 것은 결국 권한없이 체납자가 아닌 제 3 자의 재산을 공매한 것이 되어 그 하자가 중대하고 명백한 경우에 해당하여 당연무효의 행정처분이라고 아니할 수 없다(대법원 1977. 4. 26. 선고 76다2972 판결【소유권이전등기말소】).

㈑ 민사소송에 있어서 어느 행정처분의 당연무효 여부가 선결문제로 되는 때에는 이를 판단하여 당연무효임을 전제로 판결할 수 있고 반드시 행정소송 등의 절차에 의하여 그 취소나 무효확인을 받아야 하는 것은 아니다(대법원 1972. 10. 10. 선고 71다2279 판결, 대법원 2010. 4. 8. 선고 2009다90092 판결【건물인도】).

3. 무효확인소송의 보충성 문제

가. 직접 민사소송으로 부당이득의 반환 또는 행정처분에 의해 경료된 소유권이 전등기의 말소를 구할 수 있는 경우, 행정처분의 무효확인을 구할 소의 이익 유무(소극; 종전 판례)

　　과세처분과 압류 및 공매처분이 무효라 하더라도 직접 민사소송으로 체납처분에 의하여 충당된 세액에 대하여 부당이득으로 반환을 구하거나 공매처분에 의하여 제 3 자 앞으로 경료된 소유권이전등기에 대하여 말소를 구할 수 있는 경우에는 위 과세처분과 압류 및 공매처분에 대하여 소송으로 무효확인을 구하는 것은 분쟁해결에 직접적이고도 유효·적절한 방법이라 할 수 없어 소의 이익이 없다(대법원 1998. 9. 22. 선고 98두4375 판결【압류집행처분무효확인등】).

나. 행정소송법 제35조에 규정된 '무효확인을 구할 법률상 이익'이 있는지를 판단할 때 행정처분의 무효를 전제로 한 이행소송 등과 같은 직접적인 구제수단이 있는지를 따져보아야 하는지 여부(소극; 변경된 판례)

　　항고소송인 행정처분에 관한 무효확인소송을 제기하려면 행정소송법 제35조에 규정된 '무효확인을 구할 법률상 이익'이 있어야 하는바, 그 법률상 이익은 당해 처분의 근거 법률에 의하여 보호되는 직접적이고 구체적인 이익이 있는 경우를 말하고 간접적이거나 사실적·경제적 이해관계를 가지는 데 불과한 경우는 여기에 해당되지 아니하지만, 한편 행정처분의 근거 법률에 의하여 보호되는 직접적이고 구체적인 이익이 있는 경우에는 행정소송법 제35조에 규정된 '무효확인을 구할 법률상 이익'이 있다고 보아야 하고, 이와 별도로 무효확인소송의 보충성이 요구되는 것은 아니므로 행정처분의 무효를 전제로 한 이행소송 등과 같은 직접적인 구제수단이 있는지 여부를 따질 필요가 없다(대법원 2008. 3. 20. 선고 2007두6342 전원합의체 판결【하수도원인자부담금부과처분취소】 참조).[3]

---

3) 원고로서는 부당이득반환청구의 소나 소유권이전등기말소청구의 소로써 직접 원고가 주장하는 위법상태의 제거를 구할 수 있는지 여부에 관계없이, 이 사건 압류처분 및 매각처분의 근거 법률에 의하여 보호되는 직접적이고 구체적인 이익을 가지고 있어 행정소송법 제35조에 규정된 '무효확인을 구할 법률상 이익'을 가지는 자에 해당하고, 따라서 이 사건 압류처분 및 매각처분에 대하여 무효확인을 구할 수 있으며, 나아가 이 사건 매각처분이 위법하지만 당연 무효는 아닌 경우에 대비하여 그 취소를 구할 수도 있으므로, 이 사건 소는 모두 적법하다. 그럼에도 불구하고, 이 사건 소를 부적법하다 하여 각하한 제 1 심판결을 그대로 유지한 원심판결에는 행정소송법 제35조에 규정된 '무효확인을 구할 법률상 이익' 등에 관한 법리를 오해하여 판결에 영향을 미친 잘못이 있고, 이 점을 지적하는 논지는 이유 있다(대법원

4. 이 사건의 처분의 적법성 여부

가. 등록세 부과처분을 위한 납세고지규정의 성격

납세고지에 관한 규정들은 단순한 세무행정상의 편의에 기한 훈시적 규정이 아니라, 조세법률주의의 원칙에 따라 과세관청으로 하여금 신중하고 합리적인 처분을 하게 함으로써 조세행정의 공정성을 기함과 동시에 납세의무자에게 과세처분의 내용을 상세하게 알려 불복 여부의 결정 및 불복신청에 편의를 주려는 데 그 입법취지가 있는 만큼 강행규정이라고 보아야 한다(대법원 1997. 8. 22. 선고 96누14272 판결【취득세부과처분취소】 등 참조).

나. 납세고지서의 송달의 잘못이 있는 경우와 과세처분의 효력

(1) 납세고지서를 송달함에 있어서 국세기본법 제10조 소정의 송달방법을 제대로 밟지 않고 막연히 원고가 이미 세무서에 폐업신고를 한 종전의 영업장소로 우송하여 원고가 이를 송달받지 못한 경우에는, 그 과세부과처분은 적법하게 고지된 바 없어 효력이 발생되지 아니하였으므로 당연무효이다(대법원 1979. 8. 31. 선고 79누168 판결【개인영업세등부과처분취소】).

(2) 지방세납세고지는 반드시 문서로써 그 명의인의 주소, 거소 등에서 송달되도록 하여야 하고, 그 송달이 부적법하면 과세처분은 효력이 발생하지 않으며, 그 부과된 세액 중 일부 금원이 납부된 사실이 있다 하더라도 부적법한 송달의 하자가 치유된다고 볼 수 없다(대법원 1982. 5. 11. 선고 81누319 판결【취득세부과처분취소】).

다. 성북구청장의 등록세부과처분은 무효

(1) 성북구청장은 김훈에게 등록세 부과처분을 고지하지 아니하였고, 원고에게는 주민등록상 주소지만 남아 있던 석관동 44번지로 납세고지서를 등기우편으로 송달하였고, 체납고지서와 독촉고지서를 같은 주소지에 일반우편으로 각 1회 발송하였다. 따라서 성북구청장은 등록세 부과처분의 고지를 함에 있어, 구 지방세법 제51조의2 제 1 항, 그 시행령 제39조의2 제 1 항, 서울특별시세조례(2007. 4. 17. 서울특별시조례 제4497호로 개정된 것) 제13조의2 제 2 항에 따라 그 납세고지서를 등기우편으로 송달하여야 함에도 등기로 송달한 납세고지서가 반송된 후 더 이상

2008. 6. 12. 선고 2008두3685 판결【압류처분등무효확인】).

다른 방법으로 납세고지를 하지 않았다.

⑵ 성북구청장의 등록세 부과처분은 그 납세고지서가 납세의무자인 원고와 김훈에게 송달된 바 없어 과세처분으로서의 효력을 발생하지 아니하였다. 따라서 등록세부과처분은 무효에 해당된다.

라. 피고의 이 사건 처분도 무효

⑴ 조세 부과처분이 무효인 경우에는 그 부과처분의 집행을 위한 체납처분도 무효이다. 과세처분이 당연무효라는 하자는 그 부과처분의 집행을 위한 체납처분에 그대로 승계되고, 그 후에 이루어진 압류, 독촉, 공매 등 체납처분 절차가 적법하게 진행되었다고 하더라도 그로써 당초과세처분의 하자가 치유되는 것은 아니다(대법원 1985. 1. 29. 선고 84누111 판결【종합소득세부과처분취소】, 대법원 1993. 7. 27. 선고 92누15499 판결【부가가치세등부과처분취소】).

⑵ 납세의무자에 대하여 과세처분이 있었다고 할 수 없는 이상 그 처분이 있었던 것을 전제로 하여 그 소유의 부동산을 압류하였다 하더라도 위 압류 역시 무효라고 할 것이고 이로써 위 과세처분 부존재의 흠이 치유되는 것도 아니다(대법원 1993. 7. 27. 선고 92누15499 판결【부가가치세등부과처분취소】).

⑶ 판례는 체납자 등에 대한 공매통지가 공매의 절차적 요건이며, 체납자 등에게 공매통지를 하지 않았거나 적법하지 않은 공매통지를 한 경우 그 공매처분은 위법하다고 한다. 체납자 등에 대한 공매통지는 국가의 강제력에 의하여 진행되는 공매에서 체납자 등의 권리 내지 재산상의 이익을 보호하기 위하여 법률로 규정한 절차적 요건이라고 보아야 하며, 공매처분을 하면서 체납자 등에게 공매통지를 하지 않았거나 공매통지를 하였더라도 그것이 적법하지 아니한 경우에는 절차상의 흠이 있어 그 공매처분은 위법하다. 다만, 공매통지의 목적이나 취지 등에 비추어 보면, 체납자 등은 자신에 대한 공매통지의 하자만을 공매처분의 위법사유로 주장할 수 있을 뿐 다른 권리자에 대한 공매통지의 하자를 들어 공매처분의 위법사유로 주장하는 것은 허용되지 않는다(대법원 2008. 11. 20. 선고 2007두18154 전원합의체 판결【매각결정취소】).[4)]

---

4) [다수의견] 공매통지는 공매의 요건이 아니라 공매사실 자체를 체납자 등에게 알려주는 데 불과한 것이라는 취지로 판시한 대법원 1971. 2. 23. 선고 70누161 판결, 대법원 1996. 9. 6. 선고 95누12026 판결 등을

⑷ 한국자산공사의 재공매(입찰)결정 및 공매통지는 항고소송의 대상이 되는 행정처분은 아니다. 한국자산공사가 당해 부동산을 인터넷을 통하여 재공매(입찰)하기로 한 결정 자체는 내부적인 의사결정에 불과하여 항고소송의 대상이 되는 행정처분이라고 볼 수 없고, 또한 한국자산공사가 한 공매통지는 공매의 요건이 아니라 공매사실 자체를 체납자에게 알려주는 데 불과한 것으로서, 통지의 상대방의 법적 지위나 권리·의무에 직접 영향을 주는 것이 아니라고 할 것이므로 이것 역시 행정처분에 해당한다고 할 수 없다(대법원 2007. 7. 27. 선고 2006두8464 판결【공매처분취소】).[5]

마. 소   결

성북구청장의 납세부과처분은 송달의 하자로 인하여 무효이고, 피고의 공매결정(처분) 자체는 적법하게 행하여졌지만, 납세부과처분의 하자를 승계하여 결국 무효에 해당되므로 원고는 이를 확인할 이익도 있다.

5. 입증책임

체납처분에 따른 공매절차를 통해 경료된 소유권이전등기와 그에 기하여 이루어진 나머지 소유권이전등기 또는 근저당권설정등기의 각 말소등기절차의 이행을 구하는 소송에서, 납세고지서의 송달이 없었거나 부적법하다는 주장사실에 대한 입증책임은 원고에게 있다(대법원 2001. 6. 1. 선고 99다1260 판결【소유권이전등기말소등기등】).

6. 제소기간

피고의 공매결정은 무효에 해당되고, 그 무효확인을 구하는 소는 제소기간의 제한을 받지 아니한다. 따라서 원고의 이 사건 공매결정무효확인의 소는 적법하다.

비롯한 같은 취지의 판결들은 이 판결의 견해에 배치되는 범위 내에서 이를 모두 변경하기로 한다(대법원 2008. 11. 20. 선고 2007두18154 전원합의체 판결【매각결정취소】).

5) (그러므로) 다른 특별한 사정이 없는 한 체납자 등은 공매통지의 결여나 위법을 들어 공매처분의 취소 등을 구할 수 있는 것이지 공매통지 자체를 항고소송의 대상으로 삼아 그 취소 등을 구할 수는 없다. 같은 취지에서 원심이 이 사건 공매통지 무효 확인 청구를 부적법하다고 판단한 것은 정당하다(대법원 2011. 3. 24. 선고 2010두25527 판결【양도소득세부과처분취소】).

2010누○○○

판 결 서

서울고등법원

서 울 고 등 법 원

제 9 행 정 부

판   결

사   건   2010누○○○ 공매처분취소

원고, 항소인   ○○○ (○○○○○○-○○○○○○)

서울 ○○○구 ○○동 ○○○-○○ ○층 ○○○호

소송대리인 법무법인 ○○○

담당변호사 ○○○

피고, 피항소인   한국자산관리공사

서울 강남구 강남대로 413

대표자 사장 ○○○

소송수행자 ○○○

제 1 심 판 결   서울행정법원 2010. ○. ○○. 선고 2010구합○○○○ 판결

변 론 종 결   2010. 11. 11.

판 결 선 고   2010. 12. 23.

주   문

1. 당심에서 교환적으로 변경된 청구에 따라 피고가 ○○시 ○○면 ○○리 25-4 전 1,063㎡ 에 대하여 한 2009. 7. 17.자 공매결정(관리번호 2008-○○○○-○○○)은 무효임을 확인한다.

2. 소송총비용은 피고가 부담한다.

청구취지 및 항소취지

제 1 심 판결을 취소한다. 주위적으로, 주문과 같다. 예비적으로, 주문 기재 공매결정을 취소한다(제 1 심에서는 위 예비적 청구를 청구취지로 하였다가 항소심에서 청구를 변경하여 주문 기재 무효 확인 청구를 주위적 청구로 하고 제 1 심 청구취지를 예비적 청구로 하였다).

이   유

1. 처분의 경위

가. 원고는 아들인 김○과 함께 2006. 4. 26. 06다7134호 ○○ 승용차(이하 '이 사건 자동차'라 한다)를 매수하여 공동 명의로 소유권이전등록을 마쳤는데, 당시 원고 및 김○은 원고가 장애등급 3급의 장애인이어서 서울특별시세 감면조례(2007. 1. 2. 조례 제4459호로 개정되기 전의 것) 제 3 조 제 1 항에 의거 차량등록세를 면제받았다.

나. 그런데 이 사건 자동차의 공동소유자인 김○이 2006. 11. 2. 원고의 주소지인 '서울 ○○구 ○○동 44 ○○아파트 43동 303호'(이하 '○○동 44번지'라 한다)에서 '서울 ○○○구 ○○동 231-16'으로 전출하자, 서울특별시 ○○○구청장(이하 '○○○구청장'이라 한다)은 김○이 차량 등록 후 3년 이내에 세대를 분가한 것이 위 감면조례 제 3 조 제 1 항 단서에 따라 위 면제된 차량등록세 820,630원(이하 '이 사건 등록세'라 한다)을 추징할 사유에 해당한다고 보아 2007. 6. 10. 등기우편으로 위 ○○동 44번지로 이 사건 등록세 납세고지서를 발송하였으나, 2007. 6. 21. 수취인 미거주로 반송되었다. 이어 2007. 8. 20. 일반우편으로 위 같은 주소지에 이 사건 등록세와 그 가산금 34,450원 합계 855,080원의 체납고지서를 발송하였고, 2007. 8. 22. 일반우편으로 같은 곳으로 독촉고지서를 발송하였다.

다. 그러나 연대납세의무자인 원고 및 김○이 이 사건 자동차의 등록세를 체납하자, ○○○구청은 2007. 11. 26. 이 사건 자동차를 압류함과 아울러 2008. 4. 7. 체납액을 933,800원(이 사건 등록세와 가산금 113,170원)으로 하여 원고 소유의 ○○시 ○○면 ○○리 25-4 전 1,063㎡(이하 '이 사건 토지'라 한다)을 압류하였다.

라. 피고는 2008. 12.경 ○○○구청으로부터 이 사건 토지에 대한 공매대행을 의뢰
받고, 2009. 3. 25. 공매공고를 한 후 공매절차를 진행하여, 2009. 7. 17. 이 사건
토지를 김○○에게 매각한다는 결정(이하 '이 사건 처분'이라 한다)을 하였다.

마. 김○○은 2009. 8. 4. 피고에게 매각대금을 납부하고 2009. 9. 2. 이 사건 토지에
관하여 소유권이전등기를 마쳤다.

[인정근거: 갑 1 내지 4호증, 을 1, 2, 11, 12호증 가지번호 포함]

2. 원고의 주장

가. 주위적 청구에 관한 주장

원고와 김○은 이 사건 등록세 부과처분을 송달받지 못하였으니, 이는 당연무효이
고, 그에 터잡아 진행된 이 사건 처분을 포함한 체납처분 역시 무효이다. 설사 이 사건
등록세 부과처분이 적법하다고 하더라도 원고와 김○에 대한 압류통지가 누락되어 압류
처분이 무효이니, 그에 기한 이 사건 처분도 무효이다. 또한 피고는 공매통지서를 원고
의 주소지인 서울 ○○○구 ○○동 207-21 3층 302호(이하 '○○동 207번지'라 한다)에서 교
부송달하려고 하였으나, 그 당시 거주하던 임차인이 원고는 주소만 등재되어 있을 뿐
거주하지 않는다고 하자 그 공매통지를 곧바로 공시송달의 방법으로 송달한 것은 세입
자에게 원고의 연락처만 물어보았어도 송달이 가능하였던 점에 비추어 무효이고, 그에
따라 이루어진 이 사건 처분 역시 무효이다.

나. 예비적 청구에 관한 주장

이 사건 처분에 앞서 피고는 연대납세의무자인 원고 및 김○에게 적법한 압류 통지
및 공매예고통지를 한 바가 없고, 공매통지를 공시송달의 방법으로 한 것 역시 부적법
하며, 또한 원고는 이 사건 토지 이외에도 인근에 7필지의 토지를 소유하고 있었는데,
피고가 몇 십만 원에 불과한 이 사건 등록세를 징수하기 위하여 그 중심에 위치해 있고
가장 넓은 토지로서 그 시가만으로도 수억 원에 이르는 이 사건 토지에 대하여 공매절
차를 진행하여 나머지 토지를 쓸모없게 만들어 버림으로써 원고에게 회복할 수 없는 손
해를 끼친 것은 형평에 어긋나므로, 이 사건 처분은 위법하여 취소되어야 한다.

3. 관계 법령

별지와 같다.

4. 주위적 청구에 대한 판단

가. 이 사건 등록세 부과처분의 무효 여부

(1) 구 지방세법(2010. 1. 1. 법률 제9924호로 개정되기 전의 것, 이하 같다) 제 1 조 제 1 항 제 5 호는 납세고지서는 납세의무자가 납부할 지방세에 대하여 그 부과의 근거가 되는 법률 및 당해 지방자치단체의 조례의 규정, 납세의무자의 주소, 성명, 과세 표준액, 세율, 세액, 납기, 납부장소, 납기한까지 미납한 경우에 취하여질 조치 및 부과의 위법 또는 착오가 있는 경우의 구제 방법 등을 기재한 문서로서 당해 지방자치단체가 작성한 것을 말한다고 규정하고 있고, 제25조 제 1 항은 지방세 를 징수하고자 할 때에는 지방자치단체의 장 또는 그 위임을 받은 공무원은 납 세의무자에 대하여 납부 또는 납입할 금액, 기한, 장소 기타 필요한 사항을 기재 한 문서로써 납부 또는 납입의 고지를 하여야 한다고 규정하고 있다. 또한 제51 조 제 1 항은 납부 또는 납입의 고지, 독촉과 체납처분에 관한 서류는 명의인의 주소, 거소, 영업소 또는 사무소에 송달한다고 규정하고 있으며, 제51조의2 제 1 항은 제51조에 따른 서류의 송달은 교부·우편 또는 전자송달로 하되, 해당 지 방자치단체의 조례로 정하는 방법에 따른다고 하고, 제 3 항은 연대납세의무자에 게 서류를 송달하고자 하는 때에는 그 대표자를 명의인으로 하며, 대표자가 없 는 때에는 연대납세의무자 중 지방세 징수상 유리한 자를 명의인으로 하되, 납 세의 고지와 독촉에 관한 서류는 연대납세의무자 모두에게 각각 송달하여야 한 다고 규정하고 있다.

이러한 납세고지에 관한 규정들은 단순한 세무행정상의 편의에 기한 훈시적 규정이 아니라, 조세법률주의의 원칙에 따라 과세관청으로 하여금 신중하고 합 리적인 처분을 하게 함으로써 조세행정의 공정성을 기함과 동시에 납세의무자 에게 과세처분의 내용을 상세하게 알려 불복 여부의 결정 및 불복신청에 편의를 주려는 데 그 입법취지가 있는 만큼 강행규정이라고 보아야 한다(대법원 1997. 8. 22. 선고 96누14272 판결 등 참조). 또한 과세처분에 대한 납세고지서의 송달이 부적법하여 송달의 효력이 발생하지 아니하면, 그 과세처분은 적법하게 고지된 바 없어 효력이 발생하지 아니하므로 무효이다(대법원 1979. 8. 31. 선고 79누168 판결, 대법원 1995. 8. 22. 선고 95누3909 판결 등 참조).

⑵ 이 사건의 경우에는 앞서 본 바와 같이 ○○○구청장은 김○에게 이 사건 등록세 부과처분을 고지한 바가 없고, 원고에게도 납세고지서를 종전 주소지인 ○○동 44번지로 등기우편으로 송달하였다가 수취인 미거주로 반송된 후 체납고지서와 독촉고지서를 같은 주소지에 일반우편으로 각 1회 발송한 바가 있을 뿐이다. 또한 갑 3호증의 1의 기재에 변론 전체의 취지에 의하면, ○○○구청장이 위 납세고지서 및 체납고지서와 독촉고지서를 보낸 ○○동 44번지는 원고가 2008. 1. 3.까지 살았던 종전 주거지로서, 위 각 송달 당시까지 주민등록상 주소지는 그대로 있었지만, 실제 거주는 다른 곳에 있는 딸의 집에서 하고 있었던 사실을 인정할 수 있다.

결국 ○○○구청장은 이 사건 등록세 부과처분의 고지를 함에 있어, 구 지방세법 제51조의2 제 1 항, 그 시행령 제39조의2 제 1 항, 서울특별시세조례(2007. 4. 17. 서울특별시조례 제4497호로 개정된 것) 제13조의2 제 2 항에 따라 그 납세고지서를 등기우편으로 송달하여야 함에도 등기로 송달한 납세고지서가 반송된 후 더 이상 다른 방법으로 납세고지를 한 바가 없고, 또한 위 체납고지서 및 독촉고지서를 납세고지를 겸한 것으로 본다고 하더라도 이를 위 규정에 반하여 일반우편으로 송달한 하자가 있을 뿐 아니라 그 고지서조차 납세의무자인 원고나 김○에게 적법하게 송달되었다는 점도 이를 인정할 아무런 증거가 없다(위 체납고지서 등이 반송된 바는 없다고 하더라도 그에 앞서 등기우편으로 보낸 납세고지서가 "수취인 미거주" 사유로 반송된 바 있어 그 주소지에 원고가 거주하고 있지 않다는 사실이 이미 확인된 점에 비추어 위 체납고지서 등이 원고에게 송달된 것으로 추정할 수도 없다).

⑶ 따라서 이 사건 등록세 부과처분은 그 납세고지서가 납세의무자인 원고 및 김○에게 송달된 바 없으므로 과세처분으로서의 효력을 발생하지 아니한다고 할 것이고 그 의미에서 이는 무효라고 할 것이다.

나. 이 사건 처분이 무효인지 여부

조세 부과처분이 무효인 경우에는 그 부과처분의 집행을 위한 체납처분도 무효가 된다(대법원 1989. 7. 11. 선고 88누12110 판결 등 참조). 즉 과세처분이 당연무효라는 하자는 그 부과처분의 집행을 위한 체납처분에 그대로 승계되고, 그 후에 이루어진 압류, 독촉, 공매 등 체납처분 절차가 적법하게 진행되었다고 하더라도 그로써 당초과세처분의 하자가 치유되는 것도 아니다(대법원 1985. 1. 29. 선고 84누111 판결, 대법원 1993. 7. 27. 선고 92누15499 판결 등 참조).

따라서 이 사건 등록세에 관해서도 그 부과처분이 무효인 이상, 그 집행을 위한 압류처분 및 이 사건 처분 역시 무효이고, 원고가 소로써 그 무효 확인을 구할 이익도 인정이 된다.

5. 결   론

그렇다면, 이 사건 처분의 무효 확인을 구하는 원고의 주위적 청구는 이유 있어 인용하기로 하여 주문과 같이 판결한다(제 1 심의 원고 청구, 즉 이 사건 처분의 취소를 구하는 소는 항소심에서 이루어진 소의 교환적 변경으로 취하되어 이에 대한 제 1 심 판결은 실효되었다).

재판장 판사   ○ ○ ○
        판사   ○ ○ ○
        판사   ○ ○ ○

PUBLIC LAW
PROCEDURE
PRACTICUM&LEGAL
WRITING

제**10**장

방송법 제100조 제 1 항 제 1 호의 사과명령 위헌확인

[공·법·기·록·형 공·법·소·송·실·무]

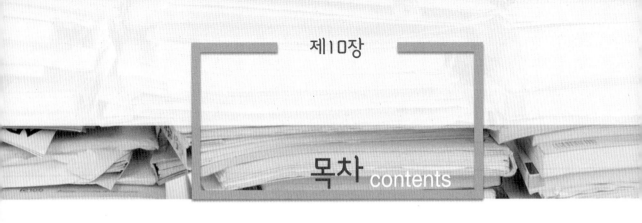

제10장

목차 contents

작 성 요 강

설 문[1]

○ ㈜문화방송 법률자문 법무법인 동서 변호사 황가영은 방송통신위원회가 내린 제재조치에 대하여 그 취소를 구하는 행정소송을 제기하였다.

○ 그리고 처분의 근거법률이 헌법에 위반된다고 생각하고 앞으로 헌법재판소의 위헌결정을 받기를 원하고 있다.

○ 이를 위하여 변호사 황가영 입장에서 행정소송 재판부에 제출할 가장 유효, 적절한 서면 한 가지를 선택하여 작성하시오.

  ※ 현행법이 허용하는 쟁송형식에 한하며, 작성일은 2009. 11. 13. 이고 같은 날 접수하는 것으로 함.

  ※ 답안의 시작은 선택한 쟁송형식에 부합하는 '서면종류'를 기재하는 것으로 하고, 그 끝은 '서류를 제출할 기관'을 기재하는 것으로 함.

  ※ 처분의 위법사유로는 사실관계와 현행법 및 기존 판례 입장을 고려하여 자유롭게 주장하여 볼 것.

유의사항

1. 기록에 나타난 사실관계만을 기초로 하고, 그것이 사실임을 전제로 할 것.
2. 처분절차 등 각종 필요한 절차는 적법하게 갖춘 것으로 간주할 것.
3. 각종 서류 등에 필요한 서명과 날인 또는 무인과 간인 등은 모두 갖추어진 것으로 볼 것.
4. 기록 중 일부 생략된 것이 있을 수 있고, 오기나 탈자 등이 있을 수 있음에 유의할 것.
5. 서술어는 관행상 경어를 사용할 것.

소 장

원 고   주식회사 문화방송
서울 영등포구 여의도동 31
대표이사 엄기영

소송대리인 법무법인 동서
담당변호사 황가영
서울 서초구 서초동 강호빌딩 203호

피 고   방송통신위원회
서울 종로구 세종로
대표자 위원장 최시중

제재조치처분취소

청 구 취 지

1. 피고가 2009. 4. 6. 원고에 대하여 한 시청자에 대한 사과 제재조치처분을 취소한다.
2. 소송비용은 피고가 부담한다.
라는 판결을 구합니다.

청 구 원 인

1. 이 사건 처분의 경위
2. 이 사건 처분의 위법성
3. 결 론

입 증 방 법

1. 갑 제 1 호증   시청자에 대한 사과 제재조치   1부
1. 갑 제 2 호증   방송통신위원회 회의록   1부

첨 부 서 류

1. 위 입증방법   각 1부
1. 소송위임장·담당변호사지정서   각 1부
1. 소장부본   1부

2009.   5.   1.

원고 소송대리인

법무법인 동서

담당변호사 황가영

서 울 행 정 법 원   귀 중

방 송 통 신 위 원 회

서울시 종로구 세종로 20 전화 02-2110-1310
방송운영과   과장 ○○○   계장 ○○○   담당 ○○○

문서번호   방송운영과 2009-17(서)-072
시행일자   2009. 4. 6.
받 음   ㈜문화방송
제 목   **시청자에 대한 사과 제재조치**

1. 귀하의 발전과 건강을 기원합니다.
2. ㈜문화방송이 MBC '뉴스 후'('08. 12. 20, '09. 1. 3. 방송) 프로그램의 심의규정 위반에 따른 '시청
   자에 대한 사과'처분을 방송법(2009. 7. 31. 법률 제9786호로 개정되기 전의 것) 제100조 제 1 항
   제 1 호 및 제 4 항에 의거하여 아래와 같이 합니다.

---

1. 문화방송의 '뉴스 후'에 대하여 '시청자에 대한 사과'를 명한다.
2. 원고는 '방송법 제100조 제 1 항 제 1 호 및 제 4 항'에 의거, 방송통신위원회로부터 '시청자에 대
   한 사과'의 제재조치를 받은 날부터 7일 이내에 아래 고지방송 내용을 방송하여야 한다.

가. 고지방송 내용

#1	이 방송은 방송통신심의위원회의 제재조치 결정에 따른 방송통신위원회 결정사항 고지방송입니다.
#2	MBC-TV는 지난 2008년 12월 20일과 2009년 1월 3일자 '뉴스 후' 프로그램에서, 방송법 개정안에 반대하는 일방의 의견을 과도한 비중으로 방송하고 방송법 개정안의 부정적인 결과에 대한 예측을 단정적으로 묘사한 사실이 있습니다.
#3	이는 「방송심의에 관한 규정」 제 9 조(공정성) 제 2 항 및 제14조(객관성)를 위반한 것으로 방송통신심의위원회의 제재조치 결정에 따라 방송통신위원회로부터 '시청자에 대한 사과'명령을 받았습니다.
#4	이러한 제재조치 내용을 알려드리며, 시청자 여러분께 진심으로 사과드립니다. 저희 (주)문화방송은 이를 계기로 「방송심의에 관한 규정」 등 관련 법규를 준수하고 보다 좋은 프로그램을 방송하도록 최선의 노력을 다하겠습니다. (주)문화방송입니다.

나. 고지방송 방법

○ 문화방송은 방송통신위원회의 결정사항의 "고지방송 내용"을 4개의 전면화면으로 나누어 음성과 자막(푸른 바탕, 흰 글씨)으로 해당 방송프로그램의 본방송 직전 1회 자막 고지하여야 한다.

○ 해당 프로그램 종료·폐지 또는 편성 조정 등으로 본방송 직전에 고지방송이 불가능한 경우에는 내제 프로그램 등의 방송 직전 1회 고지할 수 있으며, 이 경우에는 방송통신위원회와 사전 협의하여야 한다.

3. 문화방송은 방송통신위원회가 결정한 내용을 방송하고, 그 이행 결과를 지체 없이 방송통신위원회에 보고하여야 한다.

방 송 통 신 위 원 회

제16차 방송통신위원회 회의록

1. **회의일시**: 2009. 4. 8.(월), 10 : 00
2. **장   소**: 14층 회의실

3. **참석위원**: ○○○ 위 원 장
　　　　　　　김○○ 부위원장
　　　　　　　이○○ 위 원
　　　　　　　박○○ 위 원
　　　　　　　정○○ 위 원 (5인)

4. **회의내용**

　가. 의결사항

　1) ㈜문화방송의 방송법 및 방송심의에 관한 규정 위반사실

○ ㈜문화방송은 2008. 12. 20. '뉴스 후' 프로그램의 '뉴스 update' 코너에서 진행자가 시작 부분에 "정부나 한나라당에서는 방송을 민영화한다, 이렇게 표현을 하고 있지만 사실은 민영화가 아니라 사영화, 그러니까 개인이 소유한다, 이렇게 표현하는 게 맞을 거 같은데요"라고 언급하는 내용과, 마무리 부분에 "어려워진 살림살이 때문에 국민들은 다른 곳에 눈 돌릴 여유가 별로 없습니다. 이런 틈을 이용해 정부와 여당은 방송법을 개정해서 족벌신문사와 재벌에 방송을 사실상 나눠주려 하고 있습니다"라고 언급하는 내용을 방송하였다(이하 '제 1 방송'), 2009. 1. 3. '뉴스 후' 프로그램의 '방송법개정, 누구를 위한 것인가?' 편에서 프로그램 전반에 걸쳐 약 18회의 인터뷰 또는 발언을 인용하면서, 방송법 개정에 찬성하는 주장과 입장은 단지 3회 정도의 상대적으로 매우 적은 출연자와 방송분량을 구성하고, 나머지 방송법 개정에 반대하거나 이를 뒷받침하는 논리는 다수의 시민과 노조 관계자·연예인·교수 등의 직접 인터뷰와 발언 등을 집중적으로 삽입하여 방송하였다(이하 '제 2 방송').

　2) '시청자에 대한 사과' 제재조치 처분내용

○ 제 1 방송은 사실을 정확하고 객관적인 방법으로 다루도록 한 방송심의에 관한 규정 제12조(객관성)를 위반하였고, 제 2 방송은 사회적 쟁점이나 이해관계가 첨예하게 대립된 사안을 다룰 때에는 공정성과 균형성을 유지하고 관련 당사자의 의견을 균형있게 반영하도록 한 방송

심의에 관한 규정 제 9 조(공정성) 제 2 항을 위반하였다.

방송법(2009. 7. 31. 법률 제9786호로 개정되기 전의 것, 이하 같다) 제100조 제 1 항 제 1 호 및 제 4 항에 따라 다음 기재와 같은 내용의 '시청자에 대한 사과'의 제재조치를 다음 의결주문과 같이 하기로 한다.

※ 의결주문

1. 문화방송의 '뉴스 후'에 대하여 '시청자에 대한 사과'를 명한다.
2. 문화방송은 '방송법 제100조 제 4 항'에 의거, 방송통신위원회로부터 '시청자에 대한 사과'의 제 재조치를 받은 날부터 7일 이내에 아래 고지방송 내용을 방송하여야 한다.

가. 고지방송 내용

#1	이 방송은 방송통신심의위원회의 제재조치 결정에 따른 방송통신위원회 결정사항 고지방송 입니다.
#2	MBC-TV는 지난 2008년 12월 20일과 2009년 1월 3일자 '뉴스 후' 프로그램에서, 방송법 개정 안에 반대하는 일방의 의견을 과도한 비중으로 방송하고 방송법 개정안의 부정적인 결과에 대한 예측을 단정적으로 묘사한 사실이 있습니다.
#3	이는 「방송심의에 관한 규정」 제 9 조(공정성) 제 2 항 및 제14조(객관성)를 위반한 것으로 방 송통신심의위원회의 제재조치 결정에 따라 방송통신위원회로부터 '시청자에 대한 사과'명령 을 받았습니다.
#4	이러한 제재조치 내용을 알려드리며, 시청자 여러분께 진심으로 사과드립니다. 저희 (주)문 화방송은 이를 계기로 「방송심의에 관한 규정」 등 관련 법규를 준수하고 보다 좋은 프로그 램을 방송하도록 최선의 노력을 다하겠습니다. (주)문화방송입니다.

나. 고지방송 방법

○ 문화방송은 방송통신위원회의 결정사항의 "고지방송 내용"을 4개의 전면화면으로 나누어 음성과 자막(푸른 바탕, 흰 글씨)으로 해당 방송프로그램의 본방송 직전 1회 자막 고지하여야 한다.

○ 해당 프로그램 종료·폐지 또는 편성 조정 등으로 본방송 직전에 고지방송이 불가능한 경우 에는 대체 프로그램 등의 방송 직전 1회 고지할 수 있으며, 이 경우에는 방송통신위원회와 사전 협의하여야 한다.

3. 문화방송은 방송통신위원회가 결정한 내용을 방송하고, 그 이행 결과를 지체 없이 방송통신위 원회에 보고하여야 한다.

답 변 서

사 건   2009구합15968   제재조치처분취소
원 고   ㈜문화방송
피 고   방송통신위원회

위 사건에 관하여 피고 소송대리인은 다음과 같이 답변합니다.

청구취지에 대한 답변

1. 원고의 청구를 기각한다.
2. 소송비용은 원고가 부담한다.
라는 판결을 구합니다.

청구원인에 대한 답변

1. 다툼없는 사실
2. 이 사건 처분의 적법성
3. 결 론

입 증 방 법

1. 을 제 1 호증   MBC 'PD수첩' 제재현황 등   1부
2. 을 제 2 호증   MBC 100분 토론 '시청자 의견 조작'에 대한 제재현황   1부

2009.   6.   23.

피고 소송대리인
법무법인 대양
담당변호사 임 호 연

서 울 행 정 법 원   귀 중

MBC 'PD수첩' 제재현황 등

□ 배   경

　　ㅇMBC PD수첩이 미국산 쇠고기의 광우병 위험성을 과장 보도한 사항에 대해 심의규정(공정성)
　　위반에 따른 제재조치(시청자 사과)

〈프로그램 개요〉

방송일시	·'08. 4. 29. 및 '08. 5. 13, 23 : 00 ~ 24 : 00 (2회) …
제 목	·긴급취재! 미국산 쇠고기, 과연 광우병에서 안전한가 1부, 2부.
제 작 진	·기획: 조○○ CP ·연출: 이○○, 김○○ PD ·진행: 송○○ PD
주요내용	·미국산 쇠소기의 안정성과 관련하여 미국, 일본, 중국, 국제수역사무국(OIE) 등 취재 ·미국 내 도축 및 검역시스템의 문제점 ·미국인의 광우병에 대한 불안과 자국 쇠고기에 대한 불신 ·인간광우병 의심환자 사망사건, 광우병 관련 한국인 유전자의 취약성 ·한미 쇠고기의 협상의 문제점 등을 방송

※ 「방송심의에 관한 규정」 제 9 조(공정성), 제14조(객관성), 제17조(오보정정)적용

□ 방송심의 관련 제재조치 경과

　　ㅇ'08. 6월: 심의위원회, 시청자 민원제기(12건)로 심사 착수

　　ㅇ'08. 7. 16.: 심의위원회, '시청자에 대한 사과' 처분 결정

　　　－영어인터뷰에 대한 오역, 미국 특정관계자의 인터뷰만 방송한 점, 오보임에도 지체없이 정
　　　정방송을 하지 않은 점 등이 심의규정 위반

　　ㅇ'08. 8. 11.: 위원회, MBC에 '시청자에 대한 사과' 제재 조치 처분

　　ㅇ'08. 8. 12.: MBC, 시청자 사과 방송

　　　－'PD수첩' 결방으로 동일 시간대 대체프로그램인 「So Hot 놀라운 베이징」 프로그램의 방송
　　　직전(22 : 38)에 사과방송 고지

※ MBC 자체 징계 ('08. 8. 13.)

－ 조○○ CP-PD수첩 책임PD 직위해제 / 송○○ PD-시사교양국 부국장직 직위해제

□ PD수첩 제작진에 대한 검찰 수사경과

○ '08. 6. 20. 검찰, 'PD수첩'에 대한 농림수산식품부의 수사의뢰서 접수

○ '09. 1. 30. 검찰, 검사정기 인사로 재수사 착수

※ 서울중앙지검 형사2부 ○○○ 부장검사(사임) → 형사6부 ○○○ 부장검사 재배당

○ '09. 2. 24.　미국산 쇠고기 수입업자, 검찰에 "PD수첩" 제작진에 대한 업무방해 진정서 제출

○ '09. 3. 3.　정○○ 前 장관, "PD수첩" 제작진에 대한 명예훼손 고소

○ '09. 3월~4월　검찰, "PD수첩" 제작진의 이메일·자택 압수수색, 체포수사

○ '09. 6. 1.　검찰, 피의자 총 7명 중 조○○ CP, 송○○·김○○·이○○ PD, 기○○ 작가 등 5명에 대한 불구속 기소

※ 기소이유: "PD수첩" 방송의 핵심적이고 중요한 부분이 왜곡되어 객관적 사실이나 실제 취재 한 내용과 다르게 방송하여 명예훼손 및 업무방해 사실을 확인

MBC 100분 토론 '시청자 의견 조작'에 대한 제재현황

□ 개   요

　ㅇMBC "100분 토론" 방송 중 시청자 의견 조작 관련 미디어발전국민연합("미발연")의 민원제기
　　에 대한 심의위원회 심의 결과

　※ 미발연은 MBC "100분 토론" '09. 5. 15.자 방송분에 대한 민원제기(5. 21.)후, '09. 1월 ~ 4월 방송
　　분에 대해서도 추가 민원을 제기(6. 2.) : 세부내용 "붙임"

□ 추진 경과

　ㅇ'09. 5. 21.   미발연, 심의위원회에 민원 제기
　ㅇ'09. 5. 22.   MBC, 100분 토론 방송 시작 부분에서 진행자 사과
　ㅇ'09. 5. 28.   심의위 특위, "권고"를 소위에 건의(주의2, 권고3, 의견제시1)
　ㅇ'09. 5. 29.   MBC, 100분 토론 방송 시작 부분에서 진행자가 10여건 오류 인정
　ㅇ'09. 6. 2.   미발연, 09. 1 ~ 4월 방송분에 대한 추가 민원 제기
　ㅇ'09. 6. 8.   심의위 소위, "의견 보류"
　※ 미발연의 추가 민원(6. 2.자)에 대해 "특위"를 거친 후 재심의키로 함
　ㅇ'09. 6. 11.   심의위 소위, "의견진술"여부를 전체회의(6. 24.)에 상정
　ㅇ'09. 6. 24.   심의위 전체회의, 차기회의(7. 8.)에서 의견진술 청취 및 의결

□ 심의 결과

　ㅇ일시: '09. 7. 8.(수), 15 : 00 ~ 18 : 30
　ㅇ결과: "주의" 결정(객관성, 공정성 항목 위반)
　※ 심의위원들의 다양한 의견(사과, 주의, 권고, 의견제시 등)이 있었으나, 문제 직후 2차례에 걸
　　친 사과방송과 의견진술에서 선처를 호소한 점을 고려

참 고 자 료 (관 계 법 령)

■ 방송법(2009. 7. 31. 법률 제9786호로 개정되기 전의 것)

제18조(허가·승인·등록의 취소 등)

① 방송사업자·중계유선방송사업자·음악유선방송사업자·전광판방송사업자 또는 전송망사업자가 다음 각 호의 어느 하나에 해당하는 때에는 방송통신위원회가 허가·승인 또는 등록을 취소하거나 6월 이내의 기간을 정하여 그 업무의 전부 또는 일부의 정지를 명할 수 있다. 다만, 제13조 제 3 항의 각 호의 어느 하나에 해당하는 자가 법인의 대표자 또는 방송편성책임자가 된 경우로서 3월 이내에 그 임원을 변경하는 때에는 그러하지 아니하다.

10. 제100조 제 1 항에 따른 제재조치명령을 이행하지 아니한 때

제100조(제재조치 등)

① 방송통신위원회는 방송사업자·중계유선방송사업자 또는 전광판방송사업자가 제33조의 심의규정 및 제74조 제 2 항에 의한 협찬고지 규칙을 위반한 경우에는 다음 각호의 제재조치를 명할 수 있다. 제27조 제 8 호의 시청자불만처리의 결과에 따라 제재를 할 필요가 있다고 인정되는 경우에도 또한 같다. 다만, 방송통신심의위원회는 심의규정 등의 위반정도가 경미하여 제재조치를 명할 정도에 이르지 아니한 경우에는 해당 사업자 또는 해당 방송프로그램의 책임자나 관계자에 대하여 권고를 하거나 의견을 제시할 수 있다.

1. 시청자에 대한 사과

④ 방송사업자·중계유선방송사업자 및 전광판방송사업자는 제 1 항의 규정에 의한 명령을 받은 때에는 지체없이 그 명령내용에 관한 방송통신위원회의 결정사항전문을 방송하고, 명령을 받은 날부터 7일 이내에 그 명령을 이행하여야 하며, 그 이행결과를 방송통신위원회에 보고하여야 한다.

제106조(벌칙)

② 다음 각호의 1에 해당하는 자는 3천만원 이하의 벌금에 처한다.

2. 제100조 제 1 항의 규정에 의한 방송통신위원회의 제재조치명령을 이행하지 아니한 자

제108조(과태료)

① 다음 각 호의 어느 하나에 해당하는 자는 3천만원 이하의 과태료에 처한다.

27. 제100조 제4항의 규정에 위반하여 방송통신위원회의 결정사항전문을 방송하지 아니하거나 그 결과를 방송통신위원회에 보고하지 아니한 자

위 헌 법 률 심 판 제 청 신 청

사 건	2009구합15968 제재조치처분취소
신 청 인	㈜문화방송
상 대 방	방송통신위원회

위 사건에 관하여 신청인 대리인은 아래와 같이 위헌법률심판제청을 신청합니다.

신 청 취 지

방송법(2009. 7. 31. 법률 제9786호로 개정되기 전의 것) 제100조 제 1 항 중 '방송사업자가 제33조의 심의규정을 위반한 경우에는 "시청자에 대한 사과" 제재조치를 명할 수 있다' 부분의 위헌여부에 대한 심판을 제청한다.라는 결정을 구합니다.

신 청 이 유

1. 사건의 개요

가. 피고는 2009. 4. 6. 원고가 2008. 12. 20. '뉴스 후' 프로그램의 '뉴스 update' 코너에서 진행자가 시작 부분에 "정부나 한나라당에서는 방송을 민영화한다, 이렇게 표현을 하고 있지만 사실은 민영화가 아니라 사영화, 그러니까 개인이 소유한다, 이렇게 표현하는 게 맞을 거 같은데요"라고 언급하는 내용과, 마무리 부분에 "어려워진 살림살이 때문에 국민들은 다른 곳에 눈 돌릴 여유가 별로 없습니다. 이런 틈을 이용해 정부와 여당은 방송법을 개정해서 족벌신문사와 재벌에 방송을 사실상 나눠주려 하고 있습니다"라고 언급하는 내용을 방송하였고(이하

'이 사건 1 방송'), 2009. 1. 3. '뉴스 후' 프로그램의 '방송법개정, 누구를 위한 것인가?' 편에서 프로그램 전반에 걸쳐 약 18회의 인터뷰 또는 발언을 인용하면서, 방송법 개정에 찬성하는 주장과 입장은 단지 3회 정도의 상대적으로 매우 적은 출연자와 방송분량을 구성하고, 나머지 방송법 개정에 반대하거나 이를 뒷받침하는 논리는 다수의 시민과 노조 관계자·연예인·교수 등의 직접 인터뷰와 발언 등을 집중적으로 삽입하여 방송하였다(이하 '이 사건 2 방송')는 이유로 '시청자에 대한 사과'의 제재조치(이하 '이 사건 처분')를 하였습니다.

나. 피고는 원고에 대한 처분의 근거에 관하여 "이 사건 1 방송은 사실을 정확하고 객관적인 방법으로 다루도록 한 방송심의에 관한 규정 제12조(객관성)를 위반하였고, 이 사건 2 방송은 사회적 쟁점이나 이해관계가 첨예하게 대립된 사안을 다룰 때에는 공정성과 균형성을 유지하고 관련 당사자의 의견을 균형있게 반영하도록 한 방송심의에 관한 규정 제 9 조(공정성) 제 2 항을 위반하였다"는 이유로 방송법(2009. 7. 31. 법률 제9786호로 개정되기 전의 것, 이하 같다) 제100조 제 1 항 제 1 호 및 제 4 항에 따라 다음 기재와 같은 내용의 이 사건 처분을 하였습니다.

---

1. 원고의 '뉴스 후'에 대하여 '시청자에 대한 사과'를 명한다.
2. 원고는 '방송법 제100조 제 4 항'에 의거, 피고로부터 '시청자에 대한 사과'의 제재조치를 받은 날부터 7일 이내에 아래 고지방송 내용을 방송하여야 한다.

가. 고지방송 내용

#1	이 방송은 방송통신심의위원회의 제재조치 결정에 따른 방송통신위원회 결정사항 고지방송입니다.
#2	MBC-TV는 지난 2008년 12월 20일과 2009년 1월 3일자 '뉴스 후' 프로그램에서, 방송법 개정안에 반대하는 일방의 의견을 과도한 비중으로 방송하고 방송법 개정안의 부정적인 결과에 대한 예측을 단정적으로 묘사한 사실이 있습니다.
#3	이는 「방송심의에 관한 규정」 제 9 조(공정성) 제 2 항 및 제14조(객관성)를 위반한 것으로 방송통신심의위원회의 제재조치 결정에 따라 방송통신위원회로부터 '시청자에 대한 사과' 명령을 받았습니다.
#4	이러한 제재조치 내용을 알려드리며, 시청자 여러분께 진심으로 사과드립니다. 저희 (주)문화방송은 이를 계기로 「방송심의에 관한 규정」 등 관련 법규를 준수하고 보다 좋은 프로그램을 방송하도록 최선의 노력을 다하겠습니다. (주)문화방송입니다.

나. 고지방송 방법

○ 원고는 피고의 결정사항의 "고지방송 내용"을 4개의 전면화면으로 나누어 음성과 자막(푸른 바탕, 흰 글씨)으로 해당 방송프로그램의 본방송 직전 1회 자막 고지하여야 한다.

○ 해당 프로그램 종료 · 폐지 또는 편성 조정 등으로 본방송 직전에 고지방송이 불가능한 경우에는 대체 프로그램 등의 방송 직전 1회 고지할 수 있으며, 이 경우에는 피고와 사전 협의하여야 한다.

3. 원고는 피고가 결정한 내용을 방송하고, 그 이행 결과를 지체 없이 피고에 보고하여야 한다.

2. 위헌법률심판제청의 대상

이 사건 위헌법률심판제청의 대상은 방송법 제100조 제 1 항 제 1 호(이하 '제청대상 법률조항')인데, 그 규정 및 관련규정의 내용은 아래와 같습니다.[1]

■ 방송법(2009. 7. 31. 법률 제9786호로 개정되기 전의 것)

제18조(허가·승인·등록의 취소 등)

① 방송사업자 · 중계유선방송사업자 · 음악유선방송사업자 · 전광판방송사업자 또는 전송망사업자가 다음 각 호의 어느 하나에 해당하는 때에는 방송통신위원회가 허가 · 승인 또는 등록을 취소하거나 6월 이내의 기간을 정하여 그 업무의 전부 또는 일부의 정지를 명할 수 있다. 다만, 제13조 제 3 항의 각 호의 어느 하나에 해당하는 자가 법인의 대표자 또는 방송편성책임자가 된 경우로서 3월 이내에 그 임원을 변경하는 때에는 그러하지 아니하다.

10. 제100조 제 1 항에 따른 제재조치명령을 이행하지 아니한 때

---

1) 학교 또는 변호사시험 답안지에는 다음과 같이 약칭해도 무방할 것이다.
   방송법(2009. 7. 31. 법률 제9786호로 개정되기 전의 것)
   제18조(허가 · 승인 · 등록의 취소 등) 제 1 항 제10호
   제100조(제재조치 등) 제 1 항 제 1 호, 제 4 항
   제106조(벌칙) 제 2 항 제 2 호
   제108조(과태료) 제 1 항 제27호

제100조(제재조치 등)

① 방송통신위원회는 방송사업자·중계유선방송사업자 또는 전광판방송사업자가 제33조의 심의규정 및 제74조 제2항에 의한 협찬고지 규칙을 위반한 경우에는 다음 각호의 제재조치를 명할 수 있다. 제27조 제8호의 시청자불만처리의 결과에 따라 제재를 할 필요가 있다고 인정되는 경우에도 또한 같다. 다만, 방송통신심의위원회는 심의규정 등의 위반정도가 경미하여 제재조치를 명할 정도에 이르지 아니한 경우에는 해당 사업자 또는 해당 방송프로그램의 책임자나 관계자에 대하여 권고를 하거나 의견을 제시할 수 있다.

1. 시청자에 대한 사과

④ 방송사업자·중계유선방송사업자 및 전광판방송사업자는 제1항의 규정에 의한 명령을 받은 때에는 지체없이 그 명령내용에 관한 방송통신위원회의 결정사항전문을 방송하고, 명령을 받은 날부터 7일 이내에 그 명령을 이행하여야 하며, 그 이행결과를 방송통신위원회에 보고하여야 한다.

제106조(벌칙)

② 다음 각호의 1에 해당하는 자는 3천만원 이하의 벌금에 처한다.

2. 제100조 제1항의 규정에 의한 방송통신위원회의 제재조치명령을 이행하지 아니한 자

제108조(과태료)

① 다음 각 호의 어느 하나에 해당하는 자는 3천만원 이하의 과태료에 처한다.

27. 제100조 제4항의 규정에 위반하여 방송통신위원회의 결정사항전문을 방송하지 아니하거나 그 결과를 방송통신위원회에 보고하지 아니한 자

3. 재판의 전제성

재판의 전제성이라 함은 원칙적으로 ① 구체적인 사건이 법원에 계속 중이어야 하고, ② 위헌 여부가 문제되는 법률이 당해 소송사건의 재판에 적용되는 것이어야 하며, ③ 그 법률이 헌법에 위반되는지의 여부에 따라 당해 사건을 담당하는 법원이 다른 내용의 재판을 하게 되는 경우를 말합니다.

이 사건 위헌법률심판제청 대상 법률조항에 근거한 처분의 취소를 구하는 소송이 이 법원에 계속 중이고, 위 법률조항이 위헌으로 결정되면 원고에 처분이 위헌인 법률에 근거한 처분이 되어 취소될 가능성이 있습니다. 따라서 재판의 결론이나 주문에 영향을 주는 경우로서 법원이 다른 내용의 재판을 하게 되는 경우에 해당되므로 재판의 전제성 요건을 갖추고 있습니다.

4. 제청대상 법률조항의 위헌제청 이유

가. 침해되는 기본권

신청인은 법인이므로 이 사건 제재조치로 침해받는 기본권에 대하여 자연인이 향유하는 양심의 자유 등과 같은 기본권은 그 주체가 될 수 없다는 견해도 있지만, 헌법재판소는 법인에게 사죄광고를 명하는 것은 양심표명의 강제이고 인격권의 제한임에 틀림없으며, 이는 법인의 대표자에게 양심표명의 강제를 요구하는 결과가 된다(헌재 1991. 4. 1. 89헌마160)는 점에서 실질적으로 법인에게도 양심의 자유를 인정하고 있다 할 것이므로, 이 점에 관하여서도 살펴보기로 합니다.

나. 헌법상 양심의 자유를 제한하는지 여부

(1) 헌법 제19조는 "모든 국민은 양심의 자유를 가진다"라고 하여 양심의 자유를 기본권의 하나로 보장하고 있습니다. 헌법재판소는, "여기에서의 양심은 옳고 그른 것에 대한 판단을 추구하는 가치적·도덕적 마음가짐으로, 개인의 소신에 따른 다양성이 보장되어야 하고 그 형성과 변경에 외부적 개입과 억압에 의한 강요가 있어서는 아니되는 인간의 윤리적 내심영역이다. 보호되어야 할 양심에는 세계관·인생관·주의·신조 등은 물론, 이에 이르지 아니하여도 보다 널리 개인의 인격형성에 관계되는 내심에 있어서의 가치적·윤리적 판단도 포함될 수 있다"(헌재 2002. 1. 31. 2001헌바43)라고 판시하고 있습니다.

(2) 그러므로 양심의 자유는 널리 사물의 시시비비나 선악과 같은 윤리적 판단에 국가가 개입해서는 안되는 내심적 자유는 물론, 이와 같은 윤리적 판단을 국가권력에 의하여 외부에 표명하도록 강제받지 않는 자유 즉 윤리적 판단사항에 관한 침묵의 자유까지 포괄합니다. 이와 같이 해석하는 것이 다른 나라의 헌법과 달리 양심의 자유를 신앙의 자유와도 구별하고 사상의 자유에 포함시키지 않은 채 별개의 조항으로 독립시킨 우리헌법의 취지에 부합하고, 이는 개인의 내심의 자유, 가치판단에는 간섭하지 않겠다는 원리의 명확한 확인인 동시에 민주주의의 정신적 기초가 되고 인간의 내심의 영역에 국가권력의 불가침으로 인류의 진보와 발전에 불가결한 것이 되어 왔던 정신활동의 자유를 보다 완전히 보장하려는 취지입니다.

⑶ 그런데 방송법 제100조 제 1 항 제 1 호에 규정된 '시청자에 대한 사과'의 제재조치는 이 사건에서의 원고와 같이 방송심의에 관한 규정 등을 위반하였다고 믿지 않는 방송업자에게 본심에 반하여 "사과한다"하면서 그 위반사실을 자인하는 의미로 사과의 의사표시를 강요하는 것이므로, 행정청이 권력작용을 통해 자기의 신념에 반하여 자기의 행위가 방송심의에 관한 규정 등의 위반행위가 된다는 윤리적 판단을 형성강요하여 외부에 표시하기를 명하는 한편 의사·감정과 맞지 않는 사과라는 도의적 의사까지 널리 알리는 것에 해당됩니다. 따라서 '시청자에 대한 사과'의 강제는 양심이 아닌 것을 양심인 것처럼 표현하도록 강제하는 것으로 인간 양심의 왜곡·굴절이고 겉과 속이 다른 이중인격형성의 강요로서 침묵의 자유의 파생인 양심에 반하는 행위의 강제금지에 저촉되는 것이며, 따라서 우리 헌법이 보호하고자 하는 정신적 기본권의 하나인 양심의 자유의 제약(법인의 경우라면 그 대표자에게 양심표명의 강제를 요구하는 결과가 된다)에 해당한다고 할 수 있습니다.

다. 헌법상 인격권을 제한하는지 여부

⑴ 원래 "사과한다"는 행위는 윤리적인 판단·감정 내지 의사의 발로인 것이므로 본질적으로 마음으로부터 우러나오는 자발적인 것이라야 하며 그때 비로소 사회적 미덕이 되고, 이는 결코 외부로부터 강제하기에 적합하지 않은 것으로 이의 강제는 사회적으로 사과자 본인에 대하여 굴욕이 되는 것입니다. 사과의 정도에 따라 굴욕감의 차이는 있을 수 있지만, 적어도 사과의 문구가 포함되는 한 그것이 마음에 없는 것일 때에는 당사자의 자존심에 큰 상처요 치욕임에 다름없으며, 사과문, 진사문, 해명서 등 어떠한 명목의 것이든 관계없이 그러합니다.

⑵ 더구나 '시청자에 대한 사과'란 양심의 자유에 반하는 의사표시를 자기의 이름으로 방송하여 일반인에게 널리 알리는 것입니다. 이러한 내용을 온 세상에 알리면서도 그 구체적 내용이 행정청에 의하여 결정되고, 그럼에도 불구하고 마치 본인의 자발적 의사형성인 것 같이 되는 것이 '시청자에 대한 사과'이며, 또 본인의 의사와는 무관한 데도 본인의 이름으로 이를 대외적으로 표명되게 하는 것이 이 제도의 특질입니다. 따라서 '시청자에 대한 사과' 과정에서는 자연인이든 법인이든 인격의 자유로운 발현을 위해 보호받아야할 인격권이 무시되고 행정청에 의한 인격의 외형적 변형이 초래되어 인격형성에 분열이 필연적으로 수반되게

됩니다. 이러한 의미에서 '시청자에 대한 사과'의 제재조치는 헌법 제10조로부터 도출되는 인격권에도 큰 제한이 된다 하겠습니다.

라. 과잉금지의 원칙 위반

이 사건 위헌심판제청 대상 법률조항은 헌법 제37조 제2항에 따른 과잉금지의 원칙에 위반하여 양심의 자유와 인격권을 침해하고 있습니다.

(1) 입법목적의 정당성

방송법 제1조는 방송의 자유와 독립을 보장하고 방송의 공적 책임을 높임으로써 시청자의 권익보호와 민주적 여론형성 및 국민문화의 향상을 도모하고 방송의 발전과 공공복리의 증진에 이바지함을 목적으로 한다고 밝히고 있습니다. 이와 같은 방송법의 입법목적 등에 비추어 볼 때, 제청대상 법률조항에 규정된 '시청자에 대한 사과'의 제재조치도 방송의 공적 책임을 높임으로써 시청자의 권익보호와 민주적 여론형성 및 국민문화의 향상을 도모하고 방송의 발전과 공공복리의 증진에 이바지하고자 하는 목적에서 방송심의에 관한 규정 등의 위반행위가 재발하는 것을 방지하기 위하여 규정된 것으로 볼 수 있습니다. 이러한 입법목적은 입법자가 추구할 수 있는 헌법상 정당한 공익이고, 또한 중요한 것으로서 이러한 공익을 실현하여야 할 현실적 필요성이 존재한다는 것도 명백하다 하겠습니다.

(2) 수단의 적합성

방송심의규정을 위반한 방송사업자에 대하여 '시청자에 대한 사과'를 명령하는 제재수단을 통해 방송의 공적 책임을 높이는 등 입법목적에 기여하는 점을 인정할 수 있다는 점에서 수단의 적합성도 인정할 수 있습니다.

(3) 침해의 최소성

방송사업자가 방송법 제33조의 심의규정을 위반한 경우의 제재조치로는 시청자에 대한 사과, 해당 방송프로그램 또는 해당 방송광고의 정정·수정 또는 중지, 방송편성책임자·해당 방송프로그램 또는 해당 방송광고의 관계자에 대한 징계, 주의 또는 경고, 5천만 원 이하의 과징금 부과가 있습니다(방송법 100①). 그런데 '시청자에 대한 사과'의 제재조치보다 '시청자에 대한 사과명령 또는 권고를 받은 사실을 방송하라'와 같은 비교적 가벼운 제재를 통해서도 기본권을 보다 덜 제한하는 다른 수단에 의하더라도 입법목적 및 침해의 최소성 요청을 달성할 수 있습니다.

그런데 이 사건 처분인 사과명령은 방송사업자 자신은 언론의 사회적 책임으로서의 객관성이나 공정성을 위반할 정도로 편파적이거나 불공정한 방송을 함으로써 심의규정을 위반하였다고 판단하지 않음에도 불구하고, 방송통신위원회가 해당 방송이 언론의 책무를 방기하고 심의규정에 위반하였다고 평가하여 방송사업자로 하여금 그 잘못을 인정하고 용서를 구하기 위해 방송사업자가 스스로 인정하거나 형성하지 아니한 윤리적·도의적 판단의 표시를 하도록 강제로 명하는 것에 해당됩니다. 그렇다면 다른 제재수단과 구별되는 사과명령의 고유한 효과, 즉 자신의 잘못을 인정하고 시청자에게 용서를 구한다는 부분은 그 실효성이 크다고 할 수 없어 침해의 최소성 요건도 충족시킬 수 없습니다.

(4) 법익의 균형성

제청대상 법률조항은 그로 인해 보호되는 공익과 침해되는 사익 사이의 조화가 결여된 상태로 공익에 대하여만 일방적인 우위를 부여하는 규정으로서 공익과 사익간의 적정한 균형관계를 달성하지 못하고 있습니다.

마. 소 결

제청대상 법률조항은 그에 의한 기본권 제한에 있어서 그 선택된 수단이 목적에 적합하지 않을 뿐만 아니라 그 정도 또한 과잉하여 비례의 원칙이 정한 한계를 벗어난 것으로서 헌법 제37조 제2항에 의하여 정당화 될 수 없습니다. 따라서 헌법 제19조에 위반되는 동시에 헌법상 보장되는 인격권의 침해에 이르렀다고 볼 수 있는 합리적인 위헌의 의심이 있는 경우라고 할 수 있습니다.

5. 결   론

따라서 제청대상 법률조항은 그 위헌 여부가 이 사건 재판의 전제가 되고, 위헌으로 인정할 만한 상당한 이유가 있으므로, 신청인의 대리인은 헌법재판소에 위헌법률심판을 제청해 줄 것을 신청합니다.

2009.   11.   13.

소송대리인 법무법인 동서

담당변호사   황가영

서 울 행 정 법 원   귀 중

작 성 요 강

☐ 설 문 [2]

㈜문화방송 대리인 법무법인 동서 변호사 황가영이 제출한 위헌법률심판제청신청에 대하여 법원이 2009. 11. 27. 기각결정(2009아751호)을 한 경우, 위 변호사가 헌법재판소에 제출할 헌법소원심판청구서를 작성하시오.

※ 작성일은 2009. 12. 10. 이고 같은 날 접수하는 것으로 함

※ 처분의 위법사유로는 사실관계와 현행법 및 기존 판례 입장에 비추어 볼 때 받아들여질 수 있는 주장만 할 것

헌법소원심판청구서 양식

헌법소원심판청구서

청 구 인

청 구 취 지

당 해 사 건

위헌이라고 생각되는 법률조항

청 구 이 유

첨 부 서 류

1.
2.
3.
4.

2012. ○○. ○○.

청구인의 대리인 변호사 ○○○ (인)

헌법재판소 귀중

Memo

헌법소원심판청구서

청 구 인   주식회사 문화방송
서울 영등포구 여의도동 31
대표이사 엄기영

대리인 법무법인 동서
담당변호사 황가영

청 구 취 지

구 방송법(2008. 2. 29. 법률 제8867호로 개정되고, 2009. 7. 31. 법률 제9786호로 개정되기 전의 것)
제100조 제1항 제1호 중 '방송사업자가 제33조의 심의규정을 위반한 경우'에 관한 부분은 헌법에
위반된다.

당 해 사 건

서울행정법원   2009구합15968   제재조치처분취소

침 해 된 권 리

헌법 제10조 일반적 인격권

침해의 원인(위헌이라고 해석되는 법률조항)

구 방송법(2008. 2. 29. 법률 제8867호로 개정되고, 2009. 7. 31. 법률 제9786호로 개정되기 전의 것)

제100조 제 1 항 제 1 호 중 '방송사업자가 제33조의 심의규정을 위반한 경우'

청 구 이 유

1. 사건의 개요

가. 방송통신위원회는 2009. 4. 6. 주식회사 문화방송(이하 '문화방송'이라 한다)에 대하여 2008. 12. 20.자 '뉴스 후' 프로그램이 사실을 정확하고 객관적인 방법으로 다루도록 규정한 '방송심의에 관한 규정'(이하 '심의규정'이라 한다) 제14조를 위반하였고, 2009. 1. 3.자 '뉴스 후' 프로그램이 사회적 쟁점이나 이해관계가 첨예하게 대립된 사안을 다룰 때에는 공정성과 균형성을 유지하고 관련 당사자의 의견을 균형있게 반영하도록 규정한 심의규정 제 9 조 제 2 항을 위반하였다는 이유로 구 방송법(2008. 2. 29. 법률 제8867호로 개정되고, 2009. 7. 31. 법률 제9786호로 개정되기 전의 것) 제100조 제 1 항 제 1 호 및 제 4 항(이하 '이 사건 조항'이라 한다)에 따라 다음 기재와 같은 내용의 '시청자에 대한 사과'의 제재조치(이하 '이 사건 사과명령'이라 한다)를 하였습니다.

---

1. 문화방송의 '뉴스 후'에 대하여 '시청자에 대한 사과'를 명한다.
2. 문화방송은 '방송법 제100조 제 4 항'에 의거, 방송통신위원회로부터 '시청자에 대한 사과'의 제재조치를 받은 날부터 7일 이내에 아래 고지방송 내용을 방송하여야 한다.

가. 고지방송 내용

#1	이 방송은 방송통신심의위원회의 제재조치 결정에 따른 방송통신위원회 결정사항 고지방송입니다.
#2	MBC-TV는 지난 2008년 12월 20일과 2009년 1월 3일자 '뉴스 후' 프로그램에서, 방송법 개정안에 반대하는 일방의 의견을 과도한 비중으로 방송하고 방송법 개정안의 부정적인 결과에 대한 예측을 단정적으로 묘사한 사실이 있습니다.
#3	이는 「방송심의에 관한 규정」 제 9 조(공정성) 제 2 항 및 제14조(객관성)를 위반한 것으로 방송통신심의위원회의 제재조치 결정에 따라 방송통신위원회로부터 '시청자에 대한 사과'명령을 받았습니다.

#4	이러한 제재조치 내용을 알려드리며, 시청자 여러분께 진심으로 사과드립니다. 저희 (주)문화방송은 이를 계기로 「방송심의에 관한 규정」 등 관련 법규를 준수하고 보다 좋은 프로그램을 방송하도록 최선의 노력을 다하겠습니다. (주)문화방송입니다.

나. 고지방송 방법

○ 문화방송은 방송통신위원회의 결정사항의 "고지방송 내용"을 4개의 전면화면으로 나누어 음성과 자막(푸른 바탕, 흰 글씨)으로 해당 방송프로그램의 본방송 직전 1회 자막 고지하여야 한다.

○ 해당 프로그램 종료·폐지 또는 편성 조정 등으로 본방송 직전에 고지방송이 불가능한 경우에는 대체 프로그램 등의 방송 직전 1회 고지할 수 있으며, 이 경우에는 방송통신위원회와 사전 협의하여야 한다.

3. 문화방송은 방송통신위원회가 결정한 내용을 방송하고, 그 이행 결과를 지체 없이 방송통신위원회에 보고하여야 한다.

　　나. 청구인은 이 사건 사과명령에 대한 서울행정법원에 취소소송을 제기하였고(2009
　　　구합15968호), 이 사건 조항은 헌법상의 양심의 자유 및 인격권을 침해하고 있어
　　　위헌이라고 주장하면서 재판부에 이 사건 조항에 대한 위헌법률제청신청을 하
　　　였지만, 그 신청을 기각하는 결정을 하였습니다.

2. 적법요건의 구비 여부

가. 의　　의

　　청구인은 이 사건 조항이 위헌이라는 이유로 위헌법률심판 제청신청을 하였으나 법
원의 기각결정을 받고 헌법재판소법 제68조 제2항에 따라 이 사건 심판청구를 하였으
므로 그 적법요건을 검토할 필요가 있습니다.

나. 개별적 적법요건의 검토

(1) 대상적격

법률이 헌법에 위반되는 여부가 재판의 전제가 된 경우에는 법원은 헌법재판소에

제청하여 그 심판에 의하여 재판하며(헌법 107①), 법률이 헌법에 위반되는지 여부가 재판의 전제가 된 경우에는 당해 사건을 담당하는 법원(군사법원을 포함한다)은 직권 또는 당사자의 신청에 의한 결정으로 헌법재판소에 위헌 여부 심판을 제청한다(헌법재판소법 41①)는 규정과, 법률의 위헌 여부 심판의 제청신청이 기각된 때에는 그 신청을 한 당사자는 헌법재판소에 헌법소원심판을 청구할 수 있다(헌법재판소법 68②)는 규정에 따라, 이 사건 심판대상은 재판의 전제가 되는 형식적 의미의 법률인 '방송법'이므로 그 대상적격이 있습니다.

(2) 위헌법률심판제청신청에 대한 법원의 기각결정

청구인은 2009. 11. 13. 서울행정법원에 위헌법률심판제청신청을 하였지만, 위 법원은 2009. 11. 27. 위 신청을 기각하는 결정을 하였습니다(서울행정법원 2009아751호).

(3) 재판의 전제성

위헌법률심판제청이 적법하기 위해서는 법원에 계속 중인 구체적인 사건에 적용할 법률이 헌법에 위반되는지의 여부가 재판의 전제로 되어야 합니다.

㈎ 재판의 '전제성'의 개념

재판의 전제성이라 함은 원칙적으로 ① 구체적인 사건이 법원에 계속 중이어야 하고, ② 위헌 여부가 문제되는 법률이 당해 소송사건의 재판에 적용되는 것이어야 하며, ③ 그 법률이 헌법에 위반되는지의 여부에 따라 당해 사건을 담당하는 법원이 다른 내용의 재판을 하게 되는 경우를 말합니다. 여기서 '다른 내용의 재판을 하게 되는 경우'라 함은 원칙적으로 법원이 심리 중인 당해 사건의 재판의 결론이나 주문에 어떤 영향을 주는 경우뿐만 아니라 문제된 법률의 위헌 여부가 비록 재판의 주문자체에는 아무런 영향을 주지 않는다고 하더라도 재판의 결론을 이끌어 내는 이유를 달리하는 데 관련되어 있거나 또는 재판의 내용과 효력에 관한 법률적 의미가 달라지는 경우도 포함된다고 할 것입니다(헌재 1992. 12. 24. 92헌가8).

㈏ 사안의 경우

이 사건 심판대상 법률조항은 서울행정법원에 계속 중인 2009구합15968호 제재조치처분 취소소송에 적용되는 것으로 위 법률조항이 위헌으로 결정되면 청구인에 대한 제재조치처분이 위헌인 법률에 근거한 처분이 되어 취소될 가능성이 있습니다. 따라서 재판의 결론이나 주문에 영향을 주는 경우로서 법원이 다른 내용의 재판을 하게 되는 경우에 해당되므로, 이 사건 심판청구는 재판의 전제성 요건을 갖추고 있습니다.

⑷ 청구기간의 준수

헌법재판소법 제68조 제2항의 헌법소원심판은 위헌여부심판의 제청신청을 기각하는 결정을 통지받은 날부터 30일 이내에 청구하여야 합니다(헌법재판소법 69②). 청구인은 2009. 11. 27. 위헌법률심판 제청신청의 기각결정을 그 무렵 송달받고, 그로부터 30일 이내인 2009. 12. 10. 이 사건 심판청구를 하여 청구기간을 준수하였습니다.

⑸ 변호사 강제주의

각종 심판절차에서 당사자인 사인은 변호사를 대리인으로 선임하지 아니하면 심판청구를 하거나 심판 수행을 하지 못한다(헌법재판소법 25③)는 변호사강제주의에 따라 법무법인 동서를 대리인으로 선정하여 이 사건 심판청구를 하였습니다.

다. 소   결

따라서 이 사건 심판청구는 헌법재판소법 제68조 제2항의 헌법소원의 요건을 모두 구비하여 적법합니다.

3. 위헌이라고 해석되는 이유

가. 법인의 기본권 주체성

우리 헌법은 법인의 기본권향유능력을 인정하는 명문의 규정을 두고 있지 않지만, 본래 자연인에게 적용되는 기본권규정이라도 언론·출판의 자유, 재산권의 보장 등과 같이 성질상 법인이 누릴 수 있는 기본권을 당연히 법인에게도 적용하여야 합니다. 따라서 법인도 사단법인·재단법인 또는 영리법인·비영리법인을 가리지 아니하고 위 한계내에서는 헌법상 보장된 기본권이 침해되었음을 이유로 헌법소원심판을 청구할 수 있습니다(헌재 1991. 6. 3. 90헌마56). 따라서 청구인은 주식회사의 형태를 갖는 법인이지만 헌법소원심판을 청구할 수 있습니다.

나. 이 사건의 쟁점

⑴ 이 사건 조항은 법인인 방송사업자에 대하여 그 의사에 반하여 시청자에 대한 사과를 할 것을 강제하고 있습니다. 이 사건 조항에 의한 '시청자에 대한 사과'는 사과여부 및 사과의 구체적인 내용이 방송통신위원회라는 행정기관에 의해

결정됨에도 불구하고 마치 방송사업자 스스로의 결정에 의한 사과인 것처럼 그 이름으로 대외적으로 표명되고, 이는 시청자 등 국민들로 하여금 방송사업자가 객관성이나 공정성 등을 저버린 방송을 했다는 점을 스스로 인정한 것으로 생각하게 만듦으로써 방송에 대한 신뢰가 무엇보다 중요한 방송사업자의 사회적 신용이나 명예를 저하시키고 법인격의 자유로운 발현을 저해하고 있습니다.

⑵ 법인도 법인의 목적과 사회적 기능에 비추어 볼 때 그 성질에 반하지 않는 범위 내에서 인격권의 한 내용인 사회적 신용이나 명예 등의 주체가 될 수 있고 법인이 이러한 사회적 신용이나 명예 유지 내지 법인격의 자유로운 발현을 위하여 의사결정이나 행동을 어떻게 할 것인지를 자율적으로 결정하는 것도 법인의 인격권의 한 내용을 이룬다고 할 것이다. 그렇다면 이 사건 조항은 방송사업자의 의사에 반한 사과행위를 강제함으로써 방송사업자의 인격권을 제한하는지 여부가 문제됩니다.

다. '시청자에 대한 사과' 제재조치 조항의 위헌성

이 사건 조항은 방송사업자의 의사에 반한 사과행위를 강제함으로써 방송사업자의 인격권을 제한하는지 여부가 문제되므로,[2] 그러한 제한이 그 목적과 방법 등에 있어서 과잉금지의 원칙을 규정하고 있는 헌법 제37조 제2항에 의한 헌법적 한계 내의 것인지를 살펴볼 필요가 있습니다.

⑴ 입법목적의 정당성

이 사건 조항은 방송의 공적 책임을 높임으로써 시청자의 권익보호와 민주적 여론형성 및 국민문화의 향상을 도모하고 방송의 발전과 공공복리의 증진에 이바지하기 위하여, 공정하고 객관적인 보도를 할 책무를 부담하는 방송사업자가 심의규정을 위반한 경우 방송통신위원회로 하여금 전문성과 독립성을 갖춘 방송통신심의위원회의 심의를 거쳐 '시청자에 대한 사과'를 명할 수 있도록 규정한 것이므로 입법목적의 정당성이 인정됩니다.

⑵ 방법의 적절성

방송심의규정을 위반한 방송사업자에 대하여 '시청자에 대한 사과'를 명령하는 제재

---

2) 위헌심판제청신청에서는 양심의 자유 침해 부분도 언급하였지만, 이 사건에 관한 헌법재판소 결정이 이 사건 심판대상조항이 방송사업자의 의사에 반한 사과행위를 강제함으로써 방송사업자의 인격권을 제한하는 것으로 판단한 바 있어 인격권의 침해 부분만 논증하기로 한다.

수단을 통해 방송의 공적 책임을 높이는 등 입법목적에 기여하는 점을 인정할 수 있다는 점에서 방법의 적절성도 인정됩니다.

(3) 침해의 최소성

(가) 방송사업자가 방송법 제33조의 심의규정을 위반한 경우의 제재조치로는 시청자에 대한 사과, 해당 방송프로그램 또는 해당 방송광고의 정정·수정 또는 중지, 방송편성책임자·해당 방송프로그램 또는 해당 방송광고의 관계자에 대한 징계, 주의 또는 경고, 5천만 원 이하의 과징금 부과가 있습니다(방송법 제100조 제 1 항). 그런데 '시청자에 대한 사과'의 제재조치가 '주의 또는 경고' 조치에 비하여 시청자의 권익보호나 민주적 여론 형성 등에 더 기여하거나 위반행위가 재발하는 것을 방지하는 데 더 효과적이라고 할 수는 없습니다.

(나) 심의규정을 위반한 방송사업자에게 '주의 또는 경고'만으로도 반성을 촉구하고 언론사로서의 공적 책무에 대한 인식을 제고시킬 수 있을 뿐만 아니라, '주의 또는 경고' 조치를 받은 방송사업자는 지체 없이 방송통신위원회의 제재조치에 관한 결정사항전문을 방송할 의무를 부담하므로(방송법 제100조 제 4 항, 제108조 제 1 항 제27호), 위 조치만으로도 심의규정에 위반하여 '주의 또는 경고'의 제재조치를 받은 사실을 공표하게 되어 이를 다른 방송사업자나 일반 국민에게 알리게 됨으로써 여론의 왜곡 형성 등을 방지하는 한편, 해당 방송사업자에게는 해당프로그램의 신뢰도 하락에 따른 시청률 하락 등의 불이익을 줄 수 있습니다.

(다) 또한, 심의규정을 위반한 방송사업자에 대한 제재수단으로, 방송사업자로 하여금 방송통신위원회로부터 심의규정을 위반하였다는 판정을 받았다는 사실을 구체적으로 공표하도록 하는 방법을 상정해 볼 수 있고, 이러한 심의규정을 위반하였다는 판정을 받은 사실의 공표에 더하여 '시청자에 대한 사과'에 대하여는 '명령'이 아닌 '권고'의 형태를 취할 수도 있습니다. 이와 같이 기본권을 보다 덜 제한하는 다른 수단에 의하더라도 이 사건 심판대상조항이 추구하는 목적을 달성할 수 있습니다.

(라) 반면, 사과명령은 방송사업자 자신은 언론의 사회적 책임으로서의 객관성이나 공정성을 위반할 정도로 편파적이거나 불공정한 방송을 함으로써 심의규정을 위반하였다고 판단하지 않음에도 불구하고, 방송통신위원회가 해당 방송이 언론

의 책무를 방기하고 심의규정에 위반하였다고 평가하여 방송사업자로 하여금 그 잘못을 인정하고 용서를 구하기 위해 방송사업자가 스스로 인정하거나 형성하지 아니한 윤리적·도의적 판단의 표시를 하도록 강제로 명하는 것에 해당됩니다. 그렇다면 다른 제재수단과 구별되는 사과명령의 고유한 효과, 즉 자신의 잘못을 인정하고 시청자에게 용서를 구한다는 부분은 그 실효성이 크다고 할 수 없으므로 사과명령이 다른 제재수단에 비해 효과가 더 크다고 할 수 없는 것입니다. 그러므로 이 사건 조항은 침해의 최소성 원칙에 위배된다고 할 수 있습니다.

(4) 법익의 균형성

이 사건 조항이 추구하는 입법목적, 즉 방송의 공적 책임을 높임으로써 시청자의 권익보호와 민주적 여론형성 및 국민문화의 향상을 도모하고 방송의 발전과 공공복리의 증진에 이바지하며 위반행위가 재발하는 것을 방지한다는 공익은 중요합니다. 그러나 이 사건 조항으로 인해 초래되는 방송사업자의 기본권 제한 측면은 시청자 등 국민들로 하여금 방송사업자가 객관성이나 공정성 등을 저버린 방송을 했다는 점을 스스로 인정한 것으로 생각하게 만듦으로써 방송에 대한 신뢰가 무엇보다 중요한 방송사업자에 대하여 그 사회적 신용이나 명예를 저하시키고 법인격의 자유로운 발현을 저해하는 것인바, 방송사업자의 인격권에 대한 제한의 정도가 이 사건 조항이 추구하는 공익에 비해 결코 작다고 할 수 없습니다. 그러므로 이 사건 조항은 법익의 균형성 원칙에도 위배된다고 할 수 있습니다.

(5) 소 결

따라서 이 사건 조항은 과잉금지의 원칙에 위배되어 방송사업자의 인격권을 침해하여 위헌이라 하겠습니다.

4. 결 론

그렇다면 이 사건 조항은 헌법에 위반되므로 청구취지와 같은 결정을 내려주시기를 바랍니다.

첨 부 서 류

1. 서울행정법원 2009아751호 위헌법률심판제청 결정문   1부
2. 소송위임장 및 담당변호사 지정서   각 1부

2009.   12.   10.

청구인의 소송대리인
법무법인 동서
담당변호사 황 가 영

헌 법 재 판 소   귀 중

[참고자료]

방송법 제100조 제 1 항 제 1 호 위헌제청

(헌재 2012. 8. 23. 2009헌가27)

【판시사항】

구 방송법(2008. 2. 29. 법률 제8867호로 개정되고, 2009. 7. 31. 법률 제9786호로 개정되기 전의 것) 제100조 제 1 항 제 1 호 중 '방송사업자가 제33조의 심의규정을 위반한 경우'에 관한 부분 및 방송법(2009. 7. 31. 법률 제9786호로 개정된 것) 제100조 제 1 항 제 1 호 중 '방송사업자가 제33조의 심의규정을 위반한 경우'에 관한 부분(이하 '이 사건 심판대상조항'이라 한다)이 방송사업자의 인격권을 침해하는지 여부(적극)

【결정요지】

법인도 법인의 목적과 사회적 기능에 비추어 볼 때 그 성질에 반하지 않는 범위 내에서 인격권의 한 내용인 사회적 신용이나 명예 등의 주체가 될 수 있고 법인이 이러한 사회적 신용이나 명예 유지 내지 법인격의 자유로운 발현을 위하여 의사결정이나 행동을 어떻게 할 것인지를 자율적으로 결정하는 것도 법인의 인격권의 한 내용을 이룬다고 할 것이다. 그렇다면 이 사건 심판대상조항은 방송사업자의 의사에 반한 사과행위를 강제함으로써 방송사업자의 인격권을 제한한다.

이 사건 심판대상조항은 시청자의 권익보호와 민주적 여론 형성 및 국민문화의 향상을 도모하고 방송의 발전에 이바지하기 위하여, 공정하고 객관적인 보도를 할 책무를 부담하는 방송사업자가 심의규정을 위반한 경우 방송통신위원회로 하여금 전문성과 독립성을 갖춘 방송통신심의위원회의 심의를 거쳐 '시청자에 대한 사과'를 명할 수 있도록 규정한 것이므로, 입법목적의 정당성이 인정되고, 이러한 제재수단을 통해 방송의 공적 책임을 높이는 등 입법목적에 기여하는 점을 인정할 수 있으므로 방법의 적절성도 인정된다.

그러나 심의규정을 위반한 방송사업자에게 '주의 또는 경고'만으로도 반성을 촉구하고 언론사로서의 공적 책무에 대한 인식을 제고시킬 수 있고, 위 조치만으로도 심의규정에 위반하여 '주의 또는 경고'의 제재조치를 받은 사실을 공표하게 되어 이를 다른 방송사업자나 일반 국민에게 알리게 됨으로써 여론의 왜곡 형성 등을 방지하는 한편, 해당 방송사업자에게는 해당 프로그램의 신뢰도 하락에 따른 시청률 하락 등의 불이익을 줄 수 있다. 또한, '시청자에 대한 사과'에 대하여는 '명령'이 아닌 '권고'의 형태를 취할 수도 있다. 이와 같이 기본권을 보다 덜 제한하는 다른 수단에 의하더라도 이 사건 심판대상조항이 추구하는 목적을 달성할 수 있으므로 이 사건 심판대상조항은 침해의 최소성원칙에 위배된다.

　또한 이 사건 심판대상조항은 시청자 등 국민들로 하여금 방송사업자가 객관성이나 공정성 등을 저버린 방송을 했다는 점을 스스로 인정한 것으로 생각하게 만듦으로써 방송에 대한 신뢰가 무엇보다 중요한 방송사업자에 대하여 그 사회적 신용이나 명예를 저하시키고 법인격의 자유로운 발현을 저해하는 것인바, 방송사업자의 인격권에 대한 제한의 정도가 이 사건 심판대상조항이 추구하는 공익에 비해 결코 작다고 할 수 없으므로 이 사건 심판대상조항은 법익의 균형성원칙에도 위배된다.

재판관 김종대의 반대의견

　법인은 결사의 자유를 바탕으로 하여 법률에 의해 비로소 창설된 법인격의 주체여서 관념상 결사의 자유에 앞서 존재하는 인간으로서의 존엄과 가치를 가진다 할 수 없고, 그 행동영역도 법률에 의해 형성될 뿐이며, 기본권의 성질상 법인에게 적용될 수 있는 경우에 한하여 해당 기본권의 주체가 될 수 있다. 인간의 존엄과 가치에서 유래하는 인격권은 자연적 생명체로서 개인의 존재를 전제로 하는 기본권으로서 그 성질상 법인에게는 적용될 수 없다. 따라서 이 사건 심판대상조항은 법인의 인격권을 제한하지 않으므로 헌법에 위반된다고 할 수 없다.

【당 사 자】

제청법원　　서울행정법원[3]
당해사건　　서울행정법원 2009구합15968 제재조치처분취소

【주　　문】

1. 구 방송법(2008. 2. 29. 법률 제8867호로 개정되고, 2009. 7. 31. 법률 제9786호로 개정되기 전의 것) 제100조 제1항 제1호 중 '방송사업자가 제33조의 심의규정을 위반한 경우'에 관한 부분은 헌법에 위반된다.

2. 방송법(2009. 7. 31. 법률 제9786호로 개정된 것) 제100조 제1항 제1호 중 '방송사업자가 제33조의 심의규정을 위반한 경우'에 관한 부분은 헌법에 위반된다.[4]

---

　3) 이 사건 헌법소원은 서울행정법원이 직권으로 위헌제청한 것이며, 이 기록의 문제는 위헌제청신청을 법원이 기각하였음을 가상적으로 전제하여 출제한 것이다.

　4) 방송법이 2009. 7. 31. 법률 제9786호로 개정되면서 제100조 제1항이 방송사업자가 제33조의 심의규정을 위반한 경우에 과징금을 제재조치의 하나로 부과할 수 있는 것으로 일부 개정되었으나 이 사건 구법조항에 해당하는 부분은 개정 없이 현재에 이르고 있다. 따라서 현행방송법(2009. 7. 31. 법률 제9786호로 개정된 것) 제100조 제1항 제1호 중 '방송사업자가 제33조의 심의규정을 위반한 경우'에 관한 부분(이하 '이 사건 현행법조항'이라 한다)은 **그 위헌 여부에 관하여 이 사건 구법조항과 결론을 같이할 것이므로 법질서의 정합성과 소송경제를 위하여 이 사건 현행법조항도 이 사건 심판의 대상에 포함**시키기로 한다(헌재 2010. 7. 29. 2008헌가28)(헌재 2012. 8. 23. 2009헌가27).

제11장

국가유공자등록거부

[공 · 법 · 기 · 록 · 형 공 · 법 · 소 · 송 · 실 · 무]

제11장

목차 contents

작 성 요 강

□ 설   문

○ 변호사 강현성은 국가보훈처 법률자문변호사이다. 홍길동은 군에 입대하여 훈련 중에 발병한 질병으로 의병제대를 한 후 보훈처에 국가유공자 등록신청을 하였지만 그 신청이 거부되자 그 처분의 취소를 구하는 소를 제기하였다(2010가합 32156 사건).

○ 강현성 변호사는 2011. 12. 20. 위 사건을 수임하고 홍길동의 청구가 패소되도록 하기 위하여 자료를 검토하고 있다.

○ 강현성 변호사의 입장에서 법원에 최초로 제출할 서면의 종류를 선택하여 원고의 소장내용을 반박하는 서면을 작성하시오.

소 장

원 고　　　홍 길 동
　　　　　　　서울시 동대문구 휘경동 123-45

피 고　　　국가보훈처장

국가유공자 요건 비해당 처분 취소등 청구의 소

청 구 취 지

1. 피고가 2011. 9. 9. 원고에 대하여 한 국가유공자 요건 비해당 처분을 취소한다.
2. 피고는 원고에게 돈 50,000,000원 및 이 사건 소장부본 송달일부터 완제일까지 연 20% 비율에 의한 돈을 지급하라.
3. 소송비용은 피고가 부담한다.
라는 판결을 구합니다.

접수
No. 35775
2011. 12. 16.
서울중앙지방법원
종합민원실

청 구 원 인

1. 국가유공자 요건 비해당 처분 취소청구

가. 이 사건 처분의 경위

(1) 원고는 2010. 2. 15. 육군에 입대하여 신병교육훈련을 마치고, 같은 해 5. 13. 제 3 포병대대 제 12중대에 배속되어 통신병으로 복무하여 왔습니다.

(2) 원고는 자대 배치 후인 2010. 5. 중순경 위 대대 연병장에서 태권도 심사를 위하여 연습을 하다가 좌측 골반에 통증을 느꼈으나 괜찮을 것으로 생각하고 생활하게 되었습니다. 원고는

같은 해 5. 16. 연대 동화교육에 참가하여 프로그램에 따라 훈련을 하던 중 좌측 골반에 통증이 심해져 포병연대 의무실로 후송되어 진료 후 약물치료를 하여왔으나 증세가 호전되지 않아, 같은 해 5. 23. 대대 의무실을 경유하여 서울병원 정형외과에서 골반인대염으로 진단을 받고 약물치료를 하여 왔으나 증상이 악화되어, 같은 해 7. 3. 한서병원에서 촬영한 MRI 판독 결과 '좌측 대퇴골두의 피로골절, 좌측 대퇴골두의 무혈성 괴사'(이하 '이 사건 질환'이라 한다)의 진단을 받고 입원 치료를 받다가 2011. 4. 12. 의병전역하였습니다.

(3) 원고는 2011. 6. 3. 피고에게 군복무 중 발병한 이 사건 질환을 원인으로 하여 국가유공자 등록을 신청하였는데, 피고는 2011. 9. 9. 원고에게 골괴사가 발생하는 원인은 외상이나, 술, 스테로이드, 원인 없이 오는 경우 등 다양하고, 외상성이라면 경부골절이 선행되어야 하는 점 및 경부 피로 골절도 극히 드문 경우로 객관적인 입증자료가 없다는 이유로 국가유공자 요건 비해당 처분(이하 '이 사건 처분'이라 한다)을 하였습니다.

나. 이 사건 처분의 위법성

(1) 원고는 군에 입대하기 전까지 이 사건 질환을 앓은 사실이 없습니다. 건강보험공단 서울지역본부장 발행의 원고에 대한 '건강보험 요양급여내역'에서도 이를 확인할 수 있습니다. 피고 역시 원고의 이 사건 국가유공자등록신청에 따른 심의과정에서 원고가 입대 전 원고의 대퇴부와 관련한 급여내역이 없음을 확인한 바 있습니다.

(2) 원고의 이 사건 질환인 대퇴골두의 피로골절(스트레스골절)은 갑자기 운동량을 너무 늘리거나 강도를 너무 세게 하고, 또 운동을 너무 빨리 할 경우 뼈가 이를 감당하지 못해 주로 나타나는 질환으로, 특이한 외상 병력이 없더라도 강도 높은 운동을 하는 운동선수나, 신병 훈련소에 입소하여 보행, 행군이나 구보 등 강도 높은 훈련을 받게 되는 군인들에게서 쉽게 발병·악화되는 질환입니다.

(3) 원고는 2010. 2. 15. 군에 입대하여 신병 훈련소 등에서 제식훈련과 체력훈련 등의 군사훈련과 주특기 교육을 마치고 같은 해 5. 13. 자대를 배치받았으며, 그 직후 태권도 심사를 준비하기 위하여 훈련을 하던 중에 최초로 골반 부위의 통증을 호소하였고, 이후 군생활의 특성상 계속되는 보행과 행군, 구보 등으로 인하여 그 증상이 더욱 악화되었습니다.

(4) 위와 같이 원고의 좌측 대퇴골두의 피로 골절은 원고가 군에 입대하여 받아 온 군사훈련과 체력훈련 등의 군생활 과정에서 발병되었고, 이후 계속되는 훈련 등으로 인해 그 증상이 갈

수록 악화되어 군생활과 질병과의 인과관계도 인정할 수 있습니다.

⑸ 또한 대퇴 골두 피로골절은 늦게 진단될수록 불완전 골절의 뼈의 전위와 각형성으로 인해 완전 골절로 바뀔 가능성이 크며, 대퇴 경부의 해부학적 중요성 때문에 골절의 조기진단 및 적절한 치료가 병행되지 않을 경우 무혈성 괴사, 부정유합, 불유합 등이 발생하여 영구적인 심신장애로 이어질 수 있습니다.

⑹ 결국 원고는 군 입대 전까지 대퇴골에 질환을 앓은 사실이 없고, 군복무 중에 먼저 피로골절 의 질환을 앓게 되었고, 피로골절의 증상이 악화될 경우 무혈성 괴사가 발생할 개연성이 높 은 점으로 볼 때, 원고의 무혈성 괴사와 공무 사이의 상당인과관계가 충분히 인정됩니다. 그 럼에도 피고는 원고의 공무와 이 사건 질환이 발병되었음을 인정할 만한 객관적인 입증자료 가 없다는 이유로 이 사건 처분을 하였습니다.

다. 소   결
따라서 피고의 이 사건 처분은 재량권을 일탈하거나 남용한 위법한 처분이므로 취소되어야 합 니다.

2. 손해배상청구
가. 손해배상청구권의 발생
⑴ 원고는 국가유공자 등록신청사유와 같이, 군에 입대하여 포병대대에 배속되어 통신병으로 복무하던 중에 2010. 5. 중순경 부대 연병장에서 태권도 심사를 위하여 동료 군인들과 함께 연습을 하다가 좌측 골반에 이상이 생겨 통증을 겪게 되었지만 괜찮을 것으로 생각하고 복 무에 전념하게 되었습니다.

⑵ 원고는 그 후에도 계속되는 각종 교육훈련에 참가하여 훈련을 하던 중 좌측 골반에 통증이 심해져 약물치료를 하여왔으나 증세가 호전되지 않아, 민간인 병원 등지에서 진료를 받고 입원치료까지 받았으나 증상이 악화되어, 결국 2011. 4. 12. 의병전역하기에 이르렀습니다.

⑶ 따라서 피고는 원고가 군 복무중의 직무집행과 관련하여 공상을 입게 되어 발생한 손해를 배상할 의무가 있습니다.

나. 손해배상의 범위

원고의 이 사건 손해배상액은 향후 신체감정결과에 따라 구체적인 청구금액을 확장하기로 하되, 일실수입과 치료비 및 위자료 명목으로 일단 청구취지 금액인 50,000,000원을 청구합니다.

3. 결 론

따라서 피고의 원고에 대한 이 사건 국가유공자 요건 비해당 처분은 재량권을 일탈하거나 남용한 위법한 처분으로 취소되어야 하며, 피고는 원고가 군 복무중 발생한 질병으로 인하여 입은 손해를 배상할 의무도 있습니다.

입 증 방 법

1. 갑 제 1 호증	등록신청서	1부
1. 갑 제 2 호증	심의의결서	1부
1. 갑 제 3 호증	유공자요건 사실확인서	1부
1. 갑 제 4 호증	병상일지	1부
1. 갑 제 5 호증	진단서	1부
1. 갑 제 6 호증	공무상병인증서	1부
1. 갑 제 7 호증	공상확인신청서	1부
1. 갑 제 8 호증	건강보험 요양급여내역	1부
1. 갑 제 9 호증	병적증명서	1부
1. 갑 제10호증	사실확인서	1부

첨 부 서 류

1. 위 입증방법	각 1통
1. 소송위임장	1통
1. 소장부본	1통
1. 납부서	1통

2011. 12. 13.

원고 홍 길 동 (洪吉東 印)

서 울 중 앙 지 방 법 원   귀 중

[별지 제2호 서식] <개정 2007. 9. 17>　　　　　　　　　　　　　　　　　(앞 면)

				처 리 기 간			
등 록 신 청 서				· 20일(전공사상당시의 소속기관 및 보훈 심사위원회의 심의기간과 상이자의 신 체검사소요기간을 제외한다) · 14일(무공·보국수훈자 및 4·19혁명 공로자에 한한다)			
국가유 공자 또는 지원 대상자	성 명	홍길동	주민등록 번호	870111- 1234567		군 별 (소 속)	육군 1사단
	입 대 일 (임 용 일)	2010. 02. 15	계 급 (직 급)	일병		군 번	09- 74003712
	전공사상 포상훈격	☐전상■공상☐전사 ☐순직☐상이☐사망 ☐포상(훈격:)		전공사상· 포상일	2010 8.01	전 역 일 (퇴직일)	2011 04. 12.
신 청 인	국가유공자 등과의 관계	본 인	성 명	홍길동		주민등 록번호	870111- 1234567
	주 소	서울시 동대문구 휘경동 123-45 　　　　　(전 화: 02-6545-7890) 　　　　　(핸드폰: 010-1234-5678)				상 벌	

유족 및 가족 사항	국가유공자등 과의관계	성 명	주민등록번호	학 력	직 업	월 소 득
	본인	홍길동	870111-1234567	대휴	무직	
	부	홍선우	641223-1456789	대졸	공무원	
	모	강현주	670211-2456789	대졸	주부	

재산 상태	부동산			기타부동산			월평균소득액(천원)	
	종 류	면적(m²)	평가액 (천원)	종 류	규 모 (단 위)	평가액 (천원)		

『국가유공자 등 예우 및 지원에 관한 법률』 제6조 제1항, 동법 시행령 제8조 제1항 및 동법 시행규칙 제3조·제7조 제1항에 따라 국가유공자 등의 등록을 신청합니다.

2011년　06월　03일

신청인　**홍길동**(서명 또는 인)

서울지방보훈청장
보훈지청장　귀하

접수	연월일	번호	결재	담당	주무	과장	(지)청장
	2011. 06. 03.	2011060 34567		김후윤	최강우	전결	채재하

재확인 신체검사	신청사유						
	최종 신체검사 결과	일자		(지)청장 소견		승인	불승인
		심사위원 소견				사유	

구 비 서 류	수수료
	없음

신청인 제출서류	담당공무원 확인사항
1. 공통제출서류 : 사진(3센티미터×4센티미터) 1매 2. 개별제출서류 　가. 무공수훈자·보국수훈자 또는 4·19혁명공로자: 무공훈장증·보국훈장증 또는 건국포장증 사본 1통 　나. 4·19혁명부상자 및 4·19혁명사망자의 유족: 4·19혁명 당시 혁명참가자가 소속하였던 단체 또는 학교의 장이 발행한 4·19혁명참가확인서와 4·19혁명으로 인하여 사망하였거나 상이를 있었음을 입증할 수 있는 서류	1. 가족관계 기록사항에 관한 증명서 2. 주민등록표 등본 3. 무공수훈자·보국수훈자 또는 4·19혁명공로자 중사 본제출이 불가능한 경우에는 행정자치부장관이 발행하는 상훈수여증명서(1통). ※ 다만, 신청인이 확인에 동의하지 아니하는 경우에는 해당 서류를 제출하여야 합니다(제2호의 경우에는 무공훈장증·보훈훈장증 또는 건국포장증 사본).

본인은 이 신청에 따른 업무처리와 관련하여 「전자정부법」 제21조 제1항에 따른 행정정보의 공동이용을 통하여 담당 공무원이 위의 담당공무원 확인사항을 확인하는 것에 동의합니다.

신청인　**홍길동**　　(서명 또는 인)

심 의 의 결 서

회의차수	2011년 제234차		
의결번호	제 34567 호	의결일자	2011. 09. 01.
의 제	전공사상군경 심의에 관한 건		
부의사항	홍길동 (870111-1234567)에 대한 심의.		
의결주문	**위 자를 국가유공자 등 예우 및 지원에 관한 법률 제4조 제1항 제6호의 요건에 해당하지 아니하는 자로 한다.**		

<table>
<tr><td rowspan="2">이

유</td><td>

1. 신청인의 진술
    2010. 5월 중순경 연병장에서 구보 중 좌측 골반에 통증을 호소하여 군 병원에서 치료를 받았다고 함.
2. 관련자료
    가. 병적기록표 : 2010. 2. 15. 육군 입대, 2011. 4. 12 의병 전역
    나. 병상일지(2010. 8. 1, 공상)
      1) 외래환자 진료기록지 : 2010. 5. 20. 내원/ 태권도 운동하면서 양측 골반에 통증이 발생하고 구보 후 증상이 악화되어 내원함.
      2) 진단서(서울병원, 2010. 7. 21. 발행) : (의증)좌측 대퇴골두의 무혈성 괴사, 좌측 대퇴골두 피로골절
      3) 2 달전부터 태권도 하면서 골반 통증이 있었으며 점차 구보하면서 증상이 심해져 약물치료 후 좋아졌으나 재발하여 2010. 6. 3. MRI 촬영 결과 '(의증)좌측 대퇴골두 무혈성 괴사, 좌측 대퇴골두 피로골절' 진단하에 입원하여 2010. 11. 21. 민간병원(경성 의료원)에서 회전절골술을 실시하고 의병전역 상신함.
        – 진단방사선 보고서(2010. 6. 3. MRI) : (의증)좌측 대퇴골두 스트레스 골절, 소량의 관절 삼출
      4) 공부상병 인증서(2010. 8. 1, 공상) : 2010. 5월 중순경 태권도 연습 중 좌측 골반에 통증을 느낌. 2010. 7. 3 MRI 촬영 결과 '좌측 대퇴골두 무혈성 괴사, 좌측 대퇴골두 피로골절' 진단
      5) 의무조사 보고서 : 공상 의결
    다. 진단서(한서병원, 2010. 7. 24.발행) : 좌측 대퇴골두 연골하 피로골절
    라. 진단서(경성 의료원, 2010. 12. 8. 발행)
        – 최종진단 : 좌측 대퇴골두 골괴사증(술후상태)
        – 치료의견 : 2010. 11. 21. 골조직 검사 및 변형 전골술 실시함.
    마. 건강보험 요양급여내역(1999. 9. ~ 2011. 6.) : 입대전 대퇴부 관련 급여내역 없음.
3. 현상(신청)병명 : 좌측 골반 이상
4. 위 각항의 내용과 관련자료를 종합하여 판단해 보건대,
    가. 신청인은 병상일지상 입대 3개월경(2010. 5월 중순) 태권도 연습하면서 골반 통증이 발현되어, 입대 4개월경('09. 7. 3.) MRI 촬영 결과 '좌측 대퇴골두 무혈성 괴사, 좌측 대퇴골두 피로골절' 진단하에 입대 9개월경('09. 11. 21.) 민간병원에서 골 조직 검사 결과 '좌측 대퇴골두 골괴사증' 진단하에 변형 골절술을 실시하고 의병전역한 기록은 확인되나,
    나. 비상임 전문위원의 의학자문 소견 상 대퇴골두 피로골절에 의한 골 괴사증이 연관되어서 나타났다면 골괴사증의 합병증이며, 골괴사가 발생하는 원인은 외상이나, 술, 스테로이드, 원인 없이 오는 경우 등 다양하고, 외상성이라면 경부골절이 선행되어야 하는 점 및 경부 피로 골절도 극히 드문 경우로 객관적인 입증자료가 없어 위 3항의 상병을 공무수행 중 상이로 인정하지 아니하며, 이는 국가유공자 등 예우 및 지원에 관한 법률의 규정에 의한 국가유공자 요건에 해당하니 아니함.

</td></tr>
</table>

붙임	신청서류 1건

위와 같이 의결하였음을 통보합니다.

2011.   09.   02.

보 훈 심 사 위 원 회

서울지방보훈청장 귀하

함께하는 보훈정신 함께여는 밝은미래

서울지방보훈청

수신자   홍길동(서울시 동대문구 휘경동 123-45)
(경유)

제 목   국가유공자 요건 비해당 처분 통보

1. 귀하와 귀하의 가정에 행운이 가득하시길 기원합니다.
2. 귀하께서 서울지방보훈청에 국가유공자가 되고자 등록신청 하신 사항은 국가 유공자등 예우 및 지원에 관한 법률 및 동법 시행령 규정에 따라, 소속하였던 기관장으로부터 통보된 국가유 공자등 요건관련사실 확인서와 관련자료를 근거로 보훈심사위원회의 심의를 거쳐 붙임과 같은 이유로 공무 관련 상이가 아니라고 판정되었기에 동 사항을 확인하여 동 법률 제4조 제1항 적용 비해당자로 처분 통보합니다.
3. 만약 위 처분(결정)사항에 불복하는 경우에는, 이 처분이 있음을 안 날로부터 90일 이내에 서울 지방보훈청장에게 행정심판청구서(서면 또는 온라인〈http://simpan.go.kr〉)를 제출하여 행정심판 을 청구할 수 있으며, 행정심판을 거치지 아니하고 행정소송을 제기하실 경우에도 처분이 있음 을 안 날로부터 90일 이내에 처분청을 피고로 지정하여 서울행정법원에 소를 제기하실 수 있습 니다. 단, 행정소송을 제기한 후 본 처분의 위법성 내지 부당함을 입증하지 못하여 귀하께서 패 소할 경우, 소송비용 등은 본인이 부담해야 함을 알려드리오니 참고하시기 바랍니다.
4. 기타 궁금하신 사항은 서울지방보훈청 보상과로 문의하여 주시기 바랍니다.

붙 임 : 비해당사유서 1부. 끝.

서울지방보훈청장   [서울지방 보훈청장]

보상과 실무관 김동우   보상과 팀장 우현의   보상과 과장 박수영

협조자

시행 보상과 - 4567 (2011. 09. 09.)   접수
우 150-874 서울 영등포구 방송길 13
전화 02-1577-0606   전송 02-678-3322

비 해 당 사 유

홍길동 (870111-1234567)

1. 신청인의 진술

2010. 5월 중순경 연병징에서 구보 중 좌측 골반에 통증을 호소하여 군 병원에서 치료를 받았다고 함.

2. 관련자료

가. 병적기록표 : 2010. 2. 15. 육군 입대, 2011. 4. 12. 의병 전역

나. 병상일지(2010. 8. 1. 공상)

1) 외래환자 진료기록지 : 2010. 5. 20. 내원/태권도 운동하면서 양측 골반에 통증이 발생하고 구보 후 증상이 악화되어 내원함.

2) 진단서(서울병원, 2010. 7. 21. 발행) : (의증)좌측 대퇴골두의 무혈성 괴사, 좌측 대퇴골두 피로골절

3) 2달전부터 태권도하면서 골반 통증이 있었으며 점차 구보하면서 증상이 심해져 약물치료 후 좋아졌으나 재발하여 2010. 6. 3. MRI 촬영 결과 '(의증)좌측 대퇴골두 무혈성 괴사, 좌측 대퇴골두 피로골절' 진단하에 입원하여 2010. 11. 21. 민간병원(경성 의료원)에서 회전절골술을 실시하고 의병전역 상신함.

- 진단방사선 보고서(2010. 6. 3. MRI) : (의증)좌측 대퇴골두 스트레스 골절, 소량의 관절 삼출

4) 공부상병 인증서(2010. 8. 1. 공상) : 2010. 5월 중순경 태권도 연습 중 좌측 골반에 통증을 느낌. 2010. 7. 3. MRI 촬영 결과 '좌측대퇴골두 무혈성 괴사, 좌측 대퇴골두 피로골절' 진단

5) 의무조사 보고서 : 공상 의결

다. 진단서(한서병원, 2010. 7. 24. 발행) : 좌측 대퇴골두 연골하 피로골절

라. 진단서(경성 의료원, 2010. 12. 8. 발행)

- 최종진단 : 좌측 대퇴골두 골괴사증(술후상태)

- 치료의견 : 2010. 11. 21. 골조직 검사 및 변형 전골술 실시함.

마. 건강보험 요양급여내역(1999. 9. ~ 2011. 6.) : 입대전 대퇴부 관련 급여내역 없음.

3. 현상(신청)병명 : 좌측 골반 이상

4. **위 각항의 내용과 관련자료를 종합하여 판단해 보건대,**

　가. 신청인은 병상일지상 입대 3개월경(2010. 5월 중순) 태권도 연습하면서 골반 통증이 발현되
어, 입대 4개월경('09. 7. 3.) MRI 촬영 결과 '좌측 대퇴골두 무혈성 괴사, 좌측 대퇴골두 피
로골절' 진단하에 입대 9개월경('09. 11. 21.) 민간병원에서 골 조직 검사 결과 '좌측 대퇴골
두 골괴사증' 진단하에 변형 골절술을 실시하고 의병전역한 기록은 확인되나,

　나. 비상임 전문위원의 의학자문 소견상 대퇴골두 피로골절에 의한 골괴사증이 연관되어서 나
타났다면 골괴사증의 합병증이며, 골괴사가 발생하는 원인은 외상이나, 술, 스테로이드, 원
인 없이 오는 경우 등 다양하고, 외상성이라면 경부골절이 선행되어야 하는 점 및 경부 피
로골절도 극히 드문 경우로 객관적인 입증자료가 없어 위 3항의 상병을 공무수행 중 상이
로 인정하지 아니하며, 이는 국가유공자 등 예우 및 지원에 관한 법률의 규정에 의한 국가
유공자요건에 해당하지 아니함.

우 편 송 달 통 지 서

<table>
<tr><td rowspan="2" colspan="2">○. 송달서류: 국가유공자요건비해당처분통보

○. 발 송 자: 서울지방보훈청장
　　　　　　보상과 김공연

○. 송달받을 사람: 홍길동

　서울시 동대문구 휘경동 123-45</td><td colspan="4" align="center">배달 못한 사유</td></tr>
<tr><td>구분/회수</td><td>1회</td><td>2회</td><td>3회</td></tr>
<tr><td></td><td></td><td>1. 수취인부재</td><td></td><td></td><td></td></tr>
<tr><td></td><td></td><td>2. 폐문 부재</td><td></td><td></td><td></td></tr>
<tr><td></td><td></td><td>3. 수취인불명</td><td></td><td></td><td></td></tr>
<tr><td></td><td></td><td>4. 주소 불명</td><td></td><td></td><td></td></tr>
<tr><td></td><td></td><td>5. 이사 불명</td><td></td><td></td><td></td></tr>
<tr><td></td><td></td><td>6. 기 타</td><td></td><td></td><td></td></tr>
<tr><td></td><td></td><td>배달날짜</td><td></td><td></td><td></td></tr>
<tr><td></td><td></td><td>집배원 확인</td><td></td><td></td><td></td></tr>
<tr><td></td><td></td><td colspan="4" align="center">사유기재</td></tr>
</table>

<table>
<tr><td colspan="3" align="center">송달 방법</td><td align="center">영수인 성명, 서명 또는 날인</td></tr>
<tr><td>1</td><td colspan="2">본인에게 주었다.</td><td align="center">홍길동 　(인)</td></tr>
<tr><td rowspan="3">2</td><td rowspan="3">본인을 만나지 못하여 ① 내지 ③사람에게 주었다.</td><td>① 본인 영업소, 사무소의 사무원 또는 피용자</td><td rowspan="3"></td></tr>
<tr><td>② 본인주소, 거소의 동거인</td></tr>
<tr><td>③ 본인 근무장소의 사용자, 종업원등</td></tr>
<tr><td rowspan="3">3</td><td rowspan="3">① 내지 ③사람이 수령을 거부하므로 그 장소에 서류를 두었다.</td><td>① 송달받을 본인</td><td rowspan="3"></td></tr>
<tr><td>② 본인 영업소, 사무소의 사무원 또는 피용자</td></tr>
<tr><td>③ 본인주소, 거소의 동거인</td></tr>
<tr><td colspan="2" align="center">송달한 날짜</td><td colspan="2">2011. 9. 14.</td></tr>
<tr><td colspan="2" align="center">송달 장소</td><td colspan="2">서울시 동대문구 휘경동 123-45</td></tr>
<tr><td colspan="2" align="center">접수인란</td><td colspan="2">위와 같이 송달하였습니다.

2011년 9월 14일

우편집배원 　민 배 달 　(인)

　　서울지방보훈청　귀중</td></tr>
</table>

국가유공자 요건 관련 사실 확인서(2)

제 09-678호   (군경상이자용)

성 명	홍길동	계급	일병	군번	09-74003712	주민등록번호	870111-1234567
주 소	서울시 동대문구 휘경동 123-45					전화번호	010-1234-5678
상이당시소속	1사단					입대일자	2010. 2. 15.
상 이 연 월 일	2010. 5. 20.					상이장소	부대 내
상 이 원 인	훈련 중 상이						
원 상 병 명	대퇴골두 무혈성 괴사						
현 상 병 명	좌측 골반 이상						

상이경위(6하 원칙에 의거 자세히 기술, 부족하면 별지 첨부) :

· 본인진술 : 태권도 심사 연습중 좌측 골반에 통증을 느꼈으며, 이 후 증상 악화되어 군병원
                에서 입원, 치료받았음.
· 확   인 :
    [복무기록] ◦ 입대일자 : 2010. 2. 15.
               ◦ 전역일자 : 2011. 4. 12.
    [병상일지] ◦ 서울병원
               ◦ 상 이 처 : 대퇴골두 무혈성 괴사
               ◦ 상이구분 : 공상

전역·퇴직시 소 속	서울병원	전역·퇴직 근 거	제2국민역, 병88호	전역·퇴직 일 자	'09. 4. 12
확인자 소속	육군본부	계급	중령	직위	인사처장	성 명	강 우 총

국가유공자 예우 등에 관한 법률 시행령 제9조 제4항의 규정에 의하여
위의 사실을 확인합니다.

2011년 5월 15일

육 군 참 모 총 장   [인: 육군참모총장]

국가보훈처장 귀하

병 상 일 지

원소속	1사단 2포병연대 제 3 포병대대		군 번	09-74003712	계 급	일병
성 명	홍길동	주민번호	870111-1234567	친권자/관계	홍선우/아버지(부)	
주 소	서울시 동대문구 휘경동 123-45			전화	02-6545-7890	

전공상 구분	부상공상

병원명	등록번호	진료과명	진단명	재원기간	조치	원무과장
서울병원	201067890321	정형외과	대퇴골두 무혈성 괴사 (AVN of femoral head)	2009-07-21~ 2011-03-31	전역 의병	

각종상황 (퇴원/ 의무조사/ 사망등)	[전역 의병] 전역명령호수 : 육본인사명령(병)제88호('09. 3. 6.)에 의거 전역일자 : 2011년 4월 12일

"본 의무 기록은 전자 매체로도 보관중임을 확인함."

서 울 병 원 장

진 단 서

등록번호 : 201067890321

연번호	2010-4567					주민번호	870111-1234567
소 속	1사단 2포병연대 제3포병대대					군 번	09-74003712
계 급	일병	성 명	홍길동	성 별	남	생년월일	1987년 1월 11일 (21 세)

진 단 명	대퇴골두 무혈성괴사	한국표준질병 시인분류 코드	M25.505
발병연월일	미상	진단연월일	QR_FstDate
현재까지의 치료 경과			
향후치료의견 (상해시 상해정도 치료기간)	상기 병명으로 입원치료 요함.		
비 고		용 도	

위와 같이 진단함

발 행 일 : 2010. 07. 21.
전문의 번호 :
면 허 번 호 : 456789

계급 : 중령   군번 : 03-105678   성명 : 곽 윤 서

부 대 명 : 서울병원   관 인

공무상병(傷病) 인증서

계 급	이병	군 번	09-74003712	성 명	홍길동
병과또는 주특기	32-3	직 책	통신병	원 소 속	포3대대
생년월일	87. 01. 11.	주민등록 번 호	870111-1234567	입 대 연 월 일	2010년 2월 15일
현 주 소	서울시 동대문구 휘경동 123-45				
발병일시	2010. 5월 중순경	발병장소	영내		
병 명	1. 좌측 대퇴 골두의 무혈성 괴사 2. 좌측 대퇴 골두의 피로 골절	전 공 상 구 분	□전상 ■영내 □비전공상 국방부 훈령 전공상 분류 기준표 기준번호(2-11)		

발생원인 및 경위(6하 원칙에 의거)

상기인은 2010년 2월 15일 입대하여 동년 5월 3일 제3포병대대로 전입하여 12중대 통신병으로 근무하던 자로서 동년 5월 중순 경 대대 연병상에서 태권도 대대 심사를 위해 연습을 하던 중 좌측 골반에 통증을 느꼈으나 괜찮겠지라는 생각으로 대수롭지 않게 여겨 중대 생활을 계속 해오다가 동년 5월 16일에 연대 동화교육(불사조-4기)에 참가하여 프로그램에 따라 훈련을 하던 중 좌측 골반의 통증이 심해져 포병연대 의무실에서 군의관 진료 후 약을 처방받아 복용 하였으나 증상이 호전되지 않아 동년 5월 20일 대대 의무실을 경유하여 서울병원 정형외과 진료실서 골반 인대염으로 진단받아 약을 처방받고 복용하였으나 증상이 악화되어 동년 7월 3일 서울병원 MRI 촬영, 동년 7월 10일(월) MRI 판독 결과 상기 병명으로 판정되어 입원 조치 함.

목격자 및 지휘관	포3대대 12중대장 대위 강상후 (인)

위와 같이 확인함

2010년   7월   21일

부대명 : 육 군 제 3214 부 대 장

군인용

접수번호 : 제 호			□ 사망 ■ 상이				안내사항	
접수일자 :			전·(공)		확인신청서			
성 명	홍길동	계 급	일병	군 번	09-74003712	주민등록 번 호	870111-1234567	
주 소	서울시 동대문구 휘경동 123-45					전 화	02-6545-7890 010-1234-5678	
입대연월일	2010.02.15.	입 대 부 대		1사단		입대장소	육군신병교육대	
사망(상이) 연월일	2010.05.20.	사망(상이)당시 소속 및 직책		1사단 이병		사망(상이) 장소	연병장	
사망(상이) 연월일	태권도 훈련과 무장구보 훈련 중							
상이부위	1. 좌측 대퇴 골두의 무혈성 괴사 2. 좌측 대퇴 골두의 피로 골절					최초진단 연 월 일		
치료병원	1. 서울병원 2. 한서병원 등					사망(상이) 구 분		
전역연월일	2011.04.12.	전역당시소속		육군통합병원		전역구분 및 역종	제2국민역	
전상 또는 공상으로 확인된 자로서 전·공상을 다시 확인신청하는 경우			최초확인신청 연 월 일			최종신체검사 연 월 일		

상이자본인 진술기록(사망확인시는 신청인 기록)

* 상이(사망)당시 임무상황 및 발생원인이나 사유, 기타 참고사항을 6하원칙에 의거 상세히 기록
· 2010년 2월 25일 입대하여 5월 3일 포병대대로 전입하여 12중대 통신병으로 근무했고 동년 5월 중순경 대대 연병장에서 태권도 대대 심사를 위해 훈련 하던 중 좌측 골반에 통증을 느낌. 동년 5월 15일 연대동화교육(불사조-4기)에 참가하여 프로그램에 따라 훈련을 하던 중 통증이 심해져서 진료를 받았습니다.
· 본인은 2010년 02월 15일 군입대할 때까지 지역의료보험 가입자였으며, 군입대 당시 한번도 병원에 들러 이 사건 질병이나 유사한 질병으로 진단이나 치료약을 먹어본 사실이 없습니다.
* 진술기록란 부족시 별지 첨부   진술인 : **홍 길 동** (인)

신청인	성명	홍길동	주민등록번호	870111-1234567	사망(상이)자 와의 관계	본인
	주소	서울시 동대문구 휘경동 123-45			전화	02-6545-7890 010-1234-5678

위와 같이 전공사망(상이) 확인을 신청합니다.

2011년 05월 19일

신청인 : 홍길동 (인)

(육군) 참 모 총 장   귀 하

구 비 서 류	1. 가족관계등록사항에 관한증명서(사유란기재) 1부(사망확인신청에 한함) 2. 진단서 1부(1962년이전 전역자에 한하여 해당전문의 진단서)	수수료
		없음

건강보험 요양급여내역

○ 인적사항	성명	홍길동	주민등록번호	870111-1234567
○ 발급목적	국가보훈처 제출용(국가유공자 등록신청 관련)			
○ 급여기간	1995.01. 2011.06.03.			

순번	급여개시일	요양기관명			전화번호
	상병명		입내원일수	공단부담금(원)	본인부담금(원)
1	2000.02.23.	강운영내과의원			02-1234-5678
	복통		1	12,740	4,890
2	2001.03.07.	해나라약국			02-4323-8765
			1	6,780	1,780
3	2004.10.30.	안과의원			02-5432-8901
	결막염		1	7,501	4,000
4	2010.5.23.	서울병원			02-3456-7890
	골반인대염		1	43,673	3,562
5	2010.6.12.	한서병원			
	뼈의 특발성 무균성 괴사증 - 골반 부위 및 허벅지		1	2,678,901	567,890
6	2010.11.20.	경성의료원			02-8765-1234
	무균성 괴사증 -골반 부위 및 허벅지		1	62,876	47,543
7					
8					

국민건강보험공단   서울지역본부 (직인생략)

2011.   06.   03.

담당자: 최 현 영   (☎ 02)1236-8899)

병 적 증 명 서

인적사항	(1)성명	홍길동	(2)주민등록번호	870111-1234567
	(3)주소	서울시 동대문구 휘경동 123-45		

군복무를 마치지 아니한 사람	징병검사	(4)연월일	(5)신체등위	(6)병역처분 (역종)	(7)처분 사유
	(8)입영예정일		(9)입영부대		
	(10)모든병역사항				

군복무를 마친 사람	(11)군별	(12)계급	(13)군번	(14)역종	
	육군	일병	09-74003712	제2국민역	
	(15)병과(주특기)	(16)입영(임관) 연월일	(17)전역연월일	(18)전역구분 (사유)	
	32-3	2010/02/15	2011/04/12	의병	

병역법 시행규칙 제8조의 규정에 의하여 위와 같이 병적을 증명합니다.

2011년   6월   30일

서울지방병무청장 〔직인〕

국 군 통 합 병 원

수신자   홍길동 귀하
(경유)

제 목   사실확인서

1. 확인 사항

가. 군입대 전 해당 질병의 발병가능성이 낮다고 판단되는 의학적 근거

▶ 입대 이전에 동 질병으로 진료 받은 기록이 없으며, 입대 이후에도 입원 치료전 충분한 외래 진료의 병력이 없었던 환자로, 입대 전/후 발병 가능성에 대하여는 명확히 알 수 없다고 생각됨.

하지만 환자가 입대 이전에 고관절 통증등 대퇴골두 무혈성 괴사를 의심할만한 증상이 나타나지 않은 점, 그리고 비교적 환자의 병기(病期)가 초기인 점, 그리고 자기 공명영상 소견상 골두에 골수 부종의 병변이 관찰되는 것들로 진료 전 최근에 발생하였을 가능성이 높다고 생각됨.

나. 발병 이후 군복무로 인해 해당 질병 악화 가능성에 관한 판단

▶ 대퇴골두 무혈성 괴사증은 질병 자체의 진행에 대한 자연 경과가 불확실하게 알려진 상태로 병의 진행 정도를 구체적으로 설명하기는 힘듦.

통상적으로 빠르게 진행하는 경우 20%정도에서 1년대 대퇴골두 붕괴가 발생할 수 있다고 하나 홍길동 환자의 경우 아직 대퇴골두 붕괴의 소견을 보이지 않고 있고 가장 흔히 사용되는 Ficat & Alert 분류에 따라 stage 2로 자연 경과 보다 빠른 것인지 아닌 것인지 정확히 판단하기는 힘듦.

또한 만약 기존의 질환이 있었다면 반복된 체중부하로 인해 병변 부위에 충격이 가해질 가능성은 충분히 있다고 생각됨.

참고로 무혈성 괴사가 아니더라도 대퇴골두, 대퇴골, 경골 등 하지에 훈련으로 인한 피로 골절이 군인에게서 나타나는 것으로 판단하건데 통상적인 훈련이 병변부위에 충격을 가할 가능성은 충분히 있다고 생각됨. 끝.

국 군 통 합 병 원 장   <국군통합 병원장인>

시행 원무과-10969   (2011. 12. 19.)

참 고 자 료 (관 계 법 령)

■ 국가유공자 등 예우 및 지원에 관한 법률[법률 제9462호, 2009. 2. 6, 일부개정]

제 4 조(적용 대상 국가유공자 〈개정 2008. 3. 28〉)

① 다음 각 호의 어느 하나에 해당하는 국가유공자와 그 유족 등(다른 법률에서 이 법에 규정된 예우 등을 받도록 규정된 자를 포함한다)은 이 법에 따른 예우를 받는다. 〈개정 2008. 3. 28, 2009. 2. 6〉

6. 공상군경(公傷軍警): 군인이나 경찰공무원으로서 교육훈련 또는 직무수행 중 상이(공무상의 질병을 포함한다)를 입고 전역하거나 퇴직한 자로서 그 상이정도가 국가보훈처장이 실시하는 신체검사에서 제 6 조의4에 따른 상이등급에 해당하는 신체의 장애를 입은 것으로 판정된 자

제 6 조(등록 및 결정)

① 국가유공자, 그 유족 또는 가족, 제73조의2에 해당하는 자가 되려는 자는 대통령령으로 정하는 바에 따라 국가보훈처장에게 등록을 신청하여야 한다.

② 국가보훈처장은 제 1 항에 따른 등록신청을 받으면 대통령령으로 정하는 바에 따라 제 4 조, 제 5 조 또는 제73조의2에 따른 요건을 확인한 후 국가유공자, 그 유족 또는 가족, 제73조의2에 해당하는 자로 결정한다. 이 경우 제 4 조 제 1 항 제 3 호부터 제 6 호까지, 제13호 및 제14호의 국가유공자 또는 제73조의2에 해당하는 자가 되기 위하여 등록을 신청하는 경우에는 그 소속하였던 기관의 장이 대통령령으로 정하는 바에 따라 그 요건과 관련된 사실을 확인하여 국가보훈처장에게 통보하여야 한다. 〈개정 2009. 2. 6〉

③ 국가보훈처장은 제 2 항 전단에 따라 국가유공자, 그 유족 또는 가족, 제73조의2에 해당하는 자로 결정할 때에는 제82조에 따른 보훈심사위원회(이하 "보훈심사위원회"라 한다)의 심의·의결을 거쳐야 한다. 다만, 국가유공자 등의 요건이 객관적인 사실에 의하여 확인된 경우로서 대통령령으로 정하는 경우에는 보훈심사위원회의 심의·의결을 거치지 아니할 수 있다.

④ 제 1 항부터 제 3 항까지의 규정은 다른 법률에서 이 법의 예우 등을 받도록 규정된 자에 대하여도 적용한다.

[전문개정 2008. 3. 28]

제9조(보상받을 권리의 발생시기 및 소멸시기 등)

① 이 법에 따라 보상을 받을 권리는 제6조 제1항에 따른 등록신청을 한 날이 속하는 달부터 발생한다. 다만, 제7조 제2항에 따른 보상을 받지 못하던 자가 그 생활 정도의 변동으로 보상을 받을 수 있는 자로 된 경우에는 그 보상신청을 한 날이 속하는 달부터 보상을 받을 권리가 발생한다.

② 국가유공자, 그 유족 또는 가족, 제73조의2에 해당하는 자가 제6조의2 제1항 제1호부터 제3호까지, 제79조 제1항 및 제2항의 어느 하나에 해당하게 되면 그 해당되는 사유가 발생한 날이 속하는 달의 다음 달부터 이 법에 따라 보상을 받을 권리가 소멸된다. 이 경우 국가유공자 및 제73조의2에 해당하는 자 본인이 제6조의2 제1항 제2호 또는 제6호에 해당하게 되는 경우에는 그 가족이 보상을 받을 권리도 함께 소멸된다.

③ 국가유공자, 그 유족 또는 가족, 제73조의2에 해당하는 자가 다음 각 호의 어느 하나에 해당하면 이 법에 따라 보상을 받을 권리가 발생하였던 날로 소급하여 그 권리가 소멸된다. 이 경우 국가유공자 또는 제73조의2에 해당하는 자 본인이 보상을 받을 권리가 소멸된 경우에는 그의 유족 또는 가족이 보상을 받을 권리도 함께 소멸된다.

1. 거짓이나 그 밖의 부정한 방법으로 등록결정을 받은 사실이 밝혀진 경우

2. 제6조 제2항 후단에 따라 소속하였던 기관의 장이 통보한 국가유공자 등의 요건 관련 사실에 중대한 흠결이 있어 국가유공자 등의 등록요건에 해당되지 아니하는 것으로 밝혀진 경우

④ 국가보훈처장은 제3항 각 호의 어느 하나에 해당하는지를 판정할 때에는 그와 관련된 사실을 조사·확인하여 보훈심사위원회의 심의·의결을 거쳐야 한다.

⑤ 제6조 제2항 후단에 따른 소속하였던 기관의 장은 제3항 각 호의 어느 하나에 해당하는 사실을 알게 되면 지체 없이 그 내용을 국가보훈처장에게 통보하여야 한다.

[전문개정 2008. 3. 28]

제82조(보훈심사위원회의 설치)

① 이 법에 따른 보상 등에 관련된 다음 각 호의 사항을 심의·의결하기 위하여 국가보훈처장 소속으로 보훈심사위원회(이하 "위원회"라 한다)를 둔다.

1. 「국가보훈기본법」 제3조 제2호에 따른 국가보훈 대상자 중 위원회의 심의·의결을 거치도록 규정된 자의 등록대상 요건의 인정 여부

답 변 서

해 답

사　건　　2010가합32156　　　　　　　국가유공자요건비해당처분취소등
원　고　　홍 길 동
피　고　　국가보훈처장

위 사건에 관하여 피고 소송대리인은 다음과 같이 답변합니다.

청구취지에 대한 답변

1. 원고의 소를 모두 각하한다.
2. 소송비용은 원고가 부담한다.
라는 판결을 구합니다.

청구원인에 대한 답변

1. 본안전 항변

가. 제소기간의 도과

⑴ 피고는 2011. 9. 9. 원고에 대하여 이 사건 처분을 하였으며, 원고는 2011. 9. 14. 처분통지서를 수령하여 이 사건 처분사실을 알게 되었습니다.

⑵ 그런데 원고는 이 사건 처분이 있음을 안 날로부터 90일을 경과한 2011. 12. 16. 에 제소하였습니다. 따라서 원고의 이 사건 소는 제소기간을 도과한 부적법한 소로 각하되어야 합니다.

나. 피고적격의 결여

(1) 국가유공자 요건 비해당 처분취소 청구

원고에 대한 이 사건 처분은 서울지방보훈청장이 하였습니다. 그러므로 원고는 이 사건 피고를 서울지방보훈청장으로 하여야 함에도 국가보훈처장을 상대로 제소하였습니다. 따라서 원고의 이 사건 소는 당사자적격을 오해하여 제소한 것으로 부적법하여 각하되어야 합니다.

(2) 손해배상청구

원고의 손해배상청구는 국가를 상대로 하는 국가배상청구에 해당됩니다. 그렇다면 원고는 국가보훈처장이 아닌 대한민국을 상대로 제소하여야 하는데, 이 역시 당사자적격을 오해한 것으로 부적법 각하되어야 합니다.

다. 관할위반

서울지방보훈청장이 행한 이 사건 처분의 취소를 구하기 위하여 제기한 소는 행정소송에 해당하여 피고의 소재지를 관할하는 서울행정법원에 제소하여야 합니다. 그런데 원고가 서울중앙지방법원에 제소한 이 사건 소는 관할권이 없는 법원에 제소한 것이므로 부적법합니다.

2. 손해배상청구에 대하여

(1) 국가배상법 제 2 조 제 1 항 단서는 헌법 제29조 제 2 항에 근거를 둔 규정으로서, 군인, 군무원 등 위 법률 규정에 열거된 자가 전투·훈련 기타 직무집행과 관련하는 등으로 공상을 입은 데 대하여 재해보상금, 유족연금, 상이연금 등 별도의 보상제도가 마련되어 있는 경우에는 2중배상의 금지를 위하여 이들의 국가에 대한 국가배상법 또는 민법상의 손해배상청구권 자체를 절대적으로 배제하고 있는 규정이므로 이들이 직접 국가에 대하여 손해배상청구권을 행사할 수 없습니다 (대법원 1996. 12. 20. 선고 96다42178 판결【손해배상(기)】).

(2) 원고의 이 사건 손해배상청구가 적법하기 위해서는 원고가 국가보훈처장이 실시하는 신체검사에서 대통령령이 정하는 상이등급에 해당하는 신체의 장애를 입지

않은 것으로 판명되고 또한 군인연금법상의 재해보상 등을 받을 수 있는 장애등급에도 해당하지 않는 것으로 판명된 자에 해당되어야 합니다. 원고가 이 경우에 해당될 때 비로소 국가배상법 제2조 제1항 단서의 적용을 받지 않고 국가배상을 청구할 수 있습니다.

⑶ 그런데 원고는 군복무 중 공상을 입었다는 사유로 국가유공자 등록신청을 하였고, 서울지방보훈청장의 국가유공자 요건 비해당처분에 불복하여 그 처분을 다투고 있습니다. 만약 원고의 청구가 인용될 경우에는 국가유공자에 해당되어 법률이 정하는 소정의 보상을 받게 됩니다. 물론 원고의 상이의 정도가 경미한 경우에는 보상을 받을 수 없겠지만, 원고가 주장하는 상이의 정도에 비추어 보면 보상을 받을 수 있을 것으로 예상됩니다. 일찍이 판례는 국가유공자등 예우 및 지원에 관한 법률의 보상규정은 국가배상법 제2조 제1항 단서 소정의 다른 법령의 규정에 해당한다(대법원 1993. 5. 14. 선고 92다33145 판결【손해배상(기)】)고 판시한 바 있습니다.

⑷ 따라서 원고의 국가유공자 요건 비해당 처분청구가 인용되면 법률이 정하는 보상을 받게 되므로 원고가 직무집행과 관련하여 입은 공상에 대한 이 사건 손해배상청구는 이유 없으므로 기각되어야 합니다.

3. 원고의 공무와 질병과의 인과관계 존재여부

원고는 군 입대 전에 이 사건 질병을 앓은 사실이 없으므로 입대 전에 질병의 발병가능성이 낮고, 군 복무로 인한 통상적인 훈련이 병변 부위에 충격을 가할 가능성이 충분하여 해당 질병이 자연적인 진행경과보다 빠르게 진행되었을 것이라는 국군통합병원장 작성의 사실확인서를 그 증거로 제출하면서 이 사건 청구의 유력한 주장의 근거로 삼고 있습니다.

그렇지만 그러한 사실확인서는 원고가 개인적으로 발급받은 것으로써 이 자료만으로는 원고 주장사실을 인정할 수 없고, 원고의 직무와 질병과의 인과관계 여부 등에 대하여는 이 법원에서 감정을 거쳐서 보다 정확하고 신중하게 결정되어야 할 사항에 해당됩니다.

4. 결   론

따라서 원고의 이 사건 청구는 모두 부적법하여 각하되어야 하고, 그렇지 않을지라도 이 사건 처분은 적법하므로 기각되어야 합니다.

입 증 방 법

1. 을 제 1 호증   국가유공자 요건 비해당 처분 통보   1부
1. 을 제 2 호증   우편송달통지서   1부

첨 부 서 류

1. 위 입증방법   각 1부
1. 소송위임장   1부

2011.   12.   26.

피고 소송대리인
변호사 강 현 성

서 울 중 앙 지 방 법 원   귀 중

쟁 점 해 설

1. 처분의 경위

가. 원고는 육군에 입대하여 복무 중 발생한 대퇴골두 무혈성 괴사 질환으로 의병 전역하였다.

나. 원고는 피고에게 군복무 중 발병한 이 사건 질환을 원인으로 하여 국가유공자 등록을 신청하였으나 피고는 객관적인 입증자료가 없다는 이유로 국가유공자 요건 비해당 처분을 하였다.

2. 당 사 자

가. 원고적격

원고는 군인으로 교육훈련 및 직무수행 중 상이를 입고 전역한 자로 「국가유공자 등 예우 및 지원에 관한 법률」상의 공상군경(公傷軍警)의 요건에 해당된다고 청구할 권리가 있어 원고적격이 있다.

나. 피고적격

국가유공자가 되려는 경우에는 등록신청서를 그의 주소지를 관할하는 지방보훈청장 또는 보훈지청장에게 신청하여야 한다(국가유공자 등 예우 및 지원에 관한 법률시행령 8①). 원고의 주소지를 관할하는 서울지방보훈청장이 그의 명의로 이 사건 처분을 하였으므로 피고적격이 있으므로, 국가보훈처장으로 지정된 피고는 서울지방보훈청장으로 경정되어야 한다(행정소송법 14①).

다. 피고의 지정이 잘못된 경우 법원의 조치

행정소송법 소정의 당사자소송에 있어서 원고가 피고를 잘못 지정한 때에는 법원은 원고의 신청에 의하여 결정으로서 피고의 경정을 허가할 수 있는 것이므로(행정소송법 44 ①, 14), 원고가 피고를 잘못 지정한 것으로 보이는 경우 법원으로서는 마땅히 석명권을 행사하여 원고로 하여금 정당한 피고로 경정하게 하여 소송을 진행케 하여야 할 것이지, 그러한 조치를 취하지 아니한 채 피고의 지정이 잘못되었다는 이유로 막바로 소를 각하할 것은 아니다(대법원 1985. 11. 12. 선고 85누621 판결【등록신청거부처분취소】, 대법원 2004. 7. 8. 선고 2002두7852 판결【주민세부과처분취소】 등 참조).

그럼에도 불구하고, 원심은 이를 간과하고 위와 같은 조치를 취하지 아니한 채 피고의 지정이 잘못되어 확인의 이익이 없다는 이유만으로 이 사건 소를 각하하고 말았으니, 이러한 원심의 판단에는 개정 특조법 제 2 조 소정의 손실보상청구권의 법적 성질 및 그 소송절차, 행정소송법상 피고의 경정 등에 관한 법리를 오해한 위법이 있다고 할 것이다(대법원 2006. 11. 9. 선고 2006다23503 판결【소유권확인】).

라. 피고경정의 기회를 제공하였음에도 경정하지 아니한 경우

'저작권심의조정위원회 위원장'을 피고로 저작권 등록처분의 무효확인을 구하는 소는 피고적격이 없는 자를 상대로 한 부적법한 것이고, 피고적격에 관하여 석명에 응할 기회를 충분히 제공하였음에도 피고경정을 하지 않은 사정에 비추어, 부적법하여 각하되어야 한다고 한 사례(대법원 2009. 7. 9. 선고 2007두16608 판결【저작권등록무효확인】).

3. 이 사건 처분의 적법여부

가. 원고의 주장

(1) 국가유공자 요건 비해당 처분

원고는 군 입대 전까지 이 사건 상병이나 대퇴골에 질환을 앓은 사실이 없는데, 계속되는 군사훈련과 체력훈련으로 인하여 대퇴골이 악화되어 이 사건 상병이 발병하게 되었으므로, 이 사건 상병과 원고의 군복무 사이에는 상당인과관계가 인정되기 때문에 피고의 이 사건 처분은 위법하다.

(2) 손해배상청구

원고는 군복무 중 이 사건 질병에 걸렸으므로 국가유공자로 등록되지 못하면, 일실수입과 치료비 등의 손해배상을 해야 한다.

나. 군인 등의 국가배상청구

헌법 제29조는 「군인·군무원·경찰공무원 기타 법률이 정하는 자가 전투·훈련 등 직무집행과 관련하여 받은 손해에 대하여는 법률이 정하는 보상 외에 국가 또는 공공단체에 공무원의 직무상 불법행위로 인한 배상은 청구할 수 없다」고 규정하고 있다.

국가배상법은 「군인·군무원·경찰공무원 또는 향토예비군대원이 전투·훈련 등 직무 집행과 관련하여 전사·순직하거나 공상을 입은 경우에 본인이나 그 유족이 다른 법령에 따라 재해보상금·유족연금·상이연금 등의 보상을 지급받을 수 있을 때에는 이 법 및 「민법」에 따른 손해배상을 청구할 수 없다」(국가배상법 2① 단서)고 한다.

다. 이 사건의 경우

원고는 군인으로 훈련 등 직무집행과 관련하여 공상을 입은 경우에 해당된다. 그러므로 원고가 국가유공자등 예우 및 지원에 관한 법률이 정하는 바에 따른 상이연금 등의 보상을 지급받으면 국가배상청구를 할 수 없게 된다.

(1) 국가유공자 요건심사 및 결정

(가) 국가유공자에 해당하는 자가 되려는 자는 대통령령으로 정하는 바에 따라 국가보훈처장에게 등록을 신청하여야 한다(국가유공자등 예우 및 지원에 관한 법률 6①).

(나) 원고는 국방부장관의 국가유공자 요건사실확인서를 제출하여 이 사건 등록신청을 하였다.

(다) 국가보훈처장은 제1항에 따른 등록신청을 받으면 대통령령으로 정하는 바에 따라 제4조, 제5조 또는 제73조의2에 따른 요건을 확인한 후 국가유공자, 그 유족 또는 가족, 제73조의2에 해당하는 자로 결정한다(국가유공자등 예우 및 지원에 관한 법률 6②).[1]

---

1) 보훈심사위원회는 제8조 제1항에 따른 등록신청과 제9조 제6항에 따른 회부가 있으면 국가유공자 또는 지원대상자의 요건에 해당하는지에 대하여 심의·의결하여야 한다(국가유공자등 예우 및 지원에 관한 법률 시행령 10①).

⑵ 상이등급의 구분과 판정

㈎ 법률의 규정

제6조의3 제1항에 따른 신체검사 대상자의 상이등급은 그 상이정도에 따라 1급·2급·3급·4급·5급·6급 및 7급으로 구분하여 판정한다(국가유공자등 예우 및 지원에 관한 법률 6조의4①).

㈏ 국가유공자등 예우 및 지원에 관한 법률 제4조 제1항 제6호에 정한 '교육훈련 또는 직무수행 중 상이'가 되기 위한 인과관계의 내용

⒜ 국가유공자등 예우 및 지원에 관한 법률 제4조 제1항 제6호(공상군경)에서 말하는 '교육훈련 또는 직무수행 중 상이(공무상의 질병을 포함한다)'란 군인 또는 경찰공무원이 교육훈련 또는 직무수행 중 부상하거나 질병에 걸리는 것을 뜻한다. 그러므로 위 규정이 정한 상이가 되기 위하여는 교육훈련 또는 직무수행과 그 부상·질병 사이에 상당인과관계가 있어야 하고, 그 직무수행 등과 부상 등 사이의 인과관계에 관하여는 이를 주장하는 측에서 증명을 하여야 한다. 그러나 그 인과관계는 반드시 의학적·자연과학적으로 명백히 증명하여야 하는 것은 아니고 제반 사정을 고려할 때 교육훈련 또는 직무수행과 그 부상·질병 사이에 상당인과관계가 있다고 추단되는 경우에도 그 증명이 되었다고 보아야 하고, 또한 평소에 정상적인 근무가 가능한 기초질병이나 기존질병이 훈련 또는 직무의 과중 등이 원인이 되어 자연적인 진행속도 이상으로 급격하게 악화된 때에도 그 증명이 된 경우에 포함되는 것이며, 교육훈련 또는 직무수행과 그 부상·질병과의 인과관계의 유무는 보통의 평균인이 아니라 당해 군인 등의 건강과 신체조건을 기준으로 판단하여야 한다(대법원 2009. 10. 29. 선고 2009두9079 판결【국가유공자등록거부처분취소】).

⒝ 그 직무수행 등과 부상 등 사이의 인과관계에 관하여는 이를 주장하는 측에서 입증을 하여야 한다(대법원 2003. 9. 23. 선고 2003두5617 판결【국가유공자등록거부처분취소】).

⒞ 교육훈련·직무수행과 부상·질병 사이의 상당인과관계의 유무는 보통 평균인이 아니라 당해 군인 등의 건강과 신체조건을 기준으로 판단하여야 한다(대법원 2008. 8. 11. 선고 2006두14469 판결【국가유공자등록거부처분취소】).

(3) 소 결

㈎ 원고는 군 입대 전 이 사건 상병이나 대퇴골 부위에 여타 질환을 앓는 등의 기왕병력이 전혀 없었다. 그런데 입대 후로부터 약 5개월이 지나 신병교육훈련을 마치고 나서 좌측 골반에 통증을 느껴 진료받은 결과 이 사건 상병을 진단받았다.

㈏ 원고는 2010. 7. 21. 이 사건 상병 외에도 내퇴골두의 질환 중 하나인 '좌측 대뇌골두의 피로골절'로 진단받았는데, 2008. 7. 24.경 원고를 진료한 병원 의사는 위 증상의 발병 원인이 군 복무에 따른 갑작스런 운동량 증가인 것으로 판단하였고, 다른 원인으로 볼 만한 사정이 없었다고 진단하였다.

㈐ 이 사건 상병의 원인과 발생 과정은 의학적으로도 아직까지 명확히 밝혀져 있지 않다. 따라서 원고가 제출한 사실확인서 기재와 같이 법원 감정결과가 나온다면 이 사건 상병은 원고의 군 복무로 인하여 발생하였거나 자연적인 진행경과 이상으로 악화되었다고 볼 여지가 있으므로, 이 사건 상병과 원고의 군복무 사이에는 상당인과관계가 인정될 수 있다.

㈑ 그렇다면 피고의 원고에 대한 이 사건 처분은 취소되어야 하고, 손해배상청구는 이유 없어 기각되어야 한다.

4. 국가유공자 등록신청 시효기간

국가유공자 예우등에 관한 법률[법률 제4457호, 1991. 12. 27, 일부개정] 제77조 제 1 항에 의하면 보상금은 그 지급사유가 발생한 날로부터 3년간 이를 행사하지 아니할 때에는 시효로 인하여 소멸된다.[2]

그 후 2000. 12. 30. 개정 국가유공자등 예우 및 지원에 관한 법률[시행 2001. 1. 1] [법률 제6339호]은 제77조 시효규정을 삭제한 바 있다.

---

2) 이 법률 부칙 제13조(시효에 관한 경과조치) 이 법 시행 전에 종전의 군사원호보상급여금법 · 국가유공자등특별원호법에 의하여 지급사유가 발생한 연금 · 제수당 기타 급여금 및 퇴직급여금에 대한 시효는 제77조의 규정에 불구하고 종전의 규정에 의한다.

5. 제소기간

이 사건 처분은 2011. 9. 9. 있었으며, 원고는 이 처분통지서를 같은 달 14. 송달받았으므로, 처분이 있음은 안 날로부터 90일을 도과하여 2011. 12. 16.에 제소한 이 사건 소는 특별한 사정이 없는 한 부적법하다.[3]

6. 관   할

피고는 서울지방보훈청장이므로 서울행정법원에 제소하여야 한다.

---

3) 행정소송법 제20조 제 1 항 "취소소송은 처분 등이 있음을 안 날부터 90일 이내에 제기하여야 한다"고 하므로 처분을 안 날로부터 90일을 정확하게 산정해 보아야 한다.

[참고자료]

서 울 행 정 법 원

판   결

사 건	2009구합○○○○ 국가유공자요건비해당처분취소	
원 고	○○○(8*****-1******)	
	주소	
	소송대리인 변호사 ○○○	
피 고	○○지방보훈청장	
	소송수행자 ○○○	
변론종결	2010. 12. 2.	
판결선고	2010. 12. 16.	

주   문

1. 피고가 2009. 9. 9. 원고에 대하여 한 국가유공자요건비해당처분을 취소한다.
2. 소송비용은 피고가 부담한다.

청 구 취 지

주문과 같다.

이   유

1. 처분의 경위

가. 원고는 2008. 2. 25. ○○○ 제○사단에 입대하였고, 신병교육훈련을 마친 후 같은 해 5. 13.부터 제○포병연대 제○포병대대 제○중대에서 복무하다가 2009. 3. 31. 의병전역하였다.

나. 원고가 군복무로 인하여 대퇴골두 무혈성 괴사(이하 '이 사건 상병'이라 한다)가 발병하였다고 주장하며 2009. 5. 6. 피고에게 국가유공자 등록신청을 하였으나, 피고는 같은 해 8. 24. '대퇴골두 피로골절에 의한 골괴사증이 연관되어서 나타났다면 골괴사증의 합병증이고, 골괴사가 발생하는 원인은 외상이나, 술, 스테로이드, 원인 없이 오는 경우 등 다양하고, 외상성이라면 경부골절이 선행되어야 하는 점 및 경부 피로골절도 극히 드문 경우로 객관적인 입증자료가 없다'는 이유로 원고의 위 신청을 거부하는 처분(이하 '이 사건 처분'이라 한다)을 하였다.

[인정근거] 다툼 없는 사실, 갑 제1, 6호증의 각 기재, 변론 전체의 취지

2. 이 사건 처분의 적법 여부

가. 원고의 주장

원고는 군 입대 전까지 이 사건 상병이나 대퇴골에 질환을 앓은 사실이 없는데, 계속되는 군사훈련과 체력훈련으로 인하여 대퇴골이 악화되어 이 사건 상병이 발병하게 된 것으로, 이 사건 상병과 원고의 군복무 사이에는 상당인과관계가 인정된다 할 것인바, 이와 달리 본 피고의 이 사건 처분은 위법하다.

나. 인정사실

(1) 이 사건 상병의 진단

원고는 2008. 5. 16. 좌측 골반에 통증을 느껴 포병연대 의무실로 후송되어 진료를 받고 약물치료를 하였으나, 증세가 호전되지 않자 같은 달 23. 대대 의무실을 경유하여 치료를 받았고, 같은 해 7. 21. ○○병원에서 '좌측 대퇴골두의 무혈성 괴사(의중), 좌측

대퇴골두의 피로골절'로 진단받았다가 최종적으로 같은 해 12. 16. 이 사건 상병인 '대퇴골두 무혈성 괴사'로 진단받았다.

(2) 이 사건 상병에 관한 의학 정보

㈎ 이 사건 상병은 대퇴골두[4]로 가는 혈류가 차단되어 뼈 조직이 죽는 질환으로, 괴사된 뼈에 압력이 지속적으로 가해져 괴사 부위가 골절되면서 통증이 시작되고, 이어서 괴사 부위가 무너져 내리면서 고관절 자체의 손상이 나타난다.

㈏ 이 사건 상병의 원인과 발생 과정이 정확히 밝혀져 있지는 않으나 위험인자로는 과다한 음주, 부신피질 호르몬(스테로이드)의 사용, 신장 질환, 정신성 홍반성낭창(루프스) 등과 같은 결체 조직병, 신장이나 심장과 같은 장기 이식을 받은 경우, 잠수병, 통풍, 방사선 조사, 후천성 면역결핍증 등이 있다.

㈐ 외상에 의해서도 발생할 수 있는데, 대퇴 경부 골절이나 고관절 탈구에 자주 합병되고, 이 두 가지 외상에서는 대퇴골두로 혈액을 공급하는 혈관이 손상되기 때문에 발병하는 것이며 단순 타박상 등과 같은 기타의 외상으로는 잘 발생하지 않는다.

㈑ 현재 가장 정확한 검사방법은 자기공명영상(MRI)인데, 단순 방사선사진상에 변화가 보이기 훨씬 이전에도 이상 소견을 볼 수 있고, 괴사의 위치와 크기를 정확하게 평가할 수 있어 조기 발견과 예후 예측, 치료방법의 결정 등에 유용하다.

(3) 이 법원의 ○○○○병원장에 대한 사실조회 결과

㈎ 이 사건 상병의 병기 중 1기는 일반 촬영상 정상 소견인 경우, 2기는 대퇴골두내 경화 및 낭종 형성 있으나 연골하 골절 소견이 없는 경우, 3기는 연골하 골절로 인한 대퇴골두 함몰 소견이 보이는 경우, 4기는 병변이 비구까지 확장되어 고관절의 파괴가 일어난 경우인데, 단순 방사선 검사 및 자기공명영상 검사 결과에 비추어, 원고의 병기는 2기에 해당한다.

㈏ 원고는 입대 전 기왕 병력으로 치료받은 기록이 없고, 이 사건 상병을 의심할만한 증상이 없었던 점, 비교적 원고의 병기가 초기인 점, 자기공명영상 소견상 골두에 골수 부종의 병변이 관찰되는 점으로 보아 진료 전 최근에 발생하였을 가

---

4) 골반뼈와 맞닿아 있는 넓적다리뼈의 위쪽 끝부분.

능성이 높다.

㈎ 이 사건 상병의 약 20% 정도는 1년 이내, 75% 정도는 3년 이내에 대퇴 골두 붕괴가 발생할 수 있다고 하나, 2008. 5. 23. 및 같은 해 6. 3. ○○병원 진료시 원고에게 대퇴경부 골절이나 그 외 대퇴골두 외상 소견이 관찰되지 않았다.

㈐ 이 사건 상병이 아니더라도 대퇴골두, 대퇴골, 경골 등 하지에 훈련으로 인한 피로골절이 군인에게서 자주 나타나는 점에 비추어 통상적인 훈련이 병변부위에 충격을 가할 가능성은 충분히 있다.

⑷ 원고의 건강상태

㈎ 1999. 9.부터 입대시까지의 건강보험 요양급여 내역상, 원고가 대퇴부와 관련하여 치료를 받은 기록은 없다.

㈏ 원고는 담배를 피우지 않고, 음주는 입대 전 1달에 2, 3번 정도 하였다.
[인정근거] 다툼 없는 사실, 갑 제3호증, 갑 제5호증의 1 내지 5의 각 기재, 이 법원의 사실조회 결과, 변론 전체의 취지

다. 판 단

국가유공자 등 예우 및 지원에 관한 법률 제4조 제1항 제6호(공상군경)에서 말하는 '교육훈련 또는 직무수행 중 상이(공무상의 질병을 포함한다)'란, 군인 또는 경찰공무원이 교육훈련 또는 직무수행 중 부상하거나 질병에 걸리는 것을 뜻하므로, 위 규정이 정한 상이가 되기 위해서는 교육훈련 또는 직무수행과 그 부상·질병 사이에 상당인과관계가 있어야 한다. 상당인과관계를 판정함에 있어서는 교육훈련 또는 직무수행이 직접 원인이 되어 부상 또는 질병을 일으킨 경우는 물론, 기존의 질병이 교육훈련이나 직무수행으로 인한 과로나 무리 등이 겹쳐서 재발 또는 악화된 경우에도 인과관계가 있다고 보아야 하고, 그 인과관계는 반드시 의학적·자연과학적으로 명백히 입증하여야만 하는 것이 아니라 제반사정을 고려하여 교육훈련 또는 직무수행과 부상·질병 사이에 상당인과관계가 있다고 추단할 수 있으면 그 입증이 있다고 보아야 한다(대법원 2008. 8. 11. 선고 2006두14469 판결 등 참조).

살피건대, 앞서 본 증거들과 이 법원의 ○○○○○ 병원장에 대한 사실조회결과에 변론 전체의 취지를 더하여 인정되는 다음과 같은 사정, 즉 ① 단순 방사선 검사 및 자

기공명영상 검사 결과에 의할 때 원고의 병기는 2기로 판단되었고, 통상적으로 이 사건 상병이 발생한 경우에는 약 20% 정도는 1년 이내, 75% 정도는 3년 이내에 대퇴골두 붕괴가 발생할 수 있다고 보고되고 있으며, 원고의 경우 아직 대퇴골두 붕괴의 조짐은 관찰되지 않은 사정에 비추어 볼 때 비교적 발병 초기 단계로 볼 수 있는 점, ② 원고는 군 입대 전 이 사건 상병이나 대퇴골 부위에 여타 질환을 앓는 등의 기왕 병력이 전혀 없었고, 대학생으로서 특별히 대퇴골에 무리를 줄 만한 활동이나 업무를 하였던 것으로는 보이지 않는데, 입대 후로부터 약 5개월이 지나 ○○○ 신병교육훈련을 마치고 나서 좌측 골반에 통증을 느껴 진료받은 결과 이 사건 상병을 진단받은 점, ③ 원고는 2008. 7. 21. 이 사건 상병 외에도 대퇴골두의 질환 중 하나인 '좌측 대퇴골두의 피로골절'로 진단받았는데, 2008. 7. 24.경 원고를 진료한 ○○○○○병원 의사는 위 증상의 발병 원인이 군 복무에 따른 갑작스런 운동량 증가인 것으로 판단하였고, 다른 원인으로 볼 만한 사정이 없었다고 진단한 점, ④ 이 사건 상병의 원인과 발생 과정은 의학적으로도 아직까지 명확히 밝혀져 있지 않은 바, 원고로 하여금 이 사건 상병의 발생 인과관계를 정확히 입증하도록 요구하는 것은 다소 무리인 점 등의 제반사정 및 앞서 본 인정사실에 비추어 볼 때, 이 사건 상병은 원고의 군 복무로 인하여 발생하였거나 자연적인 진행경과 이상으로 악화되었다고 볼 것이므로, 이 사건 상병과 원고의 군복무 사이에는 상당인과관계가 인정된다 할 것이다.

3. 결 론

그렇다면, 이 사건 처분의 취소를 구하는 원고의 이 사건 청구는 이유 있으므로 이를 인용하기로 하여 주문과 같이 판결한다.

재판장 판사 ○○○
판사 ○○○
판사 ○○○

제**12**장

권한쟁의심판

[공 · 법 · 기 · 록 · 형 공 · 법 · 소 · 송 · 실 · 무]

제12장

목차 contents

작 성 요 강

☐ 설　문

○ 법무법인 행정 구성원 변호사 이항소는 행정자치부장관이 서울특별시에 대하여 정부합동감사를 시행하려는 것이 지방자치법 등의 법령에 위반되는지 여부를 검토하여 서울특별시가 취할 수 있는 구제제도를 고려하고 있다. 이항소 변호사가 서울특별시를 위하여 유리한 결과를 기대할 수 있는 헌법재판소에 제출할 가장 유효, 적절한 서면을 작성하시오.

○ ※ 현행법이 허용하는 쟁송형식에 한하며, 작성일은 2006. 9. 19.이고 같은 날 접수하는 것으로 함

　　※ 답안의 시작은 선택한 쟁송형식에 부합하는 '서면종류'를 기재하는 것으로 하고, 그 끝은 '서류를 제출할 기관'을 기재하는 것으로 함

　　※ 처분의 위법사유로는 사실관계와 현행법 및 판례 입장에 비추어 볼 때 받아들여질 수 있는 주장만 할 것

행 정 자 치 부

수신자   서울특별시(감사담당관)

제 목   서울특별시 정부합동감사실시계획 통보

---

1. 정부 발전에 협조해 주시는 것에 감사드립니다.

2. 지방자치법 제156조 및 행정감사규정 제15조의2, 제18조에 근거하여 서울특별시에 대한 정부합동감사실시계획을 다음과 같이 통보하오니, 감사가 원활하게 진행되도록 협조해 주시기를 바랍니다.

3. 정부합동감사자료는 붙임 서식에 따라 2006. 9. 1.까지 행정자치부에 제출하여 주시기 바랍니다.

가. 사전 자료수집

    1) 기간 : 2006. 8. 28.(월)~9. 5.(화), 7일간

    2) 자료수집 감사반 편성 : 5개부·청(명단 별송)

    3) 협조사항 : 책상, 전화, 컴퓨터(인터넷), 프린터, 복사기, FAX 등 설치

  〈자료준비〉

    1) 2004~2006 시의회 및 구의회 행정사무감사결과 보고서(회의록 포함)

    2) 2004~2006 시의회 및 구의회 예산결산심사 회의록 및 질의·답변서

    3) 2004. 1. 1. 이후 신문기사 스크랩(시 본청)

나. 정부합동감사 실시

    1) 감사기간 : 2006. 9. 14.~9. 29. 12일간

    2) 대상기관 및 감사범위

       – 시 본청(사업소 포함) 및 구, 2004. 1. 1.부터 감사일 현재

       – 지방세, 건설·도시계획, 환경, 보건복지, 식품의약, 재난관리, 지방자치제도 운영

    3) 감사반 편성 : 5개 부·청(명단 : 추후 송부)

    4) 협조사항

       – 제도개선이 필요한 과제 발굴제출(소관 실·과장이 직접 검토·확인)

       – 업무정리 우수공무원(10명 정도)을 발굴, 감사기간 중(9. 22. 한)제출

　－ 감사실시 언론보도, 명예(시민)감사관 감사참여, 감사장 설치준비(세부사항은 별도협의)

다. 감사자료 제출

　1) 요구한 감사자료(붙임)에 대해서는 빠짐없이 작성한 후 9. 1.(금)까지 제출

　2) 요구자료가 전산시스템으로 구축되어 있는 경우, 전산자료로 제출가능

　3) 감사자료는 CD(화일)로 우선 제출하고, 감사 당일(9. 14.)에는 분야별 출력분 1부씩을 감사
　　장에 비치

※ 감사자료 작성과 관련하여 의문사항이 있는 경우에는 시 감사관실을 통하여 문의할 수 있도록
　협조바람

붙임 : 정부합동감사 자료제출 목록(서식) 1부 끝.

행 정 자 치 부 장 관 　[행정자치부장관의인]

시행　지방감사팀-3003 (2006. 08. 11.)　　　접수　(　　)
서울 종로구 정부합동청사 117-408　　　　전화 02-123-4567　　전송 0104-6789 / 공개

서 울 특 별 시

수신자   수신자참조
(경유)
제 목   서울특별시 정부합동감사 연기요청

1. 행정자치부 지방감사팀-3003(2006. 08. 11)호와 관련입니다.

2. 금년 7월 민선 4기가 본격 출범한 이래 우리시에서는 경쟁력있는 세계도시 서울을 만들기 위하여 중장기계획 수립 등 많은 노력을 하고 있습니다.

3. 금년 하반기에는 행정자치부 정부합동감사, 국정감사, 감사원 감사, 시의회 행정사무감사 등이 실시될 예정으로 있어 대외기관 감사가 집중되어 있으며, 이로 인하여 우리 시 직원들은 업무가 더욱 가중될 것으로 예상하고 있으며, 또한 조직개편 작업 및 후속인사, 교통종합개선계획 수립·추진, 집중호우에 따른 피해복구 등 현안 업무처리가 산적해 있습니다.

4. 우리시에 대한 행정자치부의 정부합동감사(2006. 9. 14.~9. 29.)를 내년 이후로 연기하여 줄 것을 요청하오니 적극 검토하여 주시기 바랍니다. 끝.

서 울 특 별 시 장

수신자   행정자치부장관(지방감사팀장), 감사원장(자치행정감사국 제1과장), 국무조정실장(일반행정심의관)

시행 감사담당관-5678 (2006. 08. 14.)   접수 (   )
서울 중구 서소문동 37번지   전화 02-4321-9876   전송 6789-4321 / 비공개

행 정 자 치 부

수신자   서울특별시장 (감사담당관)
(경유)
제 목   정부합동감사 연기요청에 대한 회신

1. 귀 감사담당관 – 5678(2006. 08. 14)호를 검토한 바, 금년 하반기에 정부합동감사 국정감사 등 외부감사 집중으로 인한 직원들의 업무가중 예상과 조직개편 작업 및 후속인사 등 현안업무처리를 사유로 오는 9월 실시될 정부합동감사를 내년 이후에 실시될 수 있도록 건의한 내용으로 다음과 같이 회신합니다.

2. 우리부에서는 국무총리 조정 승인을 거쳐 2006. 2. 9. 서울시에 대한 2006년도 정부합동감사 일정을 통보한 바 있고, 2006. 2. 28. 정부의 금년도 정부합동감사계획을 공식발표 후 이를 귀 시에 통보하면서 사실 없는 수감순비늘 요구한 바 있으며, 2006. 8. 11. 연초 감사계획 실행과 관련한 감사분야 및 세부준비사항 등을 통보한 바 있습니다.

3. 금번 정부합동감사는 지난 해 하반기부터 관계 중앙부·청과 협의 및 국무총리 조정승인을 거쳐 확정된 "2006년도 정부합동감사계획"을 실행하는 것으로 감사 참여 부·청의 연간 감사일정을 고려할 때 감사실시 1개월을 남겨둔 시점에서 갑자기 감사연기를 검토하는 것은 어려운 것으로 판단되고, 또한 이번 감사는 서울특별시 행정특례에 관한 법률의 취지 및 민선 4기 출범과 귀 시의 하반기 외부감사 일정 등을 고려하여 타 시도에 대한 정부합동감사(통상 13개 부·청 내외 참여)와 달리 5개 부·청이 참여하는 부분감사로 범위를 축소 조정함으로써 수감부담을 최대한 경감하도록 계획하였으며, 감사를 통한 각종 법령위반사항 적발과 이에 따른 관계공무원의 문책조치 등을 감안할 때, 정부의 공식발표와 국회보고까지 필한 귀 시의 정부합동감사 일정을 변경하는 경우에는 불필요한 오해소지도 우려되는 상황입니다.

4. 그간의 정부감사일정 조정전례를 보더라도 천재지변 등 대형재난의 발생이나 국제행사 또는 전국 규모의 중요행사 등의 사유가 있는 경우 예외적으로 감사일정을 당해 연도 내에서 조정한 예가 있기는 하지만, 이번 귀 시가 제시한 감사연기요청 사유만으로는 금년도 정부합동감사 시기를 연기하거나 조정하는 것이 어렵다고 판단됩니다.

5. 국가주요정책의 적정 집행여부 점검을 통한 정책환류 및 국정의 통합성 확보에 중점을 두고 있는 정부합동감사가 귀 시를 대상으로 1999년 이후 7년 만에 실시되는 만큼, 지방자치 발전과 서울시정의 투명성을 높이는 소중한 기회가 될 수 있도록 수감준비에 만전을 기해 주실 것을 당부 드립니다. 끝.

행 정 자 치 부 장 관   행정자 치부장 관의인

서 울 특 별 시

수신자   수신자참조
(경유)

제 목   서울특별시 정부합동감사 연기요청

1. 행정자치부 지방감사팀-3005(2006. 08. 17)호와 관련입니다.

2. 귀 부에서는 우리시가 요청한 정부합동감사 연기요청에 대하여 감사실시 1개월을 앞둔 시점에
   서 갑자기 연기요청을 하는 것은 곤란한 것이라는 취지의 회신을 하였습니다.

3. 우리시에서는 귀 부의 2006. 8. 11.자 정부합동감사실시계획 통보를 받은 후 2006. 8. 14. 국정감
   사, 감사원 감사, 시의회 행정사무감사등의 일정을 사유로 연기요청을 하게 되었습니다. 따라서
   정부합동감사실시계획 1개월을 앞둔 시점에 촉급하게 연기를 하였다는 사유만으로 감사연기
   요청이 부당하다고는 할 수 없습니다.

4. 따라서 이미 알려 드린 바와 같이 우리시에 대한 행정자치부의 정부합동감사(2006. 9. 14.~ 9. 29.)
   를 내년 이후로 연기하여 줄 것을 요청합니다. 끝.

서 울 특 별 시 장

수신자   행정자치부장관(지방감사팀장), 감사원장(자치행정감사국 제 1 과장), 국무조정실장(일
반행정심의관)

시행 감사담당관-5679 (2006. 08. 28.)   접수 (   )
서울 중구 서소문동 37번지   전화 02-4321-9876   전송 6789-4321 / 비공개

행 정 자 치 부

수신자   서울특별시장 (감사담당관)
(경유)

제 목   서울특별시 정부합동감사 감사자료수집 협조촉구

1. 우리부에서는 지방감사팀-3003(2006. 08. 11)호로 2006년도 서울특별시 정부합동감사실시 계획을 통보하면서 사전자료수집(8. 28.~9. 5.)에 따른 감사장 설치 자료준비 등 협조를 요청한 바 있습니다.

2. 이에 따라 2006. 8. 28.(월) 10 : 15경 정부합동감사 자료수집반이 귀 시(감사관실)를 방문하였으나, 유감스럽게도 감사장 미준비 및 감사자료 미제출 등 비협조로 인해 정상적 공무집행이 불가능한 상황이 발생하였고, 8. 29.(화) 16 : 00 현재에도 그 상황이 계속되고 있습니다.

3. 이는 정부조직법 제26조, 지방자치법 제156조 및 제158조, 행정감사규정 제15조의2 등 관련 법령에 근거하여 실시하는 정당한 감사활동을 어렵게 하는 중대한 사태로서, 이 후 이러한 상황이 지속될 시에는 관련자에 대한 법적 조치가 불가피함을 알려드리며, 금번 감사자료수집이 계획대로 원활히 진행될 수 있도록 귀 시의 적극적인 협조를 촉구합니다. 끝.

행 정 자 치 부 장 관   [행정자치부장관의인]

시행 지방감사팀-3007 (2006. 08. 29.)   접수 (   )
서울 종로구 정부합동청사 117-408   전화 02-123-4567   전송 0104-6789 / 공개

서 울 특 별 시

수신자　　수신자참조
(경유)
제 목　　서울특별시 정부합동감사 자료수집 협조족구 관련

1. 행정자치부 지방감사팀-3007(2006. 08. 29)호와 관련입니다.

2. 우리시는 그간에 귀부에서 통보한 감사자료 작성요청에 대하여 서울시의 해당부서 및 자치구
   에 신속히 통보하고 작성요령에 대하여 안내 및 요청하신 자료를 차질없이 보내드리는 등 정부
   합동감사에 적극 협조해 드리고 있으며, 본 감사 수감준비 및 자료작성에 차질 없도록 만전을
   기하고 있습니다.

3. 한편으로는 서울시 감사담당관-5678(2006. 08. 14)호 및 서울시 감사담당관-5679(2006. 08. 28)호
   를 통하여
   - 민선 4기 시정운영 4개년 계획 수립·확정(10월말)
   - 서울시 조직개편(10월경) 및 서울시와 자치군간 인사교류 및 후속 인사조치(9월)
   - 감사원감사(교통분야, 공기업분야, 보조금분야 등 9월~12월)
   - 국정감사(9월~10월), 정부 보안감사(9. 18.~ 9. 22.)
   - 시의회 행정사무감사(11월), 예산의회(11월~12월) 등 폭주하는 업무량과 시기의 중요성 등을
     감안하여 정부합동감사를 11월 이후로 연기해 주실 것을 요청한 바 있습니다.

4. 귀 부에서는 지방감사팀-3005(2006. 08. 17)호에서 정부감사일정 조정전례에 천재지변 등 대형
   재난의 발생이나 국제행사 또는 전국 규모의 중요행사 등의 사유가 있는 경우에만 예외적으로
   감사일정을 당해 연도 내에서 조정한 예가 있다는 사실을 안내하신 바 있습니다. 그러나 서울
   시에 대해 감사하는 사안이 시민들에게 엄청나게 시급하여 계획된 시기에 감사하지 않으면 커
   다란 피해를 주는 요인이거나, 또는 정해진 시기에 감사하지 않으면 정확한 감사가 불가능하다
   든가, 서울시가 감사의 제척기간이 도래하는 사안이 발생한다면 모르겠으나, 그러한 사안이 아
   니라면 지방자치법 제156조의2에 정한(2007년도부터 시행예정)바대로 국무조정실 조정을 요청
   하여 얼마든지 조정이 가능한 사안이라고 보여지며, 정작 이러한 사안이 발생할 것을 예상하여

이 조항이 규정되어 시행되는 것으로 보아야 할 것입니다.

5. 이러한 제반사정을 감안하시어 금번 계획된 서울시 감사를 8월 27일 국무조정실에서 조정·권고한 바와 같이 11월 이후로 연기하는 방안을 강구해 주실 수 있을 것으로 사료되오니 귀부의 적극적인 협조를 요망합니다. 끝.

서 울 특 별 시 장   서울특별시장

수신자   행정자치부장관(지방감사팀장), 감사원장(자치행정감사국 제1 과장), 국무조정실장(일반행정심의관)

시행   감사담당관-7848 (2006. 08. 29.)   접수 (   )
서울 중구 서소문동 37번지   전화 02-4321-9876   전송 6789-4321 / 비공개

정부합동감사 시정결의문

- 행정자치부는 자치권을 침해하는 정부합동감사를 즉각 시정하라! -

시방자치닌체는 일선행정기관으로서 국민들을 위한 행정서비스 실질 집행이 가장 많음에도 불구하고 매년 감사원감사, 정부합동감사, 특별감사, 자체감사, 국정감사, 지방의회 행정사무감사, 정부 각 부처 확인점검 및 평가 등 각종 감사와 평가를 연중 상당기간 중복하여 수행하고 있어 본연의 업무 추진에 막대한 지장이 있어왔다.

특히 행정자치부가 중심이 되어 있는 정부합동감사의 경우 사전 감사인 예비감사기간 약 1주 이상을 합하여 전체 감사기간이 1개월이나 지속되어 미미한 효과성보다 자치단체 공무원들의 업무과중만 심화시켜 왔다는 지적이 끊이지 않았다.

문제의 심각성은 이와 같은 지적에도 불구하고 자체감사가 지방자치의 내부통제적 수단으로 사전예방 기능을 수행하고 자율적 시정기능을 갖추는데 부족함이 없도록 제도를 마련하는 것은 뒷전이고 정부합동감사를 개선 없이 계속 실시하는데 아무런 주저가 없다는 데 있다.

이제라도 정부는 지방자치단체에 대한 감사가 행정지도 및 해당 분야의 정보제공 차원에서 이루어지도록 노력하면서, 궁극적으로는 자지단체별 사세심시를 통히어 행정운영이 누류화와 문제점 개선의 자율적 행위가 이루어질 수 있도록 해야 할 것이다.

아울러 그 행태에 있어서도 고압적 감사태도를 하루속히 지양하고, 지방자치단체를 비리집단으로 단정하여 적발위주의 감사를 지속했던 방식 또한 시정하여야 한다.

이에 「전국광역자치단체공무원직장협의회」는 헌법에서 보장하는 지방자치의 고유권한이 합동감사로 인하여 훼손하고 있는 상황을 지극히 우려하면서 행정자치부가 다음의 수정요구사항을 반드시 전면적으로 수용할 것을 강력히 촉구하는 바이다.

1. 행정자치부는 지자체 정부합동감사전 실시하는 예비감사제도를 즉각 폐지하라.
2. 행정자치부는 시대흐름에 맞지 않는 사전적·포괄적 종합감사제도를 폐지하고 지방자치단체의 자체감사권한을 보장하는 제도를 도입·시행하라.

2006. 8. 31.

전국광역자치단체공무원직장협의회

참 고 자 료(관 계 법 령)

■ 헌　법

제117조(자치권, 자치단체의 종류)

① 지방자치단체는 주민의 복리에 관한 사무를 처리하고 재산을 관리하며, 법령의 범위 안에서 자치에 관한 규정을 제정할 수 있다.

■ **지방자치법**[1994. 3. 16. 법률 제4741호로 개정되고, 2007. 5. 11. 법률 제8423호로 개정되기 이전 의 것]

제 9 조(지방자치단체의 사무범위)

① 지방자치단체는 그 관할구역의 자치사무와 법령에 의하여 지방자치단체에 속하는 사무를 처리한다.

제155조(지방자치단체의 사무에 대한 지도 및 지원)

① 중앙행정기관의 장 또는 시·도지사는 지방자치단체의 자치사무에 관하여 조언 또는 권고하거나 지도할 수 있으며, 이를 위하여 필요할 때에는 지방자치단체에 대하여 자료의 제출을 요구할 수 있다.

② 국가나 시·도는 지방자치단체가 그 지방자치단체의 사무를 처리하는 데에 필요하다고 인정하면 재정지원이나 기술지원을 할 수 있다.

제156조(국가사무 또는 시·도 사무처리의 지도·감독)

① 지방자치단체 또는 그 장이 위임받아 처리하는 국가사무에 관하여는 시·도에 있어서는 주무부장관의, 시·군 및 자치구에 있어서는 1차로 시·도지사의, 2차로 주무부장관의 지도·감독을 받는다.

② 시·군 및 자치구나 그 장이 위임받아 처리하는 시·도의 사무에 관하여는 시·도지사의 지도·감독을 받는다.

제156조의2(중앙행정기관과 지방자치단체 간 협의조정)

① 중앙행정기관의 장과 지방자치단체의 장이 사무를 처리함에 있어서 의견을 달리하는 경우 이를 협의·조정하기 위하여 국무총리소속하에 협의조정기구를 둘 수 있다.

② 제1항의 규정에 의한 협의조정기구의 구성 및 운영 등에 관하여 필요한 사항은 대통령령으로 정한다.

제157조(위법·부당한 명령·처분의 시정)

① 지방자치단체의 사무에 관한 그 장의 명령이나 처분이 법령에 위반되거나 현저히 부당하여 공익을 해한다고 인정될 때에는 시·도에 대하여는 주무부장관이, 시·군 및 자치구에 대하여는 시·도지사가 기간을 정하여 서면으로 시정을 명하고 그 기간 내에 이행하지 아니할 때에는 이를 취소하거나 정지할 수 있다. 이 경우 자치사무에 관한 명령이나 처분에 있어서는 법령에 위반하는 것에 한한다.

② 지방자치단체의 장은 제1항의 규정에 의한 자치사무에 관한 명령이나 처분의 취소 또는 정지에 대하여 이의가 있는 때에는 그 취소 또는 정지처분을 통보받은 날로부터 15일 이내에 대법원에 소를 제기할 수 있다.

제158조(지방자치단체의 자치사무에 대한 감사)

행정자치부장관 또는 시·도지사는 지방자치단체의 자치사무에 관하여 보고를 받거나 서류·장부 또는 회계를 감사할 수 있다. 이 경우 감사는 법령위반사항에 한하여 실시한다.

제161조(특례의 인정)

① 서울특별시의 지위·조직 및 운영에 있어서는 수도로서의 특수성을 고려하여 법률이 정하는 바에 의하여 특례를 둘 수 있다.

구 지방자치법시행령(2006. 6. 29. 대통령령 제19566호로 개정되고, 2006. 10. 17. 대통령령 제19702호로 개정되기 전의 것) 제55조의3(지방자치단체의 사무에 대한 감사절차 등) 주무부장관·행정자치부장관 또는 시·도지사가 법 제156조 및 제158조의 규정에 의하여 지방자치단체의 사무에 대하여 감사를 하는 경우에는 행정감사규정이 정하는 바에 의하여야 한다.

▣ 서울특별시 행정특례에 관한 법률[1995. 12. 6. 법률 제5000호로 개정되고, 2007. 5. 11. 법률 제8423호로 개정되기 전의 것]

제4조(일반행정운영상의 특례)

② 내무부장관이 지방자치법 제158조의 규정에 의하여 서울특별시의 자치사무에 관한 감사를

하고자 할 때에는 국무총리의 조정을 거쳐야 한다.

▣ **행정감사규정**[1998. 9. 12. 대통령령 제15879호로 개정되고, 2008. 2. 29. 대통령령 제20741호로 개정되기 전의 것]

제 2 조(정의)

이 영에서 사용하는 용어의 정의는 다음과 같다.

3. "부분감사"라 함은 특정 행정운영 사항에 대하여 실시하는 감사를 말한다.

제 6 조(부분감사)

① 부분감사는 각 행정기관이 당해 기관에 대하여 실시하는 감사와 그 하급기관에 대하여 실시하는 감사로 구분한다.

② 부분감사는 감사실시기관의 장이 필요하다고 인정하는 경우에 이를 실시한다.

제15조의2(지방자치단체에 대한 합동감사)

① 행정자치부장관은 중앙행정기관이 지방자치단체에 대하여 실시하는 감사의 효율성을 높이고 지방자치단체의 수감부담을 경감하기 위하여 지방자치단체에 대한 연간합동감사계획을 수립하여 각 중앙행정기관의 장에게 통보하여야 한다.

② 각 중앙행정기관의 장은 제1항의 규정에 의한 연간합동감사계획에 따라 지방자치단체에 대한 감사계획을 작성하여 행정자치부장관에게 제출하여야 한다.

③ 행정자치부장관은 제1항의 규정에 의한 연간합동감사계획과 제2항의 규정에 의한 감사계획에 의하여 합동감사반을 편성, 운영한다.

④ 행정자치부장관은 지방자치단체에 대한 합동감사의 효율적 운영과 감사결과에 대한 조치의 형평성 확보 등을 위하여 필요한 경우에는 합동감사 참여기관의 감사관계관으로 감사협의회를 구성·운영할 수 있다.

제19조(자료제출 요청 등)

① 감사요원은 피감사기관에 대하여 감사상 필요한 경우에는 다음의 사항을 요청할 수 있다.

1. 관계서류·장부 및 물품 등의 제출

2. 진술서·경위서 또는 확인서의 제출

3. 관계공무원의 출석·진술

4. 금고·창고·장부 및 물품 등의 봉인 또는 보관

5. 기타 감사를 효율적으로 실시하기 위하여 필요하다고 인정되는 조치

② 감사실시기관은 감사에 필요한 경우에는 피감사기관 외의 관계기관에 대하여 필요한 자료의 제출 또는 관계공무원의 출석·진술을 요청할 수 있다.

③ 제1항 및 제2항의 규정에 의한 요청을 받은 기관이나 공무원은 정당한 사유가 없는 한 이에 응하여야 한다.

해 답

권 한 쟁 의 심 판 청 구 서

청 구 인   서울특별시
대표자 시장 오세훈

대리인 법무법인 행정
담당변호사 이 항 소

피청구인   행정자치부장관

심판대상이 되는 피청구인의 처분 또는 부작위

피청구인이 2006. 9. 14.부터 같은 해 9. 29.까지 별지목록 기재 사무에 대하여 실시하려는 청구인에 대한 정부합동감사

침해된 청구인의 권한

헌법 및 지방자치법에 의하여 부여된 청구인의 지방자치권

청 구 취 지

피청구인이 2006. 9. 14.부터 2006. 9. 29.까지 청구인의 [별지] 목록 기재의 자치사무에 대하여 실시한 정부합동감사는 헌법 및 지방자치법에 의하여 부여된 청구인의 지방자치권을 침해한 것이다.

청 구 이 유

1. 헌법 또는 법률에 의하여 부여된 청구인의 권한의 존부 및 그 범위

가. 관련 규정

■ 헌   법

제117조(자치권, 자치단체의 종류)

■ 지방자치법[1994. 3. 16. 법률 제4741호로 개정되고, 2007. 5. 11. 법률 제8423호로 개정되기 이전의 것]

제9조(지방자치단체의 사무범위)

제155조(지방자치단체의 사무에 대한 지도 및 지원)

제156조(국가사무 또는 시·도 사무처리의 지도·감독)

제156조의2(중앙행정기관과 지방자치단체 간 협의조정)

제157조(위법·부당한 명령·처분의 시정)

제158조(지방자치단체의 자치사무에 대한 감사)

제161조(특례의 인정)

■ 서울특별시 행정특례에 관한 법률[1995. 12. 6. 법률 제5000호로 개정되고, 2007. 5. 11. 법률 제8423호로 개정되기 전의 것]

제4조(일반행정운영상의 특례)

■ 행정감사규정[1998. 9. 12. 대통령령 제15879호로 개정되고, 2008. 2. 29. 대통령령 제20741호로 개정되기 전의 것]

제2조(정의)

제6조(부분감사)

제15조의2(지방자치단체에 대한 합동감사)

제19조(자료제출 요청 등)

나. 청구인의 지방자치권

⑴ 헌법 제117조 제1항은 "지방자치단체는 주민의 복리에 관한 사무를 처리하고 재산을 관리하며, 법령의 범위 안에서 자치에 관한 규정을 제정할 수 있다"고 규

정하여 지방자치제도의 보장과 지방자치단체의 자치권을 규정하고 있습니다.

(2) 지방자치제도의 헌법적 보장은 한마디로 국민주권의 기본원리에서 출발하여 주권의 지역적 주체로서의 주민에 의한 자기통치의 실현으로 요약할 수 있고, 이러한 지방자치의 본질적 내용인 핵심영역은 어떠한 경우라도 입법 기타 중앙정부의 침해로부터 보호되어야 한다는 것을 의미합니다.

(3) 헌법상의 자치권의 범위는 법령에 의하여 형성되고 제한되며, 다만 지방자치단체의 자치권은 헌법상 보장을 받고 있으므로 비록 법령에 의하여 이를 제한하는 것이 가능하다고 하더라도 그 제한이 불합리하여 자치권의 본질을 훼손하는 정도에 이른다면 이는 헌법에 위반된다고 보아야 할 것입니다.

2. 권한다툼이 발생하여 심판청구에 이르게 된 경위

가. 피청구인의 청구인에 대한 이 사건 정부합동감사 실시예정 통보

피청구인은 2006. 8. 11. 청구인에 대하여 다음과 같이 정부합동감사실시계획을 통보하였습니다(이하 '이 사건 합동감사'라 한다).

(1) 감사기관 : 2006. 9. 14.(목)~9. 29.(금), 12일간

(2) 대상기관 및 감사범위
- 시 본청(사업소 포함) 및 구(區), 2004. 1. 1.부터 감사일 현재
- 지방세, 건설·도시계획, 환경, 보건복지, 식품의약, 재난관리, 지방자치제도 운영

(3) 감사반 편성 : 5개 부·청(명단 : 추후송부)

나. 청구인의 피청구인에 대한 이 사건 합동감사 연기요청과 감사실시

(1) 청구인은 2006. 8. 14. 정부합동감사 실시계획을 통보받은 후 지방자치단체는 매년 감사원감사, 정부합동감사, 특별감사, 자체감사, 국정감사, 지방의회 행정사무감사, 정부 각 부처 확인점검 및 평가 등 각종 감사와 평가를 연중 상당기간 중복하여 수행하고 있어 본연의 업무 추진에 막대한 지장이 있어왔기 때문에 그 감사를 내년으로 연기해줄 것을 요청하였습니다.

⑵ 그러나 피청구인 등 5개 부·청이 참가한 정부합동감사반은 2006. 9. 14.부터 2006. 9. 29.까지 예정으로 청구인에 대하여 [별지] 목록 기재 자치사무 등 해당 분야에 대한 이 사건 합동감사를 실시하고 있습니다.

3. 피청구인의 행위에 의한 청구인의 권한 침해(자치사무의 감사요건 결여)

가. 피청구인이 이 사건 합동감사대상으로 지정된 사무 중 [별지] 목록 기재 사무는 청구인의 고유사무인 자치사무에 해당됩니다.

나. 지방자치법 제158조는 "행정자치부장관 또는 시·도지사는 지방자치단체의 자치사무에 관하여 보고를 받거나 서류·장부 또는 회계를 감사할 수 있다. 이 경우 감사는 법령위반사항에 한하여 실시한다"고 규정하고 있습니다. 그러므로 자치사무에 대한 감사는 법령위반사항에 한하여 허용됩니다.

다. 그런데 피청구인은 청구인의 자치사무에 관한 법령위반사실이 밝혀지지 아니하였고 법령위반 가능성에 대한 합리적인 의심조차 없는 상황에서 사전적이며, 포괄적으로 이 사건 합동감사를 실시하는 것은 헌법과 지방자치법이 청구인에게 부여한 자치행정권, 자치재정권 등의 지방자치권을 침해하였습니다.

라. 피청구인이 청구인에게 통보한 이 사건 합동감사 실시계획의 전체적인 취지는 청구인의 자치사무 등에 관한 포괄적·일반적인 사전감사를 하는 점에서 위법한 것입니다.

마. 서울특별시 행정특례에 관한 법률(1995. 12. 6. 법률 제5000호 개정) 제4조는 행정자치부장관이 "지방자치법 제158조의 규정에 의하여 서울특별시의 자치사무에 관한 감사를 하고자 할 때에는 국무총리의 조정을 거쳐야 한다"고 규정하고 있습니다. 서울특별시에 대한 감사권을 행사하려는 경우에는 당해 자치사무가 법령에 위반되는 사항이 존재하더라도 국무총리의 조정을 거친 다음에 시행하라는 의미입니다. 지방자치법에서는 법령위반이라는 요건을, 서울특별시 행정특례에 관한 법률에서는 국무총리의 조정이라는 요건을 요구하는 것은 결국 서울특별시의 자치권을 확고하게 보장하려는 취지에서 규정된 것임을 알 수 있습니다.

4. 청구인의 권리보호의 이익

피청구인은 이 사건 심판청구가 권리보호의 이익이 없다고 주장할지 모르나, 이 사건 심판청구는 예외적으로 심판청구의 이익을 인정할 수 있습니다. 이 사건 합동감사는 2006. 9. 29. 이미 끝났으므로 권한침해상태가 종료되었다고 볼 수 있어 심판계속중의 사정변경으로 권한침해상태가 이미 종료한 지금에 이르러서는 이 사건 심판청구가 인용된다 하더라도 청구인의 주관적 권리구제에는 도움이 되지 아니하여 원칙적으로 심판의 이익이 없다고 할 것이나, 헌법소원심판과 마찬가지로 권한쟁의심판도 주관적 권리구제뿐만 아니라 객관적인 헌법질서 보장의 기능도 겸하고 있으므로, 청구인에 대한 권한침해상태가 이미 종료하여 이를 취소할 여지가 없어졌다 하더라도 같은 유형의 침해행위가 앞으로도 반복될 위험이 있고 중앙행정기관의 장의 자치단체에 대한 자치사무 감사권의 존부, 감사범위, 감사의 방법 등에 관하여는 헌법적 해명이 긴요하다고 할 것이므로 예외적으로 심판청구의 이익을 인정할 수 있다고 할 것입니다.

5. 청구기간의 준수여부

권한쟁의의 심판은 그 사유가 있음을 안 날로부터 60일 이내에, 그 사유가 있는 날로부터 180일 이내에 청구하여야 한다(헌법재판소법 63①)고 규정하고 있는바, 피청구인의 이 사건 합동감사는 2006. 9. 14.부터 시작되었습니다. 따라서 이 사건 심판청구는 위 처분이 있은 날로부터 60일이 경과하기 이전에 제기된 것으로서 청구기간을 적법하게 준수하였습니다.

입 증 방 법

1. 갑 제 1 호증   정부합동감사실시계획 통보   1부
1. 갑 제 2 호증   정부합동감사 연기요청   1부
1. 갑 제 3 호증   정부합동감사 연기요청에 대한 회신   1부
1. 갑 제 4 호증   감사자료 수집협조 촉구   1부

첨 부 서 류

1. 위 입증자료   각 1부
1. 소송위임장   1부
1. 담당변호사 지정서   1부

2006.   9.   19.

청구인 대리인 법무법인 행정
담당변호사 이 항 소

헌 법 재 판 소 귀 중

[별지]

자 치 사 무 목 록

연 번	감사대상	처리부서	근거법령
1	청계천 유지수 공급시설 현황	치수과	하천법 제7조, 제17조
2	오수, 우수 분류식 하수관거지역내 개인정화조 청소명령	수질과	오수·분류 및 축산폐수의 처리에 관한 법률
3	보도블럭교체 등 보도정비공사 현황	도로관리과	도로법 제22조
4	분수대설치현황(시간대별 분수펌프 가동일지)	조경과	
5	버스중앙차로 유색포장내역	도심교통개선반	도로교통법 제15조(전용차로의 설치)
6	토지거래	토지관리과	부동산등기특별조치법 제3조
7	농지이용실태조사 현황	농산유통과	농지법, 동법시행령 제72조
8	외국인 토지취득 신고 및 허가 현황	토지관리과	외국인토지법시행령 제4조
9	골프장사업계획승인 현황	체육과(자치구)	체육시설의 설치, 이용에 관한 법률 제12조 및 서울특별시사무위임조례 제5조
10	국·공유재산 매각 현황	재무과	공유재산 및 물품관리법 제28조 및 국유재산법 제32조
11번~153번 생략			
154	민간투자시설사업 기본계획 수립 현황	민자사업추진	사회기반시설에 대한 민간투자법 제10조
155	체육시설 설치 사업계획 승인 현황	체육과(자치구)	체육시설의 설치, 이용에 관한 법률 제12조 및 서울시사무위임조례 제5조
156	청소년수련지구 및 수련지구 조성계획 수립 현황	청소년담당관	청소년활동진흥법 제47조

쟁 점 해 설

1. 권한다툼이 발생하게 된 경위

가. 정부합동감사실시 통보

피청구인은 2006. 8. 11. 청구인에 대하여 정부합동감사실시계획을 통보하였다.

나. 감사연기요청

청구인은 2006. 8. 14. 정부합동감사 실시계획을 통보받은 후 각종 감사와 평가를 연중 상당기간 중복하여 수행하고 있어 본연의 업무 추진에 막대한 지장이 있어왔다는 이유로 그 감사를 다음 해로 연기해줄 것을 요청하였다.

다. 감사실시

피청구인 등 5개 부·청이 참가한 정부합동감사반은 2006. 9. 14.부터 2006. 9. 29.까지 청구인에 대하여 자치사무 등 해당 분야에 대한 이 사건 합동감사를 실시하였다.

2. 당 사 자

가. 청구인적격

헌법과 법률에 의하여 부여받은 권한을 가진 자만이 그 권한의 침해를 다투며 권한쟁의심판을 청구할 수 있다. 권한을 침해당하였다고 주장하는 권한과의 적절한 관련성 있는 기관만이 청구인적격을 가지는 것이므로, 이 사건 서울특별시는 청구인적격이 있다. 서울특별시는 피청구인의 이 사건 합동감사가 헌법 또는 법률에 의하여 부여받은 청구인의 권한을 침해하였거나 침해할 현저한 위험이 있다고 주장하고 있다.

나. 피청구인적격

⑴ 처분 또는 부작위를 야기해서 청구인의 권한을 침해했거나 침해할 현저한 위험을 발생시킨 기관으로서 법적 책임을 지는 기관이 피청구인적격을 갖는다.

⑵ 행정자치부장관이 감사실시를 통보한 사무는 서울특별시의 자치사무를 감사대상으로 하고 있고, 구체적으로 어떤 자치사무가 법령에 위반되는지 여부를 밝히지 않고 있어 감사개시요건을 충족하지 못하여 청구인의 권한을 침해했거나 침해할 현저한 위험을 야기한 자로 피청구인적격을 갖는다.

3. 청구취지

헌법재판소법은 청구취지의 기재를 필요적 기재사항으로 들고 있지 않고(헌법재판소법 64), 청구이유는 필요적 기재사항으로 하고 있다. 그러나 권한쟁의심판의 대상을 청구인의 입장에서 축약해 진술하는 청구취지의 기재는 권한쟁의심판이 대심구조를 취한다는 점에서 반드시 필요하다.[1] 청구가 이유 있어 인용될 때에는 바로 이것이 주문의 표현으로 이행된다. 따라서 청구취지는 국가기관이나 지방자치단체의 권한의 존부 또는 범위, 또는 청구인의 권한이 침해되었을 때 피청구인 처분의 취소나 무효확인을 구하는 뜻을 나타낼 수 있다.

4. 피청구인의 처분의 존재와 권한침해 · 침해위험

가. 처   분

⑴ 처분은 법적 중요성을 지녀야 하고, 청구인의 법적 지위에 구체적으로 영향을 미칠 가능성이 없는 행위는 처분이라 할 수 없다.[2] 처분은 행정처분과 같은 좁은 개념에 한정시킬 것은 아니고, 보다 넓은 의미에서 국가기관 또는 지방자치단체의 작위행위를 뜻한다.

⑵ 헌법재판소법 제61조 제 2 항에 따라 권한쟁의심판을 청구하려면 피청구인의 처

---

1) 신평, 헌법재판법, p. 464.
2) 헌법재판소, 제 1 개정 증보판, 헌법재판실무제요, p. 344 이하.

분 또는 부작위가 존재하여야 한다. 여기서의 처분은 입법행위와 같은 법률의 제정과 관련된 권한의 존부 및 행사상의 다툼, 행정처분은 물론 행정입법과 같은 모든 행정작용 그리고 법원의 재판 및 사법행정작용 등을 포함하는 넓은 의미의 공권력 처분을 의미하는 것으로 보아야 할 것이므로, 법률에 대한 권한쟁의심판도 허용된다고 봄이 일반적이나 다만, '법률 그 자체'가 아니라 '법률제정행위'를 그 심판대상으로 하여야 할 것이다(헌법재판소 2006. 5. 25. 선고 2005헌라4 결정【강남구등과국회간의권한쟁의】).

나. 권한의 침해 또는 현저한 침해위험의 가능성

(1) 권한의 침해는 과거에 발생하였거나 현재까지 지속되는 침해를 말한다. 현저한 침해위험은 급박하게 조만간 권한침해에 이르게 될 개연성이 현저히 높은 상황을 말한다.

(2) 피청구인의 장래처분에 의해서 청구인의 권한침해가 예상되는 경우에 청구인은 원칙적으로 이러한 장래처분이 행사되기를 기다린 이후에 이에 대한 권한쟁의심판청구를 통해서 침해된 권한의 구제를 받을 수 있으므로, 피청구인의 장래처분을 대상으로 하는 심판청구는 원칙적으로 허용되지 아니한다. 그러나 피청구인의 장래처분이 확실하게 예정되어 있고, 피청구인의 장래처분에 의해서 청구인의 권한이 침해될 위험성이 있어서 청구인의 권한을 사전에 보호해 주어야 할 필요성이 매우 큰 예외적인 경우에는 피청구인의 장래처분에 대해서도 헌법재판소법 제61조 제 2 항에 의거하여 권한쟁의심판을 청구할 수 있다(헌법재판소 2004. 9. 23. 선고 2000헌라2 결정【당진군과평택시간의권한쟁의】).

다. 이 사건의 경우

(1) 피청구인이 이 사건 합동감사대상으로 지정된 사무 중 [별지] 목록 기재 사무는 청구인의 고유사무인 자치사무에 해당되고, 자치사무에 대한 감사는 지방자치법 제158조에 의하여 법령위반사항에 한하여 허용된다.

(2) 그런데 피청구인은 자치사무에 관한 법령위반사실이 없고, 그 가능성에 대한 합리적인 의심조차 없는 상황에서 이 사건 합동감사를 실시하여 헌법과 지방자치법이 부여한 자치행정권, 자치재정권 등의 지방자치권을 침해하고 있다.

5. 청구기간

(1) 권한쟁의심판의 청구는 그 사유가 있음을 안 날로부터 60일 이내, 그 사유가 있은 날로부터 180일 이내에 하여야 한다(헌법재판소 63①).

(2) 피청구인의 이 사건 합동감사는 2006. 9. 14.부터 시작되었고, 이 사건 심판청구는 실제 감사기간 중인 2006. 9. 19. 제기하였으므로, 처분이 있은 날로부터 60일이 경과하기 이전에 제기되었다.

[참고자료]

서울특별시와 정부 간의 권한쟁의

(헌법재판소 2009. 5. 28. 선고 2006헌라6 전원재판부 결정)

【판시사항】

1. 중앙행정기관의 지방자치단체의 자치사무에 대한 감사를 법령위반사항으로 한정하는 구 지방
   자치법(1994. 3. 16. 법률 제4741호로 개정되고, 2007. 5. 11. 법률 제8423호로 개정되기 이전의
   것, 이하 '구 지방자치법'이라 한다) 제158조 단서 규정이 사전적 · 일반적인 포괄감사권인지 여
   부(소극)

2. 구 지방자치법 제158조 단서 규정이 중앙행정기관의 지방자치단체의 자치사무에 대한 감사개
   시요건을 규정한 것인지 여부(적극)

3. 서울특별시의 거의 모든 자치사무를 감사대상으로 하고 구체적으로 어떠한 자치사무가 어떤
   법령에 위반되는지 여부를 밝히지 아니한 채 개시한 행정안전부장관 등의 합동감사가 구 지방
   자치법 제158조 단서 규정상의 감사개시요건을 전혀 충족하지 못하여 헌법 및 지방자치법에
   의하여 부여된 지방자치권을 침해한 것인지 여부(적극)

【결정요지】

1. 지방자치제 실시를 유보하던 개정전 헌법 부칙 제10조를 삭제한 현행헌법 및 이에 따라 자치사
   무에 관한 감사규정은 존치하되 '위법성 감사'라는 단서를 추가하여 자치사무에 대한 감사를 축
   소한 구 지방자치법 제158조 신설경위, 자치사무에 관한 한 중앙행정기관과 지방자치단체의 관
   계가 상하의 감독관계에서 상호보완적 지도 · 지원의 관계로 변화된 지방자치법의 취지, 중앙행
   정기관의 감독권 발동은 지방자치단체의 구체적 법위반을 전제로 하여 작동되도록 제한되어
   있는 점, 그리고 국가감독권 행사로서 지방자치단체의 자치사무에 대한 감사원의 사전적 · 포괄
   적 합목적성 감사가 인정되므로 국가의 중복감사의 필요성이 없는 점 등을 종합하여 보면, 중
   앙행정기관의 지방자치단체의 자치사무에 대한 구 지방자치법 제158조 단서 규정의 감사권은
   사전적 · 일반적인 포괄감사권이 아니라 그 대상과 범위가 한정적인 제한된 감사권이라 해석함
   이 마땅하다.

2. 중앙행정기관이 구 지방자치법 제158조 단서 규정상의 감사에 착수하기 위해서는 자치사무에
   관하여 특정한 법령위반행위가 확인되었거나 위법행위가 있었으리라는 합리적 의심이 가능한
   경우이어야 하고, 또한 그 감사대상을 특정해야 한다. 따라서 전반기 또는 후반기 감사와 같은

포괄적・사전적 일반감사나 위법사항을 특정하지 않고 개시하는 감사 또는 법령위반사항을 적발하기 위한 감사는 모두 허용될 수 없다.

3. 행정안전부장관 등이 감사실시를 통보한 사무는 서울특별시의 거의 모든 자치사무를 감사대상으로 하고 있어 사실상 피감사대상이 특정되지 아니하였고 행정안전부장관 등은 합동감사 실시계획을 통보하면서 구체적으로 어떠한 자치사무가 어떤 법령에 위반되는지 여부를 밝히지 아니하였는바, 그렇다면 행정안전부장관 등의 합동감사는 구 지방자치법 제158조 단서 규정상의 감사개시요건을 전혀 충족하지 못하였다 할 것이므로 헌법 및 지방자치법에 의하여 부여된 서울특별시의 지방자치권을 침해한 것이다.

재판관 이동흡, 재판관 목영준의 반대의견

2. '지방자치단체의 자치사무에 대한 감사'라는 표목하에 규정되어 있는 구 지방자치법 제158조의 입법경위, 자치사무에 대한 조언・권고・지도 등을 위하여도 자료의 제출 요구가 가능하도록 규정하고 있는 구 지방자치법 제155조 제 1 항과의 관계 등에 비추어 볼 때, 구 지방자치법 제158조는, '행정안전부장관 또는 시・도지사는 자치사무에 관한 법령위반 여부를 판단하기 위한 절차로서 이 사건 관련규정에 의하여 제한없이 피감사대상으로부터 보고를 받거나 자료의 제출을 요구할 수 있되, 감사의 진행 단계에서 법령위반의 가능성이 없으면 감사를 중단하고, 감사에 따른 조치는 위법사항에 한한다'라고 해석하는 것이 타당하고, 그 규정이 감사개시요건을 규정한 것이라고는 도저히 볼 수 없다.

3. 대통령령인 행정감사규정 제26조와 제26조의2, 구 지방자치법 제13조의4 제 1 항 제 3 호, 감사원법 제30조의2 제 2 항 등의 규정으로 지방자치단체에 대하여 중복감사를 제한하기 위한 제도적 장치 또한 마련되어 있고, 합동감사 실시계획 통보서에 나타난 감사범위, 그에 첨부된 정부합동감사관련 요구자료 목록 등에 의하면, 행정안전부장관 등의 합동감사의 감사범위가 특정되지 아니하였다거나 실질적인 합목적성 감사에 해당한다고 단정할 수 없다.

【참조조문】

헌법 제117조, 제118조

구 지방자치법(1994. 3. 16. **법률 제4741호로 개정되고, 2007. 5. 11. 법률 제8423호로 개정되기 전의 것**) 제158조(지방자치단체의 자치사무에 대한 감사) 행정자치부장관 또는 시・도지사는 지방자치단체의 자치사무에 관하여 보고를 받거나 서류・장부 또는 회계를 감사할 수 있다. 이 경우 감사는 법령위반사항에 한하여 실시한다.

【참조판례】

2. 헌재 1994. 12. 29. 94헌마201, 판례집 6-2, 510, 522

헌재 2002. 10. 31. 2002헌라2, 판례집 14-2, 378, 387

헌재 2008. 5. 29. 2005헌라3, 판례집 20-1하, 41

【당 사 자】

청 구 인 서울특별시

　　　　　　대표자 시장 오세훈

　　　　　　대리인 법무법인 ○○

　　　　　　담당변호사 ○○○ 외 3인

피청구인 행정안전부장관

　　　　　　대리인 변호사 ○○○

　　　　　　법무법인 ○○

　　　　　　담당변호사 ○○○ 외 3인

【주　　문】

피청구인이 2006. 9. 14.부터 2006. 9. 29.까지 청구인의 [별지] 목록 기재의 자치사무에 대하여 실시한 정부합동감사는 헌법 및 지방자치법에 의하여 부여된 청구인의 지방자치권을 침해한 것이다.

제13장

건축신고수리거부

[공·법·기·록·형 공·법·소·송·실·무]

제13장

목차 contents

작 성 요 강

☐ 설　문

　　법무법인 소백 변호사 박승소는 의뢰인 홍길동이 서울특별시 동대문구 신설동장으로부터 받은 건축신고 불가통지에 대하여 그 불복방법을 고려하고 있다. 박승소 변호사가 법원에 제출하여 홍길동에게 유리한 결과를 기대할 수 있는 가장 유효, 적절한 서면을 작성하시오.

　○　※ 현행법이 허용하는 쟁송형식에 한하며, 작성일은 2009. 2. 21.이고, 같은 날 접수하는 것으로 함
　　　※ 답안의 시작은 선택한 쟁송형식에 부합하는 '서면종류'를 기재하는 것으로 하고, 그 끝은 '서류를 제출할 기관'을 기재하는 것으로 함
　　　※ 처분의 위법사유로는 사실관계와 현행법 및 판례 입장을 고려하면서 <u>홍길동에게 이익이 되는 주장을 자유롭게 전개해 볼 것</u>

상 담 일 지

2009. 2. 15.

○ 의뢰인 홍길동 사무실 내왕

○ 자신은 2008. 12. 3. 동대문구 신설동장에게 건축신고를 하였으나 그 신고를 수리
하지 않고 반려하는 내용의 통지서를 2008. 12. 27. 수령하였다며 동장이 수리하
여 건축을 할 수 있도록 법적 조치를 취해달라고 요청

○ 자신이 건물을 신축하려는 토지에 있는 도로는 도로법에 의한 도로지정이나 사
도법에 의한 개설허가를 받은 도로가 아니라고 주장하고 있음

법무법인 소백

서울 서초구 서초동 78-9 강화빌딩 302호

☎ 02)459-9753

건축 · 대수선 · 용도변경신고서	신고번호(연도-구분-신고일련번호) 2008-신설1동-신축신고-1

건 축 구 분	※해당학목에 √를 표시하시기 바랍니다. ☑신 축　□증 축　□개 축　□재 축　□이 전 □용도변경　□대수선　□신고사항변경신고			
① 건 축 주	성 명	홍길동	생년월일(법인등록번호)	1960년 08월 15일
	주 소	서울특별시 동대문구 신설1동 123 (전화번호 : 010-4208-0208)		
② 설 계 자	성 명	서명 또는 인	면 허 번 호	
	사 무 소 명		등 록 번 호	
	사무소주소	(전화번호 : 　　)		
③ 대지조건	대 지 위 치	서울특별시 동대문구 신설동		
	지 번	608-31	관 련 지 번	
	지 목	대	용 도 지 역	제1종 전용주거지역
	용 도 지 구	/	용 도 구 역	/

대수선의 경우에는 대수선개요(Ⅳ)만 기재하되, 대수선으로 인하여
층별개요와 동별개요의 (주)구조가 변경되는 경우에는 변경되는
(주)구조를 동별개요와 층별개요에 기재하시기 바랍니다.

1. 전체개요

대지면적(㎡)		건축면적 (㎡)	
건 폐 율(%)		연 면 적 (㎡)	
용적률산정용 연 면 적(㎡)		용 적 률 (%)	
④건축물명칭	신설1동 608-31 단독주택(홍길동)	주건축물수	1동	부속건축물	동 ㎡
⑤주 용 도	단독주택	호(가구)수	□호 1세대 □가구	총주차대수	0대

주택을 포함하는 경우 호(가구)당 평균전용면적(㎡)	43.2

⑥오수정화시설	형 식	부패탱크방법	용 량	5인용

주 차 장	구 분	옥 내	옥 외	인 근	면 제
	자 주 식				
	기 계 식				

일괄처리 사 항	□공사용가설건축물축조신고　□공작물축조신고　□개발행위허가 □도시계획시설사업 시행자의 지정 및 실시계획인가 □산지전용허가 및 신고　□사도개설허가 □농지전용허가 · 신고 및 협의　□도로점용허가 □비관리청 도로공사시행 허가 및 도로의 연결허가 □하천점용허가　□공공하수도 배수설비 설치신고 □오수처리시설 및 단독정화조의 설치신고 □상수도 공급신청　□자가용전기설비공사계획의 인가 또는 신고

「건축법」 제9조 · 제10조 제1항 · 제14조 및 동법 시행규칙 제12조 · 제12조의2의 규정에 따라 위와 같
이 건축 · 대수선 · 용도변경신고서를 제출합니다.

2008년 12월 03일
건축주 홍길동 (서명 또는 인)

동 대 문 구 청 장　귀하

구비서류	※ 중복되는 서류는 1부만 제출하며, 용도변경하는 경우는 건축할 대지의 범위와 그 대지의 소유 또는 사용에 관한 권리를 증명하는 서류의 제출을 생략합니다.

등기부 등본 (말소사항 포함) - 토지

[토지] 서울특별시 동대문구 신설동 608-31

고유번호 1122-3344-55666

【 표 제 부 】 (토지의 표시)

표시번호	접 수	소 재 지 번	지 목	면 적	등기원인 및 기타사항
1 (전 3)	1982년8월23일	서울특별시 동대문구 신설동 608-31	대	102.3㎡	부동산등기법 시행규칙부칙 제3조 제1항의 규정에 의하여 1998년 11월 10일 전산이기

【 갑 구 】 (소유권에 관한 사항)

순위번호	등 기 목 적	접 수	등 기 원 인	권 리 자 및 기 타 사 항
1 (전 2)	소유권이전	1982년7월14일 제316호	1973년2월15일 매매	소유자 김오연 39****-1****** 서울 동대문구 신설동 356 부동산등기법 제177조의 6 제1항의 규정에 의하여 1999년 01월 21일 전산이기
2	임의경매개시결정	2008년1월28일 제58328호	2008년2월12일 서울북부지방법원의 임의경매 개시결정(2008타경 3210)	채권자 강윤택 서울 동대문구 회기동 321-4
2	소유권이전	2008년11월10일 제8765호	2008년11월4일 임의경매로 인한 매각	소유자 홍길동 600815 - 1****** 서울특별시 신설1동 123
3	2번임의경매개시결정, 근저당 권가등기말소	2008년11월8일 제432호	2008년11월4일 임의경매로 인한 낙찰	

열람일시 : 2008년11월28일 오후 4시9분31초

카드의 장수						
1	1-2	1-3	1-4	1-5	1-6	1-7
2	2-2	2-3	2-4	2-5	2-6	2-7
3	3-2	3-3	3-4	3-5	3-6	3-7

등기번호 제3765호

표제부 (부동산 표시)

표시번호	표 시 란

표제부

표시번호	표 시 란
壹	접수 壹九八貳년 七월 壹四일 서울특별시 동대문구 신설동 六○八번지의 參壹 대 壹百貳㎡參 분할로 인하여 六○八번지에서 이기

폐쇄등기부

법원

서울북부지방법원   동대문등기소

부동산 등기법 시행규칙 부칙 제 3 조 제 1 항에 의하여 전산이기

본호용지폐쇄

1999년 3월 3일

이 등본은 부동산 등기부의 내용과 틀림없음을 증명합니다.

서기 2008년 10월 20일

법원행정처 등기정보중앙관리소 전산운영책임관

표시번호	표 시 란	표시번호	표 시 란
	갑	구	(소유권)
壹	소유권이전 접수 壹九八貳년 四월 壹九일 제 參壹六 호 원인 壹九七參년 貳월 壹五일 매매 소유자 金五然 서울 동대문구 신설동 356		
	분할로 인하여 六○八번지에 서 전사 접수 壹九八貳년 七월 壹四일 제 六參參六 호		

토지대장

고유번호	1168010100-10608-00211					도 호	32	매 순	1
토지소재	서울특별시 동대문구 신설동					비 고	1 : 500		제비지 - 17
지번	608								

토 지 표 시				사 유			소 유	권	
지 목	면 적①				변 동 일 자	주 소		성 명 또는 명칭	
		m²	평		변 동 원 인			주민등록번호	
(08) 대	* 3 5 6	2		(17)1982년4월10일 구획정리완료					
(08) 대	* 2 5 3	9		(05)1982년4월26일 분 할되어 본번에 -31를 부함	1982년 4월 19 일	동대문구 신설동 356	36****-1****** 김오연	
(08) 대	* 4 5 5	4		(07)1982년8월20일 608-2번과 합병	소유권이전			
				1984년11월12일 전산 입력				

등 급 수 정 연 월 일	·1982년4월21일 수정						직인날인번호	91880	
토 지 등 급 (기준수확량등급)	74						서울특별시 동대문구청장 (직인)		
등 급 수 정 연 월 일									
토 지 등 급 (기준수확량등급)									

토 지 대 장

고유번호	1168010100-10608-03211	도면번호	32	매수	1
토지소재	서울특별시 동대문구 신설동	비 고	1 : 500	신설	-1 -2 -3
지번	608-2				

토 지 표 시

지 목	면 적 (㎡, 평)	사 유
(08) 대	* 2 7 6 4	(17) 1982년4월10일 구획정리완료
(08) 대	* 2 0 1 5	(05)1982년4월26일 분할되어 본 번에 -25 내지 -30을 부함
		(08)1982년8월20일 608번에 합병되어 말소

소 유 권

변 동 일 자 변 동 원 인	주 소	주민등록번호 성명 또는 명칭
1982년5월24일 소유권이전	용산구 제기동 23-21	30*****-1****** 전해암
1982년8월2일 (03)소유권 이전	종로구 수송동 129-3	43****-1****** 김수오

등급수정 연월일	1983년7월1일 수정
등급수정 연월일	
(기준수확량등급)	
등급수정 연월일	
등급수정 연월일	
(기준수확량등급)	

서울특별시
동대문구청장 (직인)

토 지 대 장

고유번호	1168010100-10608-0031	도면번호	32	장번호	1
토지소재	서울특별시 동대문구 신설동				
지번	608-31	축척	1 : 500		
		비 고			

토 지 표 시

지 목	면 적	사 유
(08) 대	㎡ 1 0 2 3	(06)1982년4월26일 608번에서 분할

소 유 권

변 동 일 자 / 변 동 원 인	주 소	주민등록번호 / 성명 또는 명칭
1982년4월19일 소유권이전	동대문구 신설동 356	30****-1****** 金五然

등 급 수 정 연 월 일	토지등급(기준수확량등급)	개별공시지가기준일	개별공시지가(원/㎡)
1983년7월1일 수정			
1984년7월1일 수정			
1985년7월1일 수정			
1989년1월1일 수정			
1990년1월1일 수정			
1991년1월1일 수정			
1992년1월1일 수정			

서울특별시 동대문구청장 (직인)

토 지 대 장

고유번호	1168010100-10608-0031		도면번호	32	발급번호	20081007-01 61-0001
토지소재	서울특별시 동대문구 신설동		장 번 호	2-1	처리시각	15시 24분 17초
지 번	608	축 척 수치	비 고		작 성 자	강수웅

토 지 표 시

지 목	면 적(㎡)	사 유
(08) 대	*455.4	(30)1982년8월20일 608-2번과 합병 이하 여백

소 유 자

변 동 일 자	주 소	
변 동 원 인	성명 또는 명칭	등록번호
1982년7월14일	신설동 356	
(03)소유권이전	김오연	36****-1******

등 급 수 정 연 월 일	1983년7월1일	1984년7월1일	1985년7월1일	1989년1월1일	1990년1월1일	1991년1월1일	1992년1월1일	1993년1월1일
토 지 등 급 (기준수확량등급)	수정	수정	수정	수정	수정	수정	수정	수정
	77	204	206	210	222	227	232	235
개별공시지가기준일	2002년1월1일	2003년1월1일	2004년1월1일	2005년1월1일	2007년1월1일	2008년1월1일		용도지역 등
개별공시지가(원/㎡)	1,580,000	2,160,000	2,400,000	2,540,000	3,260,000원	3,690,000		

토지대장에 의하여 작성한 등본입니다.

2008년 10월 10일

서울특별시 동대문구청장 (직인)

토지이용계획확인서			처리기간		
			1일		

신청인	성명	홍길동	주소	서울 동대문구 신설동 123	
			전화번호	010-1234-5678	

신청토지	소재지		지번	지목	면적(㎡)
	서울특별시 동대문구 신설동		608-31	대	102.3

지역·지구등 지정여부	「국토의 계획 및 이용에 관한 법률」에 따른 지역·지구등	도시지역, 제1종일반주거지역(입안(결정보류)), 제1종전용주거지역[이하공란]
	다른 법령 등에 따른 지역·지구등	대공방어협조구역(위탁고도 : 54-236m) 〈군사기지및군사시설보호법〉[이하공란]
	시행령 부칙 제3조에 따른 추가기재 확인내용	[해당없음]

「토지이용규제기본법 시행령」 제9조 제4항 각호에 해당되는 사항	[해당없음]

확인도면		범례 □도시지역 제1종전용주거지역 제1종일반주거지역 제2종일반주거지역 축척 1/500

「토지이용규제기본법」 제10조 제1항에 따라 귀하의 신청토지에 대한 현재의 토지이용계획을 위와 같이 확인합니다.

2009년 1월 12일

동대문구청장 (인) 동대문구청장의인

수입증지 붙이는 곳

수입증지금액 (지방자치단체의 조례로 정함)

민원신청 확인서

No. 2008-30108

접수번호	2008-3220000-0473589
신청일시	2008년 12월 10일 10 : 32 : 30
접수일시	2008년 12월 10일 10 : 55 : 34
민원명	신 건축신고〈복합〉
처리예정 기한	2008년 12월 20일(10일)
접수부서	민원여권과
신청인	홍길동
수수료	4,000원	PG 수수료	150원
안내사항	

※ PG 수수료 자치단체 부담(자치단체 수수료 금액에 포함)

서울특별시 동대문구청장 (직인)

"승용차요일제를 생활화 합시다"

신 설 제 1 동

수신자   서울 동대문구 신설1동 123 홍길동님 귀하
(경유)
제 목   건축신고에 대한 처리결과 통지 (신설동 608-31)

1. 먼저, 우리 동대문 구정과 신설동의 발전을 위해 협조해 주시는 홍길동님께 감사드립니다.

2. 홍길동님께서 신청하신 신설동 608번지 31호의 건축신고는 1982. 04. 26. 당시 608번지 일대(608, 608-2) 토지소유자의 토지 분할 신청에 의거 608번지에서 분할된 토지입니다.

3. 그 당시, 토지 분할된 현황에 의하면 홍길동님께서 건축신고를 하신 현재 도로로 사용중인 608-31번지 및 608-30번지 토지는 인접한 608-27, 208-28, 608-29번지 진입을 위한 통과 목적으로 토지소유자의 원에 의거 분할된 토지로서 1982년부터 현재까지 도로로 사용중에 있는 토지임으로 608-31번지 상에는 건축행위가 불가함을 알려드립니다.

4. 건축행위 불가 내용에 대하여 궁금하시거나 추가로 아시고자 하는 사항은 동주민센터 (02-123-5577, 담당: 지사훈)나 구청 건축과(02-1568-5432, 담당: 정상봉)로 문의하여 주시면 상세히 답변드리겠습니다.   끝.

신 설 제 1 동 장 │신설일 동장인│

담당 지사훈   행정담당주사 조경원   신설제1동장 박어환

협조자

시행   신설 제1동-32300 (2008. 12. 24.)   접수 (   )
주소   (130-812) 서울시 동대문구 신설동 104-35 (도서관길17)
전화   (02)235-6547   전송 (02)387-2221 / loi@hanmail.net / 비공개(78)

지 적 측 량 성 과 도

토지소재지	시 읍 리 군 동대문 면 신설동 608번지 2호 9필 구			축 척	500분지1
신청자주소	동대문구 신설동 356	성 명	김오연	주민등록번호	36****- 1******
측 량 자	신 준 환	검사자		지적기사 1급 김 지 영	

계	지적2계장	지적1계장	도시정비과	도시정비국장	구청장

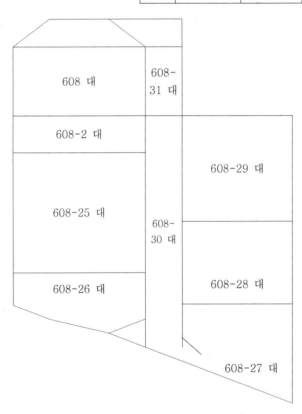

지 번	지 목	면 적
608	대	253.9㎡
608-31	〃	102.2
608-2	〃	201.5
608-25	〃	419.9
608-26	〃	470.4
608-27	〃	435.9
608-28	〃	401.7
608-29	〃	401.8
608-30	〃	435.1

지적측량 성과에 의하여 작성함

1982 년 3 월 21 일

시 장, 군 수

신규등록·(토지)·임야(분할)지 목 변 경
등록전환·토지·합병 등록사항정정

신 청 서

소 유 자	성 명	김 오 연	(주민)등록번호	36***** – 1*******	처리기간
	주 소	서울 동대문구 신설동 356	전화번호		

토 지 소 재		이 동 전			이 동 후			토지의 이동사유	비 고
시·군·구	동·리	지 번	지 목	면 적(m²)	지 번	지 목	면 적(m²)		
동대문	신설	608	대	356.2	608	대	356.9		
					608-31	"			

위와 같이 관계 증명 서류를 첨부하여 신청함

1982 년 4 월 26 일

신청인 **김 오 연** (서명 또는 인)

시 장
군 수 **귀하**

수입증지
첨부란

일 반 건 축 물 대 장 (갑)

고유번호	11215600-677786401						장 번 호	1 - 1
대지위치	서울특별시 동대문구 신설동		지 번	608	명칭 및 번호		특이사항	
※대지면적	120.9㎡	연면적	0㎡	※지역	주거지역	※지구	구 역	※구역
건축면적	0㎡	용적률산정용연면적	0㎡	주구조	연와조	주용도	주거시설 근린생활시설	층수	지하 1층/지상 2층
※건폐율	0%	※용적률	0%	높 이	m	지 붕	슬라브위기와	부속건축물	0동 0㎡

건 축 물 현 황

구분	층별	구 조	용 도	면적(㎡)
주1	지하1층	연와조	주택	53.6
주1	1층	연와조	소매점	158.22
주1	2층	연와조	소매점	109.08
		-이하여백-		

소 유 자 현 황

성명(명칭) 주민등록번호 (부동산등기용등록번호)	주 소	소유권 지분	변동일자 변동원인
최지연 45****-1******	신설동 608-26	1/1	1983.06.08. 소유자등록
김덕수 51****-1******	신설동 650 - 54 영진연립 나동 104호	1/1	1995.03.31. 소유권이전
박덕영 65****-1******	서울특별시 동대문구 신설동 608		2003.03.28. 소유권이전
	-이하여백-		

주 민 등 록 표
(등   본)

이 등본은 세대별 주민등록표의 원본내용과
틀림없음을 증명합니다.
담당자: 이길영 ☎ (02) 345-6732
2008년 10월 19일

위 용지는 위조식별 표시가 되어있음   **동대문구 신설동**

세 대 주 호주 및 관계	최 지 연 최 지 연 의 본인		세 내 구 성 사유 및 일자	전입세대구성 1982. 1. 21.	
번호	주		소(통/반)	전 입 일 변 동	변 동 일 사 유
1	서울 동대문구 신설동 608			----------	

번호	세대주 관계	성 명 주민등록번호	전입일 변 동	변동일 사 유	호 주 성 명
1	본인	최 지 연 (崔地硏) 45****-1******			
2	처	나 숙 희 (儒淑希) ******-*******			
3	부	최 산 성 (崔傘成) ******-*******			
4	모	박 옥 화 (朴鈺畵) ******-*******			
3	자	최 동 길 (崔童吉) ******-*******			
4	자	최 우 현 (崔羽俔) ******-*******			
6		== 이 하 여 백 ==			

수입 증지
350원
동대문구청

서기 2008년 10월 19일
서울 동대문구 신설동장

(수입증지가 인영(첨부)되지 아니한
증명은 그 효력을 보증할 수 없습니다)

토지분할 경위서

주   소 : 서울특별시 성북구 석관동 101

성   명 : 김 오 연

최근 홍길동씨가 소유권을 취득하여 건축을 하겠다고 신청하였다는 서울시 동대문구 신설동 608-31호에 관한 대지의 분할과정은 다음과 같습니다.

⑴ 본인 소유의 토지였던 서울 동대문구 신설동 608 대 356.2㎡(이하 '분할 전 608 토지'라 한다) 및 이와 인접한 서울 동대문구 신설동 608-2 대 2,766.4㎡(이하 '분할 전 608-2 토지'라 한다)는 1982. 4. 10. 서울특별시에 의해 토지구획정리사업이 완료되었습니다.

⑵ 그 후 분할 전 608 토지는 1982. 3. 21. 본인이 지적측량을 거쳐 그 해 4. 26. 서울 동대문구 신설동 608 대 253.9㎡ 및 608-31 토지로 분할되었습니다.

⑶ 그리고 1982. 4. 26. 분할 전 608-2 토지는 당시 소유자 전해암씨의 토지 분할신청에 의하여 신설동 608-2 대 201.5㎡, 신설동 608-25 대 419.9㎡, 신설동 608-26 대 470.4㎡, 신설동 608-27 대 435.9㎡, 신설동 608-28 대 401.7㎡, 신설동 608-29 대 401.8㎡, 신설동 608-30 대 435.1㎡로 분할되었습니다.

⑷ 그 후 신설동 608 대 253.9㎡는 1982. 7. 14. 신설동 608-2 대 201.5㎡와 합병되어 같은 동 608 대 455.4㎡가 되었습니다.

⑸ 저는 위와 같이 토지가 분할된 후에 그 대지 위에 건물을 신축한 후 통행로가 필요하여 신설동 608-31 토지 위에, 그리고 전해암씨가 본인이 제공한 토지 곁에 있던 신설동 608-30 토지를 제공하여 폭 6m 가량의 통행로를 설치하기로 하여 현재까지도 주민들의 통행로로 이용되고 있는 것을 알고 있습니다.

⑹ 위와 같이 분할된 지번의 구체적인 내용은 최근 토지대장 등의 공부를 통하여 확인하게 된 것이며, 본인은 위와 같이 분할된 사실을 그 당시 전해 듣고 알고 있을 뿐입니다.

2009년   1월   4일

위   김 오 연   (인)

확 인 서

저는 1983. 6. 8. 무렵부터 서울시 동대문구 신설동 608번지에 있는 주택에서 거주하여 왔습니다.

서울시 동대문구 신설동 608-31 대지 102.3㎡는 현재 그 지역 주민들의 통행로로 이용되고 있습니다(이 사건 토지라 약칭).

서울시 동대문구 신설동 608번지 및 그와 인접해 있는 608-25 토지, 608-26 토지, 608-27 토지, 608-28 토지, 608-29 토지의 지상에는 오피스텔, 연립주택과 단독 주택들이 건축되어 주민들이 거주하고 있습니다.

이 사건 토지와 608-30 토지는 위 주택들의 사이에 위치하고 있으면서 현재는 아스팔트로 포장되어 있는 6m의 통행로이기 때문에 거주하는 주민들은 물론 인근 주민들 및 불특정 다수인이 보행을 하거나 자동차통행 용도로 이용되고 있습니다.

이 사건 토지 주변의 구체적인 토지이용 현황을 보면, 608번지 건물은 이 사건 토지를 지하주차장 출입구로 사용하고 있으며, 608번지의 맞은편에 위치한 608-1 토지 위의 주택은 이 사건 토지로 출입문이 설치되어 있습니다.

그리고 이 사건 토지에 건물이 들어서면 신설동 608-30 토지를 통하여 출입하던 다른 지번의 주택에 거주하는 주민들의 통행은 불가능하게 되어 부득이 다른 곳에 통행로를 마련해야 하는 등의 어려움에 직면할 수 있습니다.

또한 이 사건 토지에 대한 건축이 이루어지고, 그 옆에 있는 토지인 609-30 토지 소유자 역시 건축을 하게 되면 그 주변에 있는 지번의 주택들은 통행로가 없어질 수 있습니다.

주 소 : 서울 동대문구 신설동 608
주민등록번호 : 45****-1******

성명 : 최 지 연   (인)

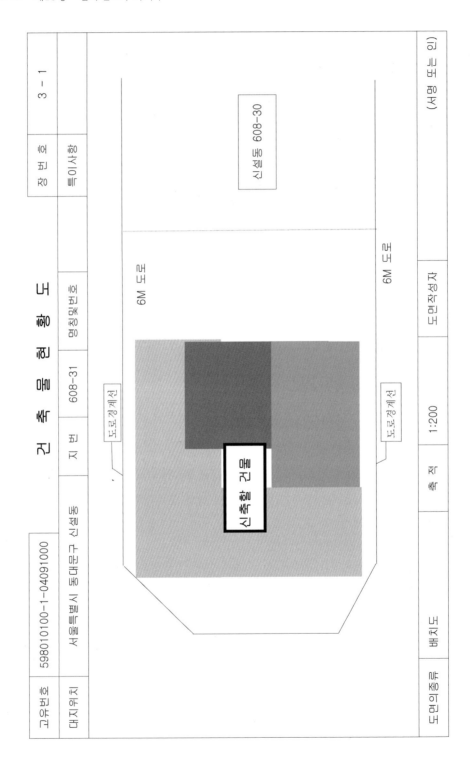

신설동 608-31번지 부근 사진 (맨홀 뚜껑 부근)

참 고 자 료(관 계 법 령)

■ 건축법[시행 2009. 1. 1] [법률 제9071호, 2008. 3. 28., 타법개정]

제11조(건축허가)

① 건축물을 건축하거나 대수선하려는 자는 특별자치도지사 또는 시장·군수·구청장의 허가를 받아야 한다. 다만, 21층 이상의 건축물 등 대통령령으로 정하는 용도 및 규모의 건축물을 특별시나 광역시에 건축하려면 특별시장이나 광역시장의 허가를 받아야 한다.

⑤ 제1항에 따른 건축허가를 받으면 다음 각 호의 허가 등을 받거나 신고를 한 것으로 보며, 공장건축물의 경우에는 「산업집적활성화 및 공장설립에 관한 법률」 제13조의2와 제14조에 따라 관련 법률의 인·허가등이나 허가등을 받은 것으로 본다.

3. 「국토의 계획 및 이용에 관한 법률」 제56조에 따른 개발행위허가

제14조(건축신고)

① 제11조에 해당하는 허가 대상 건축물이라 하더라도 다음 각 호의 어느 하나에 해당하는 경우에는 미리 특별자치도지사 또는 시장·군수·구청장에게 국토해양부령으로 정하는 바에 따라 신고를 하면 건축허가를 받은 것으로 본다.

  1. 바닥면적의 합계가 85제곱미터 이내의 증축·개축 또는 재축
  2. 「국토의 계획 및 이용에 관한 법률」에 따른 관리지역, 농림지역 또는 자연환경보전지역에서 연면적이 200제곱미터 미만이고 3층 미만인 건축물의 건축. 다만, 제2종 지구단위계획구역에서의 건축은 제외한다.
  3. 대수선(연면적이 200제곱미터 미만이고 3층 미만인 건축물만 해당된다)
  4. 그 밖에 소규모 건축물로서 대통령령으로 정하는 건축물의 건축

② 제1항에 따른 건축신고에 관하여는 제11조 제5항을 준용한다.

제18조(건축허가 제한 등)

① 국토해양부장관은 국토관리를 위하여 특히 필요하다고 인정하거나 주무부장관이 국방, 문화재보존, 환경보전 또는 국민경제를 위하여 특히 필요하다고 인정하여 요청하면 허가권자의 건

축허가나 허가를 받은 건축물의 착공을 제한할 수 있다.

제82조(권한의 위임과 위탁)

① 국토해양부장관은 이 법에 따른 권한의 일부를 대통령령으로 정하는 바에 따라 시·도지사에게 위임할 수 있다.

② 시·도지사는 이 법에 따른 권한의 일부를 대통령령으로 정하는 바에 따라 시장(행정시의 시장을 포함하며, 이하 이 조에서 같다)·군수·구청장에게 위임할 수 있다.

③ 시장·군수·구청장은 이 법에 따른 권한의 일부를 대통령령으로 정하는 바에 따라 구청장(자치구가 아닌 구의 구청장을 말한다)·동장·읍장 또는 면장에게 위임할 수 있다.

④ 국토해양부장관은 제31조 제1항과 제32조 제1항에 따라 건축허가 업무 등을 효율적으로 처리하기 위하여 구축하는 전자정보처리 시스템의 운영을 대통령령으로 정하는 기관 또는 단체에 위탁할 수 있다.

▣ 국토의 계획 및 이용에 관한 법률

제56조(개발행위의 허가)

① 다음 각 호의 어느 하나에 해당하는 행위로서 대통령령으로 정하는 행위(이하 "개발행위"라 한다)를 하려는 자는 특별시장·광역시장·시장 또는 군수의 허가(이하 "개발행위허가"라 한다)를 받아야 한다. 다만, 도시계획사업에 의한 행위는 그러하지 아니하다.

　1. 건축물의 건축 또는 공작물의 설치

제58조(개발행위허가의 기준)

① 특별시장·광역시장·시장 또는 군수는 개발행위허가의 신청 내용이 다음 각 호의 기준에 맞는 경우에만 개발행위허가를 하여야 한다.

　1. 용도지역별 특성을 고려하여 대통령령으로 정하는 개발행위의 규모에 적합할 것

　2. 도시관리계획의 내용에 어긋나지 아니할 것

　3. 도시계획사업의 시행에 지장이 없을 것

　4. 주변지역의 토지이용실태 또는 토지이용계획, 건축물의 높이, 토지의 경사도, 수목의 상태, 물의 배수, 하천·호소·습지의 배수 등 주변환경이나 경관과 조화를 이룰 것

해 답

소   장

원   고   홍길동
서울 동대문구 신설동 123

소송대리인 법무법인 소백
담당변호사 박승소
서울 서초구 서초동 78-9 강화빌딩 302호
☎ 02-459-9753

피   고   서울특별시 동대문구 신설 1동장

건축신고반려처분취소 청구의 소

청 구 취 지

1. 피고가 2008. 12. 24. 원고에 대하여 한 건축신고반려처분을 취소한다.
2. 소송비용은 피고가 부담한다.
라는 판결을 구합니다.

청 구 원 인

1. 처분의 경위

가. 원고는 2008. 11. 4. 서울 동대문구 신설동 608-31 대 102.3㎡(이하 '이 사건 대지'

라고 한다)를 임의경매에 의하여 낙찰을 받아 소유권을 취득한 후 2008. 12. 3. 동대문구청장에게 이 사건 대지 위에 건축연면적 43.2㎡의 단층건축물을 신축하는 내용의 건축신고를 하였습니다.

나. 그러나 피고는 2008. 12. 24. 이 사건 대지 및 그에 접하고 있는 다른 토지들은 1982. 4. 26.경 당시 소유자들이 자신들의 토지의 편익을 위하여 스스로 설치한 이래 현재까지 인근주민들의 통행로로 사용하고 있으므로, 통행로를 폐쇄하는 것을 전제로 하는 원고의 건축물 신축행위는 허용될 수 없다는 이유로 원고의 건축신고를 반려하는 이 사건 처분을 하였습니다(이하 '이 사건 처분'이라 한다).

2. 건축법상 건축신고의 처분성

가. 기존의 판례(처분성 부정)

(1) 건축법상 신고사항에 관하여는 건축을 하고자 하는 자가 적법한 요건을 갖춘 신고만 하면 건축을 할 수 있는 것이고 행정청의 수리처분 등 별단의 조처를 기다릴 필요가 없다는 것이 기존의 판례입니다(대법원 1990. 6. 12. 선고 90누2468 판결【담장설치공사중지명령취소】).

(2) 따라서 건축을 하는 자에게 신고의무를 부과한 것은 신고를 받은 행정청이 그 신고를 심사하여 수리 여부를 결정할 수 있는 규정을 찾아 볼 수 없는 점에 비추어 행정청으로 하여금 건축에 관한 행정상의 참고자료를 얻도록 하기 위한 취지에서이고, 따라서 그와 같은 건축을 하고자 하는 자는 적법한 요건을 갖춘 신고만 하면 행정청의 수리처분이라는 별단의 조처를 기다리거나 또한 행정청의 허가처분을 받음이 없이 당연히 건축을 할 수 있습니다(대법원 1967. 9. 19. 선고 67누71 판결【건축신고수리취소처분취소】).

나. 처분성을 인정한 대법원 전원합의체 판결

최근 대법원은 건축신고의 거부행위의 처분성을 인정한 바 있습니다. 행정청은 건축신고로써 건축허가가 의제되는 건축물의 경우에도 그 신고 없이 건축이 개시될 경우 건축주 등에 대하여 공사 중지·철거·사용금지 등의 시정명령을 할 수 있고(건축법 69①), 그 시정명령을 받고 이행하지 않은 건축물에 대하여는 당해 건축물을 사용하여 행할 다른 법령에 의한 영업 기타 행위의 허가를 하지 않도록 요청할 수 있으며(건축법 69②), 그 요청을 받은 자는 특별한 이유가 없는 한 이에 응하여야 하고(건축법 69③), 나아가 행정청은 그 시정명령의 이행을 하지 아니한 건축주 등에 대하여는 이행강제금을 부과할 수 있으며(건축법 69조의2①(1)), 또한 건축신고를 하지 않은 자는 200만 원 이하의 벌금에 처해질 수 있습니다(건축법 80(1), 9).

이와 같이 「건축주 등은 신고제하에서도 건축신고가 반려될 경우 당해 건축물의 건축을 개시하면 시정명령, 이행강제금, 벌금의 대상이 되거나 당해 건축물을 사용하여 행할 행위의 허가가 거부될 우려가 있어 불안정한 지위에 놓이게 된다. 따라서 건축신고 반려행위가 이루어진 단계에서 당사자로 하여금 반려행위의 적법성을 다투어 그 법적 불안을 해소한 다음 건축행위에 나아가도록 함으로써 장차 있을지도 모르는 위험에서 미리 벗어날 수 있도록 길을 열어 주고, 위법한 건축물의 양산과 그 철거를 둘러싼 분쟁을 조기에 근본적으로 해결할 수 있게 하는 것이 법치행정의 원리에 부합한다. 그러므로 건축신고 반려행위는 항고소송의 대상이 된다고 보는 것이 옳다」(대법원 2010. 11. 18. 선고 2008두167 전원합의체 판결【건축신고불허(또는반려)처분취소】)고 판시한 바 있습니다.

3. 이 사건 처분의 위법성

가. 원고가 이 사건 대지위에 건축연면적 43.2㎡의 단층건축물을 건축할 목적으로 한 건축신고는 위 판례에서 말하는 건축법 소정의 건축신고에 해당합니다. 따라서 피고는 수리를 요하는 신고와 같이 수리여부를 결정할 권한이 없습니다. 그럼에도 피고는 원고의 건축신고에 대하여 건축이 불가하다고 하는 내용의 통지를 함으로써 실제적으로 원고의 건축신고를 수리하지 않겠다는 취지의 수리거부를 하였습니다. 그러나 피고의 이 사건 처분은 기존의 판례와 건축법에 반하는 것으로 위법을 면할 수 없다 할 것입니다.

나. 다만 원고가 건축신고한 이 사건 토지는 제1종 전용주거지역 내에 위치한 폭 약 6m의 아스팔트 포장이 된 통행로 위에 건축물을 신축하는 것이므로, 이 사건 건축신고로 건축법 제14조 제1항, 제11조 제5항 제3호, 국토의 계획 및 이용에 관한 법률 제56조 제1항에 따른 건축물 신축, 토지형질변경행위 등 개발행위의 허가를 받은 것으로 보는 인·허가의제효력이 발생하게 됩니다.

다. 그런데 피고는 이 사건 처분의 주된 근거로 인근주민들이 이 사건 대지를 통행로로 이용하고 있다는 점을 들고 있습니다. 설령 그렇더라도 개인 소유의 대지를 아무런 권원 없이 통행로로 사용하는 인근주민들이 잘못된 것이지, 그들의 통행권을 보장해 주기 위하여 원고의 소유권 행사를 제한하는 것은 잘못된 것입니다. 적법한 권원없이 위법하게 타인의 토지를 사용하고 있는 인근주민들의 편의를 위하여 원고의 재산권을 제한하는 것은 위법합니다.

라. 무엇보다 이 사건 대지 사용과 관련된 문제는 원고와 인근주민들 사이에 해결하여야 사적인 영역에 해당됩니다. 그럼에도 피고가 인근주민들의 이익을 옹호하기 위하여 원고의 건축행위를 금지하려는 것은 건축행정권에 관한 재량권을 일탈하거나 남용한 것에 해당되어 피고의 이 사건 처분은 위법하여 취소되어야 합니다.

4. 이 사건 토지의 분할관계

가. 피고는 이 사건 대지와 그 인접한 신설동 608-30 대지는 그 주변에 있는 지번 위에 건축된 주택의 출입시 통과할 목적으로 그 당시 토지소유자들이 분할한 토지로서 1982년부터 현재까지 도로로 사용중에 있는 토지이기 때문에 이 사건 대지위에는 건축이 불가하다고 합니다.

나. 설령 이 사건 대지가 그 당시 소유자의 의사로 주변의 출입로로 사용하기 위하여 분할하였을지라도 새로운 소유권자인 원고가 이 사건 대지를 사용하거나 수익할 수 없는 것은 아닙니다.

5. 결   론

따라서 피고의 이 사건 처분은 위법하므로 원고는 청구취지와 같은 판결을 받고자 이 소를 제기하게 되었습니다.

입 증 방 법

1. 갑 제 1 호증	건축신고서	1부
1. 갑 제 2 호증	등기부등본	1부
1. 갑 제 3 호증	폐쇄등기부등본	1부
1. 갑 제 4 호증의1, 2, 3	구 토지대장	각 1부
1. 갑 제 5 호증	토지대장	1부
1. 갑 제 6 호증	토지이용계획확인서	1부
1. 갑 제 7 호증	민원신청확인서	1부
1. 갑 제 8 호증	처분통지서	1부

첨 부 서 류

1. 위 입증방법	각 1통
1. 소장부본	1통
1. 위임장	1통

2009.　2.　21.

원고　소송대리인
법무법인 소백
담당변호사 박 승 소

서 울 행 정 법 원 　 귀 중

쟁 점 해 설

1. 처분의 경위

가. 원고는 2008. 11. 4. 경매절차를 통해 서울 동대문구 신설동 608-31 대 102.3㎡의 소유권을 취득한 다음, 2008. 12. 3. 피고에게 이 사건 대지 위에 건축연면적 43.2㎡의 단층건축물을 신축하는 내용의 건축신고를 하였다.

나. 피고는 2008. 12. 24. 이 사건 토지 및 그에 접하고 있는 서울 동대문구 신설동 608-30 토지는 1982. 4. 26.경 당시 소유자들이 자신들의 토지의 편익을 위하여 스스로 설치한 이래 현재까지 인근주민들의 통행로로 사용하고 있으므로 통행로를 폐쇄하는 것을 전제로 하는 원고의 건축물 신축행위는 허용될 수 없다는 이유로 원고의 건축신고를 반려하였다.

2. 당 사 자

가. 원고적격

원고는 이 사건 토지의 소유권자로서 재산권을 행사할 수 있는 권리를 가지므로, 이 사건 처분의 취소를 구할 법률상 이익이 있어 원고적격이 인정된다.

나. 피고적격

(1) 행정소송법 제13조

취소소송은 다른 법률에 특별한 규정이 없는 한 그 처분등을 행한 행정청을 피고로 한다.

(2) 판 례

(가) **항고소송의 피고적격**

항고소송은 원칙적으로 소송의 대상인 행정처분 등을 외부적으로 그의 명의로 행한 행정청을 피고로 하여야 하는 것으로서, 그 행정처분을 하게 된 연유가 상급행정청이나 타행정청의 지시나 통보에 의한 것이라 하여 다르지 않으며, 권한의 위임이나 위탁을 받아 수임행정청이 정당한 권한에 기하여 수임행정청 명의로 한 처분에 대하여는 말할 것도 없고, 내부위임이나 대리권을 수여받은 데 불과하여 원행정청 명의나 대리관계를 밝히지 아니하고는 그의 명의로 처분 등을 할 권한이 없는 행정청이 권한 없이 그의 명의로 한 처분에 대하여도 처분명의자인 행정청이 피고가 되어야 한다(대법원 1994. 6. 14. 선고 94누1197 판결【농지조성비등부과처분취소】).[1]

(나) **권한의 수임기관의 피고적격**

본건 영업정지에 관한 행정처분은 구 식품위생법(1980. 12. 31. 법률 제3334호로 개정되기 전) 제25조 제 1 항에 의한 것으로서 이에 관한 경상북도지사의 권한은 동법 제40조의 3 및 동법 시행령 제34조에 의하여 대구시장에게 위임되었다 할 것이며, 기록(을 제 2 호증의2)에 의하면 대구시장이 그 영업정지처분을 한 사실을 규지할 수 있는 바, 그렇다면 위 정지처분의 취소를 구하는 본건 행정소송은 그 처분청인 대구시장을 상대로 하여야 할 것임에도 불구하고, 원심이 원고가 대구시장을 상대로 하지 아니하고 대구시 동구청장을 상대로 한 본건 행정소송을 적법한 제소로 보고 본안에 관하여 심리를 하여 원고의 청구를 인용하였음은 당사자 적격에 관한 법리를 오해하여 그 판결결과에 영향을 미쳤다 할 것이므로 이점에 관한 논지는 다른 상고이유에 관한 판단을 할 필요 없이 그 파기를 면치 못한다 할 것이다(대법원 1981. 4. 14. 선고 80누608 판결【식품접객업소영업정지처분취소】).

---

[1] 기록에 의하면 원고에 대한 이 사건 농지조성비 및 전용부담금 고지처분은 농지의보전및이용에관한법률시행규칙 제 8 조의3 제 1 항, 별지 제 5 호의4 서식에 의하여 된 것으로 인정되는 바, 위 별지 제 5 호의4 서식에 의하면 그 납입고지권자 명의가 농어촌진흥공사로 되어 있고 달리 대리관계 등이 표시되어 있지 아니하므로 그 처분을 외부적으로 한 행정청은 농어촌진흥공사라 보아야 할 것이고(원심은 대구달서구청장의 농어촌진흥공사에 대한 부과내역서 등의 통보가 이 사건 소송의 대상인 처분에 해당하는 듯이 설시하고 있으나 그 통보는 행정기관 내부의 문제일 뿐 국민의 권리의무에 직접 영향을 미치는 것이 아니어서 항고소송의 대상이 되는 행정처분에 해당한다 할 수 없다), 농어촌진흥공사에게 정당한 권한이 있는지 여부를 불문하고 위 처분의 취소를 구하는 항소소송의 피고는 농어촌진흥공사가 되어야 할 것이다(대법원 1994. 6. 14. 선고 94누1197 판결【농지조성비등부과처분취소】).

(다) **구청장의 건축신고 수리권한의 동장에 위임규정**

　행정처분의 취소 또는 무효확인을 구하는 행정소송은 원칙적으로 소송의 대상인 행정처분 등을 외부적으로 그의 명의로 행한 행정청을 피고로 하여야 하는 것이고, 한편 건축법 제9조, 제71조 제3항, 동법 시행령 제117조 제4항의 각 규정에 의하면, 건축법 제9조의 규정에 의한 시장, 군수, 구청장의 건축신고 수리권한은 동장에게 위임되어 있는바,[2] 기록에 의하면 원고는 위 신설동장에 대하여 이 사건 담장설치신고를 하였고, 그 신고서의 반려조치 역시 위 신설동장이 그 명의로 하였던 것임이 인정된다.

　그렇다면 이 사건에서 피고로 된 동대문구청장은 건축법상 건축신고의 수리권자도 아닐 뿐더러 원고에 대하여 이 사건 반려처분을 한 바도 없으므로 그 피고 적격이 없다고 할 것임에도 불구하고, 원심이 이를 간과한 채 피고가 이 사건 반려처분을 한 것임을 전제로 하여 본안에 들어가 심리판단한 조처는 건축법상 건축신고의 수리권한 및 항고소송의 피고적격에 관한 법리를 오해한 위법이 있음을 아울러 지적하여 둔다(대법원 1995. 3. 14. 선고 94누9962 판결【담장설치신고서반려처분취소】).

(라) **행정소송에서 처분청의 처분권한 유무가 직권조사사항인지 여부(소극)**

　원고는, 피고가 이 사건 처분권자가 아니므로 이 사건 처분이 위법하다는 주장을 제기하나, 행정소송에 있어서 처분청의 처분권한 유무는 직권조사사항이라고 할 수 없고, 위 상고이유는 원고가 상고심에 이르러 비로소 내어놓은 주장임이 기록상 명백하여 원심판결에 대한 적법한 상고이유가 될 수 없다(대법원 2006. 9. 8. 선고 2004두5225 판결【직권면직처분취소】).[3]

---

　2) 건축법시행령[시행 2003. 1. 1] [대통령령 제17816호, 2002. 12. 26, 타법개정] 제117조(권한의 위임) ④ 법 제71조 제3항의 규정에 의하여 동장 또는 읍·면장에게 위임할 수 있는 권한은 다음 각호와 같다.
　　1. 법 제9조의 규정에 의한 건축신고의 접수
　　2. 법 제15조 제2항의 규정에 의한 가설건축물 축조 신고의 접수
　　3. 법 제9조의 규정에 의한 건축신고대상 건축물에 대한 법 제18조 제1항 및 제2항의 규정에 의한 사용승인
　　4. 법 제9조의 규정에 의한 건축신고대상 건축물, 법 제15조 제2항의 규정에 의한 가설건축물에 대한 법 제69조의 규정에 의한 시정명령
　　5. 법 제72조의 규정에 의한 옹벽등 공작물 축조신고의 접수
　3) 뿐만 아니라 지방공무원법 제6조 제2항은 지방자치단체의 장은 그 소속공무원의 임명·휴직·면직과 징계를 행하는 권한, 즉 임용권의 일부를 그 지방자치단체의 조례가 정하는 바에 따라 보조기관, 그 소속기관의 장, 지방의회의 사무처장·사무국장·사무과장 또는 교육위원회의 의사국장에게 위임할 수 있다고 규정하고 있고, 광주광역시 사무위임조례 제2조 [별표 3]은 광주광역시장의 상수도 사업본부 소속 일반직 6급 이하 및 기능직 지방공무원에 대한 임용권을 피고에게 위임한다고 규정하고 있는바, 기능직 지방공무원인 원고에 대한 임용권은 지방공무원법 제6조 제2항, 광주광역시 사무위임조례 제2조 [별표 3]에 따라 광주광역시장으로부터 피고에게 위임되어 있고, 따라서 피고가 자기의 이름으로 이 사건 처분을 한 것은 적법한 권한의 행사라 할 것이므로, 원고의 위 주장은 받아들일 수 없다(대법

⒨ **사실심 변론종결시까지 당사자가 주장하지 않던 직권조사사항에 해당하는 사항을 상고심에서 비로소 주장하는 경우, 그 사항이 상고심의 심판범위에 해당하는지 여부(적극)**

행정소송에서 쟁송의 대상이 되는 행정처분의 존부는 소송요건으로서 직권조사사항이고, 자백의 대상이 될 수 없는 것이므로, 설사 그 존재를 당사자들이 다투지 아니한다 하더라도 그 존부에 관하여 의심이 있는 경우에는 이를 직권으로 밝혀 보아야 할 것이고, 사실심에서 변론종결시까지 당사자가 주장하지 않던 직권조사사항에 해당하는 사항을 상고심에서 비로소 주장하는 경우 그 직권조사사항에 해당하는 사항은 상고심의 심판범위에 해당한다고 할 것이다(대법원 2004. 12. 24. 선고 2003두15195 판결【퇴직연금지급청구거부처분취소】).

(3) 이 사건의 경우

원고는 이 사건 신고를 서울특별시 동대문구청장에게 하였다(건축신고서 참조). 그런데 동대문구 신설 1동장이 원고에게 이 사건 처분을 하였다(처분통지서 참조).

이 사건 처분 당시 건축법[법률 제9103호, 2008. 6. 5, 일부개정] 제82조 제 3 항은 "시장·군수·구청장은 이 법에 따른 권한의 일부를 대통령령으로 정하는 바에 따라 구청장(자치구가 아닌 구의 구청장을 말한다)·동장·읍장 또는 면장에게 위임할 수 있다"는 수권규정을 두었지만, 건축법 시행령에는 동장·읍장 또는 면장에게 위임할 수 있다는 종전의 규정은 삭제되어 있었다. 그럼에도 구청장이 건축법에 의하여 적법하게 이 사건 신고수리 권한을 신설 1동장에게 위임할 수 있는 것이고, 실제로 신설 1동장은 원고에게 이 사건 처분을 하기에 이르렀다.

3. 이 사건 처분의 적법여부

가. 원고의 주장

건축법상의 건축신고는 건축법 기타 관계 법령에서 정한 제한 사유에 해당하지 않는 한 당연히 이를 수리해야 함에도 이 사건 토지의 현황이 사실상의 도로라는 이유만으로 원고의 건축신고를 거부한 것은 재량권을 일탈·남용한 것으로 위법하다.

원 2006. 9. 8. 선고 2004두5225 판결【직권면직처분취소】).

나. 검   토

(1) 이 사건 토지의 분할과 이용현황

⑺ 김오연 소유였던 서울 동대문구 신설동 608 대 356.2㎡(이하 '분할 전 608 토지'라한다) 및 이와 인접한 신설동 608-2 대 2,766.4㎡(이하 '분할 전 608-2 토지'라 한다)는 1982. 4. 10. 서울특별시에 의하여 토지구획정리사업이 완료되었다.

⑻ 분할 전 608 토지는 1982. 4. 26. 신설동 608 대 253.9㎡ 및 608-31 토지로 분할되었으며, 같은 날 분할 전 608-2 토지는 당시 소유자 전해암의 분할신청에 의하여신설동 608-2 대 201.5㎡, 신설동 608-25 대 419.9㎡, 신설동 608-26 대 470.4㎡, 신설동 608-27 대 435.9㎡, 신설동 608-28 대 401.7㎡, 신설동 608-29 대 401.8㎡, 신설동 608-30 대 435.1㎡로 분할되었다.

⑼ 그 후 신설동 608 대 253.9㎡는 1982. 7. 14. 신설동 608-2 대 201.5㎡와 합병되어같은 동 608 대 455.4㎡가 되었다.

⑽ 이 사건 토지와 그 인접 토지들이 위와 같이 분할된 후에 그 대지 위에 건물을신축하게 되어 이 사건 토지와 소외인이 신설동 608-30 토지를 제공하여 폭 6m가량의 통행로를 설치하기로 하고 그 주변의 거주민을 비롯한 인근 주민들 및불특정 다수의 보행 및 자동차통행에 이용되고 있다.

⑾ 이 사건 토지 주변의 608번지 건물은 이 사건 토지를 지하주차장 출입구로 사용하고 있으며, 608번지의 맞은 편에 위치한 608-1 토지 위의 주택은 이 사건 토지로 출입문이 설치되어 있다.

(2) 건축법상 건축신고의 개념과 성질

⑺ 건축신고는 상대적으로 규모가 작은 건축을 함에 있어서 사전에 행정청에 신고를 하도록 하는 것을 말한다. 건축을 하고자 하는 자는 건축법 제14조 신고사항에 대하여 적법한 요건을 갖춘 신고를 하고 나서 비로소 소정의 건축행위를 할수 있다. 건축법상 신고사항을 신고한 자는 행정청의 수리처분 등의 별단의 조치를 기다릴 필요없이 건축을 할 수 있다.

⑻ 건축신고는 자기완결적 신고에 해당되어 적법한 신고가 있으면 신고의무를 이행

한 것이 된다. 건축법 제14조는 건축행위를 일반적으로 금지하면서 건축권자의 신고로 그 금지를 해제하는 신고유보부금지의 해제의 성격을 갖는다. 건축신고를 하지 않고 건축행위를 하면 당해 건축행위는 위법행위가 된다. 건축법은 건축신고를 하지 아니한 자에 대하여 벌금형을(건축법 111), 신고없이 건축한 자에 대하여 시정명령을 내릴 수 있도록 규정하고 있다(건축법 79①).

㈐ 이와 달리 건축신고를 자기완결적 신고로 보는 견해에 대한 비판적 입장에서는 건축법상의 각종 요건은 원칙적으로 건축신고의 수리요건도 되는 것으로 해석하여야 한다고 본다.[4] 건축신고의 대상이 소규모라 하여도 단독주택 등 200제곱미터에 가까운 건축물인 경우가 존재하고, 또한 건축물이라는 점에서 건축허가의 대상과 전혀 차이가 없으며, 건축법에서 "건축물은 고정하중, 적재하중, 적설하중, 풍압, 지진, 그 밖의 진동 및 충격 등에 대하여 안전한 구조를 가져야 한다"(건축법 48①)고 규정하고 있으므로, 건축신고에 의한 건축물도 역시 그 요건을 충족하도록 해석하는 것이 타당하다고 한다.

㈑ 그러나 건축법에서 건축허가와 건축신고를 구분하여 규정한 취지는, 소규모의 건물이나 경미한 건축행위에 대하여 자유롭게 건축할 수 있도록 하여 헌법이 보장하는 재산권의 행사를 보장하고, 행정청의 규제를 풀어 건축권자가 자유롭게 건축할 수 있는 여지를 부여한다는 것이므로 건축신고를 원칙적으로 자기완결적 신고로 이해하는 것이 타당하다.[5] 다만, 인·허가의제(집중효)가 발생하는 건축신고의 경우에는 각 항목에 따라 그 법적 성질에 따라 수리를 요하는 건축신고로 보아야 하는 경우가 있다.

(3) 건축신고와 그 수리를 요하는지 여부

㈎ 적법한 건축신고의 요건

ⓐ 건축법 제11조에 해당하는 허가 대상 건축물이라 하더라도 다음 각 호[6]의 어느

---

4) 김종보, 건설법의 이해, p. 128.
5) 정형근, "집중효가 발생하는 건축신고에 관한 법률적 검토," 외법논집 제34권 제1호(2010. 2), p. 281 이하.
6) 건축신고의 대상으로 특정하고 있는 항목으로 ① 바닥면적의 합계가 85제곱미터 이내의 증축·개축 또는 재축, ②「국토의 계획 및 이용에 관한 법률」에 따른 관리지역, 농림지역 또는 자연환경보전지역에서 연면적이 200제곱미터 미만이고 3층 미만인 건축물의 건축. 다만, 제2종 지구단위계획구역에서의 건축은 제외한다. ③ 연면적이 200제곱미터 미만이고 3층 미만인 건축물의 대수선, ④ 주요구조부의 해체가 없는 등 대통령령으로 정하는 대수선, ⑤ 그 밖에 소규모 건축물로서 대통령령으로 정하는 건축물의 건축이 이에 해당된다.

하나에 해당하는 경우에는 미리 특별자치도지사 또는 시장·군수·구청장에게 국토해양부령으로 정하는 바에 따라 신고를 하면 건축허가를 받은 것으로 본다(건축법 14①). 적법한 요건을 갖춘 신고를 하면, 신고의 대상이 되는 건축행위를 할 수 있다. 다만, 적법한 요건을 갖춘 건축신고라는 의미가 무엇인지 명확하지 아니하다. 법령 소정의 형식적 요건만 갖추면 된다는 의미인지, 형식적 요건뿐만 아니라 실체적인 요건까지 갖춘 신고만을 적법한 신고라고 보는 것인지 문제된다.[7]

(b) 판례는 형식적 요건을 갖춘 신고를 적법한 신고로 본다. 행정관청에 대한 신고는 일정한 법률사실 또는 법률관계에 관하여 관계 행정관청에 일방적인 통고를 하는 것을 뜻하는 것으로 법령에 별도의 규정이 있거나 다른 특별한 사정이 없는 한 행정관청에 대한 통고로써 그치는 것이고, 그에 대한 행정관청의 반사적 결정을 기다릴 필요가 없는 것이라고 한다. 그리하여 수산업법이 시장·군수·구청장에게 수산제조업 신고에 대한 실질적인 검토를 허용하고 있다고 볼 만한 규정을 두고 있지 아니하고 있으므로, 수산제조업의 신고를 하고자 하는 자가 그 신고서를 구비서류까지 첨부하여 제출한 경우 시장·군수·구청장으로서는 형식적 요건에 하자가 없는 한 수리하여야 할 것이라고 한다.[8] 수산제조업 신고에 대하여 형식적 요건을 갖춘 신고만으로 족하다는 입장을 더욱 명확히 밝힌 판례도 있다.[9] 그러므로 행정청은 신고에 관한 형식적 요건에 대하여는 심사할 의무를 갖는다고 하겠고,[10] 형식적 요건이 불비된 경우에는 적법한 신고로 볼 수 없다.

---

7) 김재협, "공법상 신고에 관한 고찰 ─ 건축법상 건축신고를 중심으로 ─," 특별법연구 제 6 권(2001. 2), p. 94.

8) 구 수산업법(1995. 12. 30. 법률 제5131호로 개정되기 전의 것), 구 수산업법시행령(1996. 12. 13. 대통령령 제15241호로 개정되기 전의 것), 구 수산제조업의허가등에관한규칙(1997. 4. 23. 해양수산부령 제19호 수산물가공업허가등에관한규칙으로 개정되기 전의 것)의 각 규정에도 수산제조업의 신고를 하고자 하는 자는 그 규칙에서 정한 양식에 따른 수산제조업 신고서에 주요 기기의 명칭·수량 및 능력에 관한 서류, 제조공정에 관한 서류를 첨부하여 시장·군수·구청장에게 제출하면 되고, 시장·군수·구청장에게 수산제조업 신고에 대한 실질적인 검토를 허용하고 있다고 볼 만한 규정을 두고 있지 아니하고 있으므로, 수산제조업의 신고를 하고자 하는 자가 그 신고서를 구비서류까지 첨부하여 제출한 경우 시장·군수·구청장으로서는 형식적 요건에 하자가 없는 한 수리하여야 할 것이고, 나아가 관할 관청에 신고업의 신고서가 제출되었다면 담당공무원이 법령에 규정되지 아니한 다른 사유를 들어 그 신고를 수리하지 아니하고 반려하였다고 하더라도, 그 신고서가 제출된 때에 신고가 있었다고 볼 것이다(대법원 1999. 12. 24. 선고 98다57419, 57426 판결【보상금】).

9) 수산제조업을 하고자 하는 사람이 형식적 요건을 모두 갖춘 수산제조업 신고서를 제출한 경우에는 담당 공무원이 관계 법령에 규정되지 아니한 사유를 들어 그 신고를 수리하지 아니하고 반려하였다고 하더라도 그 신고서가 제출된 때에 신고가 있었다고 볼 것이나, 담당 공무원이 관계 법령에 규정되지 아니한 서류를 요구하여 신고서를 제출하지 못하였다는 사정만으로는 신고가 있었던 것으로 볼 수 없다 (대법원 2002. 3. 12. 선고 2000다73612 판결【손해배상(기)】).

10) 김중권, "건축법상의 건축신고의 문제점에 관한 소고," 저스티스 제34권 3호(2001. 6), p. 161.

(나) 일반적인 건축신고

집중효가 발생하지 않는 일반적인 건축신고에 대하여 판례는 행정청의 수리처분을 필요로 하지 않는다는 입장이 주류적이다. 건축을 하는 자에게 신고의무를 부과한 것은 신고를 받은 행정청이 그 신고를 심사하여 수리 여부를 결정할 수 있는 규정을 찾아 볼 수 없는 점에 비추어, 행정청으로 하여금 건축에 관한 행정상의 참고자료를 얻도록 하기 위한 취지에서이고, 따라서 그와 같은 건축을 하고자 하는 자는 적법한 요건을 갖춘 신고만 하면 행정청의 수리처분이라는 별단의 조처를 기다리거나 또한 행정청의 허가처분을 받음이 없이 당연히 건축을 할 수 있다.[11] 여기서 적법한 요건을 갖춘 신고라 함은 형식적 요건을 갖춘 신고를 의미한다.[12] 이는 건축법 시행규칙 제12조 제 1 항이 정하는 바에 따른 신고를 말한다.

(다) 인·허가의제가 발생하는 건축신고

ⓐ 건축법상 집중효 규정의 도입

① 1962년 건축법을 제정할 당시에는 집중효에 관한 규정이 없었다.[13] 그 후 1982. 4. 3. 법률 제3558호로 개정된 건축법 제 5 조 '건축물의 건축허가를 받거나 건축신고를 한 때에는 건축법상의 공사용가설건축물의 축조신고, 도로법상의 도로의 점용허가, 하수도법상의 배수시설의 설치신고, 오물청소법령에 의한 오수정화시설과 분뇨정화조의 설치신고 등을 받거나 한 것으로 본다'는 내용이 집중효에 관한 최초의 규정이 되었다. 1991. 5. 31. 법률 제4381호로 개정된 건축법 제 7 조 제 3 항은 사전결정제도를 도입하여 사전결정을 받은 경우에도 집중효가 적용되었고, 건축신고에 관한 제 9 조를 신설하여 건축허가에 관한 집중효 규정을 준용하도록 하였다.

---

11) 대법원 1967. 9. 19. 선고 67누71 판결【건축신고수리취소처분취소】.

12) 원고는 그 소유의 이 사건 대지상에 길이 18㎡, 높이 1.8㎡의 담장을 설치하기 위하여 소외 동대문구 신설동장에 대하여 이 사건 담장설치신고를 하였는데, 위 신설동장이 위 신고서를 반려하는 조치를 한 사실이 인정된다. 그런데 건축법상 신고사항에 관하여는 건축을 하고자 하는 자가 적법한 요건을 갖춘 신고만 하면 건축을 할 수 있고, 행정청의 수리처분 등 별단의 조처를 기다릴 필요가 없는 것이고, 더욱이 이 사건에서와 같이 높이 2미터 미만의 담장설치공사는 건축법이나 도시계획법 등 관계법령의 규정상 어떠한 허가나 신고없이 가능한 행위인데, 원고가 이와 같은 사정을 알지 못한 채 이 사건 담장설치신고를 하였고 위 신설동장이 이를 반려하였다고 하여, 그러한 반려조치를 원고의 구체적인 권리의무에 직접 변동을 초래하는 것을 내용으로 하는 행정처분이라고 볼 수 없다고 할 것이다(대법원 1995. 3. 14. 선고 94누9962 판결【담장설치신고서반려처분취소】).

13) 집중효과 인·허가의제 제도가 동일한 것인지에 관하여 다툼이 있지만, 두 제도의 본질이 절차간소화와 사업의 신속한 진행을 위한 것이며, 법령에 근거하여 행정관청의 권한이 통합된다는 점에서 볼 때 양자 간에 본질적인 차이가 있다고 보기는 어렵다.

② 현행 건축법은 건축허가를 받으면 건축법상의 공사용 가설건축물의 축조신고와 공작물의 축조신고 및 「국토의 계획 및 이용에 관한 법률」 제56조에 따른 개발 행위허가 등 15개 법률이 정하는 행위의 허가 또는 신고를 한 것으로 의제하고 있다(건축법 11⑤). 이 규정은 건축신고의 경우에도 그대로 준용되고 있다(건축법 14②). 건축허가권자는 집중효가 발생하는 어느 하나에 해당하는 사항이 다른 행정기관의 권한에 속하면 그 행정기관의 장과 미리 협의하여야 하며, 협의 요청을 받은 관계 행정기관의 장은 요청을 받은 날부터 15일 이내에 의견을 제출하여야 한다(건축법 11⑥).

ⓑ 수리를 요하는 건축신고인지 여부

건축신고로 발생하는 인·허가의제의 효력이, 일반적인 건축신고의 효력발생시기와 마찬가지로 건축신고서가 행정청에 도달함으로써 바로 발생하는지, 건축신고가 건축허가와 같이 수리되어야 발생하는지 관하여 명문의 규정이 없어 다툼이 있다.

① 수리를 요하지 아니하는 신고라는 판결

하급심 판결 중에는 수리를 요하지 않는 신고로 보는 판결이 있다. 피고인이 토지 형질변경허가를 받지 아니하고 토지의 형질을 변경하였다는 사실로 기소된 사안에서 "건축법이 1999. 2. 8. 법률 제5895호로 개정되면서 절차의 간소하를 통한 행정규제 완화를 위하여 이전과 달리 건축신고의 경우에는 건축허가에 관하여 규정된 '의제규정에 해당하는 사항에 대한 다른 관련 행정기관의 장과 협의하여야 한다'는 규정을 준용규정에서 삭제하게 되었으며, … 피고인이 위 건물의 신축을 위하여 건축신고를 한 이상 관계 관청의 허가 없이도 이에 따르는 토지의 형질변경을 할 수 있다고 할 것이므로, 허가를 받지 아니하고 토지의 형질변경을 하였다고 하여 피고인의 행위가 위법하다고 할 수는 없다"(제주지법 2005. 2. 9. 선고 2005노340 판결【국토의계획및이용에관한법률위반등】)고 한다.

인·허가의제가 발생하는 건축법상 건축신고를 수리를 요하지 않는 신고로 보는 주된 근거는 건축법이 1992. 2. 8. 법률 제5895호로 개정하면서 건축신고의 경우에는 건축허가에 규정된 관계행정기관의 장과의 협의 절차규정이 준용규정에서 삭제되어 건축신고시에는 인·허가의제가 발생하더라도 협의절차를 거칠 필요가 없게 되었다고 하는데 있다.

② 수리를 요하는 신고라는 판결

건축신고로 인하여 인·허가의제가 발생하는 경우에는 그 건축신고는 행정청의 수리를 요하는 신고로 보는 것이 타당하고, 그 신고를 거부하는 행위는 항고소송의 대상이 되는 처분이라고 보는 하급심 판결이 있다(서울행법 2009. 4. 9. 선고 2009구합1693 판결【건축신고서반려처분취소】). 건축허가에 집중효를 인정하는 취지는 인·허가의제를 준용하고 있는 건축신고의 경우 담당 행정기관은 의제대상 인·허가에 관하여 실질적인 심사를 하여 인·허가를 하기로 결정한 후에서야 건축신고를 수리할 수 있다고 보아야 할 것이고, 자기완결적인 공법행위인 수리를 요하지 않는 건축신고로써 곧바로 행정청의 재량행위인 각종 인·허가를 받은 것으로 간주한다는 점은 부당하므로 집중효가 수반되지 아니하는 건축신고의 경우와는 달리 집중효가 발생하는 건축신고의 경우에는 그 건축신고는 행정청의 수리를 요하는 신고에 해당하고, 따라서 행정청이 위 신고를 수리한 행위나 신고를 반려한 행위는 항고소송의 대상이 되는 처분에 해당한다고 보아야 한다는 것이다(대구고법 2008. 1. 18. 선고 2007누1157 판결).

③ 소   결

인·허가의제가 발생하는 건축법상의 건축신고를 수리를 요하는 신고로 볼 것인지 여부에 관하여 위와 같은 다툼이 있었지만, 최근 대법원 전원합의체 판결은 수리를 요하는 신고라고 판시한 바 있다.

[다수의견] 건축법에서 인·허가의제 제도를 둔 취지는, 인·허가의제사항과 관련하여 건축허가 또는 건축신고의 관할 행정청으로 그 창구를 단일화하고 절차를 간소화하며 비용과 시간을 절감함으로써 국민의 권익을 보호하려는 것이지, 인·허가의제사항 관련 법률에 따른 각각의 인·허가 요건에 관한 일체의 심사를 배제하려는 것으로 보기는 어렵다. 왜냐하면, 건축법과 인·허가의제사항 관련 법률은 각기 고유한 목적이 있고, 건축신고와 인·허가의제사항도 각각 별개의 제도적 취지가 있으며 그 요건 또한 달리하기 때문이다. 나아가 인·허가의제사항 관련 법률에 규정된 요건 중 상당수는 공익에 관한 것으로서 행정청의 전문적이고 종합적인 심사가 요구되는데, 만약 건축신고만으로 인·허가의제사항에 관한 일체의 요건 심사가 배제된다고 한다면, 중대한 공익상의 침해나 이해관계인의 피해를 야기하고 관련 법률에서 인·허가 제도를 통하여 사인의 행위를 사전에 감독하고자 하는 규율체계 전반을 무너뜨릴 우려가 있다. 또한 무엇보다도 건축신고를 하려는 자는 인·허가의제사항 관련 법령에서 제출하도록 의무화하고 있는 신청서와 구비서류를 제출하여야 하는데, 이는 건축신고를 수리하는 행정청으로 하여금 인·허가의제사항 관련 법률에 규정된 요건에 관하여도 심사를 하도록 하기 위한 것으로 볼 수밖에 없다. 따라서 인·허가의제 효과를 수반하는 건축신고는 일반적인 건축신고와는 달리, 특별한 사정이 없는 한 행정청이 그 실체적 요건에 관한 심사를 한 후 수리하여야 하는 이른바 '수리를 요하는 신고'로 보는 것이 옳다(대법원 2011. 1. 20. 선고 2010두14954 전원합의체 판결【건축(신축)신고불가취소】).

다만, 이 대법원 판결은 '개발행위허가'가 의제되는 건축신고에 관한 것이므로, 인·허가의제가 발생하는 모든 사항이 수리를 요하는 신고라고 단정할 수는 없다 하겠다.

(4) 건축신고의 반려·거부행위가 처분인지 여부

(가) 종전의 판례 — 처분성 부인

판례는 건축신고를 하였음에도 행정청이 이를 거부한 경우에, 그 건축신고거부는 행정소송법상의 처분이 아니므로 건축신고반려행위를 처분으로 다투는 제소는 부적법하다고 하여 각하한 바 있다.[14] 이 사건에서 대법원은 건축신고반려조치는 원고의 구체적인 권리의무에 직접 변동을 초래하는 행정처분이라고 할 수 없다고 판시하였다.

그러나 건축신고반려조치는 개인이 신고에 의하여 회복한 건축의 자유를 다시 제약하는 효과를 발생하므로 처분의 성질을 가진다고 보아야 한다는 견해도 있다. 판례에 의하면, 건축신고를 거부당한 신청인은 그 적부를 다툴 길이 없게 된다. 그런데 적법한 신고를 하였음에도 이를 거부당한 신고인은 그가 원하는 건축행위를 하여도 건축법상의 제재를 받지 않는다는 결론에 이르게 된다. 그렇지만 건축신고를 거부한 행정청은 신고인이 건축한 행위에 대하여 위법건축물이라는 이유로 철거 등 시정명령을 내리거나 관허사업의 제한 등의 불이익을 가할 위험이 있다. 결국 그렇게 되면 철거처분 등을 다투는 개인에게서 적법한 신고가 있었는지 여부를 심사하게 될 것이다. 그러므로 건축신고의 반려 내지 거부행위에 대하여 그 처분성을 인정하여 본안에 들어가 판단하는 것이 분쟁의 일회적 해결과 건축권자의 법적불안의 해소를 기할 수 있는 실익을 기대할 수 있다.

(나) 건축신고 반려행위 또는 수리거부행위는 처분이라고 판례변경

최근 대법원 전원합의체 판결은 행정청의 건축신고 반려행위 또는 수리거부행위가 항고소송의 대상이 되는 처분에 해당된다고 판시하여, 처분성을 부인하였던 종전의 판례를 변경한 바 있다.

구 건축법(2008. 3. 21. 법률 제8974호로 전부 개정되기 전의 것) 관련 규정의 내용 및 취지에 의하면, 행정청은 건축신고로써 건축허가가 의제되는 건축물의 경우에도 그 신고 없이 건축이 개시될 경우 건축주 등에 대하여 공사 중지·철거·사용금지 등의 시정명령을 할 수 있고(제69조 제 1 항), 그 시정명령을 받고 이행하지 않은 건축물에 대하여는 당해 건축물을 사용하여 행할 다른 법령에 의한 영업 기타 행위의 허가를 하지 않도록 요청할 수 있으며(제69조 제 2 항), 그 요청을 받은 자는 특별한 이유가 없는 한 이에 응하여야 하고(제69조 제 3 항), 나

---

14) 대법원 2000. 9. 5. 선고 99두8800 판결【소규모건축신고반려처분취소】.

아가 행정청은 그 시정명령의 이행을 하지 아니한 건축주 등에 대하여는 이행강제금을 부과할 수 있으며(제69조의2 제 1 항 제 1 호), 또한 건축신고를 하지 않은 자는 200만 원 이하의 벌금에 처해질 수 있다(제80조 제 1 호, 제 9 조). 이와 같이 건축주 등은 신고제하에서도 건축신고가 반려될 경우 당해 건축물의 건축을 개시하면 시정명령, 이행강제금, 벌금의 대상이 되거나 당해 건축물을 사용하여 행할 행위의 허가가 거부될 우려가 있어 불안정한 지위에 놓이게 된다. 따라서 건축신고 반려행위가 이루어진 단계에서 당사자로 하여금 반려행위의 적법성을 다투어 그 법적 불안을 해소한 다음 건축행위에 나아가도록 함으로써 장차 있을지도 모르는 위험에서 미리 벗어날 수 있도록 길을 열어 주고, 위법한 건축물의 양산과 그 철거를 둘러싼 분쟁을 조기에 근본적으로 해결할 수 있게 하는 것이 법치행정의 원리에 부합한다. 그러므로 건축신고 반려행위는 항고소송의 대상이 된다고 보는 것이 옳다(대법원 2010. 11. 18. 선고 2008두167 전원합의체 판결【건축신고불허(또는반려)처분취소】).

(5) 이 사건의 경우

(가) 원고의 건축신고의 법적 성질 — 집중효가 발생하는 건축신고

이 사건 토지는 제 1 종 전용주거지역 내에 위치한 폭 약 6m의 아스팔트 포장이 된 통행로 상태인데, 원고는 그 위에 건축물을 신축하려는 목적으로 건축신고를 하였다. 이 사건 건축신고는 건축법 제14조 제 1 항, 제11조 제 5 항 제 3 호, 국토의 계획 및 이용에 관한 법률 제56조 제 1 항에 따른 건축물 신축, 토지형질변경행위 등 "개발행위의 허가"(건축법 11⑤⑶)를 받은 것으로 보는 효력이 생기는 집중효가 발생하는 경우에 해당한다. 따라서 원고의 건축신고는 행정청의 수리를 요하는 신고로 보아야 할 것이다.

(나) 피고의 이 사건 거부처분의 적법성 여부

(a) 건축허가권자의 건축허가신청에 관한 재량범위

① 건축허가권자는 건축허가신청이 건축법, 도시계획법 등 관계 법규에서 정하는 어떠한 제한에 배치되지 않는 이상 당연히 같은 법조 소정의 건축허가를 하여야 하므로 법률상의 근거 없이 그 신청이 관계 법규에서 정한 제한에 배치되는지 여부에 대한 심사를 거부할 수 없고, 심사결과 그 신청이 법정요건에 합치하는 경우에는 특별한 사정이 없는 한 이를 허가하여야 하며, 공익상 필요 없음에도 불구하고 요건을 갖춘 자에 대한 허가를 관계 법령에서 정하는 제한사유 이외의 사유를 들어 거부할 수는 없다(대법원 1995. 10. 13. 선고 94누14247 판결【건축허가거부처분취소】).

② 건축허가권자는 건축허가신청이 건축법 등 관계 법규에서 정하는 어떠한 제한에

배치되지 않는 이상 당연히 같은 법조에서 정하는 건축허가를 하여야 하고, 중 대한 공익상의 필요가 없는데도 관계 법령에서 정하는 제한사유 이외의 사유를 들어 요건을 갖춘 자에 대한 허가를 거부할 수는 없다(대법원 2009. 9. 24. 선고 2009 두8946 판결【건축허가거부처분취소】).

(b) 이 사건의 경우

① 이 사건 토지는 1982. 4. 26.경 당시 소유자들이 자신들의 토지의 편익을 위하여 스스로 설치한 폭 6m의 도로로서 오랜기간 일반 공중의 교통 또는 통행에 제공되고 있는 점, ② 이 사건 토지에 대한 건축신고를 수리할 경우 608, 608-1 토지 지상의 각 주택은 이 사건 토지를 향해 설치된 유일한 대문 또는 지하주차장 출입구를 폐쇄하고 다른 쪽의 담을 허물어 설치해야 하고, 이 사건 토지와 동일하게 사실상의 도로로 이용되고 있는 608-30 토지에 대하여도 그 소유자가 건축신고를 할 경우에 이를 거부할 수 없게 되는 점 등의 공익상의 필요도 긍정된다. 따라서 원고의 건축신고를 반려한 것은 재량권을 일탈·남용한 위법이 없다고 판단될 수 있다.

③ 집중효가 발생하는 건축신고는 수리를 요하는 신고라고 판시한 2011. 1. 20. 대법원 전원합의체 판결 역시 원고의 건축신고 내용대로 해당 토지상에 건물을 신축하면 다세대주택의 거주자 등 인근주민들이 공로에 이르는 유일한 통행로가 막히게 되어, 인근수민들이 이 사건 토지를 통행로로 사용하는 현재의 토지이용실태가 위법하다고 판명되지 아니한 이상, 건축신고 대상 건축물의 건축은 해당 토지를 통행로로 사용하는 주변지역의 토지 이용실태 등과 조화를 이룬다고 보기 어려워 국토계획법 제58조 제 1 항 제 4 호에서 정한 개발행위허가의 기준을 갖추었다고 할 수 없으므로, 이를 이유로 한 건축신고 수리거부처분은 적법하다고 한 바 있다.

4. 이 사건 처분시에 행정절차법상의 사전통지대상이 되는지 여부

이 사건 처분과 같이 신청에 대한 거부처분이 행정절차법 제21조 제 1 항 소정의 처분의 사전통지대상이 되는지 여부가 문제된다.

행정절차법 제21조 제 1 항은 행정청은 당사자에게 의무를 과하거나 권익을 제한하는 처분을 하는 경우에는 미리 처분의 제목, 당사자의 성명 또는 명칭과 주소, 처분하고자 하는 원인이 되는 사실과 처분의 내용 및 법적 근거, 그에 대하여 의견을 제출할 수 있다는 뜻과 의견을 제출하지 아니하는 경우의 처리방법, 의견제출기관의 명칭과 주소,

의견제출기한 등을 당사자 등에게 통지하도록 하고 있는바, 신청에 따른 처분이 이루어지지 아니한 경우에는 아직 당사자에게 권익이 부과되지 아니하였으므로 특별한 사정이 없는 한 신청에 대한 거부처분이라고 하더라도 직접 당사자의 권익을 제한하는 것은 아니어서 신청에 대한 거부처분을 여기에서 말하는 '당사자의 권익을 제한하는 처분'에 해당한다고 할 수 없는 것이어서 처분의 사전통지대상이 된다고 할 수 없다(대법원 2003. 11. 28. 선고 2003두674 판결【임용거부처분취소】).

5. 제소기간

원고는, 피고의 2008. 12. 24.자 원고에 대하여 한 이 사건 처분 통지를 2008. 12. 27. 받고 그로부터 90일 이내인 2009. 2. 21. 이 사건 건축신고반려처분취소의 소를 제기하였으므로 적법한 제소기간을 준수하였다. 피고는 이 사건 처분시에 행정심판제기에 관한 고지를 하지 않았지만, 원고가 적법한 행정소송 제기기간 내에 제소하였기에 문제되지 아니한다.

6. 관   할

처분청이 서울 동대문구 신설 1동장이므로, 서울특별시를 관할구역으로 하는 서울행정법원이 관할법원이 된다.

[관련판례]

서울행법 2009. 4. 9. 선고 2009구합1693 판결【건축신고서반려처분취소】

【판시사항】

[1] 건축법상의 건축신고가 행정청의 수리를 요하는 신고로서 이를 거부하는 것이 항고소송의 대
상이 되는 처분인 경우

[2] 공익상의 필요가 인정되는 특별한 경우, 건축허가권자가 법규상 명문의 근거 없이 건축허가를
하지 않거나 건축신고수리를 거부할 수 있는지 여부(적극)

[3] 전용 주거지역 내에 위치한 폭 6m의 아스팔트 포장이 된 통행로 위에 건축물을 신축하는 내용
의 건축신고를 반려한 사안에서, 건축신고를 반려한 처분에 재량권을 일탈·남용한 위법이 없
다고 판단한 사례

【판결요지】

[1] 일반적으로 건축법상의 건축신고는 행정청의 수리를 요하지 아니하여 그 신고가 행정청에 도
달된 때에 효력을 발생하는 것이고, 만일 행정청이 실체적 사유에 기하여 그 신고수리를 거부하였
다고 하더라도 그 거부처분이 신고인의 법률상 지위에 직접적으로 아무런 법률적 변동을 일으키
지 아니하므로 항고소송의 대상이 되는 행정처분은 아니다. 다만, 건축신고시 건축법 제14조 제1
항, 제11조 제5항에 따라 이른바 건축법상의 집중효(건축허가 내지 신고로 인하여 건축법 제11조
제5항 각 호에 정한 허가 또는 인가 등을 받은 것으로 의제하는 효력을 말한다)가 발생하는 경우
에는 그 건축신고는 행정청의 수리를 요하는 신고로 봄이 타당하고, 따라서 그 신고를 거부하는
행위는 항고소송의 대상이 되는 처분이다.

[2] 건축법 제14조 제1항, 제11조 제5항, 국토의 계획 및 이용에 관한 법률 제56조 제1항, 제58
조 제1항 제4호 등에 의하면 건축허가권자는 건축물을 건축하거나 토지의 형질을 변경하는 것
이 주변지역의 토지이용실태 등 주변환경이나 경관과 조화를 이룰 경우에 한하여 건축허가 또는
건축신고수리를 하여야 하고, 또 관계 법령이 정한 제한 사유에 해당하지 않는다고 하더라도 공익
상의 필요가 인정되는 특별한 경우에는 법규상 명문의 근거가 없어도 건축허가를 하지 아니하거
나 건축신고수리를 거부할 수도 있다.

[3] 전용 주거지역 내에 위치한 폭 6m의 아스팔트 포장이 된 통행로 위에 건축물을 신축하는 내용
의 건축신고를 반려한 사안에서, 토지 소유자들이 자신들의 토지의 편익을 위하여 스스로 설치한
도로로 수십년 이상 일반 공중의 교통 또는 통행에 제공되고 있는 점 등에 비추어, 건축신고로 지
어질 건축물이 주변지역 및 위 토지의 이용실태 등 주변환경과 조화를 이룬다고 보기 어렵고, 위
토지가 사실상의 도로로 상당한 기간 사용되어 이용상황이 고착화된 이상 그 지상에 건물이 신설

됨으로써 통행을 막지 않도록 하여야 할 공익상의 필요도 있다는 이유로, 건축신고를 반려한 것에
재량권을 일탈·남용한 위법이 없다고 판단한 사례.

【참조조문】

[1] 행정소송법 제2조 제1항 제1호, 건축법 제11조 제5항, 제14조 제1항 / [2] 건축법 제11조 제
5항, 제14조 제1항, 국토의 계획 및 이용에 관한 법률 제56조 제1항, 제58조 제1항 제4호 / [3]
행정소송법 제27조

【참조판례】

[1] 대법원 1998. 9. 22. 선고 98두10189 판결 / [2] 대법원 1995. 10. 13. 선고 94누14247 판결(공1995
하, 3802)

【전   문】

【원   고】 원고(소송대리인 법무법인 ○○ 담당변호사 ○○○)

【피   고】 서울특별시 ○○구청장(소송대리인 법무법인 ○○ 담당변호사 ○○○)

【변론종결】 2009. 3. 18.

【주   문】

1. 원고의 청구를 기각한다.
2. 소송비용은 원고가 부담한다.

【청구취지】 피고가 2008. 12. 24. 원고에 대하여 한 건축신고서 반려처분을 취소한다.

【이   유】

1. 처분의 경위

가. 원고는 2008. 11. 10. 경매절차를 통해 서울 ○○○구 ○○동 608-31 대 102.3㎡(이하 '이 사건
   토지'라 한다)의 소유권을 취득한 다음, 2008. 12. 3. 피고에게 이 사건 대지 위에 건축연면적
   43.2㎡의 단층건축물을 신축하는 내용의 건축신고를 하였다.

나. 피고는 2008. 12. 24. 이 사건 토지 및 그에 접하고 있는 서울 ○○○구 ○○동 608-30 토지는
   1982. 4. 26.경 당시 소유자들이 자신들의 토지의 편익을 위하여 스스로 설치한 이래 현재까
   지 인근주민들의 통행로로 사용하고 있으므로 통행로를 폐쇄하는 것을 전제로 하는 원고의

건축물 신축행위는 허용될 수 없다는 이유로 원고의 건축신고를 반려하였다(이하 '이 사건
처분'이라 한다).

[인정 근거] 다툼 없는 사실, 갑 제1, 6호증의 각 기재, 변론 전체의 취지

2. 주장 및 판단

가. 원고의 주장

건축법상의 건축신고는 건축법 기타 관계 법령에서 정한 제한 사유에 해당하지 않는 한 당연히
이를 수리해야 함에도 이 사건 토지의 현황이 사실상의 도로라는 이유만으로 원고의 건축신고를
거부한 것은 재량권을 일탈·남용한 것으로 위법하다.

나. 인정 사실

(1) 분할 전 이 사건 토지인 서울 ○○○구 ○○동 608 대 356.2㎡(이하 '분할 전 608 토지'라 한
다) 및 이에 접한 서울 ○○○구 ○○동 608-2 대 2,766.4㎡(이하 '분할 전 608-2 토지'라 한
다)는 1982. 4. 10. 서울특별시에 의해 토지구획정리사업이 완료되었으나, 양 지상에 별도의
통행로는 개설되지 않았다.

(2) 이후 분할 전 608 토지는 1982. 4. 26. 당시 소유자인 소외 1에 의해 서울 ○○○구 ○○동
608 대 253.9㎡ 및 이 사건 토지로 분할되었고, 같은 날 분할 전 608-2 토지는 당시 소유자
인 소외 2에 의해 같은 동 608-2 대 201.5㎡, 같은 동 608-25 대 419.9㎡, 같은 동 608-26 대
470.4㎡, 같은 동 608-27 대 435.9㎡, 같은 동 608-28 대 401.7㎡, 같은 동 608-29 대 401.8
㎡, 같은 동 608-30 대 435.1㎡로 분할되었고, 다시 위 608 대 253.9㎡는 1982. 7. 14. 같은 동
608-2 대 201.5㎡와 합병되어 같은 동 608 대 455.4㎡가 되었다(이하 각 토지를 번지로 특정
한다). 이는 분할 전 608 토지 및 분할 전 608-2 토지를 수 필지로 나누어 건축물을 신축하
기 위해 소외 1이 이 사건 토지를, 소외 2가 608-30 토지를 제공하여 스스로 폭 6m의 통행
로를 설치하기로 함에 따른 것이었다.

(3) 이후 608 토지, 608-25 토지, 608-26 토지, 608-27 토지, 608-28 토지, 608-29 토지의 각 지
상에는 주택들이 지어졌고, 이 사건 토지 및 608-30 토지는 위 주택들의 사이에 위치하여
아스팔트로 포장된 6m의 통행로로 위 주택의 거주민을 비롯한 인근 주민들 및 불특정 다수
의 보행 및 자동차통행에 이용되고 있다.

(4) 이 사건 토지는 도시지역, 제1종 전용주거지역으로 분류되어 있다.

[인정 근거] 다툼 없는 사실, 갑 제4, 5 호증, 을 제2, 3, 4 호증, 변론 전체의 취지

다. 관련 법령

별지 기재와 같다. (생략)

라. 판   단

(1) 이 사건 건축신고의 처분성

일반적으로 건축법상의 건축신고는 행정청의 수리를 요하지 아니하여 그 신고가 행정청에 도달된 때에 효력을 발생하는 것이고, 만일 행정청이 실체적 사유에 기하여 그 신고수리를 거부하였다고 하더라도 그 거부처분이 신고인의 법률상 지위에 직접적으로 아무런 법률적 변동을 일으키지 아니하므로 항고소송의 대상이 되는 행정처분은 아니지만(대법원 1998. 9. 22. 선고 98두10189 판결 등 참조), 건축신고시 그 신고로 인하여 건축법 제14조 제 1 항, 제11조 제 5 항에 따라 이른바 건축법상의 집중효(건축허가 내지 신고로 인하여 건축법 제11조 제 5 항 각 호 소정의 허가 또는 인가 등을 받은 것으로 의제하는 효력을 말한다)가 발생하는 경우에는 그 건축신고는 행정청의 수리를 요하는 신고로 봄이 타당하고, 따라서 그 신고를 거부하는 행위는 항고소송의 대상이 되는 처분이다.

이 사건에서, 이 사건 토지는 제 1 종 전용주거지역 내에 위치한 폭 약 6m의 아스팔트 포장이 된 통행로 위에 건축물을 신축하는 것이므로, 이 사건 건축신고로 건축법 제14조 제 1 항, 제11조 제 5 항 제 3 호, 국토의 계획 및 이용에 관한 법률 제56조 제 1 항에 따른 건축물 신축, 토지형질변경행위 등 개발행위의 허가를 받은 것으로 보는 효력이 생기는 경우에 해당한다고 할 것이어서, 그 건축신고는 행정청의 수리를 요하는 신고로 봄이 상당하다.

(2) 이 사건 처분의 적법성

건축법 제14조 제 1 항, 제11조 제 5 항, 국토의 계획 및 이용에 관한 법률 제56조 제 1 항, 제58조 제 1 항 제 4 호 등에 의하면 건축허가권자는 건축물을 건축하거나 토지의 형질을 변경하는 것이 주변지역의 토지이용실태 등 주변환경이나 경관과 조화를 이룰 경우에 한하여 건축허가 또는 건축신고수리를 하여야 하고, 또 관계 법령이 정한 제한 사유에 해당하지 않는다고 하더라도 공익상의 필요가 인정되는 특별한 경우에는 법규상 명문의 근거가 없어도 건축허가를 하지 아니하거나 건축신고수리를 거부할 수도 있다(대법원 1995. 10. 13. 선고 94누14247 판결 참조).

이 사건에서, ① 이 사건 토지와 608-30 토지는 1982. 4. 26.경 당시 소유자들이 자신들의 토지의 편익을 위하여 스스로 설치한 폭 6m의 도로로서 수십년 이상 일반 공중의 교통 또는 통행에 제공되고 있는 점, ② 원고가 법률상 소유권을 행사하여 이 사건 토지에 대한 타인의 통행을 제한할 수 없거나 사실상 그 통행을 제한하는 것이 현저히 곤란하다고 인정되는 점, ③ 원고는 이 사건 토지가 사실상의 도로로 사용되고 있어 소유권행사에 제약이 따를 수 있다는 사정을 알고 경매절차를 통해 이 사건 토지를 취득한 것으로 보이는 점, ④ 이 사건 토지에 대한 건축신고를 수리할 경우 608, 608-1 토지 지상의 각 주택은 이 사건 토지를 향해 설치된 유일한 대문 또는 지하주차장 출입구를 폐쇄하고 다른 쪽의 담을 허물어 설치해야 하고, 나아가 이 사건 토지와 동일하게 사실상의 도로로 이용되고 있는 608-30 토지에 대한 건축신고를 거부할 이유가 없어 위 토지들을 통행로로 이용할 수 없게 됨은 물론 608-28, 608-29 토지는 맹지가 되어버리는 점 등을 종합하여 보면, 이 사건 건축신고로 지어질 건축물은 주변지역 및 이 사건 토지의 이용실태 등 주변환경과 조화를 이룬다고 보기 어렵고, 비록 이 사건 도로가 도로법에 의한 도로지정이나 사도법에 의한 개설허가를 받은 도로가 아니라고 하더라도, 이 사건 토지가 사실상의 도로로 상당한 기간 사용되어 도로로의 이용상황이 고착화된 이상 그 지상에 건물이 신설됨으로써 통행을 막지 않도록 하여야 할 공익상의 필요도 있다고 인정되는 만큼, 피고가 위와 같은 이유로 원고의 건축신고를 반려한 것에 재량권을 일탈·남용한 위법이 없다고 판단되므로, 원고의 청구는 이유 없다.

3. 결   론

그렇다면 원고의 청구는 이유 없으므로 기각하기로 하여 주문과 같이 판결한다.

재판장 판사 ○○○

판사 ○○○

판사 ○○○

[관련판례]

대법원 2010. 11. 18. 선고 2008두167 전원합의체 판결【건축신고불허(또는반려)처분취소】

【판시사항】

[1] 행정청의 행위가 항고소송의 대상이 되는지 여부의 판단 기준

[2] 행정청의 건축신고 반려행위 또는 수리거부행위가 항고소송의 대상이 되는지 여부(적극)

【판결요지】

[1] 행정청의 어떤 행위가 항고소송의 대상이 될 수 있는지의 문제는 추상적·일반적으로 결정할 수 없고, 구체적인 경우 행정처분은 행정청이 공권력의 주체로서 행하는 구체적 사실에 관한 법집행으로서 국민의 권리의무에 직접적으로 영향을 미치는 행위라는 점을 염두에 두고, 관련 법령의 내용과 취지, 그 행위의 주체·내용·형식·절차, 그 행위와 상대방 등 이해관계인이 입는 불이익과의 실질적 견련성, 그리고 법치행정의 원리와 당해 행위에 관련한 행정청 및 이해관계인의 태도 등을 참작하여 개별적으로 결정하여야 한다.

[2] 구 건축법(2008. 3. 21. 법률 제8974호로 전부 개정되기 전의 것) 관련 규정의 내용 및 취지에 의하면, 행정청은 건축신고로써 건축허가가 의제되는 건축물의 경우에도 그 신고 없이 건축이 개시될 경우 건축주 등에 대하여 공사 중지·철거·사용금지 등의 시정명령을 할 수 있고(제69조 제 1 항), 그 시정명령을 받고 이행하지 않은 건축물에 대하여는 당해 건축물을 사용하여 행할 다른 법령에 의한 영업 기타 행위의 허가를 하지 않도록 요청할 수 있으며(제69조 제 2 항), 그 요청을 받은 자는 특별한 이유가 없는 한 이에 응하여야 하고(제69조 제 3 항), 나아가 행정청은 그 시정명령의 이행을 하지 아니한 건축주 등에 대하여는 이행강제금을 부과할 수 있으며(제69조의2 제 1 항 제 1 호), 또한 건축신고를 하지 않은 자는 200만 원 이하의 벌금에 처해질 수 있다(제80조 제 1 호, 제 9 조). 이와 같이 건축주 등은 신고제하에서도 건축신고가 반려될 경우 당해 건축물의 건축을 개시하면 시정명령, 이행강제금, 벌금의 대상이 되거나 당해 건축물을 사용하여 행할 행위의 허가가 거부될 우려가 있어 불안정한 지위에 놓이게 된다. 따라서 건축신고 반려행위가 이루어진 단계에서 당사자로 하여금 반려행위의 적법성을 다투어 그 법적 불안을 해소한 다음 건축행위에 나아가도록 함으로써 장차 있을지도 모르는 위험에서 미리 벗어날 수 있도록 길을 열어 주고, 위법한 건축물의 양산과 그 철거를 둘러싼 분쟁을 조기에 근본적으로 해결할 수 있게 하는 것이 법치행정의 원리에 부합한다. 그러므로 건축신고 반려행위는 항고소송의 대상이 된다고 보는 것이 옳다.

[관련판례]

대법원 2011. 1. 20. 선고 2010두14954 전원합의체 판결【건축(신축)신고불가취소】

【판시사항】

[1] 건축법 제14조 제2항에 의한 인·허가의제 효과를 수반하는 건축신고가, 행정청이 그 신체적 요건에 관한 심사를 한 후 수리하여야 하는 이른바 '수리를 요하는 신고'인지 여부(적극)

[2] 국토의 계획 및 이용에 관한 법률상의 개발행위허가로 의제되는 건축신고가 개발행위허가의 기준을 갖추지 못한 경우, 행정청이 수리를 거부할 수 있는지 여부(적극)

【판결요지】

[1] [다수의견] 건축법에서 인·허가의제 제도를 둔 취지는, 인·허가의제사항과 관련하여 건축허가 또는 건축신고의 관할 행정청으로 그 창구를 단일화하고 절차를 간소화하며 비용과 시간을 절감함으로써 국민의 권익을 보호하려는 것이지, 인·허가의제사항 관련 법률에 따른 각각의 인·허가 요건에 관한 일체의 심사를 배제하려는 것으로 보기는 어렵다. 왜냐하면, 건축법과 인·허가의제사항 관련 법률은 각기 고유한 목적이 있고, 건축신고와 인·허가의제사항도 각각 별개의 제도적 취지가 있으며 그 요건 또한 달리하기 때문이다. 나아가 인·허가의제사항 관련 법률에 규정된 요건 중 상당수는 공익에 관한 것으로서 행정청의 전문적이고 종합적인 심사가 요구되는데, 만약 건축신고만으로 인·허가의제사항에 관한 일체의 요건 심사가 배제된다고 한다면, 중대한 공익상의 침해나 이해관계인의 피해를 야기하고 관련 법률에서 인·허가 제도를 통하여 사인의 행위를 사전에 감독하고자 하는 규율체계 전반을 무너뜨릴 우려가 있다. 또한 무엇보다도 건축신고를 하려는 자는 인·허가의제사항 관련 법령에서 제출하도록 의무화하고 있는 신청서와 구비서류를 제출하여야 하는데, 이는 건축신고를 수리하는 행정청으로 하여금 인·허가의제사항 관련 법률에 규정된 요건에 관하여도 심사를 하도록 하기 위한 것으로 볼 수밖에 없다. 따라서 인·허가의제 효과를 수반하는 건축신고는 일반적인 건축신고와는 달리, 특별한 사정이 없는 한 행정청이 그 실체적 요건에 관한 심사를 한 후 수리하여야 하는 이른바 '수리를 요하는 신고'로 보는 것이 옳다.

[대법관 박시환, 대법관 이홍훈의 반대의견] 다수의견과 같은 해석론을 택할 경우 헌법상 기본권 중 하나인 국민의 자유권 보장에 문제는 없는지, 구체적으로 어떠한 경우에 수리가 있어야만 적법한 신고가 되는지 여부에 관한 예측 가능성 등이 충분히 담보될 수 있는지, 형사처벌의 대상이 불필요하게 확대됨에 따른 죄형법정주의 등의 훼손 가능성은 없는지, 국민의 자유와 권리를 제한하

거나 의무를 부과하려고 하는 때에는 법률에 의하여야 한다는 법치행정의 원칙에 비추어 그 원칙이 손상되는 문제는 없는지, 신고제의 본질과 취지에 어긋나는 해석론을 통하여 여러 개별법에 산재한 각종 신고 제도에 관한 행정법 이론 구성에 난맥상을 초래할 우려는 없는지의 측면 등에서 심도 있는 검토가 필요한 문제로 보인다. 그런데 다수의견의 입장을 따르기에는 그와 관련하여 해소하기 어려운 여러 근본적인 의문이 제기된다. 여러 기본적인 법원칙의 근간 및 신고제의 본질과 취지를 훼손하지 아니하는 한도 내에서 건축법 제14조 제2항에 의하여 인·허가가 의제되는 건축신고의 범위 등을 합리적인 내용으로 개정하는 입법적 해결책을 통하여 현행 건축법에 규정된 건축신고 제도의 문제점 및 부작용을 해소하는 것은 별론으로 하더라도, '건축법상 신고사항에 관하여 건축을 하고자 하는 자가 적법한 요건을 갖춘 신고만 하면 건축을 할 수 있고, 행정청의 수리 등 별단의 조처를 기다릴 필요는 없다'는 대법원의 종래 견해(대법원 1968. 4. 30. 선고 68누12 판결, 대법원 1990. 6. 12. 선고 90누2468 판결, 대법원 1999. 4. 27. 선고 97누6780 판결, 대법원 2004. 9. 3. 선고 2004도3908 판결 등 참조)를 인·허가가 의제되는 건축신고의 경우에도 그대로 유지하는 편이 보다 합리적인 선택이라고 여겨진다.

[2] [다수의견] 일정한 건축물에 관한 건축신고는 건축법 제14조 제2항, 제11조 제5항 제3호에 의하여 국토의 계획 및 이용에 관한 법률 제56조에 따른 개발행위허가를 받은 것으로 의제되는데, 국토의 계획 및 이용에 관한 법률 제58조 제1항 제4호에서는 개발행위허가의 기준으로 주변 지역의 토지이용실태 또는 토지이용계획, 건축물의 높이, 토지의 경사도, 수목의 상태, 물의 배수, 하천·호소·습지의 배수 등 주변 환경이나 경관과 조화를 이룰 것을 규정하고 있으므로, 국토의 계획 및 이용에 관한 법률상의 개발행위허가로 의제되는 건축신고가 위와 같은 기준을 갖추지 못한 경우 행정청으로서는 이를 이유로 그 수리를 거부할 수 있다고 보아야 한다.

[대법관 박시환, 대법관 이홍훈의 반대의견] 수리란 타인의 행위를 유효한 행위로 받아들이는 수동적 의사행위를 말하는 것이고, 이는 허가와 명확히 구별되는 것이다. 그런데 다수의견에 의하면, 행정청이 인·허가의제조항에 따른 국토의 계획 및 이용에 관한 법률상 개발행위허가 요건 등을 갖추었는지 여부에 관하여 심사를 한 다음, 그 허가 요건을 갖추지 못하였음을 이유로 들어 형식상으로만 수리거부를 하는 것이 되고, 사실상으로는 허가와 아무런 차이가 없게 된다는 비판을 피할 수 없다. 이러한 결과에 따르면 인·허가의제조항을 특별히 규정하고 있는 입법 취지가 몰각됨은 물론, 신고와 허가의 본질에 기초하여 건축신고와 건축허가 제도를 따로 규정하고 있는 제도적 의미 및 신고제와 허가제 전반에 관한 이론적 틀이 형해화 될 가능성이 있다.

제**14**장

건물용도변경신고
수리취소

[공·법·기·록·형 공·법·소·송·실·무]

제14장

목차 contents

작 성 요 강

□ 설   문

○ 변호사 이항고는 의뢰인 김갑순이 일반음식점을 운영하던 중 그 건물을 장례식
장으로 용도변경신고를 한 다음에 장례식장으로 변경하는 공사를 진행하고 있
었는데, 행정청으로부터 용도변경신고수리 취소와 공사중지처분 통지를 받았다
는 사건을 수임하게 되었다. 이항고 변호사의 입장에서 김갑순이 위 처분에 불
복하는 내용의 서면을 작성하시오.

○ ※ 현행법이 허용하는 행정쟁송 형식에 한하며, 작성일은 2010. 1. 21.이고 같은
날 접수하는 것으로 함
※ 답안의 시작은 선택한 쟁송형식에 부합하는 '서면종류'를 기재하는 것으로 하
고, 그 끝은 '서류를 제출할 기관'을 기재하는 것으로 함
※ 처분의 위법사유로는 사실관계와 현행법 및 기존 판례 입장에 비추어 볼 때
받아들여질 수 있는 주장만 할 것

상 담 일 지

○ 의뢰인 김갑순 사무실 내왕

○ 의뢰인은 종전에 식당으로 운영하던 건물을 그 용도를 변경하여 장례식장으로 운영하고자 행정청에 필요한 법정 절차를 마치고 공사중이었는데, 행정청이 갑자기 건물용도변경신고수리를 취소하고, 진행중인 공사도 중지하라는 명령을 하였다고 함

○ 의뢰인은 이미 위 공사를 위하여 많은 돈을 투자한 상태이므로 다른 용도의 건물로 전용하여 사용할 수도 없는 상태라고 함

○ 의뢰인은 고흥읍장의 처분통지서를 받고서도 법을 통하지 않고 고흥읍장에게 사정이야기를 잘하여 원만히 해결하여 공사를 계속 진행해 보려다가 시간을 많이 보내게 되었다고 함

○ 의뢰인은 당초 예정대로 장례식장을 운영할 수 있도록 법적 조치를 취해주기를 바라고 있음

변호사 이항고 법률사무소
광주광역시 동구 지산동 789 법률빌딩 502호
TEL 062) 555-1234(대) : FAX 062) 555-4321

"풍요롭고 살맛나는 새 고흥 건설"

고 흥 읍

수신자 김 갑 순 귀하(고흥읍 동성리 123-4)

제 목 용도변경신고

1. 민원 제540호(2009. 07. 22)와 관련입니다.

2. 귀하께서 출원하신 고흥읍 동성리 123-4 번지상 제 2 종 근린생활용도의 용도변경 신고서에 대하여는 건축법 제19조 제 2 항의 규정에 의하여 용도변경신고처리하오니,

3. 무단증축, 사전입주, 무단용도변경 등 관계규정에 위배되어 건축법 제79조의 규정에 의한 불이익 처분을 받는 일이 없도록 하시기 바랍니다.

붙 임 용도변경신고필증 1부. 끝.

고 흥 읍 장 [고흥읍장]

지방건축주사보 강우연   건설담당 김공탁   고흥읍장 민상환

협조자

시행 고흥읍 - 5929 (2009. 7. 25.) 접 수 - (2009. 7.)
우 584-800 전남 고흥군 고흥읍 남계리 837-3번지 / http://goheung.go.kr
전화 (061)8630-5687 전송 (061)8730-5795 / 개인전자우편 chan3302@naver.com/공개

건축 · 대수선 · 용도변경신고필증

    귀하께서 제출하신 건축물의 건축 · 대수선 · 용도변경신고서에 따라 건축 · 대수선 · 용도변경 신고필증을 건축법 시행규칙 제12조 및 제12조의2 규정에 의하여 교부합니다.

건 축 구 분	용도변경	신 고 일 자	2009년 07월 22일
		설계변경일자	
신 고 번 호	2009-고흥읍-용도변경신고-2		
건 축 주	김갑순	주민등록번호	590307-2******
대 지 위 치	전라남도 고흥군 고흥읍 동성리 123-4 1필지		
대지면적(㎡)	1,774.00		
건 축 물 명 칭	김갑순의 건축물	주용도	의료시설(장례식장)
건물면적(㎡)	345.34	건폐율(%)	19.47
연 면 적(㎡)	643.48	용적율(%)	36.27
가설건축물존치기간			

등고유번호	등명칭및번호	연면적(㎡)	등고유번호	등명칭번호	연면적(㎡)
1	가동	643.48			

* 건축물의 용도/규모는 전체 건축물의 개요입니다.

2009년 07월 25일

고 흥 읍 장 (인)

"풍요롭고 살맛나는 새 고흥 건설"

고 흥 읍

수신자   김 갑 순 귀하(고흥읍 동성리 123-4)

제 목   용도변경신고수리 취소통보

고흥읍-5929(2009. 7. 25.)호로 용도변경신고수리한 고흥읍 동성리 123-4번지의 1필지(당초 주용도 : 일반음식점 및 사무실, 금회 용도변경신고수리 주용도 : 장례식장) 김갑순의 건축물에 대하여 다음 사유로 용도변경신고수리 취소를 통보합니다.

□ 용도변경신고수리 취소사유
  ○ 건축법 시행령 제3조의2 및 별표 1의 용도분류상 의료시설로 관계법령에는 적합하나 주민든이 협오하는 시설임
  ○ 마을 입구에 위치하고 있어 주변 환경을 저해할 뿐만 아니라, 주민들의 집단반발로 민원 야기.
  ○ 각종 대형행사를 대비하여 위 건물 건너편 부지에 주차광장(2008년 162대)을 설치하여 운영하고 있으며, 전면에 장례식장 설치시 고흥 관광이미지 훼손. 끝.

고 흥 읍 장

지방건축주사보 강우연   건설담당 김공탁   고흥읍장   민상환

협조자

시행 고흥읍 - 6119 (2009. 7. 29.) 접수 - (2009. 7.)
우 584-800 전남 고흥군 고흥읍 남계리 837-3번지 / http://goheung.go.kr
전화 (061)8630-5687   전송 (061)8730-5795 / 개인전자우편 chan3302@naver.com / 공개

우 편 송 달 통 지 서

		배달 못한 사유			
○. **송달서류** 용도변경신고수리 취소통보		구분/회수	1회	2회	3회
(2009. 07. 29)		1. 수취인부재			
		2. 폐문 부재			
		3. 수취인불명			
○. **발송자** 고흥읍장		4. 주소 불명			
		5. 이사 불명			
○. **송달받을 사람** 고흥읍 동성리 123-4		6. 기 타			
김갑순		배달날짜			
		집배원 확인			
		사유기재			

	송달 방법		영수인 성명, 서명 또는 날인	
1	본인에게 주었다.		김갑순 (인)	
2	본인을 만나지 못하여 ① 내지 ③사람에게 주었다.	① 본인 영업소, 사무소의 사무원 또는 피용자		
		② 본인주소, 거소의 동거인		
		③ 본인 근무장소의 사용자, 종업원등		
3	① 내지 ③사람이 수령을 거부하므로 그 장소에 서류를 두었다.	① 송달받을 본인		
		② 본인 영업소, 사무소의 사무원 또는 피용자		
		③ 본인주소, 거소의 동거인		
송달한 날짜		2009. 08. 03.		
송달 장소		고흥읍 동성리 123-4		
접수인란		위와 같이 송달하였습니다. 2009년 8월 3일 우편집배원 강 집 배 (인)		

고 흥 읍 장   귀 중

"풍요롭고 살맛나는 새 고흥 건설"

고 흥 읍

수신자   김 갑 순 귀하(고흥읍 동성리 123-4)

제 목   용도변경신고수리 취소 건축물 공사중지 통보[1]

1. 종합민원처리과-8660(2009. 8. 2)호와 관련입니다.

2. 2009. 7. 29. 용도변경신고수리 취소 처리한 고흥읍 동성리 123-4번지의 1필지상 귀하 소유의 제 2종 근린생활시설(일반음식점, 사무실, 창고)용도의 건축물에 대하여 건축법 제79조 규정에 의거 건축공사중지 통보하오니 조속 이행하시기 바랍니다.

3. 만일 공사중지 명령을 거부하고 계속 공사를 진행할 시 동법 제79조 제2항의 규정에 의거 시정명령을 받고 이행하지 아니한 건축물에 대하여는 다른 법령에 따른 영업이나 그 밖의 행위를 허가하지 아니하도록 요청 및 사직당국에 고발등 조치됨을 알려드리오니 재산상 불이익 처분을 받는 일이 없으시길 바랍니다.

4. 만약 이 처분에 불복이 있는 경우 처분이 있음을 안 날로부터 180일 이내에 행정소송 또는 행정심판을 청구할 수 있음을 알려드립니다. 끝.

고 흥 읍 장 〔고흥읍장〕

지방건축주사보   강우연   건설담당   김공탁   고흥읍장   민상환

협조자

시행 고흥읍 - 6228 (2009. 8. 4.)   접수 - (2009. 7.)
우 584-800 전남 고흥군 고흥읍 남계리 837-3번지 / http://goheung.go.kr
전화 (061)8630-5687 전송 (061)8730-5795 / 개인전자우편 chan3302@naver.com / 공개

---

1) 현재는 장례식장이 건축법상 '산업 등의 시설군'으로 분류되어 신고대상이 아닌 허가대상으로 분류되어 있다(건축법 19②④(2)).

우 편 송 달 통 지 서

			배달 못한 사유			
○. **송달서류** 건축물 공사중지 통보			구분/회수	1회	2회	3회
(2009. 08. 04)			1. 수취인부재			
			2. 폐문 부재			
			3. 수취인불명			
○. **발송자** 고흥읍장			4. 주소 불명			
			5. 이사 불명			
			6. 기 타			
○. **송달받을 사람** 고흥읍 동성리 123-4			배달날짜			
김갑순			집배원 확인			
			사유기재			

	송 달 방 법		영수인 성명, 서명 또는 날인	
1	본인에게 주었다.		김갑순 (인)	
2	본인을 만나지 못하여 ① 내지 ③사람에게 주었다.	① 본인 영업소, 사무소의 사무원 또는 피용자		
		② 본인주소, 거소의 동거인		
		③ 본인 근무장소의 사용자, 종업원등		
3	① 내지 ③사람이 수령을 거부하므로 그 장소에 서류를 두었다.	① 송달받을 본인		
		② 본인 영업소, 사무소의 사무원 또는 피용자		
		③ 본인주소, 거소의 동거인		

송달한 날짜	2009. 08. 08.
송달 장소	고흥읍 동성리 123-4
접수인란	위와 같이 송달하였습니다. 2009년 8월 8일 우편집배원 강집배 (인) 고흥읍장 귀중

이 의 신 청 서

안녕하십니까?

저는 고흥읍장으로부터 용도변경신고수리취소와 공사중지통지를 받은 김갑순의 친구입니다. 김갑순은 고흥읍 동성리 123-4번지 1필지 제2종근린생활시설 용도 건축물에 대한 장례식장 용도변경 신고가 수리된 후에 (주)등정건설과 기존의 식당건물(청자회관)을 장례식장으로 용도를 변경하기로 하면서 공사금액은 148,400,000원, 공사기간은 2009. 8. 10.까지로 하기로 하여 현재까지 종전의 식당용도로 사용하던 건물 구조를 변경하는 등으로 수천만원 상당의 공사비를 지급하게 되는 진척을 보이고 있는 것으로 알고 있습니다.

그런데 고흥읍장은 주변 마을주민들 몇 사람이 공사에 반대한다는 민원이 발생하였다는 이유로 당초 처분을 취소하였다고 들었습니다. 그리고 고흥읍장은 김갑순이 외부 돌공사를 하였다는 이유로 현재 그 가족들이 거주하고 있는 건물에 대하여 단전, 단수를 하고, 고의적으로 노후 수도관 입구 전체를 파 놓는 바람에 다른 곳에서 물을 공급 받아야 하는데 차량출입조차 하지 못하도록 막고 있습니다.

현재 기존의 식당건물은 없어진 상태에 있는데, 공사를 중지하도록 하는 것은 친구에게 큰 재산상의 손해를 발생시키는 것이므로 고흥읍장으로 하여금 재고할 수 있도록 조치하여 주시기를 바랍니다.

주민들 중에는 김갑순이 건축중인 장례식장이 어서 빨리 완공되어 쾌적한 환경에서 장례식을 치를 수 있기를 바란다는 의견을 제시하는 분들도 많이 있다는 점도 고려하여 주시기를 바랍니다. 김갑순이 지금까지 진행해온 공사관련 서류도 함께 보내드립니다.

첨부서류 : 공사계약서 1부
           공사내역서 1부
           거래명세표 1부
           탄원서 1부

2009. 8. 5.

배 나 라 올림

고 흥 군 수 귀 중

공 사 계 약 서

(주)등정(이하 "갑")과 고흥 **청자회관**(이하 "을")간에 다음과 같이 공사계약을 체결하고, 공사계약서 2부를 장성하여 "갑"과 "을"은 1부씩 보관한다.

1. 공 사 명 : 고흥 청자회관 용도변경 공사

2. 공사장소 : 전남 고흥읍 동성리 123-4번지

3. 공사면적 : 약 643㎡

4. 공사기간 : 착공 2009년 07월 24일
　　　　　　　　완공 2009년 08월 10일

5. 공사금액 : 一金 일억사천팔백사십만원정

6. 공사금 지급 : (4) 회

7. 공사금액 결재방법
　1) 계약금 : 2009년 07월 22일 一金 삼천만원정　(₩30,000,000)
　2) 선급금 : 2009년 07월 25일 一金 사천오백만원정　(₩45,000,000)
　3) 중도금 : 2009년 08월 03일 一金 삼천만원정　(₩30,000,000)
　4) 잔　금 : 2009년 08월 15일 一金 사천삼백사십만원정　(₩43,400,000)

8. 계약조건
제 1 조
* 하자 보수 책임기간은 공사 완공일로부터 6개월까지 한다.(단, 사용상의 부주의 제외)
제 2 조
* "갑"은 "을"의 공사를 시공함에 있어서 별첨된 견적서 및 설계도면과 시방서에 의거 성실하게 시

공해야 한다.

제 3 조

＊ "갑"은 본 공사 진행중 또는 완료후 "을"의 요구에 의하여 시설변경의 필요가 있을시 "갑"은 이에 응해야 하며 "을"은 변경사항에 해당하는 금액을 계산하여야 한다.

제 4 조

＊ 설계변경 및 사양, 물량 변경시 추후 정산조건

＊ 외부간판 및 SIGN는 견적에서 제외

＊ 가구 및 집기는 견적에서 제외

＊ A/C기기 및 설치는 견적에서 제외

2009년　7월　21일

갑: (주) 등정건설 대표이사 황 사 형 (인)
　　광주광역시 동구 지산동 32-1번지

을: 고흥 청자회관 대표 김 갑 순 (인)
　　전남 고흥읍 동성리 123-4

공 사 내 역 서

품 명	규 격	단위	수 량	총 액 단 가	총 액 금 액	비 고
1. 가설및철거공사	640㎡이하일식				8,521,600	
2. 바닥공사					9,808,500	
3. 벽체공사					45,825,900	
4. 천정공사					14,371,000	
5. 전기공사					11,270,000	
6. 설비및덕트공사					16,262,500	
7. 외관공사					9,460,000	
8. 도장공사					8,180,500	
순수 공사비					123,700,000	
공 과 잡 비					12,370,000	
회 사 이 윤					12,370,000	

권			호		거 래 명 세 표 (공급받는자용)			

	2009년 7월 28일			등록 번호	408-05-85590			
청자회관 (김갑순님) 귀하				상 호	밝음조명		성 명	김 군 영
				사업장 소재지	광주광역시 동구 대인동 987			
아래와 같이 계산합니다.				업 태	도·소매		종 목	조명기구 전기재료

합계 금액	원정(₩12,015,000)

월일	품 목	규 격	수 량	단 가	공급가액	세 액
	D/U		400	13,000	5,200,000	
	십자등		20	45,000	900,000	
	판넬(D/C)		1	3,000,000	3,000,000	
	케이블	22*4C	60	6,500	390,000	
		14*4C	30	4,000	120,000	
		8*4C	50	3,500	175,000	
		5.5*4C	100	2,100	210,000	
	H:VE.5		500	700	350,000	
	환풍기	300	20	35,000	700,000	
	공용접용	400	10	50,000	500,000	
	배선기구	1식			470,000	
	계					

전 잔 금		합 계		12,015,000	
입 금		잔 금		인수자	

2009년 7月 24日

고흥 청자회관 식당 귀하

아래와 같이 청구합니다.

사업자 등록번호 : 443-02-65432

상호 : 운학목재   성명 : 이 훈 영

사업장소재지 : 광주 북구 일곡동 358-3

업태 : 도, 소매   종목 : 건설자재

월	일	품목	규격	수량(EA)	(才)	단가	공급가액	비 고
7	24	목재	9*10*10	190	단	17,000		
			9*10*15	120	단	19,000	2,280,000	
		합판	4*8*02	200		8,500	1,700,000	
			4*8*04	95	(중)	15,000	1,425,000	
		석고	3*6*9.5	960		3,000	2,880,000	
		MDF	4*8*18.0	150		21,000	3,150,000	
			4*8*9.0	70		12,000	840,000	
			4*8*12.0	55		15,000	825,000	
			4*8*6.0	210		9,000	1,890,000	
		왁구	40*2100*900	6		55,000	330,000	
			40*2100*1000	3		60,000	180,000	
		문짝	2040*940	2		120,000	240,000	
			2040*840	5		120,000	600,000	
			2040*/40	3		120,000	360,000	
						합계	19,930,000	

탄 원 서

  탄원인들은 김갑순씨가 운영하던 식당 청자회관을 장례식장으로 건물용도를 변경하는 공사를 하고 있는 것으로 알고 있습니다. 저희 주민들은 위 장례식장이 속히 공사를 마무리하여 정상적으로 영업을 할 수 있게 되기를 바랍니다.

  현재 관내에는 장례식장 1개소에 불과하여 상을 당할 경우에는 장례식장의 선택과 장소적인 문제도 발생하여 새로운 장례식장이 있으면 여러 가지로 편리할 것으로 기대하고 있습니다.

  최근 장례문화는 전통적으로 행하여 왔던 방식에서 전문적인 서비스를 제공할 수 있는 형태로 변화되고 있는 점을 고려할 때, 우리 지역에 새로운 시설을 갖춘 장례식장이 하나쯤 더 있는 것이 주민들에게 선택의 폭도 넓힐 수 있고 비용의 절감도 가져올 수 있을 것으로 기대하고 있습니다.

첨부 : 주민들 탄원서 서명원부

2009. 8. 28.

고흥읍 동문리 21-3 지형완 (인)
고흥읍 서문리 45-6 강후산 (인)
고흥읍 남문리 67 남태순 (인)
고흥읍 북문리 89-10 동마운 (인)

고 흥 군 수 귀 하

일 반 건 축 물 대 장 (갑)

고유번호	1. 543025025-1-1015789				장번호	1-1
대지위치	전라남도 고흥군 고흥읍 동성리	명칭 및 번호	123-41	지 번	123-41	특이사항
대지면적	1,774㎡	연면적	643.48㎡	지 역	자연녹지	
건축면적	345.45㎡	용적률산정용 연면적	643.48㎡	주구조	철근콘크리트조	주용도: 제2종 근린생활시설 / 층수: 지하 2층, 지상 2층
건폐율	19.47%	용적률	36.27%	높이	8.2m	지붕 / 부속건축물: 0동 0㎡

건 축 물 현 황

구분	층별	구조	용도	면적(㎡)
주1	지하 1층	철근콘크리트조	일반음식점/창고	313.86
주1	2층	철근콘크리트조	사무실/창고	329.62
		-이하여백-		

소 유 자 현 황

성명(명칭) 주민등록번호(부동산등기용등록번호)	주소	소유권지분	변동일자 / 변동원인
이현수 670929-2*****	전라남도 고흥군 고흥읍 동성리 123-41		1994.12.03. 소유자등록
이현수 530929-2*****	전라남도 고흥군 고흥읍 동성리 123-4		1994.12.27. 소유권보존
김갑순 590307-2*****	전라남도 고흥군 고흥읍 동성리 347-3		2000.12.28. 소유권이전
김갑순 590307-2*****	전라남도 고흥군 고흥읍 동성리 347-3		2002.11.19. 주소정정
	-이하여백-		

※ 항목은 총괄표제부가 있는 경우에는 기재하지 아니합니다.

고유번호	2. 4677025025-1-10150 001		장 번 호	2 -1
구 분	성명 또는 명칭	변허(등록)번호	허 가 일 시	1994. 09.09.
건 축 주	이점숙			
설 계 자	남윤홍	600929-2******		
공사감리자	남윤홍	******		
공사시공자	이점숙			

주 차 장				승 강 기		승용 대	관 련 지 번
옥 내	자주식	대	㎡			비상용 대	동성리1017-1
	기계식	대	㎡				
옥 외	자주식	대	㎡	오수정화시설	형 식	임호프방식	
	기계식	대	㎡		용 량 150인용		

변 동 사 항

변 동 일 자	변동내용 및 원인	변동일자	변동내용 및 원인	기 타 기 재 사 항
1994. 12. 23.	토지합병으로지변경정. 변경 : 동소 1015-1 번지			
1995. 04. 22.	건축물용도정정. 당초: 근린생활시설 변경: 근린생활시설(일반음식점) 건축물대장기재정제 및 변관리등에관한규칙 부칙 제3조에 의거 신 대장으로 이기처리됨			
2002. 08. 02.	2002. 8. 20. 2층사무실(252.94㎡), 1층창고(12.28㎡)증축 사용승인되어기재정리 및 소재지변 1015-1에서 1015-1, 1017-1로 지변변경기재정리됨.			
2004. 02. 24.	고흥읍 - 1021(2004. 02. 23.)호로 일부 말소신청되어 대 장정리됨.			
2004. 10. 15.	고흥읍 - 6575(2004. 10. 15.)호와 관련 증축(1층 76.68 ㎡)되어 대장정리됨.			
2004. 12. 06.	고흥읍 - 7678(2004. 12. 06.)호와 관련 증축(2층창고 76.68㎡)되어 대장정리됨. - 이하 여백-			

고 흥 읍

수신자   수신자 참조

제 목   『장례식장』 설치관련 실무대책협의회 개최

1. 관내 고흥읍 동성리 123-4 번지 1필지 김갑순의 제2종 근린생활시설(現 청자회관)용도 건축물
   에 대한 『장례식장』 용도로의 변경에 대하여 신고 수리를 취소한 바 있으나, 이에 건축주가 불
   응 계속적으로 공사를 시행하고 있어,
2. 장례식장이 우주센터 입구에 설치됨으로써 고흥군의 관광 활성화에 손해를 끼칠뿐만 아니라
   주민 소득증대에도 막대한 장애가 되는등 개인의 사익보다 공익적 손실이 훨씬 크다고 판단되
   는 사항이기에 아래와 같이 관련 실무대책 협의회를 개최코자 하오니 바쁘시더라도 부디 참석
   하여 주시기 바랍니다.

- 아   래 -

    가. 개최일시 : 2009. 9. 5. (월) 15 : 00
    나. 참석대상 : 부군수 등 9명(군의원 홍길동, 고흥읍장, 건설과장, 도시과장, 종합민원처
                  리과장, 장례식장 업주, ○○마을 이장)
    다. 개최장소 : 부군수실
    라. 대책안건 : ○○마을 입구 장례식장 설치관련 추진 대책협의 사항

붙임 : ○○마을 입구 장례식장 설치관련 추진현황 1부. 끝.

고 흥 군 수

수신자 : 군의원 홍길동, 고흥읍장, 건설과장, 도시과장, 환경보호과장, 장례식장 시공자, 고흥읍
        ○○마을 이장

지방건축주사보 최여운   주택담당 박영화   종합민원처리과장 강희순   부군수 전결

협조자   환경보호과장   건설과장   도시과장

시행 종합민원처리과 - 9940 (2009. 9. 5.)   접 수 (2009.   .   .)
우 584-800 전남 고흥군 고흥읍 옥하리 200번지 / www.goheung.go.kr
전화 (061)4567-1234   전송 (061)6789-5432 / 개인전자우편 kyun@goheung.go.kr

"풍요롭고 살맛나는 새 고흥 건설"

고 흥 군

수신자   배 나 라 귀하(고흥읍 서문리 31-5)

제 목   용도변경신고수리 취소 관련 이의서에 대한 회신

1. 귀 댁의 무궁한 건승을 기원합니다.

2. 귀하께서 우리군에 제출하신 이의서 내용을 검토한 바, 고흥읍 동성리 123-4번지 1필지 제2종 근린생활 시설 용도 건축물에 대한 『장례식장』 용도의 용도변경 신고수리 취소 통보는 사유 재산권 침해로서 취소 통보의 "취소"를 요구하는 사안으로 사료됩니다.

3. 이와 관련하여 아래와 같이 회신하오니 군정에 적극 협조하여 주시기 바랍니다.
   가. 용도변경 신고수리 취소 부지의 주변에 고흥군에서 설치한 대규모 주차장의 토지 이용 실태 및 주변 생활환경에도 악영향을 주며,
   나. 장례식장으로의 건축물 용도변경 수리로 인하여 얻을 수 있는 개인의 사익보다는 우주센터 입구에 장례식장이 설치됨으로써 고흥군의 관광 활성화에 손해를 끼칠뿐 아니라 주민 소득 증대에도 막대한 장애가 되는등 공익적 손실이 훨씬 크다고 판단되므로 용도변경 수리 취소 처분이 부당하다고 할 수 없음을 알려드립니다. 끝.

고 흥 군 수 [고흥군수]

지방건축주사보 강우연   주택담당   종합민원처리과장 강태현   부군수 김영명

협조자   감사담당 홍기우

시행 종합민원처리과 - 8234 (2009. 8. 9.)   접수 - (2009. 8.)
우 584-800 전남 고흥군 고흥읍 옥하리 200번지/http://goheung.go.kr
전화 (061)2345-5687   전송 (061)6789-5795/개인전자우편 chan789@naver.com/공개

실무대책협의회 결과보고서

□ 수신 : 고흥군수
□ 협의일시 : 2009년 9월 5일 (월) 15 : 00
□ 협의장소 : 부군수실
□ 참석인원 : 부군수 등 11인(명단별첨)
    - 군 실무관계자 5명, 군의원 1명, 건축주 2명, 인근 마을주민 대표 3명
□ 협의안건 : 『장례식장』 설치관련 추진 대책
□ 협의대상 : 고흥읍 동성리 123-4번지 1필지 제 2 종 근린생활시설(現 청자회관) 용도 건축물에
    대한 장례식장 용도변경 신고수리 취소 건
    - 연면적 : 643.48㎡(지상2층), 용도지역 : 자연녹지

□ 협의결과

○ 군의 입장

  ○ 고흥의 관문이자 우주센터 입구의 장례식장 설치는 우리 군 관광활성화에 손해를 끼칠 뿐
    만 아니라 관광고흥 이미지 실추와 주민 소득증대에도 막대한 장애가 되는 등 ○○마을 주
    민의 반대만이 아닌 고흥 군민 전체의 반대의견이 절대적이므로,

  ○ 장례식장이 아닌 다른 업종으로의 용도변경 추진시 적극적인 지원을 검토하겠음
    - 신고수리취소에 따른 용도변경 공사비의 보상 가능여부 법률적 자문 의뢰코져함

○ 인근마을의 입장

  ○ 장례식장이 현재 의료시설에 속하여 혐오시설이 아니라고 하나, 마을입구의 장례식장 설치
    는 마을의 지역적 정서와 조화되지 않으며 장례식장 설치로 인한 쓰레기 불법 유출, 불법주
    차, 소음등 이로 인한 부작용이 인접한 ○○마을에 피해를 줄 수 있기 때문에 절대적으로
    장례식장 설치는 반대함

○ 건축주의 입장

  ○ 인접한 ○○마을 주민 및 군민의 반대 의견은 100% 절대적이 아닌 것으로 판단함

○ 장례식장이 아닌 다른 업종으로의 용도변경은 투자된 건축비 등과 공사기성고에 비추어 다른 용도의 전용도 현재는 불가능하다고 보나 시간적인 여유를 가지고서 검토하겠음

붙임 : 1. 회의록 1부,

　　　2. 회의전경 사진 1부. 끝.

지방건축주사보 최여운　주택담당 박영화　종합민원처리과장 강희순　　부군수　전결

협조자　　환경보호과장　　　건설과장　　도시과장

시행　종합민원처리과 - 9940（2009. 9. 5.）　　　　　　접수　　（2009. 　. 　.）
우　584-800 전남 고흥군 고흥읍 옥하리 200번지 / www.goheung.go.kr
전화 （061）4567-1234　　전송 （061）6789-5432 / 개인전자우편 kyun@goheung.go.kr

진　정　서

제　　목 : 장례식장 설치반대

초우·현명 마을 입구에 청자회관을 장례식장으로 용도 변경하는 것을 결사 반대 하므로 첨부 서류와 같이 주민들 260명의 연서로 진정하오니 반드시 철회할 것을 원합니다. 그리고 진행중인 장례식장 건축공사도 중지시켜 주시기를 바랍니다.

2009.　7.　19.

대표 초우마을　이장　**지만화** (인)

현명마을　이장　**공태화** (인)

첨부 : 장례예식장 설치 반대인 서명부

고 흥 군 수 　귀 하

부 근 약 도

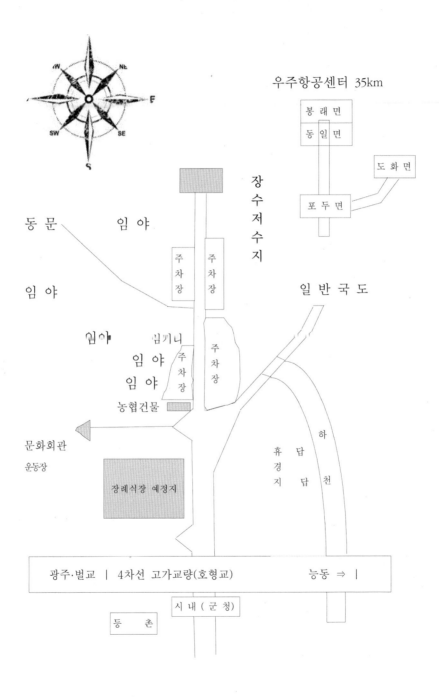

참 고 자 료 (관 계 법 령)

■ 건축법[법률 제9384호, 2009. 1. 30, 타법개정]

제19조(용도변경)

① 건축물의 용도변경은 변경하려는 용도의 건축기준에 맞게 하여야 한다.

② 제22조에 따라 사용승인을 받은 건축물의 용도를 변경하려는 자는 다음 각 호의 구분에 따라 국토해양부령으로 정하는 바에 따라 특별자치도지사 또는 시장·군수·구청장의 허가를 받거나 신고를 하여야 한다.

1. 허가 대상 : 제4항 각 호의 어느 하나에 해당하는 시설군에 속하는 건축물의 용도를 상위군(제4항 각 호의 번호가 용도변경하려는 건축물이 속하는 시설군보다 작은 시설군을 말한다)에 해당하는 용도로 변경하는 경우

2. 신고 대상 : 제4항 각 호의 어느 하나에 해당하는 시설군에 속하는 건축물의 용도를 하위군(제4항 각 호의 번호가 용도변경하려는 건축물이 속하는 시설군보다 큰 시설군을 말한다)에 해당하는 용도로 변경하는 경우

③ 제4항에 따른 시설군 중 같은 시설군 안에서 용도를 변경하려는 자는 국토해양부령으로 정하는 바에 따라 특별자치도지사 또는 시장·군수·구청장에게 건축물대장 기재내용의 변경을 신청하여야 한다. 다만, 대통령령으로 정하는 변경의 경우에는 그러하지 아니하다.

④ 시설군은 다음 각 호와 같고 각 시설군에 속하는 건축물의 세부 용도는 대통령령으로 정한다.

1. 자동차 관련 시설군
2. 산업 등의 시설군
3. 전기통신시설군
4. 문화 및 집회시설군
5. 영업시설군
6. 교육 및 복지시설군
7. 근린생활시설군
8. 주거업무시설군

9. 그 밖의 시설군

⑤ 제2항에 따른 허가나 신고 대상인 경우로서 용도변경하려는 부분의 바닥면적의 합계가 100제곱미터 이상인 경우의 사용승인에 관하여는 제22조를 준용한다.

⑥ 제2항에 따른 허가 대상인 경우로서 용도변경하려는 부분의 바닥면적의 합계가 500제곱미터 이상인 용도변경(대통령령으로 정하는 경우는 제외한다)의 설계에 관하여는 제23조를 준용한다.

제79조(위반 건축물 등에 대한 조치 등)

① 허가권자는 대지나 건축물이 이 법 또는 이 법에 따른 명령이나 처분에 위반되면 이 법에 따른 허가 또는 승인을 취소하거나 그 건축물의 건축주·공사시공자·현장관리인·소유자·관리자 또는 점유자(이하 "건축주등"이라 한다)에게 공사의 중지를 명하거나 상당한 기간을 정하여 그 건축물의 철거·개축·증축·수선·용도변경·사용금지·사용제한, 그 밖에 필요한 조치를 명할 수 있다.

제82조(권한의 위임과 위탁)

① 국토해양부장관은 이 법에 따른 권한의 일부를 대통령령으로 정하는 바에 따라 시·도지사에게 위임할 수 있다.

② 시·도지사는 이 법에 따른 권한의 일부를 대통령령으로 정하는 바에 따라 시장(행정시의 시장을 포함하며, 이하 이 조에서 같다)·군수·구청장에게 위임할 수 있다.

③ 시장·군수·구청장은 이 법에 따른 권한의 일부를 대통령령으로 정하는 바에 따라 구청장(자치구가 아닌 구의 구청장을 말한다)·동장·읍장 또는 면장에게 위임할 수 있다.

④ 국토해양부장관은 제31조 제1항과 제32조 제1항에 따라 건축허가 업무 등을 효율적으로 처리하기 위하여 구축하는 전자정보처리 시스템의 운영을 대통령령으로 정하는 기관 또는 단체에 위탁할 수 있다.

▣ 건축법 시행령[대통령령 제21629호, 2009. 7. 16. 타법개정]

제3조의2(대수선의 범위)

법 제2조 제1항 제9호에서 "대통령령으로 정하는 것"이란 다음 각 호의 어느 하나에 해당하는 것으로서 증축·개축 또는 재축에 해당하지 아니하는 것을 말한다. 〈개정 2010. 2. 18〉

1. 내력벽을 증설 또는 해체하거나 그 벽면적을 30제곱미터 이상 수선 또는 변경하는 것

2. 기둥을 증설 또는 해체하거나 세 개 이상 수선 또는 변경하는 것

3. 보를 증설 또는 해체하거나 세 개 이상 수선 또는 변경하는 것

4. 지붕틀(한옥의 경우에는 지붕틀의 범위에서 서까래는 제외한다)을 증설 또는 해체하거나 세

개 이상 수선 또는 변경하는 것

5. 방화벽 또는 방화구획을 위한 바닥 또는 벽을 증설 또는 해체하거나 수선 또는 변경하는 것

6. 주계단·피난계단 또는 특별피난계단을 증설 또는 해체하거나 수선 또는 변경하는 것

7. 미관지구에서 건축물의 외부형태(담장을 포함한다)를 변경하는 것

8. 다가구주택의 가구 간 경계벽 또는 다세대주택의 세대 간 경계벽을 증설 또는 해체하거나 수선 또는 변경하는 것 [전문개정 2008. 10. 29]

제14조(용도변경)

① 삭제 〈2006. 5. 8〉

② 삭제 〈2006. 5. 8〉

③ 국토해양부장관은 법 제19조 제1항에 따른 용도변경을 할 때 적용되는 건축기준을 고시할 수 있다. 이 경우 다른 행정기관의 권한에 속하는 건축기준에 대하여는 미리 관계 행정기관의 장과 협의하여야 한다. 〈개정 2008. 10. 29〉

④ 법 제19조 제3항 단서에서 "대통령령으로 정하는 변경"이란 다음 각 호의 어느 하나에 해당하는 건축물 상호 간의 용도변경을 말한다. 〈개정 2009. 6. 30, 2009. 7. 16〉

1. 별표 1의 같은 호에 속하는 건축물 상호 간의 용도변경

2. 「국토의 계획 및 이용에 관한 법률」이나 그 밖의 관계 법령에서 정하는 용도제한에 적합한 범위에서 제1종 근린생활시설과 제2종 근린생활시설 상호 간의 용도변경. 다만, 제1종 근린생활시설을 별표 1 제4호 차목·타목 또는 파목의 용도로 변경하는 경우는 제외한다.

⑤ 법 제19조 제4항 각 호의 시설군에 속하는 건축물의 용도는 다음 각 호와 같다. 〈개정 2008. 10. 29〉

6. 교육 및 복지시설군

　가. 의료시설

　나. 교육연구시설

　다. 노유자시설(老幼者施設)

　라. 수련시설

9. 그 밖의 시설군

　가. 동물 및 식물 관련 시설

　나. 장례식장

제17조(건축물의 사용승인)

① 삭제 〈2006. 5. 8〉

② 건축주는 법 제22조 제 3 항 제 2 호에 따라 사용승인서를 받기 전에 공사가 완료된 부분에 대한 임시사용의 승인을 받으려는 경우에는 국토해양부령으로 정하는 바에 따라 임시사용승인신청서를 허가권자에게 제출(전자문서에 의한 제출을 포함한다)하여야 한다. 〈개정 2008. 10. 29〉

③ 허가권자는 제 2 항의 신청서를 접수한 경우에는 공사가 완료된 부분이 법 제22조 제 3 항제 2 호에 따른 기준에 적합한 경우에만 임시사용을 승인할 수 있으며, 식수 등 조경에 필요한 조치를 하기에 부적합한 시기에 건축공사가 완료된 건축물은 허가권자가 지정하는 시기까지 식수(植樹) 등 조경에 필요한 조치를 할 것을 조건으로 임시사용을 승인할 수 있다. 〈개정 2008. 10. 29〉

④ 임시사용승인의 기간은 2년 이내로 한다. 다만, 허가권자는 대형 건축물 또는 암반공사 등으로 인하여 공사기간이 긴 건축물에 대하여는 그 기간을 연장할 수 있다. 〈개정 2008. 10. 29〉

⑤ 법 제22조 제 6 항 후단에서 "대통령령으로 정하는 주요 공사의 시공자"란 다음 각 호의 어느 하나에 해당하는 자를 말한다. 〈개정 2008. 10. 29〉

1. 「건설산업기본법」제 9 조에 따라 종합공사를 시공하는 업종을 등록한 자로서 발주자로부터 건설공사를 도급받은 건설업자
2. 「전기공사업법」·「소방시설공사업법」또는 「정보통신공사업법」에 따라 공사를 수행하는 시공자

■ 건축법 시행규칙[국토해양부령 제83호, 2008. 12. 31, 타법개정]

제12조의2(용도변경)

① 법 제19조 제 2 항에 따라 용도변경의 허가를 받으려는 자는 별지 제 1 호의3서식의 건축·대수선·용도변경허가신청서에, 용도변경의 신고를 하려는 자는 별지 제 6 호서식의 건축·대수선·용도변경신고서에 다음 각 호의 서류를 첨부하여 시장·군수·구청장에게 제출(전자문서로 제출하는 것을 포함한다)하여야 한다. 〈개정 2006. 5. 12, 2007. 12. 13, 2008. 12. 11〉

1. 용도를 변경하고자 하는 층의 변경 전·후의 평면도
2. 용도변경에 따라 변경되는 내화·방화·피난 또는 건축설비에 관한 사항을 표시한 도서

② 시장·군수·구청장은 제 1 항에 따른 건축·대수선·용도변경허가신청서를 받은 경우에는 법 제12조 제 1 항 및 영 제10조 제 1 항에 따른 관계 법령에 적합한지를 확인한 후 별지 제 2 호서식의 건축·대수선·용도변경허가서를 용도변경의 허가를 신청한 자에게 발급하여야 한다. 〈신설 2006. 5. 12, 2008. 12. 11〉

③ 시장·군수·구청장은 제 1 항의 규정에 의한 건축·대수선·용도변경신고서를 받은 때에는

그 기재내용을 확인한 후 별지 제 7 호서식의 건축·대수선·용도변경신고필증을 신고인에게 교부하여야 한다. 〈개정 2006. 5. 12〉

④ 제 8 조 제 2 항은 제 2 항 및 제 3 항에 따라 건축·대수선·용도변경허가서 또는 건축·대수선·용도변경신고필증을 교부하는 경우에 준용한다. 〈개정 2006. 5. 12〉

Memo

행정심판청구서[2]

청 구 인   김갑순(590307-2******)
전남 고흥읍 동성리 123-4

대 리 인   변호사   이항고
광주 동구 지산동 789 법률빌딩 502호
TEL 062) 555-1234(대),   FAX 062) 555-4321

피청구인   전라남도 고흥군 고흥읍장

소관 행정심판위원회   전라남도 행정심판위원회

청구 대상인 처분 내용 및 날짜

피청구인이 청구인에게 한,
① 2009. 7. 29.자 용도변경신고수리취소 처분 및
② 2009. 8. 4.자 용도변경신고수리 취소 건축물 공사중지 처분

처분이 있음을 안 날   ① 용도변경신고수리취소 처분 2009. 8. 3.
② 용도변경신고수리취소 건축물공사중지처분 2009. 8. 8.

청구 취지와 청구 이유   별지에 적은 내용과 같음

처분청의 고지 유무   ① 용도변경신고수리취소 처분은 불고지
② 용도변경신고수리취소 건축물공사중지처분은 오고지

증거서류   별첨

근거 법조문   「행정심판법」 제19조, 같은 법 시행령 제20조

---

2) 이 청구서 서식은 행정심판법 제19조 제 2 항을 따른 것이고, 현재 실무에서는 다음 페이지의 서식을 많이 사용하고 있다.

행정심판법 시행규칙 [별지 제30호서식] <개정 2012. 9. 20>

행정심판청구서[3]

접수번호	접수일	
청구인	성명　김갑순	
	주소　전남 고흥군 고흥읍 동성리 123-4	
	주민등록번호(외국인등록번호)　590307-2******	
	전화번호	
[ ] 대표자	성명　변호사 이항고	
[ ] 관리인	주소　광주 동구 지산동 789 법률빌딩 502호	
[ ] 선정대표자	주민등록번호(외국인등록번호)	
[■] 대리인	전화번호　062) 555-1234	
피청구인	전남 고흥군 고흥읍장	
소관 행정심판위원회	[ ] 중앙행정심판위원회　　[■] 전라남도행정심판위원회　　[ ] 기타	
처분 내용 또는 부작위 내용	피청구인이 청구인에게 2009. 7. 29. 한 용도변경신고수리취소처분, 2009. 8. 4. 한 용도변경신고수리취소 건축물공사중지처분	
처분이 있음을 안 날	용도변경신고수리취소처분 2009. 8. 3. 용도변경신고수리취소 건축물공사중지처분 2009. 8. 8.	
청구 취지 및 청구 이유	별지로 작성	
처분청의 불복절차 고지 유무	불고지/잘못고지	
처분청의 불복절차 고지 내용		
증거 서류	별첨	

「행정심판법」제28조 및 같은 법 시행령 제20조에 따라 위와 같이 행정심판을 청구합니다.

2010년　1월　21일

청구인 **김 갑 순**　　　　(서명 또는 인)

전라남도행정심판위원회 귀중

첨부서류	1. 대표자, 관리인, 선정대표자 또는 대리인의 자격을 소명하는 서류(대표자, 관리인, 선정대표자 또는 대리인을 선임하는 경우에만 제출합니다.) 2. 주장을 뒷받침하는 증거서류나 증거물	수수료 없음

처리 절차

청구서 작성	→	접수	→	재결	→	송달
청구인		○○행정심판위원회		○○행정심판위원회		

210mm×297mm[백상지 80g/㎡]

---

3) 현재는 2012. 9. 20. 개정된 이 서식에 의하고 있는데, 이 서식에 따라 이 사건 청구서를 작성해 보았다.

청 구 취 지

1. 피청구인이 청구인에게,

　　① 2009. 7. 29. 한 용도변경신고수리취소 처분

　　② 2009. 8. 4. 한 용도변경신고수리취소 건축물 공사중지 처분을

각 취소한다.

라는 재결을 구합니다.

청 구 이 유

1. 피청구인의 이 사건 처분 경위

가. 청구인의 용도변경신고

청구인 소유인 전남 고흥군 고흥읍 동성리 123-4 필지 지상에 건축된 1·2층 철근 콘크리트조 건물은 1994. 12. 3.에 준공된 건물로서(이하 '이 사건 건물'이라 한다), 청구인은 2000. 12. 28.부터 제 2 종 근린생활시설인 일반음식점등으로 사용하여 왔습니다. 청구인은 한정식과 도시락제조업의 허가를 받고 위 건물에서 영업을 하여 오다가 이번에 위 건물의 용도를 변경하여 장례예식장으로 사용하기 위하여 2009. 7. 22. 용도변경신고를 하였습니다.

피청구인은 같은 달 25. 건축법 제19조 제 2 항에 의하여 용도변경신고수리를 하고, 같은 법 시행규칙 제12조 및 제12조의2의 규정에 의하여 용도변경신고필증을 교부하였습니다. 그리하여 청구인은 이 사건 건물의 용도를 장례식장으로 변경하기 위하여 1개월 전부터 한정식 음식점 영업을 하지 않고, 건물의 설계변경 및 필요한 자재 등을 구입한 다음 2009. 7. 25.부터 공사에 착공하였습니다.

나. 피청구인의 용도변경신고수리취소 및 건축물공사중지처분

그런데 피청구인은 같은 달 29. 이 사건 용도변경신고수리에 관하여 관계법령에는 적합하나, 인근 마을 입구에 위치하고 있어 주변 환경을 저해할 뿐만 아니라 주민들의 집단 반발로 민원이 야기되고, 각종 대형행사를 대비하여 이 사건 건물 건너편 부지에 주차광장을 설치하여 운영하고 있으며, 전면에 장례예식장 설치시 고흥 관광이미지가

훼손된다는 이유로 이 사건 용도변경신고수리 취소처분을 하고, 이어 같은 해 8. 4. 용도변경신고수리취소 건축물공사중지처분(이하 '이 사건 각 처분'이라 한다)을 하였습니다.

2. 이 사건 각 처분의 근거

■ 건축법[시행 2009. 3. 11 [법률 제9384호, 2009. 1. 30, 다법개정]
제19조(용도변경), 제79조(위반 건축물 등에 대한 조치 등), 제82조(권한의 위임과 위탁)

■ 건축법 시행령[대통령령 제21629호, 2009. 7. 16. 타법개정]
제 3 조의2(대수선의 범위), 제14조(용도변경), 제17조(건축물의 사용승인)

■ 건축법 시행규칙[시행 2009. 1. 1] [국토해양부령 제83호, 2008. 12. 31, 타법개정]
제12조의2(용도변경)

3. 이 사건 각 처분의 위법성

가. 행정절차법상의 사전통지 또는 의견제출의 기회부여 결여

피청구인의 이 사건 각 처분은 전형적인 침해적 행정에 해당합니다. 따라서 이 사건 각 처분을 행하려는 피청구인으로서는 행정절차법이 정하는 바에 따라 처분의 사전통지를 하거나 의견제출의 기회를 주어야 함에도 이를 행하지 아니하였습니다. 따라서 이 사건 각 처분은 사전통지를 하지 않거나 의견제출의 기회를 주지 아니하여도 되는 예외적인 경우에 해당하지 아니하므로, 이 사건 각 처분은 위법하여 취소를 면할 수 없습니다.

나. 이 사건 각 처분 사유와 그 비판

(1) 용도변경신고수리 취소사유

피청구인은 청구인의 이 사건 장례식장 건물은 ① 주민들이 혐오하는 시설이며, ② 마을 입구에 위치하고 있어 주변 환경을 저해하고, ③ 주민들의 집단반발로 민원을 야기하고 있으며, ④ 각종 대형행사를 대비하여 이 사건 건물 건너편 부지에 주차장을 설치하여 운영하고 있는데, 그 전면에 장례식장을 설치하는 경우에 관광이미지가 훼손된다는 것입니다.

⑵ 건축물공사중지처분 사유

피청구인은 건축물공사중지처분에 대하여는 그 사유를 특정하지 아니한 채 건축법 제79조의 규정에 의거한다고 하고 있을 뿐입니다.

⑶ 처분사유의 비판

㈎ 장례식장이 혐오시설에 해당하는지 여부

먼저, 대법원은 장례식장을 혐오시설 내지 기피시설로 볼 수 없다고 한 바 있습니다. 구 도시계획법상의 자연녹지에 위치한 토지 위에 장례예식장을 신축하는 내용의 건축허가 신청을 한 경우, 장례예식장은 고인의 죽음을 애도하고 사후명복을 기원하는 시설로서 혐오시설 내지 기피시설로 볼 수 없는 점 등을 고려할 때, 장례예식장에 대한 부정적인 정서와 그로 인한 공공시설의 이용기피등과 같은 막연한 우려나 가능성만으로 이 사건 건물의 신축이 현저히 공공복리에 반한다고 볼 수 없다는 이유로 위 건축허가 신청을 반려한 처분은 위법하다고 판시하고 있습니다(대법원 2004. 6. 24. 선고 2002두3263 판결【건축허가신청반려처분취소】참조).

청구인의 이 사건 건물은 주변 인근 마을과는 약 800미터 정도 떨어져 있어, 위 마을에서는 이 사건 건물이 보이지 않고, 건물주변에는 별다른 건물도 축조되어 있지 않으며, 그 주변에는 임야와 논으로 구분되어 있기 때문에 마을의 쾌적한 환경이나 안온한 생활을 해칠 우려가 없고, 그리고 이 사건 건물은 2층 철근콘크리트조 건물로서 10여 년 전부터 신축되어 있는 건물이었기 때문에 주변의 경관 등과 같은 환경을 크게 손상시킬 우려도 없습니다.

㈏ 관광이미지가 훼손되는지 여부

피청구인은 이 사건 건물은 고흥의 관문에 위치하고 있어 고흥군에서 대대적으로 홍보하고 있는 관광명소로서의 이미지를 훼손할 우려가 있다고 합니다. 그러나 이 사건 장소는 고흥군 우주항공센터로 가는 길목에 위치하고 있는 것은 사실이지만, 우주항공센터와는 35km 전방에 위치하고 있어 그곳을 찾는 관광객들이 차량으로 스쳐 지나가는 정도에 그칠 뿐이므로 지역의 관광이미지에 나쁜 영향을 미칠 수 없습니다. 또한 이 사건 건물은 고흥읍 소재지에 있는 것이 아니라 인적이 드문 변두리에 위치하고 있어 주민들에게도 부정적인 영향을 주지 않습니다.

(다) 집단민원 발생이 처분의 취소사유가 되는지 여부

대법원은 민원이 발생하였다는 점만으로는 장례식장건축허가를 취소할 사유가 될 수 없다고 판시하고 있습니다. 장례식장을 건축하는 것이 인근 토지나 주변 건축물의 이용현황에 비추어 현저히 부적합한 용도의 건축물을 건축하는 경우에 해당하는 것으로 볼 수 없음에도, 건축허가신청을 불허할 사유가 되지 않는 인근 주민들의 민원이 있다는 사성만으로 건축허가신청을 반려한 처분은 법령의 근거 없이 이루어진 것으로 위법하다(대법원 2002. 7. 26. 선고 2000두9762 판결【건축허가신청반려처분취소】)고 판시하고 있습니다.

주민들의 민원은 청구인이 이 사건 건물을 장례식장으로 변경하는 것 자체를 반대하는 것이므로, 청구인이 장례식장으로의 용도변경을 포기하지 않고서는 그 민원을 해결할 길도 없습니다. 또한 민원이 발생하였다는 이유만으로 이 사건 건물의 용도변경을 금지하는 것은 청구인의 재산권 행사에 중대한 제한을 가하는 것입니다.

(라) 이 사건 각 처분을 행할 공익상의 필요가 있는지 여부

피청구인의 이 사건 각 처분은 용도변경신고수리처분이라는 수익적 행정처분을 취소하는 경우에 해당됩니다. 따라서 피청구인이 청구인에 대한 수익적 행정처분을 취소 또는 철회하거나 중지시키는 경우에는 이미 부여된 청구인의 기득권을 침해하는 것이 되므로, 비록 취소 등의 사유가 있다고 하더라도 그 취소권 등의 행사는 기득권의 침해를 정당화할 만한 중대한 공익상의 필요 또는 제3자의 이익보호의 필요가 있는 때에 한하여 상대방이 받는 불이익과 비교·교량하여 결정하여야 하고, 그 처분으로 인하여 공익상의 필요보다 상대방이 받게 되는 불이익 등이 막대한 경우에는 재량권의 한계를 일탈한 것으로서 그 자체가 위법(대법원 2004. 7. 22. 선고 2003두7606 판결【형질변경허가반려처분취소】)하게 됩니다.

그런데 청구인은 현재까지 내부시설 개조 및 건물외벽공사 등으로 수천만원의 공사비가 투자되었으며, 그 동안의 종전부터 행하여온 음식점 영업을 중단함으로 인한 영업수익의 감소 등의 불이익과 용도변경을 위하여 공사를 진행한 결과 현재로서는 다른 용도의 건물로 변경할 수도 없는 상황임을 고려해 볼 때, 이 사건 각 처분을 행할 공익상의 필요도 존재하지 않습니다.

특히 피청구인의 이 사건 각 처분은 주변 마을 주민들의 집단민원 발생에 큰 영향을 받은 것이라고 볼 수 있는 바, 그러한 사유만으로 이 사건 각 처분을 행할 만한 공익성도 인정할 수 없다할 것입니다.

4. 심판청구기간의 준수

가. 용도변경신고수리취소 처분(불고지)

피청구인은 2009. 7. 29. 처분을 하면서 행정심판 청구기간을 알리지 아니하였으므로, 불고지의 효과로 처분이 있었던 날로부터 180일 이내에 행정심판을 제기할 수 있습니다(행정심판법 27⑥, ③).

나. 건축물 공사중지 처분(잘못된 고지)

피청구인은 2009. 8. 4. 처분을 하면서 "처분에 불복이 있는 경우 처분이 있음을 안 날로부터 180일 이내에 행정소송 또는 행정심판을 청구할 수 있음을 알려드립니다"라고 하여 행정심판법 또는 행정소송법에 규정된 기간보다 긴 기간으로 잘못 알렸습니다. 따라서 건축물 공사중지 처분은 잘못된 고지의 효과로 그 잘못 알린 기간에 심판청구가 있으면 적법한 기간 내에 청구된 것으로 본다(행정심판법 27⑤, ①)고 규정하고 있으므로, 잘못 알린 내용대로 심판청구처분이 있음을 안 날로부터 180일 이내에 행정심판을 제기할 수 있습니다.

다. 소   결

따라서 이 사건 용도변경신고수리취소 처분은 처분이 있었던 날로부터 180일 이내에 행정심판을 제기할 수 있고, 이 사건 건축물 공사중지 처분은 처분이 있음을 안 날로부터 180일 이내에 행정심판을 제기할 수 있으므로, 청구인이 2010. 1. 21. 제기한 이 사건 심판청구는 적법한 제기기간을 준수하였습니다.

5. 결   론

따라서 피청구인이 청구인에 대하여 한 이 사건 각 처분은 각각 재량권을 일탈하거나 남용한 위법한 처분이라 아니할 수 없으므로 마땅히 취소되어야 합니다.

입 증 방 법

1. 갑 제 1 호증   용도변경신고   1부
1. 갑 제 2 호증   용도변경신고필증   1부
1. 갑 제 3 호증   용도변경신고수리취소통보   1부
1. 갑 제 4 호증   건축물 공사중지 통보   1부
1. 갑 제 5 호증의1   이의신청서   1부
1. 갑 제 5 호증의2   공사계약서   1부
1. 갑 제 5 호증의3   공사내역서   1부
1. 갑 제 5 호증의4   거래명세표   1부
1. 갑 제 5 호증의5   탄원서   1부
1. 갑 제 6 호증   건축물관리대장   1부

첨 부 서 류

1. 위 입증방법   각 1부
1. 청구서 부본   1부

2010.   1.   21.

청구인   대리인

변호사   이 항 고

전라남도 행정심판위원회   귀중

쟁 점 해 설

1. 처분의 경위

가. 청구인은 2009. 7. 22. 일반음식점으로 사용중인 이 사건 건물을 장례식장으로 사용하기 위하여 피청구인에게 용도변경신고를 하였으며, 피청구인은 같은 달 25. 용도변경신고수리를 하였다.

나. 피청구인은 같은 달 29. 청구인의 장례식장 위치가 인근 마을 입구에 위치하고 있어 주변 환경을 저해하고 주민들의 집단민원이 야기되고 있으며, 그 지역 입구에 위치한 장례식장으로 관광이미지가 훼손된다는 이유로 이 사건 용도변경신고수리취소처분을, 같은 해 8. 4. 건축물 공사중지처분을 하였다.

2. 당 사 자

가. 청구인적격

(1) 행정심판법 제13조

① 취소심판은 처분의 취소 또는 변경을 구할 법률상 이익이 있는 자가 청구할 수 있다. 처분의 효과가 기간의 경과, 처분의 집행, 그 밖의 사유로 소멸된 뒤에도 그 처분의 취소로 회복되는 법률상 이익이 있는 자의 경우에도 또한 같다.

② 무효등확인심판은 처분의 효력 유무 또는 존재 여부의 확인을 구할 법률상 이익이 있는 자가 청구할 수 있다.

③ 의무이행심판은 처분을 신청한 자로서 행정청의 거부처분 또는 부작위에 대하여 일정한 처분을 구할 법률상 이익이 있는 자가 청구할 수 있다.

(2) 판 례

㈎ 청구인적격이 없는 자의 명의로 제기된 행정심판청구에 대하여 행정청이나 재결청에게 행정심판청구인을 청구인적격이 있는 자로 변경할 것을 요구하는 보정을 명할 의무가 없고, 행정심판절차에서 임의적인 청구인의 변경은 원칙적으로 허용되지 아니한다(대법원 1999. 10. 8. 선고 98두10073 판결【국가유공자유족등록거부처분취소】).

㈏ 이른바 복효적 행정행위, 특히 제3자효를 수반하는 행정행위에 대한 행정심판청구에 있어서 그 청구를 인용하는 내용의 재결로 인하여 비로소 권리 이익을 침해받게 되는 자, 가령 제3자가 행정심판청구인인 경우의 행정처분의 상대방은 재결의 당사자가 아니라고 하더라도 재결청을 상대로 그 인용재결의 취소를 구하는 소를 제기할 수 있고, 이 경우 그 행정심판청구에 참가할 것을 고지받고도 그 심판절차에 참가하지 아니하였다 하여 이와 달리 볼 것은 아니다(서울고법 1996. 6. 19. 선고 95구24052 판결【체육시설업사업계획승인취소처분취소】).

(3) 이 사건의 경우

청구인은 이 사건 처분의 직접 상대방으로 당해 처분이 취소됨으로 인하여 법률상 직접적이고 구체적인 이익이 상실되는 지위에 있어 청구인적격을 갖는다.

나. 피청구인적격

(1) 행정심판법 제17조

행정심판은 처분을 한 행정청(의무이행심판의 경우에는 청구인의 신청을 받은 행정청)을 피청구인으로 하여 청구하여야 한다. 다만, 심판청구의 대상과 관계되는 권한이 다른 행정청에 승계된 경우에는 권한을 승계한 행정청을 피청구인으로 하여야 한다.

(2) 판 례

행정심판법 제13조 제2항(현행 17②)이 예컨대 본안은 이유 있는 사안으로 보여지나 청구인이 피청구인을 잘못 지정하여 그대로 두면 각하됨으로써 청구인의 권리가 침해될 우려가 있는 경우 등에는 직권에 의한 경정결정을 할 수 있도록 하고, 예컨대 본안이 이유 없는 사안으로 보여져 직권에 의한 경정결정을 하더라도 청구가 기각됨으로써 번거로운 절차만 반복될 것으로 예상되는 사안 등에는 경정결정을 하지 아니할 수도 있도록 하는 등 직권에 의한 피청구인의 경정결정을 위원회의 임의에 맡겨 두고 있으므로 피청구인에 관한 점은 위 법 제23조 제1항 소정의 보정을 명할 사항이 아니고, 또 위 법 제17조 제2항은 행정심판청구의 경유절차를 알리지 아니하였거나 잘못 알린 행정청에게 행정심판청구 사건의 권한 있는 행정청에의 송부의무를 규정하고 있을 뿐 행정심판 재결청에 부여된 의무는 아니므로 재결청이 권한 있는 행정청에 송부하거나 피청구인을 직권에 의하여 경정하지 아니하고 행정심판청구를 각하하였다 하여 그 재결 절차에 위법이 있다 할 수 없다(대법원 1992. 2. 28. 선고 91누6979 판결【유족확인신청거부처분무효확인등재결처분취소】).

(3) 이 사건의 경우

고흥군 고흥읍장 명의로 이 사건 처분이 행하여졌으므로, 고흥읍장이 피청구인적격을 가진다.

3. 이 사건 처분의 적법여부

가. 청구인의 주장

(1) 피청구인의 이 사건 각 처분은 청구인에게 사전통지 및 의견제출 기회를 부여하지 아니하고 일방적으로 이루어졌으므로 절차적으로 위법하다.

(2) 건축법에 규정되어 있지 아니한 사유를 근거로 불이익한 처분을 하였으므로 실체적으로도 위법하다.

나. 검   토

(1) 행정절차법상의 사전통지 또는 의견제출의 기회부여 결여

피청구인은 이 사건 각 처분을 하기 전에 청구인에게 행정절차법상의 사전통지를 하지 않거나 의견제출의 기회를 주지 아니하였다. 따라서 이 사건 각 처분이 사전통지 및 의견제출 기회부여의 절차를 거치지 않아도 되는 행정절차법 제22조 제4항, 제21조 제4항 제3호의 예외사유에 해당한다고 볼 수 없어 결국 이 사건 각 처분은 위법하다 할 것이다.

(2) 건축법에 규정되어 있지 아니한 사유를 근거로 한 불이익 처분

피청구인은 용도변경신고수리취소사유로 들고 있는 ① 이 사건 건물이 혐오시설이다. ② 주민들의 집단반발로 민원야기. ③ 지역의 관광이미지 훼손 등은 건축법상 취소사유에 해당하는지 문제된다.

㈎ **판　례**

판례는 법령의 근거없이 인근주민들의 집단민원이 있다는 사유만으로 불이익한 처분을 하는 것은 위법하다고 한다.

ⓐ 장례식장을 건축하는 것이 구 건축법(1999. 2. 8. 법률 제5895호로 개정되기 전이 것) 제8조 제4항, 같은법 시행령(1999. 4. 30. 대통령령 제16284호로 개정되기 전의 것) 제8조 제6항 제3호 소정의 인근 토지나 주변 건축물의 이용현황에 비추어 현저히 부적합한 용도의 건축물을 건축하는 경우에 해당하는 것으로 볼 수 없음에도, 건축허가신청을 불허할 사유가 되지 않는 인근 주민들의 민원이 있다는 사정만으로 건축허가신청을 반려한 처분은 법령의 근거 없이 이루어진 것으로 위법하다고 판단한 원심판결을 수긍한 사례(대법원 2002. 7. 26. 선고 2000두9762 판결【건축허가신청반려처분취소】).

ⓑ 구 도시계획법상의 자연녹지지역에 위치한 토지 위에 장례식장을 신축하는 내용의 건축허가 신청을 한 경우, 장례식장에 대한 부정적인 정서와 그로 인한 공공시설의 이용 기피 등과 같은 막연한 우려나 가능성만으로 장례시장의 신축이 현저히 공공복리에 반한다고 볼 수 없다는 이유로 위 건축허가신청을 반려한 처분은 위법하다고 판단한 원심판결을 수긍한 사례(대법원 2004. 6. 24. 선고 2002두3263 판결【건축허가신청반려처분취소】).

ⓒ 공사중지명령은 엄격한 법적 근거를 요하는 기속행위에 속한다 할 것인데, 이웃 주민들의 집단민원이 있을 경우 다세대주택 건축허가를 취소할 수 있다거나 공사중지명령을 할 수 있다는 근거법규가 없고, 주택건설촉진법이 단독주택에 대하여는 그것이 비록 같은 법 제33조 제1항에 의한 사업계획승인을 받아 건립된 일단의 단독주택 중 하나라 하더라도 공동주택 소유자의 철거 및 재건축을 제한하는 같은 법 제38조 제2항과 같은 제한을 하고 있지 아니 하므로, 위와 같은 단독주택 하나를 헐고 다세대주택을 건축하는 공사에 대하여 이웃 주민들의 집단적인 건축반대민원이 있다는 것과 같은 법의 취지에 반한다는 것을 이유로 한 공사중지명령은 법령상의 근거 없이 행하여진 위법한 처분이다(대법원 1991. 10. 11. 선고 91누7835 판결【공사중지처분취소】).

㈏ **이 사건의 경우**

이 사건 각 처분사유는 법령에 근거가 없는 것으로 위법하다.

4. 임의적 행정심판전치의 실익

가. 심판전치 여부 자유

행정심판법은 원칙적으로 행정심판을 거칠 것인지 여부는 처분을 받은 자의 선택에 맡기고 있다(행정소송법 18①). 처분을 받은 자는 곧바로 행정소송을 제기할 수도 있고, 행정심판과 행정소송을 동시에 제기할 수도 있으며, 행정심판을 청구한 다음에 행정소송을 제기할 수도 있다. 다만, 다른 법률에 당해 처분에 대한 행정심판의 재결을 거치도록 한 경우에는 필요적으로 행정심판을 거쳐야 한다(행정소송법 18①). 그러므로 원고는 당해 처분이 과연 행정심판을 반드시 거쳐야 하는지 여부를 제소 전에 반드시 처분 법률을 통하여 확인하여야 한다. 어떤 처분이 필요적 행정심판전치주의에 해당하는지 여부를 원고가 확인하여야 하기 때문에 결과적으로 재판청구권을 제약하는 요소로 작용하고 있다는 비판도 있다.

나. 행정심판의 장점

행정심판에서는 처분의 위법뿐만 아니라 부당을 주장할 수도 있고, 절차가 단순하여 신속한 재결이 가능하다는 장점이 있으므로, 심판청구가 인용될 가능성이 큰 사건은 행정심판청구를 하는 것이 좋다.

다. 이 사건의 경우

청구인의 이 사건 각 처분은 필요적 행정심판전치를 요하는 것이 아니지만, 심판청구의 인용가능성이 크고, 신속한 재결로 중단된 공사를 재개할 수 있는 실익이 있다. 특히 청구인이 이 사건 각 처분이 있음을 안 날로부터 90일을 도과하여 행정소송을 제기할 수 없기 때문에, 불고지·오고지의 효과로서 행정심판을 제기하는 것이 불복할 수 있는 적절한 수단이라고 할 수 있다.

5. 행정심판 제기기간

가. 원 칙

행정심판은 처분이 있음을 알게 된 날부터 90일 이내에 청구하여야 한다(행정심판법 27①).

나. 예외(불고지 및 잘못된 고지의 효과)

(1) 고지제도에 관한 기본이론

(가) 직권에 의한 고지

(a) 고지의 대상

① 처분이다.「처분」은 행정심판법에 의한 심판청구의 대상이 되는 처분에 한하지 않고, 행정심판법 이외의 다른 법령에 의한 심판청구의 대상이 되는 처분 등을 포함한다(행정절차 26; 다만 행정절차법 3②은 적용 예외를 인정하고 있다).[4] 다른 법령에 의한 심판청구 등에는 이의신청(국세기본 66, 주민등록 21, 산림 60, 사방사업 12, 보조금의 예산 및 관리 37, 광업 90, 에너지이용합리화 100, 공익사업을 위한 토지등의취득 및 보상 83, 국토의 계획 및 이용 120, 국민기초생활보장 38, 자동차관리 28, 문화재보호 116). 심사청구(국세기본 55, 노인복지 50, 공무원연금 80 등), 심판청구(국세기본 67), 재검사신청(선박안전 72) 등이 있다.

② 고지는 처분을「서면으로 하는 경우」에 행하여야 한다. 실제로는 중요한 처분은 서면으로 행하여지므로 거의 모든 경우에 고지를 하여야 한다.

(b) 고지의 내용

① 행정심판을 제기할 수 있는지의 여부

처분에 해당하여 행정심판을 제기할 필요가 있는 경우에는 고지를 하여야 한다. 행정심판법에 의한 행정심판의 대상이 되는 것뿐만 아니라 다른 법률에 의한 불복대상이 되는 경우에도 고지하여야 한다.

---

[4] 우리 판례 중에는 국세기본법 제55조에 규정하는 처분에 대하여「국세기본법 제56조 제1항은 "제55조에 규정하는 처분에 대하여는 행정심판법의 규정을 적용하지 아니한다"고 규정하고 있으므로, 국세청장이 같은 법 제55조에 규정하는 처분인, 조세범처벌절차법 제16조에 의한 보상금을 교부하지 않기로 하는 처분을 함에 있어서, 행정심판법 제42조 제1항에 따라 그 상대방에게 행정불복의 방법을 고지할 의무는 없다고 할 것이고 국세기본법 제60조나 같은 법시행령 제48조에 의하더라도 국세청장이 위 처분을 함에 있어 상대방에게 불복방법을 통지할 의무가 있는 것으로 해석되지 아니한다」(대법원 1992. 3. 31. 선고 91누6016 판결【탈세보상금불지급처분취소】)라고 판시한 예가 있다.

② 심판청구절차

심판청구절차 중에서는 주로 심판청구서를 제출하여야 할 기관이 문제된다. 심판청구서는 행정심판위원회 또는 피청구인인 행정청에 제출하여야 하므로, 이들 기관의 명칭을 고지하여야 할 것이다.

③ 청구기간

일반적으로는 행정심판청구 기간인 「처분이 있음을 안 날로부터 90일」만을 고지하면 된다고 할 것이다.

㈏ **청구에 의한 고지**

⒜ **고지를 청구할 수 있는 자**

당해 처분에 대한 이해관계인이다. 당해 처분으로 인하여 직접 자기의 법적 이익이 침해되었다고 주장하는 제3자가 이해관계인에 해당한다.

⒝ **고지를 청구할 수 있는 대상**

모든 처분이다. 행정심판의 대상이 되는 처분인지의 여부, 서면에 의한 것인지의 여부를 불문한다.

⒞ **고지의 내용**

고지의 내용은 ① 행정심판의 대상이 되는 처분인지의 여부와, ② 대상이 되는 경우에는 위원회 및 청구기간을 알려주어야 한다(행정심판법 58②). 행정심판을 제기할 수 없는 처분인 경우에는 그 뜻을 알려주면 된다.

⒟ **고지의 방법**

서면이나 구술로 알려 주면 될 것이다. 청구인으로부터 서면으로 알려줄 것을 요구받은 때에는 서면으로 알려주어야 한다(행정심판법 58②).

㈐ **불 고 지**

⒜ **제출기관**

고지를 하지 아니하여 심판청구인이 심판청구서를 소정의 행정기관 이외의 행정기관에 제출한 때에는 당해 행정기관은 심판청구서를 지체 없이 정당한 권한 있는 행정청에 이송하고 그 사실을 청구인에게 통지하여야 한다(행정심판법 23②, ③). 이 경우에는 심판청구기간을 계산함에 있어서는 최초의 행정기관에 심판청구서가 제출된 때에 심판청구가 제기된 것으로 본다.

ⓑ 청구기간

심판청구기간을 고지하지 아니한 때에는 심판청구기간은 당해 처분이 있었던 날로부터 180일이 된다(행정심판법 27⑥, ③).

㈃ 잘못된 고지

ⓐ 제출기관

제출기관을 잘못 고지하여 청구인이 그 고지에 따라 심판청구서를 다른 행정기관에 잘못 제출한 때의 효과도 위에서 본 불고지의 경우와 같다(행정심판법 23②).

ⓑ 청구기간

행정청이 소정의 심판청구기간보다 길게 고지한 때에는 그 고지된 청구기간 내에 심판청구가 있으면 설령 소정의 청구기간을 경과한 후에 제기된 것이라도 적법한 심판청구가 있은 것으로 의제된다(행정심판법 27⑤).

다. 이 사건의 경우

(1) 용도변경신고수리취소 처분(불고지)

피청구인은 2009. 7. 29. 처분을 하면서 행정심판 청구기간은 알리지 아니하였다.

(2) 건축물 공사중지 처분(잘못된 고지)

피청구인은 2009. 8. 4. 처분을 하면서 "처분에 불복이 있는 경우 처분이 있음을 안 날로부터 180일 이내에 행정소송 또는 행정심판을 청구할 수 있음을 알려드립니다"라고 하여 행정심판법 또는 행정소송법에 규정된 기간보다 긴 기간으로 잘못 알렸다.

(3) 소 결

㈎ 용도변경신고수리취소 처분은 불고지의 효과로 처분이 있었던 날로부터 180일 이내에 행정심판을 제기할 수 있다.

㈏ 건축물 공사중지 처분은 잘못된 고지의 효과로 처분이 있음을 안 날로부터 180일 이내에 행정심판을 제기할 수 있다.

㈐ 따라서 용도변경신고수리취소 처분은 처분이 있었던 날로부터 180일 이내에, 건축물 공사중지 처분은 잘못된 고지내용처럼 처분이 있음을 안 날로부터 180일 이내에 각각 행정심판을 제기할 수 있다. 그러므로 청구인이 2010. 1. 21. 제기한 이 사건 심판청구는 적법한 제기기간을 준수하였다.

㈃ 청구인은 이 사건 각 처분이 있음을 안 날로부터 90일을 경과하여 처분의 취소소송을 곧바로 제기할 수는 없다. 그러나 행정심판청구를 한 후에는 처분취소청구의 소를 제기할 수 있다(행정소송법 20①).

㈄ 제소기간의 제한을 받지 아니하는 이 사건 각 처분의 무효확인행정심판 또는 무효확인소송의 제기를 고려할 수도 있겠지만, 처분의 무효를 입증하는 것은 쉽지 않다.

라. 재결 후의 행정소송 제기기간

다만 행정심판을 청구한 경우에는 「재결서 정본을 송달받은 날로부터」 90일 이내에 행정소송을 제기하여야 한다(행정소송법 20①). 처분이 있는 후 곧바로 행정소송을 제기하는 경우에는 처분등이 있음을 안 날로부터 90일 이내에 제기하는 것과 차이가 있다.

6. 행정심판청구의 방식

가. 행정심판법 제28조

① 심판청구는 서면으로 하여야 한다.

② 처분에 대한 심판청구의 경우에는 심판청구서에 다음 각 호의 사항이 포함되어야 한다.

1. 청구인의 이름과 주소 또는 사무소(주소 또는 사무소 외의 장소에서 송달받기를 원하면 송달장소를 추가로 적어야 한다)
2. 피청구인과 위원회
3. 심판청구의 대상이 되는 처분의 내용
4. 처분이 있음을 알게 된 날
5. 심판청구의 취지와 이유
6. 피청구인의 행정심판 고지 유무와 그 내용

③ 부작위에 대한 심판청구의 경우에는 제2항 제1호·제2호·제5호의 사항과 그 부작위의 전제가 되는 신청의 내용과 날짜를 적어야 한다.

④ 청구인이 법인이거나 제14조에 따른 청구인 능력이 있는 법인이 아닌 사단 또는 재단이거나 행정심판이 선정대표자나 대리인에 의하여 청구되는 것일 때에는 제2항 또는 제3항의 사항과 함께 그 대표자·관리인·선정대표자 또는 대리인의 이름과 주소를 적어야 한다.

⑤ 심판청구서에는 청구인·대표자·관리인·선정대표자 또는 대리인이 서명하거나 날인하여야 한다.

나. 판 례

(1) 원 칙

행정심판청구는 엄격한 형식을 요하지 아니하는 서면행위이므로 행정청의 위법·부당한 처분으로 인하여 권리나 이익을 침해당한 사람이 당해 행정청에 그 처분의 취소나 변경을 구하는 취지의 서면을 제출하였다면 서면의 표제나 형식 여하에 불구하고 행정심판청구로 봄이 옳다(대법원 1999. 6. 22. 선고 99두2772 판결【변상금부과처분취소】).

(2) 불비된 사항이 있거나 취지가 불명확한 행정심판청구서의 처리방법

행정심판법 제19조, 제23조의 규정 취지와 행정심판제도의 목적에 비추어 보면 행정소송의 전치요건인 행정심판청구는 엄격한 형식을 요하지 아니하는 서면행위로 해석되므로, 위법 부당한 행정처분으로 인하여 권리나 이익을 침해당한 자로부터 그 처분의 취소나 변경을 구하는 서면이 제출되었을 때에는 그 표제와 제출기관의 여하를 불문하고 이를 행정소송법 제18조 소정의 행정심판청구로 보고, 불비된 사항이 보정가능한 때에는 보정을 명하고 보정이 불가능하거나 보정명령에 따르지 아니한 때에 비로소 부적법 각하를 하여야 할 것이며, 더욱이 심판청구인은 일반적으로 전문적 법률지식을 갖고 있지 못하여 제출된 서면의 취지가 불명확한 경우도 적지 않으나, 이러한 경우에도 행정청으로서는 그 서면을 가능한 한 제출자의 이익이 되도록 해석하고 처리하여야 한다.

비록 제목이 '진정서'로 되어 있고, 재결청의 표시, 심판청구의 취지 및 이유, 처분을 한 행정청의 고지의 유무 및 그 내용 등 행정심판법 제19조 제2항 소정의 사항들을 구분하여 기재하고 있지 아니하여 행정심판청구서로서의 형식을 다 갖추고 있다고 볼 수는 없으나, 피청구인인 처분청과 청구인의 이름과 주소가 기재되어 있고, 청구인의 기명이 되어 있으며, 문서의 기재 내용에 의하여 심판청구의 대상이 되는 행정처분의 내용과 심판청구의 취지 및 이유, 처분이 있은 것을 안 날을 알 수 있는 경우, 위 문서에 기재되어 있지 않은 재결청, 처분을 한 행정청의 고지의 유무 등의 내용과 날인 등의 불비한 점은 보정이 가능하므로 위 문서를 행정처분에 대한 행정심판청구로 보는 것이 옳다고 한 사례(대법원 2000. 6. 9. 선고 98두2621 판결【건축불허가처분취소】).

다. 이 사건의 경우

청구인의 이 사건 심판청구서의 첫 표제는 행정심판법 제28조 제2항의 각 사항이 기재된 서면이며, 둘째 표제는 실무에서 주로 사용하는 서식이다.

이 사건 각 처분이 있은 후 청구인의 친구(배나라)가 2009. 8. 5. 이의신청서를 제출하였는데, 만약 이 문서를 청구인이 제출하였다면 행정심판청구서로 해석할 수도 있다.

그리고 청구인의 배우자 명의로 제출되었다면 청구인의 대리인이 제출한 것으로 해석할 수 있다(행정심판법 18①(1)). 이의신청서에 첨부되지 아니한 대리권 수여사실 자료는 나중에 보정할 수 있기 때문이다.

7. 행정심판청구시의 제출

가. 행정심판법 제23조

① 행정심판을 청구하려는 자는 제28조에 따라 심판청구서를 작성하여 피청구인이나 위원회에 제출하여야 한다. 이 경우 피청구인의 수만큼 심판청구서 부본을 함께 제출하여야 한다.

② 행정청이 제58조에 따른 고지를 하지 아니하거나 잘못 고지하여 청구인이 심판청구서를 다른 행정기관에 제출한 경우에는 그 행정기관은 그 심판청구서를 지체 없이 정당한 권한이 있는 피청구인에게 보내야 한다.

③ 제2항에 따라 심판청구서를 보낸 행정기관은 지체 없이 그 사실을 청구인에게 알려야 한다.

④ 제27조에 따른 심판청구 기간을 계산할 때에는 제1항에 따른 피청구인이나 위원회 또는 제2항에 따른 행정기관에 심판청구서가 제출되었을 때에 행정심판이 청구된 것으로 본다.

나. 행정심판기관의 의의

행정심판기관은 행정심판의 청구를 받아 심리·재결할 수 있는 권한을 가진 행정기관으로, 구체적으로는 행정심판위원회를 말한다. 행정심판위원회는 복수의 위원으로 구성되어 위원들의 합의로 의사를 결정한다는 점에서 합의제기관이고, 국가의사를 행정심판위원회 스스로 결정하고 외부에 표시하는 권한을 갖는다는 점에서 행정청의 지위를 갖고 있다. 2010. 1. 15. 개정 행정심판법은 심판절차의 공정성을 확보하고자 행정심판위원회 위원의 결격사유를 신설하고(행정심판법 9④), 행정심판위원회 결정에 대한 이의신청제도(행정심판법 16⑧, 17⑥, 20⑥, 29⑦)를 도입하였다.[5]

다. 행정심판위원회의 종류와 소관범위

개정 행정심판법은 행정심판위원회를 직근상급행정기관 소속으로 두도록 한 종래의 규정을 삭제하고, 행정기관별로 행정심판위원회의 설치에 관한 구체적인 규정을 두고 있다. 이는 새로운 제도의 신설이라기보다는 기존의 행정심판위원회의 소관 범위를 조정한 것에 해당된다.

라. 이 사건의 경우

청구인은 행정심판법 제23조 제1항에 따라 이 사건 처분청인 「고흥읍장」 또는 「전라남도 행정심판위원회」에 심판청구서를 제출하여야 한다. 따라서 청구인은 고흥읍장을 관할하는 전라남도 행정심판위원회에 심판청구서를 제출하였다.

---

5) 정형근, "개정 행정심판법의 주요쟁점에 관한 검토," p. 138.

[참고자료]

		전 라 남 도 행 정 심 판 위 원 회 재 결		
① 사 건		전남행심 ○○○○-○○ 용도변경신고수리취소 및 건축물공사중지처분 취소청구		
청 구 인	② 성 명	○○○		
	③ 주 소	전남 고흥군 고흥읍 ○○리 ○○○-○번지		
④ 피청구인	고흥군 고흥읍장		⑤ 참 가 인	
⑥ 주 문		피청구인이 청구인에게 한 2009. 7. 29. 용도변경신고수리 취소처분 및 2009. 8. 4. 건축물공사중지처분은 이를 취소한다.		
⑦ 청구취지		주문과 같다.		
⑧ 이 유		별지 기재와 같음		
⑨ 근거법조		행정심판법 제31조 제2항 및 제35조		

위 사건에 관하여 전라남도행정심판위원회의 의결내용에 따라 주문과 같이 재결한다.

2010.   5.   10.

전 라 남 도 행 정 심 판 위 원 회

찾아보기

저자약력

정 형 근(鄭 亨 根)

경희대 법대·동 대학원(법학박사, 행정법)
제34회 사법시험 합격(사법연수원 24기)
변호사
사법시험 2차 출제위원(행정법)·면접위원
7급, 9급 공무원시험 출제위원(행정법)
중앙행정심판위원회 위원
법조윤리시험 출제위원
법무부 변호사제도개선위원회 위원
서울북부지방검찰청 정보공개심의회 위원
법조윤리협의회 자문위원
변호사시험 출제위원(공법)
국민권익위원회 청탁금지법 자문위원
경희대학교 법학전문대학원 교수

주요저서

법조윤리강의, 박영사(2016, 제 7 판)
도로하자소송, 피앤씨미디어(2016, 초판)
변호사법주석, 피앤씨미디어(2016, 초판)
기출 공법기록형, 피앤씨미디어(2016, 제 2 판)
행정법, 피앤씨미디어(2016, 제 4 판)
행정법개론, 피앤씨미디어(2015, 초판)
공법선택형강의, 박영사(2013, 초판)
실전답안 행정법연습, 동방문화사(2012, 초판)

제 5 판
공법기록형 공법소송실무

초판발행	2011년 8월 30일
제 5 판인쇄	2016년 6월 10일
제 5 판발행	2016년 6월 20일

지은이	정형근
펴낸이	안종만

편 집	배우리
기획/마케팅	조성호
표지디자인	조아라
제 작	우인도·고철민

펴낸곳	(주) **박영사**
	서울특별시 종로구 새문안로3길 36, 1601
	등록 1959. 3. 11. 제300-1959-1호(倫)
전 화	02)733-6771
f a x	02)736-4818
e-mail	pys@pybook.co.kr
homepage	www.pybook.co.kr
ISBN	979-11-303-2888-1 93360

copyright©정형근, 2016, Printed in Korea

정 가   45,000원